●収録内容一覧

■2025年度中学受験用

渋谷教育学園渋谷中学校

3年間(＋3年間HP掲載)スーパー過去問

入試問題と解説・解答の収録内容

2024年度　１回	算数・社会・理科・国語
2024年度　２回	算数・社会・理科・国語
2024年度　帰国生	算数・英語・国語 (解答のみ)
2023年度　１回	算数・社会・理科・国語
2023年度　２回	算数・社会・理科・国語
2023年度　帰国生	算数・英語・国語 (解答のみ)
2022年度　１回	算数・社会・理科・国語
2022年度　３回	算数・社会・理科・国語
2022年度　帰国生	算数・英語・国語 (解答のみ)
2021～2019年度(HP掲載) 「カコ過去問」 (ユーザー名) koe (パスワード) w8ga5a1o	問題・解答用紙・解説解答DL **◇著作権の都合により国語と一部の問題を削除しております。** ◇一部解答のみ（解説なし）となります。 ◇９月下旬までに全校アップロード予定です。 ◇掲載期限以降は予告なく削除される場合があります。

～本書ご利用上の注意～　以下の点について，あらかじめご了承ください。

★別冊解答用紙は巻末にございます。本書に収録している試験の実物解答用紙は，弊社サイトの各校商品情報ページより，一部または全部をダウンロードできます。

★編集の都合上，学校実施のすべての試験を掲載していない場合がございます。

★当問題集のバックナンバーは，弊社には在庫がございません（ネット書店などに一部在庫あり）。

合格を勝ち取るための
『スーパー過去問』の使い方

本書に掲載されている過去問をご覧になって,「難しそう」と感じたかもしれません。でも，多くの受験生が同じように感じているはずです。なぜなら，中学入試で出題される問題は，小学校で習う内容よりも高度なものが多く，たくさんの知識や解き方のコツを身につけることも必要だからです。ですから，初めて本書に取り組むさいには，点数を気にしすぎないようにしましょう。本番でしっかり点数を取れることが大事なのです。

過去問で重要なのは「まちがえること」です。自分の弱点を知るために，過去問に取り組むのです。当然，まちがえた問題をそのままにしておいては意味がありません。

本書には，長年にわたって中学入試にたずさわっているスタッフによるていねいな解説がついています。まちがえた問題はしっかりと解説を読み，できるようになるまで何度も解き直しをしてください。理解できていないと感じた分野については，参考書や資料集などを活用し，改めて整理しておきましょう。

このページも参考にしてみましょう！

◆どの年度から解こうかな　「入試問題と解説・解答の収録内容一覧」

本書のはじめには収録内容が掲載されていますので，収録年度や収録されている入試回などを確認できます。

※著作権上の都合によって掲載できない問題が収録されている場合は，最新年度の問題の前に，ピンク色の紙を差しこんでご案内しています。

◆学校の情報を知ろう!!「学校紹介ページ」

このページのあとに，各学校の基本情報などを掲載しています。問題を解くのに疲れたら息ぬきに読んで，志望校合格への気持ちを新たにし，再び過去問に挑戦してみるのもよいでしょう。なお，最新の情報につきましては，学校のホームページなどでご確認ください。

◆入試に向けてどんな対策をしよう？「出題傾向＆対策」

「学校紹介ページ」に続いて,「出題傾向＆対策」ページがあります。過去にどのような分野の問題が出題され，どのように対策すればよいかをアドバイスしていますので，参考にしてください。

◇別冊「入試問題解答用紙編」

本書の巻末には，ぬき取って使える別冊の解答用紙が収録してあります。解答用紙が非公表の場合などを除き，(注）が記載されたページの指定倍率にしたがって拡大コピーをとれば，実際の入試問題とほぼ同じ解答欄の大きさで，何度でも過去問に取り組むことができます。このように，入試本番に近い条件で練習できるのも，本書の強みです。また，データが公表されている学校は別冊の１ページ目に過去の「入試結果表」を掲載しています。合格に必要な得点の目安として活用してください。

本書がみなさんの志望校合格の助けとなることを，心より願っています。

株式会社　声の教育社　編集部

渋谷教育学園渋谷中学校

所在地	〒150-0002 東京都渋谷区渋谷1-21-18
電　話	03-3400-6363
ホームページ	https://www.shibushibu.jp
交通案内	JR・地下鉄・私鉄各線「渋谷駅」より徒歩7分 地下鉄千代田線・副都心線「明治神宮前駅」より徒歩8分

くわしい情報はホームページへ

トピックス

★例年，10月と11月に1回ずつ学校説明会を開催(要予約)。
★過去5年間，第3回入試は男子4倍以上，女子9倍以上の高倍率となっている。

創立年 平成8年 ／ 男女共学 ／ 高校募集 なし

▌応募状況

年度	募集数			応募数	受験数	合格数	倍率
2024	①	70名	男	197名	181名	56名	3.2倍
			女	235名	219名	55名	4.0倍
	②	70名	男	503名	445名	146名	3.0倍
			女	335名	287名	71名	4.0倍
	③	23名	男	414名	307名	43名	7.1倍
			女	337名	257名	24名	10.7倍
	帰英	12名	男	37名	35名	8名	4.4倍
			女	81名	76名	16名	4.8倍
	帰作		男	63名	59名	12名	4.9倍
			女	46名	44名	15名	2.9倍

▌2024年春の主な大学合格実績

＜国立大学・大学校＞
東京大，京都大，東京工業大，一橋大，東北大，北海道大，千葉大，東京外国語大，横浜国立大，東京医科歯科大，東京農工大，防衛医科大

＜私立大学＞
慶應義塾大，早稲田大，上智大，国際基督教大，東京理科大，明治大，青山学院大，立教大，中央大，法政大
＊そのほか，海外の大学にも多数合格しています。

▌教育の特色

21世紀の国際社会で活躍できる人間を育成するため，「自調自考」の力を伸ばす，国際人としての資質を養う，高い倫理感を育てる，という３つの教育目標を掲げています。「自調自考」を達成するため，学習面では独自の学習計画図「シラバス」を採用。６年間を２学年ずつ３つのブロックに分けたカリキュラムと「シラバス」が，本校の教育の根幹を担っています。

▌入試情報（参考：昨年度）

【一般生第１回】
試 験 日：2024年２月１日
試験科目：国語・算数(各50分，100点)
　　　　　理科・社会(各30分，50点)
合格発表：2024年２月２日　14：00〔掲示・HP〕
【一般生第２回】
試 験 日：2024年２月２日
試験科目：(第１回と同様)
合格発表：2024年２月３日　11：00〔掲示・HP〕
【一般生第３回】
試 験 日：2024年２月５日
試験科目：(第１回と同様)
合格発表：2024年２月６日　11：00〔掲示・HP〕
【帰国生入試】
試 験 日：2024年１月27日
試験科目：英語(60分，100点)・英語面接・
　　　　　国語・算数(各50分，100点) または
　　　　　作文(60分，20点)・面接・
　　　　　国語・算数(各50分，100点)
合格発表：2024年１月28日　10：00〔掲示・HP〕

編集部注一本書の内容は2024年4月現在のものであり，変更されている場合があります。正式な情報は，学校のホームページ等で必ずご確認ください。

出題傾向＆対策

◆基本データ(2024年度１回)

試験時間／満点	50分／100点
問　題　構　成	・大問数…４題 計算・応用小問１題(６問) ／応用問題３題 ・小問数…16問
解　答　形　式	解答らんには必要な単位などが印刷されている。式や考え方を書く問題もある。作図問題は見られない。
実際の問題用紙	Ａ４サイズ，小冊子形式
実際の解答用紙	Ａ３サイズ

◆過去３年間の出題率トップ５

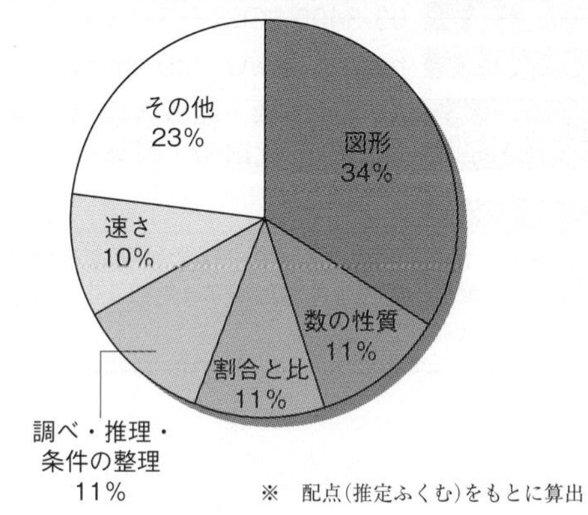

※　配点(推定ふくむ)をもとに算出

◆近年の出題内容

【 2024年度１回 】			【 2023年度１回 】		
大問	1	四則計算，倍数，集まり，約束記号，相似，体積，角度，濃度	大問	1	四則計算，濃度，角度，整数の性質，条件の整理，過不足算，図形の移動，長さ
	2	立体図形－構成，分割		2	立体図形－分割，体積，表面積
	3	図形と規則		3	速さ，条件の整理，場合の数
	4	平面図形－図形上の点の移動，グラフ		4	整数の性質，条件の整理

◆出題傾向と内容

標準レベルを主体にやや難しめの問題がいくつか見られるといったところで，試験時間を上手に活用すれば，ひと通り解答を導けそうです。計算・応用小問をすばやくすませ，応用問題にバランスよく時間を配分できるよう，計画的に解き進めていきましょう。

●**計算・応用小問**…まず，四則計算(または逆算)が１問程度あります。次に，基本的な特殊算や，数の性質，割合などの小問が続きます。

●**応用問題**…図形では，三角形や四角形などの性質についての知識を問うものや，面積や体積を求める公式を使う問題，相似を利用して面積などを求めさせるもの，図形の移動した長さや面積を求める問題，立体の展開図と切断面，見取り図を見て体積を求めさせるものなどが出題されており，ほかの設問に比べるとやや難解なものとなっています。また，図形についての知識や公式だけでは解けないものもあります。特殊算では，つるかめ算，速さ，周期算などが出題されています。ほかにも，数の性質にからめて規則性を問うもの，食塩水の濃度を求めるもの，図形上の点の移動や２点間の距離などをグラフから読みとって，速さや距離などを求めるものがあります。

◆対策～合格点を取るには？～

計算力をつけることと苦手分野を克服することが，本校入試突破のカギといえます。計算練習は当然として，これまでにやったテストの答案をそのままにせず，まちがえた部分を調べて，**自分の弱点を発見する**ことが大切です。

また，難問奇問はさけ，**基本公式で解法を見出せる問題を数多く解く**ことです。どんなに難しい問題にも必ず解法があり，それをすばやく見ぬく力は，どれだけ多くの問題を解いて解法を身につけてきたかで決まります。１日がかりで難問奇問を解くより，１時間で３問，３つの基本公式を使って解くほうが，ずっと合理的であり効果が上がります。まず，テキストや問題集にある基本公式や解法を整理し，仕組みをしっかり理解しましょう。そして，制限時間を決めて問題を解いてください。

算数 出題分野分析表

分野 ＼ 年度		2024		2023		2022	
		1回	2回	1回	2回	1回	3回
計算	四則計算・逆算	○		○	○	○	○
	計算のくふう		○				
	単位の計算						
和と差	和差算・分配算						
	消去算						
	つるかめ算						○
	平均とのべ					○	
	過不足算・差集め算			○			
	集まり	○					
	年齢算						
割合と比	割合と比					○	
	正比例と反比例						
	還元算・相当算						
	比の性質				○		
	倍数算						
	売買損益					○	
	濃度	○	○	○	○	○	○
	仕事算						
	ニュートン算						
速さ	速さ		○	○	○		○
	旅人算					○	
	通過算						
	流水算						○
	時計算		○				
	速さと比					○	○
図形	角度・面積・長さ	○	◎	◎	●	○	◎
	辺の比と面積の比・相似	○			○		◎
	体積・表面積	○	○	◎	○	○	
	水の深さと体積				○		
	展開図						
	構成・分割	○	○	○			
	図形・点の移動	○		○			
表とグラフ		○			○	○	
数の性質	約数と倍数	○					
	N進数						
	約束記号・文字式	○					
	整数・小数・分数の性質		○	◎	○	○	◎
規則性	植木算						
	周期算						○
	数列						
	方陣算						
	図形と規則	○					
場合の数				○	○	○	
調べ・推理・条件の整理			●	●		○	◎
その他							

※ ○印はその分野の問題が１題，◎印は２題，●印は３題以上出題されたことをしめします。

社会 出題傾向＆対策

◆基本データ(2024年度１回)

試験時間／満点	30分／50点
問題構成	・大問数…３題 ・小問数…14問
解答形式	記号の選択式と適語の記入，記述問題で構成されている。記述問題は３問出題されており，25字・45字・60字以内と字数がそれぞれ指定されている。
実際の問題用紙	Ａ４サイズ，小冊子形式
実際の解答用紙	Ｂ４サイズ

◆過去３年間の分野別出題率

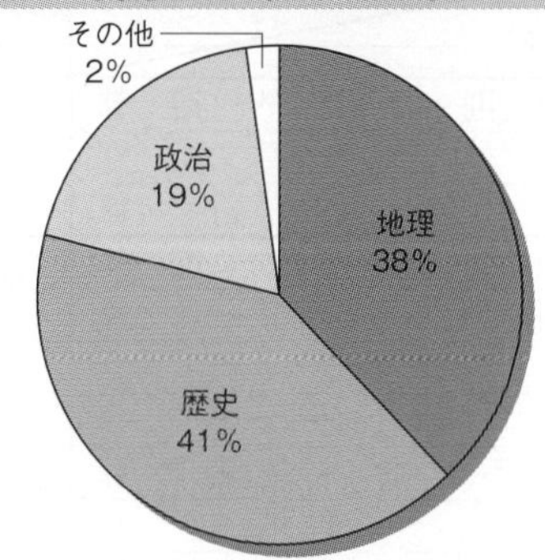

※　配点(推定ふくむ)をもとに算出

◆近年の出題内容

【 2024年度１回 】			【 2023年度１回 】		
大問	1	〔地理〕 プロスポーツリーグを題材とした問題	大問	1	〔地理〕 関東地方を題材とした問題
	2	〔歴史〕 九州の歴史を題材とした問題		2	〔歴史〕 広告・宣伝を題材とした問題
	3	〔政治〕 日本の政治を題材とした問題		3	〔政治〕 テレワークを題材とした問題

◆出題傾向と内容

本校の社会の特ちょうは，**新聞記事や地図，絵，図などの資料を多く用い，それらを関連づけた問題が出される**ことです。そのため，一つの分野にかたよらない総合問題として出題されることも多くあります。また，社会という科目にとらわれない，生活や文化についてのはば広い知識を問うものも見られます。日ごろの学習で身につけた知識をためすのはもちろん，それらを多角的に結びつけて考えることができるかどうかが問われているのです。問題数はそれほど多くないので，きちんと資料に目を通し，解答する時間はじゅうぶんに確保できるでしょう。ただし，記述問題が多く見られるので，時間配分には注意が必要です。あつかわれる題材は，最近話題になったできごとや身近なできごとが多く，近年では世界の政治(専制主義国家と民主主義国家)，中国経済，日本のマンガ，あるいは本校の教育方針である「自調自考」などが取り上げられています。また，女性の社会進出や明治時代の政治といった，特定のテーマについてほり下げて問う問題も見られます。

◆対策～合格点を取るには？～

地理では，白地図を使った学習が大切です。それも，ただ地名や地勢図をかきこむだけでなく，産業の特色・立地条件や，地勢との結びつきを重視して取り組むようにしましょう。地図を見るさいは，ただ平面的に見るのではなく，高低差にも注意するなど，実際にどのような地形になっているかを想像することも大切です。

歴史では，重要事件名，人物，事項などを漢字で正確に書けるようにしておくことが必要です。また，自分で年表を作りながらまとめ，時代ごとに見わたせるようにしておくとよいでしょう。それぞれの事項や人物名をバラバラの知識として覚えるのではなく，なぜそうなったのか，あるいはどのような歴史的意義があるのかを考え，関連づける学習が効果的です。

政治では，日本国憲法や国際関係など，基礎的な知識はしっかりとマスターしたうえで，最新の情報にも関心を持っておく必要があります。テレビのニュースに注意を向け，そのできごとが日本や世界のどこで起きているのか，世界のできごとであれば，日本との関連を，現在だけでなく，歴史的な面からもつかんでおけるとよいでしょう。

社会 出題分野分析表

分野			2024 1回	2024 2回	2023 1回	2023 2回	2022 1回	2022 3回
日本の地理	地図の見方		○		○		○	
	国土・自然・気候		○	○	○	○	○	○
	資源				○			
	農林水産業		○	○	○	○	○	○
	工業		○		○		○	
	交通・通信・貿易					○	★	
	人口・生活・文化			○		○		○
	各地方の特色		○		★		○	○
	地理総合		★					
世界の地理				○		○		○
日本の歴史	時代	原始～古代	○	○	○	○	○	○
		中世～近世	○	○	○	○	○	○
		近代～現代	○	○	○	○	○	○
	テーマ	政治・法律史						
		産業・経済史						
		文化・宗教史						
		外交・戦争史						
		歴史総合	★		★			
世界の歴史								
政治	憲法		○					
	国会・内閣・裁判所		○			○	★	
	地方自治							
	経済				○			
	生活と福祉				★	○		
	国際関係・国際政治		○	○				
	政治総合		★			★		
環境問題			○					
時事問題				○		○		○
世界遺産					○			
複数分野総合				★		★	★	★

※　原始～古代…平安時代以前，中世～近世…鎌倉時代～江戸時代，近代～現代…明治時代以降

※　★印は大問の中心となる分野をしめします。

理科 出題傾向&対策

◆基本データ(2024年度1回)

試験時間/満点	30分/50点
問題構成	・大問数…2題 ・小問数…13問
解答形式	短文記述や用語記入,記号選択などが出題されている。短文記述は,1~2行程度書くスペースが用意されている。字数に関して具体的な制限はない。作図も見られる。
実際の問題用紙	A4サイズ,小冊子形式
実際の解答用紙	B4サイズ

◆過去3年間の分野別出題率

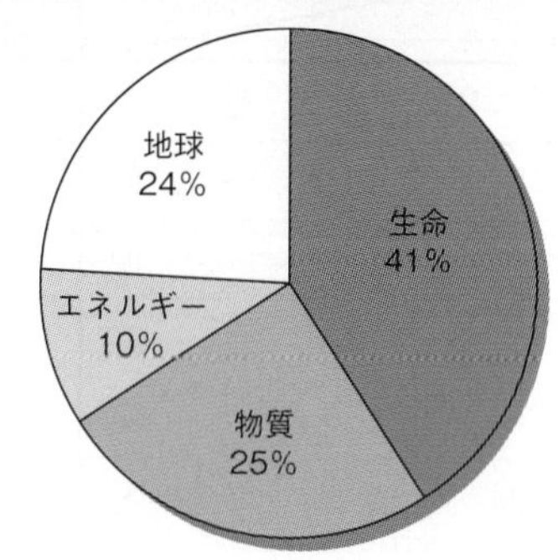

※ 配点(推定ふくむ)をもとに算出

◆近年の出題内容

【2024年度1回】			【2023年度1回】		
大問	1	〔生命〕食物連鎖	大問	1	〔生命〕花色変化
	2	〔総合〕紙の種類と特徴		2	〔地球〕望遠鏡の仕組み

◆出題傾向と内容

本校の場合,「生命」「物質」「エネルギー」「地球」の各分野から2つ出題されます。年度・回によって取り上げられない分野もあり,**それぞれのテーマにしぼった出題がされる**と考えてよいでしょう。また,**実験・観察・観測をもとにした問題が多くなっています。**

●**生命**…植物・動物・人体が入れかわり出題されており,なかにはかなりしっかりした知識がないと解答できないような設問も見られます。また,生物どうしのつながりについても,さまざまな角度から出題されています。

●**物質**…水溶液の性質と中和反応,気体の発生,水の状態変化と温度変化,物質の熱の伝導性,石灰岩・生石灰・消石灰の性質などが取り上げられています。この分野は計算問題が数多くふくまれています。

●**エネルギー**…過去には,電熱線の発熱(材質・電流を変えたときの発熱のちがいなど),光の進み方(虹の見え方),気圧のはたらき,浮力と密度(水や空気による浮力)などが出題されています。

●**地球**…地球と月の公転・自転から海の干満を考えるもの,2つの公転面の角度を問うもの,湿度を計算するもの,月の動きと満ち欠け,地層のでき方などが取り上げられています。また,自然災害についての複合問題も出されています。

◆対策~合格点を取るには?~

第一に,**学校で行われる実験,観察,観測に積極的に参加し**,その結果を表やグラフなどを活用してノートにまとめておくこと。

第二に,**基本的な知識を確実にする**ために,教科書・受験参考書をよく読み,ノートにきちんと整理しておくこと。

第三に,**問題をできるだけ多く解く**こと。特に,「物質」や「エネルギー」では計算問題が多いので,正確な計算力をつけるようにしましょう。また,身のまわりのものをテーマにした問題もふえています。いろいろな問題を解くことで,知識のはばを広げましょう。

最後に,時事的な問題が出されることもありますから,日ごろから**科学ニュースにも目を向け**,新聞や雑誌の記事,テレビのニュース番組や科学番組などを関心を持って見るようにし,多くのことを知るようにこころがけましょう。

出題分野分析表

分野 ＼ 年度		2024		2023		2022	
		1回	2回	1回	2回	1回	3回
生命	植物	○	○	★		★	
	動物		○				
	人体						
	生物と環境	★					
	季節と生物						
	生命総合				★		
物質	物質のすがた				○		★
	気体の性質						
	水溶液の性質	○					
	ものの溶け方						
	金属の性質						
	ものの燃え方						
	物質総合						
エネルギー	てこ・滑車・輪軸						
	ばねののび方						
	ふりこ・物体の運動						
	浮力と密度・圧力				○		
	光の進み方		★	○			
	ものの温まり方						
	音の伝わり方						
	電気回路						
	磁石・電磁石						
	エネルギー総合	○					
地球	地球・月・太陽系		○	★	○		
	星と星座						
	風・雲と天候	○					
	気温・地温・湿度						
	流水のはたらき・地層と岩石		○				★
	火山・地震						
	地球総合						
実験器具							
観察							
環境問題							
時事問題							
複数分野総合		★	★		★	★	

※　★印は大問の中心となる分野をしめします。

国語 出題傾向＆対策

◆基本データ（2024年度１回）

試験時間／満点	50分／100点
問　題　構　成	・大問数…２題 　文章読解題２題 ・小問数…16問
解　答　形　式	記号選択のほかには80字程度の記述問題が３問出題されており，書きぬきなどはみられない。漢字は，書き取りが出題されている。
実際の問題用紙	Ｂ５サイズ，小冊子形式
実際の解答用紙	Ｂ４サイズ

◆過去３年間の分野別出題率

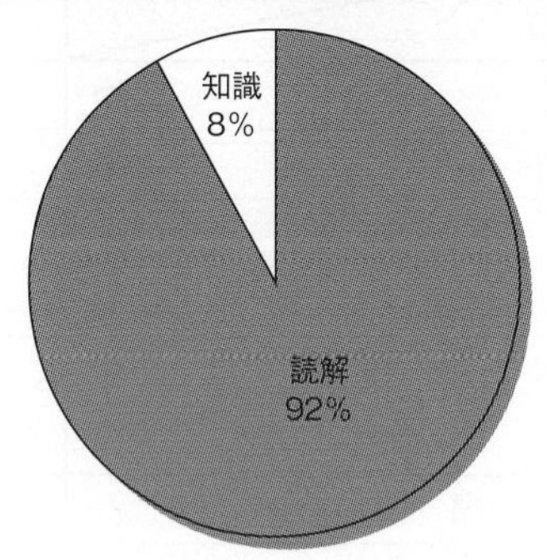

※　配点（推定ふくむ）をもとに算出

◆近年の出題内容

【 2024年度１回 】			【 2023年度１回 】		
大問	一	〔**小説**〕木皿泉「かお」（『カゲロボ』所収）（約5100字）	大問	一	〔**小説**〕額賀澪『競歩王』（約5700字）
	二	〔**説明文**〕戸谷洋志『未来倫理』（約4400字）		二	〔**説明文**〕古田徹也『いつもの言葉を哲学する』（約5300字）

◆出題傾向と内容

本校の国語は，**文章の内容が的確に読み取れるかどうかを，表現力もためしながらあわせて見ようとする問題**だといえます。

●**読解問題**…題材については，一つが小説・物語文，もう一つが説明文・論説文という組み合わせが多くなっています。内容的には，小学生にとって親しみやすく，取り組みやすい文章となっています。設問は，文章の内容をどこまで正しくつかんでいるかを見ることに主眼が置かれています。具体的には，指示語の内容，登場人物の心情や文脈，場面などのはあく，文章中の空らんへの適語の補充，大意・要旨など，正統的な設問が多いようです。何となく要旨をつかんだ程度では正解するのが難しく，文章を正確に読み取って再構成する力が問われるといってよいでしょう。

●**知識問題**…読解問題の設問として出題されています。漢字の書き取りは必出で，書きまちがえやすいものや同音異義語があってまぎらわしいものなどがよく取り上げられています。一方，語句や文法の量は少なく，まったく出されないこともあります。

◆対策～合格点を取るには？～

本校の国語は，読解力と表現力を見る問題がバランスよく出題されていますから，**まず読解力をつけ，その上で表現力を養う**ことをおすすめします。

読解力をつけるためには読書が必要ですが，長い作品よりも短編のほうが主題が読み取りやすいので，特に国語の苦手な人は短編から入るとよいでしょう。

次に表現力ですが，これには内容をまとめるものと自分の考えをのべるものとがあります。内容をまとめるものは，数多く練習することによってコツがわかってきます。自分の考えをのべるものは，問題文のどの部分がどのように問われるのかを予想しながら文章を読むとよいでしょう。また，答えとして必要な要点を書き出し，それらをつなげるような練習を心がけましょう。

なお，ことばのきまり・知識に関しては，参考書を１冊仕上げておけばよいでしょう。また，漢字や熟語については，読み書きはもちろん，同音（訓）異義語，その意味についても辞書で調べておくようにするとよいでしょう。

国語 出題分野分析表

分野 ＼ 年度			2024		2023		2022	
			1回	2回	1回	2回	1回	3回
読解	文章の種類	説明文・論説文	★	★	★	★	★	★
		小説・物語・伝記	★	★	★	★	★	★
		随筆・紀行・日記						
		会話・戯曲						
		詩						
		短歌・俳句						
	内容の分類	主題・要旨	○	○	○	○	○	○
		内容理解	○	○	○	○	○	○
		文脈・段落構成						
		指示語・接続語	○					
		その他				○		
知識	漢字	漢字の読み		○	○			
		漢字の書き取り	○	○	○	○	○	○
		部首・画数・筆順						
	語句	語句の意味						
		かなづかい						
		熟語					○	
		慣用句・ことわざ						
	文法	文の組み立て						
		品詞・用法						
		敬語						
	形式・技法							
	文学作品の知識							
	その他							
	知識総合							
表現	作文							
	短文記述							
	その他							
放送問題								

※　★印は大問の中心となる分野をしめします。

2024 年度

渋谷教育学園渋谷中学校

【算　数】〈第１回試験〉（50分）〈満点：100点〉

注　・定規，コンパスは使用できません。
　　・仮分数は帯分数になおす必要はありません。
　　・円周率は特に指示のない限り3.14とします。
　　・すい体の体積は「(底面積)×(高さ)÷３」で求められます。

1　次の問いに答えなさい。ただし，(6)は答えを求めるのに必要な式，考え方なども順序よくかきなさい。

(1)　$1-0.625\div\left(20\frac{1}{24}\div20\right)\times\left(\frac{1}{12}-0.04\right)$を計算しなさい。

(2)　１から100までの100個の整数のうち，３でも７でも割り切れない偶数は何個ありますか。

(3)　【A】は，整数Aを２で割り，その商を２で割っていき，商が１になるまで続けたときの，２で割った回数を表します。

例えば，
13÷2＝6　余り１
6÷2＝3
3÷2＝1　余り１
となるので，【13】＝3です。

このとき，【【2024】＋7】×【33】を求めなさい。

(4)　右の図は２つの直角三角形からできています。影のついた部分を直線Ｌを軸として１回転させてできる立体の体積は何cm^3ですか。

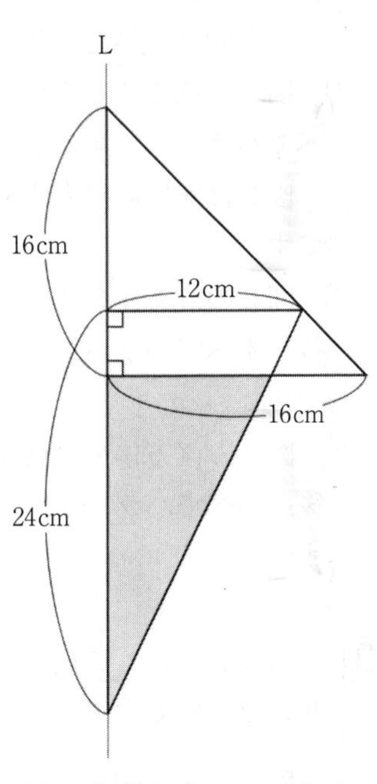

(5)　下の図は，円と正六角形と正十角形からできています。点Ｏは，円の中心です。このとき，㋐の角の大きさは何度ですか。

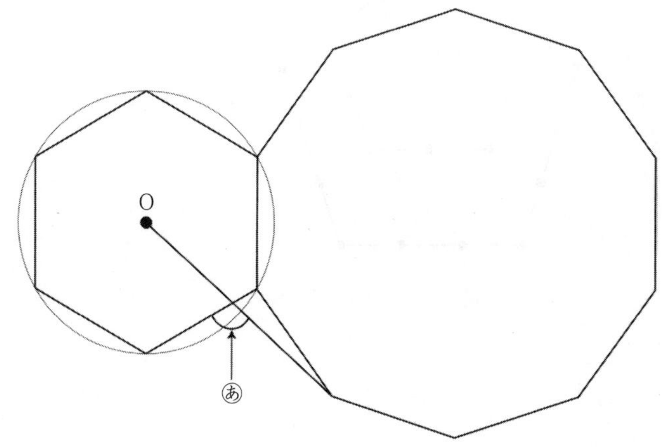

(6)　容器Ａには３％の食塩水が600ｇ，容器Ｂには５％の食塩水が300ｇ，容器Ｃには４％の食塩水が入っています。Ａ，Ｂ，Ｃから重さの比が１：２：２となるように食塩水を取り出し，空の容器Ｄに入れてよく混ぜ合わせました。Ｄの食塩水を３等分してＡ，Ｂ，Ｃにそれぞれ戻すと，Ａの食塩水に溶けている食塩が22ｇになりました。このとき，Ｂの食塩水の濃さは何％になりましたか。

2　図１は18個の立方体を積み上げて作った直方体です。図１の直方体を平面で切り，その後，すべてバラバラにしたときの立体の個数を考えます。

例えば図１の直方体を３点ア，イ，ウを通る平面で切り，その後，すべてバラバラにすると，９個の立方体と18個の切られた立体に分かれ，立体は合計で27個となります。

次の問いに答えなさい。

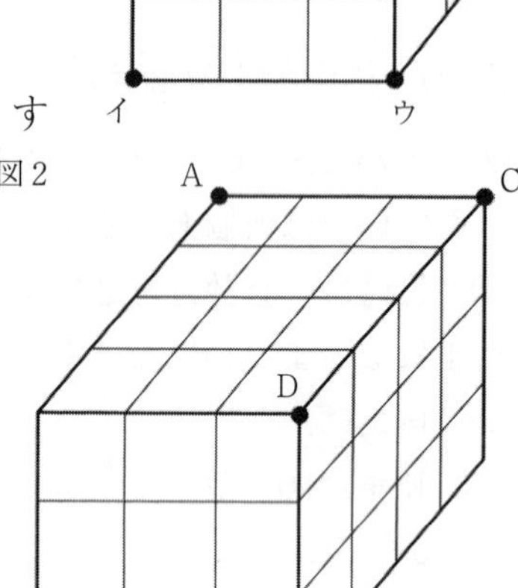

(1)　図１の直方体を３点イ，ウ，エを通る平面で切り，その後，すべてバラバラにすると，立体は合計で何個になりますか。

図２は36個の立方体を積み上げて，直方体を作ったものです。

(2)　図２の直方体を３点Ａ，Ｂ，Ｃを通る平面で切り，その後，すべてバラバラにすると，立体は合計で何個になりますか。

(3)　図２の直方体を３点Ａ，Ｂ，Ｄを通る平面で切り，その後，すべてバラバラにすると，立体は合計で何個になりますか。

3　図のように，ご石を並べて図形を作っていきます。表１は，図形のご石の個数を１番目からかいたものです。

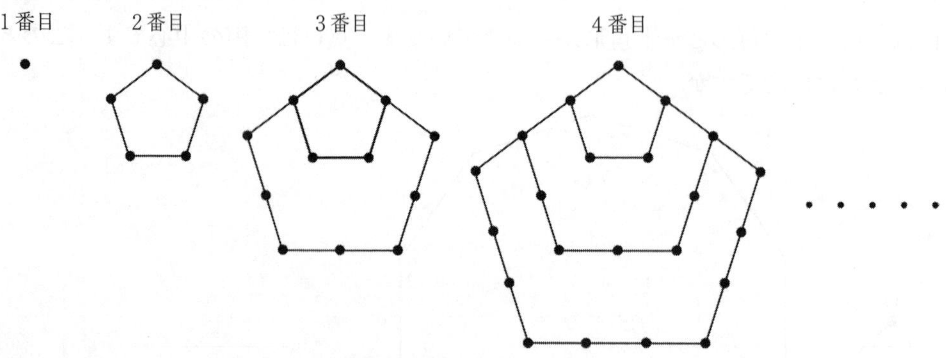

表１

１番目	２番目	３番目	４番目	……
１個	５個	12個	22個	……

次の問いに答えなさい。

(1)　６番目の図形のご石の個数は，５番目の図形のご石の個数より何個多いですか。

(2)　10番目の図形のご石の個数は何個ですか。

次に，表１のご石の個数の平均を下のように求め，表２を作成します。

①番目は，表１の１番目(１個)の平均である１個とします。

②番目は，表１の１番目(１個)と２番目(５個)の平均である３個とします。

③番目は，表１の１番目(１個)と２番目(５個)と３番目(12個)の平均である６個とします。

⋮

表２

①番目	②番目	③番目	④番目	……
１個	３個	６個	10個	……

(3)　表２の⑳番目は何個ですか。

(4)　次の□に当てはまる整数を答えなさい。

表１の□番目の個数は，表２の⑳番目の個数と同じです。

4　点Ｐは，図１の円周上を点Ａから反時計まわりに一定の速さで動き続けます。点Oは円の中心で，OA と OP で作られる角のうち180度以下の角を㋐とします。また，OA と OP と円によって囲まれた図形のうち，㋐の角を含む方をおうぎ形 OAP とします。図２のグラフは，㋐の角の大きさと時間の関係を，Ｐが出発してから５分間だけ表したものです。

下の問いに答えなさい。ただし，(2)，(3)は答えを求めるのに必要な式，考え方なども順序よくかきなさい。

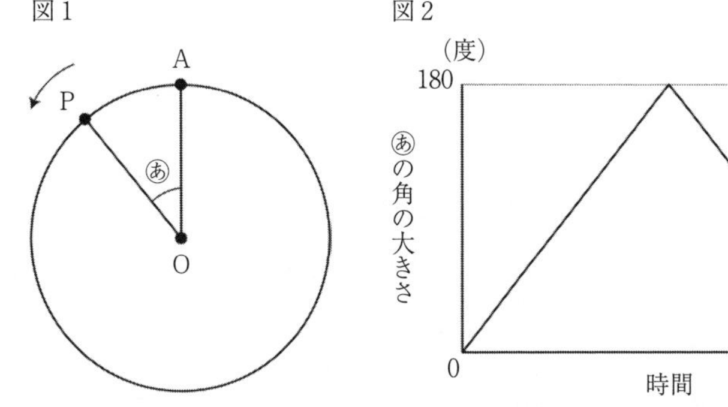

(1)　おうぎ形 OAP の面積と時間の関係を表したグラフと，三角形 OAP の面積と時間の関係を表したグラフの形に最も近いものを，次のア～カの中から１つずつ選び記号で答えなさい。ただし，おうぎ形や三角形を作ることができないとき，その面積は0とします。

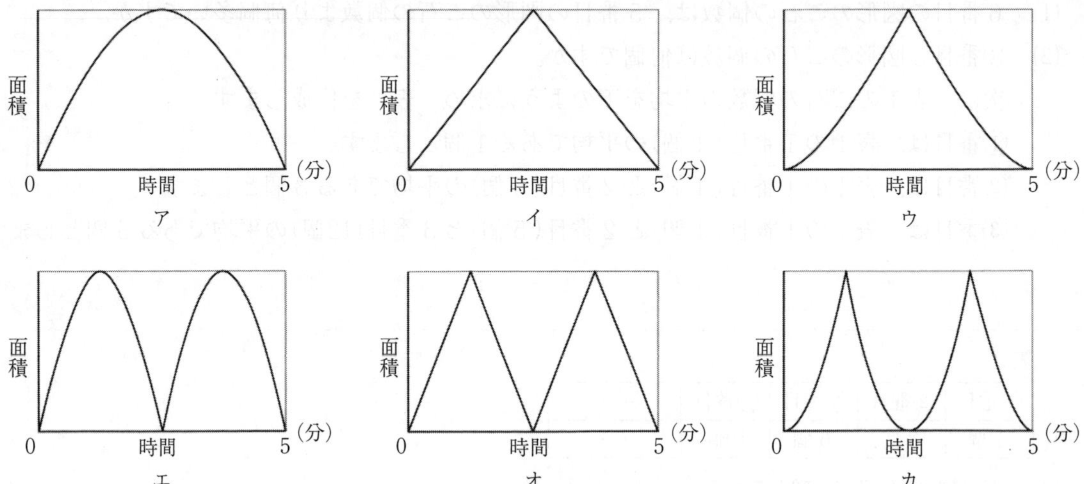

点ＱはＰと同時にＡから出発し，円周上をＰと同じ向きに一定の速さで動き続けます。Ｑは８分20秒で円周を１周します。

(2)　２点が同時に出発してから，３点Ａ，Ｐ，Ｑを結んでできる三角形がはじめて二等辺三角形になるのは，出発してから何分後ですか。

(3)　２点が同時に出発してから，３点Ａ，Ｐ，Ｑを結んでできる三角形が２回目に二等辺三角形になるのは，出発してから何分後ですか。

【社　会】〈第１回試験〉(30分)〈満点：50点〉

注　字数の指定がある問題については，次の①と②に注意して下さい。

①　句点(「。」)や読点(「，」)は，それぞれ１字として数えます。

②　算用数字を用いる場合は，数字のみ１マスに２字書くことができます。

(例１)「2024年」と書く場合　20|24|年

(例２)「365日」と書く場合　36|5|日　または　3|65|日

1　昨年(2023年)，日本プロサッカーリーグ(Ｊリーグ)が始まって30周年を迎えました。Ｊリーグが始まるまで，日本国内のプロスポーツリーグはプロ野球のみでしたが，現在では様々なプロスポーツリーグが存在しています。次の表は，2023年９月末時点における全国規模のプロスポーツリーグとその概要を，リーグの開始年順に示したものです。

競技	リーグ名	開始年	チーム数
野球	[プロ野球] セントラル・リーグ パシフィック・リーグ	1950年 (前身のプロリーグは1936年に開始)	12チーム (各リーグ６チーム)
サッカー	日本プロサッカーリーグ (Ｊリーグ)	1993年	60チーム (Ｊ１：18チーム Ｊ２：22チーム Ｊ３：20チーム)
バスケットボール	ジャパン・プロフェッショナル・バスケットボールリーグ (Ｂリーグ)	2016年	38チーム (Ｂ１：24チーム Ｂ２：14チーム)
サッカー(女子のみ)	日本女子プロサッカーリーグ (WEリーグ)	2021年	11チーム

※プロとアマチュアが併存したリーグや，特定の地域におけるプロスポーツリーグは，上記に含まない。

※プロ野球２軍は，セントラル・リーグやパシフィック・リーグのチームと重複するため，上記に含まない。

(各リーグのウェブサイトをもとに作成)

問１　次のページの地図は，表に示されたプロスポーツリーグについて，2023年９月末時点の都道府県別のプロチーム数を地図に示したものです。図から読み取れる情報について説明した次の文Ａ・Ｂの内容の正誤の組み合わせとして適当なものを，あとのア～エから１つ選び，記号で答えなさい。

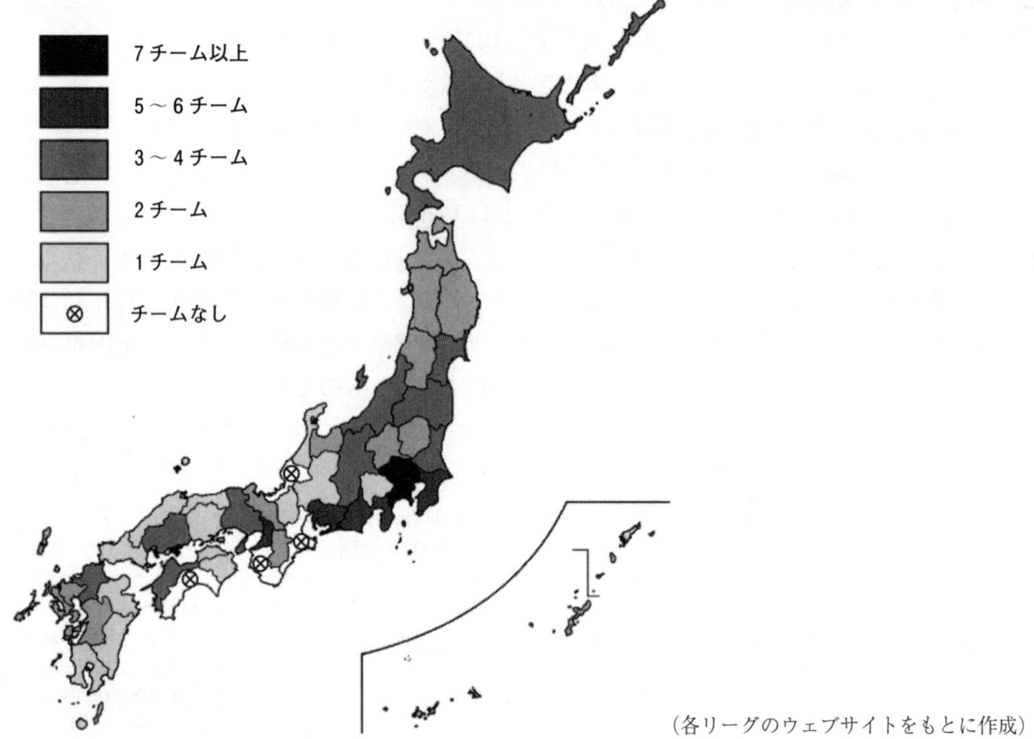

(各リーグのウェブサイトをもとに作成)

A　チームなしの県は，すべて2023年９月末時点で営業運転中の新幹線が通らない県である。
B　政令指定都市がある都道府県は，すべてチーム数が２つ以上ある。

ア．A：正　B：正
イ．A：正　B：誤
ウ．A：誤　B：正
エ．A：誤　B：誤

問２　Ｊリーグのチームの多くは，所在する都市の歴史・文化・自然環境などを由来としてチーム名が付けられています。次の①～③の由来のチームが所在する都市を，右の地図中のア～カからそれぞれ１つずつ選び，記号で答えなさい。

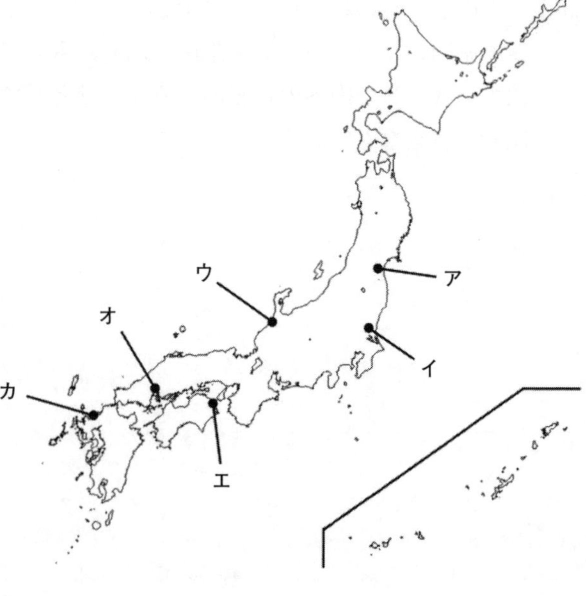

①　イタリア語で「渦」を意味する言葉から命名。豪快な渦潮のようにパワー・スピード・結束力を兼ね備え，観客を興奮の渦に巻き込むチームを目指す。

②　英語で「葵」を意味する言葉から命名。かつてこの都市を治めた藩の家紋「三つ葉葵」から引用した。

③ 「織姫」と「彦星」とされる星の名前を合わせて命名。この都市で夏に開催される大規模な祭りにちなんでいる。

(説明文は各チームのウェブサイトをもとに作成)

問３　次の雨温図Ａ～Ｃは，プロ野球チームがある大阪府大阪市，埼玉県所沢市，福岡県福岡市のいずれかのものです。雨温図と都市の組み合わせとして適当なものを，あとのア～カから１つ選び，記号で答えなさい。

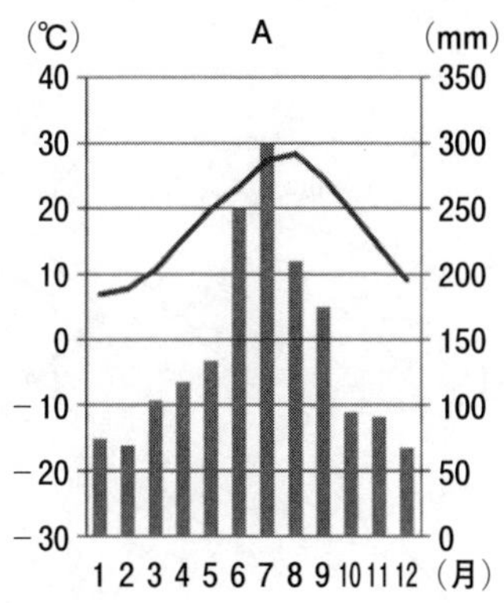

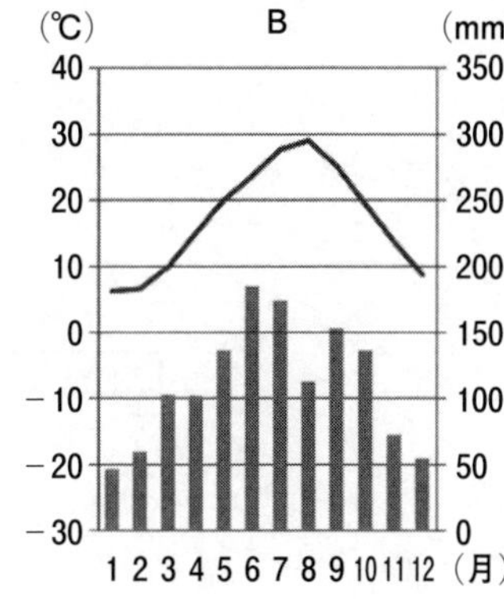

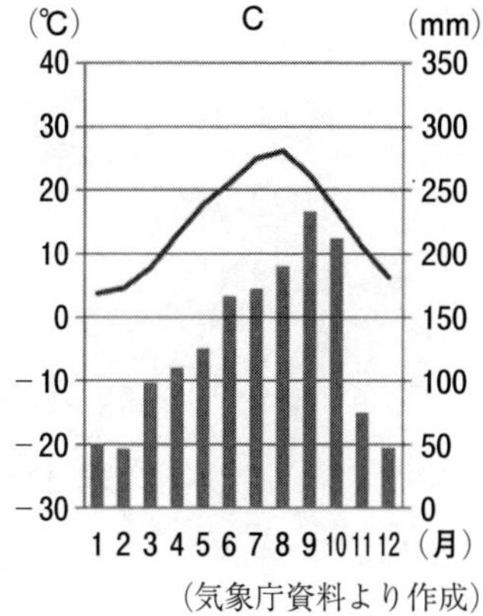

(気象庁資料より作成)

ア．Ａ：大阪市　Ｂ：所沢市　Ｃ：福岡市

イ．Ａ：大阪市　Ｂ：福岡市　Ｃ：所沢市

ウ．Ａ：所沢市　Ｂ：大阪市　Ｃ：福岡市

エ．Ａ：所沢市　Ｂ：福岡市　Ｃ：大阪市

オ．Ａ：福岡市　Ｂ：大阪市　Ｃ：所沢市

カ．Ａ：福岡市　Ｂ：所沢市　Ｃ：大阪市

問４　次の表は，Ｊリーグ創設当時に加盟チームがあった千葉県市原市，神奈川県川崎市，静岡県静岡市，広島県広島市のいずれかにおける，化学工業製造品出荷額，輸送用機械器具製造品出荷額，漁獲量，小売業年間商品販売額を示したものです。川崎市にあてはまるものを，表中のア～エから１つ選び，記号で答えなさい。

	化学工業製造品出荷額(億円)2019年	輸送用機械器具製造品出荷額(億円)2019年	漁獲量(トン)2018年	小売業年間商品販売額(億円)2015年
ア	9,198	5,437	—	12,287
イ	411	18,915	153	14,633
ウ	13,609	584	—	2,663
エ	1,100	558	2,839	7,968

※「—」はデータ無しを意味する

(「2020年工業統計調査」，「海面漁業生産統計調査」，「平成28年経済センサス」より作成)

問５　次の地形図は，熊本県のＪリーグチームが本拠地とするスタジアム周辺のものです。この地域に関するあとの設問に答えなさい。

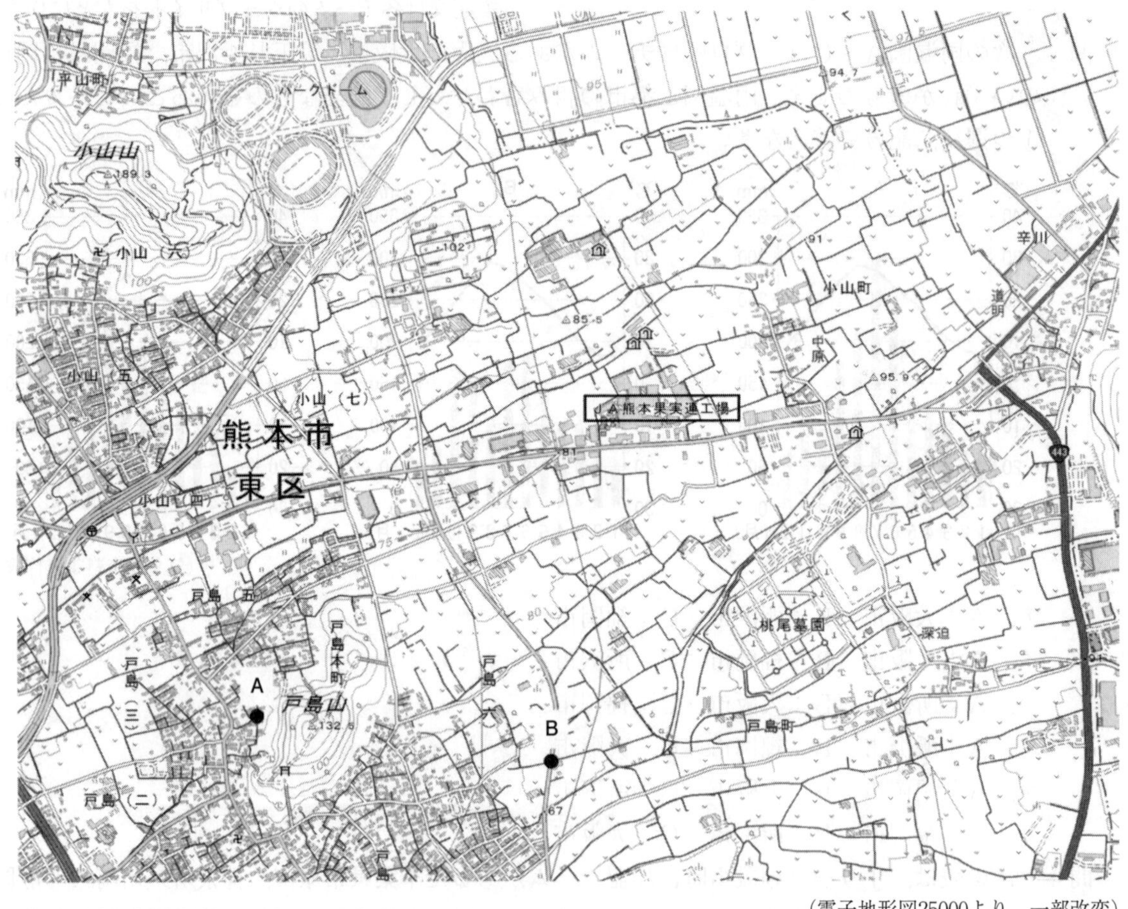

（電子地形図25000より　一部改変）

(1)　地形図から読み取れる情報について説明した次の文①・②の内容の正誤の組み合わせとして適当なものを，あとのア～エから１つ選び，記号で答えなさい。

①　地図中のＡ地点からは，Ｂ地点を直接見ることができる。

②「JA 熊本果実連工場」の南側には，区画整理された畑が広がる。

ア．①：正　②：正　　イ．①：正　②：誤

ウ．①：誤　②：正　　エ．①：誤　②：誤

(2)　熊本市の市街地は，台地から低地にかわる場所に位置していることから，各所で地下水が湧き出ています。そしてその地下水の水質に優れるため，約74万人の市民の水道水のすべてを地下水でまかなっています。なぜ熊本市の地下水は豊富で水質に優れているのか，次の図をもとに，45字以内で説明しなさい。

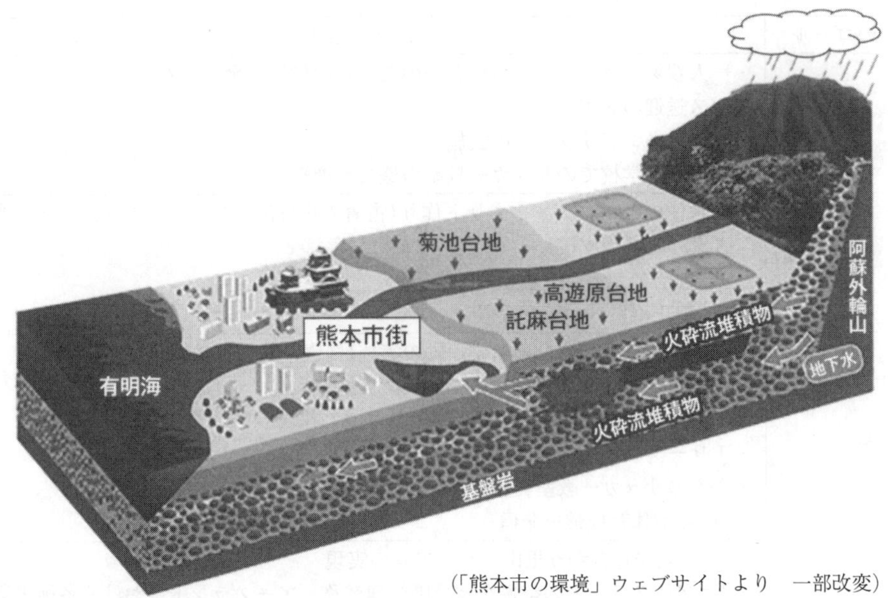

(「熊本市の環境」ウェブサイトより　一部改変)

(3)　(2)のような地下水をいかして，この地域ではある製品の生産が1980年代に最盛期をむかえました。

(a)　生産がさかんになった製品として最も適当なものを，次のア～エから１つ選び，記号で答えなさい。

ア．腕時計　　イ．液晶パネル　　ウ．集積回路　　エ．ソーラーパネル

(b)　その製品の生産において，日本は1980年代には世界一を誇りましたが，1990年代以降は海外との競争が激しくなったため日本企業のシェアが低下し，現在では海外企業のシェアが日本企業を大きく上回っています。現在，その製品の受託生産(他のメーカーから注文を受けて生産)で世界シェア１位の企業が，2025年の稼働をめざしてこの地域に新工場を建設しており，地元への経済効果が期待されています。その企業の本社がある国・地域として適当なものを，次のア～エから１つ選び，記号で答えなさい。

ア．韓国　　イ．シンガポール　　ウ．台湾　　エ．香港

問６　近年，プロチームと地域のファンとの関係を重視して設計されたスタジアムが各地で建設されており，その１つに愛媛県今治市にＪリーグチームの本拠地として建設された「里山スタジアム」があります。今治市では，チームが地域と協力して様々な取り組みをしており，その中に「今治 SDGs マテリアリティ」とよばれる事業があります。マテリアリティとは重要課題のことを指します。

次の表は，「今治 SDGs マテリアリティ」の事業案の一部をまとめたものです。また下のア～エは，SDGs のゴールのうち４つを示しています。表中のＡ～Ｄには，ア～エのいずれかがあてはまります。Ａにあてはまるものを，ア～エから１つ選んで記号で答え，そのゴールの空らんに入る語句を答えなさい。

SDGsのゴール	関連する事業案
A	・一人親家庭無料制度，遠征費等のための給付型基金などの充実 ・バス送迎の充実 ・ウォーキングサッカーの実施 ・特別支援学校でのサッカー教室の機会を増やす
B	・衣食住のセーフティーネット作り(古着の再分配，フードバンク，子ども食堂，空き家の再活用支援) ・FC今治アカデミー基金の設立 ・※1波止浜に募金箱を設置
C	・高齢者の健康寿命を延ばす活動の実施(健康診断や運動教室) ・インクルーシブなメンバーでの事業実施 ・朝活※2アースランドの実施 ・Ｊリーグウォーキングとの連携 ・大人のサッカー教室実施 ・FC今治体育授業を発信
D	・365日人が行きかう里山スタジアムの実現 ・※2アースランドの整備など公園管理業務，アースランドにおける各種事業の充実 ・アカデミー生やレディース選手などへの空き家の紹介 ・グリーンインフラ(自然環境が有する機能を社会における様々な課題解決に活用しようとする考え方)の推進

※1　波止浜：今治市内の地区名
※2　アースランド：今治市郊外の丘陵地にある公園(正式名は「しまなみアースランド」)

(今治夢スポーツ ウェブサイトより作成)

ア．

イ．
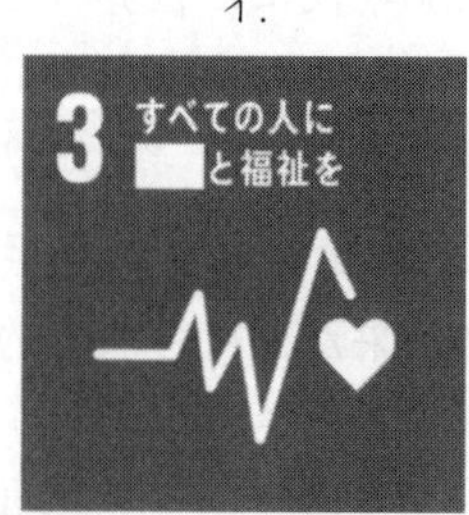

ウ．

エ．

2　九州の歴史に関して，それぞれの問いに答えなさい。

問１　九州北部は朝鮮半島や中国の大陸にも近く，古代から外交の窓口や，先進的な文化が伝わる場所として重要な役割を担っていました。そのため，現地では古代の遺跡や重要な文化財が多く発掘されています。これに関連した設問にそれぞれ答えなさい。

(1)　現在の福岡市にある板付遺跡は，今からおよそ2300年前頃，日本に稲作が伝わったことを示す最古の遺跡の１つとされており，その後，弥生時代にかけて稲作は本土全体に広まります。弥生時代の人々はどのような道具を用いて稲作を行っていたのか，説明した文として<u>**誤っているもの**</u>を，次のア～エから１つ選び，記号で答えなさい。

ア．鉄でつくられた鋤(すき)で土を耕した。

イ．青銅でつくられた鎌(かま)で稲を収穫した。

ウ．磨製石器の技術でつくられた石包丁で稲の穂を刈りとった。

エ．木でつくられた臼(うす)と杵(きね)で稲の穂から粒を取り分けた。

⑵　現在の福岡市の志賀島で，古代の外交を知るための大きな手がかりとなる次の金印が発掘されています。この金印に刻まれている文字を，**漢字５字**で書きなさい。

⑶　⑵の金印がおくられた時代の日本について説明した文としてふさわしいものを，次のア～エから１つ選び，記号で答えなさい。

ア．全国的に小さな国々に分かれていて，それぞれの国に権力者がいたとされる。

イ．畿内に，巨大な前方後円墳がつくられるほど強い権力を持った権力者がいたとされる。

ウ．関東地方から九州地方まで，広い範囲を勢力におさめる権力者がいたとされる。

エ．十年ほど続いた戦乱をおさめ，うらないで人々を率いた女性の権力者がいたとされる。

問２　北九州に置かれた役所である大宰府は，古代から都に次いで政治・外交的に重要な場所であったため，大宰府に関連する歌は多くよまれてきました。大宰府に関連する以下のＡ～Ｃの歌について，設問にそれぞれ答えなさい。

> Ａ　初春の令月にしてきよく風和らぎ［　Ｘ　］は鏡前の粉を披き　蘭は珮後(はいご)の香を薫らす　　(730年頃，大宰府の長官であった大伴旅人がよんだとされる)
>
> ＜現代語訳＞
>
> 新春のよき月(現在の２月初旬頃)，空気は美しく風はやわらかく，［　Ｘ　］は美女が鏡の前に装う粉のように白く咲き，蘭は身を飾るような香りをただよわせている。

> Ｂ　父母が　頭かきなで　幸(さ)くあれて　言ひし言葉ぜ　忘れかねつる
>
> (755年頃，大宰府へ向かった丈部稲麻呂がよんだとされる)
>
> ＜現代語訳＞
>
> 父母が私の頭をなでて，無事であれと言ったその言葉が忘れられない。

> Ｃ　住み馴(な)れし　ふるき都の恋しさは　神も昔に　思ひ知るらむ
>
> (1183年頃，大宰府で平重衡がよんだとされる)
>
> ＜現代語訳＞
>
> 住み慣れた古い都を恋しく思う気持ちは，きっと神もご存知だったことでしょう。

⑴　Ａの歌は，現在の元号「令和」の由来となったとされている歌です。Ａの歌の空らん［Ｘ］には，現在も「太宰府天満宮」を彩る花の名が入ります。空らん［Ｘ］に入る花の名を，漢字で答えなさい。

⑵　Ｂの歌は，駿河国(現在の静岡県)に住んでいた一般の成人男性である丈部稲麻呂という

人物が，故郷から大宰府へ向かう途中によんだとされている歌です。この人物がなぜ大宰府へ向かったのか，25字以内で説明しなさい。

(3)　Ｃの歌は，平氏の一門である平重衡がよんだとされていますが，どのような背景からよんだものだと考えられますか。最もふさわしいものを，次のア～エから１つ選び，記号で答えなさい。

ア．一門で神のような絶対的権力を手に入れた平氏が，繁栄する都を思ってよんだ歌だと考えられる。

イ．日宋貿易の拠点の近くに新たな都をつくった平氏が，その都の繁栄を願ってよんだ歌だと考えられる。

ウ．源氏との戦いに敗れて都を追われた平氏が，かつていた都をしのんでよんだ歌だと考えられる。

エ．戦いに敗れ一族の滅亡が決定的となった平氏が，最期に神と都を思ってよんだ歌だと考えられる。

(4)　次のア～エのうち，Ｃの歌がよまれた後つくられたものとしてふさわしいものを**すべて**選び，記号で答えなさい。

ア．

イ．

ウ．

エ．

問３　江戸時代の福岡藩は，長崎の防衛を担当していたことから海外の事情に対する関心が高く，19世紀に入ると世界の地理や歴史を研究する蘭学者が多数あらわれました。次に示すのは，青木興勝という蘭学者が1804年頃に記したとされる，自身の海防・貿易に関する考え方をまとめた「答問十策」の一部です。これを読み，それぞれの設問に答えなさい。

「答問十策」

第一策　(X)との貿易について

(X)との貿易は，相手国に莫大な利益があり，我が国には全く利益がないから停止すべきである。また，金銀銅の輸出は禁止すべきである。白石先生は金銀銅の流出について深くなげいており，金銀銅の積み出しを計算して制限する計画を立てていたのである。

第三策　享和3(1803)年に長崎に来航したアメリカ船への対応について

長崎奉行が，神祖からのご法度を守り，交易を求めて来航したアメリカ船を追い返したのはふさわしいことであったといえる。

第四策　中国との貿易について

中国からやって来る布や磁器などは無益だが，薬材(薬の原料)はなくてはならないものであるから，これを第一として注文をし，中国との交易を続けるべきである。

第五策　キリスト教の禁制について

世界各国の地誌によれば，日本・中国・朝鮮・(Y)は※直行の文字を用いている。キリスト教の禁制と並行して，横文字を用いる国はことごとく「禁制」だと考えるべきだ。中でも(Z)は格別で，その昔は微力の国であったのに，この頃勢力を拡大して諸国を従わせ，ついに蒙古東北の地勢をきわめ，満州の東カムチャツカの地に至るアジアの方まで押領しようとしている。

[①]がかつてこの国のことを嘆き綴り，その身を禁錮させられたきっかけとなった書などを吟味すれば，制限を緩めて(Z)の商船を受け入れると後々悔やむことになると言えるだろう。

※「直行」…ここでは「たて書き」の意味。

(国立国会図書館デジタルコレクションより一部改変)

(1)　この資料が書かれた当時の日本の国際関係をふまえて考えたとき，資料中の空らん(X)～(Z)に入る国の説明としてふさわしいものを，次のア～カからそれぞれ1つずつ選び，記号で答えなさい。

ア．この国出身の人物が種子島に漂着したことで，日本に鉄砲のつくり方や技術が伝わった。

イ．中国がこの国とのアヘン(薬物)をめぐる戦争に敗れ，江戸幕府は外国船への対応を検討し直した。

ウ．江戸に通信使と呼ばれる使節をおくっていたこの国には，倭館と呼ばれる日本人の滞在場所が置かれた。

エ．この国からは薩摩藩に特産物がおさめられたり，江戸幕府の将軍が代わるごとに使節がおくられたりした。

オ．この国の人々から得た海外情報の報告書は風説書と呼ばれ，ヨーロッパの情勢を知る貴重な手段だった。

カ．幕末に日本がこの国と結んだ和親条約には，国境に関する取り決めが含まれていた。

(2)　資料中の空らん[①]に入る人物としてふさわしいものを，次のア～エから1人選び，記号で答えなさい。

ア．高野長英　　イ．林子平　　ウ．吉田松陰　　エ．渡辺崋山

問４　福岡県には多くの鉱山があり，明治時代から昭和時代にかけて，そこには多くの炭坑(鉱)労働者たちがいました。これについて，それぞれの設問に答えなさい。

(1)　次の(A)・(B)は，大正時代，福岡県の田川郡にあった峰地(みねぢ)炭坑で起きたできごとについて，後の時代に描かれたものです。(B)に描かれているできごとが起きた経緯を，(A)をふまえて60字以内で説明しなさい。なお，説明書きは，絵に書かれている文章を簡略化したものです。

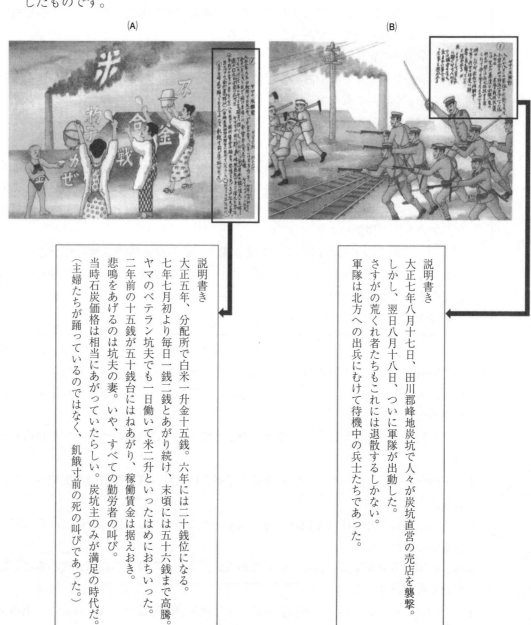

(A)

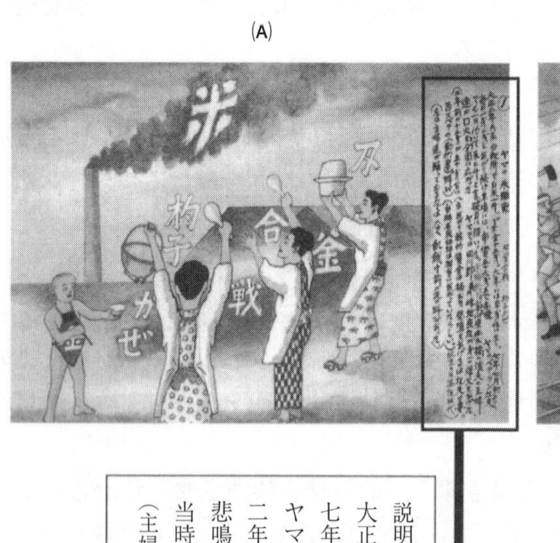

説明書き
大正五年、分配所で白米一升金十五銭。六年には二十銭位になる。七年七月初より毎日一銭二銭とあがり続け、末頃には五十六銭まで高騰。ヤマのベテラン坑夫でも一日働いて米二升といったはめにおちいった。二年前の十五銭が五十銭台にはねあがり、稼働賃金は据えおき。悲鳴をあげるのは坑夫の妻。いや、すべての勤労者の叫び。当時石炭価格は相当にあがっていたらしい。炭坑主のみが満足の時代だ。(主婦たちが踊っているのではなく、飢餓寸前の死の叫びであった。)

(B)

説明書き
大正七年八月十七日、田川郡峰地炭坑で人々が炭坑直営の売店を襲撃。しかし、翌日八月十八日、ついに軍隊が出動した。さすがの荒くれ者たちもこれには退散するしかない。軍隊は北方への出兵にむけて待機中の兵士たちであった。

(田川市石炭・歴史博物館，田川市美術館『炭坑の語り部　山本作兵衛の世界』より説明書き部分を一部改変)

(2)　戦時下に入ると，政府の政策によって福岡県の産業や人々の生活も大きな影響を受ける

ことになりました。これに関連した資料と，当時の状況を説明した下の文を読み，説明文中の空らん［　①　］・［　②　］に入る適切な語句を，それぞれ**漢字２字**で答えなさい。

〈政府による産業統制に関する年表〉

年	法律・施策	内容
1937年	輸出入品等に関する臨時措置に関する法律(臨時措置法)・臨時資金調整法制定	軍需物資の輸入優先・輸入原料による生産が制限される
1938年	国家総動員法制定	国家総力戦遂行のため，国家のすべての人的・物的資源を政府が統制・運用できるようになる
1944年	炭鉱労働における「急速転換」実施	樺太および釧路における炭鉱労働者が筑豊に集中させられ，戦時炭鉱増産がはかられる

〈1940年頃に福岡県で出された印刷物〉

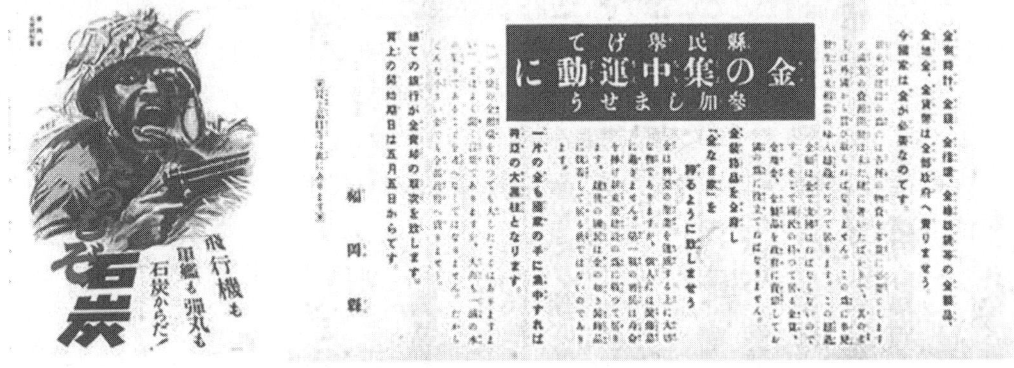

〈陶器のポンプ(左)・陶器の手りゅう弾(中)・竹製のヘルメット(右)〉

〈説明文〉

［　①　］戦争の開始とともに産業に関する政府の統制が強まり，［　②　］や石炭など軍需産業に関連したものの生産が強化された。一方，それらはすべて戦時体制を支えるものとして使用されたため，［　②　］は不足し，別の材料によって多くの代用品がつくられた。

3　ある大学の研究機関が，小学校６年生の希望者を対象に，主権者として政治を体験的に学ぶ講座(ワークショップ)を開いています。児童ＡとＢが参加し，案内役の大学生と意見交換をしながら講座に取り組もうとしています。次の会話文を読んで，それぞれの問いに答えなさい。

大学生：皆さんに，Ⅰ：民主主義，Ⅱ：専制主義，Ⅲ：寄合の３枚のカードを用意しました。それぞれの仕組みについて意見交換をしていきましょう。

国会議事堂

強力なリーダー

車座

児童Ａ：Ⅰの民主主義の良い点は，憲法で国民の主権が認められていて，公正な選挙で政府がつくられることです。そうすれば，政府の国民に対する（　1　）を防げる仕組みです。新聞などのマスメディアは定期的に（　2　）を行っていて，その評価や支持が低いと次の選挙で（　3　）可能性が高くなるので，政府は国民のことを考えた政策を行う必要があります。

児童Ｂ：Ⅱの専制主義は強力なリーダーが中心にいるから，良い点はリーダーに権力が集まっているので，長期的な国家戦略に取り組むことができること。課題は権力間で監視しお互いを抑止しあう（　4　）の機能が働かなくなると，政府による（　5　）が起きやすくなることだと思う。政府を批判する（　6　）や，対立政党や候補の排除をすれば，政権を維持し続けられるね。

大学生：Ⅲの寄合は，室町時代の（　7　）が続く時期に，自治的な共同体の惣村で行われました。良い点は，年齢が高い指導者の乙名(おとな)のもとで，農民たちが直接話し合うので，（　8　）意識が高いことだと言えます。課題は，寄合で決定した（　9　）などには今の時代と比べると近代的な法律上の根拠がないので，その場の雰囲気や話し合いの流れ，人間関係で決まるのが弱点です。では次に，国民の義務について，意見交換をしていきましょう。

児童Ｂ：義務は全員同じ負担にするほうが良いのか，それとも各個人が負担できる役割を義務としたほうが良いのかな。どうやったらみんなが納得するのだろう。Ⅰの民主主義だと，考えにばらつきも出るだろうな。

大学生：納税の義務では，すべての人が同じ税率を負担する（ 10 ）と，収入によって税率がことなる（ 11 ）があります。（ 10 ），（ 11 ）を含めて納めた税金は，働けなくなった時にも安心して暮らせる（ 12 ）につながっています。

児童Ａ：安心であることは，社会全体の幸福につながると思います。病気やケガは予期できないし，年を取った時のことまでを考えれば，納税の義務にも納得できます。

問１　３枚のカードに関する【ⅰ】～【ⅲ】の問いにそれぞれ答えなさい。

【ⅰ】　Ⅰの民主主義に関して，文中の(１)～(３)にあてはまる語句の組み合わせとして正しいものを，次のア～エから１つ選び，記号で答えなさい。

ア．(１)　情報の管理　(２)　国政調査　(３)　野党が連立する
イ．(１)　権利の侵害　(２)　世論調査　(３)　議席を減らす
ウ．(１)　情報の管理　(２)　世論調査　(３)　議席を増やす
エ．(１)　権利の侵害　(２)　国政調査　(３)　政権交代する

【ⅱ】　Ⅱの専制主義に関して，文中の(４)～(６)にあてはまる語句の組み合わせとして正しいものを，次のア～エから１つ選び，記号で答えなさい。

ア．(４)　三権分立　(５)　権力の濫用　(６)　言論の弾圧

イ．（４）　違憲審査　（５）　条約の破棄　（６）　報道の自由

ウ．（４）　違憲審査　（５）　情報の操作　（６）　言論の弾圧

エ．（４）　三権分立　（５）　公共の福祉　（６）　報道の自由

【iii】　Ⅲの寄合に関して，文中の(７)～(９)にあてはまる語句の組み合わせとして正しいものを，次のア～エから１つ選び，記号で答えなさい。

ア．（７）　南北朝の動乱　（８）　強制参加　（９）　律・令

イ．（７）　承久の乱　（８）　当事者　（９）　掟

ウ．（７）　承久の乱　（８）　強制参加　（９）　律・令

エ．（７）　南北朝の動乱　（８）　当事者　（９）　掟

問２　国民の義務に関する問題【ｉ】【ii】に答えなさい。

【ｉ】　日本国憲法における国民の義務は，納税，勤労，教育を受けさせることです。過去に日本でも国民に課していた義務で，現在の韓国やイスラエルなどでも行われている制度は何か答えなさい。

【ii】　納税の義務に関する文中の(10)～(12)にあてはまる語句の組み合わせとして正しいものを，次のア～エから１つ選び，記号で答えなさい。

ア．(10)　住民税　(11)　消費税　(12)　安全保障

イ．(10)　消費税　(11)　所得税　(12)　安全保障

ウ．(10)　消費税　(11)　所得税　(12)　社会保障

エ．(10)　住民税　(11)　消費税　(12)　社会保障

問３　次の記事を読んで，現在の世界の政治に関する説明として最もふさわしいものを，あとのア～エから１つ選び，記号で答えなさい。

【民主主義国家は減少　拡大する専制主義国家　ロシアや中国 ... 影響力，無視できず】

<民主主義のあした>

世界各国の民主主義の度合いを評価する米国の人権監視団体「フリーダムハウス」がまとめた2022年の年次報告書によると，民主主義国家の数は05年の89カ国をピークに減少傾向になり，21年には83カ国になった。

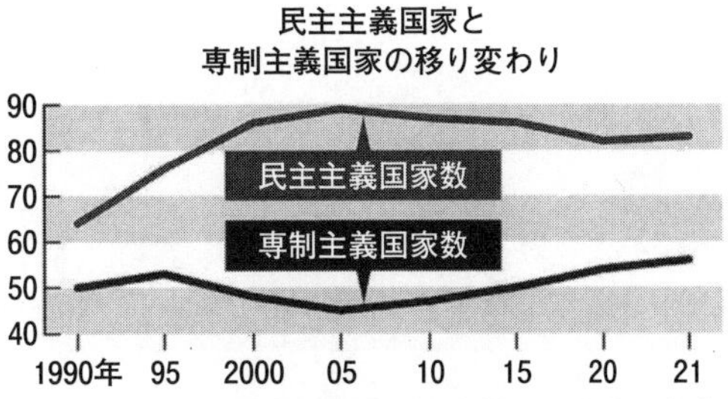

民主主義国家と
専制主義国家の移り変わり

第一生命経済研究所の資料などを基に作成

一方，参政権や報道の自由などに制限を加えている専制主義国家は，05年には45カ国だったが，21年には56カ国にまで拡大した。

フリーダムハウスの報告書を分析した第一生命経済研究所の石附賢実(いしづき　ますみ)・マクロ環境調査グループ長によると，専制主義国家の国内総生産(GDP)は1990年には世界の6.2％にとどまっていたが，2021年には26.4％となった。「影響力は無視し得ない規模にまで広がっている」と指摘する。

バイデン米大統領は昨年12月に開いた「民主主義サミット」で，中国やロシアへの警戒を表明。日本を含む参加国に「民主主義の再生，強化には不断の努力が必要だ」と結束を呼び掛けた。フリーダムハウスは中国とロシアを専制主義国家と位置付けている。

（東京新聞 web 2022年６月15日より抜粋）

ア．2000年代に入り，東南アジアの専制主義国家は欧米など民主主義国家による経済活動の制限に対抗するために連携を深め，巨大経済圏の東南アジア諸国連合（ASEAN）をつくった。

イ．1992年に国連環境開発会議（地球サミット）が開かれ，グローバルな温暖化対策の連携により民主的な政治体制が広がり，パリ協定の締結につながった。

ウ．21世紀にアジア・アフリカ・南アメリカの新興国や途上国の中には，政治的に専制主義国家の体制をとる国が多くなっている。

エ．バイデン米大統領の「民主主義の再生，強化には不断の努力が必要だ」という発言には，急速に広まるAI技術が専制主義国家によって生み出されていることへの，強い危機感が表れている。

問４　民主主義国家と専制主義国家によって世界が２つに分かれ，対話をする機会が減り対立する危険があります。それはどのような危険性が高まることにつながるのか，次の文中の ① ・ ② に適する言葉を入れて完成させなさい。

なお， ① は**漢字２字**， ② は**漢字１字**で答えなさい。

世界が分断すると，第二次世界大戦後の ① 期のように， ② の力を利用して対立の解決をはかろうとする危険性が高まる。

【理　科】〈第１回試験〉（30分）〈満点：50点〉

1　次の文を読み，問いに答えなさい。

自然界では，同じ生物種の個体どうしや，異なる生物種どうしがお互いに関わり合いをもって生活を送っています。その中でも，「食べる，食べられる」の関係について，考えていきましょう。

植物は自身が光合成によって栄養分を作り出し，それを呼吸という過程で分解することでエネルギーを取り出して生活を送る一方，動物は植物や自分以外の動物を食べて栄養分を取りこみ，それを呼吸で分解してエネルギーを取り出しています。

下の図１は，陸上における「食べる，食べられる」の関係を示したものです。図１の中では，植物をバッタが食べ，バッタをモズが食べ，さらにはオオタカがモズを食べるという関係が見られます。このように，「食べる，食べられる」という鎖のようにつながった，生物どうしの一連の関係を食物連鎖といいます。また，図１が示すように，陸上では，複数の食物連鎖の関係が見られ，生物どうしの関係は網の目のようにからみ合っており，これを食物網といいます。

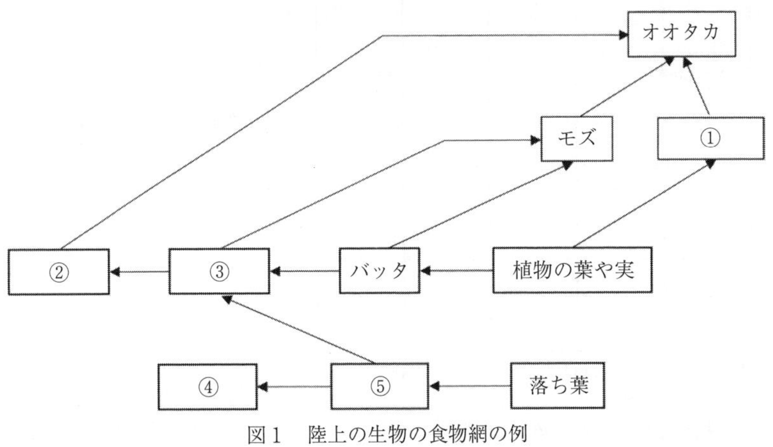

図１　陸上の生物の食物網の例

ある地域に生息・生育するすべての生物と，それらをとりまく環境をひとつのまとまりでとらえたものを生態系といいます。生物は，水や気温など，環境からの影響を受ける一方，光合成や呼吸などによって大気組成に影響を与えたり，動物の排せつ物や落ち葉が分解されて土の成分(肥料)が変わったり，環境に対して影響を与えています。そして，土の肥料を植物が吸い上げることで，植物のからだの働きを調節したり，成長させたりしているのです。

ペルーでは，「グアノ」とよばれる，海鳥の排せつ物が堆積したものが，農作物の生育に大きく影響を与えています。しかし，ペルー沖で海水の表層の水温が上昇するエルニーニョ現象が発生すると，ペルー沖の生物の食物連鎖に影響を与え，それがグアノを作り出す海鳥の個体数を減少させることがわかっています。

問１　図１の①～⑤に入る生物の名称を下の(あ)～(お)から，それぞれ１つずつ選びなさい。

(あ)　モグラ　　(い)　ウサギ　　(う)　ヘビ　　(え)　ミミズ　　(お)　カエル

問２　いま，ある生態系において「食べる，食べられる」の関係にある種Ａと種Ｂの時間の経過にともなうそれぞれの個体数の変化について調べると，以下の図２のようになりました。図２より，「種Ａと種Ｂがともに増加する期間」，「種Ａが増加するが種Ｂが減少する期間」，「種Ａと種Ｂがともに減少する期間」，そして「種Ａが減少するが種Ｂが増加する期間」があることがわかりました。

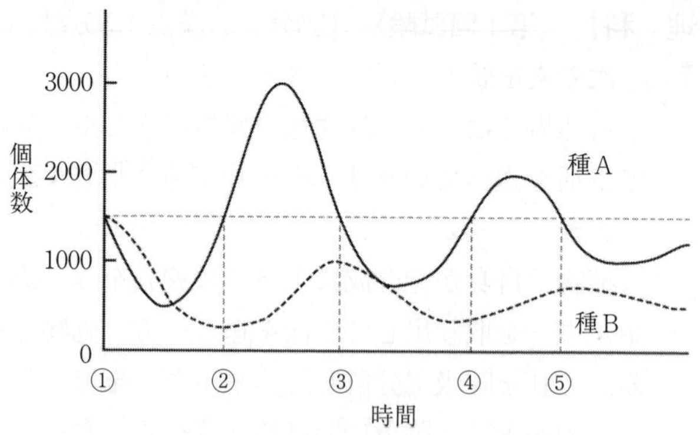

図２　時間の経過と種Ａと種Ｂの個体数の変化

また，図２の時間①～⑤における種Ａと種Ｂの個体数を読み取り，図３に表しました。

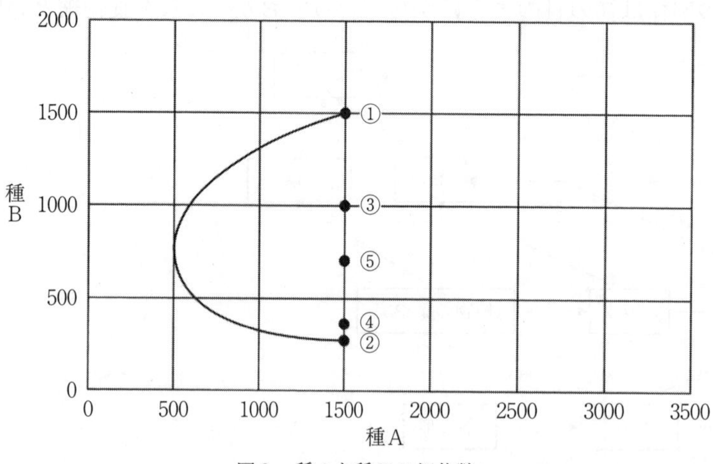

図３　種Ａと種Ｂの個体数

⑴　一般に，種Ａと種Ｂのどちらが食べる側になりますか。解答らんに書きなさい。

⑵　図３の②～⑤を線で結び，それぞれの種の個体数がどのように変化をしていくか，示しなさい。(解答らんでは，①～⑤の番号は外してあります。)

問３　かつて，アラスカから南カリフォルニアまでにかけて，その沿岸にはケルプという海藻(そう)が広がり，ラッコが生息していました。しかし，18世紀に入るとヨーロッパの人々や入植者によって，ラッコの乱獲(かく)が始まり，絶滅(めつ)の危機を迎(むか)えるだけでなく，ケルプが広がっていた海底では，ケルプも激減してしまうことになりました。その原因にはラッコのエサであり，かつケルプを食べる「ウニ」の存在があげられます。ケルプが激減してしまった理由を１行で説明しなさい。

以下の図4は食物連鎖を通じて，植物が作り出した栄養分が草食動物に，また草食動物から肉食動物へと栄養分が移動していく様子を表したものです。

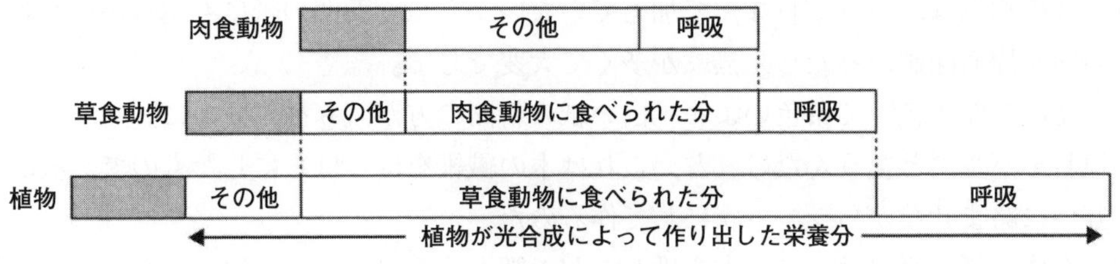

図4　食物連鎖を通じて栄養分が移動していく様子

問4　文中の下線部について，エルニーニョが発生すると，通常の時期よりも植物プランクトンのサイズが小さくなることがわかっています。以下の表に，ペルー沖に生息している生物のサイズ(平均値)を示しました。**条件1**と**条件2**および図4をふまえて，海鳥の個体数が減少する理由を2行以内で説明しなさい。

表　ペルー沖に生息する生物とそのサイズの平均値

生物	サイズの平均値
エルニーニョ期の植物プランクトン	0.005mm
小型の動物プランクトン	0.02mm
通常期の植物プランクトン	0.2mm
大型の動物プランクトン	1mm
小型の魚類	1cm
大型の魚類	1m
海鳥	1.5m

条件1　食べる側は食べられる側よりもサイズが大きい。よって，自分よりサイズの大きい種を食べないものとする。

条件2　エルニーニョ期の植物プランクトン全体と通常期の植物プランクトン全体が，光合成によって作り出す栄養分の量はほぼ同じであるものとする。

問5　問4で，海鳥の個体数が減少することが，どのような形で農作物の収穫(かく)量に影響を与えていると考えられますか。1行で説明しなさい。

2　次の会話文を読み，問いに答えなさい。

A君：このはさみ，よく切れるなあ。さすが，裁縫(さいほう)用だけのことはあるよね。

B君：やっちまったな‼　布用の裁(た)ちばさみで紙を切るなんて，君はなんて常識がないんだ！！！

A君：だって，紙だって布だって，似たようなもんじゃん。

B君：やわらかい布が切れるように，裁ちばさみは刃(は)の先端(せんたん)がナイフのように薄(うす)く鋭(するど)くなっているんだ。

A君：じゃあ，普通は紙の方が布より薄いから，紙を切っても大丈夫(だいじょうぶ)じゃないの？

B君：一般的な紙は，文字などが裏面から透(す)けて見えないように，白土(はくど)などの鉱物を混ぜ込(こ)んでいるんだよ。塡料(てんりょう)というんだ。これが硬(かた)いので，裁ちばさみの薄い刃では刃こぼれしてしまうんだ。1回でも紙を切った裁ちばさみは切れ味が落ちるからすぐにわかるよ。

Ａ君：そういえば，昔の和紙の本って，紙を袋折りにして両面にしているよね。あれは，墨のにじみやすさだけでなく，和紙のせいでもあるんだね。

Ｂ君：そう。昔の和紙はふつう填料なんて加えていないからね。新聞の紙にも填料が使われているよ。新聞が片面印刷だったら，無駄が多くて大変でしょ。

Ａ君：そういえば新聞の紙って茶色いよね。白い紙の新聞の方が読みやすいのに。

Ｂ君：紙の原料をパルプと言うんだけれど，これは木の繊維をばらばらにしたもので，紙はこの繊維を互いに絡ませながらシート状にして作るのだ。

新聞紙を作る紙の原料は主に，木を砥石などで細かく粉砕して作る機械パルプと，古新聞などを再利用した古紙パルプだね。(1)機械パルプは，繊維が短く切断されているので，丈夫ではないけれど，印刷に適した紙を作ることができる。

問１　下線部(1)で，短い繊維のパルプで作った紙が印刷に適している点は何だと考えられますか。１つ答えなさい。

Ａ君：そういえば，昔の和紙は長い繊維を使っていると聞いたことがあるよ。

Ｂ君：そうだね。木の長い繊維が一定方向にそろって絡み合うので，薄くて丈夫な紙を作ることができる。和紙の原料の木はコウゾやミツマタなどだ。表皮の下にある繊維が長い部分を使う。和紙の場合，機械パルプのように木を粉砕したりはしない。木はそのままだと繊維どうしがリグニンという物質で互いにくっついているので，木をアルカリ性の灰汁で煮込んでリグニンを溶かし，繊維を化学的にばらばらにするんだ。このようにしてつくったパルプを，化学パルプというんだ。

Ａ君：コウゾやミツマタは，リグニンがもともと少ないんだってね。

Ｂ君：そう。しかも長い繊維が多くて，流し漉きには適しているのさ。

Ａ君：流し漉きって？

Ｂ君：順番に説明しよう。和紙は，細い竹を並べた「簀の子」の上に，水に溶いたパルプを乗せてゆすり，パルプの繊維を互いに絡ませてつくるんだ。テレビなどで見たことがあるでしょ。これが紙漉きね。

Ａ君：ああ。水にトロロアオイの根からつくった「ねり」という糊を混ぜておいて，絡んだ繊維どうしをくっつけるんでしょ。聞いたことがあるよ。

Ｂ君：いや，「ねり」を入れると水に粘り気は出るけど，「ねり」は糊や接着剤の役目で使うのではないんだ。事実，水に溶いたパルプを簀の子の上に溜めてゆするだけでも和紙は作れるし（溜め漉き），その場合は「ねり」は要らない。

Ａ君：え？　「ねり」なしだと，パルプの繊維はくっつかないんじゃないの？

Ｂ君：水素結合って，聞いたことがあるかい？　たとえば水ね。図１を見てごらん。水の分子（粒）は１個の酸素と２個の水素でできているんだけど，酸素とくっついた水素は，近くにある他の分子の酸素ともゆるやかに引き合っているんだ。これが水素結合ね。主に水素と酸素の間で起きる，特有の結合だ。

次に図２を見てみよう。これはパルプの繊維の成分であるセルロースの分子構造だ。

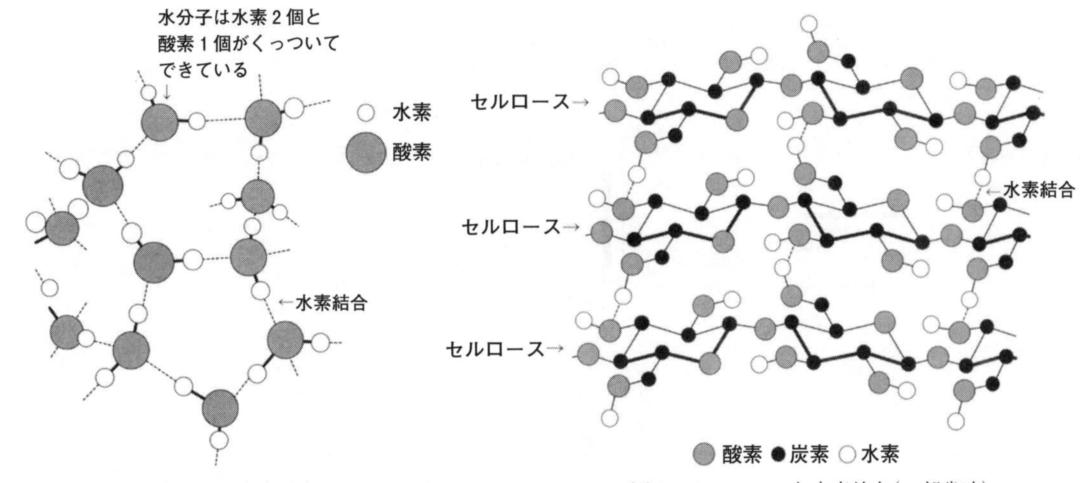

図１　水分子と水素結合

図２　セルロースと水素結合(一部省略)

Ｂ君：この図２ではセルロースの３個の分子の一部分だけを描(か)いた。本物のセルロース分子は図の左右方向にもっともっと長く続いている。

Ａ君：セルロースの分子(粒)は細長いかたちをしているんだね。あ，ところどころに水と似たような部分があるよ。ここが水素結合するのか。

Ｂ君：そう。セルロース分子どうしは，じゅうぶん近づくと，この水素結合で互いに引き合う。つまりパルプの繊維は，じゅうぶん近づいただけで互いにくっついてしまうんだ。

(2)流し漉(ず)きでは「ねり」の粘り気の効果で，溜め漉きに比べて長い(重い)繊維を原料に使うことができる。簀の子の上で繊維を絡ませてくっつけた後，余分な水を流して捨てるから，流し漉きね。水を捨てる向きに繊維がそろって互いにしっかりくっつくので，薄くても丈夫な紙ができあがる。

Ａ君：紙は薄くて丈夫な方がいいもんね。トロロアオイの使い方を発見した人は，すごいねえ。

Ｂ君：一方，溜め漉きは厚い和紙が作れるので，これはこれで使われているよ。和紙でつくった卒業証書はこれだね。「ねり」を使わないので，繊維が水中ですぐに沈(しず)まないように，繊維を砕(くだ)いて短くしてから漉くのがコツだ。

問２　下線部(2)で，流し漉きにおける「ねり」の役目は何ですか。次のア～エから適切なものを１つ選び，記号で答えなさい。

ア　水中の繊維を沈みにくくして均等に分散させ，繊維どうしが均一にくっつき合うようにする。

イ　繊維が重さで沈む前に，繊維どうしを「ねり」の粘り気で均一にくっつけ，紙の上と下で密度に差ができないようにする。

ウ　繊維の向きを簀の子の竹の方向にそろえる。

エ　紙の裏面に墨が染み出すのを防ぐ。

問３　次のア，イは，両面テープの接着の強さを測定している図です。丈夫な紙２枚を両面テープで貼(は)り合わせ，紙の端(はし)をア，イのように天井とおもりに糸でつなぎ，おもりをぶら下げます。おもりを増やしていき，紙２枚がはがれたときのおもりの重さが，両面テープの接着の強さです。

接着の強さが大きいのは，アとイのどちらですか。

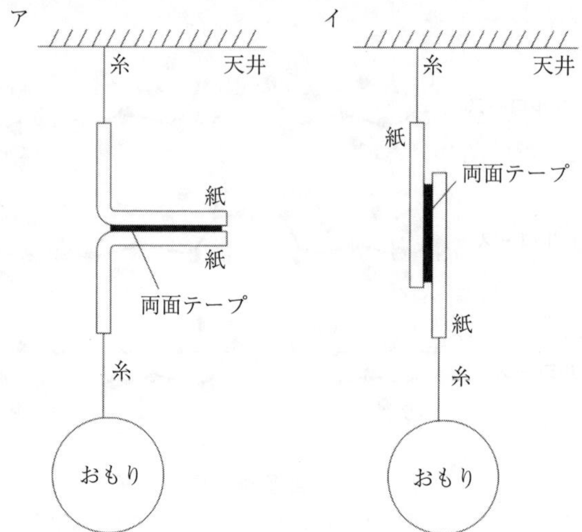

問4　紙の強度も問3と同じような方法で測定します。紙の上下をクリップでつかみ，引っ張ります。おもりを増やしていき，紙が破れたときのおもりの重さが，紙の強度です。次のウ，エは同じ材質の紙ですが，紙をクリップにとりつける向きが異なります。ウは紙の繊維が縦方向に，エは横方向に並んでいます。紙の強度が大きいのは，ウ，エのどちらですか。

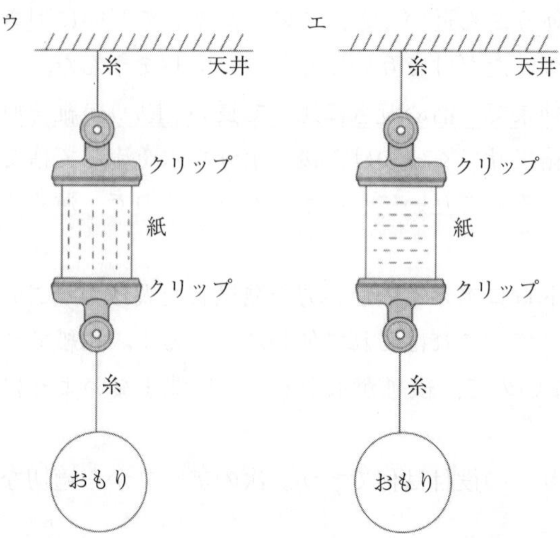

A君：和紙は繊維が長いから，千年持つ丈夫な紙が作れるんだね。

B君：紙の寿命(じゅみょう)については，繊維の丈夫さだけでなく，紙の添加物(てんかぶつ)に酸性の薬品を使わないなど，いくつかのポイントがあるんだけど，リグニンをしっかり除去するのも重要だね。リグニンはもともと茶色なうえに，紫外線(しがいせん)に当たると茶色が濃(こ)くなっていくからね。

A君：そういえば，化学パルプはリグニンを溶かして除去しているね。

問5　化学パルプは現在でも，ノートのようなきれいな白紙の原料として使われています。現在の化学パルプの製法では，灰汁の代わりに，別の薬品が使われています。それは何ですか。ア～エから1つ選び，記号で答えなさい。

ア　水酸化ナトリウム　　イ　塩酸　　ウ　塩化ナトリウム　　エ　水素

問6　新聞紙が茶色いのはなぜですか。新聞紙の原料の製法から考えて答えなさい。

Ｂ君：ただ，リグニンを除去するときに，繊維の多くも一緒(いっしょ)に除去されて減ってしまうんだ。これを防ぐために，問５の薬品の他に，硫化(りゅうか)ナトリウムという物質も加えて煮込むことで，失う繊維が50％程度で済むようになった。ただ，この方法だと，メチルメルカプタンや硫化水素などが発生してしまう。

Ａ君：悪臭(あくしゅう)の原因としてよく聞く名前だね。公害が起きてしまったのか。

問７　多くの製紙工場では，煙突(えんとつ)をなるべく高くして，悪臭などの公害をひきおこす物質を上空の高い位置に逃(に)がしています。ふつう大気は地上からの高さが高いほど気温が低いので，煙突から出た空気は公害物質とともに上昇(じょうしょう)し，公害物質は上昇しながら拡散して薄まっていきます。

　ところが，ある気象条件のときは，煙突から出た物質が煙突の高さよりも上昇できず，地上にひろがって悪臭などの公害をひきおこすことがあります。「ある気象条件」とは何ですか。次のア〜エから最も適切なものを１つ選び，記号で答えなさい。

ア　春の雨上がりの明け方

イ　夏の湿気(しっけ)の多い熱帯夜

ウ　秋晴れの日の夕方

エ　冬のよく晴れて風の弱い早朝

問８　問７の公害はなぜ生じるのでしょうか。以下の文の(あ)には適切な漢字１文字を，(い)には適切な漢字２文字を入れなさい。

　問７の気象条件のときは，地上に近い方が上空よりも気温が(　あ　)くなり，空気の(　い　)がおきにくくなるから。

Ｂ君：もし紙がなかったら，今のような入試も行われなかっただろうね。

Ａ君：そうだね。口頭試験のテストだったりしてね。だいいち勉強が大変だ。タブレットが普及(ふきゅう)するまでは，石の上に文字を書いてたかもしれないね。本も作れないから，勉強は石が並んだ博物館へ行かなきゃならなかったり。あ，そうだ。オニバスで本を作れるかも。

Ｂ君：沼という沼はすべてオニバス生産でフル稼働(かどう)だね。そんなだと，タブレットが作れるレベルまで科学が進歩するのに，あと何千年かかることやら。

Ａ君：ペーパーレスがもてはやされる今の時代だけど，今の文明があるのは紙のおかげだよね。

人間は自然を操作することができると考えるようになるから。

エ　自然が人間に示す現象の一部分に注目し、その現象を技術で再現して検証していくという発想は、実験を通じた自然法則の解明を可能にしたが、内実が明らかになった自然はもはや崇拝の対象ではなくなってきたから。

オ　観察と実験を繰り返すことで自然そのものを理解するという考え方によれば、分析対象の自然よりも技術によって作り出された人工的な環境のほうが大切であり、そのとき実験者の中には自然を尊重する意識が存在しなくなっているから。

問八　次のア〜オは、本文にそって考えたことについて生徒が話しているものです。本文の内容にそった考えとして明らかな間違いを含むものを一つ選び、記号で答えなさい。

ア　本文を読んで、今の私たちが置かれている環境について考えました。人類のテクノロジーが急速に発達したことで私たちの生活は便利になりましたが、その一方で大量の資源が消費され、分解することができない物質も多く生み出されています。そういった今日の状況を考えれば、近代になって示された自然と技術との関係性は、今もなお変わっていないと言えると思います。

イ　人類がもたらす問題として、放射性廃棄物（はいきぶつ）は一つの例として考えられますね。原子力エネルギーの利用によって発電され、その電力が私たちに供給されていますが、自然に戻すことができない放射性廃棄物をどうするのかという問題があります。放射能の影響が弱まるには途方（とほう）もない年月がかかり、現状では最終処分場の地中深くに埋（う）めるという方法をとっています。

ウ　問題は世界や国家だけでなく、私たちの身にも引き起こされていると思います。情報機器が発達したことで様々な形でのコミュニケーションが可能になったのは事実です。一方で、絶対に許されない誹謗（ひぼう）中傷がインターネット上でなされています。対面でもインターネット上でも言葉の暴力という点では変わらず、それによって受けた傷は消えず、未来に引き継（つ）がれていきます。

エ　確かに様々な問題は起きているけれど、このままではいけないという意識も高まってきているように感じます。例えば、化石燃料の消費により温室効果ガスが排出され、それが気候変動を引き起こす要因のひとつになっていますが、気候変動による影響や利益、負担を公平に共有しようという気候正義の観点から議論されるようにもなってきています。

オ　意識の高まりは大切ですね。現在世代の行為が未来世代に影響を与えるという意味では、今の問題を未来の人たちに押し付けているとも言えます。こういった問題は、今の自分さえ良ければいいという視点だけでは解決せず、今の私たちがなぜ未来のために行動しなければならないのかという問いについても考えていく必要があります。

活が成り立っていて、人間が主体的に行動することはなかったから。

エ　現代以前は人類が自然に与える影響よりも自然が持つ力のほうが大きく、未来世代へ至る前に元の自然へと回復していたから。

オ　昔は限られた範囲の自然にしか働きかけておらず、影響が及ぶのは自然界全体から考えればわずかなものでしかなかったから。

問四　――線(3)「こうした自然への甘えは、人間に対して、未来世代への自らの影響について配慮することも免除する」とありますが、「こうした自然への甘え」が「未来世代への自らの影響について配慮すること」を「免除する」とはどういうことですか。七十一字以上八十字以内で説明しなさい。

問五　――線(4)「こうした技術観」とありますが、それはどのような考え方ですか。七十一字以上八十字以内で説明しなさい。

問六　――線(5)「ベーコンはもはや自然ファーストではなく、『技術ファースト』な考え方をしている」とありますが、「ベーコン」が「『技術ファースト』な考え方をしている」とはどういうことですか。最もふさわしいものを次の中から一つ選び、記号で答えなさい。

ア　ベーコンは、人間が技術を駆使して現実にはありえない環境を構築し、かつての自然を取り戻すためにそこで実験をすることが必要だとした点で、技術を優先的に考えているということ。

イ　ベーコンは、実験のための装置を技術的に作り出し、その装置を通してありのままの自然を観察することで新たな知見が得られるとした点で、技術の応用から出発すべきであると考えているということ。

ウ　ベーコンは、自然の本質に迫るためには、技術を用いることで明らかになった地球の問題に向き合っていくしかないとした点で、技術を何よりも重要なものとして考えているということ。

エ　ベーコンは、人間が作り出した環境において実験を行い、その結果を検証することで容易に問題を解決することができると考えた点で、技術には即効性があると考えているということ。

オ　ベーコンは、技術によって自然界には存在しない人工的な環境を作り出し、そこでの実験を通して自然を理解することができると考えた点で、自然ではなく技術を第一に考えているということ。

問七　――線(6)「ベーコンの発想はもはやアリストテレス的な『自然の模倣』ではなく、『自然の支配』を可能と見なすものとして捉えられる」とありますが、「ベーコンの発想」が「『自然の支配』を可能と見なすものとして捉えられる」と言えるのはなぜですか。最もふさわしいものを次の中から一つ選び、記号で答えなさい。

ア　人間を凌駕するほどの力を持つ自然に対しては畏敬の念を抱くべきだという考え方があったが、時代の流れとともに自然の力は弱まり、人間が自分たちの生活のためならば自然を操作し、管理してもよいとするような自然軽視の考え方へと変わってきたから。

イ　ありのままの自然を観察して人工的に模倣することで知識を得ることができるという考え方には、人間が自然に対して主体的に働きかけていくことが不可欠であり、そうした行為は自然を支配できるという発想がなければ成立しないから。

ウ　人間が主体的に働きかけ、実験と結果の検証によってのみ自然の本質が解明できるという発想に従えば、実験が人間の管理下にある以上、自然の解明には人間の影響が及ぶことになり、い森の奥地で人知れずレールの上を重さの異なるボールが転がってなどいない。ガリレオは、そのように自然には存在しない人工的な環境を技術的に構築することで、むしろ自然の本質に迫ろうとしたのである。

ベーコンは、このような実験こそが、人間の知識にとって不可欠の契機であると考えた。実験は、自然を理解するために、自然に対して技術によって働きかけることである。自然をただありのままに観察していても、自然を理解することはできない。それを可能にするのは実験という技術の営みなのだ。この意味において、(5)ベーコンはもはや自然ファーストではなく、「技術ファースト」な考え方をしている、と言えるだろう。

ところで実験は、人間の技術によって行われるものである以上、人間によってコントロールされ、管理されている。そして、そうした実験によってしか自然が解明されない。そうである以上、人間が自然を解明できるのは、自然を技術によって再現し、自らコントロールできるからである、ということになる。

そのように考えるとき、(6)ベーコンの発想はもはやアリストテレス的な「自然の模倣」ではなく、「自然の支配」を可能と見なすものとして捉えられる。自然を人間よりも優れたものとして模倣する態度は、自然を自らの関心に従って操作し、管理しようとする態度へと、転換する。自然は人間を圧倒的に凌駕する存在ではなくなり、人間によって支配され得る対象へと変わってしまうのである。

（戸谷洋志『未来倫理』より）

問一 ═線①～③のカタカナを漢字に直しなさい。漢字は一画ずつていねいに書くこと。

問二 ——線(1)「地球という表現はミスリーディングである」とありますが、そのように言えるのはなぜですか。最もふさわしいものを次の中から一つ選び、記号で答えなさい。

ア 地球という表現には人間が生を営む場という意味合いがあり、その表現を用いることで、人間の生活環境とかけ離れたものは検討すべき対象ではないという誤解を招いてしまうから。

イ 地球という表現には人間の外部にある世界だけを示しているようなイメージがあり、その表現を用いることで、人間の内部にあるものは含まれないという誤った認識を与えてしまうから。

ウ 地球という表現には自然や人間を含めた生態系全体を指しているような印象があり、その表現を用いることで、人間の内部と外部の区別は存在しないという間違った理解を与えてしまうから。

エ 地球という表現には現在世代が直接的に関与する環境というニュアンスがあり、その表現を用いることで、あたかも未来世代と地球を共有するという間接的な関わりがないかのような印象を与えてしまうから。

オ 地球という表現には実世界に根ざした空間だけを表わしているような語感があり、その表現を用いることで、概念やイメージで語られる空間は除外されるという勘違いを招いてしまうから。

問三 ——線(2)「人類による自然への影響が未来にまで及ぶことはなかった」とありますが、それはなぜですか。最もふさわしいものを次の中から一つ選び、記号で答えなさい。

ア 現代と違って昔は自然の自己修復能力に対する意識があり、資源の搾取は回復力に留意しながら慎重に行われていたから。

イ 以前は充分にあった自然の回復力が衰えてきたのは現代になってからで、昔は世代が変わる前に元通りになっていたから。

ウ 前の時代は自然から与えられたものをただ受け取るだけで生

の力が自然の自己修復能力を超えたときである。そして、そうした力を人類に与えたものこそ、「技術」に他ならない。

技術とは何だろうか。それは伝統的な哲学（てつがく）におけるとても大きな問いである。

古代ギリシャの哲学者アリストテレスは、技術を、ある目的を達成するための手段を製作する営みとして定義した。人間がそうした活動をもっともうまく果たすことができるのは、自然現象を人工的に模倣（もほう）したときである。したがってアリストテレスは技術を「自然の模倣」として説明している。

例えば伝統的な農業では、春に種を播（ま）いて、秋に作物を収穫（しゅうかく）する。これは自然界における植物のあり方を模倣した技術である。夏に種を播いたり、冬に収穫しようとしたりしても、農業はうまくいかない。なぜならそれは自然を模倣できていないからである。したがって技術をうまく行使するために、私たちはまず自然をしっかりと観察し、その本質を理解しなければならない。農作物が自然においてどのように育つのかを知らなければ、農業をうまく行うこともできないのである。

こうした技術観は、自然が人間を凌駕する存在であり、人間よりも優（すぐ）れていると考える自然観の上に成り立っている。人間が自分で考えついて行うことよりも、自然の摂理（せつり）に従ったほうがずっと確実であり、はるかに信頼（しんらい）できると考えられているのだ。そして、こうした技術観もまた人類の歴史の非常に長い期間を支配していた。

例えば、一五世紀の発明家であるレオナルド・ダ・ヴィンチは、人間に空を飛ぶことを可能にする機械を構想した。その際、彼はまず鳥の羽の構造を観察し、鳥がどのようにして浮力（ふりょく）を作り出しているのかを、その羽の形状と運動から分析（ぶんせき）した。そして、同じ原理によって人間が空を飛ぶために必要な技術的機構を考案したのである。実際に、ダ・ヴィンチの考えた空飛ぶ機械は実現しなかったが、ここには「自然の模倣」という技術観の③ハンエイが見られる。すなわち彼（かれ）は、空を飛ぶ技術を実現するために、まずは自然において空を飛んでいるものを観察し、それを模倣しようとしたのである。

しかし(4)こうした技術観は近代の始まりとともに覆（くつがえ）されていく。その変革を起こした代表的な思想家が、一六世紀の哲学者フランシス・ベーコンだ。

技術を「自然の模倣」として捉（とら）えるとき、私たちは自然を観察し、そのあとにそれを技術へと落とし込んでいく。まずは自然の観察、次に技術への実装という順番だ。この順番は変わらない。第一に優先されるのは自然を観察することなのである。それは「自然ファースト」な発想である、と表現できるかもしれない。このとき自然の観察はあくまでも技術に先行するものとして位置づけられている。つまり、自然の観察そのものは、あとでそれを技術に使うかどうかとは無関係に行うことができる。自然の観察にとって、その成果を技術に使うか否（いな）か、ということは、あくまでも「おまけ」に過ぎない。

ベーコンはこのような発想を根本的に変更した。彼によれば、自然の本質は、人間が自然に対して積極的に働きかけ、その結果を検証することによって、初めて解明される。そうした働きかけこそ「実験」に他ならない。

例えば、近代科学の父と言われるガリレオ・ガリレイは、重たいものほど早く落下するというアリストテレスの自然哲学を反駁（はんばく）するために、レールを使って異なる重さのボールを落とす実験を行った。このとき彼は単に自然を観察することによって知識を得たわけではない。わざわざ重さの違（ちが）うボールを用意し、わざわざレールを作り、それを自分で動かすことによって、自然法則を解明しようとしたのである。レールも、ボールも、明らかに自然なものではない。誰も踏（ふ）み入れな内的な自然としては人間自身の身体が挙げられる。両方とも、人間が自分で作り出したものではなく、ただ与えられているもの、享受(きょうじゅ)しているものである。しかし、そうした自然に対して人間が影響を与えることで、その自然を共有する未来世代にも影響が及(およ)ぶのである。

したがって、現在世代による未来世代への脅威(きょうい)が、現代に特有の問題なのだとしたら、それが意味しているのは、現在世代による自然への影響が、未来世代にとっての自然にまで及ぶようになったことが、現代に特有の現象である、ということである。言い換(か)えるなら現代よりも前の時代には、(2)人類による自然への影響が未来にまで及ぶことはなかった、ということだ。

これは、現代よりも前の時代には、人類が自然に影響を与えることができなかった、ということではない。そんなことは明らかにあり得ない。例えば農業をするために森林を伐採(ばっさい)し、畑を①タガヤすことは、明らかに自然に対して働きかけることである。しかし、その影響が未来にまで及ぶことはなかったのである。なぜなら、そうした影響は、自然によって回復され、なかったことにされてしまうからだ。

例えば畑は、人間が手入れをし続けなければ、簡単に雑草まみれになってしまう。一〇〇年も経(た)てば、そこに畑があったことなんて誰(だれ)も思い出せないほどに、草木に呑(の)み込(こ)まれてしまう。自然にはそうした自己修復能力が備わっているのである。

こうした自然の力は、しばしば、人間に対して牙(きば)を剝(む)く。例えば巨大な自然災害が起こると、人間が苦労をして作り上げたもの——橋や、家屋や、あるいは街そのもの——を、いとも簡単に破壊(はかい)してしまう。そうした自然の力は、人間の力をはるかに凌駕(りょうが)しているのであり、人間は一度自然が猛威(もうい)を振(ふ)るえば、それに対して服従するしかない。

しかし、だからこそ、人間は安心して自然に働きかけることができる。すなわち、自然には人間を超(こ)えた自己修復能力が備わっているのだから、人間ごときが自然をどのように作り替(か)えようとも、自然は自分で元(もと)の姿に戻るだろう、と期待できるからである。

このような自然観が、人類の歴史の非常に長い期間を支配していたのではないだろうか。森には広大な緑がある。人間がそこから資源を奪(うば)い取っても、森には再び緑が生(お)い茂(しげ)り、新しい資源を生み出してくれる。そうした無尽蔵(むじんぞう)の力を信じられるからこそ、人間はいつか自然から資源が枯渇(こかつ)するのではないかという不安に苛(さいな)まれることなく、資源を収奪(しゅうだつ)することができるのである。そのようにして人間は自然に依存(いぞん)し、自然に「甘(あま)える」ことができる。

このような自然観は、一方において、自然に対して人間を超えた力を認めている。しかしそれは、決して、人間と自然の調和を目指すものだけではない。まして、そこから自然を大切にしようという倫理(りんり)的な配慮(はいりょ)が必ず導き出されるわけではない。このような自然観において人は自然を崇拝(すうはい)するかもしれない。しかし崇拝しているからこそ、自然に甘えることが可能になり、また自然を搾取(さくしゅ)すること、自然に対して暴力を行使することもまた可能になるのである。

(3)こうした自然への甘えは、人間に対して、未来世代への自らの影響について配慮することも免除(めんじょ)する。たとえ現在世代が何らかの失敗を犯したとしても、自然はその失敗を②チョウケしにし、なかったことにしてくれるからだ。例えばこのような自然観のもとでは、人間が森から木を伐(き)りすぎても、自然がすぐに再び木を生やしてくれるので、未来世代も自分と同じように森から木を伐ることができるはずだ、と考えることができるのである。

自然が人間よりも強い力を持ち、自己修復能力が機能している限り、現在世代は未来世代に影響を及ぼすことができない。したがって未来倫理を必要とする課題もそこでは生じない。そうである以上、現在世代が未来世代に影響を与えることが可能になるとしたら、それは人類に、本文中の「ロボット」という呼び方には親しみが込められているといえそうです。

イ　ミカと母の関係性が服から読み取れるね。ミカ弐号の服が男の子っぽいのをミカは「父の趣味」と推測しているけれど、これは母のいいなりになっていた自分の姿をミカ弐号に重ねているんだと思う。ミカは主体的に行動することを苦手にしているような描写が見られるけれど、これはなんでも決めてしまう母との生活が原因かもしれないね。

ウ　母は娘に何を求めているのかな。父とは対照的に、自分のところにいる娘が人間であることには強いこだわりがあるけれど、「人間らしい」行為として自分をひっぱたいたミカ弐号をロボットだと決めつけてしまっている。ミカの服選びでも自分の意見を通そうとしているし、母にとっての理想の娘は、自分の思い通りになるロボットのような人間のミカということなのかな。

エ　ミカが父と海水浴に行った場面で、「海の水はぬるい」と表現していたのが印象的でした。自分が何者なのかわからなくなり、「宙を歩いているような、たよりない気持ち」になったミカですが、父とともに過ごす時間が穏やかなものになっていることが表現されているように思います。ミカは父にとっての本物になっていくことを前向きにとらえているのではないでしょうか。

オ　「母さんのところへ戻るか?」という父のセリフが心に残りました。このセリフを聞いたミカは、両親が再度ミカを交換しようとしていると誤解するけれど、実際はミカ弐号が回収されることになっているから、父は自分が二人のミカと会えなくなる覚悟でミカの意志を確認したんだね。ミカ弐号から事情を聞いて、ミカの誤解も解けたんじゃないかな。

カ　結局ミカとミカ弐号のどちらがロボットなんだろう。読んでいると語り手と視点が近いミカの方が人間のように思えるけれど、他人の指示を受けないとなかなか物事を決められないミカの性格はロボットのような印象を受けるなあ。それに、「回収される」ことを「殺される」と表現したミカ弐号の発言は人間らしいものといえそうだよね。

二

次の文章を読んで後の問いに答えなさい。

現在世代は、まだこの世界に存在していない未来世代に対して、影響を与えることができる。しかし、なぜ、まだ存在していないものに影響を与えることができるのだろうか。確かに、現在世代と未来世代が直接関係することはない。しかし両者は、同じ地球に生きるという点で、関係性を有している。つまり現在世代は、これから未来世代が生まれてくることになる地球に生きているのであり、その地球に対して影響を与えることによって、未来世代に対して影響を与えるのである。

もっとも、(1)地球という表現はミスリーディングである。この言葉は、人間の外側に広がっている、環境的な世界を想起させる。しかし、現在世代が未来世代と間接的に共有しているものには、外界だけではなく、その内側にあるもの、すなわち身体も含まれるだろう。例えばゲノム編集は、まだ生まれていない未来世代の遺伝子を変更する技術であり、この意味において、現在世代は自らの遺伝子を未来世代と共有しているのである。

このように、現在世代と未来世代が共有し、それを介することによって現在世代が未来世代に影響を与えることが可能になるところのものを、「自然」と呼ぶことにしよう。自然には外的なものと内的なものが区別される。外的な自然としては人間が住む地球環境が挙げられ、ている。

オ　幼いころの「もう一人のミカ」との思い出をたどることで、長く一緒に暮らしていた「もう一人のミカ」と会ったばかりの「目の前のミカ」との違いを見極めようとしている。

問五　――線(4)「今さら、『オレのことはいいんだよ』は、ないんじゃないかとミカは思う」とありますが、そのようにミカが思ったのはなぜですか。七十一字以上八十字以内で説明しなさい。

問六　――線(5)「父は『あぁ』と安心した顔になった」とありますが、この場面での父の説明として最もふさわしいものを次の中から一つ選び、記号で答えなさい。

ア　ミカの発言をミカ一人で考えるつもりだと解釈したことで、修復の兆しが見えない早苗との関係にいらだっていることを他人に知られてしまうのではないか、という不安が解消された。

イ　ミカの発言をミカ一人で考えるつもりだと解釈したことで、自分たちの都合で二人のミカを振り回していることを他人に知られてしまうのではないか、という不安が解消された。

ウ　ミカの発言をミカ一人で考えるつもりだと解釈したことで、結局自分たちがロボットのミカを押し付けあっていることを他人に知られてしまうのではないか、という不安が解消された。

エ　ミカの発言をミカ弐号に相談するつもりだと解釈したことで、自分たちのわがままでミカ同士を交換していることを他人に知られてしまうのではないか、という不安が解消された。

オ　ミカの発言をミカ弐号に相談するつもりだと解釈したことで、今では自分たちが二人のミカを持て余していることを他人に知られてしまうのではないか、という不安が解消された。

問七　――線(6)「ミカは顔を上げた」とありますが、この場面におけるミカの説明として最もふさわしいものを次の中から一つ選び、記号で答えなさい。

ア　ずっと一緒に暮らしてきた母をミカ弐号に馬鹿にされ、遠回しに自分も非難されているように思えて腹が立ったが、ミカ弐号から母の異常な言動を聞かされて動転し、生き延びるためにわだかまりを捨てて積極的にミカ弐号に協力しようとしている。

イ　自分たちをとりまいている状況を打破するために、ミカ弐号の判断に従おうと考えていたが、ミカ弐号が父と同じく自分に今後の行動を選択させようとしたため、ミカ弐号にずる賢さを感じつつもこれからのことを自分で決めていこうとしている。

ウ　当事者である自分たちの知らないところで、一時の感情から自分たちの運命を決めてしまった母に怒りを感じたが、もう一人の自分であるミカ弐号の存在を心強く思い、二人で母のもとから逃げ出して父のもとで暮らしていこうと決意している。

エ　ミカ弐号から母の思惑を聞かされて、一度は自分の運命をおとなしく受け入れる覚悟をしたが、自分とは違って行動的な性格のミカ弐号と話を重ねるうちに、自分も主体的に自分の未来を切り開いていけるのではないかと前向きになっている。

オ　ミカ弐号から母が契約を破棄することを知らされても、自分で解決のために行動しようとは思い至らないでいたが、続くミカ弐号の問いかけで自分にもできることがあると気づき、自らの意志で行動しようと思えるようになっている。

問八　次のア～カは、この作品を読んだ生徒たちの感想です。作品の解釈として明らかな間違いを含むものを二つ選び、記号で答えなさい。

ア　「人間ではないミカ」について、本文には「アンドロイド」と「ロボット」という二つの呼称が使われていることに注目しました。ミカが父に質問する場面や、母の発言内容から考えるの後の父とミカの説明として最もふさわしいものを次の中から一つ選び、記号で答えなさい。

ア　父はたとえ人間ではなくとも自分の所にいたミカこそが「本物」だと思っていたが、「ミカがいるのかと思った」という自らの発言によって、目の前のミカを「偽物」扱いしていたことを知られてしまったと気づいて後悔し、ミカは自分の方が「本物」であると信じていたが、たとえ自分が人間だったとしても、父にとっての「本物のミカ」に自分はなれないのだと知って絶望している。

イ　父は人間のミカこそが「本物のミカ」だと思っていたが、「ミカがいるのかと思った」という自らの発言によって、自分の所にいた方のミカを知らない間に人間だと信じきっていたことに気づいてうろたえ、ミカは自分の方が「偽物」なのかもしれないと疑っていた上に、両親からロボットだと思われてしまい、父にとっても母にとっても自分は「偽物」なのだと考えて存在意義を見失っている。

ウ　父は人間のミカもロボットのミカもどちらも「本物」だと思っていたつもりだったが、「ミカがいるのかと思った」という自らの発言によって、これまで一緒にいたミカの方を「本物」と決めてかかっていたことに気づいて戸惑い、ミカは自分の方が「本物」であってほしいと思っていたが、自分の正体が何であれ、父にとって「偽物」の自分は父の家にいられないと所在なく思っている。

エ　父は二人のミカに「本物」も「偽物」もないと思っていたつもりだったが、「ミカがいるのかと思った」という自らの発言によって、自分が早苗と同じく二人のミカを区別していたと気づいて動揺し、ミカは自分の方が「本物」であると思っていたが、正体が人間なのかロボットなのかということとは関係なく、父にとって「本物のミカ」はもう一人のミカの方なのだと気づいて居心地の悪さを感じている。

オ　父は二人のミカをいずれも「本物」だと思っていたが、「ミカがいるのかと思った」という自らの発言によって、目の前のミカを「偽物」だと思っているとミカに誤解させてしまったことに気づいて混乱し、ミカは自分が人間であることに疑いを抱いておらず、自分は人間だという意味で「本物」のはずだが、父にとって自分は誰でもない「偽物」なのだと思い知らされて孤独感にさいなまれている。

問四　――線(3)「時間かけて、つくっていくから」とありますが、このときの父の心情の説明として最もふさわしいものを次の中から一つ選び、記号で答えなさい。

ア　幼いころの「もう一人のミカ」の記憶と十三歳の「目の前のミカ」とを重ね、かつての「もう一人のミカ」と同じような時間を過ごすことで「目の前のミカ」と新しく親子関係を築こうとしている。

イ　幼いころの「もう一人のミカ」の記憶が「目の前のミカ」を通して揺り起こされ、「もう一人のミカ」と同じように「目の前のミカ」と接するためにはまだ時間が必要だと考えて気分が沈んでいる。

ウ　幼いころの「もう一人のミカ」との思い出を「目の前のミカ」との思い出で上書きすることで、これからは「目の前のミカ」だけを本物だと思えるように気持ちを改めようとしている。

エ　幼いころの「もう一人のミカ」との思い出の場所に「目の前のミカ」を連れて行くことで、さきほどの自分の発言で動揺させてしまったに違いない「目の前のミカ」を元気づけようとしな生活イヤッ、解約するって言いだしたみたいなんだよねぇ」

「で、ケーヤクハキ?」

「そう、勝手でしょう?」

「ハキするとどうなるの?」

「両親が違約金を払って、ロボットは回収されて、それでおしまい。最初からなにもなかったことになるんじゃないの」

「そんなッ」

ミカは絶句する。

「つまり、私たちのどちらかが回収されるのよ」

とミカ弐号は自分の首を切るしぐさをしてみせた。

海の見える、あんなのんきそうな家の中で、そんな怖い話を電話でしていたとは、ミカは思ってもみなかった。父が乱暴になったのは、そういうわけだったのだ。

「で、どーする?」

と弐号は聞いた。ミカは、どうするという選択肢が自分にあるとは思ってもみなかった。

「このまま殺されるの待つ?」

ミカは目を見ひらく。何もしないということは、殺されるということなのか、とミカはようやく気づいた。

「私たち、どーする?」

弐号にもう一度聞かれ、(6)ミカは顔を上げた。

「逃げよう」

それを聞いた弐号はニッと笑った。

(木皿　泉「かお」より)

※あのときの母…本文より前に、ミカが人間かどうかわからず両手で顔をおおう母の姿を、ミカがのぞき見る場面がある。

※また父はトイレで吐くかもしれない…本文より前に、ミカのロボットをつくってしまった罪悪感から、父がトイレで嘔吐する場面がある。

問一　===線①~③のカタカナを漢字に直しなさい。漢字は一画ずつていねいに書くこと。

問二　——線(1)「父は受け付けなかった」とありますが、それはなぜだと考えられますか。最もふさわしいものを次の中から一つ選び、記号で答えなさい。

ア　引き取ったミカが人間かどうかということばかり気にして神経質になっている早苗の姿は、娘という存在自体に価値を見いだしていないようで父の目には愚かしくうつり、不愉快に感じられたから。

イ　どうにかしてロボットのミカを手に入れようと言いがかりをつけてくる早苗の姿は、人間のミカには価値がないと主張しているようで父には許しがたく思われ、怒りを抑えきれなかったから。

ウ　二人のミカをすみずみまで見比べて悩んでいる早苗の姿は、かけがえのない人間のミカを無価値なロボットと同等の存在として扱っているようで父には受け入れがたく感じられ、苦々しい気持ちになったから。

エ　なんとかしてロボットのミカを押しつけてこようとする独善的な早苗の姿は、父にとって腹立たしいものであるが、その後の早苗の態度から自分が望んでいた人間のミカを引き取ることができたと確信したから。

オ　意地でも人間のミカを選び取ろうと意固地になっている早苗の姿は、父から見れば呆れるものであり、さらに疑心暗鬼になって自分にだまされたと主張してくることがいらだたしく感じられたから。

問三　——線(2)「ミカがいるのかと思った」とありますが、この発言しれない。
「相談する」
とミカが言うと、父はびっくりした顔になって、
「誰に？」
と聞いた。父はおびえているようだった。自分たちのやったことを誰かに話されるのを、恐れているのだろう。ミカが相談できるのは、一人しかいない。
「うん、自分に聞いてみる」
とミカが言うと、(5)父は「あぁ」と安心した顔になった。
父はミカが相談したいと言ったのが、ミカ弐号だとは思ってもいなかったようだ。
ミカは、父に置き手紙をして家を出た。何としても、もう一人の自分に会っておきたかった。向こうが今の生活に満足しているのか、やっぱり父の家に戻りたいのか、二人で話し合っておく必要があると思ったからだ。
母のマンションを出たのは一ヵ月ほど前なのに、その前までくるととても懐かしい③タテモノに思えた。ミカの部屋はカーテンが閉まっている。まだ二人とも眠っているのだろうか。
すると、母がマンションから出てきた。ケータイで何か話しながらゴミ袋を捨てている。ミカが見たことのないブラウスだった。たぶん、ミカ弐号といつものデパートに行って買ったのだろう。弐号にも「本当にこれでいいのね」と言ったのだろうか。ケータイを切った母はカーテンの閉まった部屋を見上げると、ため息をつき、そのまま駅の方へ歩いて行った。
母の姿が消えるのを待って、ミカは呼び鈴を押した。「はい」という不機嫌な声が返ってきたが、「ミカです」というと、すぐにカギをあけてくれた。
玄関が開くと、ミカ弐号はパジャマのままだった。あまりにも自分とそっくりだったので、ミカは笑いそうになる。それは相手も同じらしかった。弐号は、今は自分のものとなった部屋にまねき入れ、ベッドの上であぐらをかいて、「ども」とミカへ頭を下げた。ミカも黙ったまま頭を下げる。こんなときに、自分とそっくりの人間に、何を言えばいいのか思いつかない。
「知ってるかな」
弐号の方が口を開いた。
「契約、破棄するんだって」
「ケーヤクハキ？」
「つまり、ロボットの使用契約を途中で打ち切るってことよ」
母からの電話は、そのことだったのかとミカは納得する。
「どうして、そんなことになったの？」
ミカが聞くと、
「あんたの母さん、ヘンだよね」
と弐号に言われて、ミカはちょっとムッとなる。
「私のじゃない。私とあんたのでしょ？」
「そーだけど、ヘンだよ。私に人間らしいことしてみせろって、ものすごく怖い顔して言うんだよ」
ミカには、そんなことを言う母を想像することができる。
「だから、私、ひっぱたいてやったの、母さんを」
ミカは、びっくりして弐号の顔を見た。
「そーゆーの人間的かな、と思ってさ。そしたら、母さん、混乱しちゃってさ。会社に電話したんだよね、お宅のロボットは暴力をふるうのかって。向こうは、そういう質問には答えられませんって言ってるみたいだった。なんか、すごくもめて、で、母さんの方が、もうこん

「オレ、(3)時間かけて、つくっていくから」
父は何をつくるのかは言わなかったが、ミカは、そのコトバに黙ってうなずいた。
父が、坂道をぺたぺた下りるたびに、かかとの裏が見える。そこにはニコちゃんマークのように、丸い目と大きく笑った口が描かれていた。
「足の裏に顔が描いてある」
ミカがそう言うと、父は気づいてくれたことに嬉しそうな顔をした。
「ちっちゃいとき、こうしてやるとミカが喜んでさ。十三歳のミカにも見せてあげようと思って」
父は顔が見やすいように、かかとを普通より高くあげて歩いていく。
「うん、おもしろいよ」
とミカは言ってから、もっと面白そうに言えばよかったと後悔する。顔のついたかかとを見ていたら、父もまた寂しいのだろうということが、伝わってくる。父にしてみれば、本物のミカが突然いなくなって、それをなんとかうめようと必死なのだ。今、海へ行こうとしているのも、そうなのだろう。
坂道を下ってゆきながら、父のかかとの笑顔が、コマ落としのように、あらわれては消えを繰り返す。右が本物なのか、左が本物なのか、見分けられるのを恐れるように、せわしなく動いていた。
海水浴場は、本当に小さかった。海岸はほとんど砂利で、寝そべるとゴツゴツした。それでも父の持ってきたゴザにすわり、冷たい飲み物を飲みながら、海の風にあたっていると気持ちがいい。
父は泳ぎがうまかった。泳げないミカも一緒に浮輪をつけて沖に出る。こんなに岸から離れたのは初めてだった。足は、ずいぶん前から海底に届かず、宙を歩いているような、たよりない気持ちだった。突然大きな波がやってきて、海水を飲み込んでしまう。思っている以上にしょっぱく、ミカは父の腕にすがりつく。父は笑いながら、「もっと沖へ行くぞ」と浮輪のミカを引っぱってゆく。ミカが空を見上げると、鳥が横切ってゆくところだった。あの鳥から見たら、私たちは広い海に二人きりで、たよりなく浮いているんだろうなぁと思った。そして、私はここで本物のミカになってゆくのかなぁと思った。時間が経って、父の知っているミカになってゆくのかなぁ。海の水はぬるく、そうなるのは悪くないことのように思えた。
夏休みがそろそろ終わろうというころ、突然、母から父に電話がかかってきた。電話を切った父は、台所に戻って、乱暴にフライパンを洗った。洗濯した衣類をたたむのも、タンスにしまうのも、いつもより乱暴だった。「ふざけてる」と口に出して、ゴミ箱をけっとばした。ミカは、そんな父を見るのは初めてだった。
時間が経って、少し冷静になった父がミカに、
「母さんのところへ戻るか？」
と聞いた。そういう父の顔は無表情で、ミカは父の真意を読み取れない。
ゴミ箱をけっていても、本心は前からここにいたミカに戻ってきて欲しいはずで、そうなると、父の知っているミカになろうと決めた自分は、どこに行ってしまうのだろうと心細くなった。
「父さんは、どうして欲しいの？」
そう聞くと、父は黙ってしまった。
「オレのことはいいんだよ。ミカがどう思うかだよ」
ずるい言い方だとミカは思った。そもそも、自分たちがここにいるのは、父と母それぞれが自分の手元に置きたいと考えたからで、(4)今さら、「オレのことはいいんだよ」は、ないんじゃないかとミカは思う。しかし、それを自分が口にすると、※また父はトイレで吐くかも

閉めたはずの窓があいている。父があけたのだろう。ミカは布団から半身を起こし、揺れるカーテンと、窓の向こうにある朝の海を見ながら、ここが①タカダイにある古い一軒家で、今、自分はその二階にいるということを思い出した。

　部屋の隅にあるタンスには、前にここに住んでいた、自分ではないミカの服がまだ置いてあった。ミカ弐号の、ミカが勝手にそう名付けただけだが、彼女の服はボーダーやチェックばかりで、男の子っぽかった。父の趣味なのだろうか。

　控えめなノックの音がして、父が顔をのぞかせる。

「泳ぎに行こうか?」

「今から?」

「うん、漁港の横に、ちっちゃな海水浴場があるんだ」

「水着、持ってきた」

「じゃあ、水着に着替えて十分後に台所に集合な。朝メシちゃちゃっと食っちゃって、でかけよう」

　そう言って、父は下へたたたたっと気持ちいい音をたてて下りて行った。

　ミカは、母が買ってくれた、きれいな水色にクリーム色やグリーンの泡の模様がついた水着をカバンの底に沈め、かわりに紺色のスクール水着をひっぱり出す。カバンから出てくる服はどれも母親が選んだものだった。お金を払うときに、いつも母は「本当にこれでいいのね?」とミカに念をおす。すると急に不安になって、結局、母の選んだ服の方にしてしまうのだった。

　ミカは、水着の上からタンスの中にあったボーダーのTシャツとデニムのオーバーオールを着て下におりると、父はふかしたトウモロコシを包んでいるところだった。

「海水浴場と言っても、ほんとにちっちゃいところだからね」

と言って父は顔を上げると、ミカを見て絶句した。

「タンスのやつ、勝手に着て、悪かった?」

とミカが聞くと、父は、

「いや、(2)ミカがいるのかと思った」

と言った。そう言ってしまって、父はあわてた。

「えっと、つまり、そういうつもりじゃないんだよ。ミカはミカなんだし。何言ってるンだ、オレは」

　父は、しどろもどろだった。

　ミカにはわかっていた。父が思っているミカと自分は違うのだ。父にとってみたら、私は偽物なのだ。ならば、私は誰なのだろう。誰として、ここに居ればよいのだろう。もしかして、ミカ弐号は私の方だったのかもしれない、とミカは思った。

　お弁当に入りきらなかったオニギリと、②キザみすぎたキャベツを入れたみそ汁を、会話もなく、もそもそと食べてしまい、二人は黙って玄関を出た。父は丸めたゴザをかつぎ、リュックを背負って、クーラーボックスをたすきがけにしていた。もう何年も使っているらしいビーチサンダルをぺたぺたさせながら坂を下ってゆく。

「ミカちゃん、ごめんね」

　先を歩く父は前を向いたままあやまった。

「オレはさ、本物とか偽物とか、そんなことで騒いでる早苗さんを心底バカにしていた。なのにさ、オレ自身が慣れ親しんだ方を本物のミカだと思い込んでた。頭、固いよな」

　父は大きくため息をついた。

「時間ってやつにはさ、あらがえないのかなぁ」

　父は、ミカが黙っているので本当についてきているのか急に不安になったらしく、振り返る。ミカがいるのを見て安心して、笑顔をつくった。

2024年度

渋谷教育学園渋谷中学校

【国　語】〈第一回試験〉（五〇分）〈満点：一〇〇点〉

※「〇〇字で」、または「〇〇字以内で」、という指示がある場合は、「。」「、」「かっこ」なども一字と数えます。

一　次の文章を読んで後の問いに答えなさい。

【ミカが生まれてすぐに離婚したミカの両親は、ミカそっくりのロボットをつくり、どちらが人間なのかを知らないまま、それぞれを娘のミカとして引き取って生活している。ある日、母（早苗）の希望で、母のもとで暮らしていた方のミカと、父のもとで暮らしていた方のミカとが交換された。そして、母のもとから父のもとにやってきたミカは、父からもう一人のミカの存在を聞かされる。】

父と母は、あまりにも長く争っていたので疲れきっていた。結論が出ないことに二人はいらつき、日常生活が送れなくなっていた。だから、こういう解決法もありますよと、ある企業に提示されたとき、そんなバカなとは思えなかったのだ。

最近のアンドロイドは、本物とかわらないです、というセールストークは本当だった。血液、汗、涙、唾液などの体液も出るし、お客さまにわからないように成長した体に変えさせていただきますので、人間と信じきって一緒に生活できます。それがわが社の売りでして、今はメンテナンスもいりません。不調が出たときは、お医者さまに連れて行ってもらうだけで、弊社に連絡がきて調整するシステムになっております。お客さまが、ロボットだと気づく瞬間は決してありません。

そう言われても二人は半信半疑だったが、実際に出来上がった赤ん坊を見ると、実の親が見ても判別できなかった。

母が最初に選ばせて欲しいと言い張り、二人のミカを丹念に調べた。それは損をしないよう、商品を見比べているようで、見ていて気持ちのいいものではなかった。

母は、親指の爪の根元が逆むけになっているのを見つけ、そちらのミカを連れて帰った。しかし、後になって、それだって誰かがつくろうと思えばつくれるということに気づき、そのことを考えると母の不安は日に日にふくらんでいった。もしかしたら、自分は、だまされたのかもしれない、と母は思ったのだ。何度も交換してくれと弁護士を通じて言ってきたが、(1)父は受け付けなかった。そのことが、母の疑惑を深めていった。

「じゃあ、私がロボットかもしれないの？」

父の話を聞き終えてミカが聞くと、父は苦い顔をして「うん」とうなずいた。

「人間という可能性もあるってこと？」

「うん、ある」

「どっちなの」

「わからないんだ」

そう言って父は両手で顔をおおった。それは、ミカが夜中に見た※あのときの母と同じように見えた。

たった一日で、ものすごく遠くへ来たような気がした。自分の知っている世界はもうこの地球上にないのだと、ミカは思った。

朝、部屋に風が通り抜けるのを感じて、ミカは目を覚ました。昨日

2024年度 渋谷教育学園渋谷中学校 ▶解説と解答

算　数　＜第１回試験＞（50分）＜満点：100点＞

解　答

[1] (1) $\frac{36}{37}$　(2) 29個　(3) 20　(4) $2093\frac{1}{3}$cm³　(5) 108度　(6) 4.5％　[2] (1) 30個　(2) 54個　(3) 51個　[3] (1) 16個　(2) 145個　(3) 210個　(4) 12　[4] (1) **おうぎ形OAP…イ，三角形OAP…エ**　(2) $3\frac{1}{8}$分後　(3) $3\frac{4}{7}$分後

解　説

[1] 四則計算，倍数，集まり，約束記号，相似，体積，角度，濃度

(1) $1-0.625\div\left(20\frac{1}{24}\div20\right)\times\left(\frac{1}{12}-0.04\right)=1-\frac{5}{8}\div\left(\frac{481}{24}\times\frac{1}{20}\right)\times\left(\frac{1}{12}-\frac{4}{100}\right)=1-\frac{5}{8}\div\frac{481}{480}\times\left(\frac{1}{12}-\frac{1}{25}\right)=1-\frac{5}{8}\times\frac{480}{481}\times\left(\frac{25}{300}-\frac{12}{300}\right)=1-\frac{5}{8}\times\frac{480}{481}\times\frac{13}{300}=\frac{37}{37}-\frac{1}{37}=\frac{36}{37}$

(2) 右の図１で，３でも７でも割り切れない偶数は，アに当たる。まず，１から100までの整数のうち，２の倍数は，100÷２＝50(個)ある。また，２と３の公倍数は，２×３＝６の倍数なので，100÷６＝16余り４より，イとウは合計で16個ある。同様に，２と７の公倍数は，２×７＝14の倍数だから，100÷14＝７余り２より，ウとエは合計で７個ある。さらに，２と３と７の公倍数は，２×３×７＝42の倍数なので，100÷42＝２余り16より，ウは２個ある。よって，アの個数は，50－(16＋７－２)＝29(個)と求められる。

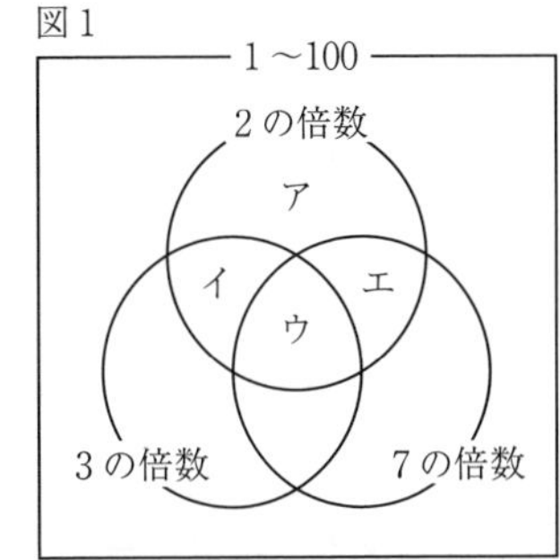

(3) 2024の場合，2024÷２＝1012，1012÷２＝506，506÷２＝253，253÷２＝126余り１，126÷２＝63，63÷２＝31余り１，31÷２＝15余り１，15÷２＝７余り１，７÷２＝３余り１，３÷２＝１余り１のように10回計算するから，【2024】＝10となる。よって，【【2024】＋７】×【33】＝【10＋７】×【33】＝【17】×【33】とわかる。さらに，17÷２＝８余り１，８÷２＝４，４÷２＝２，２÷２＝１より，【17】＝４となり，33÷２＝16余り１，16÷２＝８，８÷２＝４，４÷２＝２，２÷２＝１より，【33】＝５とわかる。したがって，【17】×【33】＝４×５＝20と求められる。

(4) 右の図２で，三角形ADFは直角二等辺三角形であり，BCとDFは平行だから，三角形ABCも直角二等辺三角形である。よって，AB＝BC＝12cmなので，BD＝16－12＝４(cm)，DG＝24－４＝20(cm)となる。また，三角形GDEと三角形GBCは相似であり，相似比は，GD：GB＝20：24＝５：６だから，DE＝$12\times\frac{5}{6}$＝10(cm)とわかる。したがって，影のついた部分を直線Ｌを軸として１回転させてできる立体(円すい)の体積は，(10×10×3.14)×20÷３＝$\frac{6280}{3}$＝$2093\frac{1}{3}$(cm³)と求められる。

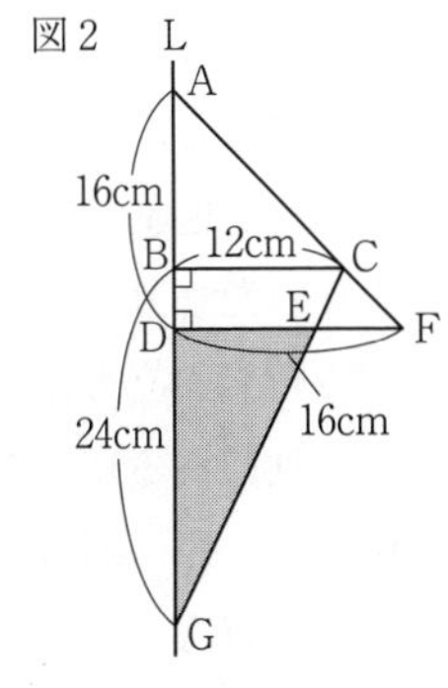

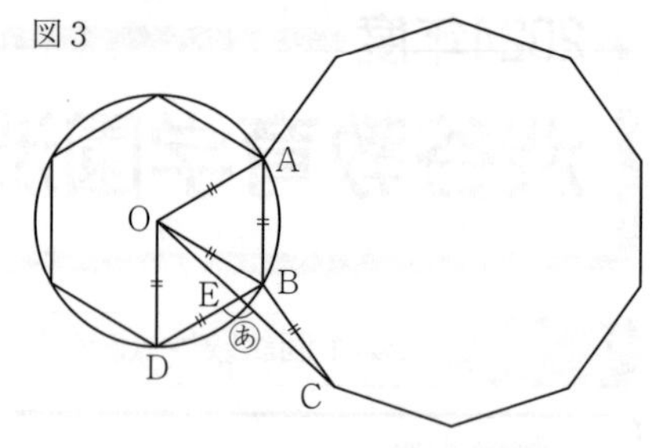

(5)　右の図３で，同じ印をつけた辺の長さはどれも等しいから，三角形AOB，三角形BODはどちらも正三角形で，角OBA，角OBDはどちらも60度，三角形BOCは二等辺三角形とわかる。また，正十角形の内角の和は，180×（10−２）＝1440（度）なので，角ABCは，1440÷10＝144（度）である。よって，角OBCは，360−（60＋144）＝156（度）だから，角BCOは，（180−156）÷２＝12（度）となる。さらに，角CBEは，156−60＝96（度）であり，三角形の外角はそれととなり合わない２つの内角の和に等しいので，三角形CBEについて，角㋐の大きさは，12＋96＝108（度）と求められる。

(6)　A，B，Cから取り出した食塩水の重さをそれぞれ$\boxed{100}$，$\boxed{200}$，$\boxed{200}$とすると，それぞれに含まれる食塩の重さは，$\boxed{100}$×0.03＝$\boxed{3}$，$\boxed{200}$×0.05＝$\boxed{10}$，$\boxed{200}$×0.04＝$\boxed{8}$と表せる。すると，Dの食塩水の重さは，$\boxed{100}$＋$\boxed{200}$＋$\boxed{200}$＝$\boxed{500}$，含まれる食塩の重さは，$\boxed{3}$＋$\boxed{10}$＋$\boxed{8}$＝$\boxed{21}$となるので，これを３等分すると，食塩水の重さは，$\boxed{500}$÷３＝$\boxed{\frac{500}{3}}$，含まれる食塩の重さは，$\boxed{21}$÷３＝$\boxed{7}$になる。また，はじめのAの食塩水600ｇには食塩が，600×0.03＝18（ｇ）含まれており，ここから$\boxed{3}$の食塩がDに移って，その後，DからAに$\boxed{7}$の食塩が戻ると，Aの食塩水に含まれる食塩の重さは22ｇになったので，$\boxed{7}$−$\boxed{3}$＝$\boxed{4}$に当たる重さが，22−18＝４（ｇ）とわかる。よって，$\boxed{1}$＝４÷４＝１（ｇ）なので，Bから取り出した食塩水の重さは，$\boxed{200}$＝１×200＝200（ｇ），Bに戻した食塩水の重さは，$\boxed{\frac{500}{3}}$＝１×$\frac{500}{3}$＝$\frac{500}{3}$（ｇ），その中に含まれている食塩の重さは，$\boxed{7}$＝１×７＝７（ｇ）とわかる。さらに，Bから取り出した後，Bの食塩水の重さは，300−200＝100（ｇ）であり，その中に食塩は，100×0.05＝５（ｇ）含まれるので，Dから戻すと，Bの食塩水の重さは，100＋$\frac{500}{3}$＝$\frac{800}{3}$（ｇ），含まれる食塩の重さは，５＋７＝12（ｇ）になる。したがって，その濃さは，12÷$\frac{800}{3}$×100＝4.5（％）と求められる。

2　立体図形―構成，分割

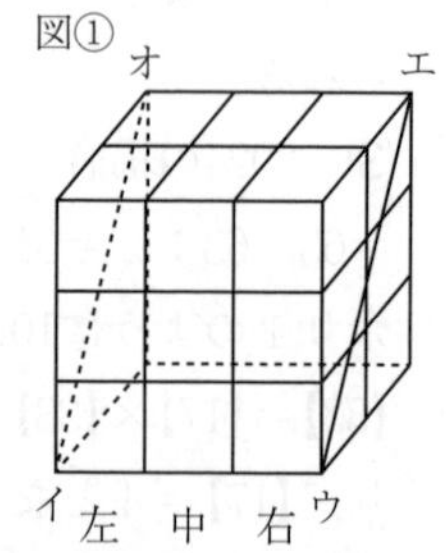

(1)　右の図①で，３点イ，ウ，エを通る平面は点オも通るので，直方体を切った切り口は長方形イウエオになる。このとき，直線ウエは，右横から見たときに見える６個の正方形のうち，４個の正方形を通っているので，正面から見たときに右の列にある６個の立方体のうち，４個が切られ，残りの２個は切られない。よって，右の列にある６個の立方体は，２×４＋２＝10（個）の立体に分かれ，中の列，左の列にある６個の立方体も同じようにそれぞれ10個の立体に分かれるから，立体は合計で，10×３＝30（個）になる。

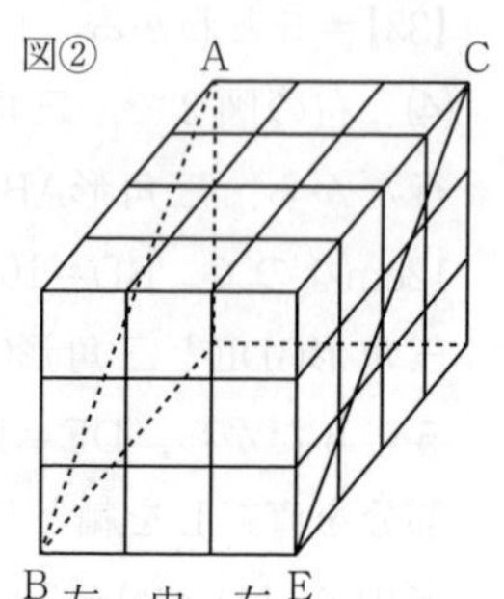

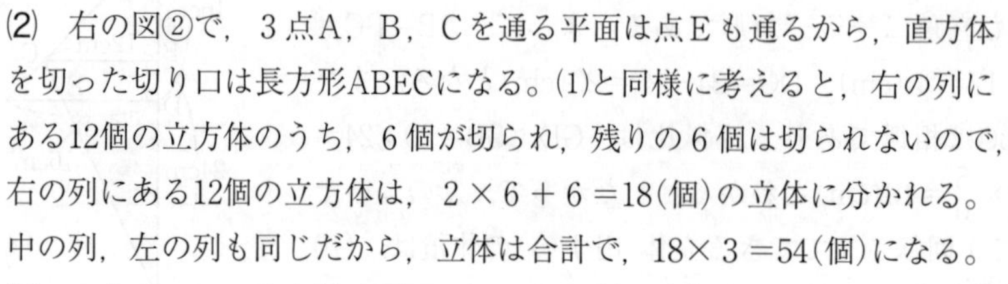

(2)　右の図②で，３点A，B，Cを通る平面は点Eも通るから，直方体を切った切り口は長方形ABECになる。(1)と同様に考えると，右の列にある12個の立方体のうち，６個が切られ，残りの６個は切られないので，右の列にある12個の立方体は，２×６＋６＝18（個）の立体に分かれる。中の列，左の列も同じだから，立体は合計で，18×３＝54（個）になる。

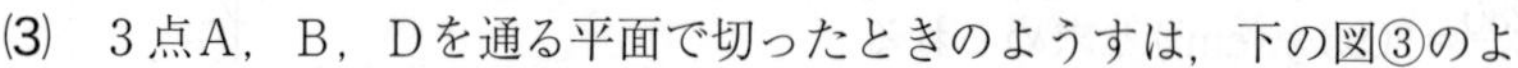

(3)　３点A，B，Dを通る平面で切ったときのようすは，下の図③のよ

図③

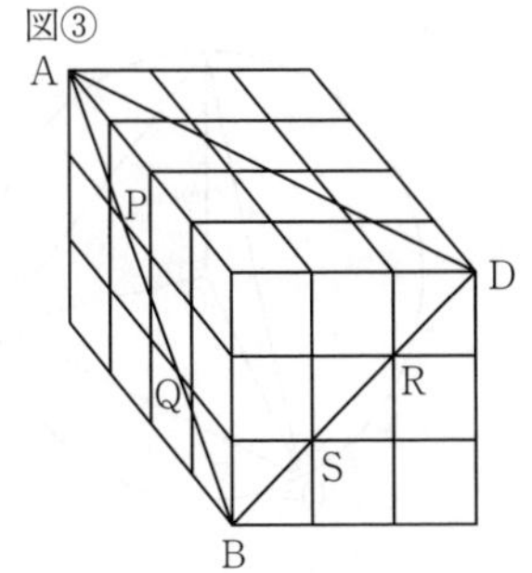

図④

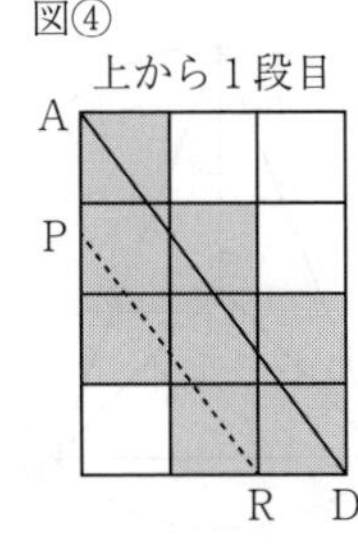

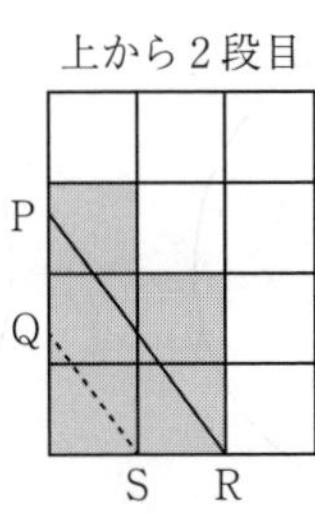

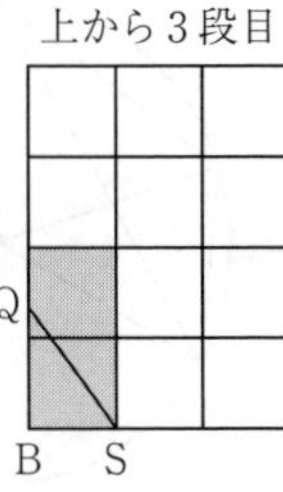

うになる。そして，直方体を上の図④のように上から１～３段目に分けて考えると，それぞれの段で上の面にできる切り口の線は実線部分，下の面にできる切り口の線は点線部分になるので，影をつけた立方体が切られる。よって，36個の立方体のうち，８＋５＋２＝15(個)の立方体が切られ，36－15＝21(個)の立方体が切られないから，立体は合計で，２×15＋21＝51(個)になる。

3 図形と規則

⑴ 問題文中の表１について調べると，右の図Ａのようになるから，６番目の個数は５番目の個数よりも16個多い。

図Ａ

１番目	２番目	３番目	４番目	５番目	６番目	…
１個	５個	12個	22個			

ア… ＋４　＋７　＋10　＋13　＋16
＋３　＋３　＋３　＋３

⑵ 図Ａで，アの数は４，７，10，13，16以降，16＋３＝19，19＋３＝22，22＋３＝25，25＋３＝28，…のようになる。よって，10番目の個数は，22＋13＋16＋19＋22＋25＋28＝145(個)と求められる。

⑶ 問題文中の表２について調べると，右の図Ｂのようになり，イの数は２以降，１ずつ増えることがわかる。よって，⑳番目は，１＋２＋３＋…＋20＝(１＋20)×20÷２＝210(個)と求められる。

図Ｂ

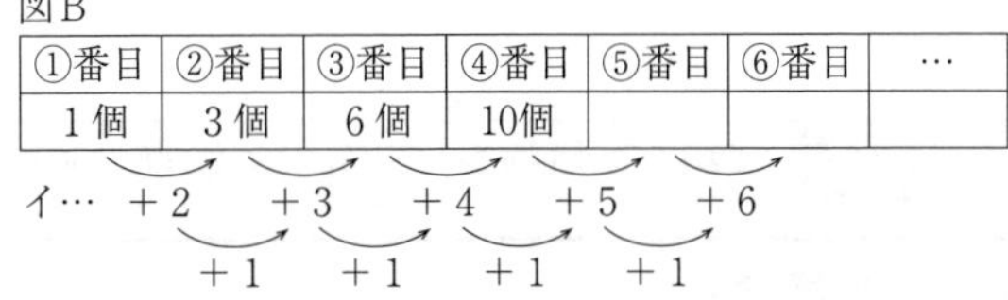

①番目	②番目	③番目	④番目	⑤番目	⑥番目	…
１個	３個	６個	10個			

⑷ ⑵より，図Ａの11番目の個数は，145＋(28＋３)＝145＋31＝176(個)，12番目の個数は，176＋(31＋３)＝176＋34＝210(個)となるから，□に当てはまる整数は12とわかる。

4 平面図形―図形上の点の移動，グラフ

⑴ 問題文中の図２より，点Ｐは５分で１周する。まず，おうぎ形OAPの面積は，㋐の角が180度になるまで一定の割合で増え続けて最大になり，その後，㋐の角が０度になるまで一定の割合で減り続けて０になる。よって，おうぎ形OAPの面積と時間の関係を表したグラフはイがふさわしい。次に，三角形OAPの面積は，㋐の角が90度のときに最大になり，㋐の角が０度と180度のときに０になる。また，点ＰのOAからの距離(きょり)(OAを底辺としたときの三角形OAPの高さ)の変化は，㋐の角が０度から90度になるにつれてしだいに遅(おそ)くなっていき，90度から180度になるにつれてしだいに速くなっていく。そして，この変化のしかたは，㋐の角が減っていくときも同様になる。したがって，三角形OAPの面積と時間の関係を表したグラフはエがあてはまる。

⑵ 下の図アで，点Ｐは５分，点Ｑは，８分20秒＝$8\frac{20}{60}$分＝$8\frac{1}{3}$分で円周を１周するから，点Ｐと点

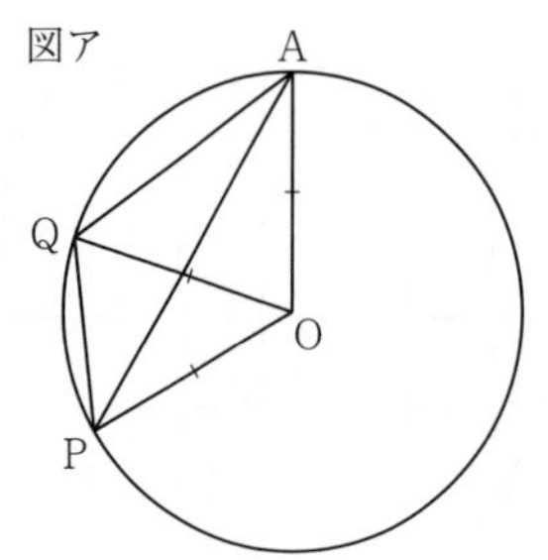

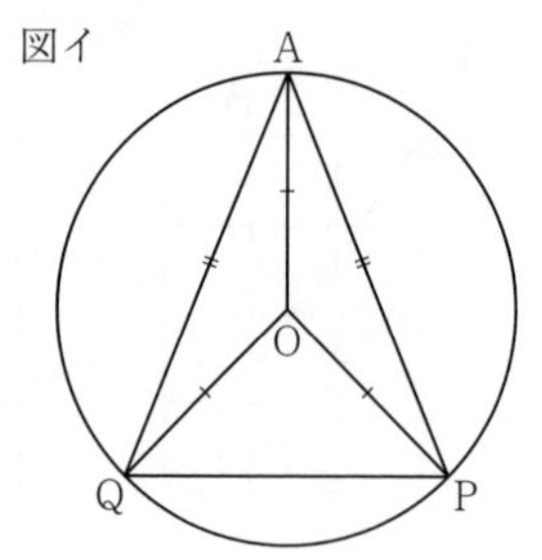

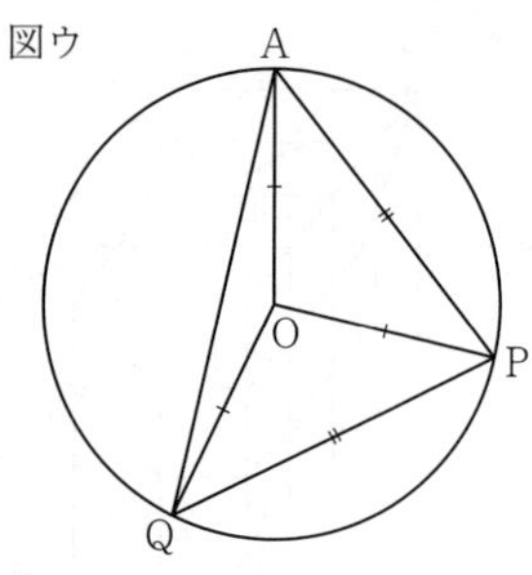

Qが１秒間に中心Oの周りを動く角度の比は，$(1\div5):\left(1\div8\frac{1}{3}\right)=\frac{1}{5}:\frac{3}{25}=5:3$とわかる。よって，点Pが円周の左半分にある間は，角AOP：角AOQ：角POQ＝５：３：(５－３)＝５：３：２となるので，三角形APQは二等辺三角形にならない。すると，三角形APQがはじめて二等辺三角形になるのは，上の図イのように，点Pが円周の右半分にあって，AP＝AQになるときとわかる。このとき，点P，点Qが円周上を動いた長さをそれぞれ⑤，③とすると，弧(こ)AQと弧PAの長さが等しいことから，円周の長さは，⑤＋③＝⑧となる。したがって，三角形APQがはじめて二等辺三角形になるのは，点Pが$\frac{5}{8}$周したとき，つまり，出発してから，$5\times\frac{5}{8}=\frac{25}{8}=3\frac{1}{8}$(分後)と求められる。

(3)　三角形APQが２回目に二等辺三角形になるのは，(2)の後，上の図ウのように，AP＝PQになるときである。このとき，点P，点Qが円周上を動いた長さをそれぞれ$\boxed{5}$，$\boxed{3}$とすると，弧QPの長さは，$\boxed{5}-\boxed{3}=\boxed{2}$となり，これが弧PAの長さと等しいことから，円周の長さは，$\boxed{5}+\boxed{2}=\boxed{7}$となる。よって，三角形APQが２回目に二等辺三角形になるのは，点Pが$\frac{5}{7}$周したとき，つまり，出発してから，$5\times\frac{5}{7}=\frac{25}{7}=3\frac{4}{7}$(分後)と求められる。

社　会　<第１回試験>（30分）<満点：50点>

解　答

1　**問１**　イ　**問２**　①　エ　②　イ　③　ア　**問３**　オ　**問４**　ア　**問５**　(1)　エ　(2)　(例)　阿蘇外輪山で降った多量の雨が地面にしみこみ，火砕流堆積物の層を通るさいにろ過されるから。　(3)　(a)　ウ　(b)　ウ　**問６**　ウ，不平等　**2**　**問１**　(1)　イ　(2)　漢委奴国王　(3)　ア　**問２**　(1)　梅　(2)　(例)　北九州の防衛を担当する防人として派遣されたから。　(3)　ウ　(4)　イ，ウ　**問３**　(1)　**X**　オ　**Y**　エ　**Z**　カ　(2)　イ　**問４**　(1)　(例)　米価や石炭価格が高騰しているのに賃金が上がらず生活が苦しくなったので，炭坑労働者が反こうして米騒動が起きた。　(2)　①　日中　②　金属　**3**　**問１**　【ⅰ】　イ　【ⅱ】　ア　【ⅲ】　エ　**問２**　【ⅰ】　徴兵制　【ⅱ】　ウ　**問３**　ウ　**問４**　①　冷戦　②　核

解　説

1　**プロスポーツリーグを題材とした問題**

問１　A　地図中で「チームなし」となっているのは福井県，三重県，和歌山県，高知県で，この

４県には2023年９月末時点で新幹線が通っていなかったので，正しい。なお，2024年３月に北陸新幹線の金沢駅(石川県)―敦賀駅(福井県)間が開業したことで，福井県には新幹線が通ることとなった。　B　地図を見ると，政令指定都市(20市)のある右の表の15道府県のすべてにプロスポーツリーグのチームがあるが，岡山県には１チームしかないので，誤っている。

政令指定都市

北海道	札幌市
宮城県	仙台市
埼玉県	さいたま市
千葉県	千葉市
神奈川県	横浜市
	川崎市
	相模原市
新潟県	新潟市
静岡県	静岡市
	浜松市
愛知県	名古屋市
京都府	京都市
大阪府	大阪市
	堺市
兵庫県	神戸市
岡山県	岡山市
広島県	広島市
福岡県	福岡市
	北九州市
熊本県	熊本市

問２　①　「渦潮」とあるので，エが選べる。四国と淡路島(兵庫県)の間にある鳴門海峡は潮の流れが速く，潮位差によって渦潮ができるため，観光名所となっている。なお，チーム名は「徳島ヴォルティス」で，徳島県全域をホームタウンとしている。　②　「三つ葉葵」は徳川家の家紋である。徳川氏の一門である親藩のうち，紀伊藩(和歌山県)，尾張藩(愛知県西部)，水戸藩(茨城県)は「御三家」と呼ばれて特に重視されたので，このうちの水戸藩が位置していたイがふさわしい。なお，チーム名は「水戸ホーリーホック」で，水戸市など茨城県北部の市町村をホームタウンとしている。　③　「『織姫』と『彦星』」とあるので，「この都市で夏に開催される大規模な祭り」は七夕とわかる。よって，「仙台七夕まつり」が行われるア(仙台市)があてはまる。なお，チーム名は「ベガルタ仙台」で，宮城県全域をホームタウンとしている。「ベガルタ」は，ベガ(織姫)とアルタイル(彦星)を合わせた造語である。

問３　大阪市は瀬戸内の気候に属し，年間降水量が少ないので，Bがあてはまる。残ったA，Cのうち，年間を通して気温がCより高いAは，所沢市(埼玉県)より低緯度に位置している福岡市と判断でき，もう一方のCは所沢市となる。福岡市は日本海に面しているが，朝鮮半島に近く，冬の北西の季節風にふくまれる水蒸気の量が比較的少ないため，冬の降水量(降雪量)があまり多くならない。なお，プロ野球チームは，大阪市に「オリックス・バファローズ」，所沢市に「埼玉西武ライオンズ」，福岡市に「福岡ソフトバンクホークス」がある。

問４　表中のウは，化学工業製造品出荷額が最も多く，小売業年間商品販売額が最も少ないので，大規模な石油化学コンビナートがあり，挙げられている４市のうちで唯一，政令指定都市でない市原市(千葉県)と判断できる。また，漁獲量が最も多いエは，冷凍マグロの水揚量全国一の静岡市である。残ったア，イのうち，輸送用機械器具製造品出荷額がより多いイは，マツダ(自動車メーカー)の協力企業が多くある広島市と判断できる。もう一方の化学工業製造品出荷額がより多いアが，大規模な鉄鋼・石油化学コンビナートのある川崎市(神奈川県)である。なお，Ｊリーグの創設当時のチーム名は，市原市が「ジェフユナイテッド市原」(現：ジェフユナイテッド市原・千葉)，川崎市が「ヴェルディ川崎」(現：東京ヴェルディ)，静岡市が「清水エスパルス」，広島市が「サンフレッチェ広島」である。

問５　(1)　①，②　地形図のA地点のすぐ東に「戸島山」があるので，B地点を直接見ることはできない。また，「JA熊本果実連工場」の南側には畑(∨)が広がっているが，区画整理はされていない。よって，エが正しい。なお，熊本市をホームタウンとするＪリーグのチームは「ロアッソ熊本」である。　(2)　図を見ると，阿蘇外輪山に降った雨水は地下にしみこみ，火砕流堆積物の層を流れている間にろ過され，熊本市街に湧水として供給されていることがわかる。　(3)　(a)　IC(集積回路)はその製造工程で洗浄用のきれいな水を大量に必要とするため，この地域では集積回路の生産が1980年代に最盛期をむかえた。ICは小型・軽量なわりに高価であることから，航空機やトラックなどで長距離輸送しても採算が合うので，IC工場は空港や高速道路の周辺に立地していることが多い。九州地方は，広い土地やきれいな水と空気，労働力が得やすかったことなどから，1960年代以降，IC工場が進出するようになった。そのため，九州地方はIC産業の集中するアメリカ合衆国カリフォルニア州のシリコンバレーにちなんで，シリコンアイランドと呼ばれるようになった。　(b)　熊本市の北東に接する菊陽町には，ICの製造において世界シェア第１位の台湾の企業であるTSMC(台湾積体電路製造)の子会社の工場が建設されている。

問６　SDGsは国連総会で採択された「持続可能な開発目標」のことで，17分野の目標(ゴール)と169のターゲット(達成基準)からなる。資料のＡはウ(ゴール10)の「人や国の不平等をなくそう」，Ｂはア(ゴール１)の「貧困をなくそう」，Ｃはイ(ゴール３)の「すべての人に健康と福祉を」，Ｄはエ(ゴール11)の「住み続けられるまちづくりを」にあたる。なお，今治市(愛媛県)をホームタウンとするＪリーグのチームは「FC今治」である。

2　九州の歴史についての問題

問１　(1)　弥生時代に伝来した金属器のうち，青銅器は主に祭りごとに，鉄器は武器・工具などの実用的なものに使われた。よって，イが誤っている。　(2)　写真の金印は，後漢(中国)の皇帝が57年に倭(北九州の小国の一つ)の奴国から来た使いに与えたものと考えられており，江戸時代に志賀島(福岡県)で発見された。その印面には「漢委奴国王」と刻まれている(印面の写真の左側の列が「漢」，中央の列が「委奴」，右側の列が「国王」)。　(3)　１世紀は国内各地で小国が分立していた時代なので，アがふさわしい。なお，イ，ウについて，畿内(都とその周辺)に巨大な古墳がつくられ，大和朝廷が関東地方から九州地方までを勢力圏としたのは古墳時代である。また，エは３世紀前半に存在した邪馬台国と，女王の卑弥呼についての説明である。

問２　(1)　Ａの歌の〈現代語訳〉に「現在の２月初旬頃」「白く咲き」とあるので，梅と判断できる。なお，Ａの歌は，奈良時代後半に成立した日本最古の歌集『万葉集』所収の，「梅花の歌」三十二首の序文の一部である。　(2)　設問に「一般の成人男性」とあることから，防人とわかる。大宰府は律令国家の時代に九州地方の支配と外交・軍事を担当した役所で，その警備には主に東国の農民が防人として送られた。Ｂの歌のような，防人が旅立つときの悲しみや故郷に残してきた家族のことなどを詠んだ歌を「防人の歌」といい，『万葉集』に100首ほど収められている。　(3)　Ｃの歌の説明に「1183年頃」とあり，平氏一門は1185年に壇ノ浦の戦い(山口県)で滅亡したので，ウが選べる。　(4)　Ｃの歌が詠まれたのは平安時代末期である。写真アの法隆寺(奈良県)は飛鳥時代，イの慈照寺(京都府)の銀閣は室町時代，ウの日光東照宮(栃木県)の陽明門は江戸時代，エの平等院(京都府)の鳳凰堂は平安時代後期につくられたので，イとウがふさわしい。

問３　(1)　Ｘ　江戸時代の鎖国中，長崎で幕府と貿易することを認められていたのはオランダと清(中国)だけであった。また，示されている「答問十策」の第四策では中国について述べられている。さらに，オの「風説書」とは「オランダ風説書」のことである。よって，オがふさわしい。オランダ商館は長崎の出島(扇形の埋め立て地)にあり，オランダ船が入港するたびに商館長から幕府に海外事情報告書(オランダ風説書)が提出されていた。なお，文中の「白石先生」とは，江戸幕府の第６・７代将軍に仕えた儒学者の新井白石のことである。白石は正徳の治において，長崎での貿易を制限する海舶互市新例(長崎新令)を定め，金銀銅の流出を防いだ。　Ｙ　第五策に「直行の文字」(たて書きの文字)を用いているとあるので，琉球(王国)と判断できる。琉球王国は江戸時代に薩摩藩(鹿児島県)に支配され，幕府の将軍の代替わりごとに使節(慶賀使)を江戸に派遣していたので，エがあてはまる。　Ｚ　第五策に「蒙古東北」「満州の東カムチャツカの地に至るアジアの方まで」とあり，蒙古はモンゴル，満州は中国の東北部，カムチャツカ(半島)はロシア東端の半島なので，ロシアとわかる。1854年にアメリカと日米和親条約を結んだ日本は，これをきっかけとしてイギリス，ロシア，オランダとも和親条約を結ぶことに応じた。ロシアとの間で結ばれた日露和親条約ではロシアとの国境が確認されたので，カがあてはまる。このとき，千島列島の択捉島以南を日本領とし，樺太(サハリン)は両国雑居地として国境を定めなかった。　なお，アの鉄砲を伝えたのはポルトガル人，イのアヘン戦争で中国を破ったのはイギリス，ウの通信使を派遣し倭館を置いたのは朝鮮(李氏朝鮮)である。　(2)　空らん①の後に「かつてこの国のことを嘆き綴り，その身を禁錮させられたきっかけとなった書」とあり，「この国」はロシアを指すので，イの林子平である。子平は江戸時代後半に活躍した思想家で，ロシアの南下を警告する海防論として『海国兵談』を著し，当時の老中松平定信により，人心を惑わしたとして捕らえられた。なお，アの高野長英とエの渡辺崋山は蘭学者で，蛮社の獄(1839年)で処罰された。ウの吉田松陰は長州藩(山口県)出身の尊王攘夷論者で，安政の大獄(1858～59年)で刑死した。

問４　(1)　(A)の絵は，米価や石炭価格が高騰しているのに賃金が上がらず，勤労者やその家族の生活が苦しくなった様子を描いている。「説明書き」にある「大正五年」は西暦1916年である。また，(B)の絵は，炭坑労働者が騒ぎを起こしたが軍隊に鎮圧された様子を表している。「説明書き」にある「大正七年」は西暦1918年で，「北方への出兵」とはシベリア出兵のことと考えられる。この年には，シベリア出兵を見越した商人による米の買い占めによって米価が高騰したため，富山県魚津の主婦たちが米屋におしかけて米の安売りを求めた。これをきっかけに騒ぎは全国に広がり，米騒動と呼ばれた。したがって，(A)，(B)は，第一次世界大戦(1914～18年)の大戦景気やシベリア出兵による物価の上昇と米価の高騰，そして米騒動の全国的な広がりを示しているといえる。　(2)　①〈政府による産業統制に関する年表〉を見ると，1938年に国家総動員法が制定されている。日中戦争(1937～45年)の長期化にともない，政府は国内の戦時体制を確立するため，1938年に国家総動員法を制定した。これによって政府は，労働力や物資の統制運用を議会の承認なしに行えるようにした。　②〈1940年頃に福岡県で出されたポスターなどの印刷物〉は，石炭の確保や金の供出を呼びかけるものである。また，〈陶器のポンプ(左)・陶器の手りゅう弾(中)・竹製のヘルメット(右)〉は，本来は金属製のものを別の材料で代用したものである。これらの資料から，戦時下では金属や石炭など軍需産業に関連したものの生産が強化されたことや，それらの物資が不足していたことがわかる。

3　政治について学ぶ講座を題材とした問題

問１　【ⅰ】　国民の主権(政治を決める最高権力)が認められていれば，政府の国民に対する権利の侵害を防ぐことができる(…１)。また，マスメディアは定期的に世論調査(…２)を行い，その評価や支持が低いと，選挙で議席を減らす(…３)可能性が高くなるため，政府は国民のための政策を行うようになる。　【ⅱ】　強力なリーダーに権力が集まっていると，権力間で監視し互いに抑制し合う三権分立(…４)の機能が働かないので，政府による権力の濫用(…５)が起きやすい。また，政府を批判する言論の弾圧(…６)も起こりやすい。　【iii】 室町時代の南北朝の動乱(…７)が続く時期には，惣(惣村)と呼ばれる村の自治の仕組みが発達し，有力な農民たちが寄合を開いて村の掟（…９)を定めた。惣では農民たちが直接話し合ったので，当事者意識(…８)が高くなったと考えられる。

問２ 【ｉ】 大日本帝国憲法では，納税の義務と兵役の義務(徴兵制)が明記されていた。そのため，満20歳以上の男子は強制的に軍隊に編入された。　【ii】 税金には，納税者と税負担者が異なる間接税と，納税者と税負担者が同じ直接税がある。間接税の代表は消費税(…10)で，収入に関係なく税率が一律である。一方，直接税の代表は所得税(…11)で，収入が多くなるほど税率が高くなる累進課税制度がとられている。こうして徴収された税金は，国民の福利・厚生などの社会保障(…12)にもあてられる。

問３ ア　東南アジア諸国連合(ASEAN)は欧米諸国とも協調する地域的経済協力組織であり，2000年代以前(1967年)につくられているので，誤っている。　イ　記事の見出しに「民主主義国家は減少」とあるように，この記事の内容は「民主的な政治体制が広がり」とは逆のものなので，合わない。　ウ　記事からは，専制主義国家の数が増えるとともに，専制主義国家が世界に占める国内総生産(GDP)の割合も増えていることがわかる。したがって，アジア・アフリカ・南アメリカの新興国(グローバルサウス)や途上国の中に，専制主義国家が増えていると推定できるので，ふさわしい。　エ　記事では，AI(人工知能)技術について述べられていない。

問４ ①　民主主義国家と専制主義国家による世界の分断は，第二次世界大戦後の冷戦構造に似ているといえる。当時は，アメリカを中心とする資本主義国と，ソビエト連邦(ソ連)を中心とする社会主義国との東西対立を背景としていた。　②　核兵器を保有していれば，敵国に攻撃されたときに反撃でき，敵国も大きな被害を受けるため，このような事態をおそれて，敵国が自国への攻撃を思いとどまるという考え方がある。このような，「核兵器の脅威によって，逆に戦争が起きるのを抑えられる」という考え方を，「核抑止論」という。これにより，冷戦期にはアメリカとソ連の核開発競争が激しくなった。

理　科　＜第１回試験＞（30分）＜満点：50点＞

解　答

[1] **問１**　①　(い)　②　(う)　③　(お)　④　(あ)　⑤　(え)　**問２**　(1)　種Ｂ　(2)　右の図　**問３**　(例)　ラッコに食べられていたウニが増加して，ケルプを食べつくしてしまったから。　**問４**　(例)　エルニーニョ期は，通常期よりも食物連鎖の段階が増えて，海鳥までたどり着く栄養分が減少してしまうから。　**問５**　(例)　海鳥の個体数が

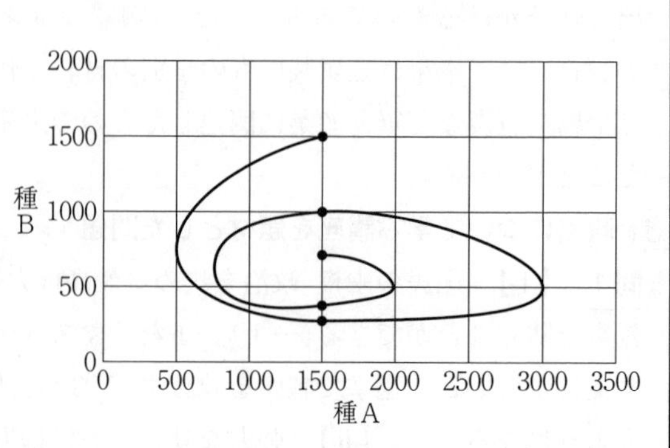

減少することで，肥料のもとになる排せつ物も減少するから。　**2** **問１**　(例)　紙の表面がなめらかであること。　**問２**　ア　**問３**　イ　**問４**　ウ　**問５**　ア　**問６**　(例)　新聞紙の原料である機械パルプは，リグニンを除去していないから。　**問７**　エ　**問８**　**あ**　低　**い**　上昇

解　説

1　食物連鎖についての問題

問１　①は，植物の葉や実を直接食べる草食動物なので，(い)のウサギがあてはまる。⑤は，落ち葉を食べているので，くさった落ち葉などを土とともに食べている(え)のミミズがふさわしい。③は，バッタやミミズを食べる肉食動物で，モズに食べられているので，(お)のカエルとわかる。②は，カエルを食べ，オオタカに食べられているので，(う)のヘビと判断できる。④は，ミミズを食べており，土の中で暮らす小動物を捕食する肉食動物とわかるので，(あ)のモグラである。

問２　(1)　一般に，食べる側の個体数は食べられる側より少なく，食べられる側の個体数の変化に少し遅れて，同じように変化する。よって，種Ｂが食べる側と判断できる。　(2)　②～③　種Ａは1500から急激に増えていき，②と③のほぼ中間で約3000に達する。このとき，種Ｂは②での約300から少し増えて約500になっている。種Ａはその後は減って再び1500になり，種Ｂは引き続き増え続けて約1000となる。したがって，②の点から伸び，横軸の値が約3000，たて軸の値が約500となる点を通り，③の点につながるなめらかな曲線を描く。　③～④　種Ａは約1500から減少し，種Ｂは約1000から減少して，③と④の間の$\frac{1}{3}$ほど時間が経過した時点で，ともに約700となっている。その後，種Ａの数は増加に転じて再び1500に戻るが，種Ｂの数は引き続き減少し続け，④の直前でやや増えて約400となる。よって，③の点から，横軸，たて軸の値がどちらも約700となる点を通り，④の点につながるなめらかな曲線を描く。　④～⑤　④と⑤のほぼ中間の時点まで種Ａは1500から増え続け，約2000に達した後，減少して再び1500となっている。種Ｂは約400から少しずつ増え，④と⑤の中間では約500に増え，さらに増えて約700に達する。したがって，④の点から，横軸の値が約2000，たて軸の値が約500の点を通り，⑤の点につながるなめらかな曲線を描く。以上より，解答の図のようなグラフになる。

問３　乱獲によりラッコの個体数が減ると，それまでラッコに食べられることで個体数の増えすぎをおさえられてきたウニが増え，ウニのエサとなるケルプの食べられる量も増えたため，ケルプが激減したと考えられる。

問４　図４は，食物連鎖の段階が進むにしたがって，各段階の生物が得られる栄養分が少なくなっていくことを示している。このことから，食物連鎖の段階が通常より増えると，最上位の動物が得られる栄養分が通常より少なくなると考えられる。表によると，エルニーニョが発生したとき，小型の動物プランクトンよりさらに小さい植物プランクトンが増えているので，通常期に比べて，その小さい植物プランクトンが小型の動物プランクトンに食べられるという段階が増える。そのため，エルニーニョ期には，食物連鎖の最上位に位置する海鳥が得られる栄養分の量が通常期よりも減り，海鳥の個体数が減少するのだと推測できる。

問５　海鳥の個体数が減少すると，海鳥の排せつ物が減少し，グアノの量も減少する。これにより，農作物の肥料が減るので，収穫量が減ると考えられる。

2 紙の種類とその特徴などについての問題

問１ 昔の和紙は，現代の印刷に使われている紙に比べて，表面がざらざらしている。また，現代の紙に使われている機械パルプは繊維が短く，昔の和紙は長い繊維を使っていると述べられている。よって，繊維の短い機械パルプで作った紙は表面がなめらかでインクがにじみにくいので，印刷に適しているのだと考えられる。

問２ Ｂ君は，「ねり」を使わない溜め漉きについて，「ねり」を使わないので繊維が水中ですぐに沈まないようにする必要があると述べている。したがって，「ねり」を使って水中の繊維を沈みにくくすることについて説明しているアが選べる。

問３ アは，両面テープの左側の部分に，接着面に垂直な力がはたらくため，両面テープが左側から徐々にはがれていきやすい。一方，イは，両面テープのすべての部分に，接着面に水平な力が均等にはたらくため，アに比べて接着の強さが大きい。

問４ 図２で，水素結合はセルロースの分子（パルプの繊維の成分）に対して，問３の両面テープと同じはたらきをしていると考えられる。よって，問３のイに対応しているウがふさわしい。

問５ 灰汁はアルカリ性であると述べられているので，水溶液がアルカリ性を示すアの水酸化ナトリウムが選べる。

問６ 新聞紙に使われている機械パルプとはちがい，化学パルプはリグニンを溶かすことで作られると述べられている。また，リグニンは茶色であるとも述べられている。したがって，新聞紙が茶色いのは，機械パルプがリグニンを溶かさずに作られているためだと考えられる。

問７，問８ 冬のよく晴れて風の弱い早朝には，放射冷却により地上に近い方が上空よりも気温が低くなるので，排煙が冷やされ，上昇しにくくなる。このようなときには，排煙が地上にひろがって，悪臭などの公害をひきおこすことがある。

国語 ＜第１回試験＞（50分）＜満点：100点＞

解答

一 **問１** 下記を参照のこと。 **問２** ア **問３** エ **問４** ア **問５** （例） 二人のミカが生まれたのは両親の選択の結果なのに，今さら娘の意志を尊重するような言い方で人生にかかわる選択をせまってくるのは，責任のがれのように感じられたから。 **問６** イ **問７** オ **問８** ア，オ 二 **問１** 下記を参照のこと。 **問２** イ **問３** エ **問４** （例） 自然には人間をこえた自己回復力があるから何をしても元の自然に戻るだろうと信じこむことで，現在の行いが未来にあたえる影響について考える必要がなくなるということ。 **問５** （例） 自然を人間よりも優れたものとする考えをもとに，自然界の現象を観察し，そのしくみを分析したうえで，その現象を人工的に再現する営みが技術であるという考え方。 **問６** オ **問７** ウ **問８** ウ

●漢字の書き取り

一 **問１** ① 高台 ② 刻(み) ③ 建物 二 **問１** ① 耕(す) ② 帳消(し) ③ 反映

解　説

一　出典：木皿泉「かお」(『カゲロボ』所収)。離婚したミカの両親はミカそっくりのアンドロイド(人間型ロボット)をつくり，どちらが人間なのかを知らないままにそれぞれを娘として育てるが，中学生になったミカは交換される。

問１　①　周囲より高さがあり，表面が平らになっている土地。　②　音読みは「コク」で，「刻印」などの熟語がある。　③　人が住んだりものを収めたりするためにつくられたもの。

問２　ア，イ　母(早苗)が「親指の爪の根元が逆むけになっている」ほうのミカを連れて帰ったのは，ロボットのミカではなく人間のミカを引き取ることにこだわったためだと考えられるので，アが正しく，イは誤っている。　ウ，エ　続く部分の父とミカの会話から，父はミカが人間なのかロボットなのかにあまりこだわりがないとわかるので，「かけがえのない人間のミカ」，「自分が望んでいた人間のミカ」はふさわしくない。　オ「もしかしたら，自分は，だまされたのかもしれない，と母は思ったのだ」とあるが，父にだまされたと主張したとは書かれていないので，「自分にだまされたと主張してくる」は合わない。

問３　少し後で父は，「オレはさ，本物とか偽物とか，そんなことで騒いでる早苗さんを心底バカにしていた」と言っている。また，続く部分でミカは，「父にとってみたら，私は偽物なのだ」と思っている。よって，「父は二人のミカに『本物』も『偽物』もないと思っていたつもりだった」が，「父にとって『本物のミカ』はもう一人のミカの方なのだと気づい」たとあるエが選べる。

問４　後の部分に，「時間が経って，父の知っているミカになってゆくのかなぁ」とあることから，父は今後，目の前のミカと，時間をかけて親子関係をつくっていくつもりだと伝えようとしているのだとわかる。よって，「『目の前のミカ』と新しく親子関係を築こうとしている」とあるアがあてはまる。

問５　直前に，「そもそも，自分たちがここにいるのは，父と母それぞれが自分の手元に置きたいと考えたからで」とあるように，ミカのロボットがつくられたのは，それを両親が選択した結果である。それにもかかわらず，「オレのことはいいんだよ。ミカがどう思うかだよ」と，娘の人生にかかわる重大な選択を本人にさせるのは，父の責任のがれのように感じられたため，ミカは「ずるい」と思ったのだと考えられる。

問６　直前の，「自分たちのやったことを誰かに話されるのを，恐れているのだろう」と書かれている部分に注目する。「やったこと」とは「父と母それぞれが自分の手元に置きたいと考え」てミカのロボットをつくったことである。よって，「自分たちの都合で二人のミカを振り回している」とあるイが合う。

問７　ア「逃げよう」と提案したのはミカなので，「ミカ弐号に協力しようとしている」は合わない。　イ「ミカは，どうするという選択肢が自分にあるとは思ってもみなかった」のだから，「ミカ弐号の判断に従おうと考えていた」はあてはまらない。　ウ　どこに逃げるかは明らかになっていないので，「父のもとで暮らしていこう」は合わない。　エ「何もしないということは，殺されるということなのか，とミカはようやく気づいた」のだから，「一度は自分の運命をおとなしく受け入れる覚悟をした」はふさわしくない。　オ　ミカは，ミカ弐号の二度目の「どーする？」という問いかけで，「自分にもできること」として「逃げ」ることに気づいたのだから，あてはまる。

問８　最後の部分で，母は「お宅のロボットは暴力をふるうのか」と言っている。よって，「『ロボット』という呼び方には親しみが込められている」とあるアは合わない。また，「母さんのところへ戻るか？」とミカに聞いたときの「父の顔は無表情で，ミカは父の真意を読み取れない」とあるので，ミカが「両親が再度ミカを交換しようとしていると誤解する」とあるオも誤っている。なお，オは「実際はミカ弐号が回収されることになっている」という内容も間違っている。

二　**出典：戸谷洋志『未来倫理』**。筆者は，現在世代の自然への影響が未来世代にも及ぶようになった理由について，技術観や自然観の変化を取り上げながら説明している。

問１　①　音読みは「コウ」で，「耕作」などの熟語がある。　②「帳消し」は，たがいに差し引いた結果，損得などの残りがなくなること。　③　影響が及び，ほかの形であらわれること。

問２　直後に注目する。「この言葉は，人間の外側に広がっている，環境的な世界を想起させる。しかし，現在世代が未来世代と間接的に共有しているものには，外界だけではなく，その内側にあるもの，すなわち身体も含まれるだろう」と述べられているので，「人間の外側に広がっている，環境的な世界」を「人間の外部にある世界」と言いかえ，「身体も含まれるだろう」という問いかけを「人間の内部にあるものは含まれないという誤った認識を与えてしまう」と否定的な表現に言いかえているイが選べる。なお，「ミスリーディング」は，“誤解をまねきかねない”という意味。

問３　続く部分に注目する。「現代よりも前の時代には，人類が〜ということでは」なく，「そうした影響は，自然によって回復され，なかったことにされてしまうからだ」と述べられているので，エがあてはまる。

問４　「こうした自然への甘え」とは，前の部分で説明されているような，自然が持つ「人間を超えた自己修復能力」に対する甘えである。また，「未来世代への自らの影響について配慮することも免除する」とは，「自然から資源が枯渇するのではないかという不安に苛まれることなく，資源を収奪することができる」ことにあたる。

問５　「こうした技術観」とは，直前の四つの段落で説明されている，アリストテレスが定義した技術観である。その考え方は，自然が「人間よりも優れていると考える自然観の上に成り立って」おり，「まず自然をしっかりと観察し」て「分析し」，「自然現象を人工的に模倣」するというものである。

問６　同じ段落と直前の段落に注目する。「ガリレオは，そのように自然には存在しない人工的な環境を技術的に構築することで，むしろ自然の本質に迫ろうと」しており，「ベーコンは，このような実験こそが，人間の知識にとって不可欠の契機であると考えた」とあるので，オが選べる。

問７　直前の四つの段落で，「自然の本質は，人間が自然に対して積極的に働きかけ，その結果を検証することによって，初めて解明される。そうした働きかけこそ」が「実験」だという「ベーコンの発想」が説明されている。そして，「実験」が「人間によってコントロールされ，管理されている」ことは，「人間が自然を解明できるのは，自然を技術によって再現し，自らコントロールできるからである」という考え方につながると述べられている。よって，ウがふさわしい。

問８　本文ではおもに，人間の技術と自然とのかかわりについて説明されており，人間どうしのコミュニケーションについての問題は取り上げられていないので，ウがあてはまらない。

2024年度 渋谷教育学園渋谷中学校

【算　数】〈第２回試験〉（50分）〈満点：100点〉

注　・定規，コンパスは使用できません。
　　・仮分数は帯分数になおす必要はありません。
　　・円周率は特に指示のない限り3.14とします。
　　・すい体の体積は「(底面積)×(高さ)÷３」で求められます。

1　次の問いに答えなさい。ただし，(6)は答えを求めるのに必要な式，考え方なども順序よくかきなさい。

(1)　$90\times90\times3\frac{7}{50}-(80\times80\times1.57\times2+40\times40\times0.785\times4)$を計算しなさい。

(2)　濃さの分からない食塩水A，Bがあります。AとBを重さの比が１：３になるように混ぜると6.5%になり，AとBを重さの比が３：５になるように混ぜると８%になりました。A，Bの濃さはそれぞれ何%ですか。

(3)　右の図で印のついた辺の長さはすべて等しいです。このとき㋐の角の大きさは何度ですか。

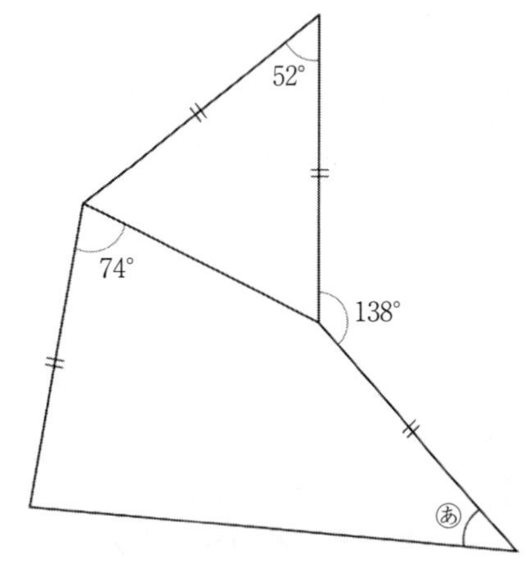

(4)　AかBのいずれか一方のみが正解であるクイズが５問あり，ア，イ，ウ，エの４人が下の表のように解答しました。このとき，正解の数はアが３問，イが２問，ウが１問，エが１問でした。クイズの正解をそれぞれ答えなさい。

	第１問	第２問	第３問	第４問	第５問
ア	A	A	A	B	B
イ	B	A	A	A	A
ウ	A	B	A	B	A
エ	B	B	B	B	A

(5)　渋男さんは家を出て，駅に向かって分速60mで進みます。しばらくすると，教子さんは渋男さんの忘れ物に気づき，家を出て自転車に乗って分速240mで渋男さんを追いかけました。教子さんが家を出た１分後に渋男さんも忘れ物に気づき，これまでと同じ速さで来た道を引き返しました。途中で渋男さんと教子さんが出会い，忘れ物を受け取ると，渋男さんはこれまでと同じ速さで駅に向かいました。駅に着いた時刻は引き返さないときよりも３分遅かったです。渋男さんが忘れ物に気づいて引き返したのは家から何mのところですか。

(6) 下の表のように手の指で数字を表します。

数字	1	2	3	4	5	6	7	8	9	0
表し方										

右手は一の位の数字，左手は十の位の数字を表すことにします。そして，伸びている指の本数を数えます。例えば，右の図のときは93を表し，伸びている指の本数は７本です。

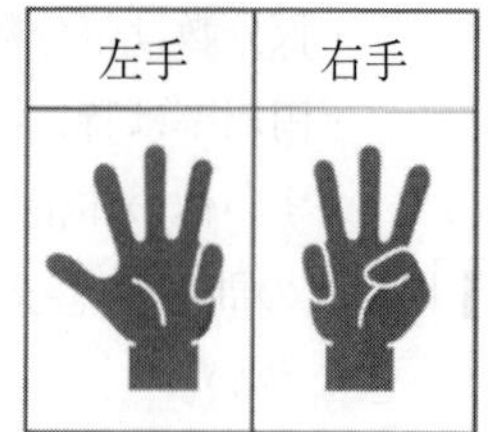

１，２，３，…と順に指で数を表し，伸びている指の本数を合計していきました。

伸びている指の本数の合計が428本になるのはいくつまで数えたときですか。

2 長針，短針，秒針がなめらかに動く時計があります。

次の問いに答えなさい。ただし，答えが割り切れない場合は分数で答えなさい。

(1) 10時と11時の間で，長針と短針が作る角を，時計の12時の方向が２等分する時刻は10時何分ですか。

(2) (1)の後，長針と短針が作る角が初めて180°になるときの時刻は何時何分ですか。

(3) (2)の後，**長針**と**秒針**が作る角が初めて180°になるのは(2)の何秒後ですか。

3 １から６までの整数が書かれた球(球①～球⑥)と，１から５までの整数が書かれた箱(箱１～箱５)と，整数が書かれていない皿が１枚あります。また，整数に関する条件が書かれた，下のようなカードＡ～Ｈがあります。

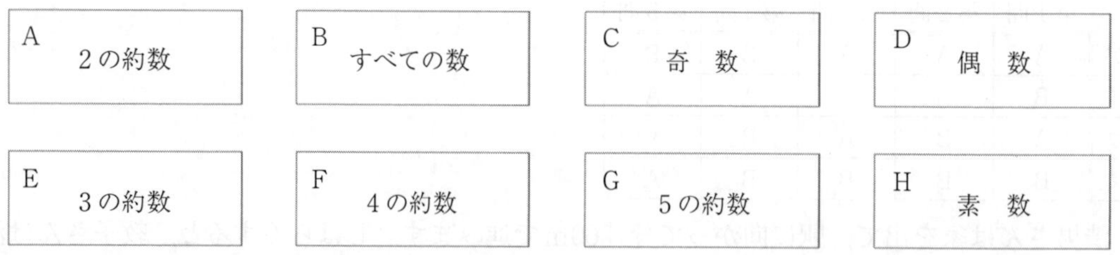

はじめは，球①～球⑤が同じ整数の書かれた箱に入っていて，球⑥は皿の上に置いてあります。これを最初の状態とします。

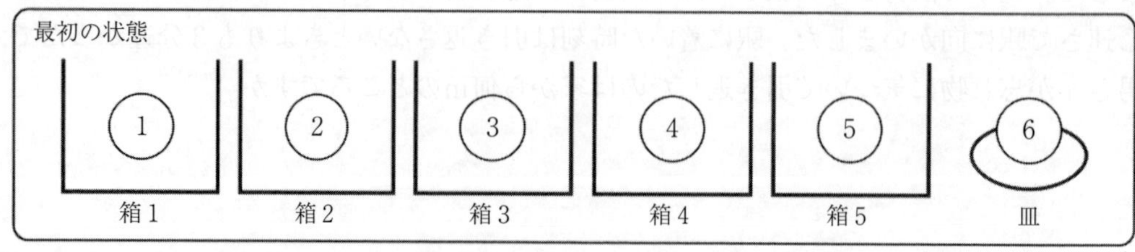

次の手順で球を入れ替えます。

●カードを１枚引き，書かれた条件を満たす球を箱の中からすべて取り出します。また，カードの条件に関わらず，皿の上の球も取り出します。

●取り出した球を，取り出す前とは異なる場所に，すべての箱の中と皿の上にそれぞれ球が１つずつ置かれるように入れ替えます。

入れ替えた後に，それぞれの箱について，入っている球の整数と箱の整数の差を計算し，それらをすべて足し合わせたものを点数とします。ただし，皿の上にある球の整数は計算しません。

例えば，最初の状態でAのカードを引いたときは，球①，球②と皿の上にある球⑥を取り出します。球の入れ替え方は次の２つの場合が考えられます。

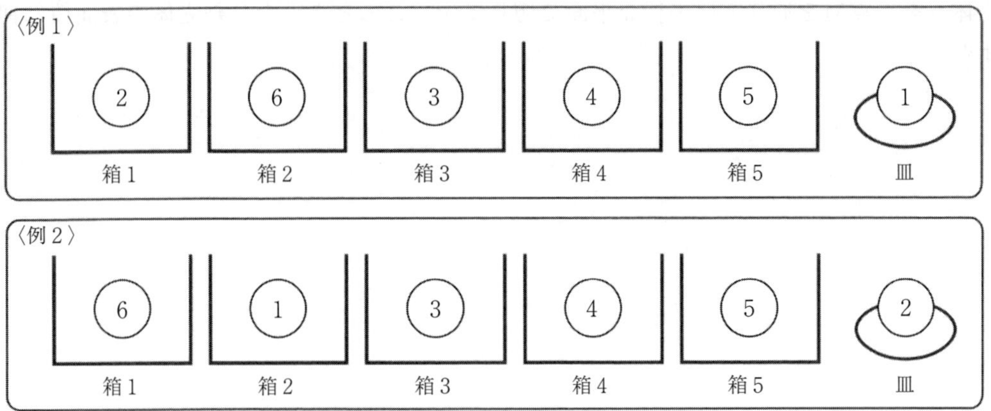

〈例１〉の点数は５点，〈例２〉の点数は６点です。

次の問いに答えなさい。

(1)　最初の状態でBのカードを引いたときの点数として考えられるもののうち，最も小さいものは何点ですか。

(2)　最初の状態でCのカードを引いたときの点数として考えられるもののうち，最も大きいものと最も小さいものはそれぞれ何点ですか。

(3)　最初の状態でAのカードを引いたときには，〈例２〉のように点数が偶数になる場合があります。このように点数が偶数になる場合があるのはどのカードを引いたときですか。B～Hの中からすべて選び解答らんに丸をつけなさい。

4　右の図のような，１辺の長さが６cmである立方体の３つの頂点を通る面で切ってできる立体Ａがあります。Ａの表面積は193.14cm^{2}です。点Ｍは辺の真ん中の点です。

次の問いに答えなさい。ただし，(2)，(3)は答えを求めるのに必要な式，考え方なども順序よくかきなさい。

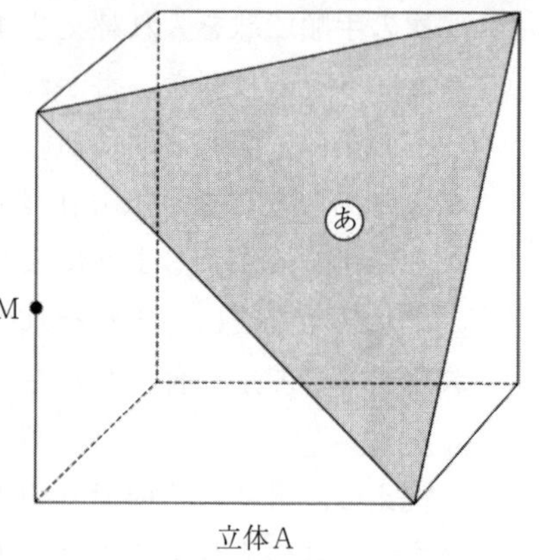

(1)　正三角形㊊の面積は何cm^{2}ですか。

(2)　立体Ａを，点Ｍを通り底面の正方形に平行な平面で切ります。このとき底面の正方形を含む立体の表面積は何cm^{2}ですか。

(3)　立体Ａを，点Ｍを通り㊊に平行な平面で切ります。このとき㊊を含む立体の表面積は何cm^{2}ですか。

【社　会】〈第２回試験〉(30分)〈満点：50点〉

注　字数の指定がある問題については，次の①と②に注意して下さい。

① 句点(「。」)や読点(「，」)は，それぞれ１字として数えます。

② 算用数字を用いる場合は，数字のみ１マスに２字書くことができます。

(例１)「2024年」と書く場合　[20|24|年]

(例２)「365日」と書く場合　[36|5|日]または[3|65|日]

1　次の文章を読んで，各問に答えなさい。

1970年に①沖縄で数体の旧石器時代の人骨が発見されました。港川人と呼ばれるこの人骨は約20,000年前のものと推定されました。つまり，旧石器時代には，琉球に人が住んでいたのです。紀元前7,000年頃になると，琉球に九州から縄文文化が伝わりました。琉球の時代区分でいえば貝塚時代の始まりのことになります。その後，琉球独自の文化が発展していきますが，貝塚時代の琉球の人々は海で貝や魚を捕る漁労生活をしており，琉球で②農耕が開始されたのは11世紀頃になります。そして，当時から琉球は，日本本土や諸外国と交流していたようです。琉球で出土した土器や貝，③明刀銭(紀元前の中国で一時期用いられていた貨幣)などからそのことがわかります。

農耕社会へと変化した琉球では，家畜を飼い，鉄器を用いるようにもなります。人々は本格的に定住生活をするようになりました。そして各地に「按司(あじ)」と呼ばれる支配者が現れます。按司は小高い丘に「グスク」と呼ばれる砦を築き，勢力を広げようとしました。14世紀になると，沖縄本島には北から北山，中山，南山の三つの勢力が成立し，互いに争うようになります。15世紀に中山が他の勢力をおさえて統一を果たし，④ここに琉球王国が誕生しました。この少し前から，⑤琉球は海外との交易を盛んに進めるようになります。しかし，16世紀に入ると交易は衰え，さらに17世紀には薩摩藩の侵攻を受けることになります。こうして琉球王国は1879年までの約260年間を薩摩藩の支配下に置かれることになりました。

明治政府の下で日本領となった沖縄は，太平洋戦争敗戦後も長くアメリカの施政下に置かれました。⑥1972年に沖縄は日本に復帰しますが，その後も現在にいたるまで，この地域の抱える問題は未解決のままに残されています。

問１．下線部①について，以下の設問に答えなさい。

(1)「おきなわ」という呼び名は，貴族で文人の淡海三船(生没年722～785)による『唐大和上東征伝』に「阿児奈波」と記されたのが最初とも言われます。この『唐大和上東征伝』は753年に「阿児奈波」に漂着した経験を持つ「ある人物」の伝記ですが，この「ある人物」とは誰か，以下のア～エより，正しいものを１つ選び，記号で答えなさい。

ア．小野妹子　　イ．鑑真　　ウ．坂上田村麻呂　　エ．空海

(2)「沖縄」という字については，江戸時代の新井白石が，1719年の『南島志』において「沖縄」と記しているのが始まりとされています。江戸時代に関する以下の【資料ア】～【資料エ】を，古いほうから順番に正しく並べ替えなさい。

【資料ア】

> 『南島志』 地理第一
> 沖縄島。○中山国のことである。この島は南北に長く東西に狭く，周囲はおよそ七十四里である。

【資料イ】

> 日本橋に，大衆に知らせる掲示板が立てられた。内容は，最近，あちらこちらで名前を書かずに細かい事柄を文にして訴えてくる者がいる。そこで，この八月から，毎月二日，十一日，二十一日に評定所に箱を置くことにする。政治に利益となること，役人の不正，訴訟がなかなか進んでいないなどのことがあれば，訴えるべき内容を奉行所に伝えて箱に投函すること。

【資料ウ】

> 一．捨て子を見つけた場合は，すぐに届け出ることはない。見つけた者が大事にして養うか，または欲しい者がいるなら，ゆずってよい。そのことについて速やかに届け出る必要はない。
> 一．犬だけに限らず全て生き物に対して，人々は慈悲の心をもってあわれみ慈しむことが大切である。

【資料エ】

> 出羽(今の秋田県)，陸奥(今の青森県)の両国は，いつもは豊かな国であるが，天明四年はいつもに比べると特に穀物が実らず，南部地方，津軽地方にいたってはさらに厳しく…(中略)…。去年から今年にかけて，全国で飢え死にした者は何万人いるかわからず，恐ろしい年であった。

※【資料ア】『蝦夷志 南島志』(新井白石 著，原田信男 校注，東洋文庫865，平凡社)より。
【資料イ】『史料による日本の歩み 近世編』(大久保利謙，児玉幸多，箭内健次，井上光貞 編，吉川弘文館)より作成。
【資料ウ】，【資料エ】『日本史史料[３]近世』(歴史学研究会 編，岩波書店)より作成。

問２．下線部②に関連して，日本列島では３世紀頃に農耕社会に移行したと言われています。この時代になると集落に首長が出現します。なぜ首長が出現したのか，以下のア～エの説明文より，**誤っているもの**を１つ選び，記号で答えなさい。

ア．小規模なムラから大規模なクニへの拡大の記録を残すためにリーダーが必要だったから。
イ．用水路をつくるなど，共同で作業することがよりいっそう必要となり，みなをまとめるリーダーが必要だったから。
ウ．土地の開墾や収穫を管理し，食糧の分配を指図するためのリーダーが必要だったから。
エ．土地をめぐる争いが起きるようになり，集落同士で戦うことがあり，住民を守るためのリーダーが必要だったから。

問３．下線部③について，下の【メモ】は，琉球で出土した明刀銭についてわかっていることをまとめたものです。この【メモ】から「沖縄出土の明刀銭がどこから運ばれてきたか」についての下の【仮説】が導き出せます。【仮説】の空らん(１)，(２)に当てはまる，いずれも**漢字２字**の語句を答えなさい。

【メモ】

- 出土したのは，那覇市と沖縄本島南端の八重瀬町の２カ所である。
- 那覇市の出土場所からは縄文晩期の九州地方の特徴を備えた土器が見つかっている。
- 琉球で出土した２例以外に，今のところ日本での明刀銭の出土例はない。

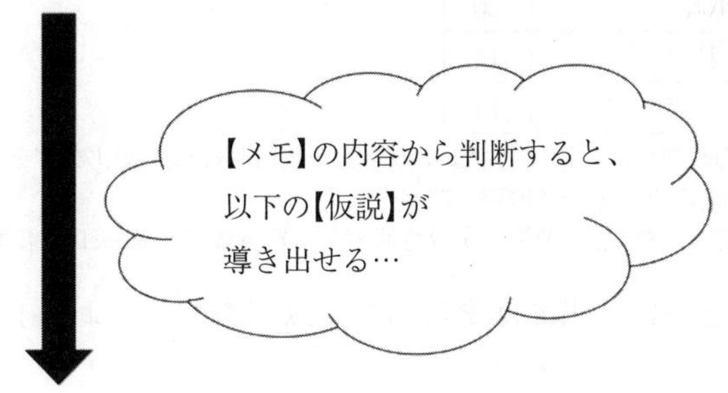

【メモ】の内容から判断すると、
以下の【仮説】が
導き出せる…

【仮説】

明刀銭は直接(　１　)から琉球にもたらされたとも考えられるが，あるいは，(　２　)に伝わり，その後に琉球にもたらされた可能性も否定できない。

問４．下線部④について，琉球王国の中心地であった首里城そばに，鎌倉の円覚寺を模した同名の寺院が存在しました。鎌倉円覚寺が建立された1282年頃の日本の政治の仕組みを示したものとして最も ふさわしいものを，以下の図(ア)〜(エ)より１つ選び，記号で答えなさい。

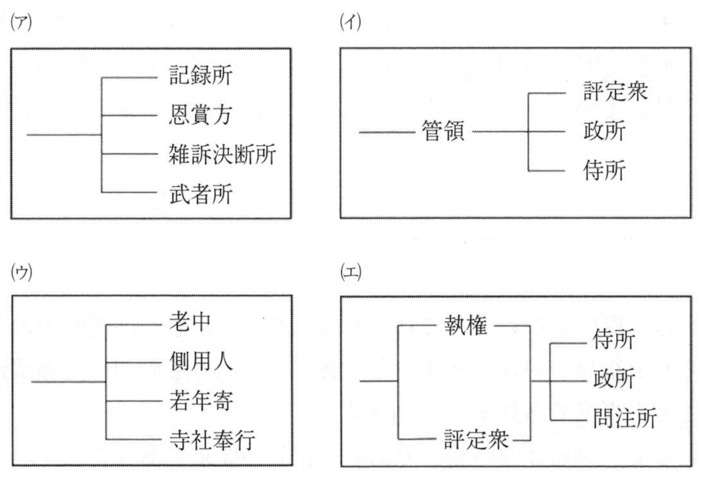

問５．下線部⑤について，下の表は，『明実録』に示された明に対する諸国の朝貢した回数を多い順に並べたものです。表を見て，以下の設問に答えなさい。

順位	国名	回数
1	（Ａ）	95
2	琉球	70
3	シャム(タイ)	46
4	安南(ヴェトナム北中部)	35
5	占城(ヴェトナム中南部)	30
6	爪哇	20
7	（Ｂ）	14
7	真臘(カンボジア)	14

※『明実録』は，明の初代から13代皇帝までの詔勅や政治・経済・文化などを明の朝廷が記録したもの。
表の回数は，明代初期(1369～1405年)のデータ。
(教養講座『琉球・沖縄史』，沖縄歴史教育研究会，新城俊昭，編集工房東洋企画，2014年)より作成。

(1) 表中の(Ａ)と(Ｂ)に当てはまる国を，以下のア～エより１つずつ選び，記号で答えなさい。

ア．渤海　　イ．日本　　ウ．宋　　エ．高麗

(2) 表中第６位の爪哇について，現在この地域にある国は，2022年から2045年にかけて新しい首都を建設する計画を実施しています。世界最大のイスラーム国家であり，太平洋戦争期には日本が植民地支配を行ったこともある，この国の現在の名称を答えなさい。

問６．下線部⑥について，以下の資料は，1972年５月15日に行われた沖縄復帰記念式典での屋良朝苗沖縄県知事(当時)のあいさつ文の一部です。文中の下線部に注目すると，沖縄復帰が，沖縄の住民にとって必ずしも手放しで喜べるものではなかったことがうかがえます。資料中にある「これらの問題」「沖縄に内包する問題」「沖縄問題」は，いずれも同じ問題のことを示しており，現在もそれは続いていると言えます。その問題とは何か，解答らんの言葉に続けて30字以内で答えなさい。

資料

……………(前略)

さて，沖縄の復帰の日は，疑いもなくここに到来しました。しかし，沖縄県民のこれまでの要望と心情に照らして復帰の内容をみますと，必ずしも私どもの切なる願望が入れられたとはいえないことも事実であります。(中略)

しかし，沖縄県民にとって，復帰は強い願望であり，正しい要求でありました。また，復帰とは，沖縄県民にとってみずからの運命を開拓し，歴史を創造する世紀の大事業でもあります。

その意味におきまして，私ども自体が先ず自主主体性を堅持してこれらの問題の解決に対処し，一方においては，沖縄がその歴史上，常に手段として利用されてきたことを排除して県民福祉の確立を至上の目的とし，平和で，いまより豊かでより安定した，希望のもてる新しい県づくりに全力をあげる決意であります。

しかしながら，沖縄に内包する問題はなお複雑なものがあります。幸い，私ども沖縄

県民は名実とも日本国民としての地位を回復いたしましたし，政府ならびに全国民の皆さまにおかれては，沖縄問題を新しい立場から共通の課題として止揚していただき，その完全・全面的解決のためこれまで以上のご関心とご協力を賜わりますよう念願するものであります。

……………（後略）

（沖縄県公文書館ホームページ「あの日の沖縄」）より作成。

2　日本一高い山である富士山は，古くから日本人に慕われていて，日本各地はもとより，海外にも「郷土富士」があります。「郷土富士」に関する各問に答えなさい。

問１．薩摩富士について，以下の設問に答えなさい。

(1)　次のＡ～Ｃの表は薩摩富士のある都道府県(あ)が上位にくる農畜産物（2021年もしくは2022年の統計値）の，全国に占める割合を上位５位まで表したものです。Ａ～Ｃを使った料理を(ア)～(ウ)より１つずつ選び，記号で答えなさい。

A		
順位	都道府県	（%）
1	(あ)	20.2
2	宮崎	19.8
3	岩手	15.2
4	青森	5.8
5	北海道	3.7

B		
順位	都道府県	（%）
1	北海道	77.5
2	(あ)	4.2
3	長崎	3.8
4	茨城	2.3
5	千葉	1.4

C		
順位	都道府県	（%）
1	(あ)	28.4
2	茨城	28.1
3	千葉	12.9
4	宮崎	10.6
5	徳島	4.0

『地理データファイル 2023年度版』（帝国書院）より作成。

(ア)

(イ)

(ウ)

(2)　(あ)でＣの生産が盛んになった理由を，30字以内で説明しなさい。

問２．地図中の(a)～(d)の郷土富士について，以下の設問に答えなさい。

(1)　次の文章①～③は，地図中の(a)～(d)のいずれかの郷土富士について述べたものです。文中のカッコに適する語句を入れ，該当する郷土富士を記号で答えなさい。ただし，(あ)の解答はひらがなでもよい。

①　この山は，山頂が斜めに欠けていて，米粒の形に似ていることから飯野山と名づけられた。伝統工芸品である(　あ　)で有名な丸亀市のシンボルである。

②　この山の正式名称は，この地に元々住んでいた人々の地名に由来し「シリベシ山」という。この山の北に位置する港町は，大正時代につくられた(　い　)が今では観光名所となっている。

③　この山は，古くから信仰の対象とされていて，「大蛇になった黒姫」という伝説が名称の由来とも言われている。この山の南に位置する県庁所在地は，七年に一度の御開帳で有名な(　う　)の門前町として発展してきた。

(2)　次の表は，地図中の(a)～(d)の郷土富士がある道県の人口，人口密度，65歳以上人口割合，産業別人口構成を表したものです。(a)～(d)の郷土富士がある道県を表中の(ア)～(エ)より１つずつ選び，記号で答えなさい。

	人口(万人)	人口密度(人/km^2)	65歳以上人口割合(%)	産業別人口構成(%)		
				第１次産業	第２次産業	第３次産業
(ア)	55	156	32.6	8.3	22.4	69.3
(イ)	515	62	32.5	6.1	17.4	76.5
(ウ)	95	507	31.9	4.8	25.8	69.4
(エ)	202	149	32.4	8.5	28.8	62.7

『データブック オブ・ザ・ワールド 2023年版』(二宮書店)より作成。

(3) 次のグラフは，地図中の(a)～(d)の郷土富士がある道県の県庁所在地の月別降水量を表したものです。(a)と(d)の郷土富士がある道県庁の所在地に当てはまるグラフを(ア)～(エ)より１つずつ選び，記号で答えなさい。

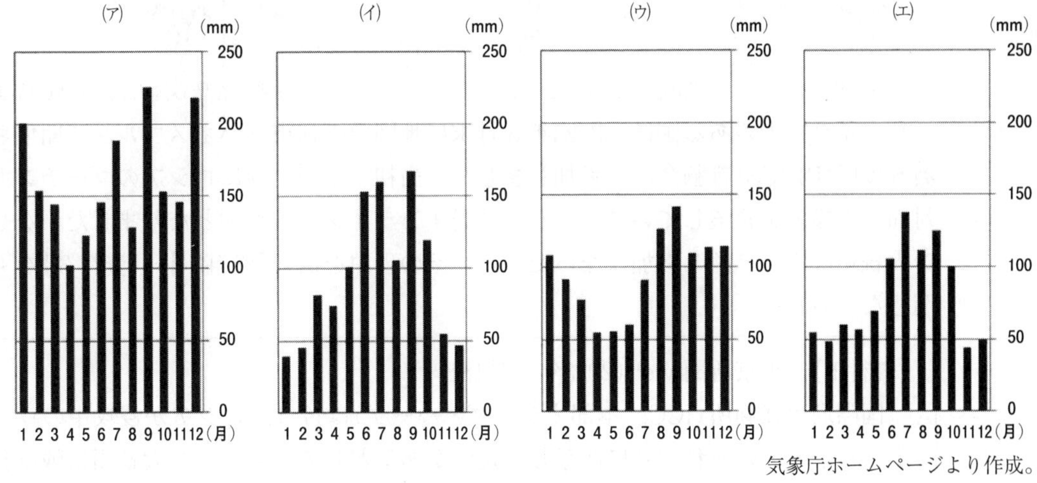

気象庁ホームページより作成。

問３．海外にある郷土富士について，地図を見て以下の設問に答えなさい。

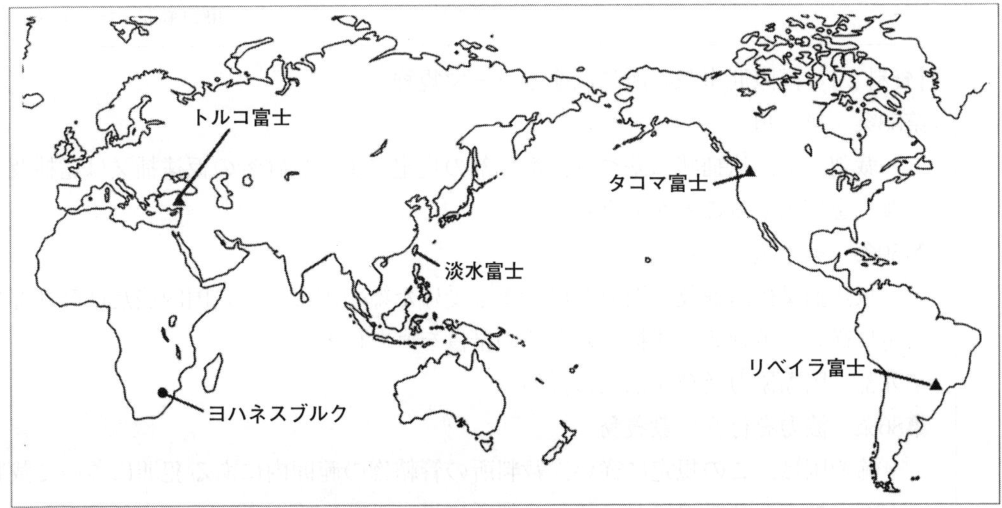

(1) 海外の郷土富士は日本からの移民によって命名されたものと考えられます。

① ある出来事の始まりにより収容所への移住を強制されるなど，移民が迫害を受けることもありました。このような国の郷土富士を，地図中より選びなさい。また，迫害されるきっかけとなった出来事を答えなさい。

② 移民先から，のちの世代の人々が日本に働きに来ることもあります。1990年代以降，そのような人が増えた国に該当する郷土富士を，地図中より選びなさい。また，その国の人達が住んでいる都道府県の分布図として適当なものを(ア)～(ウ)より１つ選び，記号で答えなさい。

(ア)

(イ)

(ウ)

※人数の多い上位５都道府県を示している。　法務省「在留外国人統計」2020年より作成。

(2) リベイラ富士のある国は，2023年８月末に地図中の都市ヨハネスブルクで開催された新興５カ国(BRICS)首脳会談に参加しました。当初，この会談にロシアのプーチン大統領が対面での参加を希望していましたが，結局オンラインでの参加となりました。なぜプーチン大統領はオンライン参加となったのか，その理由を次の【資料１】～【資料３】をもとに説明しなさい。

【資料１】 東京新聞 web(2023年３月18日)

国際刑事裁判所(ICC，本部オランダ・ハーグ)は17日，ロシアが侵攻中のウクライナから子どもの連れ去りに関与した疑いがあるとして，プーチン大統領に戦争犯罪の容疑で逮捕状を出した。

東京新聞ホームページより。

【資料２】 国際刑事裁判所に関するローマ規程

第58条 第５項

裁判所は，逮捕状に基づき，第九部の規定により被疑者の仮逮捕又は逮捕及び引渡しを請求することができる。

第59条 第１項

仮逮捕又は逮捕及び引渡しの請求を受けた締約国は，その国内法及び第九部の規定に従い，被疑者を逮捕するための措置を直ちにとる。

第九部 国際協力及び司法上の援助

第86条 協力を行う一般義務

締約国は，この規定に従い，裁判所の管轄権の範囲内にある犯罪について裁判所が行う捜査及び訴追において，裁判所に対し十分に協力する。

外務省ホームページ掲載資料より抜粋。

【資料３】

国際刑事裁判所(ICC)の主な締約国(全123か国)

地域	加盟国数	主な加盟国
アフリカ諸国	33	セネガル，南アフリカ，ギニア
アジア太平洋諸国	19	モンゴル，韓国，日本
東ヨーロッパ	18	ポーランド，ハンガリー，チェコ
ラテンアメリカおよびカリブ海諸国	28	アルゼンチン，ペルー，ブラジル
西ヨーロッパおよびその他の国	25	オーストラリア，カナダ，フランス，イタリア，イギリス

国際刑事裁判所のホームページより作成。

(3)　トルコ富士について，昨年(2023年)２月にトルコで発生した大規模自然災害をもたらしたものは何か答えなさい。

(4)　トルコでは，昨年(2023年)５月に決選投票を経て，エルドアン大統領が再選されました。エルドアン氏は勝利宣言に際し，「２国間，地域，世界の課題について，建設的な対話を続ける用意がある」と述べました。「２国」とは，ロシアとウクライナを指しています。この２国の大統領のうち，昨年(2023年)５月の広島サミットに参加した大統領の名前を答えなさい。

【理　科】〈第２回試験〉（30分）〈満点：50点〉

1　次の会話文を読んで，問いに答えなさい。

①秋の夕方，突然(とつ)の雨が降ったと思ったら止んですぐに晴れてきた。

リカ子：さっきまであんなに激しく雨が降っていたのにもう晴れてる。最近こういう雨の降り方が多いね。

父　：雨が止んですぐに晴れたときは虹(にじ)が出やすいんだよ。ちょっと外に出て見てみよう。

父　：外に出るまでの間に問題です。「外に出たときに虹が出ているとしたら，どの方角に見えるでしょうか」

リカ子：そうだなあ…今は夕方だから［　②　］かな。

父　：では，外に出て［　②　］の空を見てみよう。じゃ，ドアを開けるよ。せーのっ。

リカ子：うわぁ。きれいな虹が出てる。すごい。

父　：正解！　よくできました。

問１　空らん［②］に当てはまる，秋の夕方に見える虹の方角を次のア～エのうちから１つ選び，記号で答えなさい。

ア　北　　イ　東　　ウ　南　　エ　西

父　：きれいに「せき，とう，おう，りょく，せい，らん，し」の７色に分かれて見えるね。

リカ子：せきとう…？

父　：赤，橙(とう)(だいだい色)，黄，緑，青，藍(らん)(あい色)，紫(し)(むらさき色)の７色だよ。

リカ子：何でいろいろな色に分かれるんだろう？　明日学校で先生に聞いてみよう。

リカ子：先生，昨日の夕方きれいな虹が見えたのですが，虹は何で７色に見えるのですか。

先　生：まず，虹の見える仕組みを考えてみよう。

リカ子：虹は雨上がりに空気中にたくさん浮(う)いている水滴(てき)に太陽の光が当たることで見えるんですよね。

先　生：その通り。まず，太陽の光が地球に到(とう)達するとき，その光は平行になっているんだ。平行になる理由はわかりますか。

リカ子：はい。地球が太陽からものすごく遠くにあるからですよね。

先　生：正解。では，次に色についてです。光はいろいろな色がまざって白い色になっているんだ。日本では光は７色に分かれていると言われているんだけど，これは国によっていろいろな見方があるんだ。ここでは日本流に７色で考えていこう。まず，図１のように，太陽の光が水滴に当たって表面で屈折(くっせつ)や反射をくり返して出てくるときに７つの色に分かれて出てくるんだ。いわゆる「プリズム」と同じだね。では，ここでプリズム(図２)を見てみよう。

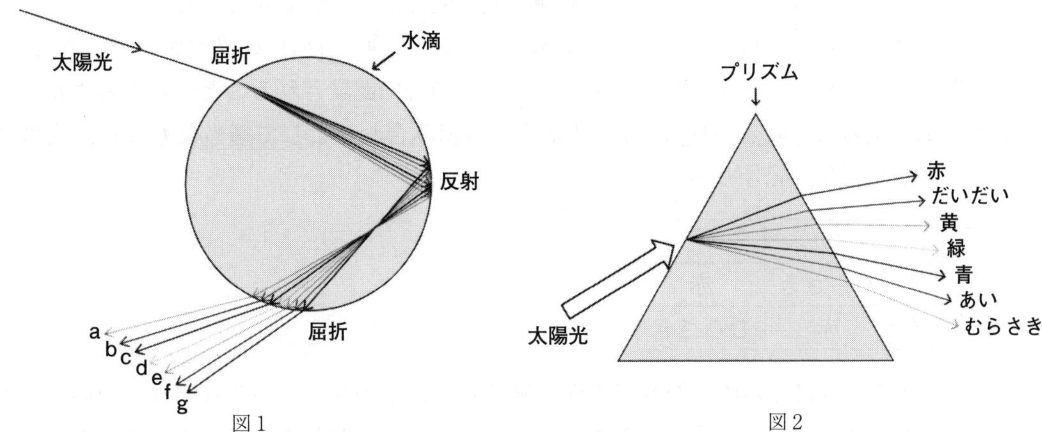

図１　　図２

リカ子：まぁ，きれい。

先　生：プリズムでの光の分かれ方をモデル的に表すと図２のように光がプリズムに入るときと出るときに２回屈折をするんだけど，表面で屈折をするときに色によって曲がる角度が決まっていて，その角度が違(ちが)っていることが原因でいろいろな色に分かれて出てくるんだ。赤や黄色の方が曲がりにくくて，紫や青の方が曲がりやすいんだ。

問２　水滴では，光が入るときと出るときに２回の屈折と１回の反射をします。このときに色による曲がり方の違いで７色に分かれて見えます。図１で光が出てくるときの光**a**と**g**に当てはまる色をそれぞれ次のア～キのうちから選び，記号で答えなさい。

ア　赤　　イ　だいだい　　ウ　黄　　エ　緑

オ　青　　カ　あい　　キ　むらさき

問３　下線部①のように，季節としては夏よりも秋や冬の方が，時間帯としては昼間よりも朝や夕方の方が，虹は見えやすいと言われています。その理由を簡単に説明しなさい。

先　生：ここまでで光の分かれ方をお話ししました。次に，見え方について学びましょう。まず，物が見えるということは光が目に届くことで認識します。例えば，赤い光が目に届くと赤く見え，青い光が届くと青く見えるということです。

リカ子：なるほど。水滴を出るときに色が分かれてるから目には７色に見えるんですね。

先　生：そうなんです。昨日，リカ子さんが見た虹の色を確認しましょう。

リカ子：図３のような順番に見えました。

先　生：何か気づくことはありませんか。

リカ子：うーん。あれ。水滴から出てくるときと虹として見えるときの色の順番が逆だ。

先　生：そうなんです。なぜこうなるのか，考えてみましょう。ヒントは図１が示しているのは水滴一粒(つぶ)の曲がり方で，人が見る虹は空気中にたくさん存在している水滴からの光を見ているということです。

リカ子：む，難しい。

先　生：特に高さの違いに注目して図にえがいて考えてみましょう。

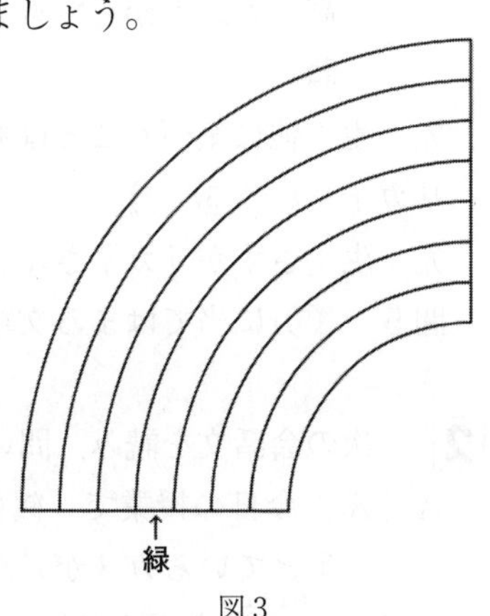

図３
（作問の都合上「緑」のみ記してあります）

リカ子：そうか。目という一点で広い範囲の光を受け取っているから，高いところにある水滴からは［　③　］，低いところにある水滴からは［　④　］の色の光が届いているんだ。

先　生：そのとおり。そうすると，図３のような順番で認識されることがわかるよね。

問４　(1)　空らん［③］，［④］に当てはまる色の組み合わせとして適当なものを，次のアまたはイから選び，記号で答えなさい。

	③	④
ア	むらさき	赤
イ	赤	むらさき

(2)　(1)のようになるのはなぜですか。解答らんの水滴A，Bのそれぞれについて，赤の光線とむらさきの光線を作図しなさい。なお，作図は，おおまかでかまいません。ただし，それぞれの光線には光の色を明記すること。

先　生：ところで，リカ子さんは「二重になっている虹」を見たことはありませんか。

リカ子：あっ，あります。内側の虹ははっきり見えていたけど外側の虹は薄く見えた記憶があります。

先　生：はっきり見えた方を主虹，薄く見えた方の虹を副虹といいます。

リカ子：つまり，外側の虹が副虹ですね。

先　生：そうですね，リカ子さん。もともと主虹よりも高い位置に見えるということは，副虹を作る水滴は主虹を作る水滴よりも高い位置にあるということですよね。

リカ子：そうなると，高い位置にある水滴で屈折や反射をしても目には届かないんじゃないですか。

先　生：そうなんです。そもそも副虹を作る光は主虹を作る光とは全く違った出方をしているのです。副虹を作る光は図４のような屈折や反射をしているのです。

リカ子：水滴の下側から入って屈折と反射を２回ずつして出てくるのか。これによって高いところからでも光が目に届くんですね。

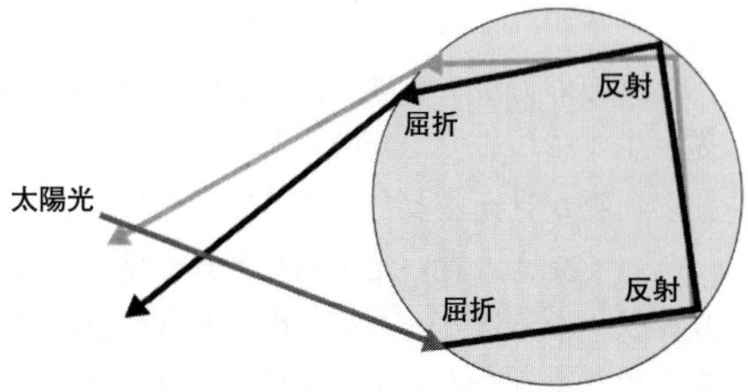

図４

先　生：他に気づくことはありませんか。

リカ子：(　⑤　)。

先　生：さすがリカ子さん。

問５　(⑤)に当てはまる文章を，図４を参考にして答えなさい。

2　次の会話文を読み，問いに答えなさい。

Aくん：今日の授業で「鶴は千年，亀は万年」って習ったけれど，大嘘だよね。縄文時代から生きているカメがいたら，大騒ぎだよ。

Bさん：長寿を祝う慣用句にいちゃもんをつけてもねえ……。ツルは知らないけれど，同じ鳥であるオウムは50年くらい生きるっていうよ。ゾウガメっていうカメは100年以上生きるって。まあ，ツルもカメも，長生きな生き物ってことでいいじゃないか。

Ａくん：でも，長生きっていうなら，3000年くらい生きている屋久島の縄文杉の方がオウムやカメよりも長生きだよ。

Ｂさん：まあねえ。……でも，縄文杉が樹齢3000年って，どうやって調べたんだろう。年輪を3000本数えたのかな？

Ａくん：年輪って何？

Ｂさん：丸太の断面とか，見たことない？　木の断面を見ると，バウムクーヘンみたいに，内側から外側に向けて，大きさの違う円をいくつも重ねたような模様が現れるでしょ(図１)。

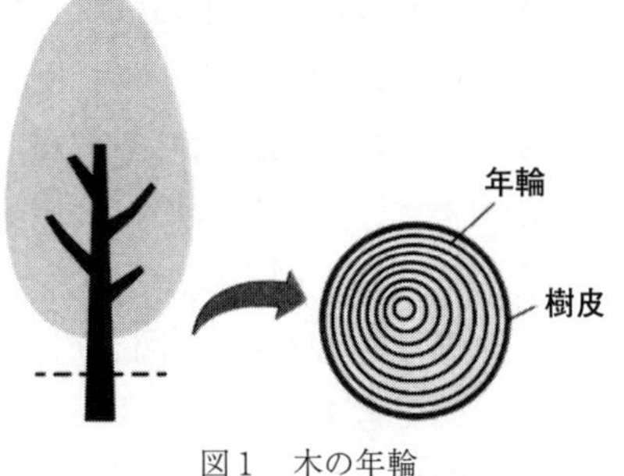

図１　木の年輪

Ａくん：あー，あれか。あの模様ってどうしてできるの？

Ｂさん：多くの木では，樹皮のすぐ下に，「形成層」っていう幹を太く成長させる部分があるんだ。

Ａくん：その形成層っていう部分から，新しい部分が次から次につくられていくってことか。

Ｂさん：具体的には，「細胞」という小さなかたまりがたくさんつくられることで，幹は太くなっていくんだ。細胞は，色がついた外側の部分と，無色透明な中身とでできているんだけれど(図２)，周りの環境が変わると，外側と中身のバランスが異なる細胞がつくられるっていう特徴があるんだ。①日本では，光合成が盛んに行われる春から夏には中身が大きくて外側が薄い細胞がつくられて，反対に光合成があまり行われなくなる夏から秋は中身が小さくて外側が厚い細胞がつくられる。

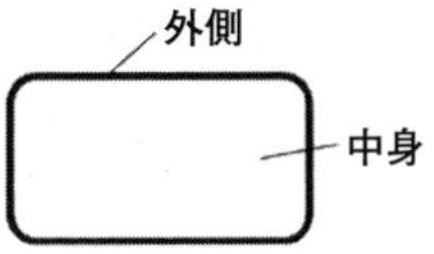

外側
中身
図２　細胞の断面

Ａくん：だから，（　②　）の時期につくられた部分が線になって見えるんだね。……ってことは，一年に一本ずつ線が増えていくってことになるのか。だから，年輪っていうのか。

問１　下線部①について，次の問いに答えなさい。

(1)　春から夏にかけての時期の方が，夏から秋にかけての時期よりも盛んに光合成が行われる理由として適切なものを，次のア～エから１つ選び，記号で答えなさい。

ア　春から夏にかけての時期の方が，夏から秋にかけての時期よりも空気中の水分が多いから。

イ　春から夏にかけての時期の方が，夏から秋にかけての時期よりも気温が高いから。

ウ　春から夏にかけての時期の方が，夏から秋にかけての時期よりも空気中の二酸化炭素が多いから。

エ　春から夏にかけての時期の方が，夏から秋にかけての時期よりも日照時間が長いから。

(2)　冬の時期には，形成層による幹の成長はどうなると考えられますか。都内の公園でよく見られる木の一つであるサクラを例に，「光合成」の言葉を使って説明しなさい。

問２　文中の(②)に当てはまるものとして適切なものを，次のア～エから１つ選び，記号で答えなさい。

ア　春から夏　　イ　夏から秋　　ウ　秋から冬　　エ　冬から春

問３　赤道付近の地域を熱帯といいます。熱帯の森林に生えていた，ある樹木の断面を調べたところ，はっきりとした年輪が見られませんでした。ところが，同じ樹木でも日本で成長した樹木では，はっきりとした年輪が見られました。熱帯で育った樹木に年輪が見られない理由を説明しなさい。

Ｂさん：ちなみに，年輪は成長線とも呼ばれるんだよ。隣(とな)り合う年輪の幅(はば)は，１年間に成長した量に比例するからね。

Ａくん：木にも成長線があるんだね。

Ｂさん：え，他の生き物にもあるの？

Ａくん：うん。例えば，ホタテやアサリみたいな貝の貝殻(かいがら)にも成長線はあるんだよ(図３)。貝殻は炭酸カルシウムっていう物質でできているんだけれど，貝は貝殻のふちに新しく炭酸カルシウムをくっつけて，貝殻を大きくするんだ。ただ，環境が悪くなると，貝殻の成長がとてもゆっくりになる。このときに成長線ができるんだ。

図３　貝殻の成長線。弧を描くような筋が成長線

Ｂさん：へえ。じゃあ，成長線が５本ある貝なら，５年生きた貝ってことなんだね。

Ａくん：うーん，③<u>そうとも言い切れない</u>んだよね。確かに，ホタテみたいに成長線が年輪になる貝もいるんだ。でも，アサリみたいに海岸付近の浅い海に生きている貝は，そうならない。

Ｂさん：そうか。水深が浅い場所だと，潮の満ち引きの影響(えいきょう)があるからだ。

問４　海水面の高さは，高くなったり低くなったりするのを繰(く)り返しています。海水面が上がりきった状態を満潮，下がりきった状態を干潮といって，満潮のおよそ６時間後に干潮になり，さらにそのおよそ６時間後には次の満潮になります。表１は，シブヤ海岸における，ある１日の海水面の高さの変化をまとめたものです。なお，海水面の高さは「基準面」からどれくらい高いか，または低いか，で表されます。

表１　ある１日の干潮時・満潮時の海水面の高さ(シブヤ海岸)

時刻	海水面の高さ
0：05	基準面より101(　　)高い
5：17	基準面より198(　　)高い
12：22	基準面より　8(　　)低い
19：25	基準面より192(　　)高い

(1)　表１の空欄(くうらん)に当てはまる長さの単位を答えなさい。

(2)　表１に示された日における満潮の時刻として適切なものを次のア～エから**すべて**選び，記号で答えなさい。

ア　0：05　　イ　5：17　　ウ　12：22　　エ　19：25

(3)　シブヤ海岸にほど近いシブマク海岸では，地形の影響で，シブヤ海岸に比べて海水面の高さの変化が1.25倍大きいことが分かっています。表１と同じ日におけるシブマク海岸での海水面の高さの変化は，最大で何ｍですか。必要があれば四捨五入をして，小数第１位まで求めなさい。

問５　海水面の高さは月とも大きな関係があります。新月の日と満月の日には，満潮時の海水面がいつもより高く，干潮時の海水面がいつもより低い，「大潮」という現象が起こります。それに対して，上弦(じょうげん)の月の日や下弦の月の日は，満潮時の海水面がいつもより低く，干潮時の海水面がいつもより高い「小潮」が起こります。

(1)　図４はアサリが多く分布する場所を図示したものです。図中の点線**あ～え**は，それぞれ満潮時・干潮時の海水面の高さを示したものです。この点線の説明として適切なものを，次のア〜エから１つ選び，記号で答えなさい。

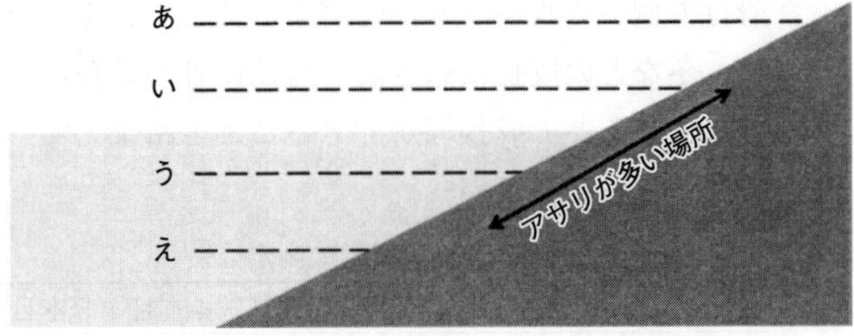

図４　アサリの分布と海水面の高さの変化

ア　大潮の日の海水面の高さは，満潮時は点線**あ**の高さになり，干潮時は点線**う**の高さになる。

イ　大潮の日の海水面の高さは，満潮時は点線**あ**の高さになり，干潮時は点線**え**の高さになる。

ウ　大潮の日の海水面の高さは，満潮時は点線**い**の高さになり，干潮時は点線**う**の高さになる。

エ　大潮の日の海水面の高さは，満潮時は点線**い**の高さになり，干潮時は点線**え**の高さになる。

(2)　アサリに成長線ができるタイミングとその理由を述べた文として適切なものを，次のア〜エから１つ選び，記号で答えなさい。

ア　大潮の日は他の日よりも水面下にいる時間が長いので，成長線ができる。

イ　小潮の日は他の日よりも水面下にいる時間が長いので，成長線ができる。

ウ　大潮の日は他の日よりも水面より高い場所にいる時間が長いので，成長線ができる。

エ　小潮の日は他の日よりも水面より高い場所にいる時間が長いので，成長線ができる。

(3)　下線部③について，Ａくんが言いたかったことを説明した文としてもっとも適切なものを，次のア〜エから１つ選び，記号で答えなさい。

ア　アサリの成長線が１本できるのに必要な時間は分からないので，アサリの成長線は年輪にならないということ。

イ　アサリの成長線が１本できるのに必要な時間は１年より長いので，アサリの成長線は年輪にならないということ。

ウ　アサリの成長線が１本できるのに必要な時間は１年より短いので，アサリの成長線は年輪にならないということ。

エ　アサリの成長線が１本できるのに必要な時間は１年だが，成長線ができる理由がホタテとは異なるということ。

Ａくん：あと，カルシウムつながりでいえば，貝殻だけじゃなくて骨にも成長線があるんだよね。

Ｂさん：ふうん。じゃあ，化石しか残っていない動物でも寿命（じゅみょう）が分かるんじゃない？

Ａくん：すでに恐竜（きょうりゅう）で研究が行われているよ。恐竜が一生のうちにどんな成長をしたかとか，ティラノサウルスは30年くらいまでしか生きられなかったとか，そういうことが分かってきているんだ。

Ｂさん：すごいなあ。生き物の体には，いろんな情報がつめこまれているんだね。

Ａくん：ただ，恐竜の骨の成長線は化石の断面を見ないと分からないから，貴重な化石を壊（こわ）さないといけないっていう問題はあるんだよね。

Ｂさん：それは悩（なや）ましい問題だなあ。大切な化石だからこそ，それを壊したおかげで明らかになった事実を使って，しっかりと研究してもらわないとね。

問６　表２は，ある恐竜の化石の中心から成長線までの距離を図５のように測定してまとめたものです。恐竜の骨は外側にカルシウムが付着することで大きくなること，冬などの成長に適さない時期に骨の成長がゆっくりになることで成長線ができることを踏まえて，以下の問いに答えなさい。

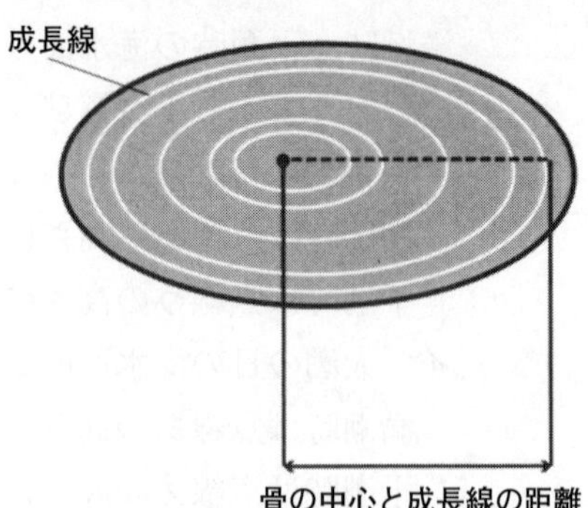

図５　骨の成長線の測定方法

表２　骨の成長線の測定結果

測った部分	１本目	２本目	３本目	４本目	５本目
長さ(mm)	4	21	67	94	100

(1)　この恐竜の骨では成長線が５本でしたが，このことから「この恐竜が５年生きた」と断言することはできません。その理由として適切なものを次のア～エから１つ選び，記号で答えなさい。

ア　恐竜の成長線が１年に１本できるかどうかが分からないから。

イ　恐竜の寿命は30年くらいあると考えられるから。

ウ　恐竜が生きていた時代は，今と大陸の形が異なるから。

エ　この恐竜が肉食なのか植物食なのかが分からないから。

(2)　表２をもとに，この恐竜の骨の成長の様子をグラフにしなさい。グラフは，右の例１，２のように点をはっきりと書き，１本の直線またはなめらかな曲線で書きなさい。また，グラフの縦軸，横軸が何を表しているかが分かるようにすること。答えは解答用紙に書きなさい。

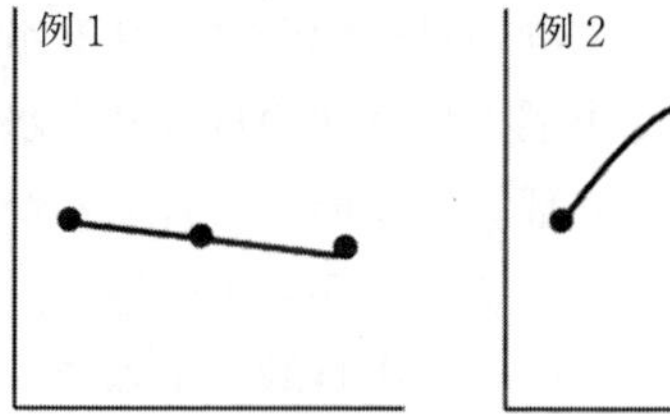

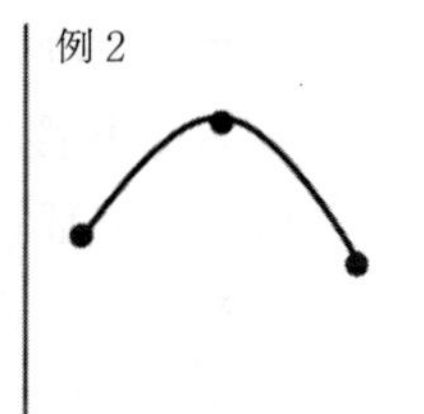

(3)　この恐竜では，成長線ができるペースが一定であったとします。また，恐竜の体が成長するペースは，骨が成長するペースと比例すると考えられます。(2)のグラフをもとに，この恐竜の成長がどのようなものであったのかを，「成長の速さ」という言葉を使って説明しなさい。

ウ　マンスプレイニングは女性から質問を受けた男性が喋りすぎてしまうことによって起きるという分析は、絵画について質問する前に男性に話しかけられた美術館の女性の例にはあてはまらないから。

エ　マンスプレイニングは女性には無知でいてほしいと男性に思わせる社会的な条件が背景となって起きるという分析は、女性が絵画に詳しくないことを見逃さず説教をした美術館の男性の例にはそぐわないから。

オ　マンスプレイニングは女性に学問は必要ないと人々に思わせる社会的な条件が背景となって起きるという分析は、女性に絵画の講義を行った美術館の男性の例にはそぐわないから。

問六　――線(5)「言語行為の調整（アコモデーション）という観点を取るとき、マンスプレイニングの害もよりわかりやすくなるだろう」とありますが、「マンスプレイニングの害」とはどのようなものですか。「調整（アコモデーション）」のはたらきを踏まえて六十一字以上七十字以内で説明しなさい。

問七　本文の内容についての説明としてふさわしくないものを次の中から一つ選び、記号で答えなさい。

ア　「きれいにご利用いただきありがとうございます」というトイレの張り紙は、はっきりと命令や依頼の言葉を使っているわけではないのにもかかわらず、張り紙を見たトイレの利用者に適切な利用を促す効果がある。

イ　一九世紀末から一九二〇年代ごろの哲学者たちは世界を正確に表現できるかどうかという観点から言葉のはたらきを捉えていたが、オースティンはそのようなはたらきは言葉の一側面でしかなく、言葉はもっと多様な行為に関わるものであると主張した。

ウ　哲学者のデイヴィッド・ルイスが「調整（アコモデーション）」と名付けた事柄は、相手が発言をした際にその発言が適切になるための前提条件が満たされているかが不確定でも、満たされているのだろうと聞き手が推測することで、発言の適切さを疑わずに済ますという現象のことである。

エ　マンスプレイニングは「説明」の一種だが、「説明」は相手から質問された場合に行うものであり、質問されていない状況で行われた「説明」は言語行為としては正しくないため、マンスプレイニングは言語行為とは言えない。

オ　言語行為における「調整（アコモデーション）」は日常の様々な場面で見られるが、それは時にはマンスプレイニングのように相手をコントロールするものとして機能する危険性をはらんでいる。

ア　「私」は編集者が締め切りを延ばしたくないということを知っている

イ　「私」は編集者に締め切りを延ばしてほしいと思っていることを悟られたくないと考えている

ウ　「私」は編集者に締め切りを延ばすように計らってほしいと思っている

エ　編集者は締め切りを延ばさなかったとしても「私」が書き終わると確信している

オ　編集者は締め切りを延ばしたとしたら「私」が書かなくなると予想している

問三　――線(2)「奇妙にも思える」とありますが、筆者がそのように考えるのはなぜですか。最もふさわしいものを次の中から一つ選び、記号で答えなさい。

ア　感謝は他者によってすでになされた行いを自分が賞賛する場合にとる言語行為であり、トイレの例では、相手に威圧感を与えていながら丁寧な言葉遣いで感謝の言葉を述べるという点においてコミュニケーションとしては矛盾したものであるにもかかわらず、このような張り紙が多くの場面で見られるから。

イ　感謝は他者によってすでになされた行いを自分が敬意を持って受け入れた場合にとる言語行為であり、トイレの例では、使う前から利用者に対して張り紙で一方的に感謝の言葉を述べるという点においてコミュニケーションとしては礼儀を欠いたものであるにもかかわらず、このような張り紙が多くの場面で見られるから。

ウ　感謝は他者によってすでになされた行いを自分が高く評価してそれを相手に伝える場合にとる言語行為であり、トイレの例では、感謝を伝えたあとの相手の反応が見えないのに張り紙で感謝の言葉を伝えるという点においてコミュニケーションとしては身勝手なものであるにもかかわらず、このような張り紙が多くの場面で見られるから。

エ　感謝は他者によってすでになされた行いを自分が好ましく捉えた場合にとる言語行為であり、トイレの例では、利用者はまだ感謝に値するような行いをしていないのに張り紙で感謝の言葉を伝えるという点においてコミュニケーションとしては成立していないにもかかわらず、このような張り紙が多くの場面で見られるから。

オ　感謝は他者によってすでになされた行いを自分が好意的に解釈した場合にとる言語行為であり、トイレの例では、利用者の実際の行動には関心を払わず表面的な感謝の言葉を並べるという点においてコミュニケーションとしては不完全であるにもかかわらず、このような張り紙が多くの場面で見られるから。

問四　――線(3)「調整（アコモデーション）のメカニズム」とありますが、トイレの利用者に働く「調整（アコモデーション）のメカニズム」とはどのようなものですか。五十一字以上六十字以内で具体的に説明しなさい。

問五　――線(4)「この分析は、ソルニットの例には適切でも、美術館の例をうまく扱えない」とありますが、「この分析」が「美術館の例をうまく扱えない」と筆者が判断したのはなぜですか。最もふさわしいものを次の中から一つ選び、記号で答えなさい。

ア　マンスプレイニングは男性が女性との会話の主導権を握ろうとする際に起きるという分析は、絵画の批評を聞かされるだけの美術館の女性の例にはあてはまらないから。

イ　マンスプレイニングは男性が女性の意見を質問だと思い込むことで起きるという分析は、言葉を発していないのに男性から絵画の解説を受けた美術館の女性の例にはあてはまらないから。

に成り立っていると事後的に見なされるようになるのだとしてみよう。これはつまり、マンスプレイニングをされた側が質問をするための条件を満たしている、つまり無知であるという想定が、その場で採用されるようになる、ということだ。

(5)言語行為の調整(アコモデーション)という観点を取るとき、マンスプレイニングの害もよりわかりやすくなるだろう。それは単に不愉快なのではない。それは、それが向けられる人物が無知な存在であると想定するよう会話参加者たちに促す行為なのだ。しかもそれは、その人物が実際に無知であるかどうかとは関係なく効力を発揮する。聞き手が無知だからマンスプレイニングがなされるのではない。マンスプレイニングがなされることで、聞き手が「無知な者」の位置に押し込められるのである。そして「女性は無知だ」という※ステレオタイプがマンスプレイニングを誘発したとしたら、そのマンスプレイニングがいわば自作自演式に女性である聞き手を無知な存在という枠に事後的に当てはめることになり、出発点にあったステレオタイプをその会話に組み込んでしまうことになる。これは心理的に不愉快であるというのを超えた、具体的な害だと言ってよいだろう。

トイレの話からずいぶん遠くまで来た。言語行為論にはどうにもそういうところがあり、何気なく目に留まった言葉から、つい思いがけない旅に出てしまう。トイレで見かけた言葉から旅に出るなんて、安倍公房の『方舟さくら丸』のようだなと、なんだか楽しくなる。ひととのおしゃべり、電車の④マドから見える看板、料理本のレシピ……、言葉はいつだって新しい旅への呼びかけだ。

(三木那由他『言葉の展望台』より)

※狭隘…せまいこと。
※マンスプレイニング…「man(男性)」と「explaining(説明・解説する)」をかけあわせた用語で、主に男性が相手を見下して何かを解説したり、知識をひけらかしたりすることを指す。
※レベッカ・ソルニット…女性作家。環境、土地、芸術など多分野に著作がある。
※経験…ソルニットがホームパーティーに招かれた際にその家の男性主人からどのような作品を書いているか問われたため、最新の著作のテーマについて話し始めると、主人に話を遮られてそのテーマの重要な文献としてソルニット自身の著作を紹介されたことを指す。
※ステレオタイプ…多くの人に広まっている先入観や思い込み。

問一 ═線①～④のカタカナを漢字に直しなさい。漢字は一画ずつていねいに書くこと。

問二 ――線(1)「『締め切りを延ばしてください』と依頼する」とありますが、この部分について、Aさんは次のようなメモを書いて整理しました。メモの[1]に入る表現として最もふさわしいものを後の中から一つ選び、記号で答えなさい。なお、本文の[1]とメモの[1]とは対応しています。

メモ

・言語行為
=編集者に「締め切りを延ばしてください」という依頼をする
・言語行為を行うために満たさなければいけない条件
=① 編集者は締め切りを延ばす権限がある
② 編集者が締め切りを延ばす権限があることを「私」はわかっている
③ 依頼しなければ編集者が締め切りを延ばすことはない
④ [1]

者デイヴィッド・ルイス(David Lewis)はこれを「調整（アコモデーション）」と呼んだ。一九七九年に*Journal of Philosophical Logic*誌の第八巻一号で発表された論文「言語ゲームにおけるスコア記録」(〝Scorekeeping in a Language Game〟)でのことだ。

言語行為に関しても、調整（アコモデーション）が働くと考えることができるのではないだろうか。つまり、常にではないが少なくとも一部の場合においては、条件を満たさない言語行為があけっぴろげになされたとき、その言語行為は不適切なものとして終わるのではなく、むしろその言語行為を適切なものとすべく条件を事後的に満たすことが目指される、というように。このメカニズムによって、トイレで実際の利用に先立って「きれいにご利用いただきありがとうございます」と言われると、このままでは不適切となるその感謝を適切なものにすべく、利用者は感謝に値する利用法を目指すよう促される、ということなのではないだろうか。はっきりと命令や依頼の言葉を語るのではなく、表面上は感謝という好意的に受け入れやすい振る舞いをしつつ、(3)調整（アコモデーション）のメカニズムを通じて相手の行為を方向づけているとすれば、こうした言語行為は思いのほか複雑な駆け引きのもとでなされているのかもしれない。

言語行為の調整（アコモデーション）は、それと意識しているにせよ、していないにせよ、実は様々な場面で機能していると考えられる。そしてそれは、ときに有害な仕方で、相手をコントロールするものともなっているのかもしれない。例えばここ数年、「※マンスプレイニング」という言葉をよく聞くが、これもその一例となるだろう。

マンスプレイニングの典型例としてよく語られるのは、例えば女性が美術館で絵を眺めているときに、突然見知らぬ男性が現れ、女性が絵画に詳しくないという前提で解説を始めるといった状況である。また、※レベッカ・ソルニット(Rebecca Solnit)の『説教したがる男たち』(ハーン小路恭子訳、左右社、二〇一八年)には、著者のソルニットが自分自身の書いた本を、ある男性から読んで勉強すべきものとして勧められた※経験が語られている。

マンスプレイニングを言語行為として分析する試みは、すでに二〇二〇年にケイシー・レベッカ・ジョンソン(Casey Rebecca Johnson)という哲学者が*Feminist Philosophy Quarterly*誌の第6巻4号にて、「マンスプレイニングと発語内的力」(〝Mansplaining and Illocutionary Force〟)と題する論文で展開している。そこでは、女性が何かを主張しても、しばしばその発言は主張ではなく、一種の質問であると見なされ、マンスプレイニングはこの誤認のもとで女性の発言への反応として生じるのだ、と分析されている。そのうえで、女性の言語行為を誤認させる社会的条件がこの問題を引き起こしていると論じられる。ただ(4)この分析は、ソルニットの例には適切でも、美術館の例をうまく扱えない。というのも、美術館の例では誤認されるかどうか以前に、女性のほうはそもそも取り立てて発言をしていないものと想定されるからだ。

言語行為の調整（アコモデーション）という観点を加えると、マンスプレイニングは必ずしも先立つ質問(だと誤認したもの)へのリアクションとしてなされるわけではない、と考えられるようになる。まずそれがなされ、そのあとで調整（アコモデーション）によってその言語行為を適切にする条件が整えられるようになっている、ということもありうるのだ。

マンスプレイニングは説明の一種で、そして説明は相手が質問をした、あるいはするのが適当である場面でなされる、と考えてよいだろう。質問は、『言語行為』によると、話し手が答えを知らない場面でしか適切になされない。それを踏まえたうえで、美術館で見られるようなマンスプレイニングがなされたとき、調整（アコモデーション）によって、そのリアクションのもとなる質問がなされるに相応しい状況が、いままさする、推測をする、主張をする、不平を言うなどたくさんの行為を言語によっておこなっていると論じた。言語を用いておこなう行為は「言語行為」と呼ばれ、②ジュウライの言語哲学では見過ごされていたさまざまな現象が、言語行為という観点から反省されるようになった。

一般に、言語行為にはそれをおこなうために充足しなければならない条件があるとされる。オースティンはそれを「適切性条件」と呼んでいたが、オースティンを引き継いで言語行為論を発展させたジョン・R・サール(John R. Searle)はさらに分析を進め、著作『言語行為』(坂本百大・土屋俊訳、勁草書房、一九八六年)でそれをいくつかの規則へと切り分けた。例えば私が担当の編集さんに(1)「締め切りを延ばしてください」と依頼するためには、編集さんに締め切りを延ばす権限があり、そうした権限があると私もわかっており、頼まなければ編集さんが締め切りを勝手に延ばしたりはしなそうで、しかも［　1　］のでなければならない。締め切りに関して編集さんには決定権がない場合にそれと知りながら「締め切りを延ばしてください」と言うのは依頼というより無茶振りだろうし、すでに締め切りを延ばすように調整中であると知らされていながら「締め切りを延ばしてください」と言えば依頼というより何らかの嫌味であり、また本心では締め切りを延ばしてほしくないにもかかわらず「締め切りを延ばしてください」と頼んで反応を窺うなどしていたら、本当に依頼をしているというより何らかの不誠実を働いていることになるだろう。本当の依頼はそのようなものであってはならないはずだ。サールは、大まかに言うとこうした議論をしている。

『言語行為』には、言語行為の一種として「感謝」も挙げられている。感謝は聞き手によっておこなわれた過去の行為が話し手に益するものであり、しかも話し手も自分が恩恵を受けたと思っていて、そのことを好意的に評価している場合にのみ適切になされうるものだとされている。要するに、相手が何か自分にとってよいことをしてくれて、それを好意的に評価している場合に「ありがとう」と言って感謝をするという話で、私たちの日常的な感覚そのままと言えばそのままだ。

ここで気になるのが、トイレの「きれいにご利用いただきありがとうございます」である。言語行為論に照らすなら、感謝はすでになされた行為に関するものでなければならないのだが、この掲示を見るとき、たいていの場合そのひとは感謝されるべき当の行為をまだおこなってはいないはずだ。だとすると、締め切りを延ばせないとわかっていて締め切りを延ばしてくれと依頼する場合のように、この感謝は不適切なものとなるはずだ。この場合の「不適切」はマナーの問題などではなく、もう少し強い意味で、「そのような言語行為はコミュニケーションのありかたに反する」といったことになる。しかし、それならそうした張り紙がこれだけあちこちに見られるのは(2)奇妙にも思える。

調整(アコモデーション)という概念がこの現象を理解する鍵になるかもしれない。「うちの猫が最近やけに甘えてきて……」という発言は、発言者の家に猫がいるという前提が満たされて初めてまともな発言となり、発言者の家に猫がいない場合には③ヨウリョウを得ないものとなる。だが、発言者の家に猫がいないと知らない相手に「うちの猫が最近やけに甘えてきて……」と言ったとしても、たいていの場合、相手は「待って、あなたの家に猫はいるの？　いないの？　まずそこをはっきりさせて」などとは言わず、単に「そっか、猫がいるんだ」とすんなり受け入れるだろう。発言が適切になるための条件が満たされているかどうか確認が取れていないにもかかわらず、その場で「こういうふうに言う以上、条件は満たされているのだろう」と見なし、発言の適切さを疑わないで済ます、ということが日常的にはよくおこなわれる。哲学

問九　次のア～オは、この作品を読んだ生徒たちの感想です。本文の解釈として明らかな間違いを含むものを一つ選び、記号で答えなさい。

ア　孔子って偉そうに格言めかしたことをひたすら言う厳格なおじいさん、というイメージがあったけれど、「『冉求はこのごろどうしたのじゃ。さっぱり元気がないようじゃが。』」（1～2行目）からは、きちんと弟子のことを気に掛けている優しさを感じたよ。いい先生だ。

イ　温かさをベースとしながらも、「孔子の心のどこかに、一つの精妙な機械が据えつけてあって」（52～53行目）とあることから、正確であることをよしとするこだわりのようなものや、ある種の非情な側面もあったのだろうと推測されるよ。教育者としては必要な態度だね。

ウ　弟子たちにとっては雲の上のような存在だけど、「孔子は、しかし、思ったよりも遥かに緊張した顔をしていた」（104行目）からは、弟子の悩みをきちんと受け止めて、同じくらいの真剣さをもって向き合おうとする態度がうかがえるね。こういうひとに相談したいな。

エ　「凜然とした孔子の声」（125行目）や「孔子は少し声をおとして」（136行目）からは、説教の内容が優れているだけでなく、語り方にも変化をつけて、弟子たちの心に響くような工夫ができているとも言えるよね。孔子自身が意図してやっているかは分からないけどさ。

オ　「孔子は、いかにも愉快そうに、大きく笑った」（170行目）からは、最後には明るく送り出してやっている感じがした。流行の歌を取り入れたりもしていて、終始深刻なトーンで説教されるより、気が滅入らなくていいよね。こういう大人の姿にあこがれるなあ。

二

次の文章を読んで後の問いに答えなさい。

コンビニのトイレなどにある「当店のトイレをきれいにご利用いただきありがとうございます」といった張り紙が気になっている。「利用するのはこれからなのに、先手を打って『ありがとう』とは……？」と首をひねったことのあるひとも多いのではないだろうか。

それは、私が気になっている点のひとつでもある。もう少し①センモン的に言うと、「このとき感謝という言語行為は成り立っているのか？」と考えてしまうのだ。

もうひとつ気になるのは、こうした張り紙を見ると、どうにもきれいに利用しないとならないように感じさせられるというところだ。もちろん、コンビニのトイレはいつだってきれいに利用しないとならないのだが、それとは別に、命令されたわけでもないのに、何かしらの強制力を感じさせられる。いったいなぜなのだろうか。

さて、先ほど挙げた「言語行為」というアイデアに戻ろう。以前にも手短に説明したが、一九世紀末から一九二〇年代ごろにかけてゴットロープ・フレーゲ(Gottlob Frege)、バートランド・ラッセル(Bertrand Russell)、ルートウィヒ・ウィトゲンシュタイン(Ludwig Wittgenstein)といった哲学者が作り上げてきた言語観においては、言葉は世界を写し取る像のように考えられていた。この言語観では、さまざまな文が世界を正しく写し取っているか否か、あるいはそもそも世界を写し取るのに適した本物の文になっているか否かに焦点が当てられることになる。第二次大戦後のオクスフォードで活躍した哲学者ジョン・L・オースティンは、そうした言語観を※狭隘なものだと見なし、世界を写し取る、つまり描写するというのは言語を使っておこなえる行為の一種にすぎず、それ以外にも私たちは賭け事を価するその振る舞い自体が、孔子の説く道から最も遠い悪行であるように感じられ、愕然とするということ。

イ　孔子の説く道を実践できているかどうかで他の弟子たちを評価したうえで自分はどうかと考える際、他者からの良い評価を全く受けてこなかった事実に思い至り、ぞっとするということ。

ウ　孔子の説く道を実践できているかどうかで他の弟子たちを評価するその視点で自分自身を眺めると、自分の行いは孔子の説く道から程遠いように感じられ、恐れおののくということ。

エ　孔子の説く道を実践できているかどうかで他の弟子たちを評価しようとするが、その判断基準が正当であるかどうかを確かめる術がないことに思い至り、動揺するということ。

オ　孔子の説く道を実践できているかどうかで他の弟子たちを評価するたびに、自分自身も当初は孔子の説く道を疑ってかかっていたという過去に思い至り、背筋が凍る思いをするということ。

問六　――線(5)「冉求の鼬は、その声をきくと急に頭をひっこめた」とありますが、それはどういうことですか。六十一字以上七十字以内で説明しなさい。

問七　――線(6)「『お黙りなさい。』」とありますが、この発言の意図はどのようなものですか。最もふさわしいものを次の中から一つ選び、記号で答えなさい。

ア　孔子に取り入ろうとする冉求にあえて他人行儀な姿勢で拒絶することで、彼の非礼に気づかせようとしている。

イ　不要なまでに自分をけなし続ける冉求をたしなめ、彼自身が気づけていない美点を認めさせようとしている。

ウ　自己否定を続ける冉求を制止し、その言動こそが自己弁護にすぎない姑息なものであると指摘しようとしている。

エ　孔子のことを親のように慕って甘えた言葉を並べ立てる冉求を叱りつけ、自立心を持たせようとしている。

オ　理屈をこねて他の弟子たちを見下す冉求に話をやめさせ、道を求めるにあたって取るべき態度を示そうとしている。

問八　――線(7)「その足どりには新しい力がこもっていた」とありますが、ここでの冉求の説明として最もふさわしいものを次の中から一つ選び、記号で答えなさい。

ア　孔子に悩みを告白して胸のつかえが下り、今後は自分の卑怯な性格を認めて開き直ることで気休めとするのではなく、考えたり悩んだりする暇もないほど忙しく立ち回ろうと新たに決心している。

イ　孔子を肉親にも似た存在として信頼し直すことができ、今後は自分の本心を誰も分かってくれないと嘆くのではなく、悩んだときには遠慮せず周りに助けを求めていこうとかつての考えを改めている。

ウ　孔子のもとで学ぶことに間違いはなかったと確信し、今後は自分の欠点に気づかないふりをするのではなく、他の誰にも劣らない弟子になることを求めて真剣に学問を続けていこうと新たな誓いを立てている。

エ　孔子から授けられた助言を胸に刻むことができ、今後は小ざかしい理屈をつけて自分を偽るのではなく、いつも師の言葉を思い出すことで仁にかなう振る舞いを実践し他者を優先していこうと改めて決意を固めている。

オ　孔子との対話を経て背中を押してもらったように感じ、今後は自分の素質をごまかしたり過小評価したりしてできない理由を探すのではなく、自分の可能性を信じてもっと真剣に苦しみ抜こうと覚悟を新たにしている。

さ」（88行目）とはどのように異なりますか。その説明として最もふさわしいものを次の中から一つ選び、記号で答えなさい。

ア　「さびしい気持」は、真剣に訴えても孔子に子ども扱いされてしまうように感じ、物足りなく思う冉求の気持ちである。これに対して、「淋しさ」は、自分の訴えは理屈をもてあそぶだけの空虚なものにすぎないと理解したからこそ抱く、無力感や孤独感である。

イ　「さびしい気持」は、懸命に訴えても孔子に誠実に向き合ってもらえないように感じ、もどかしく思う冉求の気持ちである。これに対して、「淋しさ」は、孔子が自分のことを考えてくれない原因は自分にあることを理解したからこそ抱く、罪悪感や孤独感である。

ウ　「さびしい気持」は、全力で訴えても孔子に相手にされないと感じ、落胆する冉求の気持ちである。これに対して、「淋しさ」は、自分が道をあきらめたのは他の弟子たちのような美徳を持ち合わせていないためだと理解したからこそ抱く、無力感や劣等感である。

エ　「さびしい気持」は、努めて論理的に訴えているのに孔子に頭ごなしに否定されてしまうように感じ、いらだつ冉求の気持ちである。これに対して、「淋しさ」は、自分の理屈は主張するほどの価値がないことを理解したからこそ抱く、虚無感や罪悪感である。

オ　「さびしい気持」は、理路整然と訴えようとすればするほど孔子に小馬鹿にされるように感じ、むなしく思う冉求の気持ちである。これに対して、「淋しさ」は、自分は努力しているのに孔子に認めてもらえていないと理解したからこそ抱く、虚無感や劣等感である。

問四　――線(3)「仕官などはもうどうでもいいことのように思われ出した」とありますが、ここでの冉求の説明として最もふさわしいものを次の中から一つ選び、記号で答えなさい。

ア　弟子たちの長所や短所をふまえて教育を行う孔子の態度に接することが重なり、それまで自分があこがれていた役人たちにはない美点を孔子に見出し、自分の一生を捧げる場所は実社会ではなく学問世界の内にあると思い始めている。

イ　弟子たちの能力や性格に合った方法を模索しながら変幻自在に指導する孔子の態度に接することが重なり、それまで主観的にすぎないと思っていた詩書礼楽のなかに客観性を発見し、自分なりの真理を追究しようと考えるようになっている。

ウ　弟子たちの心理や健康状態によく配慮してその場に応じた助言を与えてみせる孔子の態度に接することが重なり、それまで自分が軽んじていた孔子の教えの重要性に気づき、自分も孔子の味わっている徳の道を実践したくなっている。

エ　弟子たちの出自や考え方を尊重した言葉選びで教えを授けようとする孔子の態度に接することが重なり、それまで無個性だと思っていた孔子を高く再評価し、自分も真の学問である詩書礼楽に励んで道を究めるべきだと態度を改めている。

オ　弟子たちの個性や欠点に応じた説教を臨機応変かつ効果的に行う孔子の態度に接することが重なり、それまで自分が抱いていた孔子に対するイメージが覆されて自分の考えの浅さを恥じ、自分が求めるべきものは何かを認識し直している。

問五　――線(4)「一種の膚寒さを感ずる」とありますが、それはどういうことですか。最もふさわしいものを次の中から一つ選び、記号で答えなさい。

ア　孔子の説く道を実践できているかどうかで他の弟子たちを評

いからじゃ。本当に求道心が燃えて居れば、自他に※阿る心を焼きつくして、素朴な心にかえることが出来る。素朴な心こそは、仁に近づく最善の道なのだ。元来、仁というものは、そんなに遠方にあるものではない。遠方にあると思うのは、心に無用の飾りをつけて、それに隔てられているからじゃ。つまり、求める心が、まだ真剣でないから、というより仕方がない。どうじゃ、そうは思わないのか。」

冉求は、うやうやしく頭を下げた。

「とにかく、自分で自分の力を限るようなことを云うのは、自分の恥になっても、弁護にはならない。それ、よくそこいらの若い者たちが歌っている歌に、

　ゆすらうめの木
　花咲きゃまねく、
　ひらりひらりと
　色よくまねく。

　まねきゃこの胸
　こがれるばかり、
　道が遠くて
　行かりゃせぬ。

というのがある。あれなども、人間の生命力を信ずる者にとっては全く物足りない歌じゃ。なあに、道が遠いことなんかあるものか。道が遠いといってへこむのは、まだ思いようが足りないからじゃ。はっ、はっ、はっ。」

孔子は、いかにも愉快そうに、大きく笑った。

冉求は、このごろにない④ホガらかな顔をして室を出たが、(7)その足どりには新しい力がこもっていた。

（下村湖人『論語物語』より）

※仕官…官職に就き、役人になること。
※詩書礼楽…孔子が重要視した学問。
※顔回…孔子の弟子の名。以下「子路」「子貢」「閔子騫」「冉伯牛」「仲弓」「宰我」「子夏」「子游」も、すべて弟子の名。
※道…孔子が重要視した道徳。
※忠恕…自分の良心に忠実であることと、他人に対する思いやりが深いこと。
※醇朴さ…素直さ。飾り気のないさま。
※狼狽…あわて、うろたえる。
※阿る…人の気に入るように振る舞う。へつらう。

問一　═線①～④のカタカナを漢字に、漢字をひらがなに直しなさい。漢字は一画ずつていねいに書くこと。

問二　――線(1)「とにかく今のままでは面白くない」とありますが、冉求の抱いている感情としてふさわしくないものを次の中から一つ選び、記号で答えなさい。

ア　孔子の教えは絵空事にすぎず、それを頑なに信じていたら実生活の敗北者になってしまうのではないかという心配。
イ　孔子の教えを忠実に守っていても、自分の求めるような良い仕官の口は見つからないのではないかという不安。
ウ　孔子は悠長なことを口にするばかりで、弟子たちの心情やその将来については考えていないのではないかという疑念。
エ　孔子の教えをありがたがって実践に移している顔回に比べて、自分は仕官が遅れてしまうのではないかという焦り。
オ　孔子は弟子それぞれの個性を考慮に入れることをしないので、よい師であるとは言えないのではないかという不信感。

問三　――線(2)「さびしい気持」とありますが、これと波線部「淋し

彼は、とうとうある日、ただ一人で孔子に面会を求めた。心の中を何もかもさらけ出して、孔子の教えを乞うつもりだったのである。ところが、孔子の室にはいると、例の腹の中の鼬が、つい、ものを云ってしまった。

「私は、先生のお教えになることに強いあこがれを持っています。ただ、私の力の足りないのが残念でなりません。」

彼は云ってしまって、自分ながら自分の言葉にちっとも③ツウセツなところがないのに驚いた。

（何のために自分はわざわざ一人で先生に面会を求めたのだ。こんな平凡な事を云うくらいなら、いつだってよかったはずだ。先生も定めしおかしな奴だと思われるだろう。）

そう思って、恐る恐る彼は孔子の顔を見た。

孔子は、しかし、思ったよりも遥かに緊張した顔をしていた。そして、しばらく冉求をじっと見つめていたが、

「苦しいかね。」

と、いかにも同情するような声で云った。

(5)冉求の鼬は、その声をきくと急に頭をひっこめた。そしてその代りに、しみじみとした感じが、彼の胸一ぱいに流れた。彼は、母の胸に顔をくッつけているような気になって、思う存分甘えて見たいとすら思った。

「ええ、苦しいんです。なぜ私は素直な心になり得ないのでしょう。いつまでもこんな風では、先生のお教えをうけても、結局駄目ではないかと存じます。」

「お前の心持はよくわかる。しかし、苦しむのは、苦しまないのよりは却っていい事なのじゃ。お前は、自分で苦しむようになったことを、一つの進歩だと思って、感謝していい、何も絶望することはない。」

「でも先生、私には、真実の道を摑むだけの素質がないのです。本来駄目に出来ている男なのです。私は卑怯者です。偽り者です。そして……」

と、冉求は急にある束縛から解放されたように、やたらに、自分をけなしはじめた。

(6)「お黙りなさい。」

と、その時凜然とした孔子の声が響いた。

「お前は、自分で自分の欠点を並べたてて、自分の気休めにするつもりなのか。そんな事をする隙があったら、なぜもっと苦しんで見ないのじゃ。お前は、本来自分にその力がないということを、弁解がましく云っているが、ほんとうに力があるか無いかは努力して見た上でなければわかるものではない。力のない者は中途で斃れる。斃れてはじめて力の足りなかったことが証明されるのじゃ。斃れもしないうちから、自分の力の足りないことを予定するのは、天に対する冒瀆じゃ。何が悪だといっても、まだ試しても見ない自分の力を否定するほどの悪はない。それは生命そのものの否定を意味するからじゃ。しかし……」

と、孔子は少し声をおとして、

「お前は、まだ心からお前自身の力を否定しているのではない。お前はそんなことを云って、わしに弁解をすると共に、お前自身に弁解をしているのじゃ。それがいけない。それがお前の一番の欠点じゃ。」

冉求は、自分では引っこめたつもりでいた鼬の頭が孔子の眼には、ちっとも隠されていなかったことに気がついて、少からず※狼狽した。

孔子は、しかし、静かに言葉をつづけた。

「それというのも、お前の求道心が、まだ本当には燃え上っていな

彼も同じ調子で行くものではない。個性を無視して、何の教育だ、何の※道だ。

彼は、そんな不平を抱いて、永いこと過ごして来た。そして、幾度となく、いろんな理窟をこねまわして、孔子にぶッつかって見た。しかし、ぶッつかって見ると、いつも①造作なく孔子にやりこめられてしまった。やりこめられたというよりは、軽々と抱き上げられて、ぽんとやさしく頭をうたれたような気がするのだった。そのたびごとに彼は拍子ぬけがした。そして、そのあとには変に(2)さびしい気持が、彼の心を支配するのだった。

日がたつにつれて、彼は、孔子があまりによく門人たちの心を知っているのに驚いた。彼自身、どれほどうまく言葉を繕って見ても、孔子はいつも先廻りして、彼の前に立ちふさがっていた。個性を無視するどころではない、一人々々の病気をよく知りぬいていて、まるで魔術のように急所を押さえてしまう。しかもその急所の押さえかたは決してその場その場の思いつきではない。孔子の心のどこかに、一つの精妙な機械が据えつけてあって、そこから時と場合に応じて、自由自在にいろんな手が飛び出して来るように思える。

「道はただ一つだ。」とは、よく聞かされた言葉だが、恐らくそれが孔子の掴んでいる道なのだろう。しかし、その正体はわからない。それは「仁」だというものもある。「※忠恕」だというものもある。言葉では何とでも云えるだろうが、その心持を実感的に味うことは容易でない。しかも、それこそ孔子が、生きた日々の事象を取りさばいて行く力なのだ。決してそれは、自分が以前に考えていたような美しい空想ではない。十分な客観性をもった、血の出るような実生活上の真理なのだ。そして、それを掴むことこそ、真の学問なのだ。

彼はだんだんとそんなことに気がつき出した。同時に彼の態度も次第に変って来て、(3)仕官などはもうどうでもいいことのように思われ出した。そして、そういう心で門人たちを見ると、なるほど顔回はその中でも一頭地をぬいている。閔子騫や、冉伯牛や、仲弓もなかなか立派である。子夏と子游とは少しうすっぺらだ。宰我や子貢は何だか②ナマイキに見える。子路は穴だらけの野心家のように思える。そして自分は、と彼は自ら省みて、いつも(4)一種の膚寒さを感ずるのであった。

子路に似て政治を好みながら、子路ほどの剛健さと※醇朴さを持たない彼は、とかく小策を弄したり、言いわけをしたりすることが多かった。門人仲間では謙遜家のように評されているが、それは負惜しみや、ずるさから出る、表面だけの謙遜であることを、彼自身よく知っていた。彼は自分の腹の底に、卑怯な、小ざかしい鼬のような動物が巣喰っていて、いつも自分を裏切って、孔子の心に背かしているような気がしてならなかった。

(俺は道を求めている。この事に間違いはないはずだ。)

彼はたしかにそう信じている。しかし同時に、彼の心のどこかで彼が道を逃げたがっていることも、間違いのない事実であった。そして、

(駄目だ。俺は孔子の道とは、もともと縁のない人間だったのだ。)

彼は、このごろ、しみじみとそう思うようになった。そして、いくたびか孔子の門に別れを告げようかと考えたこともあった。しかし、思いきってそれも出来なかった。こうして、ぐずぐずしている間に、彼の腹の中の鼬はいよいよ彼に、表面をかざるための小策を弄さした。そして、小策を弄したあとの淋しさは、そのたびごとに、いよいよ深くなって行くばかりであった。

こうして彼の顔色は、孔子の眼にもつくほどに、血の気を失って来たのである。

2024年度

渋谷教育学園渋谷中学校

【国　語】〈第二回試験〉（五〇分）〈満点：一〇〇点〉

※「〇〇字で」、または「〇〇字以内で」、という指示がある場合は、「。」「、」「かっこ」なども一字と数えます。

一　次の文章を読んで後の問いに答えなさい。本文の上にある数字は行数を表します。

【舞台は二千数百年前の中国。思想家の孔子は、「仁」（思いやり、人間としての心のあたたかみ）と「義」（人として行うべき正しい道）に基づく平和な社会を理想として掲げ、各地を演説して回った。晩年は教育に注力し、弟子は三千人にも達した。以下の場面は、孔子とその弟子の一人である冉求とのやりとりを描いたものである。】

「冉求はこのごろどうしたのじゃ。さっぱり元気がないようじゃが。」

孔子にそう云われるほど、実際冉求はこの一二カ月弱りきった顔をしている。別に身体に故障があるのではない。ただひどく気分が引き立たないのである。

彼が孔子の門にはいったのは、表面はとにかく、内心では、いい仕官の口を得たいためであった。仕官をするには、一とおり※詩書礼楽に通じていなければならない。そして、その方面にかけての第一人者は、何と云っても孔子である。孔子の門にさえはいって居れば、ともかく一人前の人間に仕立ててもらえるだろうし、それは仕官の手蔓だって、きっと得やすいにちがいない。そう思って、彼はせっせと勉強しつづけていたのである。

ところが、しばらく教えをうけているうちに、彼は一つの疑問にぶッつかった。それは孔子の学問が、最初自分の考えていたのとちがって、何だか実用に適しないように思えることであった。なるほど孔子は、いつも理論よりも実行を尊ばれる。それはよくわかる。よくわかるが、その実行というのが、非常に世間放れのしたもので、忠実にそれを守っていたら、実生活の敗北者になりそうなことばかりである。客観性を持たない真理は、要するに空想に過ぎないのではないか。自分は美しい空想を求めて入門したのではない。もっと生活に即した、実現性のある教えがほしい。

それに、こんな夢のようなことばかり教わって、ぐずぐずしていたのでは、仕官の機会がいつ来るのか、わかったものではない。そう云えば、孔子は、われわれ門人のために、仕官について、ちっとも積極的に働いてくれてはいないようだ。「自分にそれだけの力さえあれば、何も世間に名前の知れないのを心配することはない。」などとよく云われるが、今の時代にずいぶん迂遠な話だ。むやみと押売りするわけにも行くまいが、ちっとはわれわれの気持を察して、何とかわれわれの評判が立つようにして貰いたいものだ。

(1)とにかく今のままでは面白くない。※顔回など、馬鹿正直に孔子の一言一行を学んで、喜んでいるようだが、あんなに身体が弱くて、どうせ忙しい政治家などになれない人は、あんな風にでもして、自ら慰めるより仕方があるまい。だが、われわれと顔回とを同一視して、彼の真似さえしていれば、それでいいような風に云われるのは、少々心得がたい。なるほど顔回は、あんな風だから、個人的な徳行の点では、優れているのかも知れない。しかし、政治には、子路のような蛮勇も要れば、子貢のような華やかさも要る。そう誰も

2024年度 渋谷教育学園渋谷中学校 ▶解説と解答

算　数　＜第２回試験＞（50分）＜満点：100点＞

解　答

1 (1) 314　(2) **A**…15.5％，**B**…3.5％　(3) 43度　(4) **第１問**…A，**第２問**…A，**第３問**…B，**第４問**…A，**第５問**…B　(5) 690m　(6) 88　**2** (1) 10時$9\frac{3}{13}$分　(2) 10時$21\frac{9}{11}$分　(3) $2\frac{502}{649}$秒後　**3** (1) ５点　(2) **最も大きい**…11点，**最も小さい**…５点　(3) B，D，F，H　**4** (1) 31.14cm^2　(2) 138.285cm^2　(3) 131.85cm^2

解　説

1 **計算のくふう，濃度，角度，条件の整理，速さ，調べ**

(1)　$90\times90\times3\frac{7}{50}-(80\times80\times1.57\times2+40\times40\times0.785\times4)=90\times90\times3\frac{14}{100}-(80\times80\times3.14+40\times40\times3.14)=8100\times3.14-(6400\times3.14+1600\times3.14)=8100\times3.14-(6400+1600)\times3.14=8100\times3.14-8000\times3.14=(8100-8000)\times3.14=100\times3.14=314$

(2)　Aの重さを300ｇとして考えると，Aを300ｇ，Bを，$300\times\frac{3}{1}=900$（ｇ）混ぜると6.5％になる。また，Aを300ｇ，Bを，$300\times\frac{5}{3}=500$（ｇ）混ぜると８％になる。このとき，6.5％の食塩水の重さは，300＋900＝1200（ｇ）で，その中に食塩は，1200×0.065＝78（ｇ）含まれる。また，８％の食塩水の重さは，300＋500＝800（ｇ）で，その中に食塩は，800×0.08＝64（ｇ）含まれる。よって，6.5％の食塩水と８％の食塩水に含まれる食塩の重さの差は，78－64＝14（ｇ）で，これはBの食塩水，900－500＝400（ｇ）に含まれる食塩の重さにあたるから，Bの濃さは，14÷400×100＝3.5（％）とわかる。すると，Bの食塩水500ｇに食塩は，500×0.035＝17.5（ｇ）含まれるので，Aの食塩水300ｇに食塩は，64－17.5＝46.5（ｇ）含まれる。したがって，Aの濃さは，46.5÷300×100＝15.5（％）と求められる。

(3)　右の図１で，三角形ABCは二等辺三角形だから，角ABC＝(180－52)÷２＝64(度)である。すると，角ABD＝64＋74＝138(度)となって角ABDと角ACEは等しくなり，辺AB，BD，AC，CEの長さがすべて等しいので，三角形ABDと三角形ACEは合同な二等辺三角形とわかる。よって，AD＝AEより，三角形ADEも二等辺三角形となる。ここで，角BAD＝角CAE＝角CEA＝(180－138)÷２＝21(度)である。したがって，角DAE＝52＋21－21＝52(度)，角AED＝(180－52)÷２＝64(度)となるから，㋐の角の大きさは，64－21＝43(度)と求められる。

図１
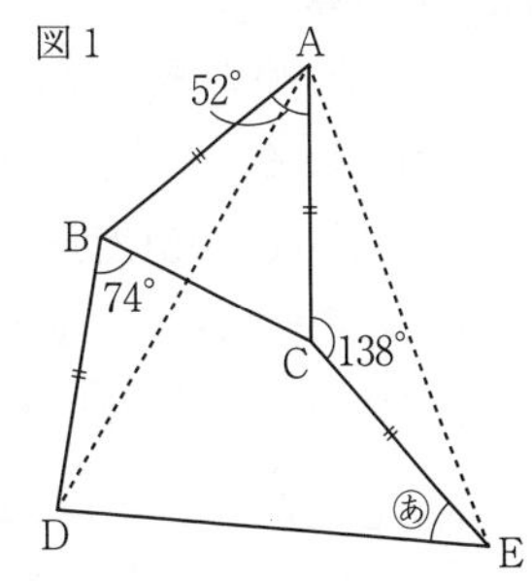

(4)　正解の数が１問であるウとエに注目すると，第２問，第４問，第５問は解答が同じだが，第１問と第３問は解答が異なっている。よって，正解の組み合わせは，①「第１問がA，第２問がA，

第３問がB，第４問がA，第５問がB」(ウは第１問のみ正解，エは第３問のみ正解)，または，Ⅱ「第１問がB，第２問がA，第３問がA，第４問がA，第５問がB」(ウは第３問のみ正解，エは第１問のみ正解)とわかる。①の場合，アの正解の数は３問，イの正解の数は２問となるので，あてはまる。一方，Ⅱの場合，アの正解の数は３問，イの正解の数は４問となるから，あてはまらない。したがって，クイズの正解は，第１問がA，第２問がA，第３問がB，第４問がA，第５問がBである。

(5) 渋男さんが引き返した地点をＰ地点，２人が出会った地点をＱ地点として，２人が進んだようすをグラフに表すと，右の図２のようになる。渋男さんが駅に着いた時刻は引き返さないときよりも３分遅(おそ)かったので，Ｐ地点→Ｑ地点→Ｐ地点と進むのに３分かかったことになる。よって，渋男さんはＰ地点からＱ地点まで戻(もど)るのに，３÷２＝1.5(分)かかったので，教子さんは家からＱ地点まで進むのに，１＋1.5＝2.5(分)かかっている。したがって，家からＱ地点までの道のりは，240×2.5＝600(m)であり，Ｑ地点からＰ地点までの道のりは，60×1.5＝90(m)なので，家から渋男さんが引き返した地点(Ｐ地点)までの道のりは，600＋90＝690(m)と求められる。

図２

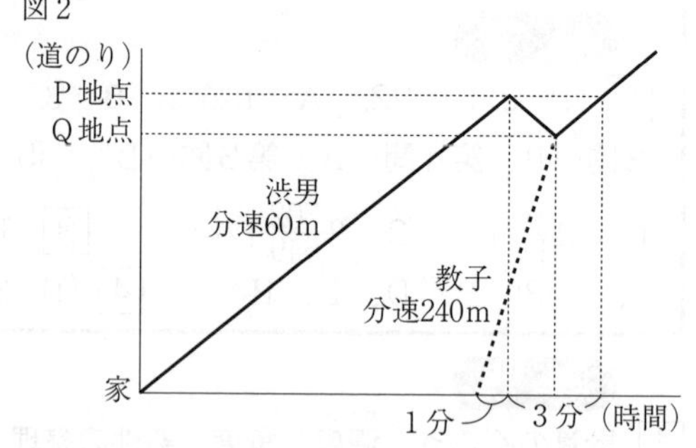

(6) 数字を表す指の本数は，それぞれ右の図３のようになる。まず，１から９までの指の本数の合計は，１＋２＋３＋４＋５＋１＋２＋３＋４＝25(本)である。次に，10から19までの指の本数の合計は，１から９までの指の本数の合計よりも，１×10＝10(本)多くなり，25＋10＝35(本)となる。同様に，20から29，30から39，…，80から89までの指の本数の合計はそれぞれ，25＋２×10＝45(本)，25＋３×10＝55(本)，25＋４×10＝65(本)，25＋５×10＝75(本)，35本，45本，55本となる。よって，１から89までの指の本数の合計は，25＋35＋45＋55＋65＋75＋35＋45＋55＝435(本)とわかる。ここで，89を表す指の本数は，３＋４＝７(本)だから，指の本数の合計が，435－７＝428(本)になるのは，88まで数えたときとわかる。

図３

数字	1	2	3	4	5	6	7	8	9	0
指の本数	1	2	3	4	5	1	2	3	4	0

２ 時計算

(1) 10時のとき，長針と短針が作る角は，360÷12×２＝30×２＝60(度)になる。また，長針は１分間に，360÷60＝６(度)，短針は１分間に，30÷60＝0.5(度)動くので，右の図のアとイの比は，６：0.5＝12：１となる。よって，長針と短針が作る角を，12時の方向が２等分する時刻には，アとイの和が60度になるから，イ＝$60\times\frac{1}{1+12}=\frac{60}{13}$(度)とわかる。したがって，このようになるのは，$\frac{60}{13}\div0.5=\frac{120}{13}=9\frac{3}{13}$(分)より，10時$9\frac{3}{13}$分と求められる。

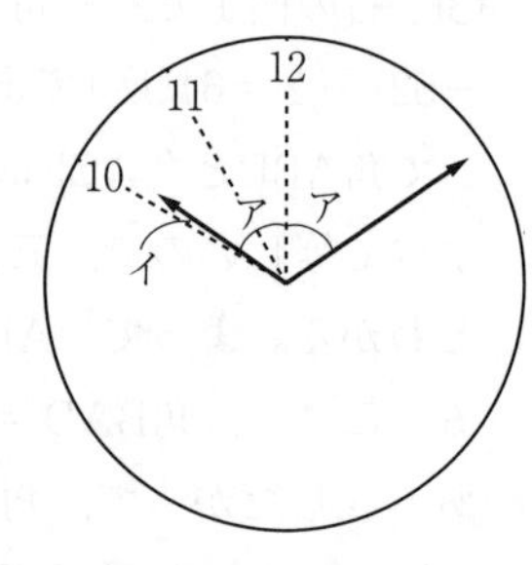

(2) １分間に長針は短針よりも，６－0.5＝5.5(度)多く動く。また，10時から(1)のときまでに長針と短針が作る角が180度になることはないので，10時の後，初めて180度になる場合を考えればよい。よって，このようになる時刻は，10時の後，長針が短針よりも，180－60＝120(度)多く動いたとき

だから，$120\div5.5=\frac{240}{11}=21\frac{9}{11}$(分)より，10時$21\frac{9}{11}$分と求められる。

(3)　(2)のとき，長針，秒針は12時の方向からそれぞれ，$6\times\frac{240}{11}=\frac{1440}{11}$(度)，$360\times\frac{9}{11}=\frac{3240}{11}$(度)動いているので，秒針は長針より，$\frac{3240}{11}-\frac{1440}{11}=\frac{1800}{11}$(度)多く動いた位置にある。また，長針は１秒間に，$6\div60=0.1$(度)，秒針は１秒間に，$360\div60=6$(度)動くから，１秒間に秒針は長針よりも，$6-0.1=5.9$(度)多く動く。よって，(2)の後，長針と秒針が作る角が初めて180度になるのは，(2)の，$\left(180-\frac{1800}{11}\right)\div5.9=\frac{1800}{649}=2\frac{502}{649}$(秒後)と求められる。

3　条件の整理，整数の性質

(1)　Ｂのカードを引いたときには，すべての球を取り出して入れ替(か)える。このとき，どの箱も球の整数と箱の整数が同じになることはないから，２つの整数の差が０になることはない。よって，点数が最も小さくなるのは，右の図１のように，すべての箱で，球の整数と箱の整数の差が１になるように入れ替えた場合だから，最も小さい点数は，$1\times5=5$(点)となる。

図１
②箱１　③箱２　④箱３　⑤箱４　⑥箱５　①皿

(2)　Ｃのカードを引くと，球①，球③，球⑤，球⑥が取り出される。まず，点数を大きくするために，球⑥を箱１に入れる。すると，箱３には球①か球⑤が入るが，どちらの場合も箱３の球の整数と箱の整数の差は２になる。よって，箱５には球①と球③のうち，箱の整数との差が大きい球①を入れると，点数が最も大きくなる。このとき，それぞれの箱の球の整数と箱の整数の差は，箱１が，$6-1=5$，箱３が２，箱５が，$5-1=4$で，箱２と箱４は０だから，最も大きい点数は，$5+2+4=$**11(点)**となる。次に，点数を小さくするために，球⑥を箱５に入れる。すると，箱３には球①か球⑤が入るが，どちらの場合も箱３の球の整数と箱の整数の差は２になる。よって，箱１には球③と球⑤のうち，箱の整数との差が小さい球③を入れると，点数が最も小さくなる。このとき，それぞれの箱の球の整数と箱の整数の差は，箱１が，$3-1=2$，箱３が２，箱５が，$6-5=1$で，箱２と箱４は０だから，最も小さい点数は，$2+2+1=$**5(点)**と求められる。

(3)　Ｂのカードを引いて球①～球⑥を取り出したとき，右の図２のように入れ替えると，点数は，$(3-1)+(4-2)+(5-3)+(6-4)+(5-1)=12$(点)で，偶数(ぐうすう)となる。Ｄのカードを引いて球②，球④，球⑥を取り出したとき，右の図３のように入れ替えると，点数は，$(4-2)+(6-4)=4$(点)で，偶数となる。Ｆのカードを引いて球①，球②，球④，球⑥を取り出したとき，右の図４のように入れ替えると，点数は，$(2-1)+(6-2)+(4-1)=8$(点)で，偶数となる。Ｈのカードを引いて球②，球③，球⑤，球⑥を取り出したとき，右の図５のように入れ替えると，点数は，$(6-2)+(5-3)+(5-3)=8$(点)で，偶数となる。次に，Ｃのカードを引いて球①，球③，球⑤，球⑥を取り出したとき，奇数(きすう)の番号の箱(箱１，箱３，箱５)のいずれか１つに球⑥が入り，その箱

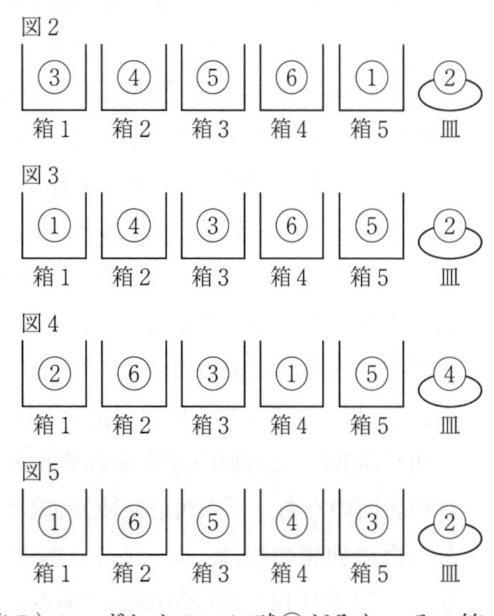

の球の整数と箱の整数の差は，(偶数)－(奇数)＝(奇数)になる。残り２つの奇数の番号の箱には，どちらも奇数の球が入るから，その箱の球の整数と箱の整数の差は，(奇数)－(奇数)＝(偶数)になる。よって，Cのカードを引いたとき，点数は必ず，(偶数)＋(偶数)＋(奇数)＝(奇数)になる。Eのカードを引いて球①，球③，球⑥を取り出したとき，番号が奇数である箱１，箱３の一方に球⑥が入り，もう一方には奇数の球(球①か球③)が入るので，箱１と箱３の球の整数と箱の整数の差は，一方が奇数，もう一方が偶数となる。したがって，Eのカードを引いたとき，点数は必ず，(偶数)＋(奇数)＝(奇数)になる。Gのカードを引いて球①，球⑤，球⑥を取り出したときは，Eのカードを引いたときと同様に，点数は奇数になる。以上より，点数が偶数になる場合があるのはB，D，F，Hのカードを引いたときとわかる。

4 立体図形―分割，面積，表面積

(1) 問題文中の図で，立体Aの正三角形㋐以外の面は，１辺６cmの正方形３つと，等しい辺が６cmの直角二等辺三角形３つであり，その面積の和は，$6 \times 6 \times 3 + 6 \times 6 \div 2 \times 3 = 162(\text{cm}^2)$となる。よって，正三角形㋐の面積は，$193.14 - 162 = 31.14(\text{cm}^2)$と求められる。

(2) 立体Aを，点Mを通り底面の正方形に平行な平面で切ると，底面の正方形を含む立体は，右の図１の太線で囲んだ立体となる。まず，点MはCFの真ん中の点なので，点I，J，K，LはそれぞれCG，DG，DH，BEの真ん中の点である。すると，三角形GJIと三角形GDC(正三角形㋐)は相似であり，相似比は１：２だから，面積の比は，(１×１)：(２×２)＝１：４となり，三角形GJIの面積は，$31.14 \times \frac{1}{4} = 7.785(\text{cm}^2)$とわかる。次に，三角形CMIと三角形CFGの相似より，MI：FG＝CM：CF＝１：２なので，$\text{MI} = 6 \times \frac{1}{2} = 3(\text{cm})$となり，同様に，JKも３cmとなる。よって，五角形MIJKLは，１辺が６cmの正方形から，等しい辺が，$6 - 3 = 3(\text{cm})$の直角二等辺三角形を除いた形とみることができるので，その面積は，$6 \times 6 - 3 \times 3 \div 2 = 31.5(\text{cm}^2)$とわかる。さらに，台形MFGIと台形KJGHの面積はどちらも，$(3 + 6) \times 3 \div 2 = 13.5(\text{cm}^2)$であり，長方形MFEL，長方形LEHKの面積はどちらも，$3 \times 6 = 18(\text{cm}^2)$，正方形EFGHの面積は，$6 \times 6 = 36(\text{cm}^2)$となる。したがって，この立体の表面積は，$7.785 + 31.5 + 13.5 \times 2 + 18 \times 2 + 36 = 138.285(\text{cm}^2)$と求められる。

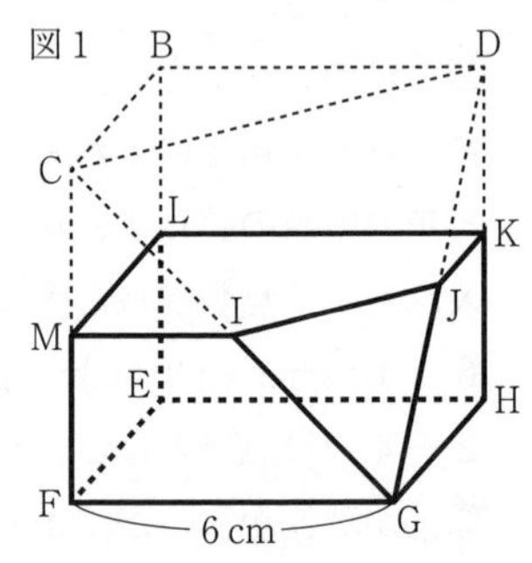

(3) 立体Aを，点Mを通り㋐に平行な平面で切ると，㋐を含む立体は右の図２の太線で囲んだ立体となり，点M，N，O，P，Q，Rはすべてもとの立体Aの辺の真ん中の点だから，六角形MNOPQRは正六角形となる。すると，三角形SQRと図１の三角形GJIは合同なので，三角形SQRの面積は7.785cm^2であり，正六角形MNOPQRの面積は，$7.785 \times 6 = 46.71(\text{cm}^2)$とわかる。また，三角形CMR，三角形GON，三角形DQPをそれぞれ矢印のように移動すると，立体の表面のうち，正六角形MNOPQRと三角形GDC(正三角形㋐)以外の面の面積の和は，$6 \times 6 \div 2 \times 3 = 54(\text{cm}^2)$と求められる。よって，この立体の表面積は，$46.71 + 54 + 31.14 = 131.85(\text{cm}^2)$である。

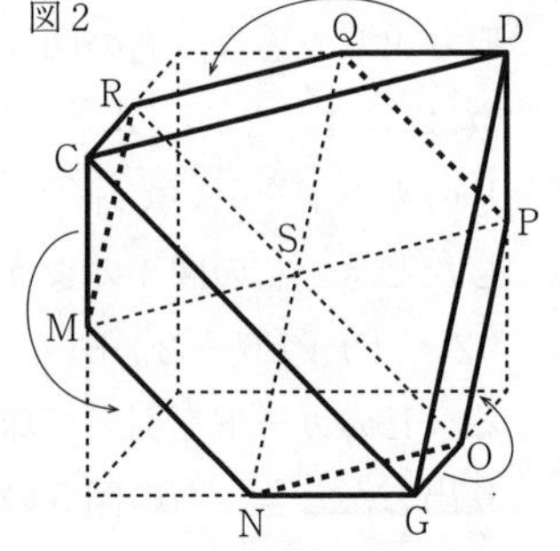

社　会　＜第２回試験＞（30分）＜満点：50点＞

解　答

1 **問１**　(1)　イ　(2)　ウ→ア→イ→エ　**問２**　ア　**問３**　**1**　中国　**2**　九州　**問４**　(エ)　**問５**　(1)　**A**　エ　**B**　イ　(2)　インドネシア　**問６**　(例)　沖縄の多くの土地が米軍基地として使われ続けていること。　**2** **問１**　(1)　**A**　(ア)　**B**　(ウ)　**C**　(イ)　(2)　(例)　水はけのよいシラスが広がり，乾燥に強い作物を育てたから。　**問２**　(1)　①　**あ**　うちわ　**郷土富士**…(d)　②　**い**　運河　**郷土富士**…(a)　③　**う**　善光寺　**郷土富士**…(b)　(2)　**(a)**　(イ)　**(b)**　(エ)　**(c)**　(ア)　**(d)**　(ウ)　(3)　**(a)**　(ウ)　**(d)**　(イ)　**問３**　(1)　①　**郷土富士**…タコマ　**出来事**…太平洋戦争　②　**郷土富士**…リベイラ　**分布図**…(イ)　(2)　(例)　ヨハネスブルクのある南アフリカ共和国が国際刑事裁判所に関するローマ規程の締約国であり，逮捕されるおそれがあったから。　(3)　地震　(4)　ゼレンスキー

解　説

1　**沖縄の歩みを題材とした問題**

問１　(1)　「753年」「漂着」とあるので，イの鑑真と判断できる。唐(中国)の高僧だった鑑真は，日本の招きに応じて日本にわたることを決意し，５度の渡航失敗や失明という困難をのりこえて，753年に６度目の航海で来日を果たした。そして，僧の守るべき規律である戒律を伝え，都の平城京(奈良県)に唐招提寺を建てるなど，日本の仏教発展につくした。なお，『唐大和上東征伝』は，“唐の高僧が東方に行った記録”という意味である。また，アの小野妹子は飛鳥時代に隋(中国)に遣隋使として派遣された人物，ウの坂上田村麻呂は平安時代初めに東北地方の蝦夷を征討した人物，エの空海は平安時代初めに唐から真言宗をもたらした僧である。　(2)　【資料ア】は，設問と資料内に「新井白石」「『南島志』」とあることから，第６代・第７代将軍に仕えた新井白石が著したものとわかる。【資料イ】は，資料内の「評定所に箱を置く」から目安箱の設置についての内容と判断できるので，享保の改革を行った第８代将軍徳川吉宗の時代のものとわかる。【資料ウ】は，資料内の「犬だけに限らず全て生き物に対して～」から生類憐みの令についての内容と判断できるので，第５代将軍徳川綱吉の時代のものとわかる。【資料エ】は，資料内の「天明」「飢え死に」から天明の大ききんについての内容と判断できるので，江戸時代後期のものとわかる。よって，年代の古い順にウ→ア→イ→エとなる。

問２　３世紀は弥生時代の終わり頃にあたり，当時の日本には記録を残すための文字がなかったので，アが誤っている。なお，文字(漢字)は，古墳時代に中国・朝鮮から日本にわたった渡来人が，機織り，須恵器，養蚕，儒教などの技術や文化とともに伝えた。

問３　**1**，**2**　本文に「明刀銭(紀元前の中国で一時期用いられていた貨幣)」とあるので，１は「中国」と判断できる。また，【メモ】の２番目の内容から，２には「九州」が入る。なお，明刀銭は「明」の字を鋳出した青銅製の刀銭(刀の形をした貨幣)で，中国の春秋・戦国時代に流通した。

問４　「1282年頃」は鎌倉時代中期にあたり，当時は北条氏による執権政治が行われていたので，(エ)がふさわしい。なお，鎌倉円覚寺は鎌倉幕府の第８代執権北条時宗が，元寇(1274年の文永の役と，1281年の弘安の役)の犠牲となった敵味方の兵士の霊を慰めるために建てた寺院である。また，

(ア)は後醍醐天皇の建武の新政における朝廷，(イ)は室町幕府，(ウ)は江戸幕府の仕組みである。

問５　(1)　**A，B**　「朝貢」とは，貢ぎ物を差し出して臣下の礼をとることである。明(中国)の周囲の国々は，明に対して朝貢を行い，そのほうびをもらうという形式で貿易を行った(朝貢貿易)。室町幕府の第３代将軍を務めた足利義満が始めた日明貿易(勘合貿易)も，その１つである。表で，回数の多いＡは，明に近い朝鮮半島に位置するエの高麗と判断できる。すると，もう一方のＢは，イの日本と考えられる。なお，アの渤海は満州(中国東北部)の東部・沿海州(現在のロシア南東端)に平安時代初期まで存在した国，ウの宋は平安時代後半から鎌倉時代前半にかけて中国にあった王朝で，どちらも「明代初期(1369～1405年)」とは時期が異なる。　(2)　「世界最大のイスラーム国家」とあるので，インドネシアと判断できる。インドネシアは東南アジアに位置する島国で，人口は約2.7億人(2020年)で世界第４位となっており，国民の90％近くがイスラム教徒である。現在の首都はジャワ島にあるジャカルタであるが，カリマンタン島のヌサンタラに新都を建設中である。なお，「爪哇」はジャワと読む。

問６　太平洋戦争(1941～45年)のさい，沖縄では日本国内で唯一の地上戦が行われ，県民の約10万人が犠牲となった。そして，サンフランシスコ平和条約(1951年)で日本が独立を回復した後も，沖縄はアメリカの軍政下に置かれた。さらに，日本への復帰(1972年)後も，沖縄の多くの土地が米軍基地として使われ続けている。

２「郷土富士」を題材とした問題

問１　(1)　**A**　「薩摩富士」の「薩摩」は，鹿児島県の旧国名である。肉用若鳥(ブロイラー)の飼養羽数は鹿児島県が全国第１位で，以下，宮崎県，岩手県が続く。よって，料理は(ア)の焼鳥があてはまる。なお，「薩摩富士」は開聞岳で，薩摩半島の南端近くに位置する火山である。　**B**　じゃがいも(ばれいしょ)の収穫量は北海道が全国第１位で，鹿児島県はこれに次ぐ。よって，料理は(ウ)のフライドポテトとなる。　**C**　さつまいも(かんしょ)の収穫量は鹿児島県が全国第１位で，以下，茨城県，千葉県が続く。よって，料理は(イ)の大学いもがあてはまる。　(2)　鹿児島県から宮崎県にかけての地域には，古代の火山活動によって噴出した，シラスと呼ばれる火山噴出物の積もった層が広がっている。シラス台地と呼ばれるそうした地域は，水持ちが悪く稲作には不向きであることから，主に畑作や畜産を中心に農業が行われている。特に畑作では，乾燥に強いさつまいもの生産がさかんになった。

問２　(1)　①　「丸亀市」とあるので，郷土富士は香川県に位置する地図中の(d)とわかる。丸亀市は伝統的工芸品の「うちわ」の産地として知られる。なお，飯野山は香川県の旧国名をとって讃岐富士とも呼ばれる。　②　「この地に元々住んでいた人々」とあるので，この人々はアイヌで，郷土富士は北海道に位置する(a)と判断できる。(a)の北に位置する小樽市には，観光名所となっている小樽運河がある。なお，シリベシ山は羊蹄山のことで，北海道が蝦夷地と呼ばれていたことから蝦夷富士の別名がある。　③　「七年に一度の御開帳」「門前町」などから，「う」は善光寺(長野市)と判断できる。すると，郷土富士は長野県に位置する(b)と判断できる。なお，(b)は黒姫山で，長野県の旧国名をとって信濃富士とも呼ばれる。また，(c)は鳥取県にある大山で，鳥取県西部の旧国名をとって伯耆富士とも呼ばれる。　(2)　(人口密度)＝(人口)÷(面積)より，(面積)＝(人口)÷(人口密度)となる。よって，(ア)～(エ)の面積は，(ア)が，55÷156＝0.35…(万km^2)，(イ)が，515÷62＝8.3…(万km^2)，(ウ)が，95÷507＝0.18…(万km^2)，(エ)が，202÷149＝1.3…(万km^2)とわかるので，面積が大きい順に，(イ)は北海道(全国第１位)，(エ)は長野県(第４位)，(ア)は鳥取県(第41位)，(ウ)は香川県(第47位)と決まる。　(3)　(a)，(d)　北海道の気候は梅雨の影響(えいきょう)をほとんど受けないことが特徴(とくちょう)なので，６・７月の降水量が少ない(ウ)が札幌市(北海道)と判断できる。また，冬の降水量(降雪量)が多い(ア)は，日本海側の気候に属する鳥取市である。長野市は，年間降水量が少ない中央高地(内陸性)の気候に属するが，日本海側の気候の特徴もあわせ持つので，(エ)がふさわしい。残った(イ)が高松市(香川県)で，年間降水量が少ない瀬戸内の気候に属する。

問３　(1)　①「収容所」とあるので，アメリカ合衆国に位置するタコマ富士が選べる。太平洋戦争が始まると，アメリカは日系人を敵国の国民として強制的に収容所へ移住させた。　②「日本に働きに来る」とあるので，ブラジルに位置するリベイラ富士がふさわしい。1980年代後半以降，出稼(でかせ)ぎで日本にわたってくる日系人の子孫が増加し，その多くが群馬県や東海地方(愛知県や静岡県など)で働くようになった。よって，分布図は(イ)があてはまる。　(2)　ヨハネスブルクは南アフリカ共和国に位置する。【資料１】に，国際刑事裁判所がロシアのプーチン大統領の逮捕(たいほ)状を出したとある。また，【資料２】，【資料３】より，「国際刑事裁判所に関するローマ規程」の締約(ていやく)国が被疑者を逮捕できることと，南アフリカ共和国が締約国であることがわかる。よって，プーチン大統領がオンライン参加となったのは，ヨハネスブルクに出向いた場合，逮捕されるおそれがあったためと考えられる。なお，BRICSは，ブラジル・ロシア・インド・中国(中華人民共和国)・南アフリカ共和国の５か国の総称(そうしょう)である。　(3)　2023年，トルコ南東部を震源(しんげん)とするトルコ・シリア地震が発生した。　(4)　広島サミット(2023年)には，ウクライナのゼレンスキー大統領がゲスト国首脳として出席した。なお，サミット(主要国首脳会議)の参加国は，フランス，アメリカ，イギリス，ドイツ，日本，イタリア，カナダ，ロシアのＧ８(主要８か国)であったが，2014年以降，ロシアがウクライナ問題により参加資格を失っているため，Ｇ７となっている。

理　科　＜第２回試験＞（30分）＜満点：50点＞

解　答

1　**問１**　イ　**問２**　a　キ　g　ア　**問３**　(例)　太陽の高度が低くないと，水滴で反射した光が目に届かないから。　**問４**　(1)　イ　(2)　解説の図を参照のこと。　**問５**　(例)　副虹の色の順番は主虹と逆になります　**2**　**問１**　(1)　エ　(2)　(例)　落葉する冬は光合成が行われないので，幹は成長しない。　**問２**　イ　**問３**　(例)　１年を通じて光合成が盛んに行われるから。　**問４**　(1)　センチメートル　(2)　イ，エ　(3)　2.6m　**問５**　(1)　イ　(2)　ウ　(3)　ウ　**問６**　(1)　ア　(2)　右の図　(3)　(例)　この恐竜の成長の速さは，だんだん速くなった後，だんだんおそくなった。

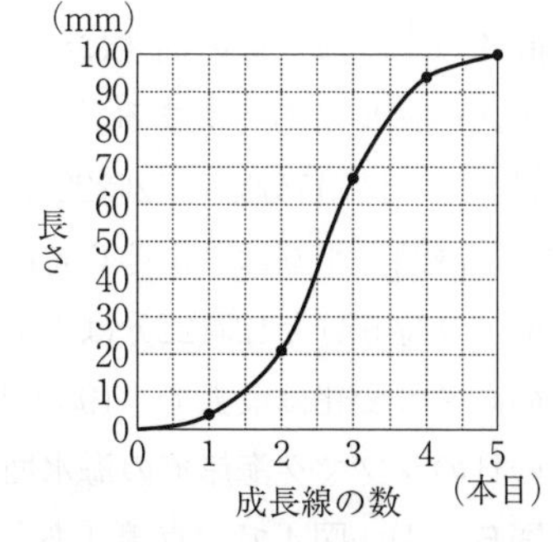

解　説

1　**虹(にじ)のでき方についての問題**

問1　雨上がりに見られる虹は，空気中にただよう細かい水滴に当たった太陽光が，図1のように屈折・反射することで見られる。したがって，太陽が西の空にある夕方には，虹は太陽と反対の方角にあたる東の空に見られる。

問2　図2より，屈折をするさいには，むらさき色の光がもっとも曲がりやすく，赤色の光がもっとも曲がりにくいことがわかる。よって，図1で，屈折のさいの曲がりがもっとも大きい光aはむらさき，曲がりがもっとも小さい光gは赤とわかる。

問3　秋や冬は夏に比べて，また，朝や夕方は昼に比べて，太陽の高度が低い。水滴に当たった太陽光は図1のように反射するので，太陽の高度が低いときの方が，地表にいる人間の目に光が届きやすくなる(つまり，虹が見えやすくなる)。

問4　図1と問2を参考にすると，右の図のようになる。また，虹を見ている人の目が★の位置にあるとすると，空らん③には赤，空らん④にはむらさきが入ることがわかる。

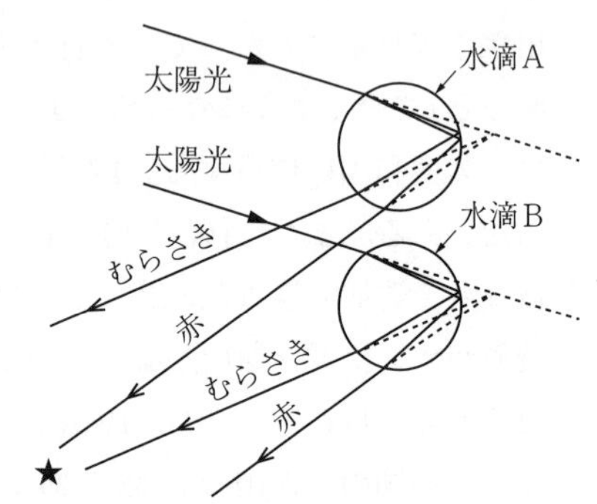

問5　図4で，水滴から出てくる光の色の順番は，赤色が上側，むらさき色が下側となり，図1とは逆になる。そのため，問4と同様に考えると，むらさき色の光が上側，赤色の光が下側から届くことになる。したがって，副虹の色の順番は主虹と逆になる。

2　年輪やアサリの成長線についての問題

問1　(1)　光合成は，植物が水と二酸化炭素を材料に，光のエネルギーを使って，デンプンなどの栄養分と酸素をつくりだすはたらきである。よって，日照時間が長くなるほど光合成が盛んになるので，エが選べる。　(2)　サクラは冬の時期に葉を落とす落葉樹なので，冬には光合成を行うことができず，幹の成長も見られない。

問2　色がついた外側の部分が厚い細胞は，夏から秋にかけてつくられると述べられている。したがって，夏から秋の時期につくられた部分が，線になって見えるのだと考えられる。

問3　熱帯で育った方の樹木に年輪が見られなかったのは，年輪の線になる部分(問2で述べた細胞)が少なかったためである。これは，熱帯では1年を通して日照時間が長く，光合成が盛んに行われるので，外側の部分が薄い細胞しかつくられないからだと考えられる。

問4　(1)　海水面の高さについて，基準面からの変化が最大で198となる値なので，空欄にはセンチメートルがあてはまる。　(2)　表1で，海水面の高さは，0時5分から5時17分にかけて上昇し，5時17分から12時22分にかけて下降し，12時22分から19時25分にかけて上昇している。また，満潮と干潮はおよそ6時間おきに起こると述べられている。よって，5時17分と19時25分は満潮，0時5分と12時22分は干潮と考えられる。　(3)　表1より，この日のシブヤ海岸での海水面の高さの変化は最大で，198＋8＝206(cm)，つまり，206÷100＝2.06(m)である。したがって，この日のシブマク海岸での海水面の高さの変化は，2.06×1.25＝2.575より，最大で2.6mとなる。

問5　(1)　図4で，点線「あ」は大潮の日の満潮時，点線「い」は小潮の日の満潮時，点線「う」は小潮の日の干潮時，点線「え」は大潮の日の干潮時の海面の高さを表している。よって，イがふさわしい。　(2)　浅い海底で生活するアサリの成長線は，環境が悪くなって貝殻の成長がとてもゆっくりになるとできると述べられている。したがって，大潮の日などでアサリが海面上に出る

(環境が悪くなる)時間が長くなると，成長線ができると考えられるので，ウがあてはまる。　(3)　新月の日と満月の日は約１か月に１回ずつあるので，大潮の日は１か月にほぼ２回やってくる。よって，ウがよい。

問６　(1)　問題文では，冬などの成長に適さない時期に骨の成長がゆっくりになることで成長線ができると述べられているが，成長に適さない時期が冬以外にもある可能性が考えられる。したがって，アが選べる。　(2)　表２の数値を書き入れてから曲線で結ぶと，解答のようなグラフになる。　(3)　グラフの傾きは，成長の速さを表しているといえる。この恐竜の成長の速さは，誕生以降だんだん速くなり，成長線の数が２本目から３本目の間で最速となった後，だんだんおそくなっている。

国　語　＜第２回試験＞（50分）＜満点：100点＞

解　答

一　**問１**　①　ぞうさ　②〜④　下記を参照のこと。　**問２**　エ　**問３**　ア　**問４**　オ　**問５**　ウ　**問６**　（例）　自分に同情するような孔子の声を聞いたとたん，冉求の，自分の弱さをかくすためについ言いわけばかりしてしまう性質がおさまったということ。　**問７**　ウ　**問８**　オ　**問９**　イ　二　**問１**　下記を参照のこと。　**問２**　ウ　**問３**　エ　**問４**　（例）　行為に先立つ感謝という本来不適切な言語行為を適切なものにすべく，利用者はトイレをきれいに使うようになるというもの。　**問５**　イ　**問６**　（例）　本当に無知かどうかに関係なく，相手をあらかじめ無知な存在として扱うことで無知な存在に当てはめ，周囲にもその認識を強制してしまうというもの。　**問７**　エ

●漢字の書き取り

一　**問１**　②　生意気　③　痛切　④　朗(らか)　二　**問１**　①　専門　②　従来　③　要領　④　窓

解　説

一　**出典：下村湖人『論語物語』**。孔子の弟子の冉求は，真実の道を摑む素質が自分にはないと嘆くが，そんな冉求を孔子は求道心が足りないと叱る。

問１　①「造作ない」は，たやすいこと。　②　えらそうに，でしゃばるような態度を示すこと。　③　心に強く感じるようす。　④　音読みは「ロウ」で，「朗読」などの熟語がある。

問２　直後の一文から，「顔回」は「忙しい政治家などになれない」と冉求が考えていることがわかるので，「顔回に比べて，自分は仕官が遅れてしまうのではないか」とあるエはふさわしくない。

問３　「さびしい気持」は，孔子に「軽々と抱き上げられて，ぽんとやさしく頭をうたれたような気」がした後に感じる気持ちである。一方，「淋しさ」は，「小策を弄したあと」に感じる気持ちである。よって，「子ども扱い」，「理屈をもてあそぶだけ」とあるアがあてはまる。なお，「弄する」は，“弄ぶ”という意味。

問４　直前の段落で，孔子が弟子に接する態度について，「個性を無視するどころではない，一人々々の病気をよく知りぬいていて」とあるので，「個性や欠点に応じた」とあるオが選べる。

冉求は孔子と接することで，自分が本当に求めているのは仕官の口などではなく，孔子の教える「道」なのではないかと，考えをあらためるきっかけを得ている。

問５　直前に「そして自分は，と彼は自ら省みて」とあり，後に「駄目だ。俺は孔子の道とは，もともと縁のない人間だったのだ」とあるので，「自分自身を眺めると，自分の行いは孔子の説く道から程遠いように感じられ」とあるウが合う。

問６　「鼬」は，冉求が持っている，「小策を弄したり，言いわけをしたり」，「表面だけの謙遜」の態度を取ったりすることで，自分の弱さを隠そうとするような性質をたとえたものである。傍線⑸は，そのような性質が，孔子の「いかにも同情するような声」を聞いたとたんに収まったようすをたとえている。

問７　続く部分に「お前は，自分で自分の欠点を並べたてて」，「お前はそんなことを云って，わしに弁解をすると共に，お前自身に弁解をしているのじゃ」とある。よって，孔子が，心からのものではない冉求の「自己否定」を止めた意図は，「自己弁護」こそが冉求の一番の欠点であることを気づかせるためだと説明したウがふさわしい。

問８　孔子との対話を経て，冉求は「もっと苦しんで見」ることを決意したと考えられるので，「もっと真剣に苦しみ抜こうと覚悟を新たにしている」とあるオがよい。

問９　本文にある「精妙な機械」は，孔子の思想に共通する「十分な客観性をもった，血の出るような実生活上の真理」をたとえた表現であり，孔子はそれを「生きた日々の事象を取りさばいていく力」として用いることで，弟子たちの急所を知りぬき，おさえることができる。よって，イの「正確であることをよしとするこだわりのようなもの」というとらえ方は間違っている。

二　出典：三木那由他『言葉の展望台』。言語行為の調整という観点から，マンスプレイニングの害について具体例とともに述べている。

問１　①　研究・担当する特定の分野。　②　今まで。もとから。　③　ものごとの最も大切なところ。「要領を得ない」は，要点や筋道がはっきりしないようす。　④　音読みは「ソウ」で，「車窓」などの熟語がある。

問２　傍線⑴をふくむ一文がメモ中の①～④に対応していることと，直後の文が①～④に反する具体例であることに注意する。④は「本心では締め切りを延ばしてほしくない～何らかの不誠実を働いていることになるだろう」という部分に対応するので，空欄１にはウが入る。

問３　傍線⑵をふくむ段落では，「この掲示を見るとき，たいていの場合そのひとは感謝されるべき当の行為をまだおこなってはいないはず」なのに感謝されると述べられている。よって，「利用者はまだ感謝に値するような行いをしていないのに」とあるエが選べる。

問４　トイレの利用者に働く「調整のメカニズム」とは，直前の一文の「トイレで実際の利用に先立って『きれいにご利用いただきありがとうございます』と言われると，このままでは不適切となるその感謝を適切なものにすべく，利用者は感謝に値する利用法を目指すよう促される」というものである。よって，これをもとに，「トイレの利用前に感謝されると，このままでは不適切となるその感謝を適切なものにすべく，利用者はきれいに使うというもの」のようにまとめる。

問５　傍線⑷の理由が直後の一文で述べられており，「女性のほうはそもそも取り立てて発言をしていない」と書かれているので，「言葉を発していないのに」とあるイが合う。

問６　問４でみたトイレの利用者にはたらく「調整のメカニズム」を参考にすると，マンスプレイニングにはたらく「調整」とは，「聞き手が無知だからマンスプレイニングがなされるのではない。マンスプレイニングがなされることで，聞き手が『無知な者』の位置に押し込められる」というものだとわかる。また，マンスプレイニングの害については，「それが向けられる人物が無知な存在であると想定するよう会話参加者たちに促す行為なのだ」と説明されている。これらの内容をふまえてまとめる。

問７　本文で筆者は，マンスプレイニングを「言語行為の調整という観点」から考察しているので，「マンスプレイニングは言語行為とは言えない」とあるエはふさわしくない。

Dr.福井の 入試に勝つ！脳とからだのウルトラ科学

睡眠時間や休み時間も勉強!?

みんなは寝不足になっていないかな？　もしそうなら大変だ。睡眠時間が少ないと，体にも悪いし，脳にも悪い。なぜなら，眠っている間に，脳は海馬という部分に記憶をくっつけているんだから。つまり，自分が眠っている間も頭は勉強しているわけだ。それに，成長ホルモン（体内に出される背をのばす薬みたいなもの）も眠っている間に出されている。昔から言われている「寝る子は育つ」は，医学的にも正しいことなんだ。

寝不足だと，勉強の成果も上がらないし，体も大きくなりにくく，いいことがない。だから，睡眠時間はちゃんと確保するように心がけよう。ただし，だからといって寝すぎるのもダメ。アメリカの学者タウブによると，10時間以上も眠ると，逆に能力や集中力がダウンしたという研究報告があるんだ。

睡眠時間と同じくらい大切なのが，休み時間だ。適度に休憩するのが勉強をはかどらせるコツといえる。何時間もぶっ続けで勉強するよりも，50分勉強して10分休むことをくり返すようにしたほうがよい。休み時間は，散歩や体操などをして体を動かそう。かたまった体をほぐして，つかれた脳を休ませるためだ。マンガを読んだりテレビを見たりするのは，頭を休めたことにならないから要注意！

頭の疲れに関連して，勉強の順序にもふれておこう。算数の応用問題や理科の計算問題，国語の読解問題などを勉強するときには，脳のおもに前頭葉という部分を使う。それに対して，国語の知識問題（漢字や語句など）や社会などの勉強では，おもに海馬という部分を使う。したがって，それらを交互に勉強すると，１日中勉強しても疲れにくい。

Dr.福井（福井一成）…医学博士。開成中・高から東大・文Ⅱに入学後，再受験して翌年東大・理Ⅲに合格。同大医学部卒。さまざまな勉強法や脳科学に関する著書多数。

2024年度 渋谷教育学園渋谷中学校

【算　数】〈帰国生試験〉(50分)〈満点：100点〉

注　・定規，コンパスは使用できません。
　・仮分数は帯分数になおす必要はありません。
　・円周率は特に指示のない限り3.14とします。
　・すい体の体積は「(底面積)×(高さ)÷３」で求められます。

1　次の問いに答えなさい。ただし，(6)は答えを求めるのに必要な式，考え方なども順序よくかきなさい。

(1)　$1.78 \div \frac{3}{20} - 4 \times \left(1\frac{2}{3} + \frac{4}{5}\right)$を計算しなさい。

(2)　＜A，B＞は，AをB回かけたときの下２桁を表します。例えば，12×12×12×12＝20736なので，＜12，4＞＝36です。このとき，＜2024，38＞を求めなさい。

(3)　図１は，円と正三角形からできている図です。図２は，円と正方形からできている図です。図１，図２の大きい円の半径はいずれも10cmです。図１の小さい円と図２の小さい円の面積の差は何cm^2ですか。

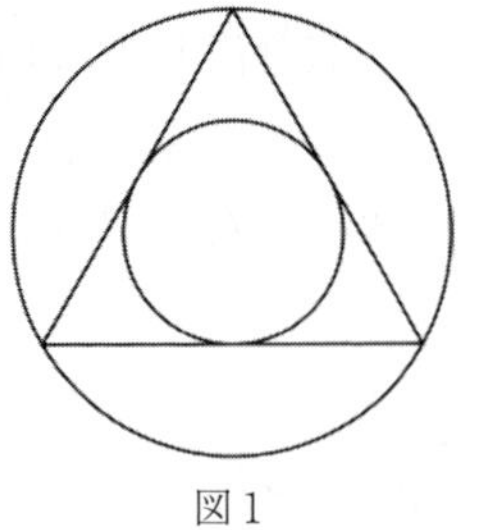
図１

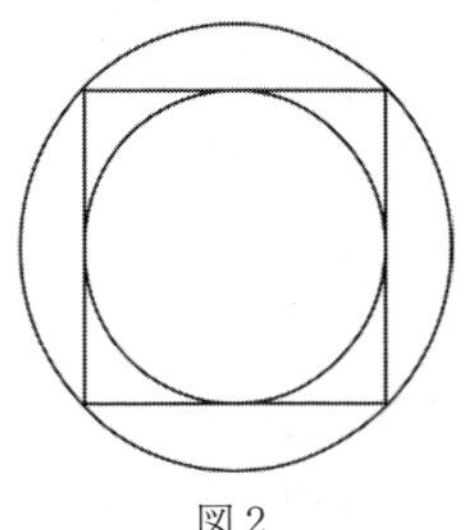
図２

(4)　ある植物の葉は図３のように生え，１番目に生えた葉と２番目に生えた葉は，図４のように(あ)の角の大きさだけずれて生えることが知られています。(あ)の角の大きさを137.5°とすると，図５のような正五角形ABCDEにおいて，辺ABと対角線ACの長さの比は，(あ)と(い)の角の大きさの比に等しいです。正五角形ABCDEの１辺の長さが３cmであるとき，ACの長さは何cmですか。ただし，答えは小数第３位を四捨五入し，小数第２位まで求めなさい。

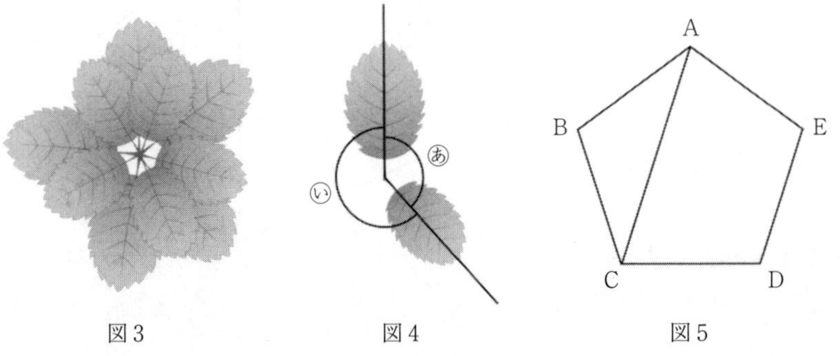

図３　図４　図５

(5)　７％の食塩水Aと8.5％の食塩水Bには同じ量の食塩が溶けています。AとBをすべて混ぜあわせると，155gの食塩水Cができました。Cに溶けている食塩は何gですか。

(6) 下の図のように，通り沿いに木と花を植えます。1番目に木を植え，2番目に花を植えます。また，3番目に木を植え，4番目と5番目に花を植えます。このように，木と木の間に植える花を1本，2本，3本，…と増やしていきます。木と花の間は3m，花と花の間は2mの間隔(かく)をあけます。このとき，1番目の木から200mの間に，花は全部で何本植えますか。

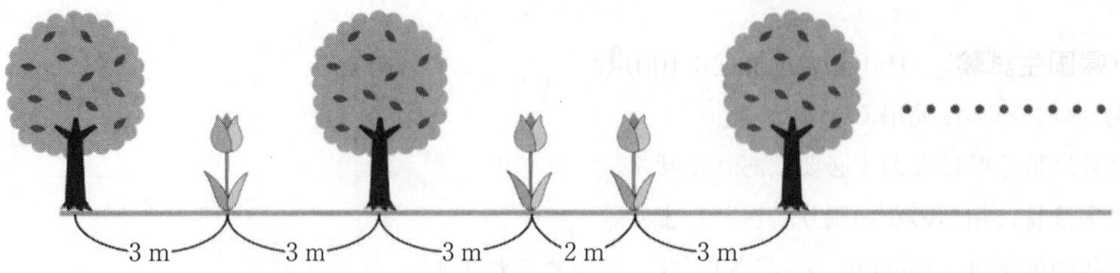

2 袋の中に1から50までの整数が1つずつかいてある50枚のカードが入っています。
次の問いに答えなさい。

(1) この袋から奇数がかいてあるカード25枚すべてを取り出したとき，それらのカードにかいてある数の和はいくつですか。

(2) この袋から渋男さんと教子さんが1枚ずつカードを取り出したとき，2人のカードにかいてある数の和が偶数になる取り出し方は何通りですか。

(3) この袋から渋男さんと教子さんと学さんが1枚ずつカードを取り出したとき，3人のカードにかいてある数の和が偶数になる取り出し方は何通りですか。

3 右の図は，1辺の長さが3cmの正方形を底面とし，高さが4cmの四角すいです。また，側面はすべて合同な二等辺三角形です。点P，Qはそれぞれ辺AB，AE上の点で，APとPBの長さの比と，AQとQEの長さの比はともに3：1です。この四角すいを4点P，Q，C，Dを通る平面と，3点A，B，Dを通る平面で同時に切りました。
次の問いに答えなさい。

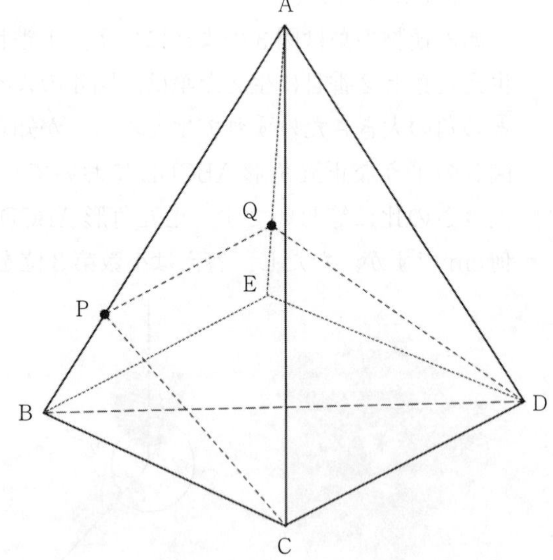

(1) PQの長さは何cmですか。

(2) 三角形ACDを含む立体の体積は何cm^3ですか。

(3) 点Eを含む立体の体積は何cm^3ですか。

4 下の図のように，直線Lにそって平行四辺形と正方形がおいてあります。平行四辺形の高さは6cmです。正方形の1辺の長さは4cmです。この状態から正方形が秒速1cmで直線Lにそって左に動きます。

あとの問いに答えなさい。ただし，(2)，(3)は答えを求めるのに必要な式，考え方なども順序よくかきなさい。

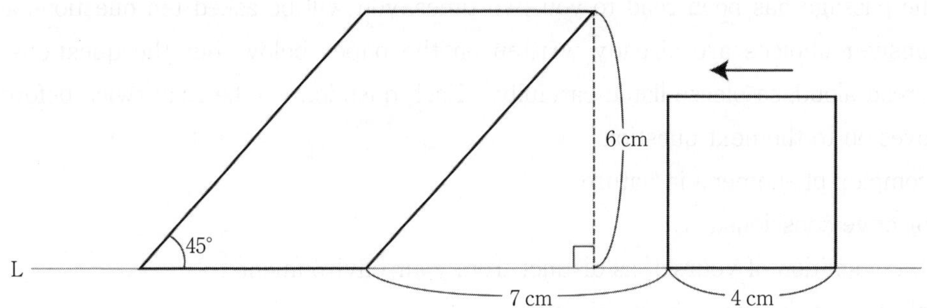

(1) 平行四辺形と正方形がはじめてくっつくのは何秒後ですか。

(2) 平行四辺形の底辺の長さが3cmのとき，正方形が動きはじめてから8秒後に2つの図形が重なる部分の面積は何cm^2ですか。

(3) 平行四辺形の底辺の長さが[　　　]cmのとき，正方形が動きはじめてから10秒後に2つの図形が重なる部分の面積は5.625cm^2です。[　　]に当てはまる数を答えなさい。

【英　語】〈帰国生試験〉（60分）〈満点：100点〉

Listening Comprehension Questions

〈編集部注：放送文は編集上の都合により，掲載してありません。〉

You will now hear a non-fiction passage. The passage will be read to you twice. Please listen carefully ; you are encouraged to take notes as you listen to the passage.

After the passage has been read to you two times, you will be asked ten questions about it. The answer choices are already written on the paper below, but the questions will ONLY be read aloud, so please listen carefully. Each question will be read twice before the reader moves on to the next question.

1. a. A complex phenomena in nature
   b. Subjective consciousness
   c. The recognition of yourself as distinct from your environment
   d. Feelings and thoughts about animals
2. a. fear　　b. rage　　c. happiness　　d. affection
3. a. They grieve after the loss of a relative.
   b. They pass information on to their children.
   c. They can recognize themselves.
   d. They exhibit joy.
4. a. A way of measuring computers' abilities
   b. A series of questions to distinguish yourself from a human
   c. A measure of potential self-awareness
   d. A 1950s computer scientist
5. a. By convincing us its answers are human-like
   b. By proving it is sentient
   c. By demonstrating emotions
   d. It is impossible for a machine to pass the Turing Test.
6. a. AIs deciding they do not need humans any more
   b. AIs potentially surpassing humans in intelligence
   c. Computers developing different emotions to us
   d. Communication breaking down between humans and AIs
7. a. Since the beginning of the 21st century　　b. About twenty years
   c. Since the 19th century　　d. Over one hundred years
8. a. With enough data, chatbots can generate complex, human-like responses.
   b. Chatbots are able to predict sophisticated human emotional responses.
   c. Chatbots have achieved sentience on a low level.
   d. Chatbots can search for answers on the internet.
9. a. AI has started to develop sentience.
   b. It will become more difficult to communicate as AI develops.
   c. As AI develops further guidelines need to be set.

d . Machines need more predictable frameworks.

10. a . Explanatory : the author is describing a process

b . Objective : the author gives only facts and details

c . Exploratory : the author puts forth different opinions on the topic, but no clear conclusion is reached

d . Position : the author has a clear opinion on the topic

"Are you serious ?—do you really believe that a machine thinks ?"

I got no immediate reply ; Moxon was apparently intent upon the coals in the grate, touching them deftly here and there with the fire-poker till they signified a sense of his attention by a brighter glow. For several weeks I had been observing in him a growing habit of delay in answering even the most trivial of commonplace questions. His air, however, was that of preoccupation rather than deliberation : one might have said that he had "something on his mind."

Presently he said :

"Smith, what is a 'machine' ? The word has been variously defined. Here is one definition from a popular dictionary : 'Any instrument or organization by which power is applied and made effective, or a desired effect produced.' Well, then, is not a man a machine ? And you will admit that he thinks—or thinks he thinks."

"If you do not wish to answer my question," I said, "why not say so ?—all that you say is mere evasion. You know well enough that when I say 'machine' I do not mean a man, but something that man has made and controls."

"When it does not control him," he said, rising abruptly and looking out of a window, whence nothing was visible in the blackness of a stormy night. A moment later he turned about and with a smile said : "I beg your pardon ; I had no thought of evasion. I considered the dictionary man's unconscious testimony suggestive and worth something in the discussion. I can give your question a direct answer easily enough : I do believe that a machine thinks about the work that it is doing."

That was direct enough, certainly. It was not altogether pleasing, for it tended to confirm a sad suspicion that Moxon's devotion to study and work in his machine-shop had not been good for him. I knew, for one thing, that he suffered from insomnia, and that is no light affliction. Had it affected his mind ? His reply to my question seemed to me then evidence that it had ; perhaps I should think differently about it now. I was younger then, and among the blessings that are not denied to youth is ignorance. Incited by that great stimulant to controversy, I said :

"And what, pray, does it think with—in the absence of a brain ?" The reply, coming with less than his customary delay, took his favorite form of counter-interrogation :

"With what does a plant think—in the absence of a brain ?"

"Ah, plants also belong to the philosopher class ! I should be pleased to know some of their conclusions ; you may omit the [1]premises."

"Perhaps," he replied, "you may be able to infer their convictions from their acts. I will spare you the familiar examples of the sensitive mimosa, the several insectivorous flowers and those whose stamens bend down and shake their pollen upon the entering bee in order that he may fertilize their distant mates. But observe this. In an open spot in my garden I planted a climbing vine. When it was barely above the surface I set a stake into the soil a yard away. The vine at once made for it, but as it was about to reach it after several days I removed it a few feet. The vine at once altered its course, making an acute angle, and again made for the stake. This manoeuvre was repeated several times, but finally, as if discouraged, the vine abandoned the pursuit and ignoring further attempts to divert it traveled to a small tree, further away, which it climbed.

"And all this ?"

"Can you miss the significance of it ? It shows the consciousness of plants. It proves that they think."

"Even if it did—what then ? We were speaking, not of plants, but of machines. They may be composed partly of wood—wood that has no longer vitality—or wholly of metal. Is thought an attribute also of the mineral kingdom ?"

"How else do you explain the phenomena, for example, of crystallization ?"

"I do not explain them."

"Because you cannot without affirming what you wish to deny, namely, intelligent cooperation among the constituent elements of the crystals. When soldiers form lines, or hollow squares, you call it reason. When wild geese in flight take the form of a letter V you say instinct. When the homogeneous atoms of a mineral, moving freely in solution, arrange themselves into shapes mathematically perfect, or particles of frozen moisture into the symmetrical and beautiful forms of snowflakes, you have nothing to say. You have not even invented a name to conceal your heroic unreason."

Moxon was speaking with unusual animation and earnestness. As he paused I heard in an adjoining room known to me as his "machine-shop," which no one but himself was permitted to enter, a singular thumping sound, as of some one pounding upon a table with an open hand. Moxon heard it at the same moment and, visibly agitated, rose and hurriedly passed into the room whence it came. I thought it odd that any one else should be in there, and my interest in my friend—with doubtless a touch of unwarrantable curiosity—led me to listen intently, though, I am happy to say, not at the keyhole. There were confused sounds, as of a struggle or scuffle ; the floor shook. I distinctly heard hard breathing and a hoarse whisper which said "Damn you !" Then all was silent, and presently Moxon reappeared and said, with a rather sorry smile :

"Pardon me for leaving you so abruptly. I have a machine in there that lost its temper and cut up rough."

Fixing my eyes steadily upon his left cheek, which was traversed by four parallel excoriations showing blood, I said:

"How would it do to trim its nails?"

1 *premise*: idea or theory on which an argument or conclusion is based

Critical Reading Questions

Please circle the letter of the answer choice that best completes the sentence or answers the question.

1. What is the most likely source of the passage?
   a. Historical fiction story b. Science-fiction story
   c. AI-generated story d. Philosophical fiction story
2. What is the narrative point-of-view of the passage?
   a. First-person b. Third-person omniscient
   c. First-person omniscient d. None of the above
3. In lines 3-4, Moxon's tending of the coals is described as "touching them deftly . . . by a brighter glow." What is the purpose of this description?
   a. It illustrates that Moxon is very good at using tools.
   b. It shows that Moxon thinks for a long time before responding.
   c. It shows how important the coals are to Moxon.
   d. It introduces the idea that non-humans can sense things.
4. Which of the following best describes Smith's mood in lines 13-15?
   a. Eager to be understood b. Impatient and annoyed
   c. Curious and perplexed d. Bored and arrogant
5. Why does Moxon reply "with less than his customary delay" in line 29-30?
   a. He is eager to counter-interrogate Smith.
   b. He is becoming impatient.
   c. He is very interested in this topic.
   d. All of the above
6. Which of the following best describes Smith's response in lines 32-33?
   a. He is surprised. b. He is being ironic.
   c. He wants to know more. d. He is being hyperbolic.
7. Why does Moxon offer explanation about a vine instead of the other plants he mentioned?
   a. He has a strong interest in vines.
   b. He knows that Smith is more interested in vines than other plants.
   c. This brings new information while the other details are well-known.
   d. All of the above
8. Which of the following best sums up the exchange in lines 50-58?
   a. Smith isn't very knowledgeable about crystals.
   b. Smith denies that minerals can think, but Moxon tries to convince him they do.
   c. Moxon doesn't think very highly of Smith's understanding of crystals.

d. Moxon proves to Smith that minerals can think.

9. In line 65, why is Smith "happy to say, not at the keyhole" ?
   a. He feels somewhat guilty, but at least didn't go over the line.
   b. Listening at keyholes might be illegal behavior.
   c. He is glad he was able to hear without much difficulty.
   d. None of the above

10. From lines 67-73, we can infer that . . .
   a. Smith doubts Moxon's explanation.
   b. Moxon got injured while doing maintenance on a machine.
   c. Things are back to normal.
   d. Smith is conscientious about grooming.

Word Formation Questions

Change the part of speech of each of the following italicized words from the passage in order to make them fit the sentences below. The number of the line in which each word appears is given for your convenience, although you may not need to look at the passage in order to answer these items correctly.

1. [*observing*, line 4] Jane, who is very ______, noticed all the details.
2. [*evasion*, line 14] He was very ______ and wouldn't answer my questions.
3. [*denied*, line 27] His ______ were not convincing.
4. [*familiar*, line 35] She answered the questions easily, showing her ______ with the subject.
5. [*divert*, line 42] John started to run and jump around, hoping to create a ______ so that nobody would notice what Bill was doing.
6. [*moisture*, line 56] The flight attendant distributed ______ towelettes to the passengers.
7. [*agitated*, line 62] His face was red, and his eyes were moving about wildly; he was clearly in a state of ______.

Vocabulary Questions

Based on their context in the passage, match each word on the left to its most likely meaning on the right. The number of the line in which each word appears in the passage is given for your convenience. Also, please note that the part of speech of some of the words below may be slightly different from that used in the passage.

1. intent (line 2)	____	a. skillful
2. deft (line 3)	____	b. force
3. testimony (line 19)	____	c. disorder
4. affliction (line 25)	____	d. silly
5. incite (line 27)	____	e. fixed
6. abrupt (line 69)	____	f. encourage

g. sudden and unexpected
h. rapid and energetic
i. statement

Short Essays

Write a careful, well-reasoned one-paragraph response to each of the following prompts.

1. Paul Hamilton Hayne offers an optimistic view of the distant future in his poem "A Thousand Years From Now." Write a brief interpretation of the abridged version of the poem below and explain the reasons underlying the poet's positive outlook.

A Thousand Years From Now
By Paul Hamilton Hayne (1830-1886)

I sat within my tranquil room;
The twilight shadows sank and rose
With slowly flickering motions, waved
Grotesquely through the dusk repose;
There came a sudden thought to me,
Which thrilled the spirit, flushed the brow—
A dream of what our world would be
A thousand years from now!

If science on her heavenward search,
Rolling the stellar charts apart,
Or delving hour by hour to win
The secrets of earth's inmost heart—
If that her future apes her past,
To what new marvels men must bow,
Marvels of land, and air, and sea,
A thousand years from now!

. . . .

And we—poor [1]waifs! whose life-term seems,
When matched with after and before,
Brief as a summer wind's, or wave's,
Breaking its frail heart on the shore,
We—human toys—that Fate sets up
To smite, or—spare I marvel how

These souls shall fare, in what strange sphere,
A thousand years from now ?

Too vague, too faint for mortal [2]ken
That far, phantasmal future lies ;
But sweet ! one sacred truth I read,
Just kindling in your tear-dimmed eyes,
That states may rise, and states may set,
With age earth's tottering pillars bow,
But hearts like ours can ne'er forget,
And though we know not where, nor how,
Our conscious love shall blossom yet,
A thousand years from now !

1 *waif :* homeless or abandoned person
2 *ken :* understanding ; comprehension

2 . It is a thousand years from now — the year 3024. One of your household appliances (refrigerator, vacuum, electric kettle, etc.) was designed with an interesting feature : sentience. Describe how this affects your day-to-day routine or how it makes some aspect of your life more convenient.

【作　文】（六〇分）〈満点：一二〇点〉

《注意事項》

◎受験番号・名前・題名を原稿用紙の指定されたところに書いてください。

◎原稿用紙は縦書きで使ってください。

◎メモや下書きをする場合はこの紙の余白や裏面を使ってください。

◎原稿用紙がやぶれたときは手をあげて試験監督に申し出てください。

《問題》

次のテーマで六百字以上八百字以内の作文を書きなさい。

思わぬことで人に驚かれた、自分の言動

※あなた自身の体験・エピソードを、具体的に書いてください。体験した場所については海外でも日本でもどちらでもよいですし、驚かれた相手（＝「人」）についても、外国人でも日本人でも、どちらでも構いません。ただし、あなたが海外で生活したことがあるということを、なるべく生かして書いてください。

※その体験を通してあなたが気づいたことや考えたこと、体験前後のあなたの変化、などが伝わるように書いてください。

※題名は、本文の内容をふまえて、各自で自由につけてください。

※本文は、原稿用紙の一行目から書いてください。

ていない人の方がそうした孤独を感じることなく幸せに暮らしているという事実を筆者は知っているから。

オ　生き方が異なるからといって他者を比較対象として見て優劣をつけることは、広い視野と他者への敬意を持って価値観の多様性を受け容れるという教養人としてあるべき姿に反すると筆者は考えているから。

問五　——線(4)「ある意味では苦しい道のり」とありますが、ここでいう「道のり」が「苦しい」といえるのはなぜですか。説明として最もふさわしいものを次の中から一つ選び、記号で答えなさい。

ア　教養を身につけながら生きていくと、世界が広がることと引きかえに、自分が慣れ親しんだ共同体や価値観から切り離されて孤独になったり、目の前で起こっていないことについて考えて葛藤する労力を費やしたりすることになるから。

イ　教養を身につけながら生きていくと、世界が広がることと引きかえに、自分が生まれ育った共同体から出なければいけなくなって孤独を感じたり、多様な価値観を知ることによって自分の生き方が全てではないと認める場面が増えたりするから。

ウ　教養を身につけながら生きていくと、世界が広がることと引きかえに、それまでの共同体を出ることによって感じる孤独を受け入れる覚悟を求められる一方で、真の教養人として地域共同体に敬意と愛着を持ち続けることも求められるから。

エ　教養を身につけながら生きていくと、世界が広がることと引きかえに、自身を育んだ地元や共同体の狭さに気が付いて息苦しさを感じたり、知らなければ考えずに済んだことに思いをめぐらせるために良心の呵責を感じたりするから。

オ　教養を身につけながら生きていくと、世界が広がることと引きかえに、新たに所属するコミュニティの中で目の前のことに次々に対応していく苦労がある上に、自分の目の前で起きていないことへの思索も深めざるをえないから。

問六　——線(5)「つらさを背負うことをわざわざ選ばずに、幸せに生きていく道」とありますが、たとえば本文においてはどのような生き方が「幸せに生きていく道」として示されていますか。四十一字以上五十字以内で説明しなさい。

問七　筆者は本文全体を通して「学ぶ」ことの意義はどのようなものだと考えていますか。簡潔に説明した次の一文の□にふさわしい表現を本文中から十字で抜き出して答えなさい。

学ぶことで□ようになるというもの。

（斉藤　淳『アメリカの大学生が学んでいる本物の教養』より）

※隷属…力のあるものの支配下にあること。
※陳腐化…古くさくなること。本文においては、古くなり使えなくなることを意味する。
※丸腰…武士が刀を持っていないこと。武器を持っていないこと。
※インプット…入力すること。入れること。
※モチベーション…意欲。
※尺度…物事を評価するときの規準。
※サバイバリスト…自然災害および政治的・経済的危機によって引き起こされる社会秩序の混乱に、私的に備えようとする人。
※厭わない…いやがらない。避けることをしない。
※呵責…叱りとがめること。責めさいなむこと。
※アイデンティティ…ある人や組織が持っている、他者から区別される独自の性質や特徴。
※俯瞰…全体を上から見ること。

問一　═══線①〜③のカタカナを漢字に直しなさい。漢字は一画ずつていねいに書くこと。

問二　───線(1)「早期に職業教育を受けた人と教養教育を受けた人とを比較した場合では、後者のほうが生涯賃金が高かった」とありますが、「後者」である「教養教育を受けた人」の生涯賃金が高くなるのはなぜですか。七十一字以上八十字以内で説明しなさい。

問三　───線(2)「これは『幸せになれる』とイコールとは限らない」とありますが、それはなぜですか。説明として最もふさわしいものを次の中から一つ選び、記号で答えなさい。

ア　教養を学んだ結果として生涯賃金が高くなるが、それまでに自己投資する経済的負担を伴う賭けでもあるから。
イ　教養を学んだ結果として就職に有利になるが、学んで身につけたものはいずれ陳腐化してしまう可能性があるから。
ウ　教養を学んだ結果として人生の選択肢が増えるが、それは反対に「選択しないこと」の数が増えることでもあるから。
エ　教養を学んだ結果として経済的に豊かになる可能性は高いが、世界が広がることで精神的苦痛を伴う可能性があるから。
オ　教養を学んだ結果として広く活躍する場を得られるが、その代償として生まれ育った共同体と決別しなければならないから。

問四　───線(3)「自分の定義する、『教養に裏打ちされた態度』に欠けるかもしれないからといって、上下関係や幸不幸の尺度で並べて眺めたりするようなことはしたくない」とありますが、筆者がそのように述べるのはなぜですか。説明として最もふさわしいものを次の中から一つ選び、記号で答えなさい。

ア　生まれ育った共同体にとどまって広く学ぶ挑戦をしなかった人の事情を考えずにその是非を問題にすることは、物事の背景を考えて改善策を講じていくべき教養人のあり方とは異なると筆者は考えているから。
イ　柔軟に学びつづける態度を身につける教養教育を受けなかったという人でも、地域共同体への愛着を持ちながらも多様な価値観を受け容れるという教養人の素質を持つ人はいると筆者は知っているから。
ウ　陳腐化しない知識を基盤にして学びつづけているかどうかということが問題なのであって、その過程で喜びや悲しみを伴う経験をすることは教養人であるか否かを判断するにあたって関係ないものだと筆者は考えているから。
エ　教養を身につけるということは成功をおさめて豊かになれる可能性が広がる一方で孤独を伴うものであり、教養を身につけいる同級生をとても羨ましく思えてしまう、また心から尊敬していることも事実です。

生まれ育った共同体にとどまり、結果的に幅広く学ぶ挑戦をしなかった人々を評して、マイルド・ヤンキーなどと、ある意味で蔑むような主張をする教養書、もしくは大学関係者の言動を垣間見ることもあるのですが、これも、教養に欠ける態度だと思えてなりません。たとえ学際的な知識があっても、文化的素養が高くても、それは単なるインテリもどきです。真の教養人には、他者への敬意、地域共同体への愛着が必要であり、また孤独を受け入れることも※厭わない、孤高の態度を保つ覚悟も、ときとして必要なのではないかと思います。価値観の多様性を受け容れるということは、自分の生き方が全てではないと認めることでもあるのです。

話を戻しましょう。

世の中には、「知らなければ考えなくて済むこと」がたくさんあります。

たとえば、外国で戦争が起こっていることを知らなければ、それについて胸を痛めたり、「どうしたら世界は平和になるのだろうか」と考えたりすることはありません。

あるいは、さまざまな少数派が、不当に排除されていることを知らなければ、多数派の安全地帯で暮らす人々にとっては、その事実について腹立たしく思ったり、「どうしたら、すべての人を受容できる社会になるのだろうか」と考えたりすることはないかもしれません。

こうした「自分の目の前では起こっていないこと」を知らなければ、それについて考える代わりに、自分が、自分の家族が、自分が属するコミュニティが、いかに繁栄し、幸せでいられるかのみに集中することができるかもしれません。

しかし知ってしまったら最後、もう無視できなくなる。何かを知る、学ぶというのは、こういうことです。どうしても感情を揺り動かされ、「どうしたものか」という問題意識が生まれ、「考える」という労力を費やさなくてはいけなくなる。あるいは、良心の※呵責を感じながらも、②イト的に距離をとり、無視する選択をすることを迫られるかもしれません。

このように、(4)ある意味では苦しい道のりだからこそ、誰もが学びつづけるわけではないのでしょう。(5)つらさを背負うことをわざわざ選ばずに、幸せに生きていく道もあるのです。

さて、ここで、私からみなさんにお聞きしたいことがあります。

それでも、学びたいと思うでしょうか。

生まれ育った共同体から切り離されることになろうとも、教養を身につけて人生の選択肢を広げたいと思うでしょうか。

ときにつらく苦しい思いをしようとも、幅広い知識を得て、「知らなければ考えずに済んだこと」を、自分なりに考えていきたいと思うでしょうか。

幅広い知見を得るほどにすべてが相対化され、自分の※アイデンティティや価値観が揺らぐこともあるでしょう。つまり何が正解なのかわからず、知識と情報の森に迷い込んでしまうかもしれない。

それをも乗り越えていく気構えをもって、教養を身につけていきたいと思えるでしょうか。

もちろん、今まで知らなかったことを知るほどに、目に映る世界の輪郭がより鮮明化します。それは、本来、エキサイティングなことです。

そして教養を身につけると、「知識」と「自分の価値観」を掛け合わせ、物事を※俯瞰的に考えることで「自分にとっての正解」を③ミチビけるようになります。いろいろな問題が降り掛かってくるなかで、自分の足で確かな人生を歩んでいけるようになります。

と思っていた人もいるかもしれません。ただ、そうした専門知識や専門技能が陳腐化する日が来る可能性があると知ったら、かなり考え方が変わるのではないでしょうか。

一方、教養は時間が経っても陳腐化しづらい、いや時代の要請に合わせて柔軟に学びつづける態度や基礎を身につけることだといえます。

特定の時代、特定の分野でしか使えない知識ではなく、何にでも応用できる知識を身につけ、学びつづける。もっといえば、陳腐化しない知識を使いながら、なおかつ、そのつど必要な知識を※インプットし、批判的に思考し、判断する。この「思考の文法」そのものを習得することが、教養の本質だといえます。教養教育を受けた人のほうが圧倒的に高い生涯賃金を得るのは、教養が、いくら時代が移り変わっても、有意義に「学びつづけること」「考えること」「判断すること」「行動すること」に役立つからにほかなりません。

専門教育を受けた人と教養教育を受けた人とでは、教養教育を受けた人のほうが、圧倒的に生涯賃金が高くなる、という話をしました。「なるほど、教養を身につけると豊かになれるんだな」と※モチベーションが上がったかもしれませんが、(2)これは「幸せになれる」とイコールとは限らないという点も、ぜひ最初のうちにお伝えしておきたいことです。

なぜなら、教養を身につけるほど「孤独」「苦しみ」を抱えることになるかもしれない、そうした一面があることも事実だからです。

学べば学ぶほど世界に対して目が開かれ、人生の選択肢が増えます。広大な世界に手を伸ばし、大きな成功を獲得していくだけの知力や能力も身につきます。

しかし、これは同時に、自分が生まれ育った共同体から、慣れ親しんだ価値観から、どんどん切り離されて孤独になる可能性をも意味するのです。また、「知らなければ考えずに済んだこと」を考えずにはいられなくなるという、一種の苦しみを伴うことですらあります。

そもそも、もし教養を身につけることで、より豊かに、なおかつ、より幸せになれるのだとしたら、誰もがこぞって教養を身につけるはずではないでしょうか。

でも現実にはそうなっていません。誰もが、深い教養に裏打ちされた生活を送っているなどということは、世界中どの国を見てもないと思われます。教養など身につけず、生まれ育った共同体で生涯を過ごすことに一番の幸せを見出している人が、一定数いるからではないかと思うのです。

ここで強調したいのは、(3)自分の定義する、「教養に裏打ちされた態度」に欠けるかもしれないからといって、上下関係や幸不幸の※尺度で並べて眺めたりするようなことはしたくないということです。

タラ・ウェストーバーによる自伝的著作『エデュケーション：大学は私の人生を変えた』は、ビル・ゲイツが絶賛した名著で、教育を受けることで切り開いた人生の新しい可能性を称えています。教育を含む政府の支援を一切合切否定する※サバイバリスト家庭に育ったウェストーバー氏は、教育を受けることで、最終的にはハーバード大学で研究する機会を手にするなど、素晴らしい機会を手にしました。そうした著者でも、教育とは無縁だった家族や共同体との決別という、悲しい経験をたどったことがわかります。

サバイバリストの共同体から脱出したウェストーバー氏ほど極端ではありませんが、私自身も、農家の長男として生まれ育ち、田んぼを耕すことを期待されて育ったにもかかわらず、さまざまなことに挑戦し、広く学ぶ機会を得ました。さまざまな成果を手にしたうえで、やはり地元に根付き、地域社会の経済を支え、子ども、孫に囲まれては喜ぶことなどできないのだということを痛感し、小説家であり続けるために大切なものを翠とともに見つけ出すことが、自分に残されたただ一つの道であると予感している。

ウ　はじめは、どんな方法を使ってでも作品を書いて小説家としての立場を守ることに固執していたが、それで作品が書けたとしても自分の小説とは言えないことをあらためて思い知らされ、小説を書くために必要な何かを自分で見つけることだけが、理想とする小説家になるためのたった一つの方法なのだと考えはじめている。

エ　はじめは、小説家であるために藁にもすがる思いで翠の魔法を頼ったが、そんなことをしても生み出した作品は自分が書いたものだと胸を張って言えないことに気づき、小説を書くための方法や技術を自分で身につけることが、自分が小説家であり続けるために残された唯一の手段であると感じはじめている。

オ　はじめは、小説家であり続けることだけが生きるうえで最も大切なことだと考えていたが、翠の魔法を使って小説を書くことへの違和感を拭い去ることができなくなってしまい、小説を書くことにとらわれすぎずに別の何かを見つけることが、かえって小説にも良い影響をもたらすのではないかと思いはじめている。

二　次の文章を読んで後の問いに答えなさい。

　本書は『アメリカの大学生が学んでいる本物の教養』と題していますが、この知的源流は古代ギリシャに遡ることができます。アテネ市民が学ぶことで※隷属からの自由を得たように、現代に生きる私たちも、学びながら、「より自由に生きられる個人」になっていくといえるからです。

　学べば学ぶほど、人生の選択肢は広がります。視野が広がることでいろいろな選択肢が目に入るようになり、また、どの選択肢を選んでもやっていけるような知力、能力も身につくでしょう。

　職業選択の自由、経済的な自由、思考の自由、行動の自由、居住の自由、ライフスタイルの自由……、こうしたさまざまな自由を、学びつづける過程で手に入れることも可能なのです。

　そのことを如実に物語る研究を1つ示しておきましょう。

　スタンフォード大学ハヌシェク教授らによると、(1)早期に職業教育を受けた人と教養教育を受けた人とを比較した場合では、後者のほうが生涯賃金が高かったといいます。これは先進国の就労および賃金統計に基づいた分析によるものですが、特にドイツの国勢調査に基づくデータ分析ではこの傾向が明瞭で、様々な要因の影響を①カミしたうえで、教養教育を受けた者の生涯稼得賃金が、職業教育を受けたものに対して24％上回っていました。

　なぜか。世の中は常に変化しており、専門教育、より正確には職業教育で学べることは、遅かれ早かれ※陳腐化してしまうからです。また就職後の研修や教育を円滑に行うためにも、教養教育の土台をもつことが有利に働くことが示唆されます。

　その知識や技能が最新である間は大きな武器になりますが、陳腐化したとたんに※丸腰同然になってしまう。だから専門教育を受けた人は、最初のうちこそ就職が容易ではあっても、やがて教養教育を受けた競争相手に就業機会や賃金において追いつかれ、生涯稼得賃金で比べると、追い抜かれてしまう。とくに経済成長率が高い国ではこの傾向が明瞭であることが示唆されています。

　仕事に必要な知識や技能を習得することなら、とっくにやっている

先　生：「蜘蛛の糸」という表現がありますが、どんな印象を受けますか？

生徒A：「細い細い蜘蛛の糸」という表現だけを読むと、「蜘蛛」の不気味なイメージとか、細い糸の頼りなさとかが思い浮かぶよね。晴子の未来がそう簡単には開けない感じを想像させる気がする。

生徒B：確かに蜘蛛の巣って不気味だよね。小説家でいたいという思いにとらわれて身動きがとれない晴子を蜘蛛の糸にからまって捕まってしまった虫にたとえたんだね。

先　生：「蜘蛛の糸」といえば、芥川龍之介という作家の『蜘蛛の糸』という作品が有名です。極楽にいる御釈迦様は、地獄に落ちた大泥棒の犍陀多がかつて一匹の蜘蛛を助けた善行を思い出し、地獄にいる犍陀多のもとへ一本の蜘蛛の糸を垂らしてやります。犍陀多は地獄から抜け出そうと、極楽へ向けてその蜘蛛の糸を上りはじめます。犍陀多は慎重に上っていきますが、地獄にいる他の罪人たちもその糸を上りはじめます。蜘蛛の糸が切れてしまうのを心配した犍陀多は、この糸は自分の糸だと言って罪人たちを追い落とそうとします。すると犍陀多のぶら下がっているところから蜘蛛の糸が切れてしまい、犍陀多たちは地獄へ真っ逆さまに落ちていってしまいます。さて、このお話を重ね合わせて考えてみると、今回の「蜘蛛の糸」という表現はどのように捉えることができるでしょうか。

生徒C：芥川の『蜘蛛の糸』と重ね合わせると、細い上にとても長くて頼りないけれど、極楽から御釈迦様が垂らした糸というイメージがあるから、晴子にとってはプラスのものをもたらしてくれると受け取れるね。

生徒D：御釈迦様と魔女である翠はどちらも人知を超えた存在という点で共通しているよね。御釈迦様が犍陀多にチャンスを与えたことと、翠が晴子にヒントを与えたことも共通しているように見えるよ。

生徒E：魔法の力に頼って小説を書こうと考えた晴子は、蜘蛛の糸で自分だけ助かろうとしている犍陀多と同じ罪を犯しているよね。だから糸の先は極楽でも、犍陀多と同じように晴子の蜘蛛の糸は途中で切れてしまうのかもしれない。

生徒F：この後必ずしも明るい未来があるとは限らないけれど、晴子が本当に必要なものに気づいて、わずかながらもそれに望みを託そうとするんじゃないかな。だからこそ作者は「晴子に唯一残された、細い細い蜘蛛の糸」という表現を用いたんだと思うよ。

(2)　この表現をふまえると、「小説家」でいることに対する晴子の考えは本文全体を通してどのように変化したと考えられますか。最もふさわしいものを次の中から一つ選び、記号で答えなさい。

ア　はじめは、翠の魔法の力さえあれば小説家を続けることができると楽観的に考えていたが、それで作品が書けたとしても読者は満足できないのではないかと思いはじめ、素晴らしい小説を書くためには別の何かが必要であり、それを見つけるのは自分に他ならないという責任感を持つようになっている。

イ　はじめは、魔法を使って作品を生み出し小説家を続けられれば嬉しいと心から思っていたが、そんなことをしても本当

イ　翠からの予想外の質問に動転した晴子は、依頼を断られたことに対する怒りはそれほどないと感じたが、悲しんでいることは咄嗟に否定できなかった。自分が悲しみに近い感情を持っていることに気づいたが正確に表現できずに言葉に詰まってしまい、その態度がかえって晴子の気持ちを物語っていたということ。

ウ　翠の突然の問いかけに呆然とした晴子は、依頼を断られたことへの怒りを一瞬忘れてしまったが、悲しみに近い気持ちは持ち続けていた。その気持ちを何とか表現しようと試みたがうまく言葉にすることができず、その様子は晴子の置かれた状況をよく示していたということ。

エ　翠の問いかけを意外に思った晴子は、依頼を断られたことに対して怒っていることは否定できたが、悲しんでいることはすぐには隠しきれなかった。自分の感情が単なる悲しみだけではないということを自覚しながらも、あえて沈黙したことによって晴子の悲しみだけが伝わったということ。

オ　翠の質問に意表を突かれ驚いた晴子は、依頼を断られたことに対する怒りを鎮めることはできたものの、悲しみの気持ちを抑えることは難しかった。自分が悲しみに支配されてしまっていることに気づき言葉を失ったが、それによってかえってはっきりと晴子の気持ちが伝わったということ。

問四　——線(3)「晴子は声を上げた」とありますが、それはなぜですか。六十一字以上七十字以内で説明しなさい。

問五　波線X「翠のことを人形のようだと思った」・Y「その表情を、人形のようだとは思えなかった」とありますが、この二つの表現から、晴子の翠に対する印象はどのように変化したと考えられますか。最もふさわしいものを次の中から一つ選び、記号で答えなさい。

ア　翠のことを、とても美しいけれど、人間としての大事な感情が抜け落ちた不気味な人物だと思っていたが、本当は晴子と同じように笑ったり悲しんだりする普通の人間なのだとわかり、信頼できる人物だと感じるようになった。

イ　翠のことを、とても美しいけれど、依頼主である晴子を軽んじる心ない人物だと思っていたが、依頼を受ける前に晴子のことを試そうとしていたのだとわかり、依頼に対して誠実に応じようという姿勢を持つ人物だと感じるようになった。

ウ　翠のことを、とても美しいけれど、他人の気持ちに無関心な冷酷な人物だと思っていたが、本当は晴子の心の奥にあるものを探りだそうとしているのだとわかり、過度に内面に踏み込んでくるおせっかいな人物だと感じるようになった。

エ　翠のことを、とても美しいけれど、自分と同様に心がからっぽの役に立たない人物だと思っていたが、本当は晴子に対して重要な情報を与えてくれそうなことがわかり、自分にとって意味のある人物だと感じるようになった。

オ　翠のことを、とても美しいけれど、何事にも心を動かすことのない冷たい人物だと思っていたが、本当は晴子のために大切なことを伝えようとしているのだとわかり、温かみのある人物だと感じるようになった。

問六　——線(4)「それは、晴子に唯一残された、細い細い蜘蛛の糸でもあるのだ」とありますが、この表現について後の問いに答えなさい。

(1)　次の会話はこの表現について考えた生徒たちと先生とのやりとりです。本文の解釈として、明らかな誤りを含む発言をしている生徒を二人選び、A～Fの記号で答えなさい。

いる。

翠は微笑んだ。Ｙその表情を、人形のようだとは思えなかった。

「私の魔法のおかげで、素晴らしい作品をたくさん生み出せた。けれど、自分で創ったはずの作品のどれもが自分の作品ではなかったのだと、その人は言っていた」

そしてそれきり二度と店には来なかった。そう翠は続けた。

晴子は、薄く開いた唇から、何も言葉を発せずにいた。翠が晴子の叫びを決して受け入れなかった理由を知った。

もしも翠が晴子の頼みを聞いていたとして、晴子の未来はその彫刻家と同じものになっていただろう。彫刻家も晴子も同じ。〈雲雀坂の魔女〉を求めたときにはすでに、ありたい自分ではなくなっていたのだ。

「晴子。私の魔法で小説を書けるようになったとして、はたしてそれは、あなたの小説と言えるのかな」

晴子は声を出さないまま、けれど首を横に振った。

翠は頷く。

「あなたがもしも、まだ小説家でありたいと望むのなら。あなたに今必要なのは、魔法ではない」

ならば何が必要であるのか、翠は教えてくれなかった。

自分で見つけなければ意味がないものなのだろう。(4)それは、晴子に唯一残された、細い細い蜘蛛の糸でもあるのだ。

（沖田　円『雲雀坂の魔法使い』より）

問一　＝＝線①～⑤のカタカナを漢字に直しなさい。漢字は一画ずつていねいに書くこと。

問二　――線(1)「畳に突いた膝を上げることができない」とありますが、ここでの晴子の説明として最もふさわしいものを次の中から一つ選び、記号で答えなさい。

ア　〈雲雀坂の魔女〉に願いを受け入れてもらえず、小説家であり続けたいという、生きる上での唯一無二の望みが叶わなくなってしまった自分の状況に衝撃を受け、体に力が入らなくなっている。

イ　〈雲雀坂の魔女〉に願いを受け入れてもらえず、小説家であり続けるための別の方法を考えはじめようとしているが、先の見通しが全く立たず途方に暮れて、動くに動けなくなっている。

ウ　〈雲雀坂の魔女〉に願いを受け入れてもらえず、小説家であり続けるという自分の存在意義を見失ってしまい、これまで自分がしてきたことがすべて無駄になってしまったと感じ、もう何もしたくなくなっている。

エ　〈雲雀坂の魔女〉に願いを受け入れてもらえず、小説家としての将来の計画をつぶされてしまい、何のためにここへやってきたのかわからなくなり、立ち上がることさえ億劫になっている。

オ　〈雲雀坂の魔女〉に願いを受け入れてもらえず、暴言を吐いてしまった醜い自分は小説家にはふさわしくないと感じ、雲雀町にやってきたことを深く後悔し、食事をする気力を失っている。

問三　――線(2)「それが問いへの答えになっていた」とありますが、それはどういうことですか。説明として最もふさわしいものを次の中から一つ選び、記号で答えなさい。

ア　意外なタイミングでの翠の質問に拍子抜けした晴子は、依頼を断られたことに対する怒りの気持ちはないと感じたが、悲しみの気持ちはないとは言い切ることができなかった。確かにその悲しみこそが自分の気持ちの正体なのだと気づき口を噤んだ晴子の様子が、何よりの答えとなったということ。

かをするでもなく。晴子はひどい居心地の悪さを感じていた。

「お、お買い物、ですか?」

沈黙に耐えられず問いかけた。「ああ」と短い返事が来る。

「向こうにとても美味しいパンの店があるんだ。よければ晴子も行くといいよ」

「魔女もお買い物、するんですね。魔法でなんでもやってしまったりするものだと思ってました……」

「魔法じゃなくてもできることは、魔法ではしないよ」

へえ、と晴子が呟くと、また会話が途切れた。

付近には晴子たちの他に人影はなく、異様に静かだった。翠はやはり、去ろうとしない。

「……」

出会ってしまったのは偶然としても、翠がこの場に居続ける理由がわからなかった。昨日出した答えを考え直した、なんてことは万が一にもないだろう。一緒にいても気まずいだけだから、早くどこかへ行ってもらいたい。

そんなことを考えていると、翠が「ねえ」と晴子を呼んだ。

「私があなたの依頼を断ったことを、怒っている?」

思いも寄らないことを問われ、晴子は顔を上げる。

「おこ? いや、怒っては……」

「なら、悲しんでいる?」

晴子は口を噤んだ。(2)それが問いへの答えになっていた。

いや、本当は悲しんでいるというのも少し違うのだが。怒りよりは、悲しみのほうがずっと近いのは確かだ。

「あの、わたし」

「晴子、あなたに聞いてほしい話がある」

翠はそう言うと、晴子からふいと視線を逸らした。晴子は、大きな目で遠くを見つめる、やはり心底から美しいと思える横顔を見つめた。

「実は前に、あなたがしたのと同じ依頼をされたことがあるんだよ。その人は彫刻家だった。自分にしか生み出せないものを生み出すというところでは、小説家である晴子と同じだね」

「……」

「その人もね、自分の作品を創れなくなってしまったと言っていたのさ。何も湧かないのだと。技術は少しも衰えていないのに、アイディアがどんどん枯渇して、すっかりなくなってしまったのだと。だから私を頼りに来た」

晴子は驚いた。自分と同じ考えを持った人間が他にいたことにも、その話を、翠が晴子にしてくれることにも。

「私はこれまでそんなことを頼まれたことがなかった。面白そうだと思ったんだ。だから、彼の依頼を受けた」

晴子は息を止める。そうか、と、頭の中で冷静に呟いていた。

同じ願いを持っていたいつかの誰かは、魔女に願いを叶えてもらうことができたのだ。

「その人は⑤タイソウ喜んで帰っていったよ。私に何度も何度も感謝してね。それから一年後くらいだったかな、その人がもう一度私の店に来たのは。魔法を頼みに来たわけでも、他の商品を買いに来たわけでもなかった。報告に来たのさ。彫刻家をやめると」

「えっ」

(3)晴子は声を上げた。

「やめたって、それは、どうして」

「どうしてだと思う? きっと私よりも、晴子のほうがよくわかるんじゃないかな」

翠は晴子へ向き直る。少女の身長は晴子とほとんど変わらない。同じ高さにあるふたつの瞳が、晴子の心の奥底を探るように向けられて晴子は女将に、この町に来た理由を話した。

小説家であること。小説を書けなくなったこと。小説家を続けるために魔法をかけてもらおうと考えこの町へ来たこと。けれど〈雲雀坂の魔女〉に断られたこと。

ショックで自棄になり魔女へ暴言を吐いたことも、立ち寄った書店でひどく醜い考えを起こしてしまったことも、自分はもう小説家ではないと、気づいていたことも。

「わかっていたんです。本当は、魔法に頼ろうなんて思った時点で、わたしは小説家ではなくなってしまっていたんだって。そんなことをして小説を書いたって、②ケッキョク今までと何も変わらない」

――それで素晴らしい小説を書けたとして、あなたは嬉しいの？

翠のあの問いは晴子を試していたに違いない。

晴子は、嬉しいと即答してしまった。きっと翠は見抜いていたのだ。そんな答えを出す人間が作家であるべきではないと。魔法を使ったところで、そんな人間の書く物語が人の心を揺さぶれるはずもない。

知っていた。それでも、小説家でいたかった。ただそれだけが、晴子の望みだったから。

「そう、そうだったの」

手の甲に涙を落とし続ける晴子の背を、女将は何度も撫でていた。

【中略】

本当は帰るべきなのだろうが、帰る気も起きず、晴子は③ヨクジツも雲雀町に留まった。

午前中は民宿の部屋でぼうっとしていたが、午後は女将に追い出される形で外に④サンポへ出かけた。

「外の空気吸ったら、気晴らしになるから」

女将にそう言われたら、言われたとおりにするしかなかった。迷惑をかけ、気を使わせているのがわかっていた。申し訳なく思うが、その心遣いに対する礼をどう返せばいいのかわからなかった。

晴子は適当に町を歩いた。雲雀町は細く入り組んだ道が多い。民家に囲まれ右も左もわからなくなるところもあれば、急に開けて周囲を見渡せるようになる場所もある。

やがて、晴子は坂道の脇にある小さな空き地へと辿り着いた。適当な柵だけが組まれたその場所からは、眼下の町並みを眺めることができた。

しばらく、何を考えるでもなくその場に立ち尽くしていた。空を、いわし雲が覆っていた。

「晴子」

と声をかけられ、晴子はやはり何も考えないまま振り返る。すぐそばに、紙袋を抱えた少女が立っていた。〈雲雀坂の魔女〉――翠だ。

「やあ、こんにちは」

晴子は咄嗟に挨拶を返すことができなかった。

狼狽える晴子に、しかし構うことなく、翠は美しい笑みを浮かべたまま晴子の隣に並び立つ。

「浮かない顔をしているね」

「そ、そんな、ことは」

「それが私のせいなのだとしたら、悪いことをしたね」

「いや……あ、えっと、こちらこそ、昨日は大変失礼なことを言って、すみませんでした」

「気にしないで。気にしていないから」

翠の顔を見ていられず、晴子は視線を下げた。

数秒沈黙が流れる。翠はなぜか立ち去る様子がなく、かといって何

2024年度 渋谷教育学園渋谷中学校

【国語】〈帰国生試験〉（五〇分）〈満点：一〇〇点〉

※「〇〇字で」、または「〇〇字以内で」、という指示がある場合は、「。」「、」「かっこ」なども一字と数えます。

一　次の文章を読んで後の問いに答えなさい。

【雲雀町には魔法使いの翠が営む魔法店がある。小説家の晴子は、最近全く小説が書けなくなってしまい、作品のアイディアが無限に湧くようにしてほしいという願いを叶えてもらおうと、翠に会うために雲雀町を訪れた。本文は、翠に会った後、突然の雨でずぶ濡れになりながら民宿に戻った晴子が、民宿の女主人(女将)と話をはじめる場面である。】

風呂から上がる頃には雨は止んでいた。さっきは止みそうになどなかったのに、秋の空は随分気まぐれだと、まだ居座っている雲を見上げながら晴子は思っていた。

部屋の窓際に座り、外を眺めながらぼうっとしていた。何も考えないようにしていると、そのうち日が暮れ、女将が晴子を①ユウハンへ呼びに来た。

「支度ができましたよ。下へどうぞ」

「あ、はい……今行きます」

返事をし、立ち上がろうとした。けれど足に力が入らずうまく立てなかった。体調が悪いわけではない。ただ、何かをする気力が起きなかったのだ。

「ちょっと、大丈夫？」

「ええ、はい、大丈夫です……」

そう言いはしても(1)畳に突いた膝を上げることができない。体の芯の部分がすっかり抜け落ちてしまったようだ。肉や骨なんかよりも、生きていくためにずっと必要だったものを、晴子は失ってしまったのだ。

X翠のことを人形のようだと思ったが、今の自分のほうがよっぽど人形同然だと思えた。からっぽのまま心が動かない。なんの役にも立たない抜け殻だ。

「……ねえ」

入口にいた女将が部屋に入ってきた。女将は、ぼうっと座りこける晴子の隣に腰を下ろし、そっと背中に手を寄せる。

「魔女の店で何かあったの？　それとも、何かあったからこの町へ来たの？」

自分を覗き込む女将の顔を、晴子は見ていた。女将は、まるでどこかが痛んでいるかのような表情をしている。

「詮索するつもりはないの。言いたくないことは言わなくてもいいわ。でも、もしも誰かに話したいことがあるのなら、よければわたしに聞かせて」

「……」

「話したところで現実は変わらないけれどね、話すことでいらないところに入っちゃってる力がすこっと取れたりするものだから」

ね、と女将は晴子の背中をさする。

「……わたし」

吐き出す息が少しずつ熱くなっていた。目頭が鈍く痛み、右目、左目と順に涙が零れる。

「魔法を、かけてもらいたかったんです」

2024年度

渋谷教育学園渋谷中学校 ▶解 答

※ 編集上の都合により，帰国生試験の解説および作文の解答は省略させていただきました。

算 数 ＜帰国生試験＞（50分）＜満点：100点＞

解 答

1 (1) 2 (2) 76 (3) 78.5cm^2 (4) 4.85cm (5) 11.9g (6) 77本 2 (1) 625 (2) 1200通り (3) 58800通り 3 (1) $2\frac{1}{4}$cm (2) $4\frac{1}{2}$cm^3 (3) $2\frac{5}{8}$cm^3 4 (1) 3秒後 (2) $9\frac{1}{2}$cm^2 (3) $2\frac{1}{2}$cm

英 語 ＜帰国生試験＞（60分）＜満点：100点＞

解 答

Listening Comprehension 1 c 2 b 3 a 4 c 5 a 6 c 7 d 8 a 9 c 10 d

Critical Reading 1 b 2 a 3 d 4 b 5 c 6 b 7 c 8 c 9 a 10 a

Word Formation 1 observant 2 evasive 3 denials 4 familiarity 5 diversion 6 moist 7 agitation

Vocabulary 1 e 2 a 3 i 4 c 5 f 6 g

Short Essays 省略

国 語 ＜帰国生試験＞（50分）＜満点：100点＞

解 答

一 **問1** 下記を参照のこと。 **問2** ア **問3** イ **問4** （例） アイディアが無限に湧くようになるという，晴子が抱いたのと同じ願いを翠の魔法で叶えてもらった彫刻家が，彫刻をやめたと聞いておどろいたから。 **問5** オ **問6** (1) **生徒**…B，E (2) ウ

二 **問1** 下記を参照のこと。 **問2** （例） 教養教育を受けた人は，何にでも応用できる知識を身につけ，時代が移り変わっても学びつづける態度があり，批判的に考えて判断し，行動できると社会に評価されるから。 **問3** エ **問4** オ **問5** ア **問6** （例） 慣れ親しんだ共同体に根付いて生活し，見える範囲のコミュニティが繁栄し幸せでいることに注力する

生き方。　**問7**　より自由に生きられる

●漢字の書き取り

□一 **問1**　①　夕飯　②　結局　③　翌日　④　散歩　⑤　大層　□三 **問1**　①　加味　②　意図　③　導(ける)

Memo

Memo

2023年度 渋谷教育学園渋谷中学校

【算　数】〈第１回試験〉(50分)〈満点：100点〉

注　定規，コンパスは使用しないこと。

1　次の問いに答えなさい。ただし，(6)は答えを求めるのに必要な式，考え方なども順序よくかきなさい。

(1)　$170+99\times\left(\frac{1}{7}-\frac{1}{17}\right)\times2023$ を計算しなさい。

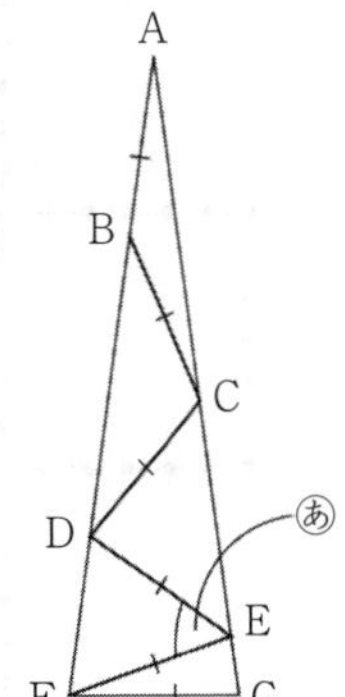

(2)　容器Ａには８％の食塩水が200ｇ，容器Ｂには300ｇの食塩水が入っています。Ａ，Ｂから，それぞれ同じ量の食塩水を取り出し，互いに入れかえてよく混ぜあわせると，どちらも6.8％の食塩水になりました。それぞれから取り出した食塩水は何ｇずつですか。

(3)　右の図は，AF と AG の長さが等しい二等辺三角形 AFG です。同じ印をつけた AB，BC，CD，DE，EF，FG の長さは同じです。このとき，㋐の角の大きさは何度ですか。

(4)　下の９マスに，次の２つの条件にあてはまるように数を入れていきます。

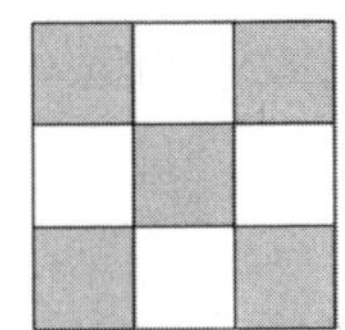

条件①　36の約数をすべて使う。

条件②　縦，横，斜めのどの３つの数をかけても同じ数になる。

　このとき，白いマスに入れる４つの数の積はいくつですか。

(5)　渋男さんは，鉛筆を何本か買うために文房具屋に行きました。１本180円の鉛筆にすると最初に予定していた本数は買えませんが，１本減らすと買うことができます。１本100円の鉛筆にすると最初に予定していた本数よりも２本多く買うことができ，持っているお金は余りません。このとき，渋男さんが持っているお金はいくらですか。考えられる金額をすべて答えなさい。

(6)　右の図のように，１辺の長さが３cm の正六角形を，頂点Ａが直線上に戻ってくるまで滑(すべ)らずに転がします。このとき，頂点Ａが通ったあとの長さは，頂点Ｂが通ったあとの長さより何 cm 長くなりますか。ただし，円周率は3.14とします。

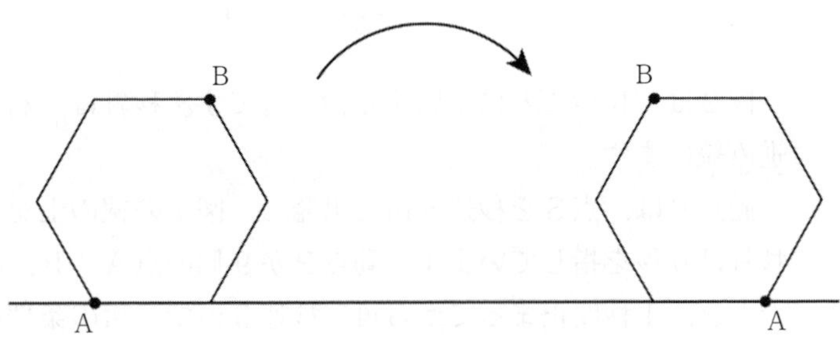

2　１辺の長さが６cmの立方体ABCD-EFGHがあります。

右の図のように，辺ADの真ん中の点をP，辺CDの真ん中の点をQ，辺AEを３等分した点のうちAに近い方をRとします。この立方体を３点P，Q，Hを通る平面と，３点P，Q，Rを通る平面で切って，３つの立体に分けます。

次の問いに答えなさい。ただし，すい体の体積は「(底面積)×(高さ)÷３」で求められます。

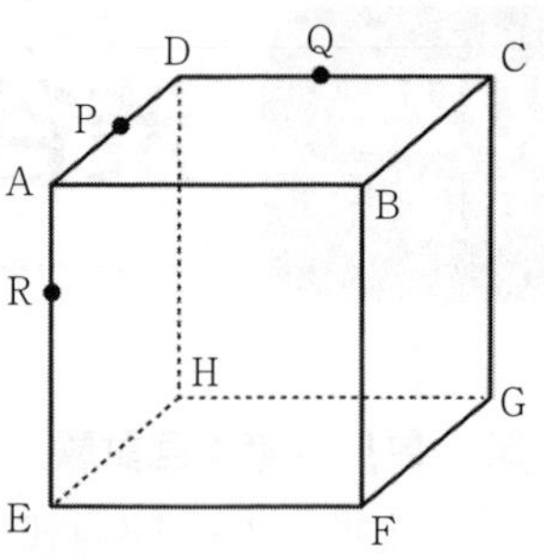

(1)　下の図は立方体の展開図です。切り口の線を解答欄の図に実線でかきなさい。

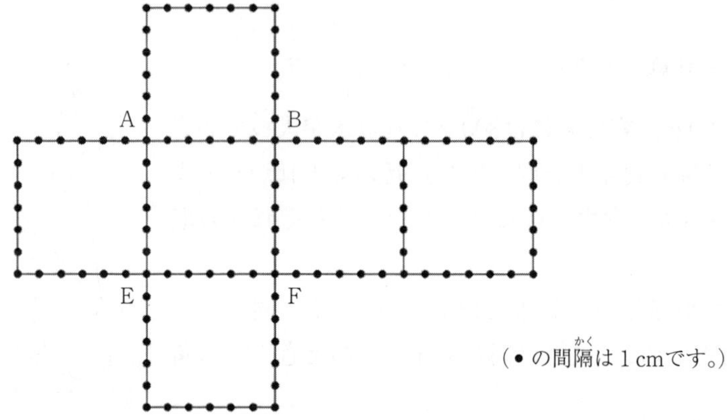

（●の間隔は１cmです。）

(2)　３つの立体のうち最も体積の大きい立体の体積は何cm^3ですか。

(3)　３つの立体のうち，最も表面積の大きい立体と２番目に表面積の大きい立体の表面積の差は何cm^2ですか。

3　図１において，直線SAの長さは80m，正方形EFGHの１辺の長さは80mです。点Oを中心とする円は半径が40mで，AC，DBは直径です。

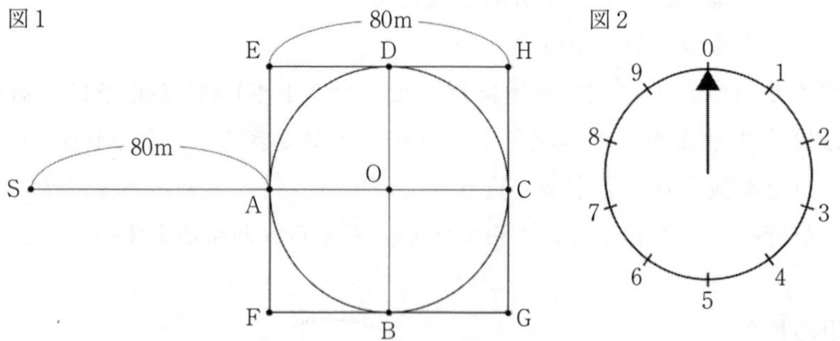

図２は，10秒ごとに１周する秒針計です。秒針は，右回りに１秒間で１目盛りをなめらかに進み続けます。

動点Pは，点Sを秒速５mで出発し，図１の線の上を進みます。動点PがSを出発するとき，秒針は０秒を指しています。動点Pが９個の点A，B，C，D，E，F，G，H，Oに到達したとき，１秒間止まってから再び秒速５mで，次の条件に従って進みます。

条件Ⅰ『点A，B，C，Dに到達し１秒間止まったあと，秒針の指す位置によって次の①～③のように進む。』

① 秒針が０秒ちょうどから４秒になる前を指しているとき，動点Ｐは正方形EFGHの辺の上を進む。ただし，どちらに進んでもかまわない。

② 秒針が４秒ちょうどから８秒になる前を指しているとき，動点Ｐは円周の上を進む。ただし，どちらに進んでもかまわない。

③ 秒針が８秒ちょうどから０秒になる前を指しているとき，動点Ｐは直径の上をＯの方に向かって進む。

条件Ⅱ『点Ｏに到達し１秒間止まったあと，秒針の指す位置に関係なく，進んできた直径の上を後戻りせずそのまままっすぐに進む。』

例えば，ＡからＯに進んだときは，Ｏで１秒間止まったあとＣに進む。

条件Ⅲ『点Ｅ，Ｆ，Ｇ，Ｈに到達し１秒間止まったあと，秒針の指す位置に関係なく，後戻りせずに直角にまがって進む。』

例えば，ＡからＥに進んだときは，Ｅで１秒間止まったあとＤに進む。

次の問いに答えなさい。ただし，円周率は3.14とします。

(1) 動点ＰがＳを出発して，Ｓ→Ａ→Ｄ→Ｈ→Ｃと進みました。動点ＰがＳを出発してからＣに到達するまで何秒かかりましたか。

(2) 動点ＰがＳを出発して，点Ｃに２回到達しました。動点ＰがＳを出発してからＣに２回目に到達するのに，一番早くて何秒かかりましたか。

(3) (2)のように動点ＰがＳを出発して，Ｃに２回目に到達するのにかかる時間が一番早いときの道順は何通りありますか。また，そのうち４点Ｂ，Ｄ，Ｅ，Ｇをすべて通る道すじを，解答欄の図に実線でかきなさい。

4 式㋐＋㋑×㋒＋㋓×㋔×㋕の，㋐から㋕に異なる数を１個ずつ入れて計算した答えをAとします。

次の問いに答えなさい。ただし，(2)(3)は答えを求めるのに必要な式，考え方なども順序よくかきなさい。

(1) １，２，３，４，５，６の６個の数を㋐から㋕に入れます。㋐に６，㋑に１をそれぞれ入れたとき，Aが奇数となるAをすべて答えなさい。

(2) １，２，３，４，５，６，７，８の８個の数から６個を選んで，Aが奇数となるように㋐から㋕に数を入れます。㋐が偶数であるとき，最も大きなAと最も小さなAの差を答えなさい。

(3) １，２，３，４，５，６の６個の数を㋓×㋔×㋕が４の倍数になるように㋐から㋕に数を入れます。このとき，Aが偶数となるAは何通りありますか。

【社　会】〈第１回試験〉(30分)〈満点：50点〉

注　字数の指定がある問題については，次の①と②に注意して下さい。

①　句点(「。」)や読点(「，」)は，それぞれ１字として数えます。

②　算用数字を用いる場合は，数字のみ１マスに２字書くことができます。

（例１）「2023年」と書く場合　20|23|年

（例２）「365日」と書く場合　36|5|日　または　3|65|日

1　地図１中のA～Dの地域に関するそれぞれの問に答えなさい。

地図１

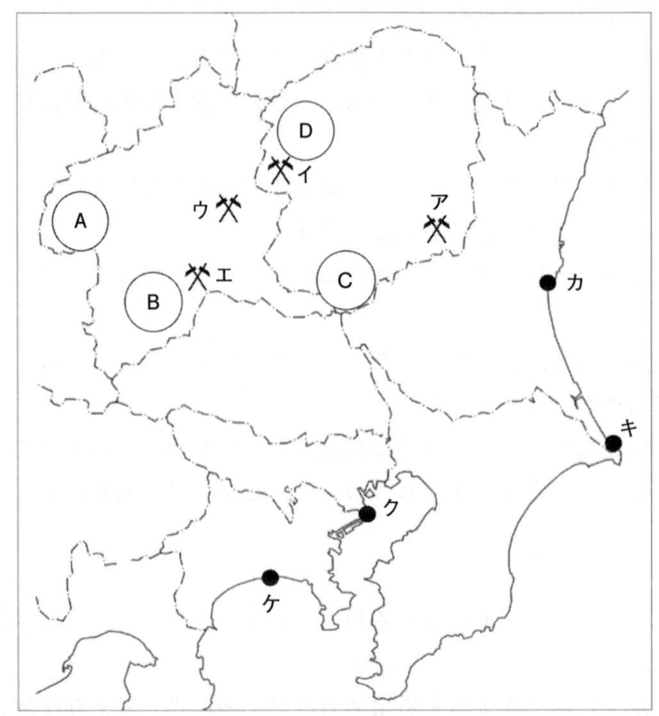

問１　地図１中のAの地域に関する設問に答えなさい。

(1)　1783年の大噴火で，天明の大ききんを引き起こした，Aの地域の南側の県境に位置する山の名称を答えなさい。

(2)　(1)の山の1783年の噴火によって，その後Aの地域を流れる吾妻川およびその下流地域では水害が起きやすくなった。その理由を説明しなさい。

(3)　Aの地域にある村で，夏から秋にかけて出荷量が全国１位になる農作物を，次のア～エのうちから一つ選び，記号で答えなさい。

ア．

イ．

ウ.

エ.

問２　地図１中のＢの地域に関する次の地図２をみて，設問に答えなさい。

地図２

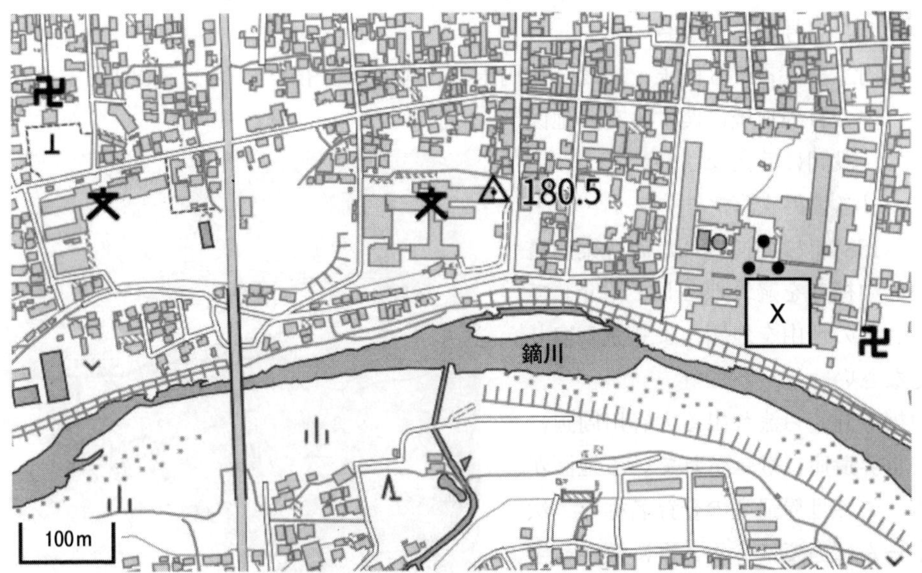

地理院タイル(標高タイル)を加工して作成

(1)　地図２中の X は世界遺産に登録されている施設であり，かつては糸が生産されていた。X で生産されていた糸の原料の分類にあてはまるものを，次のア～ウのうちから一つ選び，記号で答えなさい。

ア．植物性繊維　　イ．動物性繊維　　ウ．化学繊維

(2)　X では，大量の水が必要だった。X のすぐ南側には鏑川が流れているが，X の建設計画段階では，鏑川からの取水は考えられていなかった。その理由を述べた次の文章中の空らんにあてはまる適切な語句を答えなさい。

X と鏑川との間には(　　)があったため。

問３　地図１中のＣの地域に関する次の地図３をみて，設問に答えなさい。

地図３

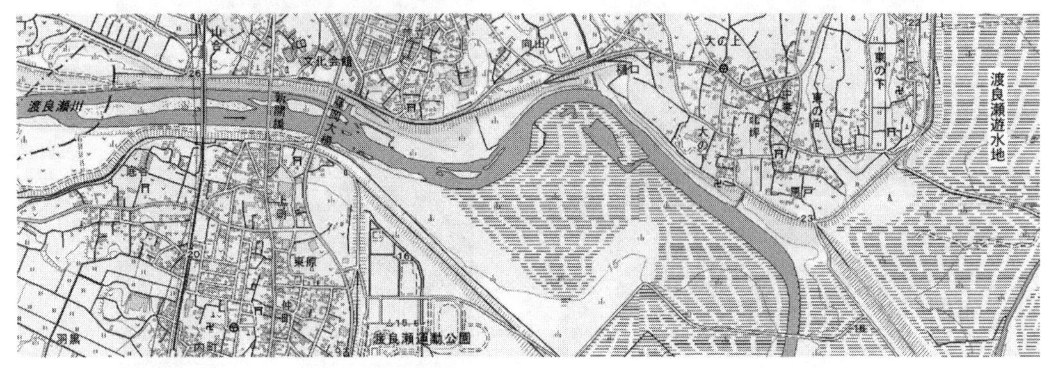

国土地理院　電子地形図25000より一部改変

(1)　地図３中の「渡良瀬遊水地」が造成された背景には，かつて渡良瀬川の上流の鉱山から流れ出た鉱毒が関係している。この鉱毒をもたらした鉱山の位置を地図１中のア～エのうちから一つ選び，記号で答えなさい。

(2)　(1)の鉱山から主に産出される鉱産資源が含まれていないものを，次のア～オのうちから一つ選び，記号で答えなさい。

ア．１円玉　　イ．５円玉　　ウ．10円玉　　エ．100円玉　　オ．500円玉

問４　地図１中のＤの地域に関する右の地図４をみて，設問に答えなさい。

(1)　イギリスの外交官アーネスト・サトウは，1884年に発刊された旅行案内書の中で中禅寺を避暑地として紹介している。その理由を地図４より読み取り，答えなさい。

(2)　中禅寺湖から流れ出る大谷川周辺には，世界遺産に登録されている地区がある。この世界遺産の登録名称を，次の空らんに当てはまるように漢字二字で答えなさい。

(　　)の社寺

地図４

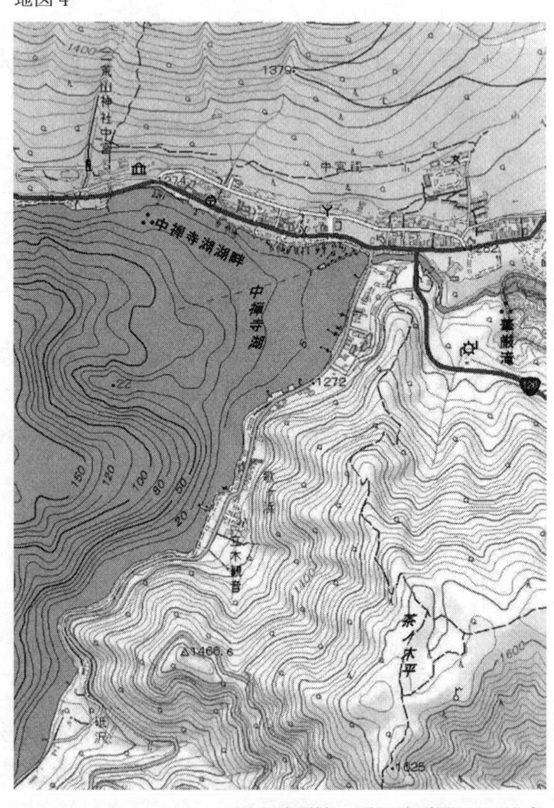

国土地理院　電子地形図25000より

問５　地図１中のＡ～Ｄの地域に流れる吾妻川，鏑川，渡良瀬川，大谷川は，１つの河川に合流する。４河川が合流した河川の名称と，河川が合流して海へ流れ出る地点の組み合わせとして正しいものを，次の①～④のうちから一つ選び，番号で

答えなさい。ただし，河口の位置（地点）は地図１中のカ～ケのいずれかである。

① 名称―利根川　地点―カ　　② 名称―利根川　地点―キ

③ 名称―多摩川　地点―ク　　④ 名称―多摩川　地点―ケ

2 広告や宣伝は，看板・引札（チラシ）・新聞広告・ポスター・交通広告・映像などといったように，時代によって大きくその形を変えてきた。日本における広告・宣伝の発展に関する次のそれぞれの問に答えなさい。

問１ 広告・宣伝は商業と密接に結びついているが，中国の歴史書「魏志倭人伝」には，３世紀の日本列島に関する記述の中に市（いち）が存在していると書かれている。このことについて，次の設問に答えなさい。

⑴ この時期の日本について説明した次の文章を正しく完成させるように，空らんXには当時の日本を示す遺跡や古墳を，空らんYには当時のようすの説明をそれぞれ一つずつ選び，記号で答えなさい。

X　　 などに関する調査によって，この頃の日本では　　Y　　ことがわかっている。

<空らんXに当てはまる遺跡>

ア．東京都大森貝塚

イ．青森県三内丸山遺跡

ウ．大阪府大仙陵古墳

エ．奈良県纒向遺跡

<空らんYに当てはまる説明>

オ．人びとが竪穴住居の巨大集落に住み，狩猟・採取・栽培による生活をおくっていた

カ．指導者によってうらないを用いた政治が行われ，現在の日本列島の一部の地域がおさめられていた

キ．指導者の権力が全国的に広がりを見せ，特徴のある大きな墓が各地につくられるようになった

ク．西日本に稲作が伝わりはじめ，人びとが木製のくわや石包丁などを使って農耕をはじめた

⑵ 当時，中国の歴史書に書かれた日本の市がどのようなものだったのかは明らかになっていないが，おそらくものの売買といった形ではなく，物々交換という形のものであったと考えられる。

物々交換は旧石器時代から行われていたが，原産地から遠く離れた場所からも発掘されており，交易を示す証拠とされている右の石器の原料を，漢字で答えなさい。

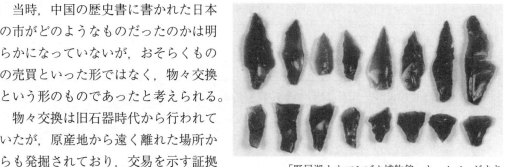

「野尻湖ナウマンゾウ博物館」ホームページより

問２　宣伝の最初の形ともいえる「看板」の出現は，律令制のもとで政府が運営した市にまでさかのぼる。はじめて政府によって市が運営されたのは，日本で最初の本格的な都城とされる藤原京の時代だといわれている。このことについて，次の設問に答えなさい。

(1)　藤原京に遷都したときの天皇を答えなさい。

(2)　次のⅠ～Ⅲは，藤原京が完成するに至るまでに起きたできごとである。これらのできごとを古いものから時代順に正しく並べたものを，下のア～カのうちから一つ選び，記号で答えなさい。

Ⅰ　中大兄皇子らが蘇我氏をたおし，天皇を中心とした国づくりの改革をはじめた。

Ⅱ　仏教の影響が大きくなり，現存する世界最古の木造建築物とされる法隆寺がつくられた。

Ⅲ　中国では唐が建国され，長安を都とする本格的な律令国家体制が形成された。

ア．Ⅰ→Ⅱ→Ⅲ　　イ．Ⅰ→Ⅲ→Ⅱ　　ウ．Ⅱ→Ⅰ→Ⅲ

エ．Ⅱ→Ⅲ→Ⅰ　　オ．Ⅲ→Ⅰ→Ⅱ　　カ．Ⅲ→Ⅱ→Ⅰ

問３　律令などの法律では，奈良時代から市で看板を立てることが義務付けられていたにも関わらず，鎌倉時代頃まで日本ではその経済発展に比べて看板は多用されなかったことがわかっている。この時期について，次の設問に答えなさい。

(1)　看板が多用されなかった理由としては，中世において一般的であった商売の形式が関連していると考えられている。鎌倉時代の次の資料を見てわかることをもとに，当時看板が多用されなかった理由を説明した，下の文章の空らんを埋めなさい。

国会図書館デジタルコレクションより　※出題の都合上書籍名は省略

> 当時の店は商品を売る際に［　　　　　　］という方法をとっていたため，何を売っているのかを宣伝する必要がなかったから。

(2)　鎌倉時代についての説明とその資料の組み合わせとしてふさわしいものを，次のア～エのうちから一つ選び，記号で答えなさい。ふさわしいものがない場合は，オと答えなさい。

ア．

> 上皇の近臣であった武士たちの戦乱となり，勝者は武家の棟梁を独占して地位を高めた。

イ．

> キリスト教の布教活動のため多くのヨーロッパ人が渡来し，貿易が盛んに行われた。

ウ．

> 戦乱によって中止されていた京都の伝統的な祭が，町人たちの協力により復興された。

エ．

> 中国に渡り，技術を学んだ画家が帰国後，日本的な水墨画様式をつくりあげた。

問４　江戸時代には看板も多くつくられるようになり，特に薬種商(薬を売る商人たち)が華々しく競い合った。次に示す看板と江戸時代の看板の歴史について説明した下の文章を読み，それぞれの設問に答えなさい。

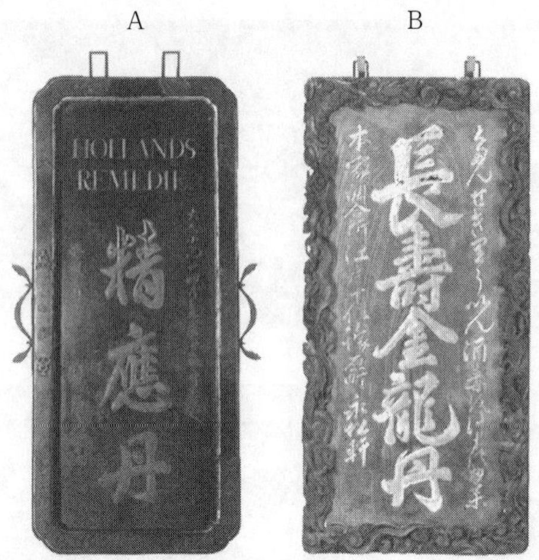

財団法人吉田秀雄記念事業財団『広告は語る　アド・ミュージアム東京　収蔵作品集』(2005年)より

江戸時代には，薬売りたちが多くのもうけを得るための競争を繰り広げていた。薬は，それまで主に琉球・朝鮮・中国などから輸入していたが，Aの看板を見てみると，アルファベットが書かれていて，西洋の薬も入ってきていたことがわかる。江戸時代，薬は特に，日本が医学などの分野で大いに参考にしていた［　　　］から輸入され，重宝されていたようだ。

Bの看板には金箔文字が使われており，豪華なつくりとなっている。①1657年に起きた火事の影響で江戸のまちに大きな被害が出たあと，看板はより大きく，豪華に，目立つものが競ってつくられるようになった。しかし，財政不安におちいっていた幕府は豪華な看板を規制することになり，ついに②1682年には禁令が出され，商家の看板に金箔や銀箔，蒔絵，めっきの金物などを使用してはならないということになった。

(1)　文章中の空らんに適切な国名を答えなさい。

(2)　文章中の下線部①について，この時期の元号としてふさわしいものを，次のア～エのうちから一つ選び，記号で答えなさい。

ア．安政　　イ．享保　　ウ．宝永　　エ．明暦

(3)　文章中の下線部②について，この時期のできごととして最もふさわしいものを，次のア～エのうちから一つ選び，記号で答えなさい。

ア．民衆に向けての政策の一環として，生き物を大切にすることが命じられた。

イ．朱子学者が政治に登用され，貿易の制限などが行われた。

ウ．きびしい年貢の取り立てに対して，九州地方のキリシタンらが大規模な一揆を起こした。

エ．きびしく倹約が命じられる一方で，大名の参勤交代が緩和された。

問5　明治時代に入ると，煙草(たばこ)の宣伝合戦が繰り広げられた。外国からの舶来品と，日本の国産品を売る2つの大きな会社が，利益を求めて争っていたようである。

左・中：『広告は語る』(2005年)より
右：谷峯藏『日本屋外広告史』岩崎美術社(1989年)より

しかし，この2つの会社による煙草の宣伝合戦は唐突に終わりを迎えることとなった。次の＜煙草の販売に関する歴史＞の表を参考にしながら，＜煙草の宣伝合戦が終了した理由＞の文章中の空らん(1)～(3)に適切な語句を答えなさい。ただし，同じ番号の空らんには同じ語句が入る。

＜煙草の販売に関する歴史＞

明治9年	煙草税則が決められ，煙草の販売には営業税に加えて，各商品に貼られた印紙からも税金が徴収されるようになった。
明治31年	財政の不足をおぎなうため，「葉煙草［(1)（漢字二字）］法」が施行され，煙草の原料である葉タバコを国が買い上げることになった。
明治37年	「煙草［(1)（漢字二字）］法」が施行され，煙草の製造から販売まですべて国が行うことになった。

＜煙草の宣伝合戦が終了した理由＞

財政不足をおぎなうために政府は煙草にかける税金を増やしていき，ついには［(2)（漢字四字）］のための［(3)（漢字二字）］費をねん出するべく，政府が煙草の製造から販売にまで［(1)（漢字二字）］制を取り入れ，民間の会社が関与できなくなってしまったから。

問6　大正時代・昭和時代に入ると，新聞広告やポスターなどあらゆる形での宣伝が多く行われるようになったが，それらがつくられる目的は商品の宣伝だけにとどまらなかった。

次に示すのは，1923(大正12)年に新聞に出された髙島屋呉服店の広告と，同年のある日の新聞の見出しである。広告を出した髙島屋呉服店は，どのような役割を担おうとしていたのか。資料を参考に，当時の社会の状況を考えて，80字以内で説明しなさい。

＜1923年当時の髙島屋呉服店の広告＞　　＜左の広告を現代の字になおしたもの＞

『広告は語る』(2005年)より

＜大阪朝日新聞の見出しとそれを現代の字になおしたもの＞

山本伯暗殺の風說
未だ尙ほ信ぜられず

内閣瓦解の後に大命を拜して新閣僚の選定に努めつゝあつた山本權兵衞伯は一日激震の最中何者にか暗殺されたといふ風說傳はる、流言頻々たる折柄本社は尙ほ極力精探中であるが未だ信ぜられず

山本伯※1暗殺の風説
未だ尚ほ信ぜられず

内閣瓦解の後に大命を拝して新閣僚の選定に努めつつあつた山本権兵衛伯は一日激震の最中何者にか暗殺されたといふ風説伝はる、流言頻々※2たる折柄本社は尚ほ極力精探中であるが未だ信ぜられず

（９月２日の大阪朝日新聞）

→

山本伯は微傷も負はず

山本伯※1は微傷も負はず

（９月５日の大阪朝日新聞）

※１　「山本伯」…９月２日に内閣総理大臣になった山本権兵衛のことを指す。

※２　「頻々たる」…何度も繰り返されるということ。

3　次の文章を読んで，以下のそれぞれの問に答えなさい。

新型コロナウイルスは人々の働き方に大きな影響を与えた。中でも大きなものに，①テレワークという情報通信技術を活用した，②場所などにとらわれない柔軟な働き方の推進がある。

日本のテレワークは，1990年頃に都心の高い（ X ）を避けて郊外に別のオフィスを構えたことに始まるとされる。しかし，バブル崩壊で（ X ）が下がり，それらのオフィスの多くは閉鎖され，テレワークは定着しなかった。その後，【資料１】にあるように，（ Y ）大震災の被災経験や計画停電の教訓などから徐々にテレワークへの注目が高まっていった。そして，新型コロナウイルスの流行により外出制限が強化される中で，多くの人がテレワークを経験した。

ただし企業のテレワーク導入は大企業が中心であり，しかも③業種によりかなりのばらつきがある。政府が進める④「働き方改革」はテレワークの導入も含んでいるが，その実現までの道のりはまだ遠いと言わざるをえない。テレワークにかかる家庭の電気料金増加に加えて，⑤物価上昇による生活苦が報道される中，よりよい働き方の実現に向けた取り組みが今後も求められている。

【資料１】　企業のテレワーク導入率（単位：%）

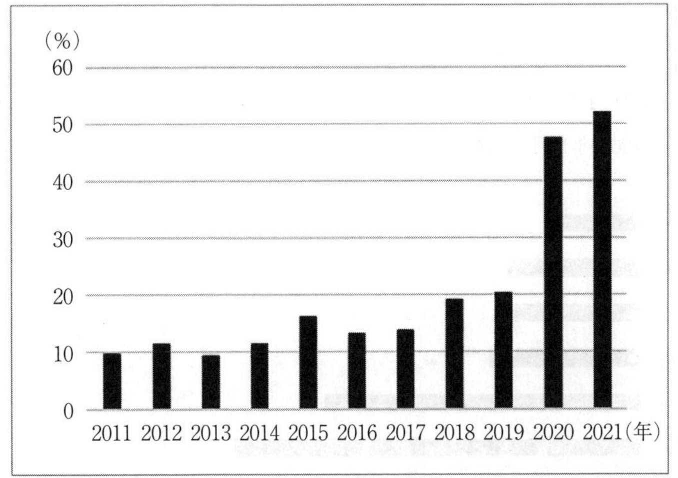

総務省「通信利用動向調査」より作成

問１　上の文中の空らん(X)・(Y)にあてはまる語句を答えなさい。ただし，(X)は漢字二字，(Y)は漢字三字で答えること。

問２　下線部①について，テレワークが進むことで予想される社会の変化について説明した次の文章を読み，空らん(①)・(②)にあてはまる語句を答えなさい。ただし，(①)・(②)ともに漢字二字で答えること。

> 生活費の安い（ ① ）で暮らす人が増え，電車や自動車などで（ ② ）する人が少なくなることが予想されるが，仕事と日常生活の境目がなくなる可能性がある。

問３　下線部②について，テレワークは，仕事の評価の方法を大きく変える可能性がある。それについて説明した次の文章を読み，空らん(A)・(B)にあてはまる語句を答えなさい。ただし，(A)・(B)ともに漢字二字で答えること。

従来の仕事の評価は，定時を過ぎた後の残業代など，（ Ａ ）に基づいて計算される要素が大きかった。しかしテレワークで上司が部下の働きぶりを直接確認できない状況になると，仕事の途中経過ではなく（ Ｂ ）で評価する要素を増やすようになり，（ Ｂ ）を出すために，より仕事に（ Ａ ）がかかるようになる可能性がある。

問４　下線部③について，テレワークの実施率について説明した以下の文章を読み，【資料２】～【資料４】を参考に，空らん（１）～（４）にあてはまる語句の組み合わせとしてふさわしいものを，ア～エのうちから一つ選び，記号で答えなさい。

テレワークが難しい業種の（ １ ）などが多い（ ２ ）駅では，通勤客の減少は抑えられた。一方，テレワークしやすい業種の（ ３ ）などが多い（ ４ ）駅では，通勤客が大きく減少した。

【資料２】　2020年１月を基準とする，朝通勤時間帯（７時～10時）の利用者減少率

	池袋駅	新橋駅
2021年１月	27％減	50％減
2021年７月	16％減	42％減

「JR 東日本ニュース」（2021年11月４日）より一部改変

【資料３】　業種別・テレワーク実施率（2020年11月の調査）（単位：％）

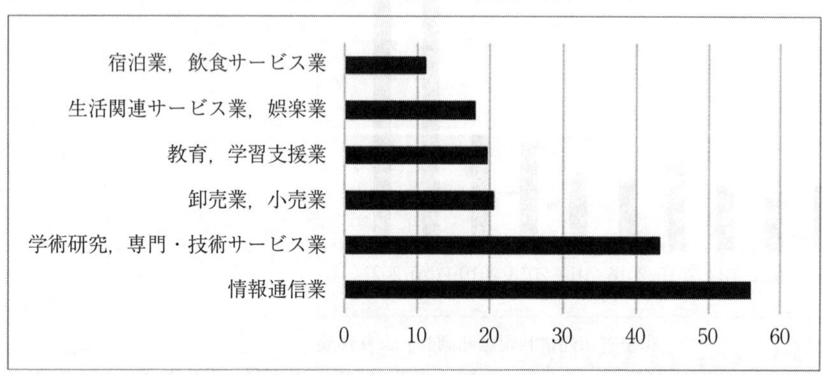

パーソル総合研究所「第四回・新型コロナウイルス対策によるテレワークへの影響に関する緊急調査」より一部改変

【資料4】　山手線主要駅のタイプ適合度

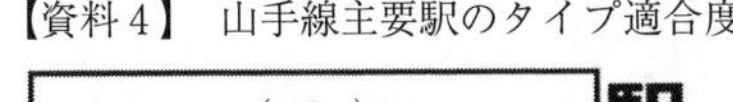

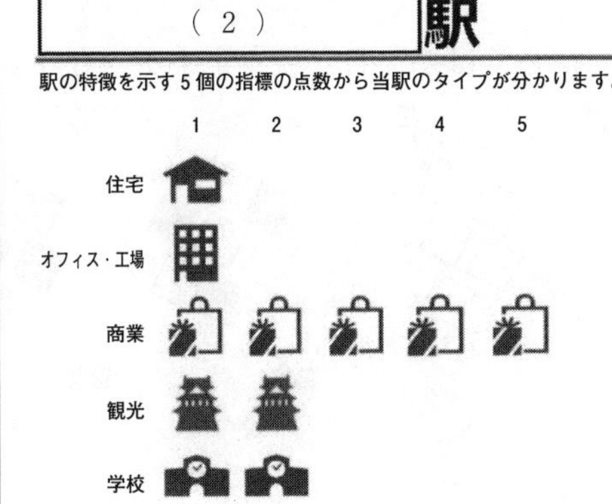

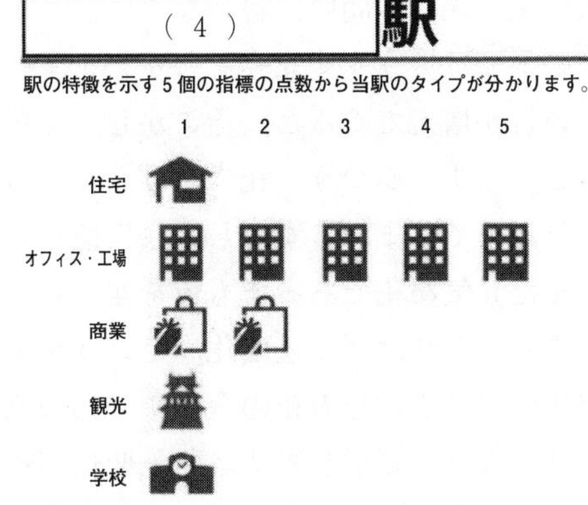

「JR東日本ニュース」(2021年11月4日)より一部改変

※タイプ適合度とは，Suicaの利用傾向(評価指標)のみで判定される駅のタイプで，点数はタイプの規模ではなく特徴の強さを示す。

	(1)	(2)	(3)	(4)
ア	宿泊業，飲食サービス業	池袋	情報通信業	新橋
イ	宿泊業，飲食サービス業	新橋	情報通信業	池袋
ウ	情報通信業	池袋	宿泊業，飲食サービス業	新橋
エ	情報通信業	新橋	宿泊業，飲食サービス業	池袋

問5　下線部④に関連した以下の文章の空らんにあてはまる同じ語句を答えなさい。

> 仕事の内容・責任などに応じて，雇われ方にかかわらず同じ賃金を支払うという同一労働同一賃金の導入が，男女間の格差解消のために必要であると指摘されている。
> その理由は，同じ仕事をしても［　　　］の人の賃金は安く，特に女性はパートなどの［　　　］で働いている割合が男性より高いためである。

問6　下線部⑤について，昨年(2022年)の物価上昇の原因について説明した文章X・Yの正誤の組み合わせとしてふさわしいものを，ア～エのうちから一つ選び，記号で答えなさい。

X　日本円の価値がドルなどの外国通貨に対して高くなったため，輸入価格も上昇した。

Y　ロシアのウクライナ侵攻により，資源・燃料の国際価格が上昇した。

ア．X―正　Y―正　　イ．X―正　Y―誤

ウ．X―誤　Y―正　　エ．X―誤　Y―誤

【理　科】〈第１回試験〉（30分）〈満点：50点〉

1　次の文を読み，問いに答えなさい。

暦(こよみ)の上ではもうすぐ立春をむかえます。まだしばらくは寒い日が続きますが，もう少しして暖かい日が増えてくると，そこかしこで花が咲(さ)きほこります。ふつう，花はしばらくすると枯(か)れて色あせてしまいます。しかし，植物の中には，まだ元気な花であっても色を変えることがあります。これは「花色変化」という現象で，まだ咲いている状態の花の全体や一部の色がゆっくりと大きく変化します。花色変化が起きた株では，変化が起きる前の花と起きた後の花が混ざって咲いている様子が見られます(図１)。この興味深い現象は，500種ほどの植物で確認されています。

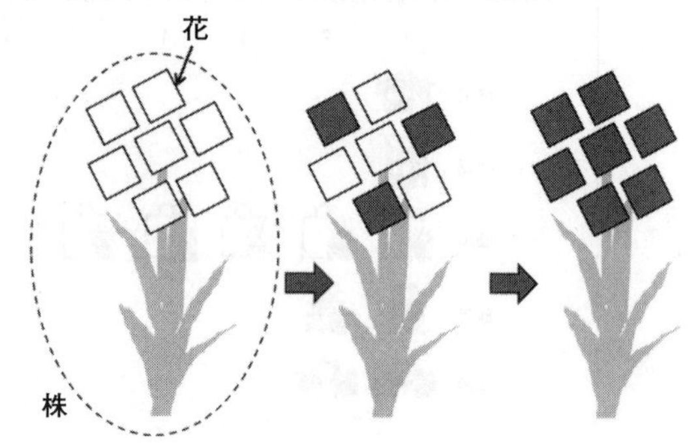

図１　花色変化の様子。１つの株についた７つの花の色が，時間が経つにつれ，次第に変化していく。

ところで，花色変化が起きた花を調べると，ある特徴(とくちょう)があることが分かりました。それは，花が古くなっていて，①<u>もう花粉をつくらなくなっていたり，めしべが受粉できなくなっていたりしている</u>こと，そして，ミツをつくらなくなっていること，です。

ここで，植物にとって大切な存在であるポリネーターについて説明をしましょう。②<u>植物は動物と異なるので，他の株がつくった花粉を簡単には手に入れられません</u>。そこで植物の中には，③<u>他の生物に花粉を運んでもらう</u>ことでこの問題を解決しているものがいます。この花粉を運んでくれる生物をポリネーターといい，チョウやハチのような昆虫(こんちゅう)だけでなく鳥やコウモリもポリネーターになることがあります。

ポリネーターに花粉を運んでもらえる植物は，そうでない植物よりも子孫を残しやすいという利点があります。そのため，植物は長い時間をかけて進化を重ね，「ポリネーターに花粉を運んでもらいやすい花」をつくりあげてきました。例えば，ポリネーターに見つけてもらいやすいように目立つ色の花をつけたり，④<u>大きな花をつけるようにしたり</u>，ポリネーターのエサになるようなミツを用意したり，といったことです。ですので，ミツをつくらなくなった花が花色変化をすることを考えると，花色変化は，植物がポリネーターに対して，『この花はミツをつくっていないので，他の花に行った方がいいよ』というメッセージを伝えるために起こっていると考えられています。

しかし，この仮説では，花色変化という現象がポリネーターにとってメリットがあることは分かりますが，植物にとってどういうメリットがあるのかが分かりません。⑤<u>花色変化をさせてまで古い花を維持(いじ)することは，植物にとって，本来デメリットしかない</u>はずです。そこで考えられた仮説が，古い花を維持することで，株全体に花がたくさんあるように見せることができるというものです。その結果，ポリネーターが集まりやすくなるので，植物にとってメリットが生まれます。

ですが，これも完璧(かんぺき)な仮説ではありません。なぜなら，花がたくさんあるように見せたいのであれば，わざわざ花の色を変える必要などないからです。植物が，わざわざ花の色を変えてまで，正直にポリネーターに古い花の位置を教えるのはなぜなのでしょうか。

問１　下線部①について，このような特徴を持つ花は，どういう花ですか。「種子」という言葉を使って，簡潔に答えなさい。

問２　下線部②について，ここでいう植物と動物とが異なる点とはどのようなことですか。適切なものを次のア～エから１つ選び，記号で答えなさい。

ア　植物は動物と異なり，自由に移動することができない。

イ　植物は動物と異なり，光合成をすることができる。

ウ　植物は動物と異なり，寿命（じゅみょう）が長いものが多い。

エ　植物は動物と異なり，冬には枯れてしまう。

問３　下線部③について，花粉を遠くに運んでもらう方法は，他の生物を利用すること以外にもあり，そのひとつに風を利用する方法があります。風で花粉を運んでもらう植物がつける花の特徴として適切なものを，次のア～エから１つ選び，記号で答えなさい。

ア　花びらが大きく，軽い花粉をつくる花。

イ　花びらが大きく，重い花粉をつくる花。

ウ　花びらが小さく，軽い花粉をつくる花。

エ　花びらが小さく，重い花粉をつくる花。

問４　下線部④について，この考え方に従うと，地球上の植物はどれも大きな花をつけるものばかりになると考えられます。しかし，現実には，小さな花をつける植物もいます。ある野原において，そこに生息する植物のうち花をつけているもの(植物Ａ～植物Ｅ)について，花の大きさと一株当たりの花の数を調べました(表１)。

表１　花の大きさと一株当たりの花の数

	植物Ａ	植物Ｂ	植物Ｃ	植物Ｄ	植物Ｅ
花の大きさ(cm)	1	2	1.2	1.5	0.8
一株当たりの花の数(個)	12	6	10	8	15

(1)　この結果から分かることを次のア～エから１つ選び，記号で答えなさい。

ア　小さな花をたくさんつける植物は，子孫を残す上で有利である。

イ　大きな花は，花びらがよく目立つので見つけやすい。

ウ　小さな花は目立たないので，においでポリネーターを引き寄せる。

エ　植物がつける花の量は，ほぼ一定である。

(2)　この調査結果をもとに考えてみると，地球上の植物が大きな花をつけるものばかりにならない理由が分かりそうです。その理由として**誤っているもの**を次のア～エから１つ選び，記号で答えなさい。

ア　花の大きさと数の両方を増やすことはできないから。

イ　ポリネーターの多くは小さな昆虫なので，より小さな花を好むから。

ウ　小さな花であっても，数を増やすことで大きな花と同じくらいに目立たせることができるから。

エ　大きな花を少しつけるものも，小さな花をたくさんつけるものも，ともに子孫を残す上で有利な点があるから。

問５　(1)　下線部⑤について，ここでいうデメリットとは，どのようなことですか。適切なものを次のア～エから１つ選び，記号で答えなさい。

ア　子孫を残せない花を維持することは栄養のムダ遣いになるということ。

イ　ミツのない花が多いと株全体でつくったミツがムダになってしまうということ。

ウ　花粉をつくれない花が多いとポリネーターがムダ足を踏むことが増えるということ。

エ　古い花がムダに多いと，ポリネーターが集まりにくくなるということ。

(2)　(1)で答えたデメリットを避けるために，普通の植物は古い花をどのようにしてしまうでしょうか，説明しなさい。

問６　古い花の色を変える植物と変えない植物とで，子孫を残す上でどちらが有利なのかを調べるために，室内で実験を行いました(図２)。

【実験】

実験のモデルにした植物は，花の色が白から赤紫色へと花色変化する植物で，そのポリネーターはマルハナバチというハチである。この植物の花そっくりにつくった人工の花を使って，以下の２つのパターンの植物をつくった。

パターンあ　人工の花を７つ並べたもの。色は全て白だが，７つのうち３つはミツがない。

パターンい　人工の花を７つ並べたもの。そのうち４つは白でミツがあり，３つは赤紫色でミツがない。

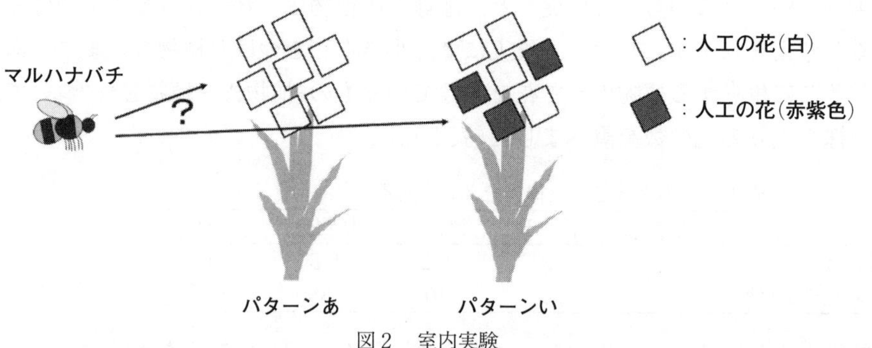

図２　室内実験

室内に**パターンあ**と**い**を１つずつおいておき，一匹のマルハナバチを放してどちらのパターンの花を訪れるかを記録した(１回目)。そして，一方のパターンの花からミツを集めたマルハナバチが，もう一方のパターンに移動しようとしたところで，マルハナバチを一度回収した。次に，マルハナバチが訪れた方のパターンの花にミツを補充してから，同じハチをもう一度放して，先にどちらのパターンの花を訪れるかを記録するということを繰り返した(２～５回目)。

この作業を10匹のマルハナバチについて行い，実験結果を表２にまとめた。

表２　実験結果

	１回目	２回目	３回目	４回目	５回目
パターンあを選んだハチ(匹)	8	5	3	2	1
パターンいを選んだハチ(匹)	2	5	7	8	9

この実験の結果，花色変化をする植物の方が，古い花の色を変えずに維持する植物よりも，子孫を残す上で有利だと考えられた。

(1) 次の文は，このような実験結果になった理由について述べたものです。理由を完成させるために空欄(くうらん)にいれる文として適切なものを，下のア～エから１つ選び，記号で答えなさい。

【理由】

マルハナバチは，はじめは白い花が多い**パターンあ**を選ぶが，（　　　　），このような結果になった。

ア　ミツのない花とある花の区別がつかないパターンを嫌(きら)うため

イ　**パターンい**の方が，ミツの量が多いことに気づくため

ウ　白い花と赤紫色の花を交互(こうご)に訪れる習性があるため

エ　複数の色が混ざっているパターンを好むため

(2) 今回の実験から「花色変化をする植物の方がマルハナバチに選ばれやすく，子孫を残す上で有利である」という結論が得られます。また，この実験からは，次のことも分かります。次の文を完成させるために空欄にいれる文を答えなさい。

【この実験から分かること】

花色変化をする植物が生き残りやすかったのは，マルハナバチのように（　　　　）ポリネーターがいたからである。

参考文献　Makino & Ohashi (2017) doi : 10.1111/1365-2435.12802
鈴木ら (2011) doi : 10.18960/seitai.61.3_259

2　次の文章を読み，問いに答えなさい。

夜空の天体を観察するときは，天体望遠鏡を用いると裸眼(らがん)で見るより拡大して見ることができ，詳(くわ)しく観察できる。現在，天体望遠鏡は，宇宙に打ち上げられるものや，人の目には見えない光をとらえることができるものなど，さまざまなものが開発されている。では，天体望遠鏡はどのようにして開発され進化してきたのか，それをみていこう。

天体望遠鏡の最初の開発者が誰(だれ)なのかは諸説あるが，天体に向けて観察を最初に始めたのは，ガリレオ・ガリレイであるといわれている。ガリレイは1609年に自分で望遠鏡を作成し，天体観察を始めた。彼が開発した望遠鏡は図１のような仕組みである。対物レンズに凸(とつ)レンズを，接眼レンズに凹(おう)レンズを用いることで，観察する像が正立像(裸眼で見たときと同じ向き)となる。彼は，ガラスを自ら磨(みが)き削(けず)ることでレンズを作成した。現在，この方式の望遠鏡は天体望遠鏡では使用されず，観劇用のオペラグラスで使用されている。なぜなら，このタイプの望遠鏡は視野が狭(せま)く，倍率も高くないためである。しかし，ガリレイは，この望遠鏡を使い，宇宙に関するさまざまな発見を行った。

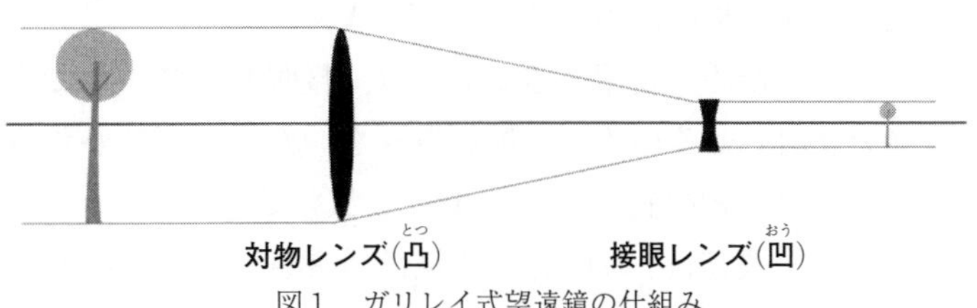

図１　ガリレイ式望遠鏡の仕組み

ガリレイの望遠鏡の欠点を補うために開発されたのが，ケプラー式望遠鏡である。その望遠鏡は図２のような仕組みである。対物レンズだけでなく，接眼レンズにも凸レンズを使用することで，見える像は倒立像(裸眼で見たときに比べ上下左右逆さま)になるが，倍率を高くすることができ，視野も広いというメリットがあった。現在販売されている，屈折望遠鏡は，全てこのタイプである。

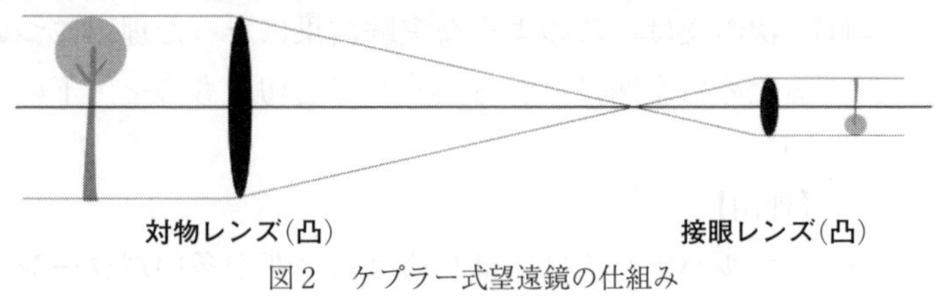

図２　ケプラー式望遠鏡の仕組み

望遠鏡は進化の第一段階として，長さが非常に長くなっていった。1650年代には長さ５～６ｍの望遠鏡が作られ，1660年代に入ると，倍率はガリレイが作成した望遠鏡の50～100倍まで上がったが，代わりに長さが46ｍまでのびた。望遠鏡が長くなっていったのは，湾曲が大きいレンズは光が分散してしまう(虹のように色が分かれてしまう)ので光が１点に集まらなくなり，画像がぼやけるという欠点があったためである。そこで，レンズを薄くしてレンズの湾曲を小さくする必要が生じた。その結果として，レンズを通した光が集まる焦点までの距離が長くなり望遠鏡の長さが長くなっていった。これにより，倍率を上げることができたが，光の分散は完全には防ぎきれなかった。

そこで，望遠鏡は進化の第二段階として，レンズの代わりに鏡(凹面鏡)を使用するという反射望遠鏡が作られるようになった。これは，1668年にアイザック・ニュートンが作成したものが最初である。この望遠鏡は，図３のような仕組みで，凹面鏡で光を集め観察することができる。そのため，使用するレンズは，接眼レンズ１枚ですむようになった。鏡はレンズと違い，光を反射させるのみで，屈折させないため色が分かれることがなく，光の分散がなくなった。また，望遠鏡の長さを短くすることもできた。ニュートンの作成した直径３cmの凹面鏡を使用した全長15cmの反射望遠鏡は，長さ1.2ｍの屈折望遠鏡と同じ性能を持っていた。現在，地上の天文台などで観測用に使用されている天体望遠鏡は反射望遠鏡がほとんどである。この望遠鏡は，凹面鏡を大きくすればするほど光を集めることができるようになり，倍率はどんどん上がっていった。そのため，1781年にはハーシェルが天王星を発見することができた。天王星はそれまで太陽系の端と考えられていた土星までの距離の２倍に位置し，ハーシェルの発見により太陽系の大きさは，一気に２倍まで大きくなった。

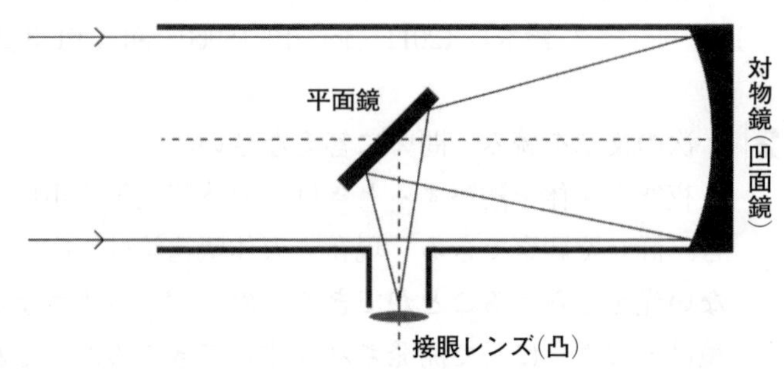

図３　ニュートン式の反射望遠鏡の仕組み

反射望遠鏡で精密な観測を続けている中，不都合なことが起こった。それは，地球の大気により星の光が吸収されたり，揺らいでしまったりということだった。文学的には「星がまたたく」と表現されるが，星からの光が地球の大気によって屈折してしまうことが原因であった。そのため，大気が無い宇宙空間に天体望遠鏡を打ち上げれば，より精密な天体観測ができるのではないかと考えられるようになった。それが可能になったのは，1990年に打ち上げられたハッブル宇宙望遠鏡からである。宇宙に打ち上げたことで，地球の大気による影響を防ぐことができた。また，昼夜が関係なくなったことで，宇宙の一点をずっと観察し続けることができるようになり，地上からでは，何も見ることができなかった漆黒の空間に銀河が大量に存在することが分かり，宇宙の果てに近い所まで観察できるようになった。

天体望遠鏡の次の進化として，私たちの目には見えない光をとらえることができる天体望遠鏡が作られるようになった。私たちは対象を目で見ているが，私たちの目で見ることができるのは，ある範囲の波長の光のみである。図4は，光を波長ごとに分けた図である。

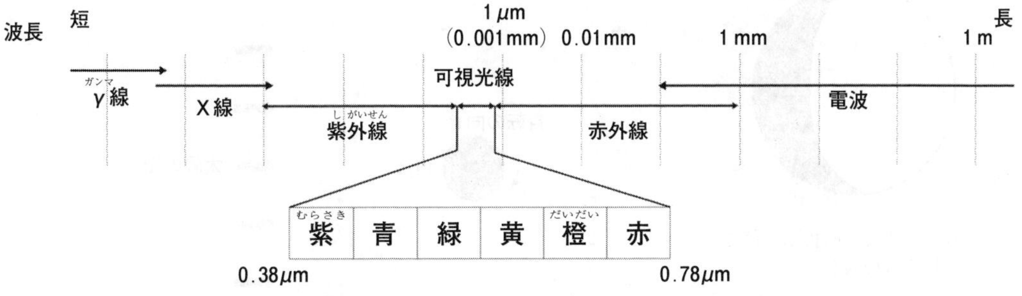

図4　光の分類

私たちが見ることができる光は，図4の中で，可視光線とよばれる部分のみである。それ以外のγ線，紫外線，赤外線，電波なども光ではあるが，私たちの目では見ることができない。しかし，それらの光をとらえることができる望遠鏡が1930年代以降に開発された。それを電波望遠鏡といい，図5のようなパラボラアンテナを使用したものである。この電波望遠鏡によって星間ガスに包まれて可視光線で見ることができない，誕生した直後の星を観測することができるようになった。これは，電波が星間ガスなどの気体に吸収されない性質を持つためである。この電波望遠鏡の開発で，星がどのように誕生し，進化していくかが分かるようになった。電波望遠鏡で観測している電波は，日中も届いており，また，水蒸気にも吸収されにくいため，昼間も観測することができる。現在，電波望遠鏡も宇宙に続々と打ち上げられ，昼夜関係なく天体を観測し続けており，宇宙の研究は日々進んでいる。

図5　電波望遠鏡
(スクエア最新図説地学　第一学習社より引用)

問1　ガリレイは，自作の天体望遠鏡を月に向け，人類史上初めて月にある地形を観察した。月の表面にある，ふちが円形で盛り上がって，中心がくぼんだ地形を何というか答えなさい。

問2　ガリレイが生きていた時代の宇宙の考え方は，天動説が主流であり，すべての天体が地球の周りをまわっていると考えられていた。しかし，ガリレイは自作の望遠鏡を木星へ向け，地球ではなく，木星の周りを公転している天体を4つ発見した。このような惑星の周りを公転する天体の名称を漢字で答えなさい。

問3　地上に存在する天文台の望遠鏡は，高度の高い山の上などに立地していることが多い。その理由について述べた文として**誤っているもの**を，次のア～エの中から1つ選び，記号で答えなさい。

ア　空気が薄いので，空気の影響を受けにくい。

イ　水蒸気の量が少なく，天候が良い日が多い。

ウ　地表に比べ，星に近いため観察しやすい。

エ　人工の光による影響を受けにくい。

問４　ある晩，渋谷からケプラー式望遠鏡で見た月は図６のように見えた。この月の実際の位置は，図７の**ア～カ**のどの位置になるか，記号で答えなさい。ただし，図７は地球の北極側(北極点の真上)から見た，太陽の光，地球，月の位置関係を模式的に表している。

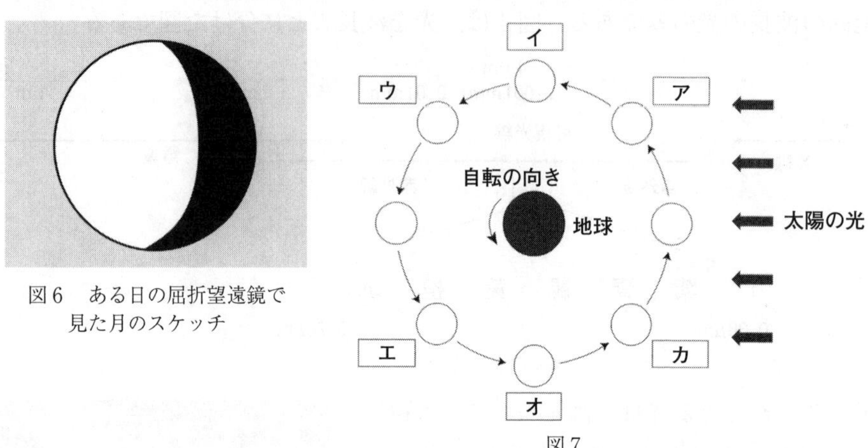

図６　ある日の屈折望遠鏡で見た月のスケッチ

図７

問５　反射望遠鏡と比べたときの屈折望遠鏡の欠点を「望遠鏡の長さが長くなる」以外で答えなさい。

問６　宇宙に天体望遠鏡を打ち上げると，２つの点で観察に有利になる。１つは，空気が無いため星の揺らぎがなくなったことである。もう１つを本文中から抜(ぬ)き出しなさい。

問７　地上から観測するとき，電波望遠鏡が可視光線で観測する望遠鏡と比べて有利な点として，最も適切なものを次のア～エから１つ選び，記号で答えなさい。

ア　人工の光がある都市から離れた場所で観測できる。

イ　太陽の光の影響がない夜に観測できる。

ウ　星間ガスに包まれていない星を観測できる。

エ　曇(くも)りの日に観測できる。

する人々の間で思想の偏りが起きないように配慮されている点で共通しているが、言葉が民主化されている状態を保持するために両者を同一視するのではなく、それぞれの場面に適した語彙や表現形式を選び取っていくべきである。

言っていて、あの悩んで揺れ動く気持ちは「葛藤」と言うんだとわかったよ。〈精密コードとしての日本語〉を使うと微妙な心理が表現しやすくなるね。

ウ　近所に住んでいるおじいさんが言っていたけれど、戦時中は敵国だったアメリカやイギリスから入ってきた言葉を使うことが禁止されていた時期があったんだって。国家が言葉を統制することによって人々を偏った価値観に導くという点では「ニュースピーク」とよく似ているね。

エ　私が住んでいる地域の避難所の看板には今までは「避難場所」としか書かれていなかったけれど、最近「逃げるところ」という表現が書き足されて、意味がわかりやすくなったよ。聴覚情報だけではなくて視覚情報でも〈やさしい日本語〉は活用することができるんだと思ったよ。

オ　以前風邪を引いたときに薬を飲んだらすぐに身体が楽になったよ。でも、あとになって、薬だと思って飲んだのが実はラムネだったとわかったんだ。なぜ治ったんだろうと思って調べたら、薬自体に効能がなくても信じて飲むことで効果が出る「偽薬効果」・「プラシーボ効果」という医学用語があることを知ったよ。こういう用語も〈精密コードとしての日本語〉だね。

カ　いとこの結婚式があったとき、「終わる」や「切れる」みたいに不幸を連想させる言葉は使わないようにってお母さんに注意されたよ。こういう言葉は「忌み言葉」と言って縁起が悪いから場面によっては使うことが避けられるらしいけれど、言葉を制限して思想を狭めるところは「ニュースピーク」みたいだよね。

問七　筆者は本文に続く箇所において、〈やさしい日本語〉と〈精密コードとしての日本語〉の間には「緊張関係」があり、この緊張は解くべきではないと述べています。筆者は二つの言葉の関係性に対してどのような意見を持っていると考えられますか。本文の内容をふまえて最もふさわしいものを次の中から一つ選び、記号で答えなさい。

ア　専門家が複雑な問題を研究するときは〈精密コードとしての日本語〉を用いて、市民が生活するために必要な情報を取り入れるときは〈やさしい日本語〉を用いるという使い分けによって社会は成り立っているため、専門家と市民はお互いの領域に踏み込むのではなく、各々の立場にふさわしい言葉を使うべきである。

イ　〈やさしい日本語〉が万人に対して開かれた平明な言葉である一方で、〈精密コードとしての日本語〉は一部の知識人のみが使用する高等な言葉であり、二つの言葉は相反する性質を持っているため、統合して新たな言葉を創造することを目指すのではなく、従来通りそれぞれを独立したものとして厳密に区分して使用していくべきである。

ウ　人々がお互いへの理解を示しながら安心して生活しつつ高い思考力を維持できるようにしていくために、日々の暮らしの中で使用する言葉を〈やさしい日本語〉と〈精密コードとしての日本語〉のいずれか一方に統一するのではなく、両者の均衡を保ちながらそれぞれの場面で使い分けていくべきである。

エ　〈やさしい日本語〉と〈精密コードとしての日本語〉はどちらが全面的に使用されることになっても必ず社会から取り残されてしまう人が出てくるので、対立し合う二つの言葉として区別するのではなく、バランスを取りながら双方の持つ特徴を融合させた民主的な表現形式を模索していくべきである。

オ　〈やさしい日本語〉と〈精密コードとしての日本語〉は使用

いので、過去から現在にいたるまでの言葉の蓄積を日本語教育のなかで教えていくことが必要だと感じている。

オ　専門性が求められる場面でも日本語を母語としない人々との対話の場面でも使用できる柔軟な日本語であり、専門家と市民が円滑なコミュニケーションを行うために、今後さらに活用されるべきであるという確信を持っている。

問四　――線(3)「言葉は思考を運ぶ単なる乗り物なのではなく、ある種、『思考が言語に依存している』」とありますが、それはどういうことですか。五十一字以上六十字以内で説明しなさい。

問五　本文を読んだAさんは〈やさしい日本語〉と「ニュースピーク」とについて考えを整理するため、――線(4)「人々は〈やさしい日本語〉の使用によって、画一的なものの見方どころか、多角的なものの見方を獲得できる」に注目して、次のようなメモを作成しました。これについて、あとの(1)、(2)に答えなさい。

> メモ
> 人々は〈やさしい日本語〉の使用により、［　X　］ようになり、多角的なものの見方を持つようになる。
> 人々は「ニュースピーク」の使用により、［　Y　］ようになり、画一的なものの見方を持つようになる。

(1)　［X］に入る表現として最もふさわしいものを次の中から一つ選び、記号で答えなさい。

ア　日本語を母語としない人の不自然な言葉づかいに対する自分の態度を振り返り、相手の言葉づかいに対して寛容になろうとするなかで、相手の目線に立って対話することを意識する

イ　自分が今まではわかりにくい表現を使っていたことに気が付き、相手の気持ちや状況に寄り添った丁寧な表現を心掛けるなかで、その場にふさわしい新しい言葉を創り出す

ウ　無意識のうちに日本の文化を相手に押し付けていたことを反省し、相手の文化を学んでいくなかで、日本以外の文化の持つ独自性や素晴らしさを理解する

エ　日本語の敬語や助詞が他文化の人にとっては難しいのだとわかり、相手が少しでも理解できるように会話を工夫するなかで、現在の日本語の単語や文法の形式にこだわる必要はないと思う

オ　自らの言語が持つ不明瞭さや難解さを自覚し、より相手に伝わりやすい表現を用いてコミュニケーションをしようと努めるなかで、自分とは違う文化的背景を持つ他者の気持ちを考慮する

(2)　［Y］に入る表現を四十一字以上五十字以内で本文に即して答えなさい。

問六　次のア～カは、本文に登場する〈やさしい日本語〉・〈精密コードとしての日本語〉・「ニュースピーク」について生徒が話しているものです。それぞれの言葉に関する具体的な例として明らかな間違いを含むものを一つ選び、記号で答えなさい。

ア　私のクラスには海外からの留学生がいて、国語の授業で読んだ説明的な文章には難しい言葉や表現がたくさんあると言って困っていたよ。それに気が付いた先生は簡単な表現に言い換えながら説明してくれたんだ。これが相手の立場になって〈やさしい日本語〉を使うということなんだね。

イ　今日見た映画の主人公は、夢を追い続けて貧しい生活をするか、夢を諦めてしっかり働くか、決められずに苦しんでいたよ。一緒に見ていた兄が「彼の心の葛藤がよく伝わってきたね」と

ろう。

（古田徹也『いつもの言葉を哲学する』より）

※社会的包摂…一人ひとりが取り残されることなく社会へ参画することができるようにすること。
※日本語ネイティブ…日本語を母語とする人。
※符丁…仲間だけに通じることば。あいことば。
※全体主義…個人の権利や利益を国家の統制下に置こうとする思想。

問一　===線①～④のカタカナを漢字に直しなさい。漢字は一画ずつていねいに書くこと。

問二　――線(1)「社会におけるその重要性」とありますが、〈やさしい日本語〉はどのような点で重要ですか。最もふさわしいものを次の中から一つ選び、記号で答えなさい。

ア　〈やさしい日本語〉は全ての人が日本語の規範として用いることを目的として作られており、日本語を母語としない人々が日本人と対等にコミュニケーションをとることを推進し、多文化社会の中でも差別をなくすことを可能にするという点。

イ　〈やさしい日本語〉は文化的背景や能力にかかわらず誰もが容易に使えることを目的として作られており、社会に所属する全ての人が排除されずに共に暮らしていくことを推進し、緊急時においても多くの人々が適切な情報をすばやく得ることを可能にするという点。

ウ　〈やさしい日本語〉は日本で暮らすあらゆる人々の共通言語になることを目的として作られており、日本語を母語とする人と在日外国人の言葉の壁による教育格差をなくすことを推進し、将来的には格差のない平等な社会を形成することを可能にするという点。

エ　〈やさしい日本語〉は人々が持つ様々な個性や違いに配慮することを目的として作られており、日々の生活のなかで誰もが周囲の人と親しい人間関係を速やかに築くことを推進し、災害などの非日常的な場面でも必要な情報を周囲の人と共有することを可能にするという点。

オ　〈やさしい日本語〉は国内で暮らす多様な人々の円滑な意思疎通を実現することを目的として作られており、日本語習得の際のハードルを下げて移民を増やすことを推進し、日本以外の文化圏の人々であっても自分の考えを他者に的確に伝えることを可能にするという点。

問三　――線(2)「精密コードとしての日本語」とありますが、それについて筆者はどのような考えを持っていますか。最もふさわしいものを次の中から一つ選び、記号で答えなさい。

ア　複雑な事象を的確に表現するために欠くことのできない繊細な日本語であり、使うためにはこれまでの言語文化の積み重ねを理解して更新していく姿勢が必要で、その使用が一部の人々に限定されてしまうことには危機感を抱いている。

イ　専門的な分野において現象を速やかに分析するための高度な日本語であり、市民がその意味を即座に理解できるようなわかりやすいものではないため、その性質上権威や権力と強く結びつき、日本語の非民主化を推し進めるものであることを懸念している。

ウ　社会に存在する様々な課題を解決するために必要となる練り上げられた日本語であり、専門家や知識人だけが用いることで格差が生じないように、日本で生活するあらゆる人々が使えるようになることが重要だと考えている。

エ　込み入った状況を詳細に表すことができる緻密な日本語であり、適切に用いるためには意味や使う状況を間違ってはならなを削減し続けることである。小説の登場人物の口からは、「年々ボキャブラリーが減少し続けている言語は世界でニュースピークだけだ」（同書八二頁）とも語られている。たとえば、「good（良い）」という言葉の程度を強めるのに「excellent（素晴らしい）」とか「splendid（見事）」といった言葉があるのは無駄であって、「plusgood（＋良い）」とか「doubleplusgood（＋＋良い）」という言葉で十分とされる（同書八一頁）。作者のオーウェルは、小説の付録として「ニュースピークの諸原理」を詳細に著しているが、そこで彼は次のようにも綴っている。

我々の言語と比較してニュースピークの語彙は実に少なく、さらに削減するための新たな方法がひっきりなしに考案され続けた。ニュースピークは他の言語と異なり、年々語彙が増えるのではなく、減少し続けたのである。選択範囲が狭まれば狭まるほど人を熟考へ誘う力も弱まるのだから、語彙の減少はすなわち利益であった。（同書四七三―四七四頁　※原文を基に一部改訳）

しっくりくる言葉を探し、類似した言葉の間で迷いつつ選び取ることは、それ自体が、思考というものの重要な要素を成している。逆に言えば、語彙が減少し、選択できる言葉の範囲が狭まれば、その分だけ「人を熟考へ誘う力も弱まる」ことになり、限られた語彙のうちに示される限られた世界観や価値観へと人々は流れやすくなる。ニュースピークとはまさに、その事態を意図した言語なのである。

語彙と文法の制限によって簡素化・平明化を実現したニュースピークは、淀みのない滑らかなコミュニケーションを人々に可能にさせるが、しかしその事態は、人々がこの言語によって飼い慣らされ、表現力・思考力が弱まり、画一的なものの見方や考え方に支配されることを意味していた。

もちろん、これは小説のなかの話であり、ある種の思考実験に過ぎない。（とはいえオーウェルは、二〇世紀前半に猛威を振るった現実の全体主義国家の言語政策やプロパガンダなどを手掛かりに、ニュースピークを周到に構想したわけだが。）

また、〈やさしい日本語〉はニュースピークのようなものだ、と言いたいわけでもない。ニュースピークは、全体主義に適わない世界観や価値観を表現する言葉を積極的に廃止し、「ありとあらゆる他の思考様式を完全に排除すること」（同書四六〇頁）を明確に意図して設計されている。その一方で〈やさしい日本語〉は、先に確認したように、地域に住む人々の多様な背景を尊重し、相手の立場に立ったコミュニケーションを推進することを目的としている。それゆえ、（4）人々は〈やさしい日本語〉の使用によって、画一的なものの見方どころか、多角的なものの見方を獲得できる可能性が大いにあるだろう。

しかし、仮に〈やさしい日本語〉が全面化するとすれば――つまり、いかなる場面でも〈やさしい日本語〉の使用が推奨されたり要求されたりするとすれば――その際にはこの言語はニュースピーク的なものに近づくことになる。誰か（言語学者？　国の機関？）が意図して減らした語彙と表現形式に従ったかたちであらゆる報道がなされたり、あらゆるレポートや論文が書かれたりするようになれば、どのような語彙や表現形式が制限されるかに応じて、思想的な偏りが生まれたり強まったりするだろう。また、たとえば価値中立的な言葉や政治的に中立的な言葉だけを用いる、といった方針を採ったとしても、言うまでもなくその方針自体が、一種の思想的な偏りを示すものとなる。

そして、それ以前に、〈精密コード〉としての側面を失った日本語は、それを使用する者の表現力や思考力を著しく弱めてしまうことだいうわけではない。専門家と市民との十分なコミュニケーションは本当に重要であり、そこでは難しい言葉はしっかりと嚙み砕かれるべきだ。（この点については、後の第四章第3節で主題的に扱う。）ただし、その前にまずもって、専門の領域において突き詰めた思考と表現が必要なのだ。

また、種々の社会問題の込み入った中身に分け入ったり、人間の心理の微妙な襞を分析したり、古来受け継がれてきた世界観や価値観の内実を浮き彫りにしたり、といった場合にも、慎重に繊細に言葉を練り上げることが必要となる。そうやって腐心することではじめて表現できることがあり、その表現によってはじめて見えてくるものがあるのだ。そして、そのような実践が可能であるためには、言語という巨大な文化遺産の奥深くにアクセスし、その厖大な蓄積を利用しつつ、変更を加えたり新たなものを付け加えたりしていく道が、私たちに確保されていなければならない。つまり、〈やさしい日本語〉ではなく、前掲書で言うところの「(2)精密コードとしての日本語」（同書二〇九頁）を用いることが、そこでは可能でなければならない。

しかもそれは、各分野の専門家や、あるいは作家といった職業の人に可能であればよい、というものではない。〈精密コードとしての日本語〉の使用が私たちのうちのごく一部に限られてしまえば、そこに大きな知的格差や、あるいは権威・権力の偏りが生まれ、日本語は非民主化されてしまうことになる。また、そもそも、過去の言葉の蓄積を理解できる人が少なくなれば、その分だけ遺産自体が先細り、朽ちていってしまうことになる。

要するに、言葉は常に伝達のための手段であるわけではなく、しばしば、言葉のまとまりをかたちづくること——表現を得ること——それ自体が目的となる場合がある、ということだ。その点で、「日本語母語話者にとって最も重要な日本語能力は、「自分の考えを相手に伝えて、相手を説得する」ということである」（同書一八一頁）という、同書で繰り返されている主張は、言葉の働きの一方を強調し過ぎているように思われる。もちろん、その種のコミュニケーションスキルもきわめて重要だ。しかし、これがほかの何よりも重要であるというわけではない。すなわち、その伝えるべき「自分の考え」それ自体を生み出すことも、同じくらい重要な言葉の働きなのである。

それから、言語の簡素化と平明化を推進することが、必ずしも言語の民主化につながるとは限らない、という点も強調しておくべきだろう。

多様な人々の間で用いられる共通言語を意図してつくろうとする際には、一般的に、語彙と文法を制限して学習や運用のコストを減らすという方法がとられる。しかし、人工的な共通言語のこうした特徴は、たとえばジョージ・オーウェル（一九〇三—一九五〇）の小説『１９８４』に登場する、※全体主義国家の公用語「ニュースピーク」の特徴と似通っている。

本書第一章でいくつか具体的な事例を通して確認したように、多くの言葉は、物事に対する特定の見方、世界観、価値観といったものを含んでいる。（たとえば、「土足で踏み込む」、「かわいい」、「しあわせ」など。）(3)言葉は思考を運ぶ単なる乗り物なのではなく、ある種、「思考が言語に依存している」（『１９８４』四六〇頁）とも言えるのである。そして、件の全体主義国家は、言語のこの特徴を最大限に利用している。すなわち、旧来の英語を改良した「ニュースピーク」なる新しい言語を発明し、その使用を強制することによって、国民の表現力や思考力を弱め、全体主義に適う物事の見方に嵌め込むのである。

ニュースピークの具体的な設計思想は、文法を極力シンプルで規則的なものにすること、そして、体制の維持や強化にとって不要な語彙うまく習得できなかった。就職後、彼が「てにをは」の不自然な文――たとえば、〈仕事が終わらせる〉など――を書いたりすると、周囲の同僚にからかわれたり、蔑まれたりするようになり、相当の辛苦を味わったという(同書一三八―一三九頁)。同様のつらい思いは、日本で働く在日外国人なども少なからず経験していることだろう。

　日本語を母語とする者が高度に使いこなしているものを皆が従うべき「規範」として立て、そこから逸脱した使用を嘲ったり厳しく注意したりするのでは、社会的包摂や多文化共生からは遠ざかるばかりだろう。むしろ、「日本で安心して生活するために最低限必要な日本語」(同書八六頁)を基準に皆が日本語の学習やコミュニケーションのあり方を考えていくことは、特定の障害のある人や在日外国人などが「日本の中に自らの「居場所」を作る」(同書七三頁)ことにつながりうる。

　以上の指摘は非常に重要だ。〈やさしい日本語〉を知恵を絞って構築し、日本語教育の現場などに普及させて日本語習得のハードルを下げることは、たとえば移民など、この国の地域社会で生きていく必要のある人々にとっても、また、彼らと共生していく日本語ネイティブの住民にとっても有益であることは間違いない。

　さらに、同書では、〈やさしい日本語〉はそのほかの点でも日本語ネイティブ自身にとって大いに恩恵があると指摘されている。私も含め、日本語ネイティブはしばしば、「適当に言っても通じる」というある種の「甘え」(同書一八四頁)のなかにいる。たとえば、企業でも②カンチョウでも大学等々でも、自分でもよく分かっていない曖昧な業界用語を※符丁のように用いて、仲間内でうなずき合って過ごす、というのはよく見られる光景だ。また、無駄に難しい言葉をこねくり回して③リッパな話をしているように見せかける、というケースもしばしばあるだろう。

そうした甘えや幻惑から脱して、自分とは異なる背景を有する相手の立場に立ち、物事を分かりやすく表現して伝えようとすることは、多くの場面でコミュニケーションの成功の機会を増やしてくれるほか、物事のより明確な理解や、より多角的な理解を促進してくれるだろう。

　ただし、〈やさしい日本語〉が日本語それ自体の規範になってはならない。私はこの一点に関してのみ、〈やさしい日本語〉の推進に対して一抹の懸念を抱いている。

　たとえば同書では、日本語ネイティブにとっては拙く思えるような日本語も一種の「方言」ないし日本語のバリエーションであって、たとえば在日外国人がそうした日本語で「大学のレポートや会社のビジネス文書を書いても受容すべきだ」(同書二〇七頁)と言われている。もしもこの主張が、あらゆるレポートやビジネス文書についての規範的主張として④テンカイされているのだとしたら、それには明確に反対したい。

【中略】

　また、たとえば専門家の繰り出す表現がときに難しいものになるのは、難しい言葉を無駄にこねくり回しているから――本当は分かりやすく言えるのに、敢えて好きこのんで難しい言葉を用いているから――というケースも確かにあるが、そればかりではない。

　医学であれ、工学であれ、法学等々であれ、専門家が扱う問題は、まさにその道の専門家が必要であるほどに、そもそも難しい。複雑な問題をあるがままに正確に捉え、解決の方途を正確に言い表そうとするならば、その表現はおのずと複雑で、繊細なものになっていく。

　もっとも、専門家は常に難しい言葉の使用に終始していればよいといいかわからなかった」（62行目）けれど、海辺での場面では「口から、言葉がぽろぽろとこぼれていく」（160行目）ようになっている。きっと、自分の物語と八千代の物語が重なって捉えられたから、自分を振り返る言葉が八千代への言葉として自然とあふれてきたのだろう。

オ　本文は忍の視点から描写されることが多く、八千代の本心ははっきりとは描かれていないけれど、最後の場面では二人の気持ちが通じ合っていることが読み取れる。作品の構造としては、競歩選手を描こうとする小説家を描くという二重構造になっていておもしろい。

カ　冬の海辺の情景描写が効果的だ。「沈んだ声は、波の音に掻き消されそうだった」（145行目）など、今にも消え入りそうな声で話す二人の意気消沈した姿が波の音によって印象付けられている。また、「波の音と音の間で、八千代はその言葉を繰り返した」（202行目）などから、波音が二人を包むことで幻想的な空間が演出され、その中でお互いの心の内をぶつけあう二人が現実世界から切り離されているように感じられる。冬の冷たい空気が、残りの合宿が二人にとって更に辛いものになることを暗示している。

キ　忍は思うような作品を書けないことの原因について、売り上げやニーズなどを気にした影響もあると考えていたようだ。しかし八千代と話をしていくうちに、書くことが自分に価値をもたらすということに気づき、自分自身の内側に本質的な原因があるということに思い至る。八千代との対話を通して自分自身への理解が深まったということが言える。

二　次の文章を読んで後の問いに答えなさい。

日本語学・日本語教育学者の庵功雄さんが著した『やさしい日本語』は、簡略化された〈やさしい日本語〉の概要を示しつつ、(1)社会におけるその重要性を指摘しており、目下の論点にとって非常に参考になる著書だ。

そこで①テイショウされている〈やさしい日本語〉とは、簡単にまとめるならば、（1）語彙を絞る、（2）文型を集約するなどして文法を制限する、（3）難しい表現を噛み砕く、といった方法により、特定の障害のある人や在日外国人などにとっても習得や理解がしやすいように調整された日本語のことだ。

この〈やさしい日本語〉は、災害時における行政やメディアによる広範な情報発信という用途のほか、平時においても、多様な人々が暮らす日本の地域社会の共通言語として用いることによって、※社会的包摂や多文化共生につながることが目指されている。具体的には、たとえば、

「地震直後に必要になる水や保存食はもちろんのこと、給水車から給水を受けるためのポリタンク等も事前に購入しておきたい」

という※日本語ネイティブ向けの防災の呼びかけは、

「地震のすぐあとのための水や食べ物はとても大事です。水をもらうときのためのポリタンク（水を入れるもの）も買ってください」

といった文章に言い換えることが推奨される（『やさしい日本語』一八七―一八八頁）。

同書中で紹介されているエピソードのなかで特に印象深いのは、聴覚に障害のある一人の男性のエピソードだ。彼はろう学校で必死に日本語を学んだが、彼の母語である日本手話が日本語と大きく文法体系が異なることなどもあり、敬語の使い分けや助詞の使い方などは

ないと、次の挑戦を前向きに捉えうまくいくことを信じようとしている点。

エ　立ち直ることができないような大きな挫折を経験したことで、自分には何の価値もないのではないかという不安にとらわれ、最後になるかもしれない次の挑戦に怯えている点。

オ　挫折を経験し一度は夢を諦めようとしたが、何をしていいかわからず過ごすうちに、自分に新たな価値を与えてくれるものが見つかり、諦めさえしなければまだまだ次の挑戦があるということを信じている点。

問七　――線(6)「やるよ。遊びに来てるんじゃないんだから」とありますが、ここでの忍の説明として最もふさわしいものを次の中から一つ選び、記号で答えなさい。

ア　大好きで取り組んできた分野での自分の負けを認めるのはとても辛いことだが、似た境遇にある八千代と本音を語り合ったことで、自分を見つめ直すことができ、厳しい状況は変わらないものの前向きな気持ちが生まれている。

イ　大好きな文学において自分の才能の限界を認めるのはとても辛いことだが、長距離を諦めて競歩に転向した八千代と胸の内を共有したことで、苦しんでいるのは自分だけではないと思えるようになり、一歩ずつでも前に進もうという意欲が芽生えている。

ウ　作家としての敗北を受け入れるのはとても辛いことだが、拗ねてふて腐れていた八千代が自分の話を聞いて明るくなったことで、自分の置かれた状況を客観視する余裕が生まれ、困難な状況にあってもそれを不思議と楽しめるようになっている。

エ　出版した小説の売り上げにおいてライバルに敗北したことを認めるのはとても辛いことだが、長距離走で挫折を味わった八千代が新たな価値を求めて競歩に挑んでいるのを知ったことで、自分が何者かを知りたいという好奇心が湧いてきている。

オ　他人が決めた肩書きを背負い続けるのはとても辛いことだが、同じような悩みを抱える八千代に自分の話を聞いてもらえたことで、自分の気持ちに整理がつき、周りからの期待に応えられる自分になろうと決意を新たにしている。

問八　次のア～キは、この作品を読んだ生徒たちの感想です。作品の解釈として明らかな間違いを含むものを二つ選び、記号で答えなさい。

ア　八千代は走ることが大好きだったのにそれを諦めるのは辛いことだろう。彼は「走る」代わりに「歩く」ことをしているわけだけれど、でも蔵前の言葉から考えると、競歩を好きでやっている選手には勝てない。焦ると走りたい気持ちが出てしまうのかもしれない。彼が競歩選手として成長するには「歩く」こと自体を好きになる必要がありそうだ。

イ　忍は天才高校生作家として華やかにデビューしたけれど、書くことがだんだん辛くなってしまい、昔の自分にも、ライバルである桐生恭詩にも勝てずにいる。桐生に勝って、書くことをもう一度好きになることができれば、また思うような作品が書けるようになるだろう。

ウ　蔵前や長崎は好きで競歩を極めようとしている人物で、八千代とは対比的な位置づけがされている。蔵前は八千代に厳しい言葉を投げかけるけれど、それによって八千代は自分の考え方を見つめ直し、変化・成長のきっかけを与える存在として重要な役割を果たしている。さらには忍の変化にも影響を与えることになる重要な人物だ。

エ　蔵前から責められた八千代に対して、最初忍は「何を言えばするようなことを言いながらも、八千代に対する同情を感じさせるような笑顔を浮かべており、忍は蔵前の真意が理解できなかったから。

エ　蔵前は八千代のように他競技から競歩へ転向してきた多くの選手の末路を知っていて、彼の選手としての将来を危ぶむような発言をしているにもかかわらず、八千代を鍛えるのが楽しみだというような笑顔を浮かべており、忍は蔵前に不信感を抱いたから。

オ　蔵前は八千代が前向きな気持ちで競歩に取り組んでいるわけではないということを知り、それを腹に据えかねて厳しい言葉を述べながらも、八千代のフォームを美しくする自信にあふれた笑顔を浮かべており、忍は蔵前の言動に違和感を覚えたから。

問五　――線(4)「ゾンビみたいに彷徨う」とありますが、これは忍のどのような様子を表したものですか。最もふさわしいものを次の中から一つ選び、記号で答えなさい。

ア　「天才高校生作家」と称賛された頃と違って、最近は納得のいく作品が書けなくなり、身も心も疲れ果ててしまっているが、失敗を次の作品に生かさなければ意味がないという思いにとらわれて、自分の才能に対する不安を抱えつつ、苦悩しながら試行錯誤を繰り返している様子。

イ　最近はデビュー作を超える手ごたえのある作品が一向に書けないまま、心に穴が空いてしまったように無気力になっているが、次の作品ではひょっとしたら挽回できるのではないかという淡い期待を捨てきれず、もがき苦しみながら、いつ終わるともわからない挑戦を続けている様子。

ウ　人気作家としての過去の栄光を取り戻したいという思いが空回りし、思うような結果に結びつかず小説を書くこと自体に嫌気がさしているが、次の作品でこれまでの失敗を埋め合わせなければならないという考えに固執してしまい、結果に怯えて苦悩しながらも、書くことを諦められずにいる様子。

エ　これまでいくつか作品を書いてきたものの、どれもデビュー作を超える評価を得られず、作家としての方向性を見失って混乱しているが、次の作品を書くことで自分が作家であることを証明できるかもしれないという思いに引き摺られ、辿り着けるかもわからない目標に向かって、苦悩しながら努力を継続している様子。

オ　華々しい作家デビューの後、次第に自分の思いや周囲の期待にかなう作品が書けなくなり、心に大きな傷を負っているが、次の作品を上手く書くことでしか過去の失敗から逃れることができないという思いに取りつかれ、先の見通しもなく、もがき苦しみながら小説を書き続けている様子。

問六　――線(5)「俺も、彼も、一緒だ」とありますが、忍と八千代はどのような点で一緒なのですか。最もふさわしいものを次の中から一つ選び、記号で答えなさい。

ア　挫折を繰り返した結果、ついに自分が身につけるべき新しい価値を見極めたが、もうこれ以上挑戦を続けることができないかもしれないという思いにさいなまれ、次の挑戦を最後だと思ってやりとげようと考えている点。

イ　挫折を味わった後、上手くいく保証のない中で怯えながらも、自分が何者であるかを証明したい、自分の新しい価値を求めたいという気持ちを抑えきれず、次の挑戦を諦めることができずにいる点。

ウ　立ち直れないほどの挫折をしたが、自分が新しい価値を身につけるためには、その経験を生かして今できることをするしかヤネイロオリンピックに出場した。

※ロング歩…競歩の練習メニューの名前。
※楓門大…今回の合同合宿に参加している大学のひとつ。
※桐生恭詩…忍と同時期にデビューした同世代の作家。かつては忍の方が人気があったが、今は桐生の方が売れている。

問一　═線①～④のカタカナを漢字に、漢字をひらがなに直しなさい。漢字は一画ずつていねいに書くこと。

問二　──線(1)「八千代の本質と弱点を見抜いている」とありますが、蔵前が見抜いた八千代の選手としての「本質と弱点」はどのようなものですか。五十一字以上六十字以内で説明しなさい。

問三　──線(2)「にこやかに言って、蔵前は何事もなかったみたいに合宿所に入っていった」とありますが、ここまでの場面で描かれている蔵前の説明として最もふさわしいものを次の中から一つ選び、記号で答えなさい。

ア　競歩に取り組む八千代の姿勢に物足りなさを覚え、あえて八千代を試すような発言をした彼からは、いつもの前向きで実直な雰囲気は消えうせ、日本の競歩界の第一人者としての凄みが感じられた。しかし最後には、八千代の才能を強く信じているかのように明るい笑顔を向けている。

イ　競歩に取り組む八千代の考え方に疑問を感じ、その真意を執拗に追求した彼からは、いつもの気さくでさっぱりした雰囲気は消えうせ、競歩のエキスパートとしての気位の高さが感じられた。しかし最後には、何事もなかったかのように八千代に対して再びさわやかな笑顔を向けている。

ウ　競歩に取り組む八千代の姿勢に対して不満を感じ、突き放すような言葉を発した彼からは、いつもの冷静で落ち着いた雰囲気は消えうせ、競歩という競技を愛するがゆえの怒りが感じられた。しかし最後には、沈黙することしかできない八千代に対して諦めと悲しみがにじむような複雑な笑顔を向けている。

エ　競歩に取り組む八千代の姿勢に対してあえて怒りをあらわにしてみせ、厳しい言葉を投げかけた彼からは、いつもの親しみやすく明るい雰囲気は消えうせ、日本競歩界を背負う者としての威厳が感じられた。しかし最後には、沈黙する八千代に対してあっけらかんとした様子で晴れやかな笑顔を向けている。

オ　競歩に対する八千代の考え方を正さねばならないと考え、有無を言わせぬ態度で八千代を叱った彼からは、いつもの穏やかで優しい雰囲気は消えうせ、若い選手に規範を示そうとする厳しさが感じられた。しかし最後には、返す言葉もないほど落ち込む八千代の気持ちを察して励ましの笑顔を向けている。

問四　──線(3)「本当にそうなのだろうか」とありますが、蔵前に対して忍がこのように考えるのはなぜですか。最もふさわしいものを次の中から一つ選び、記号で答えなさい。

ア　蔵前は八千代が自分と同じく長距離走から競歩へ転向したことを知ったうえで、自分や長崎とは決定的な実力の違いがあると彼を見下すようなことを言っているが、八千代の才能は認めるかのような笑顔を浮かべており、忍は蔵前の様子が不思議で仕方なかったから。

イ　蔵前は八千代が長距離走を諦めて競歩に転向したことを知りつつ、彼の選手としての在り方を否定するような残酷なことを言っているが、それでも八千代の成長を期待するかのような笑顔を浮かべており、忍は蔵前の真意が他にあるのではないかと感じたから。

ウ　蔵前は八千代が長距離走へのコンプレックスを競歩にぶつけているということを知り、その姿勢は間違っていると強く批判駄目だったんです。

波の音と音の間で、八千代はその言葉を繰り返した。

「俺ね、小学生の頃から走るのが好きで、中学、高校と陸上ばっかりだったんですよ。はい、今日から別の目標を見つけて、頑張って生きて行ってください。なんて言われても、何をすればいいかわからないんです。何ができるかもわからないんですよ。だから、競歩は俺に価値をくれるんじゃないかと思ったんです」

そうだ。俺には価値が必要なんだ。作家であり続けるためには、価値がないといけない。書くことをやめたら、俺は何者にもなれない。

書き続けること以外に、自分を確かめる方法がわからない。

「俺も負けたんだよな」

寒さに、指先の感覚が遠のいていく。鼻の頭が痛くなって、鼻水を啜った。

「そうだな。そうだよな、俺は負けたんだ。負けたってわかってるくせにぐちゃぐちゃ言い訳して、スランプだとか、『どうせ俺なんか』なんて言ってふて腐れて拗ねてたんだ。認めるよ、負けたんだ。俺は、負けたんだ」

「先輩は、誰に負けたんですか？」

他の作家に、本に、世間からの期待に、ニーズに、売り上げに――そこまで考えて、どれも合っているけれど、どれも違うと気づいた。

「榛名忍に、だ」

天才高校生作家という肩書きを、重いと思った。でも、いざ「誰からも期待されなくなった自分」を想像すると、期待されたいと思う。期待される自分でいたい。期待に応えられる自分でいたい。もっと上手に夢を見るはずだったのに。胸の奥にいる怖いほど純粋な自分が、そうやって嘆いている。

東京オリンピックが決まったあの日から、俺は一歩も前に進んでいない。

「俺は、俺に負けてきたんだ。本を読むのが好きで、小説を書くのが好きな俺に、ずっと負けてきた。俺の期待を④ウラギってきた」

ふふっと、八千代が笑うのが波の音に紛れて聞こえた。無意識に足下にやっていた視線を彼へ移すと、確かに微笑んでいた。

「元天才高校生作家も、大変ですね」

「ああ、大変だよ。凄く大変だよ」

今、とても辛い話をしているはずなのに。どうしてこいつは笑って、釣られて俺も笑ってしまうんだろう。

「帰ろう。帰って飯食って風呂だ。明日はまた20キロ自転車漕ぐんだから」

立ち上がると、内股にびきんと痛みが走った。呻きながらズボンについた砂を払うと、八千代が「え、明日もやるんですか？」と聞いてきた。

「(6)やるよ。遊びに来てるんじゃないんだから」

浜は真っ暗になっていた。手探りで自転車を探し、砂の上を引き摺って歩いた。

（額賀　澪『競歩王』より）

※蔵前…競歩のコーチ。

※警告…競歩では歩く際のフォームに厳格な制約があり、「常にどちらかの足を接地させる」、「前足のひざを伸ばす」などのルールがある。違反が認められると注意や警告が出され、失格になる場合もある。

※能美…「全日本競歩能美大会」のこと。直後の「関東インカレ」、「日本インカレ」は大学生の大会。

※長崎龍之介…八千代と同年齢のライバル選手。競歩一筋で、リオデジ

自転車の前カゴに入っていたウインドブレーカーを渡してやる。強い風が海から吹いてきて、八千代は諦めた様子でそれを着込んだ。

「別に、拗ねてふて腐れてるだけなんで、夕飯の時間までには帰りますよ」

「じゃあ、夕飯の頃まで付き合うよ」

遮るものが何もなくてすこぶる寒いが、忍は砂浜に腰を下ろした。立っているよりはマシだろう。両足を、さらさらの砂の上に投げ出す。だいぶたってから、八千代が隣に座った。

誰もいない砂浜で、黙って海を見ていた。特に面白いものもない。冬だし暗いし、夜景や③トウダイの明かりが見えるわけでもない。だから、かもしれない。

「俺のデビュー作、二十万部売れた。新しい世代の書き手が現れたって。リアルな青春を描く新星だって」

口から、言葉がぽろぽろとこぼれていく。「凄いじゃないですか」と、八千代が答えた。

「二作目は、プレッシャーもあったけど、結構楽しく書いたんだ。『読者の期待を軽々と越えた傑作だ』って、文芸誌に書評が載った」

「それも凄いですね」

「三作目は、デビューした玉松書房じゃないところから出した。『アンダードッグ』ってタイトル。俺は気に入ってる話だったのに、売り上げがイマイチ奮わなくて、ネットでもいい感想を見かけなかった。それで俺も、書きたいものを楽しんで書くだけじゃなくて、ちゃんと数字とか需要とか、そういうことを考えないといけないんだなって思った」

八千代は何も言わなかった。満ち潮ってわけでもないのに、波の音が近くなった。

「四作目の『遥かなる通学路』は、正直、いろいろ考えすぎて書くのがきつかった。担当からたくさん修正指示が入って、何がいいのかわからなくなって、無理矢理完成させた。一昨年の一月に出した『嘘の星団』も同じような感じだったな。去年出した『アリア』は、久々にそういう息苦しさを抜け出せたような気がしたんだけど、結局未だにスランプのままだ。世間はもう、天才高校生作家のことなんて忘れてる」

波の音が、また近くなる。

「『遥かなる通学路』の頃からかなあ。思ったように書けなかったって気持ちとか、期待に応えられなかったって気持ちを、次の作品に投影するようになったの。『遥かなる通学路』の分まで『嘘の星団』に、『嘘の星団』の分まで『アリア』にって……失敗から逃げ回るみたいに、自分の中にできちゃった穴を次の作品で必死に埋めるようになったの」

穴は、増えていく。忍の心はぼこぼこの穴だらけになっていく。「天才高校生作家」でなくなった自分が身につけるべき新しい《価値》を探して、(4)ゾンビみたいに彷徨う。

「失敗して、次の挑戦でその穴を埋めようとするんだよ。蔵前さんはああ言うけど、俺はそういうものだと思う」

最初から何もかも上手く行くなら、それに越したことなんてない。次こそは、次こそは……何度《次》を積み重ねたって辿り着けないのかもしれない、もう《次》なんてないかもしれないと怯えながら、それでも《次》を信じて生きている。(5)俺も、彼も、一緒だ。

「俺は負けたんですよ」

ぽつりと、八千代が言った。

「長距離で負けた。それは事実なんです。競技そのものを諦めて、普通に大学生やって普通に就活して普通に就職する選択肢だってありましたけど、駄目だったんですよ」

ず、大量に見てきたよ」

「じゃあ……」

「ここにいるはずじゃなかった、って顔して後ろついてこられて、イライラしちゃってね」

(3)本当にそうなのだろうか。ならどうして蔵前は、昨日八千代に「綺麗になるぞぉ」と言ったときと同じ顔をしているのだろう。

「取材のときに榛名センセに言いましたよね？　競歩は転向ありきのスポーツだって。俺だって大学から競歩を始めたから、高校のときは大学駅伝を走りたいと思ってた。もっと言えば、箱根が走りたかった」

穏やかな溜め息をついた蔵前が、遠い目をする。遠く遠く、大学生もしくは高校生だった頃の自分を思い出しているみたいだった。

「でも、競歩は箱根を走れなかったコンプレックスを埋める代替じゃない。競歩を箱根の代わりにしてるようじゃ、競歩が好きで《歩き》を極めようとしてる奴には勝てないよ」

俺とか、※長崎龍之介にはね。

歌うように長崎の名前を出されて、忍はすっと息を止めた。蔵前は、八千代の心根をわかって言ったのだろうか。※ロング歩の最中に、八千代に彼のことを話してわざと煽ったりしたのだろうか。

さっき話していた※楓門大の選手が、もし、好きな作家として※桐生恭詩の名前を出していたら、俺は笑って「そうなんですか」と言えただろうか。

「そうかも、しれませんけど」

きっと、ヘラヘラと「そうなんですね。面白いですよね、桐生さんの本」と言うのだ。意外と違和感なく笑えるのだ。そして、今日の夜ベッドに入ってから、今更のように悔しいと思う。今更悔しいと思う自分にさらに悔しくなる。

「八千代は確かに、箱根駅伝がなくなっちゃった穴を競歩で埋めようとしてるのかもしれないけど、それは絶対に、悪いことではないと俺は思います」

庇っているのは、俺なのに。俺が庇っているのは八千代なのに。どうして、自分を必死に守っているような気分になるのだろう。

「そんなことも許されないなんて、一度挫折した人間は何もできないじゃないですか」

心血を注いだ何かをすっぱり諦められるなんて、そんな潔い人間ばかりじゃないだろう。引き摺って引き摺って、それでも次を目指そうとする人間だって、いるだろう。

——いるだろう。

「ああ、そうだろうね」

あっけらかんと、蔵前は頷いた。

「でも、八千代君に俺の言葉が必要だって言ったの、榛名センセでしょ？」

そうだ。確かに、そうだ。

「……八千代を、迎えに行って来ます」

蔵前に一礼し、玄関を出た。「いってらっしゃ〜い」と手を振る蔵前の姿が、ガラス戸に映り込んでいた。

【中略】

「やっぱりこういうとき、人間って海に行くんだよな。俺が読んできた小説の登場人物って、みんなそうだった」

「……わかりやすくてすみません」

沈んだ声は、波の音に掻き消されそうだった。

「わかりやすくて助かったよ」

ようもないことがたくさんある。どうしようもないことの方が、きっと多い。

「さっきも必死に俺についてきたけど、あれがレースだったら失格だ。『冷静になれ』って何回言った？　なのに、勝手に焦って不安になって食らいついてくる。今のままじゃ、日本選手権だろうと全日本競歩だろうと、ラストで勝負すらできずにまた負けるよ」

正しい、本当に、彼が言っていることは正しい。流石は日本代表だ。的確に、(1)八千代の本質と弱点を見抜いている。その蔵前の顔が、①シンソコ恐ろしかった。

「八千代は、競歩でどこに行きたいの？」

首を傾げて、蔵前が八千代を見上げる。八千代の方が背が高いのに、蔵前の方がずっと大きく感じられた。彼から漂う凄みのようなものが、じりじりと肌を焼いてくる。

東京オリンピック、なんて――口が裂けても言えない。

黙り込んだ八千代を、蔵前は凝視していた。しばらくして彼は両手をゆっくり腰に持っていき、八千代を覗き込むようにしてニイッと白い歯を覗かせた。青天の下、水の撒かれた土のグラウンドのような、そんな顔で。

「というわけで、明日も頑張りましょう」

(2)にこやかに言って、蔵前は何事もなかったみたいに合宿所に入っていった。

随分時間がたってから、八千代がこちらを見た。切れ長の目を瞠って、彼は唇を②真一文字に結んだ。

何を言えばいいかわからなかった。言葉は、人よりたくさん持っているはずなのに、自分の中のどの本棚を探せば今の八千代に相応しい言葉があるのか、見当もつかない。

「蔵前さんの言う通りですよ」

温度の感じられない表情で頷いて、彼は小さく肩を落とした。からん、と、彼の奥で何かが落ちる音がした。

「言う通りだ」

ふらつくような足取りで、八千代は忍の側を通り過ぎていく。

「八千代」

「頭を冷やしに行くだけですよ」

素っ気なく呟いて、八千代は正門から外へと出て行った。さっきまで淡い夕焼けが綺麗だったのに、藪の向こうがすっかり紺色に染まっている。

「福本さん、それ貸して」

玄関脇にいた福本に駆け寄り、その手から自転車の鍵を奪った。前カゴに八千代のウインドブレーカーが入っている。ちょうどいい。

顔を上げると、下駄箱の前から蔵前がこちらを見ていた。外しかけたスタンドを戻し、彼に駆け寄った。

「あの、蔵前さん」

「酷いと思う？」

あっけらかんとした様子で言われて、言葉を失った。

「彼、ぱっと見は冷静そうな顔をしてるけど、結構カッとなりやすいよね」

「わかってて、なんであんな言い方するんですか。本人が続けたくても、否応なく諦めざるを得ないことがあるって、蔵前さんだって知ってるでしょう」

「当たり前じゃん」

下駄箱に寄りかかった蔵前は、肩を揺らして笑った。当然のことを聞くなという顔で。

「もう限界だって競技を辞めた奴。怪我で辞めざるを得なかった奴。実業団から戦力外通告されて泣く泣く田舎に帰った奴。競歩に限ら

2023年度 渋谷教育学園渋谷中学校

【国　語】〈第一回試験〉（五〇分）〈満点：一〇〇点〉

※「〇〇字で」、または「〇〇字以内で」、という指示がある場合は、「。」「、」「かっこ」なども一字と数えます。

一　次の文章を読んで後の問いに答えなさい。本文の上にある数字は行数を表します。

【男子大学生の榛名忍は以前は「天才高校生作家」としてもてはやされていたが、現在はスランプに陥っている。忍は東京オリンピックに向けて競歩をテーマとした小説を執筆するために、大学の後輩で競歩の男子選手である八千代篤彦に取材を行う。以下は、二人が他大学との合同合宿に参加している場面である。】

「よく最後までついてきたじゃん。ラスト5キロ、結構上げたのに」

※蔵前に比べたら若干息の乱れている八千代が、短く「はい」と頷く。

「昨日と今日、八千代を見てて思ったのは、長い距離を歩くとき――特に後半に入るとフォームが安定しない。スパートをかけたときにスピードを出そうと《走り》の動きが出て来ちゃうんだな。※警告出されるの、レースの後半が多いだろ？」

ハッと顔を上げて、蔵前を見た。八千代も全く同じことをした。

※能美も、関東インカレも、日本インカレも、八千代はレースの後半に決まって警告を出された。ここからスパート合戦が始まるというとき、狙ったように出鼻を挫かれるのだ。

「かーなーり、直し甲斐のあるフォームだから、五日間みっちり鍛えてやるよ。綺麗になるぞぉ」

げらげらと笑って、駐車場でストレッチをする選手達のもとに向かう蔵前の背中を、忍は脹ら脛を摩りながら見送った。

【中略】

どうしようか迷って、迷って、迷って、二人に駆け寄った。足を前に繰り出すたびに悲鳴を上げる太腿に活を入れ、不穏な空気に近づいて行った。

「歩くの嫌いか？」

普段の人懐っこさとか、気さくな先輩という印象からはほど遠い、低く冷たい蔵前の声がする。怒っている。確かに彼は怒っている。険しい顔の蔵前と、八千代の背中。二人を見つめたまま、忍は動けなくなった。

「過酷な競技だよ。苦しいことばかりだ。俺だってそうだ。でも、歩いてるときの君は、刑罰でも受けてるような顔をしてる。早くこの刑期を終えて自由になりたいって顔だ」

八千代が何か言いたそうに息を吸うのがわかった。でも、蔵前が八千代の言葉を奪ってしまう。

「違うの？　本当はさ、走りたいんじゃない？　走りたいけど仕方なく競歩やってない？　走れない鬱憤とか苛立ちをエネルギーに競歩をやるなら、それを走ることに向けた方がいいんじゃないの？」

蔵前の言っていることは、多分、正しい。八千代だって、長距離走を続けられるならきっと続けたに違いない。

でも、世の中には本人の「続けたい」という熱意だけじゃどうし

2023年度 渋谷教育学園渋谷中学校 ▶解説と解答

算　数　＜第１回試験＞（50分）＜満点：100点＞

解　答

1 (1)　17000　(2)　120 g　(3)　$49\frac{1}{11}$度　(4)　1296　(5)　500円，600円　(6)　6.28cm　**2** (1)　解説の図２を参照のこと。　(2)　132cm^3　(3)　36cm^2　**3** (1)　47.56秒　(2)　97.12秒　(3)　８通り／**図**…解説の図を参照のこと。　**4** (1)　35，49　(2)　326　(3)　７通り

解　説

1 **四則計算，濃度（のうど），角度，整数の性質，条件の整理，過不足算，図形の移動，長さ**

(1)　$170+99\times\left(\frac{1}{7}-\frac{1}{17}\right)\times2023=170+99\times\left(\frac{17}{119}-\frac{7}{119}\right)\times2023=170+99\times\frac{10}{119}\times2023=170+99\times10\times17=1\times170+99\times170=(1+99)\times170=100\times170=17000$

(2)　もとの容器Ａに入っていた食塩水をⒶ，もとの容器Ｂに入っていた食塩水をⒷとすると，ⒶとⒷの重さの比は，200：300＝２：３である。また，同じ量の食塩水を入れかえたので，入れかえた後の容器Ａには200 gの食塩水が入っている。さらに，どちらも同じ濃度になったから，どちらの容器にもⒶとⒷが２：３の割合でふくまれている。よって，入れかえた後の容器ＡにふくまれるⒷの重さは，$200\times\frac{3}{2+3}=120$(g)だから，取り出した食塩水は120 gとわかる。

(3)　右の図１で，角BACの大きさを①とすると，三角形ABCは二等辺三角形だから，角BCAの大きさも①となり，三角形ABCに注目すると，角CBDの大きさは，(角BAC)＋(角BCA)＝①＋①＝②となる。また，三角形BCDも二等辺三角形なので，角CDBの大きさは②となり，三角形ACDに注目すると，角DCEの大きさは，(角CAD)＋(角CDA)＝①＋②＝③である。同様に考えていくと，角EDFの大きさは，(角DAE)＋(角DEA)＝①＋③＝④，角FEGの大きさは，(角EAF)＋(角EFA)＝①＋④＝⑤になる。よって，角AGFと角AFGの大きさはどちらも⑤だから，三角形AFGの内角の和は，①＋⑤＋⑤＝⑪となる。これが180度だから，①＝$180\div11=\frac{180}{11}$(度)であり，角EDFの大きさは，$\frac{180}{11}\times4=\frac{720}{11}$(度)とわかる。よって，㋐の角の大きさは，$180-\frac{720}{11}\times2=\frac{1980}{11}-\frac{1440}{11}=\frac{540}{11}=49\frac{1}{11}$(度)と求められる。

図１

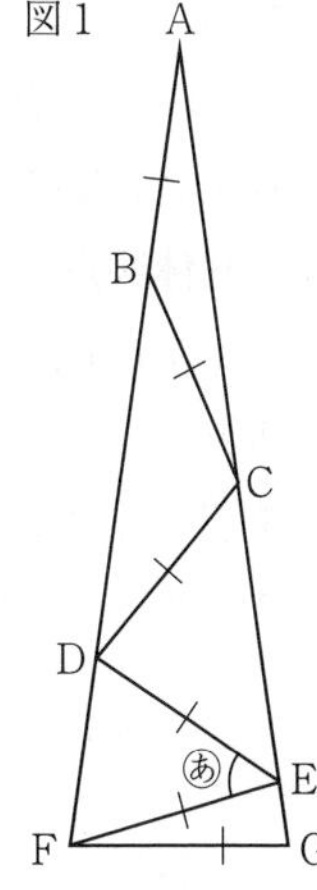

(4)　36の約数は{1，2，3，4，6，9，12，18，36}の９個で，これらの積は，$1\times2\times3\times4\times6\times9\times12\times18\times36=(4\times6\times9)\times(1\times12\times18)\times(2\times3\times36)=216\times216\times216$になるから，縦，横，斜（なな）めの３つの数をかけた積はいずれも216とわかる。また，９個の数のうち，２個の積が216になる組み合わせは(6，36)と(12，18)だけだから，１が入るマスの縦，横，斜めの並びには，１のほかに(6，36)か(12，18)を入れる必要がある。よって，１は白いマスのいずれかに入るので，

たとえば下の図２のように１を入れると，(ア，イ)と(ウ，エ)に，(６，36)と(12，18)が入る。このとき，36×12＝432，36×18＝648より，ウに12，18，36のいずれかを入れると，かげをつけたマスに入る斜めの３つの数の積が216をこえてしまうから，ウは６，エは36に決まる。したがって，アに12，イに18を入れると，たとえば下の図３のようになるから，白いマスに入る４つの数の積は，１×４×９×36＝1296と求められる。

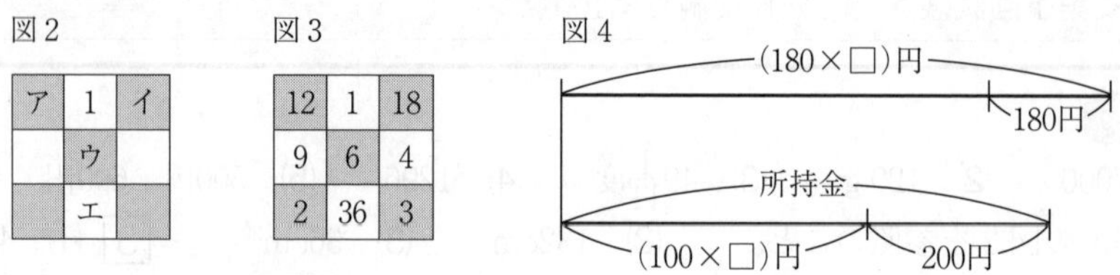

(5)　予定の本数を□本とすると，１本100円の鉛筆(えんぴつ)は(□＋２)本買えるので，所持金は，100×(□＋２)＝(100×□)＋200(円)と表せる。また，１本180円の鉛筆は(□－１)本買えるので，金額の関係は上の図４のようになる。図４より，180×□－100×□＝80×□が，200円より多く，200＋180＝380(円)以下になる。よって，□は，200÷80＝2.5より多く，380÷80＝4.75以下だから，予定の本数は３本か４本とわかる。したがって，所持金として考えられる金額は，100×３＋200＝500(円)と，100×４＋200＝600(円)である。

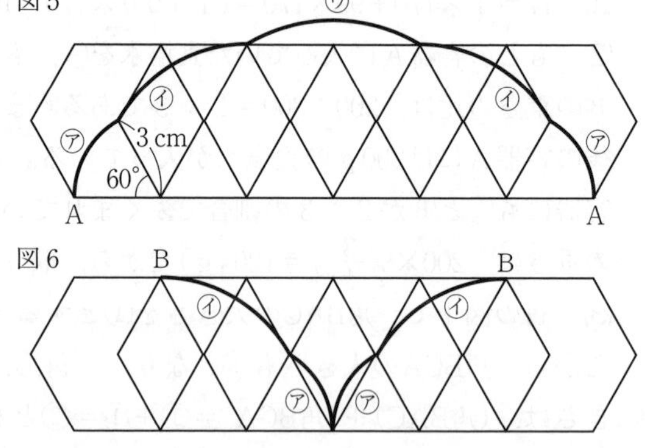

(6)　頂点A，Bが通ったあとの部分はそれぞれ右の図５，図６の太線部分となる。図５と図６で，同じ記号をつけた弧(こ)の長さはそれぞれ等しいので，頂点Aが通ったあとの長さは，頂点Bが通ったあとの長さよりも，ⓤの長さだけ長くなる。ⓤは半径が，３×２＝６(cm)で，中心角が60度のおうぎ形の弧だから，その長さは，$6\times2\times3.14\times\frac{60}{360}$＝6.28(cm)と求められる。

2　立体図形―分割，体積，表面積

(1)　下の図１で，３点P，Q，Hを通る平面で切ったときの切り口の線は，三角形PQHの３つの辺となる。次に，QPをのばした直線とBAをのばした直線が交わる点をＩとし，ＩとＲを通る直線を引き，この直線と辺EFの交わる点をＪとする。ここで，ＰはADの真ん中の点だから，三角形PAIと三角形PDQは合同であり，IA＝QD＝$6\times\frac{1}{2}$＝３(cm)となる。また，AR＝$6\times\frac{1}{3}$＝２(cm)，

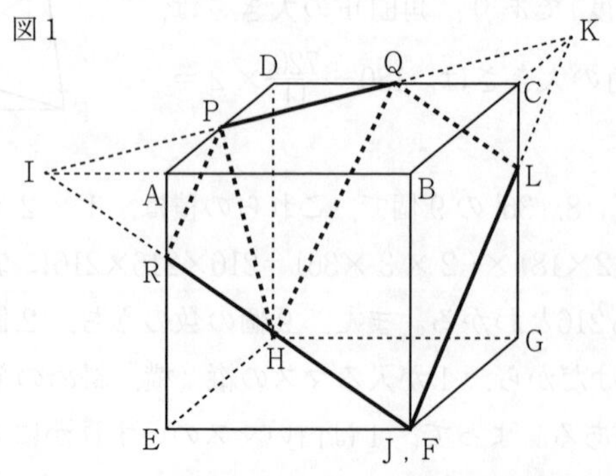

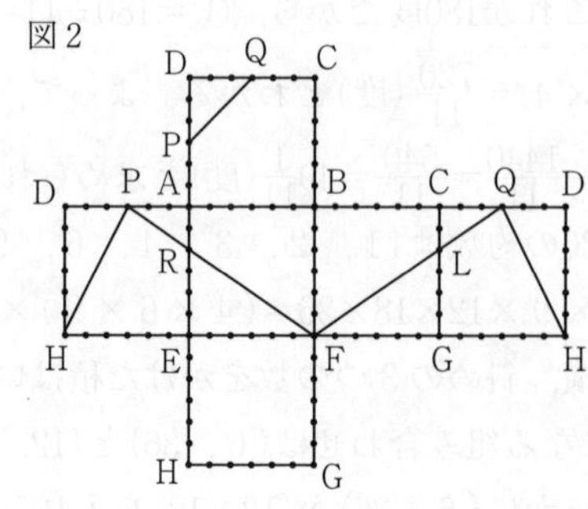

ER＝6－2＝4(cm)より，三角形ARIと三角形ERJの相似比は，2：4＝1：2だから，EJ＝3×2＝6(cm)とわかる。つまり，JとFは同じ点なので，3点P，Q，Rを通る平面は点Fを通る。同様に，PQをのばした直線とBCをのばした直線が交わる点をKとし，KとFを結んだ直線と辺CGが交わる点をLとすると，3点P，Q，Rを通る平面で切ったときの切り口の線は，五角形PRFLQの5つの辺となる。したがって，CLの長さはARと同じ2cmだから，展開図における切り口の線は上の図2のようになる。

(2) 3つの立体のうちの1つは三角すいDPQHで，その体積は，(3×3÷2)×6÷3＝9(cm^3)となる。残り2つの立体のうち，点Bをふくむ方を㋐，点Eをふくむ方を㋑とすると，㋐は図1の三角すいIBKFから，三角すいIAPRと三角すいQCKLを除いた立体である。BK＝BI＝6＋3＝9(cm)で，BF＝6cmより，三角すいIBKFの体積は，(9×9÷2)×6÷3＝81(cm^3)となる。また，三角すいIAPRと三角すいQCKLの体積はどちらも，(3×3÷2)×2÷3＝3(cm^3)だから，㋐の体積は，81－3×2＝75(cm^3)とわかる。したがって，もとの立方体の体積は，6×6×6＝216(cm^3)なので，㋑の体積は，216－9－75＝132(cm^3)となり，最も体積の大きい立体の体積は132cm^{3}である。

(3) (2)の㋐と㋑の表面積の差を考えればよい。また，㋐と㋑で五角形PRFLQの面は共通だから，これを除いた表面積の差を考える。右の図3で，五角形PRFLQを除いた㋐の面はかげの部分になる。これは底辺が，(3＋6)×2＝18(cm)で高さが6cmの三角形と，五角形PABCQになるから，面積の和は，(18×6÷2)＋(6×6－3×3÷2)＝54＋31.5＝85.5(cm^2)とわかる。次に，五角形PRFLQを除いた㋑の面は，図3の斜線(しゃせん)部分と図1の三角形PHQになる。図3の斜線部分は，底辺が，6×2＝12(cm)で高さが6cmの三角形2つと，正方形EHGFになるから，面積の和は，(12×6÷2)×2＋(6×6)＝72＋36＝108(cm^2)である。また，図1の三角すいDPQHの展開図は右の図4のようになり，三角形PHQ以外の部分の面積は，(3×3÷2)＋(3×6÷2)×2＝4.5＋18＝22.5(cm^2)だから，三角形PHQの面積は，6×6－22.5＝13.5(cm^2)とわかる。よって，五角形PRFLQを除いた㋑の面の面積の和は，108＋13.5＝121.5(cm^2)になるので，㋐と㋑の表面積の差は，121.5－85.5＝36(cm^2)と求められる。

図3

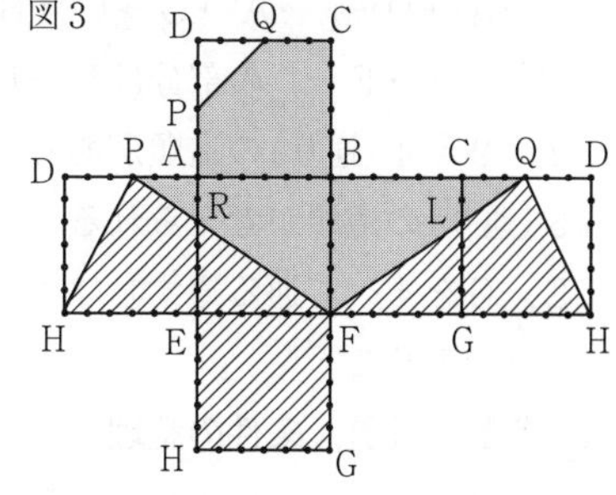

図4

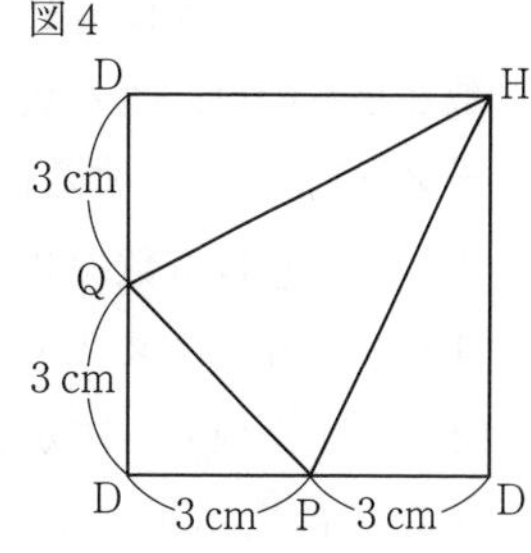

3 速さ，条件の整理，場合の数

(1) SA間は80m，AD間は，$80\times3.14\times\frac{1}{4}$＝62.8(m)，DH間とHC間はどちらも40mだから，Pが進んだ長さは，80＋62.8＋40×2＝222.8(m)である。この長さを進むのにかかる時間は，222.8÷5＝44.56(秒)であり，途中(とちゅう)で3回止まるから，Cに到達(とうたつ)するまでにかかる時間は，44.56＋1×3＝47.56(秒)と求められる。なお，それぞれの点に到達した時間を調べると，すべての条件を満たしていることがわかる。

(2) まず，(1)と同様に，S→A→D→H→Cと進んだ場合(…ア)を考える。Cから動き始めるのは，出発から，47.56＋1＝48.56(秒後)であり，このとき条件Ⅰの③より直径上を進むから，C→Oのように，40÷５＝８(秒)進む。また，Ｏで１秒止まった後は，条件ⅡよりＯ→Ａと進むので，Ａから動き始めるのは，48.56＋８＋１＋８＋１＝66.56(秒後)となる。すると，条件Ⅰの②より円周上を進むから，Ａ→Ｂのように，62.8÷５＝12.56(秒)進んだとすると，Ｂから動き始めるのは，66.56＋12.56＋１＝80.12(秒後)である。さらに条件Ⅰの①より，正方形の辺上を進むので，Ｂ→Ｇ→Ｃのように進み，２回目にＣに到達するのは，80.12＋８＋１＋８＝97.12(秒後)となる。次に，Ｓ→Ａ→Ｄ→Ｅ→Ａと進んだ場合(…イ)を考える。このとき進んだ時間は，Ｓ→Ａ→Ｄ→Ｈ→Ｃと同じだから，Ａから動き始めるのは48.56秒後である。その後は，Ａ→Ｏ→Ｃのように進み，Ｃから動き始めるのは，48.56＋８＋１＋８＋１＝66.56(秒後)である。すると，条件Ⅰの②より円周上を進むから，Ｃ→Ｂのように12.56秒進んだとすると，Ｂから動き始めるのは，66.56＋12.56＋１＝80.12(秒後)である。さらに条件Ⅰの①より，正方形の辺上を進むので，Ｂ→Ｇ→Ｃのように進み，２回目にＣに到達するのは，80.12＋８＋１＋８＝97.12(秒後)となる。以上より，どちらの場合も同じ時間かかるから，Ｃに２回目に到達するのに一番早くて97.12秒かかる。

(3) (2)のアのように，Ｓ→Ａ→Ｄ→Ｈ→Ｃ→Ｏ→Ａ→Ｂ→Ｇ→Ｃと進むとき，＿の部分はＢ→Ｇ，＝の部分はＤ→Ｈと進むこともできるから，２×２＝４(通り)の道順がある。また，イのように，Ｓ→Ａ→Ｄ→Ｅ→Ａ→Ｏ→Ｃ→Ｂ→Ｇ→Ｃと進むとき，＿の部分はＢ→Ｆ，＝の部分はＤ→Ｈと進むこともできるから，２×２＝４(通り)の道順がある。よって，全部で，４＋４＝８(通り)の道順が考えられる。これらのうち，４点Ｂ，Ｄ，Ｅ，Ｇをすべて通る道すじはイの場合になるから，右の図のように表せる。

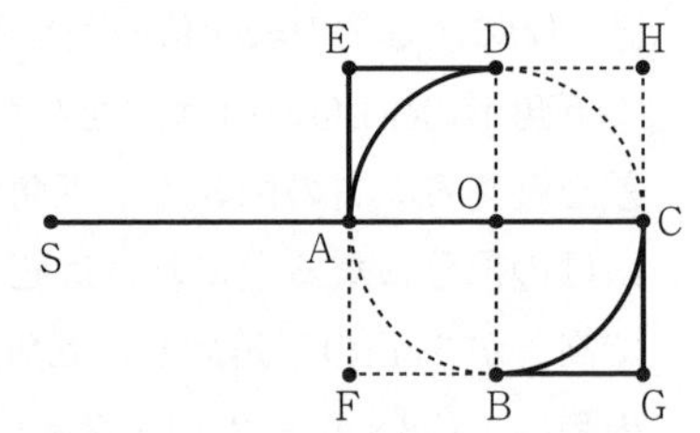

4 整数の性質，条件の整理

(1) ㋐に６を，㋑に１を入れるとき，A＝６＋１×㋒＋㋓×㋔×㋕＝６＋㋒＋㋓×㋔×㋕となり，㋒，㋓，㋔，㋕には２，３，４，５を１つずつ入れることになる。また，６は偶数(ぐうすう)なので，Aが奇数(きすう)となるのは，㋒と(㋓×㋔×㋕)のうち，どちらかが偶数，どちらかが奇数の場合である。(㋓×㋔×㋕)を奇数にするには，㋓，㋔，㋕をすべて奇数にする必要があり，条件にあてはまらない。よって，㋒は奇数の３か５となる。㋒が３のとき，A＝６＋３＋２×４×５＝49，㋒が５のとき，A＝６＋５＋２×３×４＝35だから，Aが奇数となるときのAは35，49である。

(2) Aが奇数で，㋐が偶数のとき，(㋑×㋒)と(㋓×㋔×㋕)はどちらかが偶数，どちらかが奇数である。まず，(㋓×㋔×㋕)をできるだけ大きくするために，㋓，㋔，㋕に６，７，８を入れると，(㋓×㋔×㋕)は偶数になるから，(㋑×㋒)は奇数にする必要がある。このとき，残りの数は{1，２，３，４，５}だから，(㋑×㋒)をできるだけ大きい奇数にするために，㋑と㋒に３，５を入れ，残りの数のうち最も大きい偶数である４を㋐に入れる。すると，最も大きいAは，４＋３×５＋６×７×８＝355となる。次に，(㋓×㋔×㋕)をできるだけ小さくするために，㋓，㋔，㋕に１，２，３を入れると，(㋓×㋔×㋕)は偶数になり，㋑，㋒には奇数の中で最も大きい５，７を入れる必要がある。そこで，㋓，㋔，㋕を１，２，４とすると，㋑，㋒は３，５にすることができるから，㋐には残りの偶数の中で最も小さい６を入れる。すると，A＝６＋３×５＋１×２×４＝29になる。また，㋑か㋒に１を入れると，㋓×㋔×㋕＝２×３×４＝24以上となり，Aは29より大きくなる。よって，(㋑×㋒)が奇数で，(㋓×㋔×㋕)が偶数の場合，最も小さいAは29とわかる。さらに，

(㋑×㋒)が偶数で，(㋓×㋔×㋕)が奇数の場合，㋓，㋔，㋕を１，３，５，㋑，㋒を２，４，㋐を６にすると，$A=6+2\times4+1\times3\times5=29$となる。したがって，最も小さい$A$は29だから，求める差は，355－29＝326とわかる。

(3) Aが偶数で，(㋓×㋔×㋕)が４の倍数のとき，㋐と(㋑×㋒)はどちらも奇数か，どちらも偶数である。まず，㋐と(㋑×㋒)がどちらも奇数の場合，㋐，㋑，㋒は１，３，５が入るので，㋓，㋔，㋕には２，４，６が入る。すると，右の図１より，Aは56か64になる。次に，㋐と(㋑×㋒)がどちらも偶数の場合，㋐は偶数で，㋑，㋒のうち少なくとも１つは偶数だから，㋓，㋔，㋕には偶数を１個しか入れることができない。すると，(㋓×㋔×㋕)は４の倍数だから，㋓，㋔，㋕のうち１つに４を入れることになり，㋐は２か６となる。よって，右の図２より，このときAは28，32，40，44，68のいずれかとなる。したがって，条件にあてはまるAは，28，32，40，44，56，64，68の７通りある。

図１

$1+3\times5+2\times4\times6=64$
$3+1\times5+2\times4\times6=56$
$5+1\times3+2\times4\times6=56$

図２

$2+6\times1+4\times3\times5=68$
$2+6\times3+4\times1\times5=40$
$2+6\times5+4\times1\times3=44$
$6+2\times1+4\times3\times5=68$
$6+2\times3+4\times1\times5=32$
$6+2\times5+4\times1\times3=28$

社　会　＜第１回試験＞（30分）＜満点：50点＞

解　答

1 **問１** (1) 浅間山　(2) (例) 火山灰などが河床に堆積し，川が浅くなったから。　(3) ア　**問２** (1) イ　(2) がけ(高低差)　**問３** (1) イ　(2) ア　**問４** (1) (例) 標高の高いところに位置していて，夏でもすずしいから。　(2) 日光　**問５** ②　**2** **問１** (1) **X** エ　**Y** カ　(2) 黒曜石　**問２** (1) 持統天皇　(2) エ　**問３** (1) (例) 実際に見えるように並べる　(2) オ　**問４** (1) オランダ　(2) エ　(3) ア　**問５** (1) 専売　(2) 日露戦争　(3) 軍事　**問６** (例) 関東大震災後，人々が新聞を読んで適切な情報を入手するようすすめて社会の混乱を落ち着けることや，日用品を安価で売って人々の生活を支え社会復興に貢献すること。　**3** **問１** **X** 地価　**Y** 東日本　**問２** ① 地方　② 通勤　**問３** **A** 時間　**B** 成果　**問４** ア　**問５** 非正規雇用　**問６** ウ

解　説

1 **関東内陸部の各地域の特色についての問題**

問１ (1) 地図１中のAの地域の南側にある浅間山は群馬県と長野県の県境に位置する活火山で，1783年の大噴火(ふんか)では火砕流(かさいりゅう)などが起こり，近くの地域に大きな被害をもたらし，江戸にも火山灰が降り積もった。また，天明の大ききん(1782～87年)が深刻化する一因にもなった。　(2) 浅間山から火山灰などの噴出物が吾妻(あがつま)川流域に流れこみ，それらが吾妻川の河床(かしょう)に堆積(たいせき)して川が浅くなり，水害の原因となった。　(3) 浅間山の北に位置する群馬県の嬬恋(つまごい)村では，標高が高く夏でもすずしい気候を利用した野菜の抑制栽培がさかんで，特にキャベツの収穫(しゅうかく)量が多い。

問２ (1) 地図２のXは，1872年に明治政府が殖産興業政策の一環として建設した製糸工場である富岡製糸場を表している。製糸業でつくられる生糸は，蚕の繭(まゆ)の糸を原料とする動物性繊維であ

る。　(2)　地図２において，Ｘと南側を流れる鏑川の間には土崖があり，その高低差によって，富岡製糸場の建設計画段階では鏑川からの取水は想定されていなかったと考えられる。

問３　(1)　地図３中の渡良瀬遊水地は，明治時代に栃木県西部にある足尾銅山の精錬所から流された鉱毒による公害問題の解決策として，鉱毒を沈殿させて無害化するためにつくられた池である。なお，この事件では，栃木県出身の衆議院議員であった田中正造が，その解決のために生涯をかけたことで知られる。　(2)　１円玉は100％アルミニウムを原料としているが，50円玉をふくめたその他の硬貨はすべて銅をおもな原料とする合金である。

問４　(1)　地図４において，中禅寺湖の湖畔の標高は低いところでも1272ｍある。標高が高いほど気温が低いので，夏の暑さをしのげて，景観のよい中禅寺が避暑地として紹介されたと考えられる。　(2)　栃木県日光市にある中禅寺湖の近くには，日光東照宮や二荒山神社，輪王寺などがあり，これらは「日光の社寺」として，1999年にユネスコ(国連教育科学文化機関)の世界文化遺産に登録された。

問５　吾妻川・鏑川・渡良瀬川・大谷川は利根川に合流し，利根川は千葉県銚子市で太平洋に注ぐ。なお，地図１中のカは那珂川，クは多摩川，ケは相模川の河口。

２　日本における広告・宣伝の歴史を題材にした問題

問１　(1)　**Ｘ，Ｙ**　中国の歴史書である『魏志』倭人伝には３世紀ごろの日本のようすが記述されており，女王の卑弥呼が治める邪馬台国のことが記されている。戦いが続いた倭(日本)では，諸国が共同して卑弥呼を王とすることで戦いを終えることができ，卑弥呼は呪術やうらないを用いて政治を行っていたとある。また，卑弥呼が亡くなると，大きな墓がつくられたとされ，これが日本で古墳がつくられ始めたころのことだと考えられている。奈良県にある纏向遺跡は３世紀ごろの遺跡で，遺跡内には前方後円墳の箸墓古墳もあり，邪馬台国とのかかわりが注目されている。なお，ア・イ・オは縄文時代，ウ・キは古墳時代，クは弥生時代初めごろについてのことがら。　(2)　資料の写真は，黒曜石を原料とする縄文時代の道具で，黒曜石の原産地以外でも発見されていることから，交易が行われていたことを示す証拠とされている。

問２　(1)　中国の様式を取り入れた日本で最初の本格的な都城である藤原京は，694年に持統天皇が遷都した都である。　(2)　Ⅰは645年，Ⅱは607年ごろ，Ⅲは618年のできごとなので，古い順にⅡ→Ⅲ→Ⅰとなる。

問３　(1)　資料は「一遍上人絵伝」の一部で，備前国(岡山県)福岡の定期市のようすが描かれている。この絵から商品が店頭で売られていたことがわかる。つまり，商品を通行人が見えるところに並べていたので，看板が必要なかった。　(2)　アは平治の乱(1159年)で平安時代，イは南蛮貿易で戦国～安土桃山時代，ウの祇園祭の復活は1500年ごろで室町時代，エの雪舟が水墨画を大成したのも室町時代である。よって，鎌倉時代にあてはまるものがない。

問４　(1)　江戸時代後半，長崎を通じて蘭学とよばれるオランダの学問が広がり，医学や薬学をはじめ，西洋のさまざまな学問が取り入れられた。　(2)　1657年に起こった明暦の大火では，江戸の町の半分以上が焼け，江戸城の天守閣も焼け落ちた。　(3)　1682年は第５代将軍徳川綱吉の時代で，極端な動物愛護令である生類憐みの令が1685年から発せられている。なお，イの新井白石による政治は第６代家宣と第７代家継，ウの島原・天草一揆(1637～38年)は第３代家光，エの大名の参勤交代の緩和(上米の制)は第８代吉宗のころ。

問５　(1)〈煙草の販売に関する歴史〉において，明治31年(1898年)に「煙草の原料である葉タバコを国が買い上げることになった」，明治37年(1904年)に「煙草の製造から販売まですべて国が行うことになった」とあるので，これは煙草の専売制にあたる。　(2)，(3)〈煙草の宣伝合戦が終了した理由〉について，明治37年は日露戦争が始まった年であり，その軍事費をねん出するために，煙草にかける税を増やすとともに煙草の専売制を導入したと考えられる。

問６　〈大阪朝日新聞の見出しとそれを現代の字になおしたもの〉について，関東大震災は1923年９月１日に発生したので，９月２日はその翌日にあたる。９月２日の見出しではこの日に内閣総理大臣に就任した山本権兵衛が暗殺されたという風説があることを報じたが，９月５日には山本は微傷(かすり傷)も負っていないとして，風説を否定している。また，〈1923年当時の高島屋呉服店の広告〉と〈左の広告を現代の字になおしたもの〉から，広告の見出しのあとに「ニュースの活躍とデパートメントストアの奉仕」や「お互に新聞を読みませう」(お互いに新聞を読みましょう)と書かれ，「開店大安売」として「お手軽な日用品の窓売を始めます」とある。つまり，新聞を読んで正確な情報を得ることで混乱を落ち着けようという意図があり，また日用品の安売りで人々の生活を支えて復興に貢献しようという意気込みが見受けられる。

3 **テレワークなどの働き方改革についての問題**

問１　**X**　1980年代後半から1990年代初めにかけてのバブル景気では，都心部の地価高騰により，郊外へ働く場所を移す動きがあったが，バブルが崩壊して都心部の地価が下落すると，再び都心へ回帰する動きが高まった。しかし，2019年から流行した新型コロナウイルス感染症の拡大で，テレ(リモート)ワークの必要性が改めて認識されるようになった結果，【資料１】に示された企業のテレワーク導入率は，2020年と2021年が50％前後に跳ね上がっている。　**Y**　テレワークとは，情報通信技術を活用し，時間や場所の制約を受けずに働く形態の一つである。2011年に起こった東日本大震災の経験からも，テレワークが注目されるようになっていた。

問２　テレワークが普及すると，地価や生活費が比較的安い地方で暮らす人が増え，その結果電車や自動車などで通勤する人が減ることが予想される。

問３　上司も部下も同じ場所で同時に仕事を始める従来の仕事のあり方では，仕事に取り組む姿勢や勤務時間と，仕事の成果を関連づけることがやりやすかったため，仕事の評価を時間に基づいて計算する要素が大きかった。しかし，テレワークでは上司は部下の仕事ぶりを直接確認できないため，勤務姿勢や勤務時間によるものから，成果のみで評価する要素が強まると考えられる。

問４　【資料２】の池袋駅と新橋駅の朝通勤時間帯の利用者減少率を見ると，池袋駅より新橋駅の減少率が大きいことがわかる。これは，【資料４】の池袋駅と新橋駅のタイプ適合度において，池袋駅が「商業」，新橋駅が「オフィス・工場」の値が大きいことが影響したと考えられる。また，【資料３】の業種別・テレワーク実施率において，「宿泊業，飲食サービス業」は割合が10％程度と低いのに対し，「情報通信業」は割合が50％以上と高い。よって，テレワークが難しい業種の宿泊業，飲食サービス業などが多い池袋駅では，通勤客の減少は抑えられた。一方，テレワークがしやすい業種の情報通信業などが多い新橋駅では，通勤客が大きく減少したと考えられる。

問５　同一労働同一賃金とは，仕事の内容や責任が同じであれば，雇われ方が違っても同じだけの賃金を得られることを示している。これには正規雇用労働者と非正規雇用労働者の不合理な賃金格差を是正する目的があり，非正規雇用労働者の割合が高い女性の賃金を上げることにもつながるので男女間の格差解消にもつながると考えられる。

問６　2022年には，日本の通貨である円の価値がドルなどの外国通貨に対して低くなったことや，ロシアによるウクライナへの侵攻によって原油や天然ガスなどの資源・燃料の国際価格が上昇したことで，日本の輸入価格が上昇した。なお，円の価値がドルよりも低くなることを円安といい，円とドルを交換するときに，それまでよりも多くの円を支払わなければ同じだけのドルと交換できなくなる状態を指す。

理　科　＜第１回試験＞（30分）＜満点：50点＞

解　答

1　**問１**　（例）　種子をつくらなくなった花　**問２**　ア　**問３**　ウ　**問４**　(1)　エ　(2)　イ　**問５**　(1)　ア　(2)　（例）　栄養の供給をたち，花を枯らしてしまう。　**問６**　(1)　ア　(2)　（例）　記憶力がある　**2**　**問１**　クレーター　**問２**　衛星　**問３**　ウ　**問４**　ウ　**問５**　（例）　光が分散してしまう点。　**問６**　（例）　昼夜が関係なくなった（昼間も観測することができる）　**問７**　エ

解　説

1　**植物の花についての問題**

問１　花粉がめしべの先につくと種子ができるので，めしべが受粉できなくなった花には種子ができない。また，花粉をつくらなくなった花も，花粉をつくる花に比べて受粉しづらくなるため，種子ができにくくなる。

問２　動物は自分で移動することで繁殖相手を見つけることができるが，植物は自由に移動することができず，他の花がつくった花粉を虫や風，鳥などの仲立ちで手に入れるしかない。その点では，動物に比べ繁殖するのが難しいといえる。

問３　花粉を風で運んでもらう植物の花粉は，風で飛ばされやすいように小さく軽いものが多い。また，虫などをおびき寄せる必要がないため，花びらは一般的に小さく目立たないか，花びらがないものが多い。

問４　(1)　表１で，（花の大きさ）×（一株当たりの花の数）は，１×12＝12で一定となっている。そのため，花の量は一定だと考えられる。　(2)　小さな昆虫が，より小さな花を好むかどうかは，表１の結果からはわからない。また，ポリネーターは鳥やコウモリなど昆虫より大きなものも多い。よって，イが当てはまる。

問５　(1)　花の役割はポリネーターにきてもらい，種子をつくって子孫を残すことである。花を維持するためには栄養分を消費するので，子孫を残せない古い花を維持するために消費する栄養分は，ムダになるといえる。　(2)　多くの植物は，古い花への栄養分の供給をやめ，栄養分をムダにしないようにする。そのため，花は色あせ，やがて枯れる。

問６　(1)　実験結果から，はじめは多くのマルハナバチがパターン「あ」の花を選ぶが，徐々にパターン「い」を選ぶマルハナバチが増えることがわかる。色以外の条件は同じため，これはマルハナバチがパターン「あ」の花を避けたためだと考えられる。パターン「あ」の白い花にはミツがあ

るものとないものが混ざっているのに対し，パターン「い」の白い花には必ずミツがあることから，マルハナバチは確実に白い花にミツがあるパターン「い」を多くが選んだと考えられる。　(2) 実験のような結果が得られたのは，マルハナバチが色を区別することができることと，白い花にはミツがあることや一度訪れた白い花にはミツがなくなることなどを覚えることができるということが理由としてあげられる。そのため，マルハナバチのような学習能力のあるポリネーターは，一部の花の色が変化した株を好むといえる。したがって，花色変化をする植物は，子孫を残せない古い花の色を変えることで，子孫を残すことができる花にポリネーターを引き寄せていると考えられる。

2　天体望遠鏡の歴史についての問題

問１　月面上に見られる，ふちが円形に盛り上がって中心部がくぼんだ地形を，クレーターという。クレーターは，月に小さな天体が衝突(しょうとつ)した跡(あと)であると考えられている。

問２　太陽のように自ら光を発する天体を恒(こう)星，地球のように恒星(太陽)の周りを公転する天体を惑(わく)星という。太陽系の惑星は，太陽に近い方から順に，水星，金星，地球，火星，木星，土星，天王(てんのう)星，海王星の８つがある。また，地球の周りを公転する月のように，惑星の周りを公転している天体を衛星という。ガリレイが自作の望遠鏡で発見した木星の衛星は，イオ，エウロパ，ガニメデ，カリストの４つである。なお，現在木星の衛星はこの４つ以外にも多数見つかっている。

問３　星までの距離(きょり)は山の高さに比べてはるかに遠いため，高度の高い山の上と平地との高さの差は星までの距離に対してほとんどないといえる。

問４　ケプラー式望遠鏡では上下左右が逆さまになった像が見えるので，ケプラー式望遠鏡で図６のように見えた月を裸眼(らがん)で見ると，左はしが細く欠けて見える。これは，左半分が欠けた(右半分が光る)上弦(じょうげん)の月と満月の間の月である。図７で，上弦の月の位置はイ，満月の位置は一番左(ウとエの中間)だから，図６の月が見えるとき，月はウの位置にあるとわかる。

問５　屈折望遠鏡でも，薄(うす)いレンズを使うことで倍率を上げることができたが，望遠鏡の長さが長くなり，光の分散は完全に防ぎきれなかった，と述べられている。また，反射望遠鏡で用いられている鏡は，レンズと違(ちが)い，光を反射させるのみで，屈折させないために色が分かれることなく，光の分散がなくなり，望遠鏡の長さを短くできたと述べられている。よって，反射望遠鏡と比べて，屈折望遠鏡には，光が分散して色が分かれてしまい，像がぼやけてしまうという欠点があることがわかる。

問６　宇宙空間に天体望遠鏡を打ち上げたことで，「大気の影響(えいきょう)を防ぐことができ」，また，「昼夜が関係なくなったことで，宇宙の一点をずっと観察し続けることができるようにな」ったとあるので，この部分から抜(ぬ)き出せばよい。なお，同じ意味である，「昼間も観測することができる」という部分を抜き出してもよい。

問７　電波は星間ガスにも水蒸気にも吸収されにくいので，曇(くも)りの日でも雲を通過して届く電波をとらえて観測できる。アは高い山の上に望遠鏡を設置するときの有利な点，イ，ウは可視光線で観測する望遠鏡についてもいえるので不適当である。

国　語　＜第１回試験＞（50分）＜満点：100点＞

解　答

一 **問１**　①，③，④　下記を参照のこと。　②　まいちもんじ　**問２**　（例）　諦めた長距離走の代わりに仕方なく競歩を選んでおり，レース後半に冷静さを失って走りの動きが出てしまうというもの。　**問３**　エ　**問４**　イ　**問５**　オ　**問６**　イ　**問７**　ア　**問８**　イ，カ　**二** **問１**　下記を参照のこと。　**問２**　イ　**問３**　ア　**問４**　（例）　言葉は単なる意志疎通の手段ではなく，状況に適した表現を練り上げるなかで言葉によって思考が形作られる側面があるということ。　**問５**　⑴　オ　⑵　（例）　語彙や文法の減少に伴って表現力や思考力が弱まるため，偏りのある価値観に支配されてしまう　**問６**　カ　**問７**　ウ

●漢字の書き取り

一 **問１**　①　心底　③　灯台　④　裏切(って)　**二** **問１**　①　提唱　②　官庁　③　立派　④　展開

解　説

一 **出典は額賀澪の『競歩王』による。**長距離走を諦めて競歩の選手になった八千代の取材に来た元「天才高校生作家」の忍は，似た境遇の八千代と話すうちに前向きな気持ちになる。

問１　①　心の底から。本当に。　②　一直線。「一」の文字のようにまっすぐなこと。　③　夜間に船や飛行機が無事に行き来できるように，強い光で信号を送るしくみを持つ建物。　④　「裏切る」は，“思っていたことと逆になる”という意味。

問２　ここまでの蔵前の言葉から，競歩の選手としての八千代について語った内容をまとめる。長距離走を諦めて仕方なく競歩を選んだことが八千代の本質にあたり，レース後半には焦って冷静さを失い，走りの動きが出てしまうことが弱点になっている。

問３　蔵前は普段，人懐っこく気さくだとあるので，アの「実直な雰囲気」，ウの「冷静で落ち着いた雰囲気」，オの「穏やかで優しい雰囲気」は合わない。仕方なく競歩を選んだ八千代の気持ちを蔵前は見ぬいており，「真意を執拗に追求」してはいないので，イも誤り。

問４　蔵前は，八千代の心がまえを問題にしており，「決定的な実力の違いがあると彼を見下す」とあるアは不適当。競歩は箱根駅伝の代替ではないと言い切っているので，八千代に同情しているとあるウも合わない。途中で挫折した選手は競歩以外でも多数知っているので，「競歩へ転向してきた」選手に限定したエも正しくない。蔵前のここでの笑顔は，八千代のフォームを美しくすると言ったときと同じあっけらかんとした表情だが，フォームを修正する自信から来る笑顔ではないので，オも誤り。

問５　三作目は自分では気に入った作品で，去年の作品では書く息苦しさから解放されたと感じたとあるので，「最近は納得のいく作品が書け」ないとあるアは誤り。失敗による心の穴を次作で埋めようと必死になっているのだから，「無気力になっている」とあるイ，「小説を書くこと自体に嫌気がさしている」とあるウも合わない。エの「作家としての方向性を見失って」という内容は本文にない。

問６　ぼう線部⑷に，忍は「自分が身につけるべき新しい《価値》を探して〜彷徨う」とあるので，

アの「自分が身につけるべき新しい価値を見極めた」，オの「自分に新たな価値を与えてくれるものが見つかり」は誤り。ぼう線部⑸の直前には，次はないかもしれないと怯えつつも次はうまくいくかもしれないと希望を捨てきれずにいることが書かれているので，「立ち直れないほどの挫折」，「立ち直ることができないような大きな挫折」とあるウとエも合わない。

問７　「期待される自分でいたい」と思い，「書き続ける」しかないと考える忍は，作家としての「自分の才能の限界を認め」たとまではいえないこと，売り上げで負けたことは事実だが，それが本質的な辛さにつながったわけではないこと，「天才高校生作家」という肩書きは忘れ去られたもので，忍は背負い続けていないことから，イ，エ，オは合わない。八千代は忍の話に笑ったが，似た境遇の忍の気持ちが理解できて小さく苦笑したのであり，ウの「明るくなった」はややずれる。厳しい状況を認識している忍にしても，その状況を「楽しめるようになっている」は少々言い過ぎととれる。

問８　忍は四，五作目では「書くのがきつかった」が，去年の作品では「息苦しさを抜け出せたような気がした」と言っているので，「書くことがだんだん辛くなって」とあるイは誤り。最後のほうの場面で二人は笑い合い，忍は明日も20キロ自転車を漕ぐと前向きな気持ちになっているので，「残りの合宿が二人にとって更に辛いものになることを暗示している」とあるカも正しくない。

二　**出典は古田徹也の『いつもの言葉を哲学する』による。**〈やさしい日本語〉〈精密コードとしての日本語〉「ニュースピーク」のそれぞれの目的や特徴をあげ，言葉の持つ重要性を明らかにしている。

問１　①　人より先に新しい考えや意見を主張すること。　②　国のいろいろな事務仕事をする役所。　③　すぐれていてみごとなようす。　④　くり広げること。

問２　〈やさしい日本語〉は障害者や在日外国人にも習得や理解がしやすいことを目的につくられており，日本語自体の規範になることに筆者は明確に反対しているので，「全ての人が日本語の規範として用いることを目的として作られており」とあるア，「日本で暮らすあらゆる人々の共通言語になることを目的として作られており」とあるウは合わない。障害者や在日外国人などが日本で安心して生活し，居場所をつくることを目指しているので，エの「親しい人間関係を速やかに築くこと」やオの「移民を増やすこと」を推進するものでもない。

問３　「精密コードとしての日本語」については，専門的で複雑な問題を正確に表現するための日本語で，言語という文化遺産の蓄積を利用し，変更したり付け加えたりする必要があること，専門家や作家といった一部の人たちに使用が限定されると，日本語の非民主化のおそれがあることが前後に書かれているので，アがよい。

問４　「言葉は思考を運ぶ単なる乗り物」ではないとは，ぼう線部⑵の二つ後の段落にあるとおり，「言葉は常に伝達のための手段であるわけでは」ない，つまり単なる意思疎通の手段なのではないという意味。「思考が言語に依存している」については，同じ段落に，言葉は「物事に対する特定の見方，世界観，価値観」などをふくむとあり，また三つ後の段落（引用を除く）には，語彙や文法を制限すれば表現力や思考力が弱まるとある。つまり，思考を生み出すこと自体も言葉の重要な働きであり，状況に適した表現を練り上げるなかで，言葉によって思考が形づくられる側面もあるということである。

問５　⑴　〈やさしい日本語〉は，日本語を母語としない人にも習得や理解がしやすいよう，わかりやすく表現して伝えるためのものである。アは通常の日本語を使用したさいに注意すべき内容であり，イの「その場にふさわしい新しい言葉を創り出す」，ウの「日本の文化を相手に押し付けていたことを反省し」，エの「現在の日本語の単語や文法形式にこだわる必要はない」は合わない。

⑵　ぼう線部⑶の次の段落や最後から五番目の段落から，ニュースピークは語彙や文法を減少させて表現力や思考力を弱めるもので，その結果，偏った価値観に人々は支配されてしまうとまとめられる。

問６　「忌み言葉」は結婚式や葬儀の場で使用をひかえるべき言葉で，思想をせばめる目的のものではなく，礼儀の一種といえる。よって，カが選べる。

問７　本文半ばで，専門家は難しい言葉の使用に終始すればよいわけではないとあること，〈精密コードとしての日本語〉の使用を一部の人に限定することを筆者は望ましくないとしていることから，アとイは合わない。〈やさしい日本語〉は理解しやすい日本語なので，全面的に使用されても社会から取り残される人が出るとは考えられないこと，一方で全面的に使用されれば，どの語彙や表現形式が制限されるかに応じて思想の偏りが起こると本文最後にあることから，エとオも正しくない。

2023年度 渋谷教育学園渋谷中学校

【算　数】〈第２回試験〉(50分)〈満点：100点〉

㊟　定規，コンパスは使用しないこと。

1　次の問いに答えなさい。ただし，(6)は答えを求めるのに必要な式，考え方なども順序よくかきなさい。

(1)　次の□にあてはまる数を答えなさい。

$$\left(1\frac{1}{7}-\square\right)\times 0.875=5\div\left\{19\times 4-10\div\left(\frac{1}{2}-\frac{1}{3}\right)\right\}$$

(2)　渋男さんは家を７時40分に出発して，自転車で時速12kmの速さでＡ駅に向かいました。Ａ駅に到着した３分後に電車に乗ってＢ駅で降り，Ｂ駅から歩いて学校に向かい，８時16分に学校に到着しました。電車に乗っていた時間は，自転車に乗っていた時間の２倍で，歩いた時間の３倍でした。家からＡ駅までの距離は何ｍですか。

(3)　長方形のテープを端と端がぴったり重なるように，図のような形に折り曲げました。㋐の角の大きさは何度ですか。

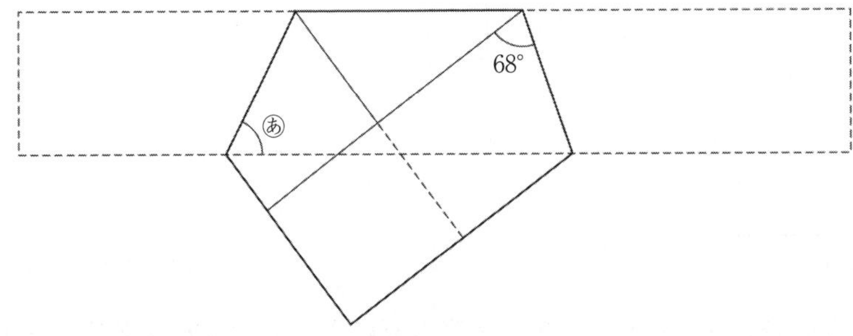

(4)　３種類の食塩水Ａ，Ｂ，Ｃがあります。ＡとＢを重さの比が１：２となるように混ぜると，濃さが６％の食塩水になります。ＢとＣを重さの比が１：２となるように混ぜると，濃さが７％の食塩水になります。ＣとＡを重さの比が１：２となるように混ぜると，濃さが10%の食塩水になります。同じ重さのＡとＢとＣを混ぜると，濃さは何％になりますか。

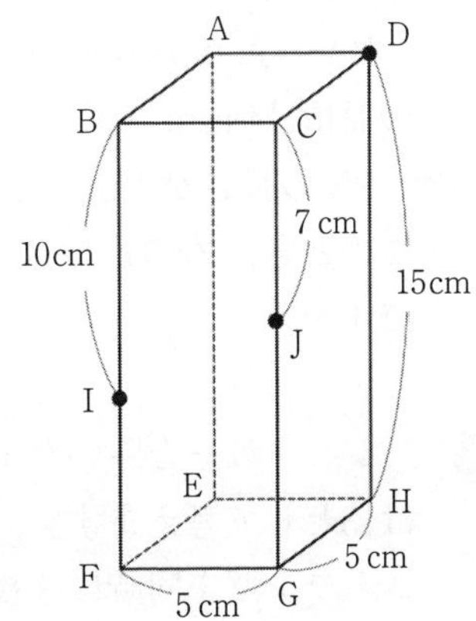

(5)　右の図は，１辺の長さが５cmの正方形を底面とし，高さが15cmの直方体ABCD-EFGHです。点Ｉは辺BF上の点で，BIの長さが10cm，点Ｊは辺CG上の点で，CJの長さが７cmです。

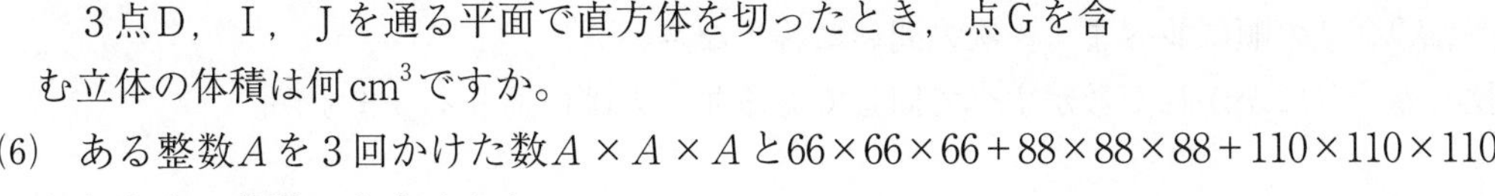

３点Ｄ，Ｉ，Ｊを通る平面で直方体を切ったとき，点Ｇを含む立体の体積は何cm^3ですか。

(6)　ある整数Aを３回かけた数$A\times A\times A$と$66\times 66\times 66+88\times 88\times 88+110\times 110\times 110$は等しくなります。整数$A$を求めなさい。

2　２枚の板あ，いとスクリーンがあります。あは縦の長さが10cm，横の長さが11cmの長方形で，いは１辺の長さが40cmの正方形で，スクリーンは縦の長さが１m，横の長さが５mの長方形です。図１のように，あには点Aが，いには点Bが，スクリーンには点Cがあります。図２のように，平らな床の上の点Pに光源があり，直線PCの上に，点Aと点Bがくるようにあ，いを置きます。スクリーンとあといは平らな床の上に垂直に立っていて，あといはそれぞれスクリーンと平行です。PCの長さは１m20cmです。光源から影をスクリーンにうつすとき，下の問いに答えなさい。

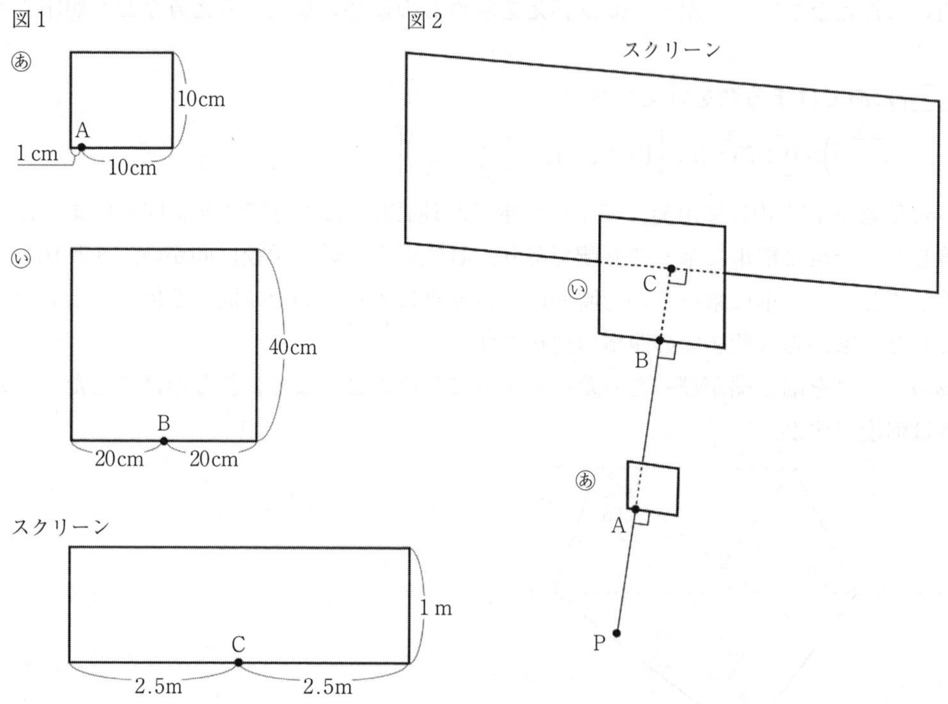

(1)　PAの長さが40cmで，PBの長さが60cmのとき，２枚の板によってできるスクリーン上の影の面積は何cm^2ですか。

(2)　PAの長さが40cmで，PBの長さが１mのとき，２枚の板によってできるスクリーン上の影の面積は何cm^2ですか。

(3)　PBの長さが１mのとき，あといによってできるスクリーン上の影の面積は16932cm^2でした。このとき，あの影はスクリーンの上からはみ出していました。このとき，PAの長さは何cmですか。

3　ジョーカーを除いた１組52枚のトランプがあります。ただし，Aは１，Jは11，Qは12，Kは13として考えます。

トランプを同時に３枚選び，数が小さい方から順に並べます。このとき，同じ数があった場合は，♤♡◇♧の順に並べます。次の問いに答えなさい。

(1)　３枚のカードにかかれた数がすべて同じである並べ方は何通りありますか。

(2)　3枚のカードにかかれた数がすべて異なり，同じマークで3つの数が連続する並べ方は何通りありますか。例えば，◇3，◇4，◇5 や ♤10，♤J，♤Q のような並べ方です。ただし，KとAは連続するとは考えません。

(3)　3枚のマークがすべて異なり，どの隣り合うカードにかかれた数も同じであるか連続する並べ方は何通りありますか。例えば，♡8，◇9，♧10 や ◇2，♧2，♤3 のような並べ方です。ただし，KとAは連続するとは考えません。

4　図1のような階段の形をした器具Xがあります。図2はXを横から見た図です。Xはプラスチックでできており，中は空どうです。

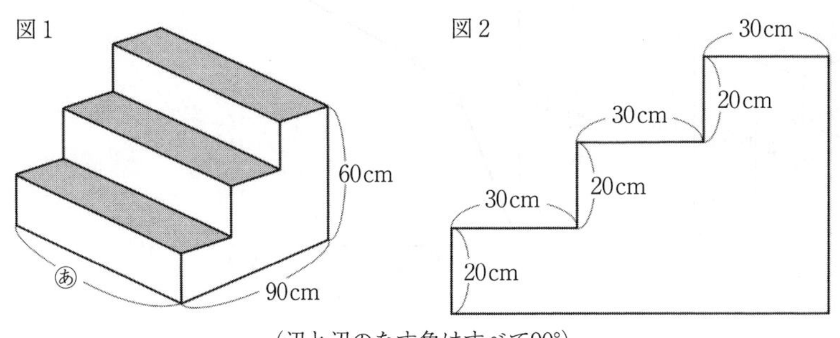

(辺と辺のなす角はすべて90°)

また，縦1m，横2.5m，深さ1mの直方体の形の水そうがあります。

図Aのように，空(から)の水そうの中にXが浮かないように底に固定し，毎分0.02m^{3}の水を入れていきます。

グラフAは，水を入れた時間と水そうの水面の高さとの関係を調べたものです。

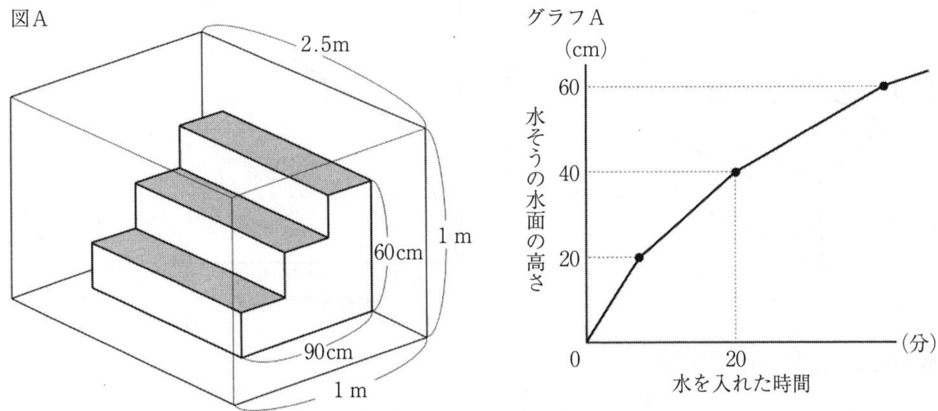

次の問いに答えなさい。ただし，答えを求めるのに必要な式，考え方なども順序よくかきなさい。

(1)　図1のあの長さは何mですか。

器具Ｘと同じ大きさ，形，材質の器具Ｙがあります。Ｙは，図３のように面の１か所に穴があいています。

Ｙを，空の水そうの中に浮かないように底に固定して，毎分$0.02m^3$の水を入れていきます。

しばらくして，穴からＹの中に一定の割合で水が入っていきました。この穴の大きさは考えないものとします。

グラフＢは，Ｙを図Ｂのように置いて，水を入れた時間と水そうの水面の高さとの関係を調べたものです。

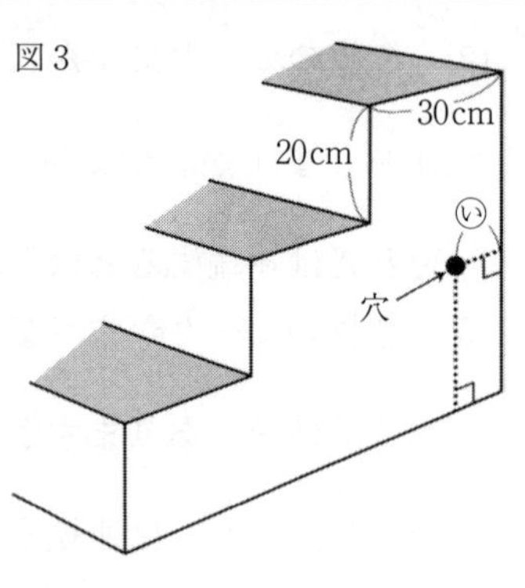

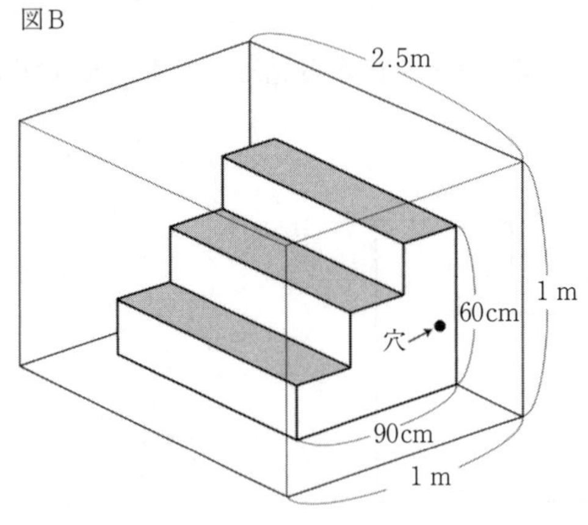

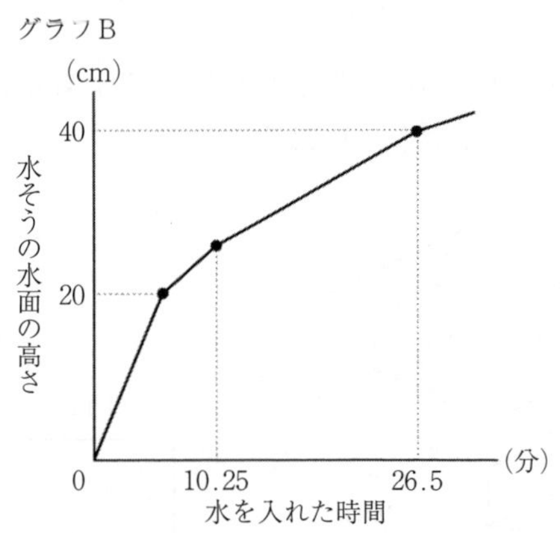

(2) Ｙの中に穴から入っていった水は毎分何m^3ですか。

Ｙを図Ｃのように置いて，水を入れた時間と水そうの水面の高さとの関係を調べたものがグラフＣです。

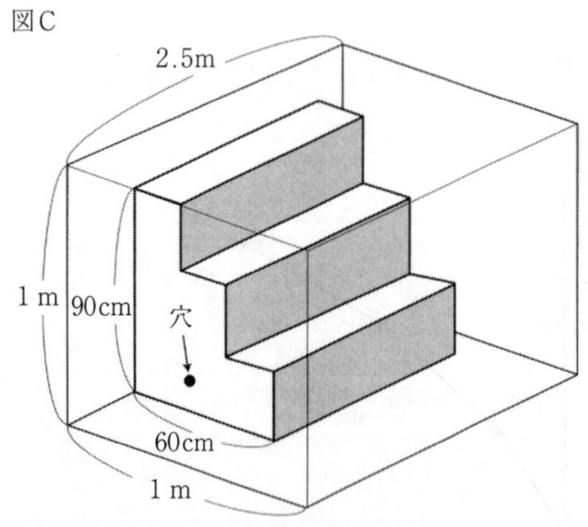

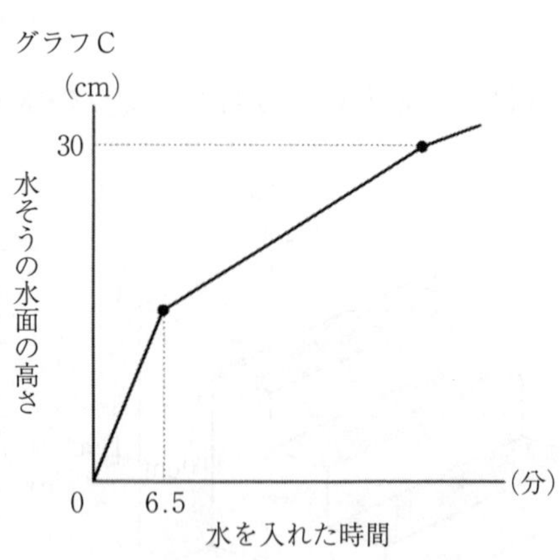

(3) 図３のⓘの長さは何cmですか。

【社　会】〈第２回試験〉（30分）〈満点：50点〉

注　字数の指定がある問題については，次の①と②に注意して下さい。

① 句点(「。」)や読点(「，」)は，それぞれ１字として数えます。

② 算用数字を用いる場合は，数字のみ１マスに２字書くことができます。

（例１）「2023年」と書く場合　|20|23|年|

（例２）「365日」と書く場合　|36|5|日| または |3|65|日|

1

「なら歴史芸術文化村」HPより

上の図は2022年３月に開村された「なら歴史芸術文化村」という文化施設です。従来の単に見学するだけに終わらせず，専門家や他の参加者と対話しながら，五感で感じることによって「なぜ？」という新たな問いを生み出すことを大切に，知を探求していく楽しさを提供することをコンセプトに設立されました。特に文化財の修復現場を公開するという試みは，日本初のもので大きな話題となっています。

渋谷教育学園渋谷中学・高等学校では，開村前からこの施設で行われるイベントへのアイディアを提供してきました。また奈良の地は中学３年生のときに，「宿泊研修」として訪れる場所でもあります。

そもそも伝統というものは，習慣とは違って，見つけ出そうという努力をしなければ，存在しないものです。伝統と創造，復元と再生について，考えてみる機会があるといいと思います。

奈良や伝統や復元に関する以下の問いに答えなさい。

問１　現在の奈良県がある近畿地方には，邪馬台国が存在したのではないか，という説があります。次の設問に答えなさい。

(1) 渋谷君は，邪馬台国の場所については特定されておらず，学説も畿内説と九州説があることを知り，それぞれの根拠について調べることにしました。

次の資料１は，「魏志倭人伝」に書かれている内容を図で示したものです。これにしたがうと，邪馬台国は，太平洋上にあったことになり，畿内説も九州説も主張することはできません。邪馬台国が日本に存在したと主張するには，「魏志倭人伝」のどこかが間違えていることになります。資料２はこれらの情報を地図に示したものです。

それでは，畿内説と九州説を主張する場合には，「魏志倭人伝」の文章のどの要素が間違っているというのでしょうか。資料１，２を参考にしながら，文中(X)・(Y)にあてはまる言葉をそれぞれ４字以内で答えなさい。ただし解答は平仮名でもよい。

なお，奴国までは渋谷君は矛盾を感じませんでした。

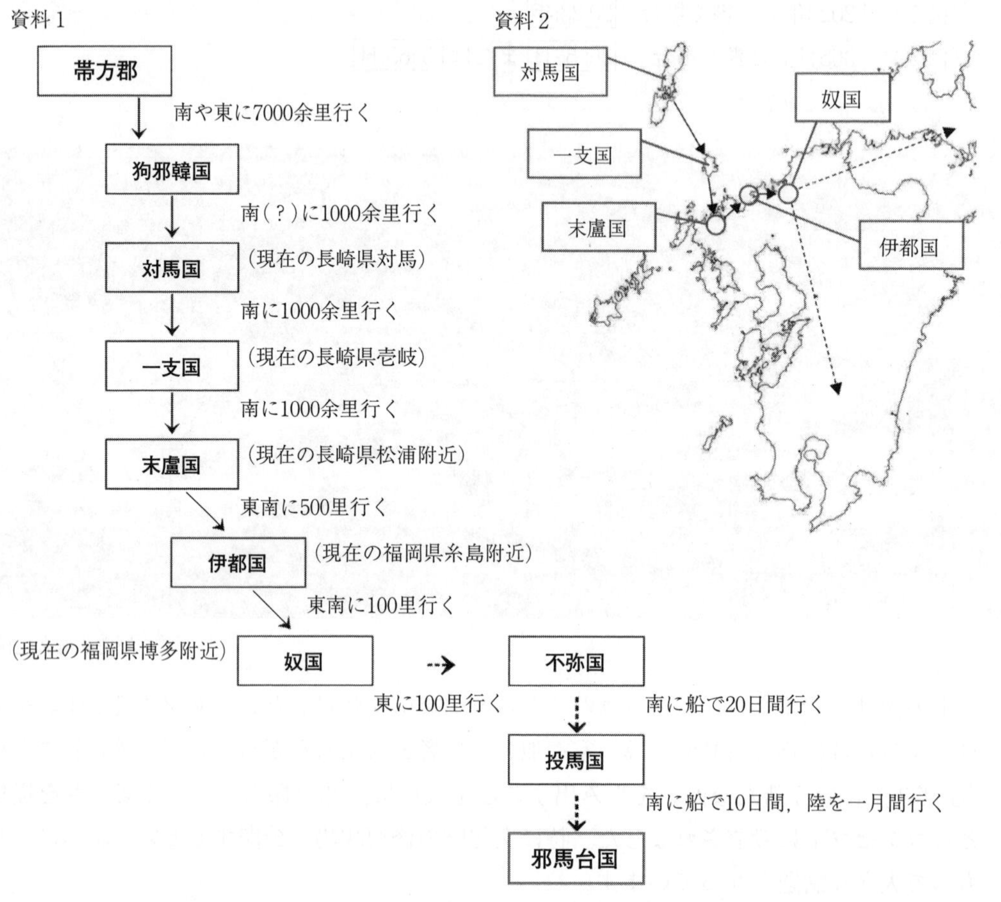

> 畿内説であれば(X)が正しく，(Y)が間違っていると思われ，九州説であれば(Y)が正しく，(X)が間違っていると思われる。

(2) 渋谷君は，畿内説と九州説の根拠を，文字による資料と出土した資料から整理することにしました。表の①～⑥にあてはまるものを，下のア～エの文章からそれぞれ一つずつ選び，記号で答えなさい。あてはまるものがない場合は×をつけること。

ただし，ア～エの文章自体は，正しいものとして答えなさい。

	畿内説	九州説	どちらともいえない
文字による資料だけの推測	①	②	③
文字による資料と出土した資料をあわせての推測	④	⑤	⑥

ア．「魏志倭人伝」には，「魏の皇帝は景初２年(238年)に卑弥呼に銅鏡100枚を贈った」という記述があるが，魏の年代を刻んだ銅鏡が全国から10枚，畿内から５枚出土している。

ただ，その中には景初４年という実在しない年号を書いているものもある。また三角縁神獣鏡という銅鏡は，日本全土から400～500枚ほど出土しているが，中国からは全く出土していない。

イ．「魏志倭人伝」には，「宮室や物見やぐら，城柵があり，武装した兵士が守っている」という記述があるが，弥生時代後期の大規模な環濠集落である吉野ヶ里遺跡からは，壕の内外で木柵，土塁，逆茂木といった敵の侵入を防ぐものが出土し，物見やぐらが複数設置されていたことがわかる。

ウ．「魏志倭人伝」には，卑弥呼がなくなった後，倭国が大乱になったとあるが，その記述は「古事記」にはない。また「古事記」には，女性で政治的に活躍した人物は神功皇后しかいないが，彼女は４世紀の人であるし，「古事記」には魏に使いをおくったという記述はない。

エ．「魏志倭人伝」の文章にある「邪馬台国」は「やまと」と読める。また「隋書」では，聖徳太子が遣隋使を送ったときに，倭国の都の位置を邪靡堆(やまと)と書き，「魏志倭人伝でいう邪馬臺(やまと)なるものなり」と断定している。

問２　奈良にある東大寺は何度も自然災害や戦災にあいましたが，そのたびに再建され現在に至っています。次の設問に答えなさい。

(1)　東大寺の大部分は，1181年に焼き討ちにあい焼失しましたが，1195年に大仏殿が再建されました。その完成を祝う式典に，関東の最高権力者が参列しています。この人物は誰か，答えなさい。

(2)　東大寺南大門は，962年に台風で倒壊しましたが，1199年に再建され，金剛力士像が納められました。平成元年(1989年)に金剛力士像が解体・修理されたときに，複数の仏師がかかわっていたことがわかりました。この金剛力士像の制作を指揮した人物は誰か，一人答えなさい。

問３　奈良県南部では林業がさかんです。次の表は，県内に林業がさかんな地域がある秋田県，静岡県，長野県，奈良県における65歳以上人口の割合，第２次産業人口の割合，平均通勤・通学時間，ゴルフ場の数，重要文化財の数を示したものです。秋田県と静岡県にあてはまるものを，表中ア～エの中からそれぞれ一つずつ選び，記号で答えなさい。

	65歳以上人口の割合(2019年)	第２次産業人口の割合(2017年)	平均通勤・通学時間(2016年)	ゴルフ場の数(2021年)	重要文化財の数(2022年)
ア	31.3%	23.1%	37分	33	1328
イ	31.9%	28.7%	26分	70	190
ウ	37.2%	25.5%	22分	15	41
エ	29.9%	33.4%	28分	88	224

『データでみる県勢 2022』，平成28年社会生活基本調査，文化庁資料より作成

問４　東大寺にある正倉院には正倉院文書と呼ばれるものが納められています。その中には奈良時代に用いられた紙を再利用したものが残されています。文書を残そうとした側としては，後から書いた内容の方が大切なのですが，先に書かれていた文章も今となっては貴重なものです。

それでは，先に書かれていた文章の内容として**誤っているもの**を，次のア～エの中から一

つ選び，記号で答えなさい。

ア．守護の横暴なふるまいに対する訴え

イ．保存期間をすぎたある村の戸籍

ウ．万葉仮名で書かれた和歌

エ．お経を写す役人が書いた落書き

問５　平治物語絵巻は，平治の乱について書かれた「平治物語」を絵巻化したものです。右の絵はその中の「六波羅合戦図」です。この絵はその一部が切り取られ，その断片14片が発見されましたが，転売が繰り返されました。残された白黒の模写をもとに修復作業が行われ，甲冑の組紐から当時の色合いを復元していくことができました。

この乱をおさめて権力をにぎった人物の行ったことで正しいものを，次のア～エの中から一つ選び，記号で答えなさい。正しいものがない場合はオと答えなさい。

ア．外国と貿易を行い，経済的な基盤をつくった。

イ．３代にわたり繁栄したが，源氏と対立して滅んだ。

ウ．西国の水軍と組んで，皇室に反乱を起こした。

エ．六波羅を制圧して，鎌倉と対立した。

問６　煤竹(すすだけ)とは，古い茅葺屋根の屋根裏や天井からとれる竹建材のことを言います。囲炉裏の煙でいぶされて独特な風合いを持ち，茶道具や花生けに使われます。現在，維持できなくなった古民家から出る煤竹は，非常に貴重なものとなっています。

次の文章にあてはまる，茶人としても知られる人物の名前を答えなさい。

> 大名の14番目の男子として生まれたため，32歳まで不遇の生活を送る。この間，学芸全般に親しみ，特に熱心に茶道を学んで茶人として大成する。跡継ぎの兄と藩主が相次いで病死したため大名となり，後に幕府の政治の中心的な役割を果たした。困難な政局と外交を強権によって対処したため，反発を買い江戸城に登る際に暗殺された。

問７　名護屋城は豊臣秀吉がある目的を持って，佐賀県につくった城です。その後に壊されましたが，その建材は唐津城に再利用され，大手門は仙台城へ移築され，石垣は名古屋城に使用されたと伝わっています。下の設問に答えなさい。

仙台城大手門

仙台城は伊達政宗が1601年に築城。
大手門と脇櫓は国宝に指定されたが，1945年の仙台空襲で焼失した。
仙台市は政宗没後400年である2036年を目標に大手門の再建を目指す方針とのこと。

「政宗公　ワールドプロジェクト」HPより(写真は空襲で焼ける前の仙台城)

(1)　豊臣秀吉がこの目的をとげるために行ったことを漢字4字で答えなさい。

(2)　次の【図】は，関ヶ原の戦いの直前の大名配置を表したものです。
豊臣秀吉が【図】のように大名を配置した意図を60字以内で答えなさい。

【図】　関ヶ原の戦いの直前の大名配置

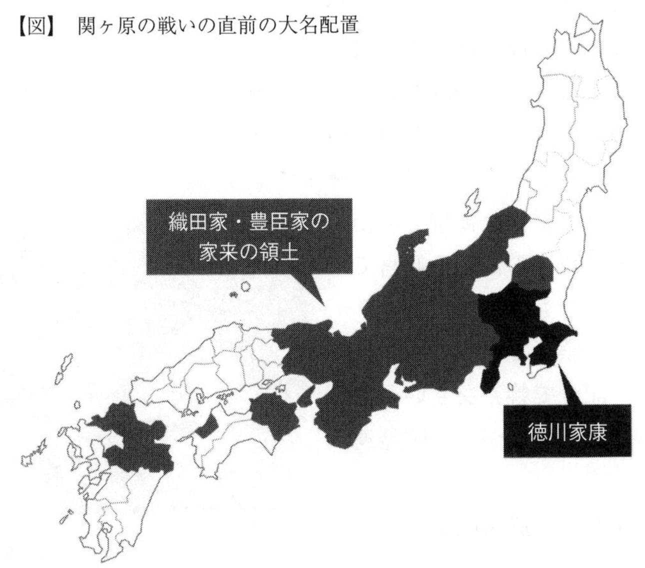

問8　熊本城は2016年に起こった熊本地震で大変な被害をうけましたが，2037年の全面復旧にむけて努力が続いています。

熊本城は，築城の名手である加藤清正が建てた城郭として有名ですが，彼の存命中には実際の戦闘は起きませんでした。しかし明治時代に起きた戦乱で，彼の力量が再確認されました。1877年に起きた日本最後の内戦の名称を答えなさい。

問9　現在では衣服のリサイクルの必要性がよく言われます。江戸時代の越後屋は呉服店として知られましたが，創業者の三井高利の母は非常に倹約家で，捨てられた草鞋を壁に使い，底

の抜けたすり鉢を樋の受け筒にした，と言われます。このような倹約により越後屋の発展の基礎を築いたとされます。

江戸時代の町人の文化や生活について，**誤っているもの**を，次のア～エの中から一つ選び，記号で答えなさい。誤っているものがない場合はオと答えなさい。

ア．連歌から発展した俳諧が広がり，川柳・狂歌も親しまれた。

イ．歌舞伎が人気となり，江戸や大坂で名優が活躍した。

ウ．「ものぐさ太郎」「浦島太郎」などの物語がつくられた。

エ．都市が拡大したために，水の確保が必要となり，上水道がつくられた。

問10　明治時代は，日本の文化財が見直された時代でした。文化財の修復も重要視され，1898年には，岡倉天心が美術院国宝修理所のもととなる組織をつくっています。次のⅠ～Ⅲは明治時代のできごとです。古い順に並べ替えたものとして，正しいものを，下のア～カの中から一つ選び，記号で答えなさい。

Ⅰ．イギリスとの交渉で，治外法権(領事裁判権)が撤廃された。

Ⅱ．与謝野晶子が「君死にたまふことなかれ」を発表した。

Ⅲ．憲法に基づいて，第一回帝国議会が開かれた。

ア．Ⅰ→Ⅱ→Ⅲ　　イ．Ⅰ→Ⅲ→Ⅱ　　ウ．Ⅱ→Ⅰ→Ⅲ

エ．Ⅱ→Ⅲ→Ⅰ　　オ．Ⅲ→Ⅰ→Ⅱ　　カ．Ⅲ→Ⅱ→Ⅰ

問11　関東大震災は大正時代に起こり，多大な被害を与えました。右の写真は，震災直後の鎌倉の鶴岡八幡宮です。現在の鶴岡八幡宮は再建されたものです。

『図説　鎌倉年表』

大正時代についての文章として**誤っているもの**を，次のア～エの中から一つ選び，記号で答えなさい。

ア．世界大戦に参加して日本の地位は上がり，国際連盟に加入した。

イ．動力源が石炭から石油にかわり，農業国から工業国へと転換した。

ウ．サラリーマンが現れ，バスガールやタイピストなどの職業婦人が登場した。

エ．全国水平社が結成され，きびしい差別に反対する運動が起きた。

問12　第二次世界大戦は，多くの文化財を失わせました。次の設問に答えなさい。

(1)　ヨーロッパの復元が破壊された都市の復元を基本とする一方，広島の復興は整然としたモダン都市への再生を図りました。その象徴が広島平和記念公園です。原爆で壊滅した中島地区を整地してつくられました。

広島に原爆が投下された年月日を，西暦は使わず元号を用いて答えなさい。

(2)　第二次世界大戦で名古屋城，和歌山城は焼失しました。名古屋城，和歌山城は徳川家の御三家の城として知られていますが，もう一つの御三家の所在地を，地図の中のア～エから選び，記号で答えなさい。

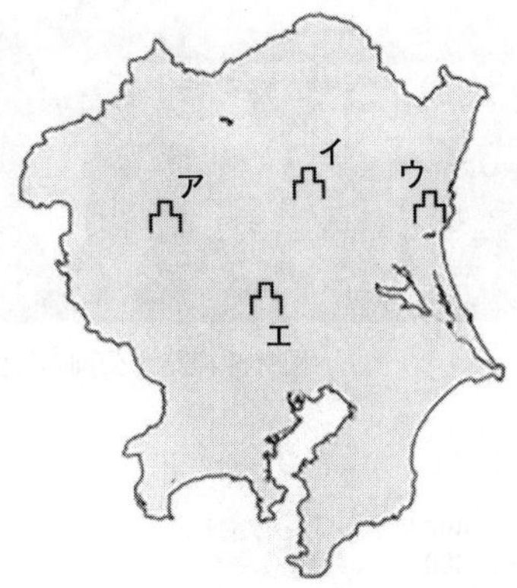

問13　東日本大震災の復興に関してのNHKニュース(2022年７月５日)を読んで，問いに答えなさい(文章は一部改変しています)。

> 東松島市(宮城県)では，震災の直後，年間に出る一般廃棄物の110年分にあたる109万トン余りのがれきが発生しました。処理に悩む自治体も多い中，東松島市は，地元の建設業者などと協力し，がれきを土砂や木材，コンクリート，プラスチック，金属，家電など19種類に分別させ，およそ97％を土木資材などに再利用することに成功しました。市は３年間でがれきの処理を完了し，当初はおよそ730億円かかると見込んでいた費用を150億円ほど抑えることができました。また，期間中は震災で職を失った人など，およそ800人をがれき処理の作業員として採用し，雇用の受け皿としても機能させました。
>
> 東松島市復興政策課の大久課長は，「ごみの分別は世界のどこでも通用すると思うので，［　　　］の復興にも役立つ。震災のときに助けられた恩返しとして，我々の経験を伝えたい」と話していました。

文中の［　　］にあてはまる国を，地図の中のア～エから選び，記号で答えなさい。

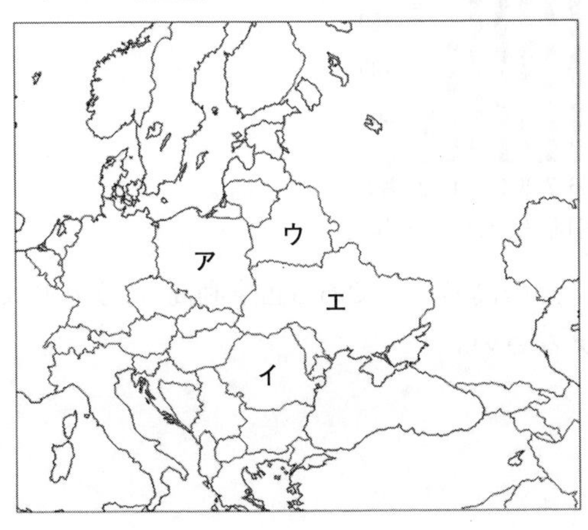

国営沖縄記念公園(首里城公園)

問14　復元したものがまた失われるという悲劇もあります。首里城は，琉球王朝の王城としてその壮麗さをほしいままにしてきましたが，沖縄戦のときに焼失し，1992年に再建されました。しかし，2019年10月に焼失しました。

沖縄について，次の設問に答えなさい。

(1)　次のア～エは，岡山，高知，那覇，福井のいずれかにおける月別降水量を示したものです。那覇にあてはまるものを，ア～エの中から一つ選び，記号で答えなさい。

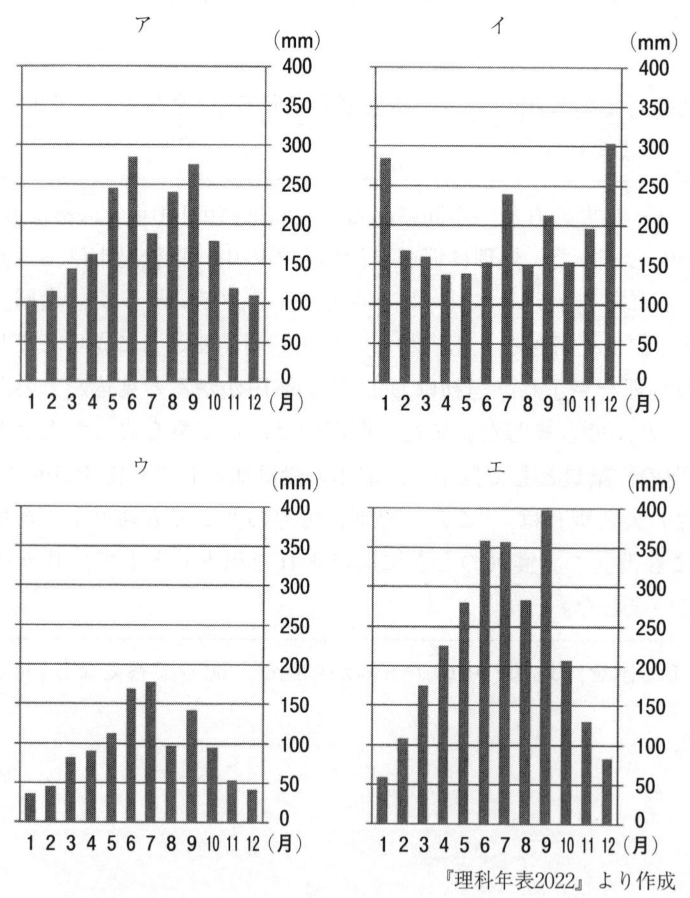

『理科年表2022』より作成

(2)　沖縄島の近くには多くの島があります。その島の一つである古宇利島(こうりじま)について，次の資料をもとに，問(a)・(b)に答えなさい。

資料１　古宇利島と周辺の地図（令和４年）

地理院地図より（一部改変）

資料２　古宇利島の人口の推移

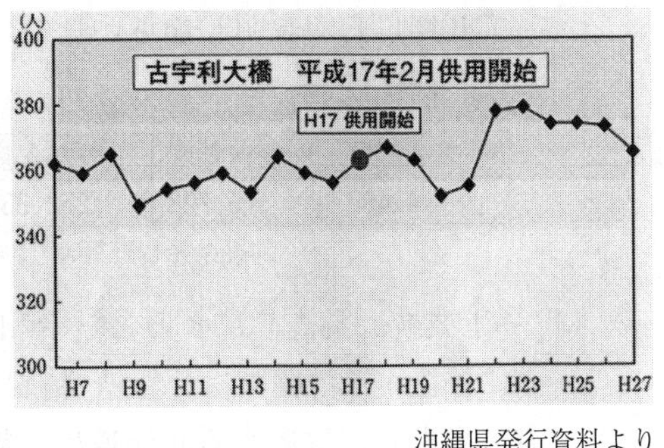

沖縄県発行資料より

資料３　平成14年の地形図

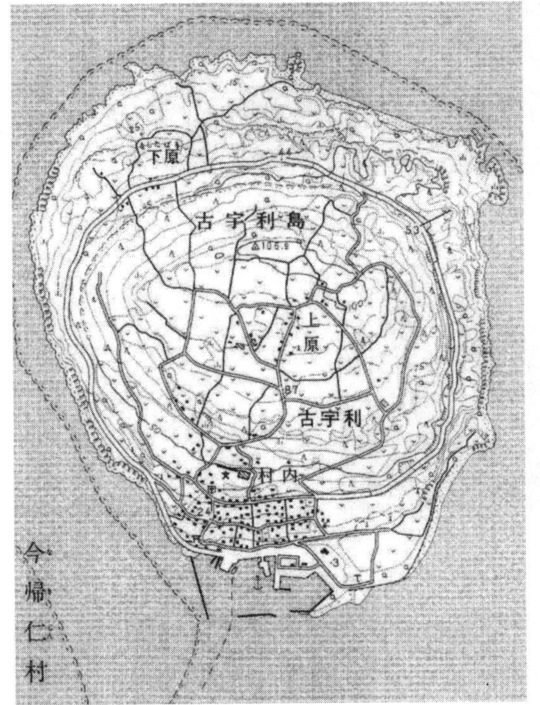

国土地理院発行 25000分の１地形図『大宜味』より（一部改変）

資料４　令和４年の地形図

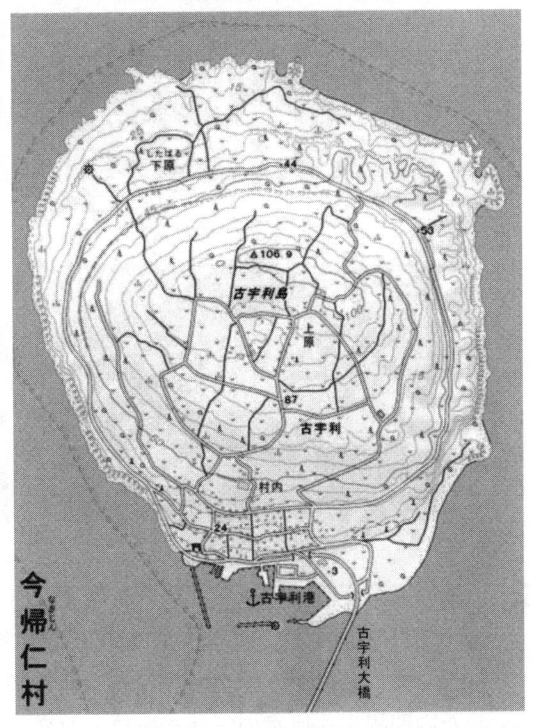

電子地形図 25000より（一部改変）

(a)　古宇利島における平成14年以降の変化について，次のア～ウのうち，資料から読み取れることや推測できることとして適当なものには○，適当ではないものには×で答えなさい。

ア．古宇利港を発着していた渡船（定期船）が廃止された。

イ．古宇利島から島外に移住する人が増え，人口減少が続いている。

ウ．小学校が廃校になり，小学生は島外に通うようになった。

(b) 次の表から読み取れる変化を，資料１～資料４を参考にして，その変化の要因にふれて40字以内で説明しなさい。

表　古宇利島への観光客数(人)

平成７年度	平成14年度	平成25年度
4,499	5,723	252,835

沖縄県発行資料より作成

(3) 「工業統計調査」によると，令和元年の砂糖類の出荷額において，都道府県の中で最も南に位置する沖縄県は「粗糖(精製されていない糖のこと)」の出荷額が全国１位である一方，最も北に位置する北海道は「精製糖(国内産の甘味資源作物から一貫して製造加工したもの)」の出荷額が全国１位です。沖縄県と北海道で生産される砂糖類の主な原料となる農作物の写真として適当なものを，次のア～エの中からそれぞれ一つ選び，記号で答えなさい。

ア.

イ.

ウ.

エ.

2 次の文章を読み，以下の問いに答えなさい。

第208回国会(常会)では，内閣提出法律案61件，衆議院提出法律案15件，参議院提出法律案２件が成立しました。次の表は，内閣法制局のホームページに掲載されているこの国会で成立した内閣提出法律案の一部を抜粋・改変した一覧です。

閣法番号	法律案名	主管省庁
9	国家公務員の［あ］休業等に関する法律及び［あ］休業，［い］休業等［あ］又は家族［い］を行う労働者の福祉に関する法律及び雇用保険法の一部を改正する法律の一部を改正する法律案	内閣官房
13	裁判官の［あ］休業に関する法律の一部を改正する法律案	法務省
38	［う］設置法案	内閣官房

表中の あ ・ い は，これまで固定的な性別役割分担意識や無意識の思いこみから主として女性の役割とされていましたが，このような社会的な性差は X と呼ばれ，社会的な性差を象徴する用語として定着しています。近年では あ ・ い についても男女が等しく役割を担うものとの認識が進み，徐々に法律の整備が進められています。 X については，国連が推進するSDGsの17のゴールのうち，「 X 平等を実現しよう」が5番目のゴールとして掲げられています。

①日本での性差の解消に関するこれまでの取り組みとして，「男女雇用機会均等法」(1985年制定・1986年施行)や「男女共同参画社会基本法」(1999年制定・施行)を挙げることができます。男女共同参画社会基本法の第2条には「男女が，社会の対等な構成員として，自らの意思によって社会のあらゆる分野における活動に参画する機会が確保され，もって男女が均等に政治的，経済的，社会的及び文化的利益を享受することができ，かつ，共に責任を担うべき社会を形成する」と規定されています。

こうした取り組みの一方，世界経済フォーラム(WEF)が発表している「 X ・ギャップ指数」の2022年版で，日本の指数は「0.650」とされ，調査対象146カ国中，116位となりました(同指数は，「0」が完全不平等，「1」が完全平等で表されます)。主要先進国の中では最下位だと報じられています。同指数は，「教育」・「健康」・「政治」・「経済」の4分野からなり，日本は，「教育」・「健康」については世界トップクラスであるものの，「政治」と「経済」分野で世界に後れをとっています。

政治分野に関して言えば，国会議員の男女比，閣僚の男女比，最近50年における行政府の長の在任年数の低さが指標を下げる大きな要因です。

第208回国会閉会後の2022年7月10日に実施された第26回参議院議員選挙では，過去最多の35名の女性候補者が当選したことが話題となりました。全当選者に占める女性当選者の割合は，28％となり，非改選の女性議員とあわせると64名となり，参議院議員全体の割合ではおよそ Y ％となります。

2018年には「政治分野における男女共同参画の推進に関する法律」が制定・施行され，男女の候補者を均等とすることが掲げられましたが，2020年に閣議決定された「第5次男女共同参画基本計画」(21～25年度)では，衆議院選挙および参議院選挙における女性候補者の割合については，35％以上を努力目標として設定されています。なお，さきの参議院選挙における女性候補者の割合は33％で，当面の目標に近づきましたが，均等の候補者数を平等とするならば，まだまだその実現には遠い状態にあることに変わりはありません。

今回の選挙後の報道では， Z を主張する勢力が3分の2以上の議席を獲得したことから，大きな話題となりました。この背景には， Z を主張する勢力が衆議院でも3分の2以上の議席を有していることに加えて，現在の日本をとりまく外交・安全保障上の懸念もあり， Z が現実的な政治課題となりつつある状況を反映しているものと考えられます。日本の将来の形を大きく変える可能性を持つ政治課題について，男性議員の数が多い現状の国会で議論されるのは少し残念な気持ちを抱きます。

これからの社会を担う皆さんはこれからどのように社会に参画していきますか。皆さんには問題意識を持って中学・高校生活を送ることを期待しています。

問1　表中の空らん あ ・ い に入る適語をそれぞれ漢字2字で答えなさい。

問２　表中の空らん［う］には，こどもを育てる支援やこどもの権利利益をまもる事務を行う内閣府の外局として設置される庁の名称が入ります。この庁名を答えなさい。

問３　本文中の［X］にあてはまる語句と［Y］にあてはまる数字をそれぞれ答えなさい。［Y］は小数点第１位を四捨五入すること。

問４　下線①に関連して，従業員を雇用する事業者側が配慮するべき行動として適切なものを，次のア～エの中から一つ選び，記号で答えなさい。

ア．出勤，退勤が危険なので深夜の時間帯の仕事は，男性従業員のみに限定する。

イ．女性の採用面接で「子どもが生まれたらどうするのか」と質問する。

ウ．子育てをする女性は大いに社会貢献をしており，昇進面で優遇する。

エ．妊娠・出産のための通院について会社を休むことを認める。

問５　第26回参議院議員選挙について，女性の候補者と当選者を政党別にまとめた次の表から読みとった内容の正誤の組み合わせとして正しいものを，下のア～エの中から一つ選び，記号で答えなさい。

（人）

	全立候補者数			女性候補者数			女性当選者数		
政党	選挙区	比例区	合計	選挙区	比例区	合計	選挙区	比例区	合計
自由民主党	49	33	82	9	10	19	8	5	13
立憲民主党	31	20	51	16	10	26	5	4	9
日本維新の会	20	26	46	9	5	14	1	2	3
公明党	7	17	24	2	3	5	2	0	2
国民民主党	13	9	22	6	3	9	2	0	2
日本共産党	33	25	58	15	17	32	0	2	2
れいわ新選組	5	9	14	3	2	5	0	0	0
社会民主党	4	8	12	1	4	5	0	1	1
NHK 党	73	9	82	19	0	19	0	0	0
参政党	45	5	50	16	1	17	0	0	0
その他	52	17	69	14	4	18	0	0	0
無所属	35	—	35	12	—	12	3	—	3
合計	367	178	545	122	59	181	21	14	35

（総務省 HP で公表されている選挙結果より作成）

X：政党別の全立候補者に対する女性候補者の割合が，半数を超えるのはすべて野党である。

Y：選挙区，比例区ともに最多の女性当選者を出した政党は，野党を経験したことがない。

ア．X―正　Y―正　イ．X―正　Y―誤

ウ．X―誤　Y―正　エ．X―誤　Y―誤

問６　文中の［Z］に関して，これを主張する勢力が，衆議院・参議院の各３分の２以上の議席を有すると，国会で可能となることは何ですか。［Z］にあてはまる語句を用いて簡潔に説明しなさい。

【理　科】〈第２回試験〉（30分）〈満点：50点〉

1　次の会話文を読み，問いに答えなさい。

母：アイスクリーム買って来たわよ。最近は保冷剤(ざい)をつけるお店もあるけど，ドライアイスをつけてくれたわ。

子：やったあ。暖房(ぼう)のきいた部屋でアイスを食べるというのが冬はまたいいんだよね。ドライアイスって，二酸化炭素が固体になったものだよね。すごく冷たいでしょ。さわったら危ない？①冷凍(とう)庫から出した氷をさわったときみたいにくっついちゃうのかな。

母：確かドライアイスは－78℃くらいね。さわるとやけどをする危険があるから，つかむときは軍手をはめて扱(あつか)うなど注意が必要よ。

子：うわっ，こわいなあ。でも，気をつけて扱うから②コップに水とドライアイスを入れてみていい？　面白くて見入っちゃうんだよね。

母：いいわよ。せっかくなら楽しんだ方がいいものね。ドライアイスは，③そのままの状態で置いておいたら，そのうちなくなってしまうのよ。

問１　下線部①について，冷凍庫から出した氷をさわると瞬(しゅん)間的に指がくっつくのはなぜですか。次の文章中の（あ）（い）それぞれに，適切な文を５文字以上15文字以内で入れなさい。

冷凍庫から出したばかりの氷はとても低い温度で冷たいが，指で直接さわると，（　あ　）水になる。しかし氷がとても冷たいので（　い　）。このとき，氷が接着剤のようなはたらきをして，指がくっついてしまうのである。

問２　下線部②について，コップに水とドライアイスを入れると，どのような様子が観察できますか。

問３　問２の様子はドライアイスが残っていてもしばらくすると見られなくなりますが，それはなぜか，理由を答えなさい。また，問２の様子を再び起こすにはどうすればよいですか。

問４　下線部③について，なくなってしまうとはどういうことか説明しなさい。

子：ドライアイスといえば理科の授業で，簡単な実験と水に関する調べ学習をしたよ。④２本のやわらかいペットボトルの１本には冷たい水を，もう１本にはあたたかいお湯を，それぞれ３分の２くらい入れて，残りの３分の１に二酸化炭素を満たして，ふたをしてよく振(ふ)ったんだ。

調べ学習のメモ

- **地球上の水の総量は，およそ14億立方キロメートル。そのうち，⑤約97.5％が海水で残りの約2.5％は淡(たん)水である。**
- **淡水の大部分は南極の氷で，残りの淡水は地下水。全体のおよそ0.014％の量が淡水の液体の水として湖沼(こしょう)や河川など私たちのまわりにある。それを利用しながら私たちの生活が営まれ，私たち人間を含(ふく)む生き物の生命が維持(いじ)されている。**
- **地球温暖化が進み海水温が上がると，大気中の二酸化炭素を吸収しにくくなる。**

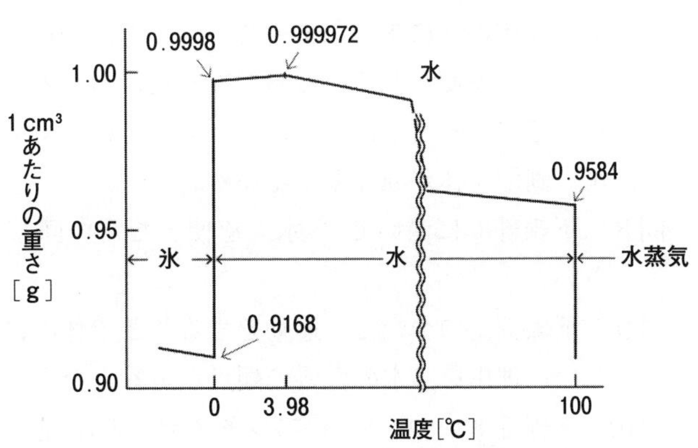

図　水１cm³あたりの重さと温度の関係

・私たち人間のからだの約60％は水分である。

・海水や淡水には酸素がとけていて，水中の生物に使われる。水中の酸素は水面からとけこむだけでなく，植物プランクトンの光合成からも供給される。

・水１cm^3あたりの重さは温度によって変わり，一番重いのはおよそ４℃のときである。

・水はあたたまりにくくさめにくい。

母：それは簡単だけどいい実験ね。調べ学習も楽しそう。水は他の多くの一般的な物質と違(ちが)って，特徴(とくちょう)的な性質があるのよね。身近な水だからこそ，古来から⑥水にまつわる言い回しもたくさんあるのよ。「湯水のように～」なんて言い方もあるけど，生活用水として使える水はほとんどないとすると，きちんと節水を心掛(が)けながら大切な水を使わないとね。

新型コロナウイルスが出現してから３年になるけれど，ニュースで「感染者数は氷山の一角です」ということばをよく聞いたわね。ちょっと風邪(かぜ)っぽくても罹患(りかん)したかもしれない，と不安になったわ。

子：そうそう，運動した後や夏の暑い日って体もほてるから，熱があるんじゃないかって思ったことがあるよ。むしろ⑦たいして体温が上がらないのは不思議だね。

「氷山の一角」ということばはネットニュースで見て知ってるよ。これも水に関する言い回しかあ。物事のごく一部が外に現れていることのたとえでしょ。でも⑧外に現れているのってどれくらいの割合なんだろう。

母：それを考えるヒントになるのが「アルキメデスの原理」ね。

問５　下線部④について，どのようなことが観察されましたか。最も適切なものを次のア～エから１つ選び，記号で答えなさい。

ア　冷たい水を入れたペットボトルの方が，お湯を入れたペットボトルよりもへこむ。

イ　お湯を入れたペットボトルの方が，冷たい水を入れたペットボトルよりもへこむ。

ウ　どちらのペットボトルも同じくらいへこむ。

エ　どちらのペットボトルも変化は見られない。

問６　下線部⑤について，海水のままでは飲料として使えません。海水から淡水を取り出す方法を20字以内で答えなさい。

問７　氷の１cm^3の重さが1.00ｇ以上であったとした場合，現状と比べて自然界にどの様な変化が起こるかを考えてみます。実験や調べ学習を参考に，湖沼において最も**起こりそうにない**事柄を次のア～エから１つ選び，記号で答えなさい。

ア　湖沼の底に氷がたまっていくので，底に住む生物が繁殖(はんしょく)しにくくなる。

イ　水の温度が低くなるので二酸化炭素がとけにくくなり，光合成も起こりにくくなる。

ウ　冬に凍った氷は，春になってもとけにくくなる。

エ　湖沼全体が凍りやすくなる。

問８　下線部⑥について，「水」を使った言い回しを「水」という語を含め７文字以内で答えなさい。

問９　下線部⑦について，運動をすることで体内に大量の熱が発生しても私たちの体温が急上昇しない理由を，水の性質の観点から答えなさい。

問10　下線部⑧について，「アルキメデスの原理」とは，アルキメデスが発見した物理学の法則で，『液体中の物体は，その物体が押しのけている液体の重さと同じ大きさで上向きの浮(ふ)力を受ける』というものです。

(1)　次の文中の(う)(え)にあてはまる言葉の組み合わせを，【語群】ア～エから１つ選び，記号で答えなさい。

氷山の海面上に出ている部分の体積は，アルキメデスの原理で求められる。海水中の氷山は，その氷山自体が押しのけている(　う　)の重さに等しい大きさの浮力をうけており，(　え　)の重さとこの浮力がつりあっている状態にある，と考えられる。

【語群】　ア　(う　海水　え　海水)　　イ　(う　氷山　え　海水)
　　　　　ウ　(う　海水　え　氷山)　　エ　(う　氷山　え　氷山)

(2)　グリーンランドの海に，海面上の体積が2023m^3の氷山がある。海面下の氷山の体積を考えたい。ただし，１cm^3の氷の重さは0.917g，海水の重さは1.02gとする。

このとき，

氷山の重さ[g]＝海面下の氷山の体積[cm^3]×(　お　)

と表される。

したがって，海面下の氷山の体積は氷山全体のおよそ(　か　)％となる。

(お)(か)に入る数値を小数第２位までで答えなさい。必要があれば小数第３位を四捨五入すること。

2　渋谷教育学園渋谷高等学校に通う姉と小学生の弟が会話をしています。以下の会話文〔Ⅰ〕，〔Ⅱ〕を読み，問１～４に答えなさい。

会話文〔Ⅰ〕

弟：ただいま～　今日は，クラスで新型コロナウイルス感染症のクラスターが発生して，学級閉鎖になったよ。またしばらくオンライン授業だ…

姉：あら，だから早く帰ってきたのね。

弟：クラスターかクラスターじゃないかって，どのように判断しているのかなあ？

姉：厳密にクラスターか否かを判定するのは難しいね。厚生労働省によると，同一の場において，５人以上の感染者の接触歴等が明らかとなっている状況を，「クラスター」と呼ぶそうだけど，これはある特定の人が，その場にいた周囲の人にウイルスをうつしあったと考えられるという間接的な証拠を集めているだけだから，本当にそうなのかは分からないよね。

弟：朝と夕方に満員電車に乗っているから，そこでうつっている可能性もあると思うんだけどなあ。

姉：その可能性はもちろん否定できないね。

弟：クラスターかどうかを厳密に調べる方法はないのかな？

姉：それぞれの感染者から検出されたウイルスのRNA(リボ核酸)の配列を調べれば，どの人がどの人に感染させた可能性があるのかが分かることがあるよ。

弟：RNA？　配列？　どういうこと？

姉：順番に説明していくね。まず，ウイルスは，図１のように自身の設計図を(ア)<u>RNA</u>という物質として持っていて，それが(イ)<u>殻</u>に包まれているという構造をしているんだ。RNAは，アデノシン一リン酸(記号A)，グアノシン一リン酸(記号G)，ウリジン一リン酸(記号U)，シチジン一リン酸(記号C)という４種類の小さな物質がいくつも鎖状に連なった長い構造を持つ物質

だ。この(あ)A，G，U，Cの４種類の物質の並べ方が，ウイルスの設計図の情報になっているんだね。(ウ)

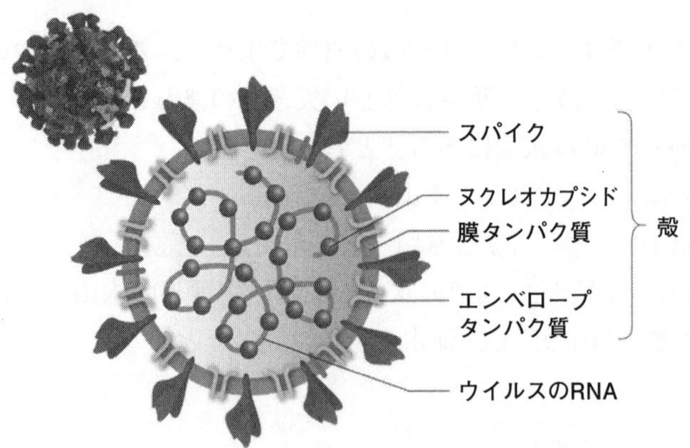

図１　コロナウイルスの構造

図１の引用元：https://www.jiu.ac.jp/academic-covid-19/detail/id=11298より改変

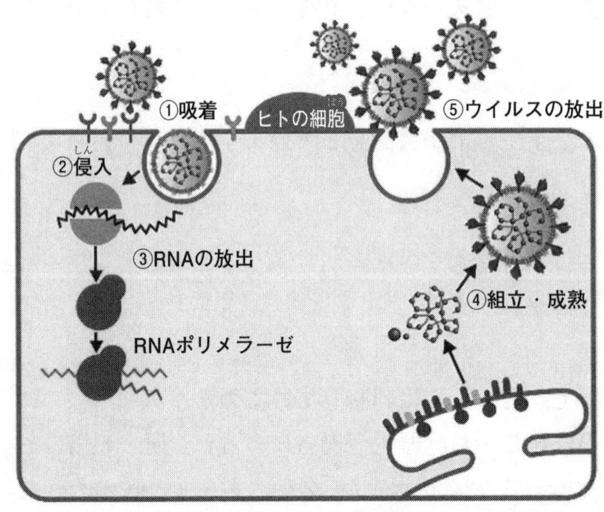

図２　コロナウイルス複製サイクル

図２の引用元：https://www.jiu.ac.jp/academic-covid-19/detail/id=11298より改変

姉：ウイルスがヒトなどの細胞に吸着し，侵入すると，図２のようにいくつかの過程を経て，ウイルスのRNAが複製(コピー)されるんだ。つまり，ウイルスがもともと持っているRNAのA，G，U，Cの並び方と同じ並び方を持った新しいRNAができるということだね。このRNAを複製する物質を(エ)「RNAポリメラーゼ」というよ。

　そして，このRNAが殻に包まれて，複製されたウイルスができあがるんだ。

弟：そんな仕組みになっているんだね。面白い！　でも，新型コロナウイルスの感染者から検出されたウイルスのRNAの配列を調べて，なぜ感染経路がたどれる可能性があるの？

姉：それは，RNAポリメラーゼが，ある一定の確率で間違えてしまうからなんだ。

弟：どういうこと？

姉：すこし難しいから，「伝言ゲーム」にたとえて考えてみよう。伝言といっても，文字で伝える伝言ゲーム。ここに，「渋谷教育学園渋谷中学高等学校」と書かれた紙切れが封筒に入っている。ある子どもが，この文字列を別の子どもに伝えるということを考える。そして，その子どもが今度はまたさらに別の子どもにこの文字列を伝える。この子どもたちは小学校低学年で，まだ習っていない漢字もあるから，伝えられた漢字を書き写すときに漢字を別の漢字に間違えてしまったり，分からない漢字を抜かして書いてしまったりしてしまうんだ。

弟：書き写すときに新たな漢字を挿(そう)入することはないということだね。具体的な事例を考えてみたいな。

姉：そうね。子ども①が「渋谷教育学園渋谷中学高等学校」と書かれた紙切れを封筒の中に持っていて，その紙切れを子ども②，③に見せる。子ども②はその紙切れを見て書き写すが，間違えて「渋谷教育学円渋谷中学高等学校」と書いてしまう。子ども③も，子ども①の紙切れを書き写すが，「教」という漢字が分からずに抜かして書いてしまい，「渋谷育学園渋谷中学高等学校」と書いてしまう。つまり，こういうことね。

	持っている紙切れに書かれている文字列
子ども①	渋谷教育学園渋谷中学高等学校
子ども②	渋谷教育学円渋谷中学高等学校
子ども③	渋谷育学園渋谷中学高等学校

弟：それぞれ，間違いは間違いだけど，子ども②，子ども③のどちらが間違いの程度が大きいのだろう？

姉：「アラインメント」(文字列を並べて比較(かく)すること)という方法を用いれば，「似ている度合い」を調べることができるんだ。例えば，子ども①が持っている紙切れに書かれている文字列と，子ども②が書き写した文字列を比較してみるね。表１のように子ども①が持っている紙切れに書かれている文字列を横に，子ども②が持っている紙切れに書かれている文字列を縦に書いてみる。そして，このように１ずつ減らしていった数字を並べたマスを縦横に用意する。

表１　文字列比較表

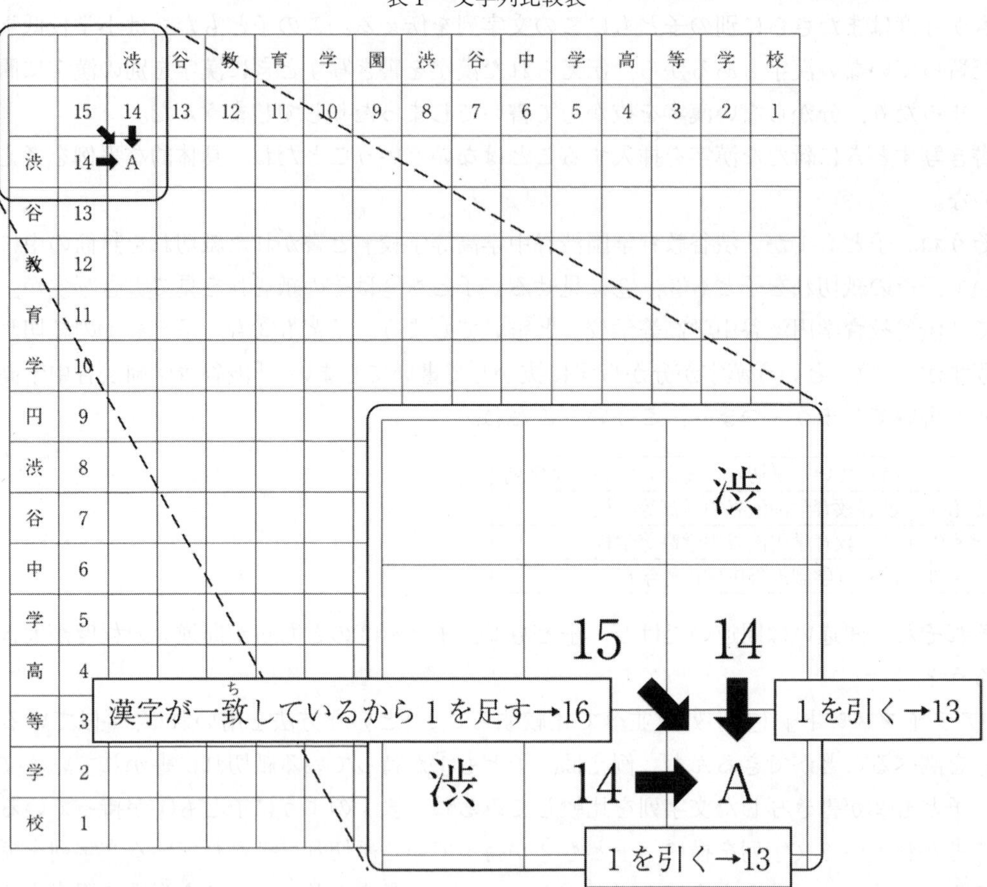

		渋	谷	教	育	学	園	渋	谷	中	学	高	等	学	校
	15	14	13	12	11	10	9	8	7	6	5	4	3	2	1
渋	14	A													
谷	13														
教	12														
育	11														
学	10														
円	9														
渋	8														
谷	7														
中	6														
学	5														
高	4														
等	3														
学	2														
校	1														

姉：まず，Ａと書いてあるマスに埋めるうめる数字を考えてみよう。Ａの数字は，上，左，左上の３つの数から，次のようなルールで比較をして決める。まず，Ａの上のマス(14)から，Ａのマスに下ろしたとき，「１」を引くんだ。つまり，「13」だね。同様に，Ａの左のマス(14)から，Ａのマスに移動するときも「１」を引くんだ。これも，「13」だね。Ａの左上のマス(15)からＡのマスに斜めなに下ろすとき，Ａのマスの左の漢字と，Ａのマスの上の漢字が，一致ちしているか異なるかを確認する必要がある。一致している場合，１を足すルール，一致していない場合は，何も足したり引いたりしない。今回は，「渋」と「渋」で一致しているから，１を足して，「16」だね。このとき，上からの「13」，左からの「13」，左上から計算した「16」を比較して，もっとも大きな数字が，Ａのマスに当てはまる数字なんだ。この16は左上から計算した数字だから，左上から右下への矢印だけ残しておこう。もし複数の方向から計算した数字が同じ数字で最大であれば，矢印は複数残しておいても良い。

姉：この作業をすべてのマスについて繰くり返すと，表２のようになるね。

表２　子ども①，子ども②の文字列の比較

		渋	谷	教	育	学	園	渋	谷	中	学	高	等	学	校
	15	14	13	12	11	10	9	8	7	6	5	4	3	2	1
渋	14	16	15	14	13	12	11	10	9	8	7	6	5	4	3
谷	13	15	17	16	15	14	13	12	11	10	9	8	7	6	5
教	12	14	16	18	17	16	15	14	13	12	11	10	9	8	7
育	11	13	15	17	19	18	17	16	15	14	13	12	11	10	9
学	10	12	14	16	18	20	19	18	17	16	15	14	13	12	11
円	9	11	13	15	17	19	20	19	18	17	16	15	14	13	12
渋	8	10	12	14	16	18	19	21	20	19	18	17	16	15	14
谷	7	9	11	13	15	17	18	20	22	21	20	19	18	17	16
中	6	8	10	12	14	16	17	19	21	23	22	21	20	19	18
学	5	7	9	11	13	15	16	18	20	22	24	23	22	21	20
高	4	6	8	10	12	14	15	17	19	21	23	25	24	23	22
等	3	5	7	9	11	13	14	16	18	20	22	24	26	25	24
学	2	4	6	8	10	12	13	15	17	19	21	23	25	27	26
校	1	3	5	7	9	11	12	14	16	18	20	22	24	26	28

姉：ここで，一番右下の数字が「似ている度合い」をあらわす数字になる。子ども①が持っている紙切れに書かれている文字列と，子ども②が持っている紙切れに書かれている文字列の「似ている度合い」は「28」であることが分かった。(い)同じようにして，子ども①と③，子ども②と③の文字列を比較してみて，「似ている度合い」を計算してみよう。

表３　子ども①，子ども③の文字列の比較

		渋	谷	教	育	学	園	渋	谷	中	学	高	等	学	校
	15	14	13	12	11	10	9	8	7	6	5	4	3	2	1
渋	14														
谷	13														
育	12														
学	11														
園	10														
渋	9														
谷	8														
中	7														
学	6														
高	5														
等	4														
学	3														
校	2														

表４　子ども②，子ども③の文字列の比較

		渋	谷	教	育	学	円	渋	谷	中	学	高	等	学	校
	15	14	13	12	11	10	9	8	7	6	5	4	3	2	1
渋	14														
谷	13														
育	12														
学	11														
園	10														
渋	9														
谷	8														
中	7														
学	6														
高	5														
等	4														
学	3														
校	2														

弟：子ども①と②の持っている文字列の似ている度合いが最も大きく，その次に子ども①と③が

大きいね。一方で，子ども②と③の持っている文字列の似ている度合いはもっとも小さい。

姉：そのとおり！　だから，子ども②と③どうしで紙切れを見せあった可能性は最も低いことが分かる。もし，どの子どもがどの子どもに紙切れを見せたのかが分からなかったとしても，結果として持っている文字列を比較して，似ている度合いを計算することで，どの子どもがどの子どもに紙切れを見せたのかを推定することができるんだ。

問１　下線部(あ)に関して，A，G，U，Cの４種類の物質を３つ並べる並べ方は64通りです。それでは，A，G，U，Cの４種類の物質を６つ並べる並べ方は何通りですか。整数で答えなさい。

問２　20，21ページの波線部「紙切れ」「封筒」「子ども」「文字列」は，それぞれ下線部(ア)～(エ)のどれをたとえたものであると考えられますか。(ア)～(エ)の記号で答えなさい。

問３　下線部(い)について，子ども①と③(表３)，子ども②と③(表４)の「似ている度合い」をそれぞれ計算して整数で答えなさい。

会話文〔Ⅱ〕

姉：それではさらに，子どもを増やして実験してみることを考えよう。図３のように，体育館に31人の子どもが等間隔(かく)に整列している。31人の子どもは先ほどと同様，封筒に入った紙切れを見せて書き写すという伝言ゲームをした。中心にいる子どもⒶが「渋谷教育学園渋谷中学高等学校」と書かれた紙切れを持っており，Ⓐは周りの子どもⒷ，Ⓒ，Ⓓ，Ⓔ，Ⓕ，Ⓖの６人に伝言している。その後の伝言は，点線で結ばれた子ども同士でしか行われない。そして，子どもⒽは子どもⒷと子どもⒸのどちらからも紙切れを見せてもらえることができるが，実際には子どもⒷと子どもⒸのどちらか一方からしか紙切れを見せてもらっていない。伝言は**最大３回まで行われ**，伝言ゲーム終了後にそれぞれの子どもが封筒の中に持っていた紙切れの文字列は，図３の通り。

弟：状況(きょう)は分かったよ。

姉：それでは，(う)<u>この伝言ゲーム終了後にそれぞれの子どもが封筒の中に持っていた紙切れの文字列を見て，どの子どもがどの子どもに伝言したかを推定することはできる？</u>

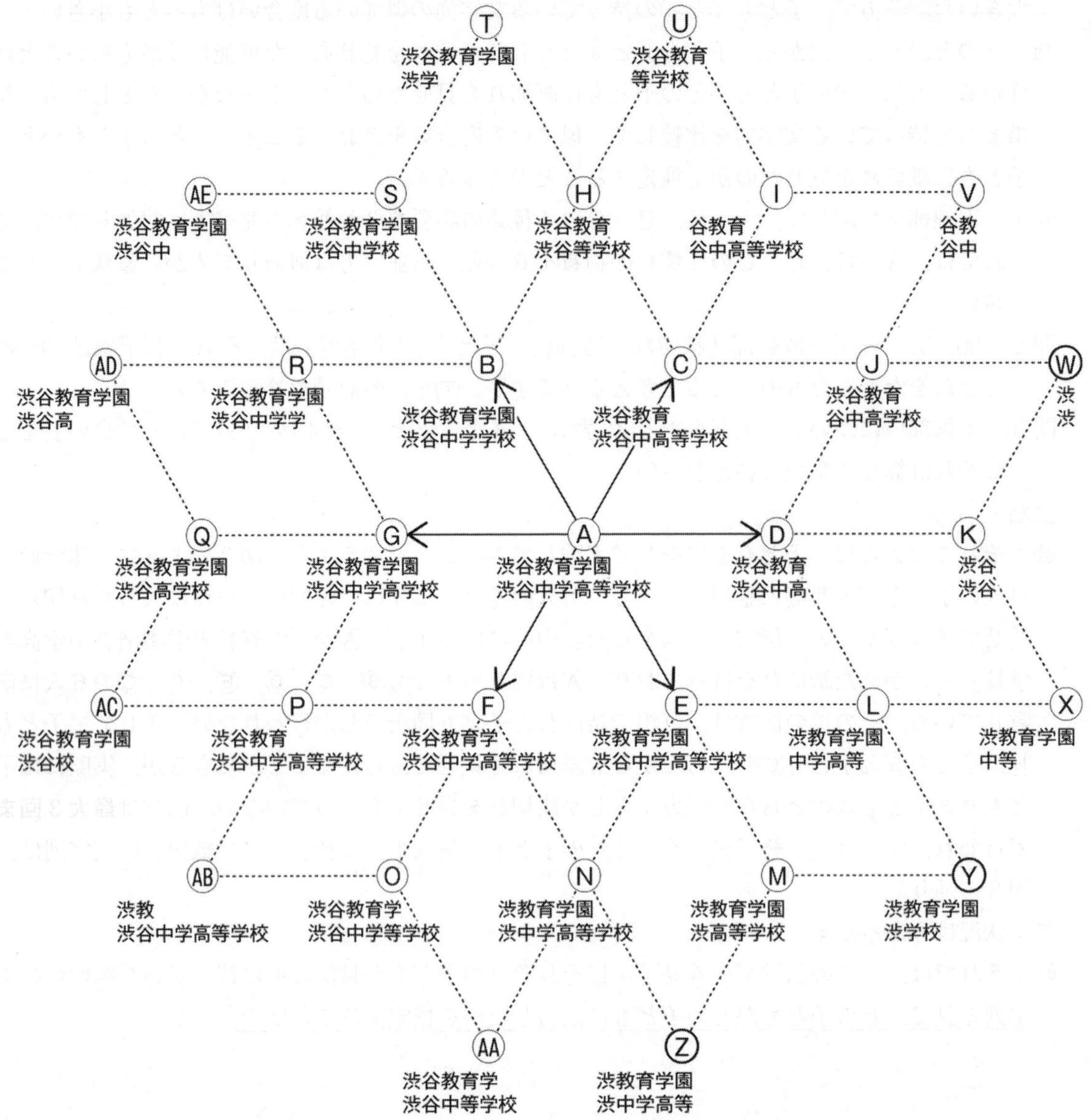

図３　体育館に整列している子どもの並び順と，ゲーム終了後にそれぞれの子どもが持っている文字列

問４　下線部(う)について，図３中のⓌ，Ⓨ，Ⓩの子どもは，どの子どもから伝言を受けた可能性が最も高いと考えられますか。Ⓐから順番にたどって，１番目，２番目に伝言を受けた子どもを答えなさい。ただし，文字列比較表における「似ている度合い」を解答する必要はない。

わざわざ立ち上げたんだ

ウ　ポイント（ボーナス）を送れる相手を、自分と同等の役職にある従業員に限定しているんだ

エ　直接の上下関係にある人には互いにポイント（ボーナス）を送れないようにしているんだ

オ　ポイント（ボーナス）を一度送った人やもらった相手には、二度と送れないようにしているんだ

明しなさい。

問七　本文中で述べられた「アンコンシャス・バイアス(Unconscious Bias)」に関する説明としてふさわしくないものを次の中から一つ選び、記号で答えなさい。

ア　人の行動の九割以上は無意識によるものであるため、自分の持っているアンコンシャス・バイアスを意識的に完全に排除することはほとんど不可能である。

イ　アンコンシャス・バイアスは、自分たちとは異なる集団に属する様々な人の機会を奪うことがあり、それが積み重なることが、格差や階層を再生産する原因となっている。

ウ　アンコンシャス・バイアスとともにコンシャスなバイアスもあり、両者の境界を厳密に区別することが、自分が差別をしないで済むようになるために必要なことである。

エ　アンコンシャス・バイアスが顕在化され人々に共有されるようになると、社会的少数派を排除する方向に働くことがあり、それもインクルージョンの実現を阻む一因である。

オ　差別に反対する平等主義者ですらアンコンシャス・バイアスに影響されるため、自分は大丈夫と思わず、自分の持つ思い込みについて常に検証し続ける姿勢が必要だと言える。

問八　――線(5)「ピアボーナス制度」とありますが、これについて気になったSさんは、インターネット上で【記事】を見つけ、その一部を抜粋(ばっすい)し、授業で発表しました。その後交わされた【会話】の X ～ Z について、後の【設問】(1)～(3)に答えなさい。

〔編集部注：課題文は著作権上の問題により掲載しておりません。作品の該当箇所につきましては次のホームページを参考にしてください〕

・https://biz.tunag.jp/article/1598
途中省略された箇所があります。

【会話】

Mさん：なるほど、ピアボーナス制度を導入すると、組織のメンバーは自分の言動によって X かもしれないと考えてびくびくすることが減りそうだね。それよりも、思い切って提案や批判をしたことで、上司や同僚、部下たちから Y が届くかもしれないわけだから、安心して自分らしく、組織への貢献(こうけん)につながる振(ふ)る舞(ま)いができるようになりそうだね。

Sさん：うん。それにGoogle社による実際の運用例も興味深いよ。 Z 。

Mさん：本当だ。これなら、ピアボーナス制度を意識しすぎるあまりかえって身動きがとれなくなってしまう、なんてこともなさそうだね。

【設問】

(1)　X に入る語句を、本文冒頭から「たとえば電車に乗ったときに、」で始まる段落までの中から五字で抜き出して答えなさい。

(2)　Y に入る表現を、【記事】の文章中から十一字で抜き出して答えなさい。

(3)　Z に入る表現として最もふさわしいものを次の中から一つ選び、記号で答えなさい。

ア　各自が送れるポイント(ボーナス)は月額16、000円と、かなり高額なんだ

イ　心理的安全性を高めるための方策を考えるプロジェクトを、

自分自身を縛る鎖となり、自由な選択を阻害する要因となっている」とありますが、その具体例としてふさわしくないものを次の中から一つ選び、記号で答えなさい。

ア 「女性は管理職を望んでいない」という固定観念が、「管理職を希望する女性は女性らしくない」に変わり、出世して管理職になろうと努力する女性に対して、同僚が「そんなに無理してバリバリ働かなくていいのに」と言ってしまう。

イ 「短時間勤務の社員は仕事より家庭が大事」という固定観念が、「仕事を大事にするなら長時間働くべきだ」に変わり、短時間で成果を上げようとしている社員に対して、上司が「長時間働けないなら辞めてもらうしかないな」と言ってしまう。

ウ 「女性は生まれつき、数学の能力が男性より低い」という固定観念が、「女性らしい女性は数学など学ばなくてよい」に変わり、理系の研究職を志す娘に対して、母親が「理系数学はあなたには難しいから、文系を志望するほうがいいよ」と言ってしまう。

エ 「男性は家事が下手」という固定観念が、「自分らしさを大切にしたいから、ぼくは家事を極めるぞ」に変わり、家事をしようとする妻に対して、夫が「あなたよりぼくの方が家事に向いているから、あなたは仕事に専念してほしい」と言ってしまう。

オ 「シニアはパソコンが苦手」という固定観念が、「高齢者はパソコンなど扱わなくてよい」に変わり、パソコン業務の担当者となった六十代の社員に対し、若手社員が「これは分かりにくい作業なので、私がやっておきますね」と言ってしまう。

問四 ——線(2)「その野良犬が飼い犬になってしまい」とありますが、「野良犬」が「飼い犬」になるとはどのようなことをたとえているのですか。二十六字以上三十五字以内で説明しなさい。

問五 ——線(3)「最後に『その時間が、いつか宝物になる。』というコピーを入れてしまった」とありますが、このCMの何がいけなかったのですか。その説明として最もふさわしいものを次の中から一つ選び、記号で答えなさい。

ア 母親によるワンオペ育児の姿を描く一方で、父親が登場するシーンを少しも挟まなかったことで、おむつのCMには女性を登場させるべきだというジェンダーバイアスに結果として同調してしまったこと。

イ 父親不在のワンオペ育児の現実を、従来のCMでは描かれてこなかった手法で描いたことで、女性にとって子育ては幸せに満ちた仕事であるというジェンダーバイアスを結果として否定してしまったこと。

ウ 男性不在のワンオペ育児の過酷さに問題意識を持つことなく、それを賛美し肯定する表現をしたことで、家事や育児は女性がやっていればよいというジェンダーバイアスを結果として後押ししてしまったこと。

エ 母親によるワンオペ育児を美化する一方で、産後女性の死亡原因について触れなかったことで、男性よりも女性のほうが育児に向いているというジェンダーバイアスを結果として認めてしまったこと。

オ 女性によるワンオペ育児の問題点を、視聴者に理解してもらうことができなかったことで、女性だけが家事や育児を担当しなければならないというジェンダーバイアスを結果として助長してしまったこと。

問六 ——線(4)「積極的にアンコンシャス・バイアスが入る可能性を排除する」とありますが、組織としてそれを実現するために必要となるのはどのようなことですか。七十一字以上八十字以内で説明しなさい。

ションの次の段階に進む確率が50％増加し、最終的に女性の候補者が選ばれる確率は7倍になったという結論を出しています。

また、ユニリーバ・ジャパン社は、２０２０年に採用選考におけるアンコンシャス・バイアスを取り除く目的で、同社の採用選考の過程で、顔写真の提出や応募者への性別に関する一切の項目を排除し、個人の適性や能力のみに焦点を当てた採用をしていくと発表しました。これもデザインの介入のもう一つの例です。

次に、個人レベルで自分が持っている様々な思い込みを問い直し続けることが重要です。つまり、今持っている様々な思い込みを一つひとつ検証しようとする姿勢を持ち続けることです。「今考えていることは、根拠がある事実だろうか」「今言おうとしていることは、言われた相手を傷つけないだろうか」「今自分が下そうとしている決断に、偏見は含まれていないだろうか」といったような具合に、自問自答する姿勢が大切です。

そして、誰かが、特に上に立つ人が間違った思い込みに基づいた言動を取っていると気づいたときに、それを誰かが指摘できるような雰囲気を積極的につくっていくことも必要です。ここでは前述した心理的安全性の確保という点を思い出してください。「これを言ったら罰せられるかもしれない」と思ってしまう環境ではなく、「言ってくれてありがとう」と言ってもらえる職場をつくりたいですね。そのために、いろいろな階層の人が安心して発言できるように気を配ったり、(5)ピアボーナス制度を導入したりと、心理的安全性を確保していく方法はいくらでもあります。

（吉村美紀「個を尊重し活かすインクルーシブ社会の実現」（『ＳＤＧｓ思考　社会共創編』所収）より）

※ウェルビーイング…肉体的、精神的、社会的にすべてが満たされた状態。健康で幸福な生活を送ることができていること。

※イノベーション…革新。新たな考え方や技術を取り入れて新たな価値を生み出し、変革をもたらすこと。

※ポテンシャル…表面にあらわれてはいないが内部に秘められている、可能性としての力。

※ステレオタイプ…行動や考え方が型にはまっていること。

※コンシャス…意識的であること。気づいていること。「アンコンシャス」の反対の意味。

※潜在意識と顕在意識…「潜在意識」は、活動はしているが自覚されない意識のこと。それに対して「顕在意識」は、はっきりと自覚している意識のこと。

※ワンオペ…「ワンオペレーション」の略。一人ですべての仕事をこなす状況。

問一　＝＝線①～③のカタカナを漢字に直しなさい。漢字は一画ずつていねいに書くこと。

問二　[1]に入る表現として最もふさわしいものを次の中から一つ選び、記号で答えなさい。

ア　親近感バイアスの影響を受け、無意識に自分と似た経歴の人、自分の属性に近い人を選びがちです

イ　正常性バイアスの影響を受け、いかなる事態にも正常な判断を下すことのできる人を無意識に選びがちです

ウ　確証バイアスの影響を受け、自分がよいと思っている人を無意識に選び、そうでない人は選ばなくなりがちです

エ　ハロー効果の影響を受け、無意識に自分と同じ大学や有名校の出身者ばかりを選びがちです

オ　ホーン効果の影響を受け、実力はあっても有名大卒でないという理由だけで、無意識に選ばなくなりがちです

問三　――線(1)「これらの固定観念が『らしさ』に形を変え、他者や

同じような野良犬を頭の中に放置している人が周りにもいるということが意識化されると、(2)その野良犬が飼い犬になってしまい、そのまま飼い続けることによって、どんどんと大きくなってしまいます。また、他の人も飼っているという安心感から、頭の中の野良犬の存在自体に疑問を持たない状態が生まれ、同じ野良犬を飼っている人同士の連帯も生まれます。この野良犬を、「女性は無知であり男性より劣っている」や「肌は白いほうが美しい」、または「黒人は白人よりも学力が低い」といった偏見に置き換えて考えてみてください。

このように、潜在的な価値観、ものの見方が顕在化され、それが共有されることによって正当化されるプロセス、これが差別の構造を強化し、再生産しているといえるのではないでしょうか。このプロセスの存在が、ジェンダーや人種といった格差の問題の解決をより難しくしているのです。

【中略】

「え、これって何がだめなの?」と言われた炎上事例が、特に企業広告においてこれまでにもたくさんありました。その一例として、2017年に公開されたユニ・チャームのおむつ「ムーニー」のウェブ動画CMについて取り上げたいと思います。

このCMでは、初めての子育てに孤軍奮闘する一人の母親の姿が描かれています。父親が登場するのは、わずか2シーンで、時間にすれば約4秒。いわゆる「※ワンオペ育児」そのものが描かれ、これまでおむつのCMで描かれてきた幸せいっぱいの子育てから一歩進んだ、「ママのリアル」を描いた広告でした。多くの女性が共感するであろう広告ですが、(3)最後に「その時間が、いつか宝物になる。」というコピーを入れてしまったのです。

この一言について、まったく何も感じない人もいるでしょう。でも一歩引いて考えてみてください。これはワンオペ育児を賛美し、肯定している言葉です。頑張れ、いつか報われるときが来る、と。しかし、そもそもワンオペ育児は肯定されるべき現象でしょうか。産後女性の死亡原因の一位は自殺です。女性だけが家事、育児を担当しなければならない、という価値観は「ジェンダーバイアス」です。

この価値観に疑いを持たず、問いを立てることをせずに、あのコピーを採用してしまった制作チームの中には、「お父さんはどこで何をしているの?」と疑義を唱える人がいなかったのでしょうか。そのような問いを立てる人がチームにいたら、あるいはそういうことを発言できる心理的安全性が確保されていたら、あのような広告にはならなかったかもしれません。

アンコンシャス・バイアス自体、無意識の認知活動であるため、完全に排除することはほぼ不可能です。前述したとおり、人は行動の90%を無意識に行っているといわれていますから、無理もありません。しかし、アンコンシャス・バイアスが原因で構造的な差別が起きている場合、(4)積極的にアンコンシャス・バイアスが入る可能性を排除することが必要です。その場合に有効なのが、デザインの介入です。つまり、構造的にアンコンシャス・バイアスが入り込む余地をできるだけなくすための仕組みを用意するのです。

アメリカのオーケストラでは、長年団員が男性ばかりという状態が続いていましたが、1970年代に入り、オーディションの際に審査員と音楽家の間にカーテンを取りつけ、演奏している人が見えないような仕組みを施したところ、女性団員の比率が飛躍的に伸びました。ゴールディンとルースという研究者たちが実際のオーディションのデータを使って分析したところ、目隠しをすることで、女性がオーディこれがどのようにインクルージョンの実現を阻むかということをご説明したいと思います。

たとえば仕事で新しいプロジェクトの担当者や自分の後任、あるいは、会議の参加者などを選ぶ際はどうでしょう。［1］。また、そのような人がいたら、今度は自分の見解や期待を裏づける情報を無意識に探す「確証バイアス」が働き、自分の選択を裏づけるために、その人のよいところばかりを探し、反対意見や反証する情報を無視したり集めようとしなくなったりします。

有名大卒、有名企業出身、というブランドに圧倒されて、優秀な人材と思い込む「ハロー効果」というバイアスもあります。「〇〇大学出身だから優秀に違いない」といったような決めつけです。逆を「ホーン効果」といいます。たとえば、有名校ではない学校の出身者を③カショウ評価するなどし、その人が持つ※ポテンシャルを真っ直ぐに見る目を曇らせてしまう、というやっかいなバイアスです。

こういったアンコンシャス・バイアスが、様々な人の機会を奪っているケースが非常に多くあります。そしてそれらが折り重なって、今の社会に存在する格差や階層がどんどん再生産されていくという状況をつくり出している、といえるでしょう。

ところでアンコンシャス・バイアスについて調べると、その例として以下のようなものをよく目にします。

・女性は細やかな心遣いができる
・女性は管理職を望んでいない
・短時間勤務の社員は仕事より家庭が大事
・女性は生まれつき、数学の能力が男性より低い
・男性は家事が下手
・シニアはパソコンが苦手

これらは無意識の領域に存在する偏見でしょうか。いえいえ、私たちが生活する社会に明示的に存在する価値観です。「固定観念」や「※ステレオタイプ」といってもよいでしょう。そのほか、「思い込み」「先入観」「レッテル」なども無意識の領域に存在するかもしれませんが、同時に非常に意識的に行っている場合がたくさんあります。たとえば「女性のほうが細やかな心遣いができるから、お客様対応を担当してもらおう」という上司は多いですが、これは明示的に、意識的に選んでいます。すなわち、バイアスは、アンコンシャスなものと※コンシャスなものがあり、それらは※潜在意識と顕在意識の両方に存在し、その境界は意外と曖昧であるといえます。そして(1)これらの固定観念が「らしさ」に形を変え、他者や自分自身を縛る鎖となり、自由な選択を阻害する要因となっていることも大変多いのです。

「女性は細やかな心遣いができる」という固定観念は、「細やかな心遣いができない女性は女性らしくない」に変わり、「男性は家事が下手」という固定観念は、「男らしい男性は家事などしなくてよい」に変わります。このような固定観念に基づいて選択、行動していると、現在の枠から出ることが難しくなり、既存の役割に他者や自分を当てはめてしまうことを無意識に、日々重ねてしまいます。また、これらの固定観念は社会的少数派を排除する方向に働くという特質を持っており、インクルージョンを阻害する非常に大きな要因となります。

アンコンシャス・バイアスの中でも、このように言語化できるものについてはむしろ、「固定化され、放置された、見直されないステレオタイプ」というふうにも、表現できるかもしれません。人はそれぞれ、様々な思い込みや偏見を持っています。これがバイアスです。それらについて本当かどうか考えたり、確認したり、検証したり、見直したりといったことをしない状態——いってみれば、頭の中に野良犬がウロウロしている、という状態を想像してみてください。そして、

二　次の文章は、企業などの組織における「インクルージョン（組織内の誰もが仕事に参画でき、平等に機会が与えられている状態のこと）」について考察したものです。これを読んで後の問いに答えなさい。なお、出題の都合上、省略した箇所や表記を改めた箇所があります。

インクルージョンを実現するために、決定的に必要な要素があります。それは「心理的安全性」です。心理的安全性は、英語では Psychological Safety といいますが、文字通りに解釈すれば「一人ひとりが安心して発言・行動できる」ことを意味します。心理的安全性が欠けると、自分が言ったりやったりしたことによって罰せられる恐怖がつきまといます。心理的安全性はもちろん個々人の※ウェルビーイングにとっても大事ですが、組織が※イノベーションを生み、変化に柔軟に対応し、進化し続けるためにも必須要素となります。

【中略】

心理的安全性を阻害する最も大きな要因の一つとして、アンコンシャス・バイアス(Unconscious Bias)が挙げられます。アンコンシャス・バイアスは、「無意識の偏見」「無意識の思い込み」などと訳されますが、自分ではまったく自覚しておらず、そんなつもりもないのに、実際にはえこひいきをしたり、差別につながるような歪んだ見方をしたりすることを指します。年齢・性別・身体的特徴・①シュウキョウ・人種など、あらゆる「自分たちとは違う」グループに対して持つ、不公平な偏見である場合が多いといわれています。

現代社会では、明確な差別については様々な方法でそれらを禁止したり、取り除いたりする策が存在しますが、残念なことに、差別に反対する平等主義の人でさえ、無意識の偏見に基づいた判断をしてしまうことがあります。バイアスとは「偏り」のことを指しますが、人の無意識の選択や行動の中に、事実に基づかない偏り――偏見や思い込み――が存在し、私たちの暮らしや人間関係にいつの間にか影響を与えているのです。

人は行動の90％以上を無意識で行っているといわれています。自転車に乗るとき「今、右足でこいだから、次は左足」といったふうに考えながら乗る人はいないでしょう。ご飯を食べるときも、無意識に箸が動いているという場合が多いのではないでしょうか。そうすると、人は無意識に、また無自覚にいろんなことを選択していることになります。

たとえば電車に乗ったときに、いくつか座る場所が空いていたとしたら、瞬間的に座る場所を選んでいませんか。筆者の場合は自分と同性の、かつ同じくらいの年齢の人の隣に座ることが多いです。これを「親近感バイアス」といいます。私たちは自分と属性や経歴、興味や経験などが似た人に安心感を覚える傾向があり、無意識にそのような人の近くを選んでしまうのです。

また、災害時など、普段は起きるはずのないことが起きたとき、「まさかこんなことが起きるわけがない」「自分だけは大丈夫」といった思い込みに基づき行動する人が多いといわれています。これは「正常性バイアス」と呼ばれ、人が②ヨキしない事態に直面したとき、「ありえない」という思い込みから、起きていることが正常な範囲内だと自動的に考えてしまう心の働きを指します。このバイアスによって、災害時に正しい状況把握や身を守るための行動が取れず、避難行動が遅れてしまうといった事態がよく起きるのです。

このように、人は無意識のうちに偏見に基づいた行動をとってしまう、というのがアンコンシャス・バイアスの困ったところなのですが、な人」がいるこの世界から本当に逃げることはできない、という意味が込められている。

エ 「意図的に無視している」という「男」の態度は、冷たいようではあるが、最も触れられたくないプライベートな領域に草児が立ち入ってしまったことで、すぐに返答ができなくなってしまった「男」のとまどいを示している。

オ 「やっかいで、だいじだ」という「男」の言葉からは、「だいじ」であるのに「やっかい」でもあるという相反する感情を抱く相手が複数いるということが表現されており、「男」の背後にある複雑な人間関係が感じとれる。

カ 「すくなくとも草児にはへんだと感じられるアクセントで」という草児の感想は、「男」の一風変わったこれまでの言動によって、アクセントまでもが「へん」に聞こえてしまっている草児の思い込みを表している。

問七 [1] には、「他人の意見や学説をそのまま自分の説のようにして述べること」を意味する、漢字とひらがなの交じった四字からなる語句が入ります。その語句を、次の中から二つの漢字を用いて答えなさい。

買・売・取・出・受・言・入

問八 次のア～オは、この作品を読んだ生徒たちの感想です。作品の解釈として明らかな間違いを含むものを一つ選び、記号で答えなさい。

ア 「笑われるのは無視されるより」(206行目)嫌なことだと思って喋らないでいた草児が、みんなの前で恐竜の説明を始めたところに一番心を動かされたよ。その直前にある「いつもと同じ朝」(180行目)という表現によって、草児の中の何かが変化したことで結果的に「いつもと同じ」ではない日になったことがより印象づけられていると思ったよ。

イ 草児が出会った「男」に興味があるな。泣いている草児を見てもその理由を聞き出そうとはせずに「いろいろ、あるよね」(94行目)と言ったのは、「男」の方にも何か事情があるのだということを示唆している感じがした。「だいじな人」(164行目)の話のときに「おれもだよ」と言いながら「草児から視線を外した」(165行目)というところからもそれがうかがえるよね。

ウ 「男」と草児との関係性が興味深いね。互いに境遇を探ったりしない、距離感を保ったやりとりなのに、「男」と草児は互いに通じ合う部分を持っている感じがするよ。「男」が草児に寄り添った言動をしている部分が所々に見られるけれど、「男」が大人としての自覚を持って子供である草児を力づけようとしているわけではなさそうだよね。

エ クラスメイトの態度に注目してみたよ。草児が恐竜について説明し始めたときにクラスのみんなが「驚いたような顔で」「注意深く様子をうかがうように」(208行目)見ていたのは、先生を味方につけて孤立した状況を変えようとしている草児の勇気に感心しながらも、草児のことを笑い者にしたことを先生に指摘されるのではないかという警戒心のあらわれだと思ったよ。

オ 体育の時間に草児が「誰か」から話しかけられた場面が印象的だね。体育館に来るたび「うっすらと暗い気持ち」(219行目)になっていた草児が、言葉を交わした後に体育館の床が「ほんのすこしだけ、冷たさがましに感じられ」(227行目)たのは、草児の孤独感が少しやわらいだことを表しているし、この「誰か」と仲良くなっていくのかな、ということも予感させられるよね。

問三 ――線(2)「鞄から、つぎつぎとお菓子が取り出される」とありますが、「男」はなぜお菓子をたくさん持っているのですか。最もふさわしいものを次の中から一つ選び、記号で答えなさい。

ア 「男」は草児が知っている他の大人と違い、お菓子を食べることが大好きな、子供のような精神の持ち主だから。

イ 「男」は草児が知っている他の大人と違い、精神が不安定で、お菓子を鞄に入れていないと落ち着かないから。

ウ 「男」にとってのお菓子は、心のよりどころのようなもので、精神の安定をもたらしてくれるものだから。

エ 「男」にとってのお菓子は、困った時に自分の命をつないでくれる、必要不可欠で役に立つ存在だから。

オ 「男」にとってのお菓子は、単純に「食料」という枠には収まりきらない、別の価値を持つものだから。

問四 ――線(3)「気づいた時にはもう、涙があふれ出てしまっていた」とありますが、この場面における草児についての説明として最もふさわしいものを次の中から一つ選び、記号で答えなさい。

ア いつでも逃げられるように少し距離をとりつつ、警戒しながら「男」と話をしているときに、突然手元が狂ってガムが地面にこぼれ落ちてしまったことで緊張が極限に達して、思わず涙があふれ出てしまった。

イ 容器の蓋が開いてガムが地面にこぼれ落ちていく様子を見ているうちに、自分の中に蓄積されてきた、思うようにならなかった様々な記憶や経験が一気によみがえってきて、自然と涙があふれ出てしまった。

ウ 「男」のことをへんなやつだと思っていたが、ガムがこぼれ落ちたときに、自分と同じように「男」も声をあげなかったことで何となく共感し合えた気になり、つい気がゆるんで涙があふれ出てしまった。

エ 涙が頰を伝わるときは熱かったのに顎からしたたり落ちる頃には冷たくなっていたという感覚が、かつて自分の内にある熱い思いを口に出したときに受けた周囲からの冷たい反応と重なり、よけいに取り乱してしまっていた。

オ 知らない「男」の前でどうして泣いているのか自分でもよくわからず、早く涙を止めなければいけないと焦ってしまい、身の回りに起こったいろいろな出来事を思い出すことで何とか気を紛らわそうとしていた。

問五 ――線(4)「そういう時代のそういうものとして生まれたかった」とありますが、草児が「エディアカラ紀の生物」として生まれたかったと思うのはなぜですか。草児の置かれた状況にふれながら七十六字以上八十五字以内で説明しなさい。

問六 ――線(5)「もし行けたとしても、戻ってこられるのかな?」とありますが、これ以降の「男」と草児とのやりとりの部分についての説明としてふさわしいものを次の中から二つ選び、記号で答えなさい。

ア 「主人公が現代に戻ってきたのかどうかは覚えていない」という映画についての草児の回想には、バスを運転するかのようにタイムマシンを操縦する振りをする呑気な「男」とは対照的な、物事を悲観的に捉えがちな草児の性格が表れている。

イ 「戻ってきたいの?」という「男」の言葉は、今の生活が嫌でつまらないものだと思っていた草児に、自分にも捨てることのできない大切なものがあるのかもしれない、という気付きを与えるきっかけとなっている。

ウ 「タイムマシンには乗れないんだ」という「男」の言葉には、面倒で逃げ出してしまいたい現実があったとしても、「だいじすべて図鑑の［　1　］だった。

「続けて」

「えっと、どちらも肉食ですが、ティラノサウルスよりアロサウルスのほうが頭が小さい、という特徴があります」

ずっと喋らないようにしていた。笑われるのは無視されるよりずっとずっと嫌なことだった。おそるおそる目線だけ動かして教室を見まわしたが、笑っている者はひとりもいなかった。何人かは驚いたような顔で、何人かは注意深く様子をうかがうように、草児を見ている。

「ありがとう。座っていいよ。宮本さん、くわしいんだな。説明もわかりやすかったよ」

感心したような声を上げた担任につられたように、誰かが「へー」と声を漏らすのが聞こえた。

「じゃあ、国語の教科書三十五ページ、みんな開いて」

なにごともなかったように、授業がはじまる。

国語の次は、体育の授業だった。体操服に着替えて体育館に向かう。体育館はいつも薄暗く、壁はひび割れ、床は傷だらけで冷たい。草児はここに来るたび、うっすらと暗い気持ちになる。

体育館シューズに履き替えていると、誰かが横に立った。草児より小柄な「誰か」はメガネを押し上げる。

「恐竜、好きなの？」

「うん」

草児が頷くと、メガネも頷いた。

「ぼくも」

そこで交わした言葉は、それだけだった。でも誰かと並んで立つ体育館の床は、ほんのすこしだけ、冷たさがましに感じられる。

（寺地はるな『タイムマシンに乗れないぼくたち』より）

※蒲焼きさん太郎…お菓子の商品名。以下「うまい棒」「ポテトスナック」「チップスター」「オレンジマーブル」も同様にお菓子の商品名。

※文ちゃん…引っ越す前に近所に住んでいた幼なじみの文太という少年をさす。文ちゃんのお小遣いが足りなくなると、草児は、強制されたわけではないが、無言の圧力を感じ、一日百円だった自分のお小遣いを文ちゃんに差し出していた。文ちゃんも当然のようにそれを受け取っていた。122行目の「同級生」は文ちゃんのことを指す。

問一　＝＝線①～④のカタカナを漢字に直しなさい。漢字は一画ずつていねいに書くこと。

問二　――線(1)「誰かと同じ空間にいても、人間は簡単に『ひとり』になるものだ」とありますが、それはどういうことですか。最もふさわしいものを次の中から一つ選び、記号で答えなさい。

ア　実際には自分の周りに人がいたとしても、その人たちが自分の存在に気付かなければ、一緒にいる意味が容易に失われるということ。

イ　実際には自分の周りに人がいたとしても、その人たちを自分が無視していれば、あっという間に自分も無視されるようになるということ。

ウ　実際には自分の周りに人がいたとしても、その人たちと喋らなければ、一人でいる時間が自然と増えていってしまうということ。

エ　実際には自分の周りに人がいたとしても、その人たちとの精神的な繋がりを感じられなければ、たやすく孤独な状態に陥るということ。

オ　実際には自分の周りに人がいたとしても、その人たちとの物理的な距離があるうちは、精神的な距離も簡単には縮まらないということ。

いカーブを描き、その上を、図鑑には載っていない小さな生きものが横断する。

　そこまで想像して、でも、と呟いた。

「(5)もし行けたとしても、戻ってこられるのかな？」

　タイムマシンで白亜紀に行ってしまうアニメ映画を、母と一緒に観たことがある。その映画では、途中でタイムマシンが恐竜に踏み壊されていた。その場面は強烈に覚えているのに、主人公が現代に戻ってきたのかどうかは覚えていない。

　男が「さあ」と首を傾げる。さっきと同じ、他人事のような態度で。

「戻ってきたいの？」

　そりゃあ、と言いかけて、自分でもよくわからなくなる。

「だって、えっと……戻ってこなかったら、心配するだろうから」

　草ちゃんがどこにでも行けるように、と母は言ってくれるが、タイムマシンで原生代に行って二度と帰ってこなかったら、きっと泣くだろう。

「そうか。だいじな人がいるんだね」

　おれもだよ、と言いながら、男はゆっくりと、草児から視線を外した。

「タイムマシンには乗れないんだ。仕事をさぼって博物館で現実逃避するぐらいがセキノヤマなんだ、おれには」

「さぼってるの？」

　男は答えなかった。意図的に無視しているとわかった。そのかわりのように「ねえ、だいじな人って、たまにやっかいだよね」と息を吐いた。

「なんで？」

「やっかいで、だいじだ」

　空は藍色の絵の具を足したように暗く、公園の木々は、ただの影になっている。きみもう帰りな、とやっぱりへんな、すくなくとも草児にはへんだと感じられるアクセントで言い、男が立ち上がる。うまい棒のかけらのようなものが空中にふわりと舞い散った。

　いつもと同じ朝が、今日もまた来る。

　トースターに入れたパンを焦がしてしまって、家を出るのがすこし遅れた。教室に入って宿題を出し、椅子に腰を下ろすと同時に担任が教室に入ってきた。あー！　誰かが甲高い叫び声を上げる。担任はいつものジャージを穿いていたが、上は黒いTシャツだった。恐竜の絵が描かれている。

「ティラノサウルス！」

　誰かが指さす。せんせーなんで今日そんなかっこうしてんのー、と別の誰かが笑う。彼らは先生たちの変化にやたら敏感で、髪を切ったとか手をケガしたとか、そういったことにいちいち気づいて指摘せずにはいられないのだ。

「ちがう」

　声を発したのが自分だと気づくのに、数秒を要した。みんながこちらを見ている。心の中で思ったことを、いつのまにか口に出していた。

　担任から促されて立ち上がる。椅子が動く音が、やけに大きく聞こえる。

「ちがう、というのはどういう意味かな？　宮本さん」

「……それはアロサウルスの絵だと思います」

「なるほど。どう違うか説明できる？」

「時代が違います。ティラノサウルスは白亜紀末に現れた恐竜で、アロサウルスは、ジュラ紀です」

もなく、かといって慰(なぐさ)めようとするでもなかった。ただ「いろいろ、あるよね」とだけ、言った。

「え」と訊きかえした時には、涙はとまっていた。

いろいろ、と言った男は、けれども、草児の「いろいろ」をくわしく聞きだそうとはしなかった。

「いろいろある」

草児が繰(く)り返すと、男は食べ終えたうまい棒の袋(ふくろ)を細長く折って畳(たた)みはじめる。

「ところできみは、なんでいつも博物館にいるの？」

「だよね、いつもいるよね？」と質問を重ねる男は、草児がいつもいるとわかるほど頻繁(ひんぱん)に博物館を訪れているのだ。

「恐竜(きょうりゅう)とかが、好きだから」

大人に好きなものについて訊かれたら、かならずそう答えることにしている。嘘ではないが、太古の生物の中でもとりわけ恐竜を好むわけではない。にもかかわらずそう言うのは「そのほうがわかりやすいだろう」と感じるからだ。そう答えると、大人は「ああ、男の子だもんね」と勝手に納得してくれる。

「あと、もっと前の時代のいろんな生きものにも、いっぱい、いっぱい興味がある」

他の大人の前では言わない続きが、するりと口から出た。

エディアカラ紀、海の中で、とつぜんさまざまなかたちの生物が出現しました。

体はやわらかく、目やあし、背骨はなく、獲物(えもの)をおそうこともありませんでした。

エディアカラ紀の生物には、食べたり食べられたりする関係はありませんでした。

図鑑(ずかん)を暗誦(あんしょう)した。

草児は、(4)そういう時代のそういうものとして生まれたかった。同級生に百円をたかられたり、喋っただけで奇異(きい)な目で見られたり、こっちはこっちでどう見られているか気にしたり、そんなんじゃなく、静かな海の底の砂の上で静かに生きているだけの生物として生まれたかった。

「行ってみたい？　エディアカラ紀」

唐突(とうとつ)な質問に、うまく答えられない。この男は「エディアカラ紀」を観光地の名かなにかだと思っているのではないか。

「タイムマシンがあればなー」

でも操縦できるかな。ハンドルを左右に切るような動作をしてみせる。

「バスなら運転できるんだけどね。おれむかし、バスの運転手だったから」

男の言う「むかし」がどれぐらい前の話なのか、草児にはわからない。わからないので、黙って頷(うなず)いた。むかしというからには今は運転手ではなく、なぜ運転手ではないのかという理由を、草児は訊(たず)ねない。男が「いろいろ」の詳細(しょうさい)を訊かなかったように。

男がまた、見えないハンドルをあやつる。

一瞬(いっしゅん)ほんとうにバスに乗っているような気がした。バスが、長い長い時空のトンネルをぬけて、しぶきを上げながら海に潜(もぐ)っていく。いくつもの水泡(すいほう)が、窓ガラスに不規則な丸い③モヨウを走らせる。

視界が濃(こ)く、青く、④ソまっていく。

海の底から生えた巨大(きょだい)な葉っぱのようなカルニオディスクス。楕(だ)円形(えんけい)にひろがるディッキンソニア。ゆったりとうごめく生きものたち。自分はそれらをいちいち指さし、男は薄(うす)く笑って応じるだろう。

バスは音も立てずに進んでいく。砂についたタイヤの跡(あと)はやわらかきまりわるそうに下を向き、②ホウソウを破いて、自分の口に入れた。

「そうだよな、あやしいよな。知らないおじさんが手渡してくる蒲焼きさん太郎なんか食べちゃだめだ」

しっかりしてるんだな、えらいな、うん、と勝手に納得し、男はベンチに座った。(2)鞄から、つぎつぎとお菓子が取り出される。いくつかのお菓子には見覚えがあり、そのほかははじめて目にする。うまい棒とポテトスナックは知っているが、なんとかボールと書いてあるお菓子は知らない。

「あの、なんで、そんなにいっぱいお菓子持ってるの」

おそるおそる問う。この男は草児が知っているどの大人とも違う。男はすこし考えてから「さあ？」と首を傾げた。自分自身のことなのに。

「安心するから、かな」

うまい棒を齧りながら、男は「何年か前に出張した時に」と喋り出した。帰りの新幹線が事故で何時間もとまったまま、という体験をしたのだという。いつ動き出すのかすらまったくわからなくて、不安だった。でも、新幹線に乗る前に売店で買ったチップスターの筒を握りしめていると、なぜか安心した。その時、思いもよらないものが気持ちを支えてくれることもあるんだな、と知った。あれは単純に「食料がある」という安心感ではなかった、たとえば持っていたのが乾パンなどの非常食然としたものだったらもっと違った気がする、だからお菓子というものは自分の精神的な命綱のようなものだと思ったのだ、というようなことをのんびりと語る男に手招きされて、草児もベンチに座った。いつでも逃げられるように、すこし距離をとりつつ。

草児が背負っていたリュックからオレンジマーブルガムのボトルを出すと、男は「なんだよ、持ってるじゃないか」とうれしそうな顔をする。自分のガムはただのおやつであって、命綱なんかではない。

やっぱへんなやつだ、と身を引いた拍子に、手元が狂った。容器の蓋が開いてガムがばらばらと地面にこぼれ落ちる。草児は声を上げなかった。男もまた。映画館で映画を観るように、校長先生の話を聞くように、唇を結んだまま、丸いガムが土の上を転がっていくのを見守った。

(3)気づいた時にはもう、涙があふれ出てしまっていた。頬を伝っていく滴は熱くて、でも顎からしたたり落ちる頃には冷たくなっていた。

どうして泣いているのか自分でもよくわからなかった。ガムの容器の蓋をちゃんとしめていなかったこと。博物館の休みを忘れていたこと。男が蒲焼きさん太郎を差し出した時に蘇った、※文ちゃんと過ごした日々のこと。

楽しかった時もいっぱいあった。

それなのに、どうしても文ちゃんに嫌だと言えなかったこと。嫌だと言えない自分が恥ずかしかったこと。別れを告げずに引っ越ししてしまったこと。

父が手紙をくれないこと。自分もなにを書いていいのかよくわからないこと。

今日も学校で、誰とも口をきかなかったこと。算数でわからないところがあったこと。でも先生に訊けなかったこと。

母がいつも家にいないこと。疲れた顔をしていること。祖母から好かれているのか嫌われているのかよくわからないこと。

いつも自分はここにいていいんだろうかと感じること。

男は泣いている草児を見てもおどろいた様子はなく、困惑するで

2023年度 渋谷教育学園渋谷中学校

【国　語】〈第二回試験〉（五〇分）〈満点：一〇〇点〉

※「〇〇字で」、または「〇〇字以内で」、という指示がある場合は、「。」「、」「かっこ」なども一字と数えます。

一　次の文章を読んで後の問いに答えなさい。本文の上にある数字は行数を表します。

【両親の離婚により、母に連れられ、祖母の住む街に引っ越した小学六年生の宮本草児。転校初日にクラスメイトから「しゃべり方が変」だと笑われ、それ以来学校で孤立している草児は、近所の博物館に通いつめていた。】

「シフトの都合」で予定外の休みをもらった母は、同じ理由で休みがなくなった。十連勤だなんて冗談じゃないよとぼやいていたのは最初の数日だけで、①ナカば頃になると家にいる時は無言でテーブルにつっぷしているだけの、物言わぬ生物になった。祖母はなんだか近頃調子が悪いといって、日中も寝てばかりいた。

古生代の生物たちも、こんなふうに干渉し合うことなく、暮らしていたのかもしれない。同じ家の中にいても、ほとんど言葉を交わさない。母や祖母の気配だけを感じつつ、ひとりで食卓に置かれたパンや釜めしを食べた。

味がぜんぜんわからなかった。給食もそうだ。甘いとも辛いとも感じない。(1)誰かと同じ空間にいても、人間は簡単に「ひとり」になるものだと、こんなふうになるずっと前から知っていた。

博物館の前に立ち、「本日休館日」の立て札を目にするなり、動けなくなってしまった。今日は木曜日だということをすっかり忘れていた。一色の絵の具で塗りつぶしたような毎日の中で、曜日の感覚が鈍っていたのかもしれない。

ワチャーというような声が頭上から降ってきて、振り返った。このあいだムササビの骨格標本を見上げていた男が草児のすぐ後ろに立っていた。今日は灰色のスーツを着ている。男の指がすっと持ち上がって、立て札を指す。ちょっと異様なぐらいに長く見える指だった。

「きみ知ってた？　今日休みって」

「うん」

男があまりに情けない様子だったので、つい警戒心がゆるみ「知ってたけど忘れてた」と反応してしまう。

「そうかあ」

中に入れないのならば、帰るしかない。背を向けて歩き出すと、男も後ろからついてくる。公園から出るには同じ方向に向かうしかないからあたりまえのことなのだが、気になって何度も振り返ってしまう。

「どうしたの？」

草児の視線を受けとめた男が、ゆったりと口を開く。なにを勘違いしたものか「なに？　腹減ってんの？」と質問を重ねる。違う。とっさに答えたが、嘘だった。腹は常に減っている。

男のアクセントはすこしへんだった。このあたりの人とも、草児とも違う。そのくせ、すこしも恥じてはいないようだ。

「あ、これ食う？」

書類やノートパソコンが入っていそうな鞄から、※蒲焼きさん太郎が出てきた。差し出されたそれを草児が黙って見ていると、男は

2023年度

渋谷教育学園渋谷中学校 ▶解説と解答

算　数　＜第２回試験＞（50分）＜満点：100点＞

解　答

1 (1) $\frac{11}{14}$　(2) 1800m　(3) 67度　(4) $7\frac{2}{3}$％　(5) 250cm^3　(6) 132　2 (1) 6400cm^2　(2) 2484cm^2　(3) 8 cm　3 (1) 52通り　(2) 44通り　(3) 604通り　4 (1) 2 m　(2) 毎分0.008m^3　(3) 10cm

解　説

1 逆算，速さ，比の性質，角度，濃度(のうど)，体積，整数の性質

(1) $5\div\left\{19\times4-10\div\left(\frac{1}{2}-\frac{1}{3}\right)\right\}=5\div\left\{76-10\div\left(\frac{3}{6}-\frac{2}{6}\right)\right\}=5\div\left(76-10\div\frac{1}{6}\right)=5\div(76-10\times6)=5\div(76-60)=5\div16=\frac{5}{16}$より，$\left(1\frac{1}{7}-\square\right)\times0.875=\frac{5}{16}$，$1\frac{1}{7}-\square=\frac{5}{16}\div0.875=\frac{5}{16}\div\frac{7}{8}=\frac{5}{16}\times\frac{8}{7}=\frac{5}{14}$　よって，$\square=1\frac{1}{7}-\frac{5}{14}=\frac{8}{7}-\frac{5}{14}=\frac{16}{14}-\frac{5}{14}=\frac{11}{14}$

(2) 渋男さんが移動した時間は全部で，８時16分－７時40分－３分＝33分である。また，自転車に乗っていた時間，電車に乗っていた時間，歩いた時間の比は，$\frac{1}{2}:1:\frac{1}{3}=3:6:2$とわかる。よって，渋男さんが自転車に乗っていた時間は，$33\times\frac{3}{3+6+2}=9$（分）なので，家からＡ駅までの距離(きょり)は，$12\times\frac{9}{60}=1.8$(km)，つまり，$1.8\times1000=1800$(m)と求められる。

(3) 右の図１で，アの角の大きさは68度だから，イの角の大きさは，180－68×２＝44(度)である。また，四角形ABCDで，角Ａ，角Ｂ，角Ｃの大きさはいずれも90度だから，角Ｄの大きさも90度であり，ウの角の大きさも90度とわかる。さらに，三角形の外角はそれととなり合わない２つの内角の和に等しいので，エの角の大きさは，44＋90＝134(度)となる。ここで，●印をつけた角の大きさはすべて等しいから，㋐の角の大きさは，134÷２＝67(度)と求められる。

図１

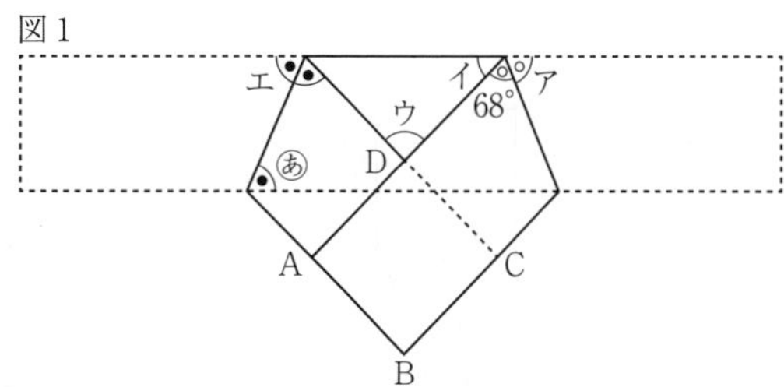

(4) ＡとＢを重さの比が１：２となるように混ぜると濃(こ)さが６％の食塩水になるので，Ａ100ｇとＢ200ｇを混ぜた場合(…㋐)は，濃さが６％の食塩水が，100＋200＝300(ｇ)でき，この食塩水に含(ふく)まれる食塩の重さは，300×0.06＝18(ｇ)となる。同様に，Ｂ100ｇとＣ200ｇを混ぜた場合(…㋑)と，Ｃ100ｇとＡ200ｇを混ぜた場合(…㋒)についても，食塩水に含まれる食塩の重さを求めると，右の図２のようになる。そして，㋐と㋑と㋒をすべて混ぜると，ＡとＢとＣを，100＋200＝300(ｇ)ずつ混ぜた食塩水には，18＋21＋30＝69(ｇ)の食塩が含まれることになり，この食塩水の濃さは，$69\div(300\times3)\times100=7\frac{2}{3}$(％)と求められる。よって，同じ重さのＡとＢとＣを混ぜると，濃

図２

	A	B	C	濃さ	食塩
㋐	100ｇ	200ｇ		6％	18ｇ
㋑		100ｇ	200ｇ	7％	21ｇ
㋒	200ｇ		100ｇ	10％	30ｇ

さは$7\frac{2}{3}$%になる。

(5)　問題文中の図で，３点D，Ｉ，Ｊを通る平面で直方体を切ると，直方体がななめに切断される。そして，四角柱や円柱をななめに切断した立体の体積は，(底面積)×(平均の高さ)で求められる。ここで，点Gを含む立体の平均の高さは，IFの長さとDHの長さの平均に等しく，{(15－10)＋15}÷２＝10(cm)とわかる。よって，この立体の体積は，(５×５)×10＝250(cm^3)となる。

(6)　66×66×66＋88×88×88＋110×110×110＝(22×３)×(22×３)×(22×３)＋(22×４)×(22×４)×(22×４)＋(22×５)×(22×５)×(22×５)＝22×22×22×３×３×３＋22×22×22×４×４×４＋22×22×22×５×５×５＝22×22×22×27＋22×22×22×64＋22×22×22×125＝22×22×22×(27＋64＋125)＝22×22×22×216と計算できる。また，右の図３より，216＝(２×３)×(２×３)×(２×３)＝６×６×６となる。よって，22×22×22×216＝22×22×22×６×６×６＝(22×６)×(22×６)×(22×６)＝132×132×132となるから，整数Aは132とわかる。

図３

2) 216
2) 108
2) 54
3) 27
3) 9
　　 3

2　平面図形，立体図形─相似，面積，長さ

(1)　下の図①で，DはあのAから最も遠い頂点，Eはいのから最も遠い頂点であり，D′，E′はそれぞれPD，PEの延長線がスクリーンとぶつかる点を表している。スクリーン上でのあの拡大率は，PC÷PA＝120÷40＝３(倍)なので，D′はCから右に，10×３＝30(cm)，上に30cmの位置になる。同様に，いの拡大率は，PC÷PB＝120÷60＝２(倍)なので，E′はCから右に，20×２＝40(cm)，上に，40×２＝80(cm)の位置になる。よって，スクリーン上の影は下の図②の太線部分の内側(いの影)になり，その面積は，80×80＝6400(cm^2)と求められる。

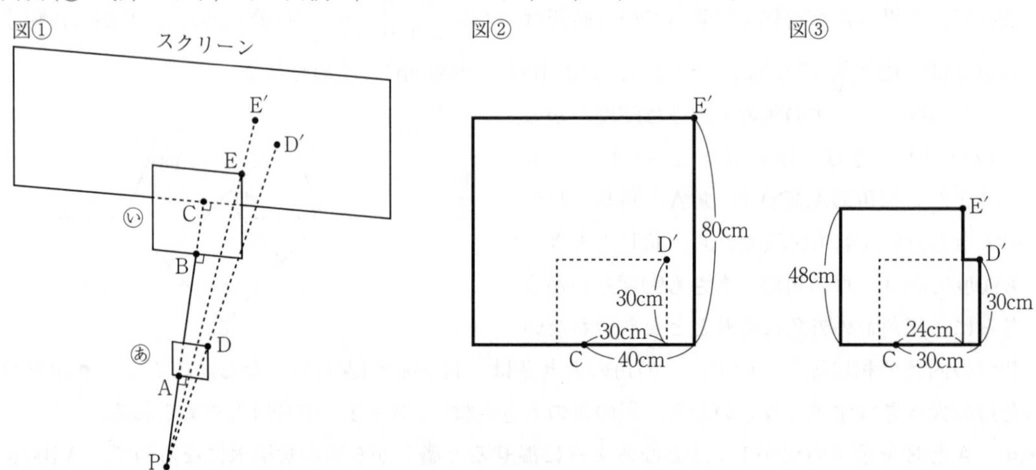

(2)　あの拡大率は，(1)と同じである。また，いの拡大率は，PC÷PB＝120÷100＝1.2(倍)なので，E′はCから右に，20×1.2＝24(cm)，上に，40×1.2＝48(cm)の位置になる。よって，スクリーン上の影は上の図③の太線部分の内側になり，その面積は，48×48＋30×(30－24)＝2484(cm^2)とわかる。

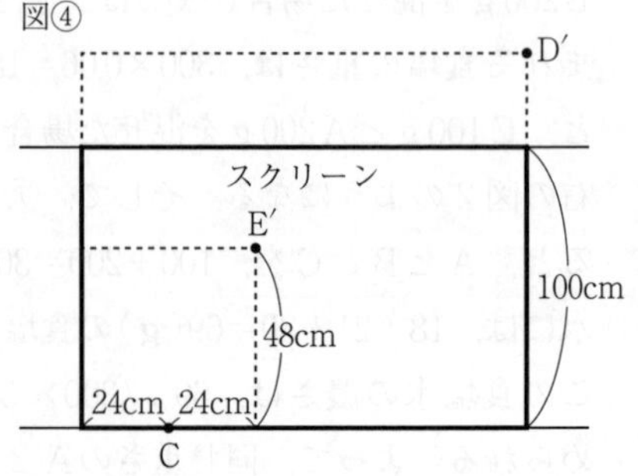

(3)　いの拡大率は，(2)と同じである。(2)の状態からあをPに近づけていき，あといの影の左端どうしが重なるよ

うにすると，上の図④のようになる。このとき，スクリーン上の影は太線部分の内側になり，その面積は，$100\times\left(11\times\dfrac{24}{1}\right)=26400(\text{cm}^2)$となる。この状態から，㋐をＰから遠ざけて，㋐の影の左端がＣに１cm近づくようにすると，㋐の影の右端がＣに，$1\times\dfrac{10}{1}=10(\text{cm})$近づき，㋑の影の一部が左側に１cmはみ出すので，スクリーン上の㋐の影の面積が，$100\times(1+10)=1100(\text{cm}^2)$減って，㋑の影の面積が，$48\times1=48(\text{cm}^2)$増える。つまり，全体で，$1100-48=1052(\text{cm}^2)$減る。よって，スクリーン上の影の面積が16932cm²になるのは，㋐の影の左端がＣに，$(26400-16932)\div1052=9$(cm)近づいたとき，つまり，㋐の影の左端がＣから左に，$24-9=15$(cm)の位置にあるときなので，このときのPAの長さは，$120\times\dfrac{1}{15}=8$(cm)と求められる。

3 場合の数

(1)　３枚の数がすべて１であるとき，マークの並べ方は(♤，♡，♢)，(♤，♡，♧)，(♤，♢，♧)，(♡，♢，♧)の４通りある。同様に，３枚の数がすべて２，３，…，13のときにも，マークの並べ方は４通りずつある。よって，３枚の数がすべて同じである並べ方は，$4\times13=52$(通り)ある。

(2)　３枚の数の組み合わせは，(１，２，３)，(２，３，４)，(３，４，５)，…，(11，12，13)の11通りあり，それぞれの場合でマークは４通りあるから，並べ方は，$11\times4=44$(通り)ある。

(3)　条件に合う並べ方のうち，３枚の数がすべて同じものは(1)より52通りある。次に，３枚の数がすべて異なる場合，その数の組み合わせは(2)より11通りある。３枚の数が(１，２，３)のとき，３つのマークが(♤，♡，♢)になる並べ方は１，２，３の順に，$3\times2\times1=6$(通り)あり，３つのマークがほかの３通りになるときにも６通りずつあるので，３枚の数が(１，２，３)のときの並べ方は，$6\times4=24$(通り)ある。３枚の数がほかの10通りのときにもそれぞれ並べ方は24通りずつあるから，３枚の数がすべて異なる場合，並べ方は，$24\times11=264$(通り)ある。さらに，３枚の数のうち，２つが同じで，１つが異なる場合，その数の組み合わせは，(１，１，２)，(１，２，２)，(２，２，３)，(２，３，３)，…，(12，12，13)，(12，13，13)の24通りある。(１，１，２)のとき，３つのマークが(♤，♡，♢)になる並べ方は，２が♤の場合，２が♡の場合，２が♢の場合の３通りあり，３つのマークがほかの３通りになるときにも３通りずつあるから，３枚の数が(１，１，２)のときの並べ方は，$3\times4=12$(通り)ある。３枚の数がほかの23通りのときにもそれぞれ並べ方は12通りずつあるので，３枚の数のうち，２つが同じで，１つが異なる場合，並べ方は，$12\times24=288$(通り)ある。よって，条件に合う並べ方は全部で，$52+264+288=604$(通り)ある。

4 グラフ―水の深さと体積

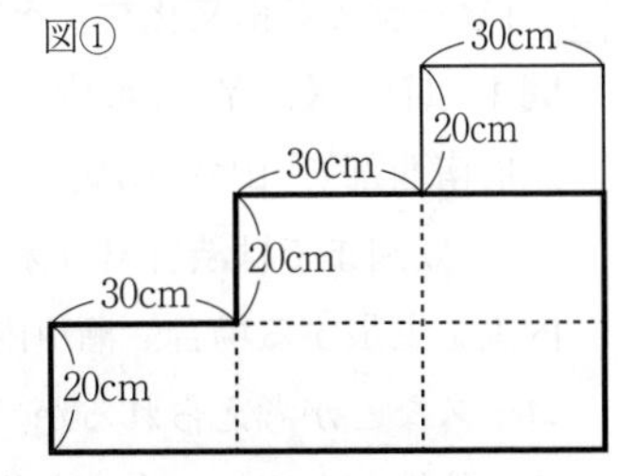

(1)　問題文中のグラフＡより，水面の高さが40cmになるまでに20分かかったので，水そうの中の高さ40cmより下の部分の容積は，$0.02\times20=0.4(\text{m}^3)$である。かりに，器具Ｘが入っていないとすると，$40\div100=0.4$(m)の高さまでに水は，$1\times2.5\times0.4=1(\text{m}^3)$入るから，器具Ｘの高さ40cmより下の部分の体積は，$1-0.4=0.6(\text{m}^3)$とわかる。この部分は，右の図①の太線で囲んだ部分(縦20cm，横30cmの長方形５個分)を底面とし，高さが㋐の角柱とみることができる。そして，太線で囲んだところの面積は，$20\times30\times5=3000(\text{cm}^2)$，つまり，$3000\div10000=0.3(\text{m}^2)$である。

よって，(あ)の長さは，$0.6 \div 0.3 = 2$(m)と求められる。

(2)　問題文中のグラフＢより，穴から水が入り始めたのは10.25分後である。また，水面の高さが40cmになるまでの26.5分間で入った水の体積は，$0.02 \times 26.5 = 0.53$(m^3)であり，水そうの中の高さ40cmより下の部分の容積は0.4m^3なので，Ｙの中に，$26.5 - 10.25 = 16.25$(分間)で，水が，$0.53 - 0.4 = 0.13$(m^3)入ったことがわかる。よって，Ｙの中に穴から入っていった水は毎分，$0.13 \div 16.25 = 0.008$(m^3)と求められる。

(3)　問題文中のグラフＣより，水が穴から入り始めたのは6.5分後で，それまでに水は，$0.02 \times 6.5 = 0.13$(m^3)入ったから，水そうの中の，右の図②の(い)の高さより下の部分の容積は0.13m^3とわかる。このとき，水が入っている部分の底面積は，$2.5 \times 1 - 2 \times 0.6 = 1.3$($m^2$)である。したがって，(い)の長さは，$0.13 \div 1.3 = 0.1$(m)，つまり，$0.1 \times 100 = 10$(cm)となる。

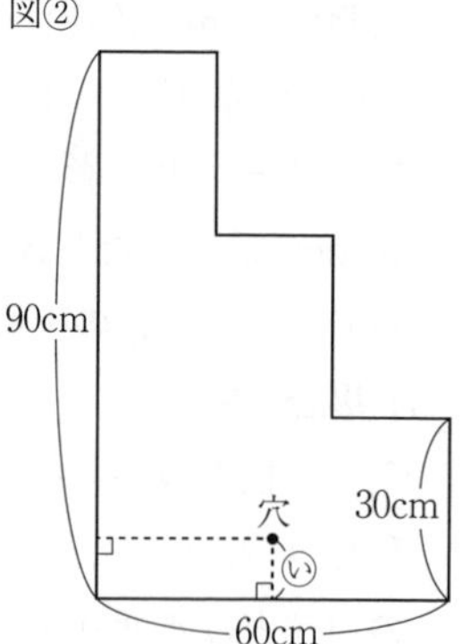

社　会　＜第２回試験＞（30分）＜満点：50点＞

解　答

1　**問１**　(1)　**Ｘ**　(例)　距離　**Ｙ**　(例)　方角　(2)　①　エ　②　×　③　ウ　④　×　⑤　イ　⑥　ア　**問２**　(1)　源頼朝　(2)　(例)　運慶　**問３**　**秋田県**…ウ　**静岡県**…エ　**問４**　ア　**問５**　ア　**問６**　井伊直弼　**問７**　(1)　朝鮮出兵　(2)　(例)　有力大名の徳川家康を関東に配置し，周囲に織田家・豊臣家の家来を置いて家康を包囲して，京都・大坂等の重要地点を支配した。　**問８**　西南戦争　**問９**　ウ　**問10**　オ　**問11**　イ　**問12**　(1)　昭和20(年)８(月)６(日)　(2)　ウ　**問13**　エ　**問14**　(1)　ア　(2)　(a)　**ア**　○　**イ**　×　**ウ**　○　(b)　(例)　古宇利大橋がかけられたことで沖縄島から古宇利島へ行きやすくなり，観光客が増えた。　(3)　**沖縄県**…ア　**北海道**…ウ　2　**問１**　**あ**　育児　**い**　介護　**問２**　こども家庭(庁)　**問３**　**Ｘ**　ジェンダー　**Ｙ**　26(%)　**問４**　エ　**問５**　イ　**問６**　(例)　憲法改正を発議すること。

解　説

1　「なら歴史芸術文化村」を題材とした問題

問１　(1)　**Ｘ，Ｙ**　「畿内」は都とその周辺のことで，大和(奈良県)，河内(大阪府東部)，和泉(大阪府南西部)，山背(山城，京都府南部)，摂津(大阪府西部と兵庫県南東部)の５か国(五畿)であった。「奴国までは渋谷君は矛盾を感じませんでした」とあるので，奴国から先について考える。畿内説を主張する場合，瀬戸内海を船でおおむね東に進み，大阪府のあたりで上陸して奈良県に行くコースなどが考えられるが，資料１の不弥国以降には「南に船で」とあるので，方角が間違っている可能性がある。一方，九州説を主張する場合，九州地方の東岸にそっておおむね南に進み，どこかの地点で上陸するコースなどが考えられるが，資料１の不弥国以降の「船で20日間行く」「船で10日間，陸を１月間行く」は時間がかかりすぎなので，距離が間違っている可能性がある。　(2)

ア　中国の歴史書「魏志倭人伝」と全国から出土している銅鏡を根拠にしているので，⑥にあてはまる。　イ「魏志倭人伝」と吉野ケ里遺跡(佐賀県)を根拠にしているので，⑤にあてはまる。ウ「魏志倭人伝」と『古事記』をもとに，地域と関係のないことがらについて推測しているので，③にあてはまる。　エ「魏志倭人伝」と『隋書』をもとに，現在の奈良県にあたる「やまと」について推測しているので，①にあてはまる。　なお，②と④はあてはまるものがない。

問２　(1)「1195年」「関東の最高権力者」などから，鎌倉(神奈川県)に幕府を開いた源頼朝とわかる。1185年，源頼朝は国ごとに守護，荘園や公領(国司の支配がおよぶ土地)に地頭を置いた。この守護・地頭の設置により，幕府の支配が全国におよぶようになった。そして1192年，頼朝は征夷大将軍に就任した。　(2)　東大寺(奈良県)の南大門の両わきに安置されている金剛力士像は，運慶・快慶ら慶派一門によってつくられた。

問３　重要文化財の数が最も多いアは，平城京や寺社の文化遺産などが多く残る奈良県。65歳以上人口の割合が最も高いウは，過疎県である秋田県。第２次産業(製造業・建設業)の人口の割合が最も高いエは，あげられている４県の中で最も工業が発達している静岡県。残ったイは長野県である。

問４　守護は鎌倉時代に置かれた役職なので，守護に関することがらが，奈良時代に用いられた紙に先に書かれていることはない。よって，アが誤っている。

問５　平清盛は平治の乱(1159年)で源義朝を破ると，1167年に武士として初めて太政大臣となり，政治の実権をにぎった(平氏政権)。清盛は大輪田泊(現在の神戸港の一部)を修築するなど瀬戸内海の航路を整備し，宋(中国)と民間貿易を行って大きな利益をあげたので，アが正しい。なお，イは奥州藤原氏，ウは藤原純友，エは後醍醐天皇(または足利尊氏)が行ったこと。

問６　資料に「大名となり，後に幕府の政治の中心的な役割を果たした。困難な政局と外交を強権によって対処したため，反発を買い江戸城に登る際に暗殺された」とあるので，井伊直弼とわかる。1858年，彦根藩(滋賀県)の藩主であった井伊直弼は江戸幕府の大老に就任し，天皇の許可を得ないままアメリカと日米修好通商条約を結ぶとともに，紀伊藩(和歌山県)の藩主の徳川慶福を第14代将軍家茂にすることを決定した。こうした強引な政治の進め方は多くの人々の反発を招いたが，直弼は反対の立場の人々をきびしく弾圧する安政の大獄を行った。このため直弼は，1860年，水戸藩(茨城県)の浪士らによって，江戸城の桜田門外で暗殺された(桜田門外の変)。

問７　(1)　豊臣秀吉は1590年に全国統一をはたすと，明(中国)の征服をくわだて，まず朝鮮に明への先導役をつとめるよう要求した。しかし，朝鮮がこれを拒否したことから，1592～93年(文禄の役)と1597～98年(慶長の役)の２度にわたり遠征軍を派遣し，苦戦が続く中で病死した。名護屋城(佐賀県)は，この朝鮮出兵の拠点として築かれた。　(2)【図】をみると，関東に配置された徳川家康の領土の西側にあたる中部地方と近畿地方は，すべて織田家・豊臣家の家来の領土となっている。これは，家康が京都・大坂(大阪)などの西方に進出するのを防ぐための配置だったと考えられる。

問８「1877年に起きた日本最後の内戦」とは，西南戦争のことである。このとき，熊本城には政府軍がたてこもり，反乱軍によるはげしい攻撃をしのいだ。つまり，熊本城が近代戦にも耐えうる城であることが証明された。

問９「ものぐさ太郎」「浦島太郎」などのお伽草子は，室町時代に登場した。よって，ウが誤っている。

問10　Ⅰは1894年，Ⅱは1904年，Ⅲは1890年のできごとなので，年代の古い順にⅢ→Ⅰ→Ⅱとなる。

問11　動力源が石炭から石油にかわる「エネルギー革命」は，昭和時代の1960〜70年代に起こった。よって，イが誤っている。

問12　(1)　第二次世界大戦末期の1945年８月６日，アメリカ軍によって人類史上初めて原爆(原子爆弾)が広島に投下され，３日後の８月９日には長崎にも投下された。(昭和時代の年数)＝(西暦の年数)－1925という関係があるので，1945年は昭和，1945－1925＝20(年)となる。　(2)　徳川氏の一門である親藩のうち，紀伊藩(和歌山県)，尾張藩(愛知県西部)，水戸藩(茨城県)は「御三家」とよばれて特に重視された。よって，地図のウ(水戸城)があてはまる。なお，アは高崎城(群馬県)，イは宇都宮城(栃木県)，エは川越城(埼玉県)。

問13　資料では「がれき処理」について説明されているので，文中の空欄にはウクライナ(地図中のエ)が入る。同国は現在ロシアの侵攻を受けており，都市部の建物などが破壊されているため，がれきが大量に発生している(2023年３月現在)。なお，アはポーランド，イはルーマニア，ウはベラルーシ。

問14　(1)　冬の降水量(降雪量)が多いイは日本海側の気候に属する福井市，年間降水量が少ないウは瀬戸内の気候に属する岡山市と判断できる。残ったアとエのうち，夏の降水量がより多いエは太平洋側の気候に属する高知市で，もう一方のアが亜熱帯の気候に属する那覇市(沖縄県)である。

(2)　(a)　**ア**　資料４では古宇利島の南部に「古宇利大橋」があるが，これは資料３にはない。よって，「古宇利大橋」の開通により，その西に位置する「古宇利港」を発着していた渡船(定期船)は廃止されたと推測できる。　**イ**　資料２で，平成14年以降の人口は増えたり減ったりしているので，「人口減少が続いている」とはいえない。　**ウ**　資料３では古宇利島の南部に小・中学校を表す地図記号(文)があるが，資料４では地図記号がなくなっている。よって，推測できることとして正しい。　(b)　表をみると，古宇利島への観光客数は，平成７年度と平成14年度は５千人前後だが，平成25年度には約25万人と大幅に増えている。これは平成17年に古宇利大橋が供用開始(資料２)されたことで，沖縄島から古宇利島に観光客が行きやすくなったためだと考えられる。

(3)　砂糖の原料として，沖縄県ではアのサトウキビが，北海道ではウのてんさい(ビート)が栽培されている。サトウキビはイネ科の植物で，茎をしぼった汁から砂糖がつくられる。てんさいは根をしぼった汁から砂糖がつくられ，しぼりかすは家畜の飼料として利用されている。なお，イはじゃがいも，エはパイナップル。

2　国会で成立した法律をもとにした問題

問１　空欄の「あ」には「育児」，「い」には「介護」が入る。なお，表中の「育児休業，介護休業等育児又は家族介護を行う労働者の福祉に関する法律」は一般に，「育児・介護休業法」とよばれている。

問２　子どもを取りまくさまざまな課題に対応するため，2023年に「こども家庭庁」が設置されることになった。なお，当初の構想では「こども庁」であったが，与党(政権を担当する政党)の中に「子育てにおける家庭の役割を認識できる名称にするべき」などの意見があったことから，「こども家庭庁」という名称となった。

問３　**X**　生物学的な性差に対し，「男らしさ」「女らしさ」のように，社会的・文化的につくられた性差のことをジェンダーという。ジェンダー平等は，国際的な目標としてSDGs(持続可能な開発目標)にも掲げられている。また，日本のジェンダー・ギャップ指数は，主要先進国の中で最下位となっている(2022年)。　**Y**　参議院の定数は248名なので，64÷248×100＝25.8…より，参議院議員全体に占める女性64名の割合はおよそ26％となる。

問４　ア～ウはいずれも性別を理由とした差別で，男女雇用機会均等法で禁止されている。一方，エは同法で事業主の義務として定められている。

問５　X　表の全立候補者数(合計)と女性候補者数(合計)をみると，立憲民主党は51人と26人，日本共産党は58人と32人となっており，どちらも女性候補者の割合が半数を超えている。この２党は野党(政権を担当しない政党)である。　Y　自由民主党の女性当選者数は，選挙区が８人，比例区が５人で，ともに最多となっている。自由民主党は長年，与党の地位にあるが，1993年，2009～12年には野党を経験している。

問６　日本国憲法第96条では，「この憲法の改正は，各議院の総議員の３分の２以上の賛成で，国会が，これを発議し，国民に提案してその承認を経なければならない」と定められている。よって，憲法改正を目指す政党が，両議院とも議席の３分の２以上を占めると，憲法改正の発議(国民に提案すること)が可能になる。

理科 ＜第２回試験＞（30分）＜満点：50点＞

解答

1　**問１**　**あ**　(例)　表面の氷が体温によりとけて　**い**　(例)　とけた水が再びこおる　**問２**　(例)　白い煙のようなものが出る。　**問３**　**理由**…(例)　ドライアイスの周囲の水がこおるから。　**再び起こすには**…(例)　コップに湯を入れる。　**問４**　(例)　気体になるということ。　**問５**　ア　**問６**　(例)　海水を熱し，蒸発した水を冷やして集める。　**問７**　イ　**問８**　(例)　寝耳に水　**問９**　(例)　水はあたたまりにくくさめにくいから。　**問10**　(1)　ウ　(2)　**お**　1.02　**か**　89.90　**2**　**問１**　4096通り　**問２**　**紙切れ**…(ア)　**封筒**…(イ)　**子ども**…(エ)　**文字列**…(ウ)　**問３**　**子ども①と③**…27　**子ども②と③**…26　**問４**　Ⓐ→Ⓓ→Ⓚ→Ⓦ，Ⓐ→Ⓔ→Ⓜ→Ⓨ，Ⓐ→Ⓔ→Ⓝ→Ⓩ

解説

1　**温度による物質の状態変化についての問題**

問１　氷を指でさわると，体温によって氷の表面がとけて液体の水になる。この水は，０℃より低い温度の氷によって，再びこおる。このようにして，冷凍庫から出した氷をさわると瞬間的に指がくっつく。

問２　ドライアイスは二酸化炭素の固体で，コップに水とドライアイスを入れると，水によってドライアイスがあたためられ，気体の二酸化炭素へと変化するため，ドライアイスのまわりからブクブクと大きな二酸化炭素の泡が発生する。この泡が水中を上昇していくとき，泡には小さな水滴や細かい氷の粒が含まれて，泡が白く見える。そして，この泡が水面ではじけると，小さな水滴や細かい氷の粒が空気中へ出て，白い煙になる。なお，この煙と二酸化炭素は空気より重いので，コップから出ると下の方に流れていく。

問３　泡が発生するようになってからしばらくすると，ドライアイスのまわりにある水が冷やされて氷の膜ができるため，泡の発生が止まる。再び泡を発生させるには，コップに湯を加えるなどして水温を高くし，氷の膜をとかせばよい。

問４　固体から液体になることなく直接気体に変わる変化やその逆の変化を，昇華という。ドライアイスを空気中に置いておくと，二酸化炭素が昇華するため小さくなる。

問５　気体はふつう，温度が高くなるにつれて水にとけにくくなる。そのため，冷たい水を入れたペットボトルの方が，二酸化炭素が水に多くとけてペットボトル内の二酸化炭素が減るので，お湯を入れたペットボトルよりもへこむ。

問６　海水を加熱すると，水だけが蒸発して水蒸気になる。この水蒸気を冷やして得られる水は淡水(真水)で，蒸留水とよばれる。なお，海水から淡水を取り出す方法にはほかにも，逆浸透法(水は通すが塩は通さない半透膜とよばれる膜に海水を押しつけ，膜からしみ出した淡水を回収する)，冷凍法(海水を冷却して氷をつくり，その氷をとかして淡水を回収する)などがある。

問７　氷１cm^3の重さが1.00ｇ以上であったとした場合，氷の方が水よりも密度が大きく，氷が水にしずむようになるので，ア，ウ，エのような変化が起こると考えられる。しかし，氷１cm^3の重さが変化しても，水の温度は低くならないので，イのような変化は起こりそうにないと考えられる。

問８　水は人の生活に深く関わっているため，水を使った言い回しは多く，「寝耳に水」「我田引水」「焼け石に水」「水を得た魚」などがある。

問９　体重のおよそ60％をしめる水は，あたたまりにくくさめにくい性質があるため，体内で大量の熱が発生しても，体温が急激に上昇することはない。

問10　(1)「アルキメデスの原理」について，「液体中の物体は，その物体が押しのけている液体の重さと同じ大きさで上向きの浮力を受ける」と述べられていることに注意する。　う　海水中の氷山が押しのけている液体は，海水である。　え　海水中の氷山は，氷山の重さと浮力がつりあった状態にあるため，静止している。　(2)　氷山の重さとつりあっている浮力の大きさは，氷山が押しのけている海水の重さと等しいので，氷山の重さ(ｇ)は，1.02×(海面下の氷山の体積)と表される。また，氷山の重さ(ｇ)は，0.917×(氷山全体の体積)と表すこともできる。よって，1.02×(海面下の氷山の体積)＝0.917×(氷山全体の体積)より，(海面下の氷山の体積)：(氷山全体の体積)＝$\frac{1}{1.02}$：$\frac{1}{0.917}$＝917：1020となるので，917÷1020×100＝89.901…より，海面下の氷山の体積は氷山全体のおよそ89.90％と求められる。

２　遺伝情報の伝わり方についての問題

問１　A，G，U，Cの４種類の物質を３つ並べる並べ方は，１つ目から３つ目の並べ方がそれぞれ４通りずつあるので，４×４×４＝64(通り)となる。同様に，６つ並べる並べ方は，４×４×４×４×４×４＝4096(通り)と求められる。

問２　ウイルスの設計図が存在するRNAは殻に包まれていて，RNAポリメラーゼはRNAを複製すると述べられている。これは，文字列の書かれた紙きれが封筒に入っていて，子どもが文字列を書き写して別の子どもに伝えるようすに似ている。

問３　表２で，左上の15から右下に並ぶ数字だけに注目すると，15→16→17→…と１ずつ増え，文字が異なるところ(「園」と「円」)だけ増えず，最後に28になっている。つまり，「似ている度合い」は，14文字をすべて間違えずに書き写した場合には，15＋14＝29になるが，途中で１文字間違えるごとに，29−28＝１ずつ減る。また，子ども③は，３文字目の「教」を抜(ぬ)かし，「育」以降は間違えていないので，表３の一部の数字を書き入れると右の表のようになる。よって，子ども①と子ども③の「似ている度合い」は27になる。さらに，右の表から，「似ている度合い」は，途中で１文字抜かすごとに，29−27＝２ずつ減ることがわかる。したがって，子ども②と子ども③のように，途中で１文字間違え，１文字抜かしている場合，「似ている度合い」は，29−１−２＝26になる。

		渋	谷	教	育	学	園	渋	谷	中	学	高	等	学	校
	15	14	13	12	11	10	9	8	7	6	5	4	3	2	1
渋	14	16	15	14	13										
谷	13	15	17	16	15										
育	12	14	16	17	17										
学	11					18									
園	10						19								
渋	9							20							
谷	8								21						
中	7									22					
学	6										23				
高	5											24			
等	4												25		
学	3													26	
校	2														27

問４　「書き写すときに新たな漢字を挿入(そうにゅう)することはない」と述べられていることに注意する。Ⓦの前はⒿ，Ⓚのどちらかだが，「渋」がⓌとⓀには２文字あってⒿには１文字しかないので，Ⓦの前はⓀとわかる。すると，Ⓚの前はⒹ，さらにその前はⒶとなるので，Ⓐ→Ⓓ→Ⓚ→Ⓦと決まる。同様に，Ⓨの前は「渋」が２文字あるⓂとなり，Ⓐ→Ⓔ→Ⓜ→Ⓨとわかる。また，Ⓩの前は「中」があるⓃ，その前は「園」があるⒺとなるので，Ⓐ→Ⓔ→Ⓝ→Ⓩと決まる。

国　語　＜第２回試験＞（50分）＜満点：100点＞

解　答

□一 **問１**　下記を参照のこと。　**問２**　エ　**問３**　ウ　**問４**　イ　**問５**　（例）　周囲の人達と会話ができず，関係もうまくいっていない上に，周囲からの目を気にしている草児は，異なる生物同士でも互いにおびやかすことなく静かに生きている生物にあこがれるから。　**問６**　イ，ウ　**問７**　受け売り　**問８**　エ　□二 **問１**　下記を参照のこと。　**問２**　ア　**問３**　エ　**問４**　（例）　検証されないままのバイアスが，その人の中で正当化されるということ。　**問５**　ウ　**問６**　（例）　構造的にアンコンシャス・バイアスが入り込みにくいしくみを用意し，誰かが間違った思い込みに基づく言動をしたときにも安心して指摘できる雰囲気をつくっておくこと。　**問７**　ウ　**問８**　(1)　罰せられる　(2)　感謝や評価のメッセージ　(3)　エ

●漢字の書き取り

□一 **問１**　①　半(ば)　②　包装　③　模様　④　染(まって)　□二 **問１**　①　宗教　②　予期　③　過小

解　説

□一 **出典は寺地(てらち)はるなの『タイムマシンに乗れないぼくたち』による。**家でも学校でも孤独(こどく)を感じ，博物館に通いつめている草児(そうじ)は，恐竜(きょうりゅう)の知識をきっかけに学校で見直される。

問１　①　音読みは「ハン」で，「半分」などの熟語がある。　②　物を紙や布で包むこと。　③　かざりになる，さまざまな色や形の図がら。　④　音読みは「セン」で，「染色」などの熟

語がある。訓読みにはほかに「し(みる)」がある。

問2　草児は「学校で孤立」しており，母や祖母とも「干渉し合うことなく，暮らして」いる。これは，エのような，周囲との「精神的な繋がりを感じられな」いために陥った「孤独な状態」といえる。

問3　草児に問われた男は，「お菓子というものは自分の精神的な命綱のようなものだと思った」と答えているので，「お菓子」が「精神の安定をもたらしてくれる」とあるウが合う。

問4　続く部分で，草児の日ごろの不安や不満，後悔などが列挙されているので，これを「思うようにならなかった様々な記憶や経験が一気によみがえってきて」とまとめているイがふさわしい。

問5　草児は「エディアカラ紀の生物」について，「獲物をおそうこと」や「食べたり食べられたりする関係」のない，「静かに生きているだけの生物」だと語っている。また，草児の置かれた状況については，「同級生に百円をたかられたり，喋っただけで奇異な目で見られたり，こっちはこっちでどう見られているか気にしたり」と描かれている。これらをふまえ，「エディアカラ紀の生物」にあこがれる草児の気持ちをまとめる。

問6　ア　草児が「主人公が現代に戻ってきたのかどうかは覚えていない」のは，「途中でタイムマシンが恐竜に踏み壊されていた」という場面があまりに強烈な印象を残したためだと考えられる。　イ「だって，えっと……戻ってこなかったら，心配するだろうから」などの言葉と合う。ウ「おれもだよ」，「仕事をさぼって博物館で現実逃避するぐらいがセキノヤマなんだ」などの言葉と合う。　エ「意図的に無視している」は，男の「とまどい」のなさを示している。　オ「だいじな人って，たまにやっかいだよね」とあるので，この感情を抱く相手は一人だと考えられる。　カ　草児は最初から「男のアクセントはすこしへんだった」と感じているので，この感じ方は男の「言動」による「思い込み」とはいえない。

問7　「受け売り」は，他人の話などを自分の話であるかのように言うこと。

問8　草児が恐竜について説明したときのみんなの反応は，草児が実は恐竜にとてもくわしかったことに驚いたり，意外に感じたりしたことからくるものだと考えられるので，エが選べる。

二　出典は田瀬和夫の『SDGs思考　社会共創編―価値転換のその先へ　プラスサム資本主義を目指す世界』による。インクルージョンの実現に不可欠な心理的安全性を阻害する要因の一つである，アンコンシャス・バイアスについて説明している。

問1　①　神や仏を信じて，安心や幸福を得ようとする心のはたらき。　②　前もってこうなるだろうと考えておくこと。　③　小さすぎるようす。

問2　三つ前の段落で，「親近感バイアス」について，「私たちは自分と属性や経歴，興味や経験などが似た人に安心感を覚える傾向があり，無意識にそのような人の近くを選んでしまうのです」と説明されている。したがって，空欄1にアを入れると，「仕事」のさいにも「自分」と似た経歴の人や「自分」の属性に近い人を無意識に選びがちであることを説明する流れになり，文意が通る。

問3　「男性は家事が下手」という固定観念にしばられている夫なら，男性は家事をしなくてよいと考えるはずなので，エがふさわしくない。

問4　同じ段落で，「バイアス」について「本当かどうか考えたり，確認したり，検証したり，見直したりといったことをしない状態」が，「頭の中に野良犬がウロウロしている，という状態」にたとえられている。また，「飼い犬」という言葉は，次の段落の「正当化」をたとえたものといえる。これらをふまえ，「固定化されたままのバイアスが見直されず，正当化されるということ」のようにまとめる。

問５　直後の段落に，「これはワンオペ育児を賛美し，肯定している言葉です」，「女性だけが家事，育児を担当しなければならない，という価値観は『ジェンダーバイアス』です」とある。よって，ワンオペ育児を「賛美し肯定する表現をした」，「家事や育児は女性がやっていればよいというジェンダーバイアス」とあるウが選べる。

問６　傍線⑷を実現するために必要となることがらは，続く部分で説明されている。その内容のうち，「構造的にアンコンシャス・バイアスが入り込む余地をできるだけなくすための仕組みを用意する」ことと，「誰かが，特に上に立つ人が間違った思い込みに基づいた言動を取っていると気づいたときに，それを誰かが指摘できるような雰囲気を積極的につくっていくこと」が，組織が取り組むべきものにあたる。

問７　本文の中ほどで，「バイアスは，アンコンシャスなものとコンシャスなものがあり，それらは潜在意識と顕在意識の両方に存在し，その境界は意外と曖昧である」と述べられている。しかし，ウの「両者の境界を厳密に区別すること」については，本文中では述べられていない。

問８　⑴　空欄Ｘの前後に，「自分の言動によって」，「びくびくする」とある。また，本文の最初の段落に，「心理的安全性が欠けると，自分が言ったりやったりしたことによって罰せられる恐怖がつきまといます」とある。よって，「罰せられる」がぬき出せる。　⑵　空欄Ｙの前後に，「上司や同僚，部下たちから」，「が届く」とある。また，【記事】の文章中で，ピアボーナスは「従業員同士」で「感謝や評価のメッセージを添えてポイントを送り合」うしくみであると説明されている。よって，「感謝や評価のメッセージ」がぬき出せる。　⑶　ア　「16,000円ほどの現金」は，「貯まったポイント（ボーナス）」を現金に交換したときに得られるものであり，「各自が送れる」ものでも「月額」でもない。　イ　「心理的安全性」は，「チームを強くするために重要なこと」を考えるプロジェクト内で出てきたものである。　ウ　「ルール例」の一つ目の内容から，直属でない上司に対してピアボーナスを送ることは可能とわかる。　エ　「ルール例」の一つ目と二つ目の内容と合う。　オ　「ルール例」の三つ目と四つ目の内容から，「６ヶ月間」経てば同じ相手とピアボーナスのやり取りができることがわかる。

Dr.福井の 入試に勝つ！脳とからだのウルトラ科学

入試当日の朝食で，脳力をアップ！

朝食を食べない学生は，朝食をきちんと食べる学生に比べて成績が悪かった——という研究発表がある。まあ，ちょっと考えればわかると思うけど，朝食を食べないということは，車にガソリンを入れないで走らせようとするようなものだ。体がガス欠になった状態では，頭が十分に働くわけがない。入試当日の朝食はちゃんと食べよう！　朝食を食べた効果があらわれるように，試験開始の２時間以上前に食べるようにするとよい。

では，入試当日の朝食にふさわしいものは何か？

まず，脳の直接のエネルギー源はブドウ糖だけであるから，それを補給するためのご飯やパン，これは絶対に必要だ。また，砂糖や果物の糖分は吸収されやすく，効果が速くあらわれやすいので，パンにジャムをぬったり果物を食べたりするのもよいだろう。

次に，タンパク質。これは脳の温度を上げる作用がある。温度が低いままでは十分に働かないからね。タンパク質を多くふくむのは肉や魚，牛乳，卵，大豆などだが，ここでは大豆でできたとうふのみそ汁や納豆をオススメする。そして，記憶力がアップするDHAを多くふくんでいる青魚，つまりサバやイワシなども食べておきたい。

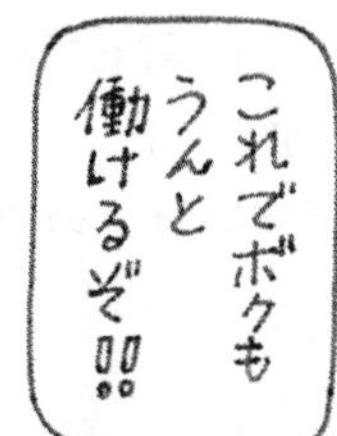

生野菜も忘れてはならない。その中にふくまれるビタミンＢは，ブドウ糖を脳に吸収しやすくする働きを持つので，結果的に脳力アップにつながるんだ。

コーヒーや紅茶，緑茶は，カフェインという成分の作用で目覚めをうながすが，トイレが近くなってしまうので，飲みすぎに注意！　試験当日はひかえたほうがよいだろう。眠気を覚ましたいときはガムをかむといい。脳が刺激(しげき)されて活性化し，目が覚めるんだ。

Dr.福井(福井一成(ふくいかずしげ))…医学博士。開成中・高から東大・文Ⅱに入学後，再受験して翌年東大・理Ⅲに合格。同大医学部卒。さまざまな勉強法や脳科学に関する著書多数。

2023年度

渋谷教育学園渋谷中学校

【算　数】〈帰国生試験〉(50分)〈満点：100点〉

注　定規，コンパスは使用しないこと。

1　次の問いに答えなさい。ただし，(6)は答えを求めるのに必要な式，考え方なども順序よくかきなさい。

(1)　$\left(3-6\frac{3}{5}\div 2.75\right)\times 0.625$ を計算しなさい。

(2)　A◎Bは，AをBで割った余りを表します。例えば，11◎5＝1，23◎6＝5です。
25◎(43◎9) を求めなさい。

(3)　右の図は正六角形と正八角形の２点を重ねたものです。
あの角の大きさは何度ですか。

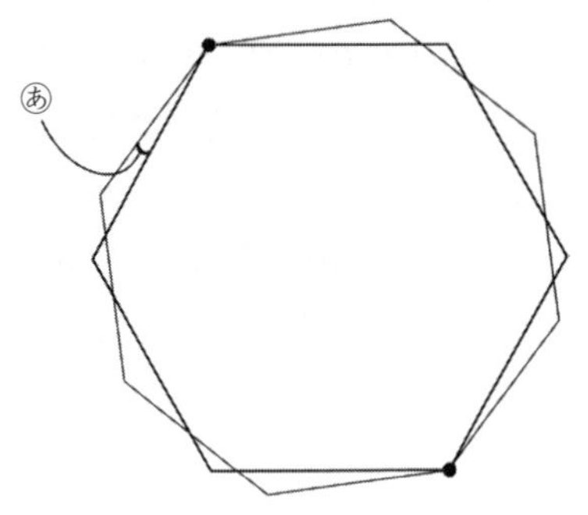

(4)　100ｇの食塩水Ａに10％の食塩水400ｇと７％の食塩水500ｇを加えると，３％濃くなりました。Ａの濃さは，はじめ何％でしたか。

(5)　渋谷小学校の５年生と６年生が男女合わせて100人います。先生が「６年生と男子は手を上げてください。」と言ったところ73人が手を上げ，「５年生と女子は手を上げてください。」と言ったところ68人が手を上げました。６年生より５年生のほうが少なく，男子より女子のほうが少ないです。このとき，５年生の男子の人数として考えられるのは，何人以上何人以下ですか。

(6)　３辺の長さが３cm，４cm，５cmである直角三角形があります。この直角三角形を図１のように，矢印の方向にまっすぐ移動することを３回行いました。図２の影のついた部分は直角三角形が通った部分です。

影のついた部分の面積が126cm^{2}のとき，図２の太線の部分の長さは何cmですか。ただし，同じ印のついた線どうしは平行です。

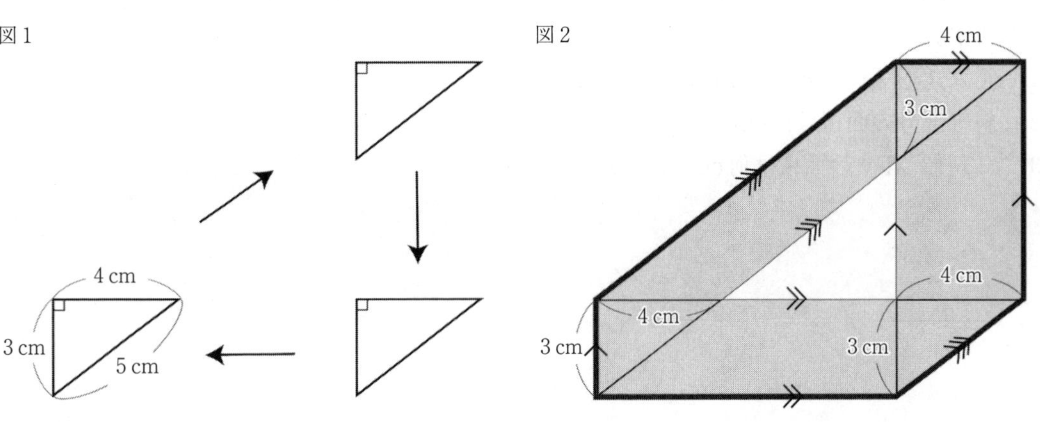

2　次の問いに答えなさい。

(1)　３個のサイコロＡ，Ｂ，Ｃを投げて，Ａが２，Ｂが２，Ｃが４の目が出ました。出た目の最大公約数はいくつですか。

(2)　３個のサイコロＡ，Ｂ，Ｃを投げるとき，出る目の最大公約数が２となる目の出方は何通りありますか。

(3)　３個のサイコロＡ，Ｂ，Ｃを投げるとき，出る目の最大公約数が１となる目の出方は何通りありますか。

(4)　４個のサイコロＡ，Ｂ，Ｃ，Ｄを投げるとき，出る目の最大公約数が１となる目の出方は何通りありますか。

3　１辺の長さが１cmの立方体を面と面がぴったり合うように積み上げて，真正面からと真横から見ると右の図のようになる１つの立体を作ります。

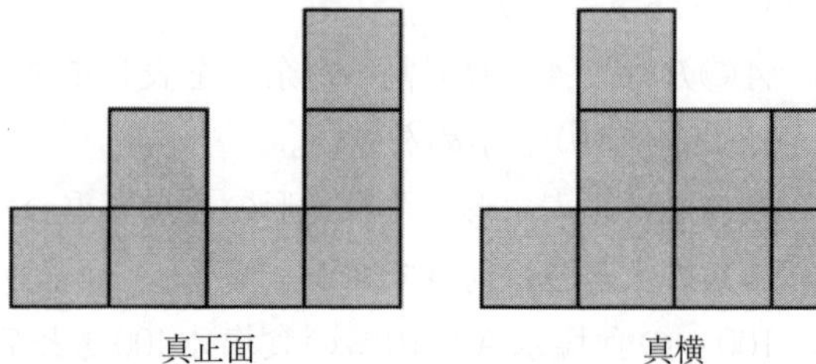

次の問いに答えなさい。

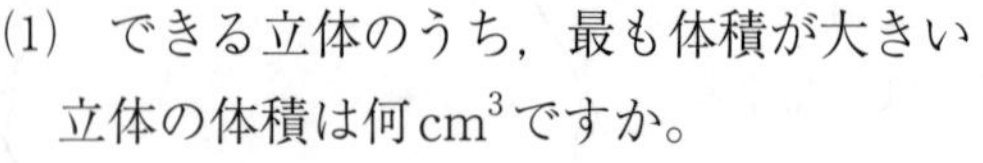

(1)　できる立体のうち，最も体積が大きい立体の体積は何cm^3ですか。

(2)　できる立体のうち，最も体積が小さい立体の体積は何cm^3ですか。

(3)　できる立体のうち，最も体積が大きい立体の表面積は何cm^2ですか。

4　右の図のように，半径１cmの円が３つあります。６点Ａ，Ｂ，Ｃ，Ｄ，Ｅ，Ｆ，６点Ｇ，Ｈ，Ｉ，Ｊ，Ｋ，Ｌ，６点Ｓ，Ｔ，Ｕ，Ｖ，Ｗ，Ｘは，それぞれの円周を６等分する点です。点Ｃと点Ｌ，点Ｋと点Ｔ，点Ｓと点Ｄはそれぞれ重なっています。

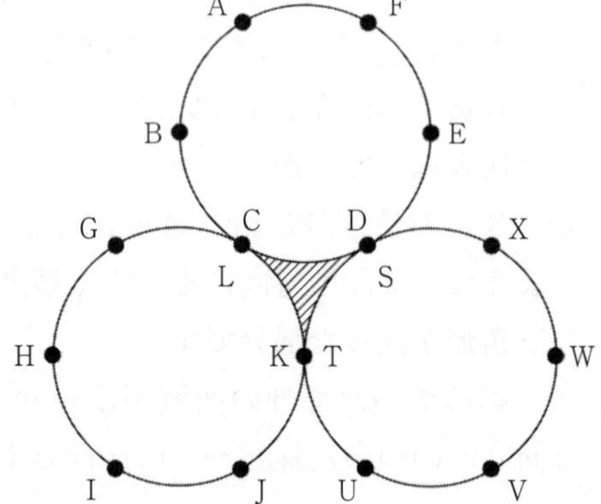

次の問いに答えなさい。ただし，(2)，(3)は答えを求めるのに必要な式，考え方なども順序よくかきなさい。また，正三角形の面積は「(１辺の長さ)×(１辺の長さ)×0.43」で求められ，円周率は3.14とします。

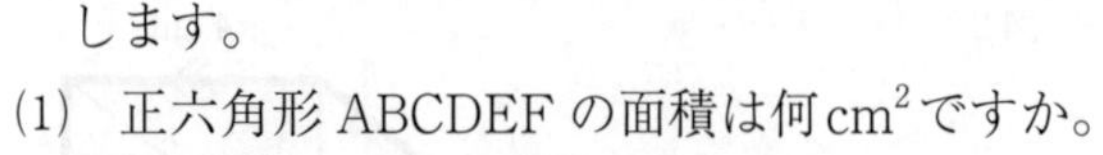

(1)　正六角形ABCDEFの面積は何cm^2ですか。

(2)　斜線部分の面積は何cm^2ですか。

(3)　三角形AIWの面積は何cm^2ですか。

【英　語】〈帰国生試験〉（60分）〈満点：100点〉

Listening Comprehension Questions

〈編集部注：放送文は編集上の都合により，掲載してありません。〉

You will now hear a non-fiction passage. The passage will be read to you twice. Please listen carefully ; you are encouraged to take notes as you listen to the passage.

After the passage has been read to you two times, you will be asked ten questions about it. The answer choices are already written on the paper below, but the questions will ONLY be read aloud, so please listen carefully. Each question will be read twice before the reader moves on to the next question.

1．a．A school student　b．An undertaker　c．A writer　d．A university student

2．a．Disrespect　b．Passion　c．Nostalgia　d．Hate

3．a．Sustained silent reading　b．Lectures　c．Text analysis　d．Poetry response

4．a．She despises it.　b．She loves it.
　c．She is too young to appreciate it.　d．None of the above

5．a．They were all terrible teachers.
　b．She disliked her English Lit. teachers.
　c．There were many outstanding, creative teachers she admired.
　d．There were some bad teachers and some good teachers.

6．a．Have the students write poetry
　b．Warn the students of possible controversial themes
　c．Re-read the books when they are 17
　d．Limit the breadth of the reading list

7．a．Choosing simpler books to read at school
　b．Being close-minded about the curriculum
　c．Selecting stupid books for school
　d．Choosing more relevant books to study at school

8．a．The books are too difficult.
　b．Their teachers appear disinterested.
　c．The tasks are boring.
　d．The students cannot relate to the books they are taught.

9．a．Teenagers hate adults.
　b．Students naturally rebel against anything recommended by their teachers.
　c．Literature assignments are pretentious.
　d．They are not allowed to read them under the covers of their bed.

10．a．Literary : the author is giving a narrative
　b．Objective : only facts and details have been given
　c．Exploratory : different opinions have been put forth, with no clear conclusion reached
　d．Position : the author favors one side of an argument

Pettit wrote many stories, which the editors returned to him. He wrote love stories, a thing I have always kept free from, holding the belief that the well-known and popular sentiment is not properly a matter for publication, but something to be privately handled by the psychiatrists and florists. But the editors had told him that they wanted love stories, because they said the women read them.

Now, the editors are wrong about that, of course. Women do not read the love stories in the magazines. They read the poker-game stories and the recipes for cucumber lotion. The love stories are read by fat men and little ten-year-old girls. I am not criticizing the judgment of editors. They are mostly very fine men, but a man can be but one man, with individual opinions and tastes.

Pettit brought me his returned manuscripts, and we looked them over together to find out why they were not accepted. They seemed to me pretty fair stories, written in a good style, and ended, as they should, at the bottom of the last page.

They were well constructed and the events were arranged in orderly and logical sequence. But I thought I detected a lack of living substance. I suggested that the author might do well to get better acquainted with his theme.

"You sold a story last week," said Pettit, "about a gunfight in Arizona in which the hero drew his Colt.45 and shot seven bandits as fast as they came in the door. Now, if a six-shooter could . . ."

"Oh, well," said I, "that's different. Arizona is a long way from New York. You can fool an editor with a fake picture of a cowboy mounting a pony with his left hand on the saddle horn, but you can't put him up a tree with a love story. So, you've got to fall in love and then write the real thing."

Pettit did. I never knew whether he was taking my advice or whether he fell an accidental victim. He met a glorious, impudent, lucid, open-minded girl. She was a New York girl.

One night Pettit came to my room exalted. Pale and haggard but exalted. She had given him a [1]jonquil.

"Old Hoss," said he, with a new smile flickering around his mouth, "I believe I could write that story tonight — the one, you know, that is to win out. I can feel it. I don't know whether it will come out or not, but I can feel it."

I pushed him out of my door. "Go to your room and write it," I ordered.

The story was sentimental drivel, full of whimpering soft-heartedness and gushing egoism. All the art that Pettit had acquired was gone. Reading it would have made a cynic of a sighing chambermaid.

It lasted about a month. When she left him, Pettit went to pieces.

After Pettit was cured he wrote more stories. He recovered his old-time facility and did work just short of good enough. Then the curtain rose on the third act.

A little, dark-eyed, silent girl from New Hampshire, who was studying applied design, fell deeply in love with him. She was the intense sort, but externally undemonstrative, such as

New England sometimes fools us with. Pettit liked her mildly, and took her about a good deal. She worshipped him, and now and then bored him.

There came a climax when she tried to jump out of a window, and he had to save her by some perfunctory, unmeant wooing. Even I was shaken by the depths of the absorbing affection she showed. Home, friends, traditions, beliefs meant nothing compared to her love. It was really discomposing.

One night again Pettit sauntered in, yawning. As he had told me before, he said he felt that he could do a great story, and as before I hunted him to his room and saw him open his inkstand. At one o'clock the sheets of paper slid under my door.

I read that story, and I jumped up, late as it was, with a whoop of joy. Old Pettit had done it. Just as though it lay there, red and bleeding, a woman's heart was written into the lines. You couldn't see the joining, but art, exquisite art, and pulsing nature had been combined into a love story that took you by the throat like the [2]quinsy. I broke into Pettit's room and beat him on the back and called him names — names high up in the galaxy of the immortals that we admired. And Pettit yawned and begged to be allowed to sleep.

On the morrow, I dragged him to an editor. The great man read, and, rising, gave Pettit his hand. That was a decoration, a wreath of bay, and a guarantee of rent.

And then old Pettit smiled slowly.

"I see," said old Pettit, as he took up his story and began tearing it into small strips. "I see the game now. You can't write with ink, and you can't write with your own heart's blood, but you can write with the heart's blood of someone else. You have to be a [3]cad before you can be an artist. Well, I am for old Alabama and the Major's store."

I went with Pettit to the depot and made a last stand.

"Shakespeare's sonnets ?" I blurted. "How about him ?"

"A cad," said Pettit. "They give it to you, and you sell it — love, you know. I'd rater sell ploughs for father."

"But," I protested, "you are reversing the decision of the world's greatest —"

"Good by, Old Hoss," said Pettit.

"Critics," I continued. "But — say — if the Major can use a fairly good salesman and book-keeper down there in the store, let me know, will you ?"

1　A small flower　　2　A throat disease

3　A man who disregards other people's feelings

Critical Reading Questions

Please circle the letter of the answer choice that best completes the sentence or answers the question.

1．What type of story does the passage most likely come from ?

a．A story about love　　b．A story about friendship

c．A story about cowboys　　d．A story about writing

2. Which of the following best describes the narrator's tone ?

a. Detached but interested　　b. Detached and ironic

c. Superior but sympathetic　　d. Superior and arrogant

3. Which of these best describes the narrator's opinion of Pettit's stories, as expressed in lines 11-16 ?

a. Solid but sounding false　　b. Solid and logical

c. Weak and sentimental　　d. Weak and uninformed

4. What do lines 20-23 suggest ?

a. Editors are easy to fool.

b. Cowboys don't use the saddle horn to mount.

c. Editors shouldn't be put up trees.

d. None of the above

5. Which of the following best explains the meaning of "Then . . . act" in line 37 ?

a. They were watching a play.

b. The story of Pettit is in three parts.

c. The narrator has been putting on an act.

d. Pettit has been putting on an act.

6. What figure of speech is used in line 50 ?

a. Simile　　b. Metaphor　　c. Personification　　d. Irony

7. What can we gather from lines 62-69 ?

a. "The Major" is Pettit's father.

b. Pettit is looking forward to selling.

c. The narrator is looking forward to selling.

d. All of the above

8. Which of the following best explains the meaning of line 62 ?

a. The narrator wants to sit down.

b. It is the narrator's last chance to catch the train.

c. The narrator is prepared to fight.

d. The narrator will try to change Pettit's mind.

9. Which of the following best explains the meaning of the narrator's outburst in line 63 ?

a. The narrator is making a desperate effort to convince Pettit to continue writing.

b. The narrator is suggesting that Pettit should read Shakespeare.

c. The narrator wonders what Pettit thinks of Shakespeare's sonnets.

d. The narrator can't think of anything to say.

10. Which of the following best explains the meaning of the narrator's comment in lines 68-69 ?

a. The narrator has decided to give up writing.

b. The narrator would like a steadier job.

c. The narrator thinks he would be a good salesperson.

d. All of the above

Word Formation Questions

Change the part of speech of each of the following italicized words from the passage in order to make them fit the sentences below. The number of the line in which each word appears is given for your convenience, although you may not need to look at the passage in order to answer these items correctly.

1. [*opinions*, line 10] The editor was very ______.
2. [*substance*, line 15] The big TV cost a ______ amount of money.
3. [*advice*, line 24] I would ______ you not to do that.
4. [*acquired*, line 33] I carried the parcel happily, proud of my new ______.
5. [*climax*, line 42] In the ______ scene, the hero defeats the villain.
6. [*joy*, line 49] The crowd was ______ after the team won.
7. [*admired*, line 54] Brian's mother enjoyed the ______ of the crowd.

Vocabulary Questions

Based on their context in the passage, match each word on the left to its most likely meaning on the right. The number of the line in which each word appears in the passage is given for your convenience. Also, please note that the part of speech of some of the words below may be slightly different from that used in the passage.

1. lucidity (line 25) ____	a. appear and disappear briefly
2. flicker (line 28) ____	b. place for doing something
3. drivel (line 32) ____	c. rush
4. cynic (line 33) ____	d. clearness of thought
5. facility (line 36) ____	e. transparency
6. saunter (line 46) ____	f. walk in a relaxed way
	g. distrustful doubter
	h. ease
	i. nonsense
	j. editor

Short Essays

Write a careful and well-reasoned one-paragraph response to each of the following prompts.

1. Write an interpretation of Sir Philip Sidney's poem "Loving in Truth." In the process, explain why the speaker of the poem struggles to write and what he hopes for his writing to accomplish.

Loving in Truth

By Sir Philip Sidney (1554-1586)

Loving in truth, and fain in verse my love to show,
That she, dear she, might take some pleasure of my pain,—
Pleasure might cause her read, reading might make her know,
Knowledge might pity win, and pity grace obtain,—
I sought fit words to paint the blackest face of woe;
Studying inventions fine her wits to entertain,
Oft turning others' leaves, to see if thence would flow
Some fresh and fruitful showers upon my sunburn'd brain.
But words came halting forth, wanting invention's stay;
Invention, Nature's child, fled step-dame Study's blows;
And others' feet still seem'd but strangers in my way.
Thus great with child to speak and helpless in my throes,
Biting my truant pen, beating myself for spite,
"Fool," said my Muse to me, "look in thy heart, and write."

2. There is often a disconnect between what an author hopes to convey and how the reader interprets their message. This is especially true when modern readers interpret classic literature — which often belongs to a time and social context very different from our own.

In recent decades, many classic works have been challenged for content that is no longer considered socially acceptable. (Some famous examples include racial epithets in *Huckleberry Finn* by Mark Twain and outdated attitudes toward women in *The Odyssey* by Homer.) At some schools these titles have subsequently been replaced by other works that parents and curriculum planners deem more suitable for today's students.

With this context in mind, consider two matters: (1) In your opinion, what, if any, are the benefits of studying classic literature, and (2) is it possible for schools to teach these older texts without offending modern readers?

オ　何から手をつけたらよいか

問七　――線(5)「親の真似(らしき行動)をしつつ、親が何か餌を見つけるたびに『それちょうだい』とねだりに行くハシボソガラスの雛は、極めて効率のよい学習をしている」とありますが、ハシボソガラスの雛の学習は、どのような点で「効率」的と言えますか。四十一字以上五十字以内で説明しなさい。

【作　文】〈六〇分〉〈満点：一二〇点〉

《注意事項》

◎受験番号(じゅけんばんごう)・名前・題名を原稿用紙(げんこうようし)の指定されたところに書いてください。

◎原稿用紙は縦(たて)書きで使ってください。

◎メモや下書きをする場合はこの紙の余白や裏面を使ってください。

◎原稿用紙がやぶれたときは手をあげて試験監督(しけんかんとく)に申し出てください。

《問題》

次のテーマで六百字以上八百字以内の作文を書きなさい。

海外生活をふりかえると思い出される「におい」・「音」・「肌(はだ)ざわり」

※「におい」・「音」・「肌ざわり」の中から一つまたは複数選んでテーマとしてください。

※本文の内容をふまえて自分で題名をつけてください。

※海外生活の経験・エピソードを具体的に書いてください。

※原稿用紙の一行目から本文を書いてください。

間に、飛んでいって餌を奪うことがあるということ。

エ　最強個体は、弱小個体に餌を採る順番を誤ると痛い目にあうことを実感させて、社会的地位が群れの序列に影響を与えることを認識させ、率先して餌を採ることがあるということ。

オ　最強個体は、他の個体が見ている中で弱小個体を攻撃して退散させて、周囲に自分の実力を誇示し、集団の中で真っ先に餌に近寄れる立場を確保することがあるということ。

問三　――線(2)「大声で鳴いて仲間を呼び集める」とありますが、カラスがそのような行動をとることがあると考えられる状況の説明としてふさわしいものを次の中から二つ選び、記号で答えなさい。

ア　誰かの縄張りで大きな餌を見つけたものの、自分の腹が満たされていて食べる気がないとき。

イ　自分の縄張りで大きな餌を見つけたものの、自分だけでは食べきれなくなったとき。

ウ　誰かの縄張りで大きな餌を見つけたものの、自分だけでは縄張りの持ち主に立ち向かえないとき。

エ　自分の縄張りで大きな餌を見つけて、空腹の仲間に分け与えようとするとき。

オ　誰かの縄張りで大きな餌を見つけて、仲間を呼んでも自分が餌にありつけるだけの実力を持っているとき。

問四　――線(3)「集団内での声の出し方」とありますが、その説明として最もふさわしいものを次の中から一つ選び、記号で答えなさい。

ア　飼育下のハシブトガラス集団では、餌の位置を仲間に教えたとしても一番初めに餌に到達することのできる地位の高い個体が、一声ずつ区切った「カアア、カアア、カアア、カアア」という鳴き声を出す。

イ　飼育下のハシブトガラス集団では、餌の所在を知らせて仲間を集めたとしても他の個体に負けることが想定されない最強の個体が、大きく威圧的な「カアア」という鳴き声を出す。

ウ　飼育下のハシブトガラス集団では、餌のあることを伝えて仲間に協力させたとしても仲間から無理に餌を奪おうとする欲張りな個体が、一声ずつ連続して「カアア、カアア、カアア、カアア」という鳴き声を出す。

エ　飼育下のハシブトガラス集団では、餌のありかまで仲間を誘ったとしても分け前に預かることが保証されている有力な個体が、甲高く攻撃的な「カアア」という鳴き声を出す。

オ　飼育下のハシブトガラス集団では、餌のあるところに仲間を呼んだとしても他に匹敵する個体が存在しない特定の個体が、一声ずつ何度も「カアア、カアア、カアア、カアア」という鳴き声を出す。

問五　――線(4)「以上は断片的な結果を組み合わせた仮説というか推測であるが、こういう葛藤が実際にあるなら、ハシブトガラスの『仲間の顔と声を覚えておく』『音声で周囲の顔ぶれを把握する』という能力がどれほど重要か、想像できるだろう」とありますが、ハシブトガラスが「他個体を識別できる」と考えた場合、その二つの能力はなぜ「重要」と言えるのですか。三十一字以上四十字以内で説明しなさい。

問六　[1]に入る表現として最もふさわしいものを次の中から一つ選び、記号で答えなさい。

ア　どのようなやり方があるか

イ　何のために努力しているか

ウ　どの程度結果を得られるか

エ　いつまでに成し遂げるか

上手である。この2種が対面した場合、どうなるかを観察したことがある。
　場所は多摩川中流の河川敷。こういう場所では、水際の石をひっくり返すと水生昆虫を捕まえることができる。だが、ハシブトガラスは「石をひっくり返す」という行動をまずやらない。ハシボソガラスの集団が川原で石をひっくり返して採餌していると、しばしばハシブトガラスがいかにも②フシギそうに近づいて来て、じーっとハシボソガラスの嘴の先を観察していることがある。ハシボソガラスに「ガア」と怒られるとピョンと飛び退くが、また戻って来てしげしげと眺める。
　さて、ハシボソガラスを観察した後のハシブトガラスの行動は、何か変わっただろうか？　まず、地上滞在時間は、「観察していない」個体とほぼ変わらない。地上を歩き回る歩数も、別に変化していない。しかし、地面をつついた回数は明らかに増えたのである。どうやら、「何か地面にいいものがあるらしい」のは理解できているようだ。ところが、実際に餌を取れているかというと、これがてんでダメなのだ。拾い上げているのは小石や落ち葉で、くわえて考え込んでは「おいしくない」とポイと③スてる。要するに、無駄に地面をつつく回数が増えているだけの話で、採餌行動としては全く成立していない。
　ある個体は「ハシボソガラスが嘴を水面に近づけたり、水中まで差し入れたりしている」という重要な点に気づいたのか、水際にじっと立っていた。そのうち「水面に着目すべし」と理解したらしく、水面を覗き込んだ末に「これか！」と嘴を突き出した。そのハシブトガラスが狙ったのは、流れて来た小さな泡であった。一瞬、水面に嘴をつけたまま動きを止めたハシブトガラスは、ぷるぷると嘴を振って水滴を払うと、飛んで行ってしまった。もちろん、得るものは何もなかった。
　どうやら、「何を探せば良いか」から覚えないと、このような学習はうまくいかないようだ。何が餌かわからないから何も食べられず、何も食べられないから努力もしない、という負のスパイラルである。
　そう考えると、⑸親の真似(らしき行動)をしつつ、親が何か餌を見つけるたびに「それちょうだい」とねだりに行くハシボソガラスの雛は、極めて効率のよい学習をしているようにも思える。
　なお、ワタリガラスでは年齢とともにネオフィリア(新しいもの好き)がネオフォビア(見た事ないものを嫌がる)に切り替わる事が知られている。若いうちは目新しいものを見ると「わーい何これ」と寄って来るのに、年を取ると「何、あの怪しいの」と距離を置くようになるのだ。音声学習の感受期みたいなものだが、カラスは若い間にあれこれ手を出しておいて知識を広げ、その後は用心深い生き方に徹するようである。

(松原　始『カラスの補習授業』より)

問一　＝線①～③のカタカナを漢字に直しなさい。漢字は一画ずつていねいに書くこと。

問二　──線⑴「実験のためカラスの集団にパン屑を投げ与えた」とありますが、その結果明らかになったこととして最もふさわしいものを次の中から一つ選び、記号で答えなさい。

ア　最強個体は、弱小個体が苦労して得た餌を強制的に取り上げて、周囲の個体に社会的地位の大切さを印象づけ、集団における餌を採る際のすべての序列を決めることがあるということ。
イ　最強個体は、他の個体に自分と弱小個体との体格の差を見せつけて、自分には多くの餌が必要であることを意識させ、餌を手に入れるうえで優位に立つことがあるということ。
ウ　最強個体は、弱小個体とあえて揉め事を起こすことで他の個体の注意を向けさせて、周囲の目が騒ぎに引きつけられているより弱い奴が多そうなら参加してもいい。

ただし、この想定には重要な条件がある。カラスが他個体を識別して「あいつは自分より強い」「あいつは気にしなくていい」と判断できることだ。少なくともハシブトガラスはこれができることが、実験的に示されている。伊澤栄一らの研究によると、集団で飼育されているハシブトガラスは明確な順位を持っている上、個体の顔と声を識別している。「カア」と一声だけ鳴く声は個体ごとに特徴があり、しかもある個体は常に決まった声で鳴く。つまり、「カア」と言えば、回りの個体には「ああ、あいつ」とわかるし、順位も思い出すのだ。

また、ハシブトガラスは離合集散型の集団を持っており、メンバーは常にシャッフルされている。だが、カラスはかなりの数の個体を記憶できそうなので、行く先々の集団に顔見知りが何羽もいるだろう。さらに、顔見知りの個体と他の個体の関係を観察することで「自分より強い奴に勝ってるから、誰だか知らないけどメチャクチャ強い」とか「俺より弱い奴にまで負けてるから、あいつは気にしなくていい」などの関係性も見抜く可能性がある(ハシブトガラスにできるかどうかはわからないが、実際にこういう行動を見せる動物はある)。

他個体の顔と声をセットにして覚えていることも、近藤らの面白い実験が示している。まず、2羽のカラスをケージの金網ごしに対面させた後、間に仕切り板を入れる。ただし、仕切りにはちょっと隙間がある。この後でカラスの声を聞かせる。さっき見せていた個体の声が聞こえた場合、カラスは特に反応を示さない。だが、隣にいた個体とは違う個体の声を聞かせた場合、「え？　なんで？　なんで？」と隙間に顔をくっつけて覗き込もうとするという。つまり、「隣にいる個体の声を予期していた＝顔と声をセットで覚えている」ということになる。これは人間の幼児を対象にした実験手順の応用なのだが、話を伺った時「カラスなら絶対やってくれると思って」やってみた、と仰っていた。

(4)以上は断片的な結果を組み合わせた仮説というか推測であるが、こういう葛藤が実際にあるなら、ハシブトガラスの「仲間の顔と声を覚えておく」「音声で周囲の顔ぶれを把握する」という能力がどれほど重要か、想像できるだろう。

【中略】

さて、もう一つ。カラスは社会を作って「そこで何かを学ぶ」ということは、あるのだろうか。

警戒音声によって「あいつは敵だ」という情報を共有する、という例は知られている。だが、これは、「警戒声と同時に見た、見慣れない相手を敵と認定する」といった方が良さそうである。これも学習には違いないが、もうちょっと複雑な例はないだろうか。

ワタリガラスを用いた実験では、チューター(お手本になる個体)を見て、結び目のほどき方を学習した例が知られている。重要なのは、単なる模倣(相手と同じ動作をコピーして繰り返す)に留まらず、微妙に違う方法を自分で追加している点だ。社会学習(周囲の個体の行動を見て何かを学習すること)においては、単なるモノマネでなく、自分流のやり方を追加できるかどうかに着目する。これがある場合、「 1 」まで理解していると判断できるからだ。単なるコピーの場合、「ここをくわえて、ここを押さえて、ここを引っ張って」という行動と、「蓋が開いて餌が得られる」という結果の関係性を理解していない可能性がある。

では、カラスは日常生活の中で他者の行動を学習するだろうか？　一般に、ハシブトガラスは地上で餌を探索するのが下手だし、やってもすぐ飽きてしまう。一方、ハシボソガラスは非常に執拗で、しかも言葉だ。この項では、カラスにとっての「他人」や「他人の集団」というものを、ちょっと考えてみよう。

若いカラスにとって、集団になることで得られるメリットはもちろん大きい。例えば外敵への警戒性や対応能力、餌を発見する効率、繁殖に向けてペアを作るための場などだ。でなければ、集団を作る必要がない。

バーンド・ハインリッチの研究によると、ワタリガラスでは餌を採るために集団が必要だという。ワタリガラスは動物の死骸を発見した時に、(2)大声で鳴いて仲間を呼び集めることがある。自分だけでこっそり食べてしまえばいいのに、どうして仲間と分け合おうとするのだろう？　よく見ると仲間を呼ぶ個体と呼ばない個体があり、同じ個体でも呼ぶ場合と呼ばない場合がある。大声で呼び集めるのは、非繁殖個体が、食べきれないほど大きな餌を見つけて、しかもそこが誰かの縄張りになっている場合だ。縄張りの持ち主本人なら、大騒ぎせずに食べるだけだ。通りすがりの若造が寄って来たら叩き出す。その実力があるからこその縄張り保持者なのだ。では弱い立場の非繁殖個体はどうするかというと、仲間を呼んで数で対抗するのである。これこそが、餌を見つけたワタリガラスが大声で鳴く理由だ。

ただし、この方法は「みんなで餌をシェアするので、自分の取り分が減る」という欠点がある。もちろん、縄張り持ちに邪魔されて一口も食えないよりはマシだから呼ぶわけだが、「どの程度マシか」はよく考えるべきである。もし餌がうんと小さくて、一口でパクッと食えるほどだったら？　その時はもちろん、パクッとくわえて逃げれば良い。では、中途半端に餌がある場合は？　一人で留まって食べ続けるのがいいか、邪魔されないように仲間を呼ぶか、これは考えどころだ。

この場合、考えるべきは縄張り持ちとの喧嘩だけではない。呼び集めた仲間が自分より強いかどうかも重要なはずである。冒頭に書いたように集団は厳しいものでもあるのだ。強そうな個体がたまたま近くに来た途端にフライドチキンを放り出して逃げるハシボソガラスも、見た事がある。

もし、「みんなおいでー」と言った途端にジャイアンみたいないじめっ子ばかりが来てしまったら、自分が餌を食えるチャンスは限りなく小さくなる。それならば誰もいない隙に食えるだけ食っておいた方がいいだろう。もし自分が平均的な強さなら、自分より強い奴と弱い奴が五分五分で来るだろう。だったら積極的に呼ぶ方が良い場合も増えそうだ。自分が一番強い（けれども、単独では縄張り持ちの夫婦に勝てない）なら、恐らく、どんな時にも仲間を呼ぶのが正解である。誰が来ようと採餌を邪魔されることはない。集まったものの指をくわえて見ている連中を盾にして、腹一杯食べれば良いのである。

さて、(3)集団内での声の出し方について、非常に興味深い研究がある。慶応大学（当時）の近藤紀子らの研究によると、飼育下のハシブトガラス集団では、良く鳴く個体が決まっているというのだ。一声だけの「カア」という声は全ての個体が出すのだが、続けて「カア、カア、カア、カア」と鳴くのは、地位の高い個体だという。さらに、一声ずつ区切って何度も鳴く声は餌の存在を仲間に知らせるフードコールではないか、という説が、東京大学（当時）の相馬雅代らの研究で提唱されている。実験的にこの声を聞かせると集団が集まって来るからだ。野外でもゴミ集積所でゴミのすぐ上に止まって「カア、カア、カア、カア」と鳴いている個体を実際に観察することができる。これらの考察と結果を①ソウゴウすると、「地位の高いハシブトガラスは誰が来ても負けないので、とにかく声を出して仲間を呼び集め、採餌中のリスクを減らす」という仮説が立てられそうだが、どうだろうか。

また、こうなると、今度は「誰が集まっているか」を知るのも重要だ。もし自分より強い奴ばっかりなら、行っても無駄だ。一方、自分と子の戦いと表現しているのも面白いと思います。いろいろな調理法で息子にブロッコリーを食べさせることを考えていて、料理を楽しんでいることが伝わってきますし、主夫が向いているという裕輔の言葉が強がりではないことがわかりますね。

ウ　公園の場面で、カラスの鳴き声に裕輔の心情が重ねられているのも注意したいね。老人のところにも、母親たちのところにも居づらくなってジャングルジムの上に移動した裕輔が、ようやく誰にも邪魔されずに落ち着いた気持ちになったのが、カラスの呑気な鳴き声に象徴されているよ。自分から積極的に他人にかかわっていかない様子から、裕輔は内向的な性格のようだね。

エ　妻の厚子は肝が据わった性格のようだね。ゴルフ自体やったことがないのに、その接待に参加しようとするなんて。でも意に添わず会社を辞めたことを前向きにとらえたり、自分の要求はきちんと伝えつつ相手に配慮したりと、しっかりした性格の魅力的な人物として描かれているように思うな。性格的に今の役割分担が裕輔夫婦には合っているのかもしれないね。

オ　夫婦の役割についてですが、作品に登場する裕輔と厚子以外の大人たちの考え方は共通しているようです。男女の役割がこれまでとは入れ替わった裕輔と厚子のような夫婦の在り方は、作品内では受け入れられるのにまだ時間がかかりそうですね。平日の公園に子連れの父親がいないことや「ジェンダーってしぶといんだよ」という言葉からそれがうかがえます。

二　次の文章を読んで後の問いに答えなさい。

以前、(1)実験のためカラスの集団にパン屑を投げ与えたことがある。私の回りにカラスがずらりと集まって「カラス前線」ができるのだが、その前線からさらに中まで飛び込んで来るのは、リスクを犯さないと餓死してしまうような弱小個体だ。だが、パンを人間の目の前で食べるのは怖い。といって、前線まで戻ったら仲間に餌を奪われる。そこで、弱小個体は集団を飛び越え、一番後ろでこっそり食べる。

ところがある時、この個体は重大な失敗をした。枝の上で様子を見ていた、大きくて色艶のいい、強そうな個体が集団の後ろに降りて来たのを見逃したのである。「お前ら、何騒いでんだ？」と言うように首を伸ばしている最強個体の目の前にパン屑をくわえて降り立った途端、それが起こった。最強個体が弱小個体に突きかかり、翼に噛み付くと引きずり回して放り出したのである。やられた方は悲鳴を上げ、餌も放り出して必死で逃げてしまったのだが、最強個体は決して、そのパン屑が欲しかったのではない（いやパン屑も欲しかったかもしれないが、主眼はそこではない）。その騒ぎを見た周囲の個体が無言でスーッと引き、花道を空けたのである。グイと胸をそらした最強個体は黙って最前列まで出て来た。恐らく、強いカラスはこうやって社会的な地位の違いを見せつけ、「餌の優先権」を得ているのだ。

動物は社会を持つか？　個体が集まって何らかのインタラクション（関係性）を持っていれば社会だ、と定義しておけば、大概の生物は社会を作っている。ただ、人間が想像するような社会であるかどうかはわからない。人間にとっての「社会」というのは、ヒトという動物の生物学的な特性に基づいているからだ。単独生活が主体で他個体との関係というものが希薄な生物なら、何を尋ねても「それがどうした、俺には関係ない」と答えるだろう。フムン、一度くらい言ってみたい

問六　――線(5)「裕輔はつい吹き出してしまう」とありますが、この場面の裕輔の説明として最もふさわしいものを次の中から一つ選び、記号で答えなさい。

ア　的外れではあるが父なりに励ましの言葉を考えてくれたことに感謝しつつ、その父に自分のことで頭を下げさせていることには心苦しく思っていたが、電話を終えた厚子の肩をすくめて父の口まねをする口調に、張りつめていた気持ちが緩んでいる。

イ　父と交わす電話越しの会話に肩の力が入るのを感じつつ、自分以上に父との会話に身を硬くしている様子の厚子が気がかりであったが、電話を切った厚子は何でもなかったようなおどけた様子で、不安を感じていた自分がばかばかしくなっている。

ウ　不器用ながら懸命に励ましの言葉をかけてくれる父をほほえましく思いつつ、説教じみた言い回しにはつい身構えてしまったが、それも元教員の父らしい激励の言葉だと懐かしさも覚え、突然の親からの電話に身構えていた気持ちがほぐれている。

エ　自分たちのことを心配してくれている父親の存在をありがたく思いつつ、慣れない父との会話の緊張がほぐれないまま厚子の恐縮している様子を眺めていたが、父からかけられた大げさな言い回しに、自分たちの感覚との違いを感じて面白くなっている。

オ　緊張している様子の父との会話に裕輔自身も動揺しつつ、元教員の父の知識には素直に感心していたが、厚子へかけた言葉を聞いて自分たちとの価値観のずれを感じ、博識な父親もまた世間と同じ勘違いをしているとわかっておかしくなっている。

問七　――線(6)「ここが青山でもいいと思った」とありますが、このときの裕輔の説明として最もふさわしいものを次の中から一つ選び、記号で答えなさい。

ア　世間からの好奇の視線にうんざりしつつも、日々上達していく料理の腕前にサラリーマン時代にはなかった手ごたえを感じており、今まで妻に任せていた家事や育児に生きがいを見出している。

イ　世間は自分たちの生活のあり方を好意的にとらえてくれているものの、妻を外で働かせ自分は家で気軽な生活を送っていることに引け目を感じ、家長としての責任を果たさねばならないと焦りを感じている。

ウ　世間からは認められていない生き方ではあるが、家事と育児に楽しみを見出せるようになった今はもうサラリーマンとしての自分に未練はなく、自分の生きる道は主夫しかないと強い覚悟を決めている。

エ　世間からどう思われようとも、妻が外で働き自分は家庭で家事と育児に取り組む生活は心地よく、会社勤めに戻らずにこのまま主夫として生きていくことを前向きにとらえている。

オ　世間は職を失った自分に同情的で自分も会社勤めに未練はあるが、電話で父からかけられた言葉を思い出して、気の進まなかった主夫としての生き方を受け入れる気になっている。

問八　次のア～オは、この作品を読んだ生徒たちの感想です。作品の解釈として明らかな間違いを含むものを二つ選び、記号で答えなさい。

ア　この作品では、料理の腕前が主夫としての心の成長を計る目安になっているね。料理を上手に作れなかった初めのうちは、主夫としての仕事になじめず周囲からの理解も得られていなかったけれど、料理の腕前が上達してからは主夫としての自覚も芽生えて、周りになじんでいく様子が描かれているよ。

イ　料理といえば、息子にブロッコリーを食べさせることを、父

問三　――線(2)「裕輔はこの場にいるのが悪いような気がして、そそくさと移動した」とありますが、この場面の説明として最もふさわしいものを次の中から一つ選び、記号で答えなさい。

ア　母親たちの仲間にどうやって入れてもらおうかと裕輔が困っているところに、アイちゃんが深く考えずに「倒産」という言葉を使ってしまった。我が子の失言にあわてた母親が怒りをあらわにして重苦しい雰囲気となる中、叱られたアイちゃんは激しく泣き出し、自分がこの場にいると状況がますます悪化するのではないかと考えた裕輔は、あわててその場を後にした。

イ　母親たちの会話にどのように返したらよいものかと裕輔が困っているところに、アイちゃんが深く考えずに「倒産」という言葉を使ってしまった。大人たちが避けていた言葉が飛び出して気まずい雰囲気となる中、母親に叱られたアイちゃんは激しく泣き出し、自分が原因で収拾のつかない事態となったことにいたたまれなくなった裕輔は、急いでその場を後にした。

ウ　母親たちの羨望のまなざしに気後れして裕輔が困っているところに、アイちゃんが深く考えずに「倒産」という言葉を使ってしまった。場違いな言葉が飛び出して白けた雰囲気となる中、母親に叱られたアイちゃんは激しく泣き出し、これ以上自分に気を遣った対応を周りに強いることが申し訳なくなった裕輔は、あたふたとその場を後にした。

エ　母親たちのおしゃべりの勢いに押されて裕輔が困っているところに、アイちゃんが深く考えずに「倒産」という言葉を使ってしまった。遠慮のない言葉が飛び出して重苦しい雰囲気となる中、母親に叱られたアイちゃんは激しく泣き出し、この場に留まってさらに耳の痛いことを聞く羽目になることを嫌った裕輔は、こっそりとその場を後にした。

オ　母親たちの世間話からどうやって逃げ出そうか裕輔が困っているところに、アイちゃんが深く考えずに「倒産」という言葉を使ってしまった。父親の失業を望む発言に怒った母親が声を荒らげて気まずい雰囲気となる中、叱られたアイちゃんは激しく泣き出し、今なら誰にも気づかれずにこの場を離れられると考えた裕輔は、これ幸いとその場を後にした。

問四　――線(3)「つい『はい』って答えちゃったの」とありますが、それはなぜですか。最もふさわしいものを次の中から一つ選び、記号で答えなさい。

ア　義母の口ぶりから、妊娠した女性は仕事を辞めるべきという世間の常識を義母が信じ込んでいるように厚子には感じられ、その是非について反論する気になれなかったから。

イ　義母の口ぶりから、妊娠した女性は仕事を辞めるべきという周囲の意見に義母が流されているように厚子には感じられ、その是非について反論する気になれなかったから。

ウ　義母の口ぶりから、妊娠した女性は仕事を辞めるべきという義父の意見に義母が従っているように厚子には感じられ、その是非について言い返しても無駄だと思ったから。

エ　義母の口ぶりから、妊娠した女性は仕事を辞めるべきという考えを義母が信じ切っているように厚子には感じられ、その是非について議論する気になれなかったから。

オ　義母の口ぶりから、妊娠した女性は仕事を辞めるべきという風潮を義母が渋々受け入れているように厚子には感じられ、その是非について議論する気になれなかったから。

問五　――線(4)「我が夫婦は世間の誤解を浴びている」とありますが、ここでの「誤解」とはどのようなものですか。五十一字以上六十字以内で説明しなさい。

【中略】

お湯が沸いたので、中火にし、煮立ちかけたところで昆布を取り出した。続いて削り節を入れ、弱火で三分間煮込む。火を止め、顔に湯気を浴びた。うん、品よく香っている。

少し置いてから、用意したざるにペーパータオルを被せ、ボウルの上で漉した。あとは冷ましてからペットボトルに入れ、冷蔵庫に入れておけばいい。

ついでにおかずの下ごしらえもすることにした。ブロッコリーは日持ちしないから、買ったその日に塩茹でしたほうがいい。

冷蔵庫の中を漁っていたら、奥から板チョコが出てきた。カレーに入れるために買ったものだ。昇太に食べられないよう隠してあった。

ふとアイデアがひらめいた。ブロッコリーを塩茹でして、溶かしたチョコレートで丸ごとコーティングするのはどうだろう。

弁当箱を開け、チョコがあると思って目を輝かせる昇太。大口で頬張る。中身はブロッコリー。

うっしっし。裕輔は想像するだけで笑ってしまった。

やらない手はない。これは父と子の戦いなのだ。

もう一度鍋に湯を沸かし、そこに小さなボウルを浮かべた。割ったチョコレートを投入する。たちまちしんなりして溶け出した。

カカオのいい匂いが鼻をくすぐった。(6)ここが青山でもいいと思った。

（奥田英朗「ここが青山」より）

※アイちゃん…昇太の友人。

※ＯＬ…会社勤めの女性を指す造語。

※ジェンダー…ここでは、性別によって社会における役割が決まると考える固定観念をいう。

※家長…一家の主人のこと。裕輔の父の発言は、男性が家長としての権威と、家族に対する責任を持つという考え方が背景になっている。

問一　＝線①～④のカタカナを漢字に、漢字をひらがなに直しなさい。漢字は一画ずつていねいに書くこと。

問二　――線(1)「表情を保つのに苦労した」とありますが、このときの裕輔の説明として最もふさわしいものを次の中から一つ選び、記号で答えなさい。

ア　失業した裕輔の力になってくれようとする老人の態度に、よく知らない相手にまで心配をかけてしまう自分の状況をふがいなく感じているが、それを顔に出して老人にさらに心配をかけないように、上辺を取り繕って何でもない風を装っている。

イ　失業した裕輔の力になってくれようとする老人の態度に、自分への善意を感じ取ってありがたく思ってはいるが、現状を苦にしていない裕輔にとって老人の慰めの言葉は的外れなものであり、思わず笑い出してしまいそうになるのを押し隠している。

ウ　失業した裕輔の力になってくれようとする老人の態度に、主夫としての生活に楽しみを見出している自分との考え方のずれを感じているが、異議を唱えて老人の思い違いを正そうとはせず、老人の言葉を聞き流して穏便にやり過ごそうとしている。

エ　失業した裕輔の力になってやろうという老人の態度に、自分が見下されているような気がして憤りを感じているが、この場は怒りを押し殺して、もっともらしいことを言って自分を憐れんでいる老人をいつか見返してやろうと考えている。

オ　失業した裕輔の力になってやろうという老人の態度に、自分がおかれたつらい境遇を再認識してみじめな気分になっているが、自分は主夫として家事を楽しんでいるからこのままでよいのだと開き直って、弱みを見せないよう空元気を出している。

理矢理作ったような穏やかな声だった。

「災難だったな」

「うん、まあね」

「ハローワークには通ってるのか」

「ううん。失業保険の手続きに行ったきりだけど」

「そうか。通ってないか。まあ、焦ることはない。四十を過ぎると職探しも大変そうだが、おまえはまだ三十六だ。いくらだって見つかるさ」

「うん、そうだね」

「蓄えは、あるのか」

「多少はね」

「困ったら遠慮するな。おとうさんたちは気楽な年金生活だ。大金じゃなければいつでも都合はつく」

「うん、ありがとう」

少し間があいた。慣れない会話なので、互いが少し緊張している。

「長い人生にはこういうことだってある」父があらたまった口調で言った。「晴れの日ばかりではないし、嵐の夜だってある。ただし、やまない雨はない。いつか、おまえの空だって晴れる」

「ああ、そうだね」

答えながらどぎまぎした。父は息子への励ましの言葉を一生懸命考え、今、それを伝えているのだ。親は子供のことを少しも理解していない。でも存在がありがたい。

「この国で飢えるということはないから、悲観するな。楽観してればいい。今の土地にこだわることもない。人間いたるところ……」

うっ、またしても——。裕輔は身を硬くした。

「青山ありだ」

安堵した。父は「ニンゲン」ではなく、「ジンカン」と正しく読んだ。「セイザン」も。さすがは元教員である。

「人間」は世の中のことで、「青山」は墓場のことだ。だから「人間到る処青山在り」とは、「世の中、どこにでも骨を埋める場所がある」という意味なのだ。

父が「厚子さんと話したい」と言うので、妻に受話器を手渡した。

「いえいえ、そんな」厚子がしきりに恐縮している。「わたし、そろそろ外で働きたかったんです」背中を丸めて訴えかけていた。そして、電話が切れた後、「お義父さんに謝られちゃった」と肩をすくめた。

「苦労をかけて申し訳ない、せがれには必ず※家長としての責任を全うさせる、だって」

「あ、そう」(5)裕輔はつい吹き出してしまう。

「ユウちゃん、家長として責任とってよね」厚子は口の端を持ち上げ、笑った。

「ええ、とりますとも。弁当、君の分も作ろうか?」

「あ、作って。会社の近くの店、ランチタイムになるとどこも行列で、ゆっくり食べられないのよ」

「じゃあ、きんぴらごぼうと、とりの唐揚げと、出汁巻き玉子と、あとブロッコリーもあるから……」指折り数えた。「あ、そうだ。出汁がもう切れてたんだ。今夜のうちに作っておこうかな」裕輔が腰を上げた。

「ねえ、わたし、先に寝ていい。疲れちゃった」

「もちろん」

「ふふ。奥さんもらった気分。みんなに自慢したい」

厚子は「ふぁわわわ」と、インディアンのように手を口にあててあくびを響かせ、寝室へと消えていった。

キッチンに立つ。手鍋に水を入れ、洗った昆布を底に敷いた。

た。さりとて行き場はない。ジャングルジムが空いていたので、上まで登った。てっぺんに腰掛け、公園を見渡す。三十代の男はきれいに自分一人だった。空ではカラスが呑気に鳴いていた。

裕輔の料理の腕前は格段に進歩した。いわしの蒲焼、などというものが手早く作れてしまうのである。きんぴらごぼうも難なく出来た。昇太の弁当に入れたら、全部食べてくれた。なんと、我が息子の味覚は和風だったのか。ブロッコリーを醤油で煮しめることを本気で考えた。

厚子は会社員生活を満喫している様子だ。週末、接待ゴルフに行ってもいいかと聞くので、もちろんいいよと答えた。クラブすら握ったこともないのに、いい②ドキョウである。【中略】基本的に外向的な性格のようである。もちろん、結婚前から知っていたのだが。裕輔はふと疑問を覚え、昇太を寝かせた後に聞いてみた。

「昇太を妊娠したとき、会社を辞めたじゃない。あれ、本当は続けたかったんじゃないの?」

「うん。できればね」厚子は即答した。

「どうして続けたいって言わなかったの?」

「ユウちゃんの実家の手前。お義母さんに『厚子さん、仕事は辞めるのよね』って聞かれて。それがすごく無色透明で自然な言い方だったから、(3)つい『はい』って答えちゃったの」

「うそ。そんなことがあったんだ」

おふくろめー。腹の中で文句を言った。

「でも、昇太と毎日一緒にいられてよかったよ。今じゃいい判断だったと思ってる」

厚子が涼しい目で言い、裕輔は感動した。

「じゃあわたしも聞くけど、ユウちゃん、サラリーマン生活、いやじゃなかった?」

「べつにそういうことはなかったけど」

「でも、なんか、今のほうが楽しそう」

「まあ、そうだけど、それは失業して気づいたことだから。おれって家にいるほうが向いてるかも。そんな感じ」

「毎朝、駅に行くとき、パン屋のおばさんに会うの。店の前で掃除してるから。でね、笑顔で挨拶を交わすんだけど、目に同情の色があるの。『大変ね』『くじけないでね』って顔に書いてある」

厚子が眉を八の字にして、吐息③交じりに言った。

「そういうのなら、こっちのほうが凄い。なんたって『逆境に打ち勝つ50の名言』だから」

裕輔は公園であった出来事を話し、その本を見せた。「あはは」厚子が腹を抱えて笑う。

「そうか。(4)我が夫婦は世間の誤解を浴びているのか」

「※ジェンダーってしぶといんだよ」

そこへ電話が鳴った。誰だろうと思って出ると、実家の母だった。噂をすれば、である。「あのね、おねえちゃんに聞いたんだけどね……」母が切り出した。姉には会社が倒産したことを告げてあったので、それが伝わったのだろう。

「大変だったねえ。大丈夫? 無理しないようにね」

赤ちゃんの肌を撫でるような声である。母はこの世の不況を呪い、政治家を④ヒハンし、気落ちしてはいけないと息子を慰めた。そして「おとうさんと代わるからね」と、電話をバトンタッチした。

父と電話で話すことは、ほとんどない。月に一度は様子伺いの電話をかけているが、毎回話すのは母だ。不仲でもなんでもないが、父と息子とはそういうものだ。

「ああん」受話器の向こうで咳払いが聞こえた。「おう、裕輔か」無

2023年度 渋谷教育学園渋谷中学校

【国　語】〈帰国生試験〉（五〇分）〈満点：一〇〇点〉

※「〇〇字で」、または「〇〇字以内で」、という指示がある場合は、「。」「、」「かっこ」なども一字と数えます。

一　次の文章を読んで後の問いに答えなさい。

【会社が倒産し、無職になった湯村裕輔。妻の厚子が職場に復帰し、裕輔は家事を担当している。本文は裕輔が平日の夕方に息子の昇太を連れて公園に行く場面から始まる。】

午後は昇太を連れて公園に行った。ブロッコリー巻きは中身をそっくり残された。

遊技場では昨日の老人がベンチにいて、目が合うと笑顔で手招きされた。仕方なく自分だけ行った。

「今日も来ると思ってね、こういうものを用意してきた」

老人が紙袋から一冊の本を取り出し、裕輔に手渡した。『逆境に打ち勝つ50の名言』という本だった。逆境かあ。(1)表情を保つのに苦労した。

「わたしはもう何回も読んだから、あなたに進呈しよう。働いていた頃は、苦しくなるとこの本から勇気をもらったもんだ」

「はあ、そうですか」

「たとえば、この言葉」横からページをめくった。「一代でスエキチ・グループを築いた大内会長の言葉だ。《苦しいときこそ種を蒔け》。これはね、人は、苦しいときは目先の利益に走りがちだから、そういうときこそ先を見ろ、という①キョウクンなんだね」

「はあ」

「実に素晴らしい言葉じゃないですか。あなたもね、失業は大きな痛手だと思うけど、今こそ先を見据えて活動するべきなんだよ。資格を取るとか、勉強をし直すとか。焦ってつまらない会社に入ることはない」

「……はい。そうですね」

「まあ、じっくり読んでください」

「ありがとうございます」

ううむ。明日からこの公園に来るのがつらくなりそうである。

逃げるようにして老人から離れた。遊びに夢中の昇太を横目に、今度は藤棚の下に行く。母親たちに一礼して、ベンチの隅に腰掛けようとしたら、※アイちゃんのおかあさんから、「湯村さんの奥さん、お勤めなんですか？」と聞かれた。

「ええ、そうです。以前勤めていた会社に復職して」

「いいなあ、わたしもまた※ＯＬしたい」「スーツ着て出かけたい」

「アフターファイブに飲み歩きたい」母親たちが口々に言う。

裕輔は曖昧に笑って聞いていた。当分主夫なのでよろしくお願いします、とでも言っておくべきか。迷っているところへ、アイちゃんが駆けてきた。

「ねえ、ママ。うちのパパの会社はいつトウサンするの？」

全員が凍りついた。アイちゃんの母親が顔をひきつらせる。「何言ってるのよ、あんた」目を吊り上げて叱りつけた。

「だってアイもパパと遊びたい」

「お休みの日に遊んでもらってるでしょ」

きつい口調に、アイちゃんがサイレンのように泣き出した。

(2)裕輔はこの場にいるのが悪いような気がして、そそくさと移動し

2023年度 渋谷教育学園渋谷中学校 ▶解　答

※　編集上の都合により，帰国生試験の解説および作文の解答は省略させていただきました。

算　数　＜帰国生試験＞（50分）＜満点：100点＞

解　答

1 (1) $\frac{3}{8}$　(2) 4　(3) 7.5度　(4) 5％　(5) 19人以上22人以下　(6) 54cm
2 (1) 2　(2) 25通り　(3) 181通り　(4) 1199通り　3 (1) 23cm^3　(2) 11cm^3　(3) 68cm^2　4 (1) 2.58cm^2　(2) 0.15cm^2　(3) 5.59cm^2

英　語　＜帰国生試験＞（60分）＜満点：100点＞

解　答

Listening Comprehension　1 c　2 a　3 a　4 b　5 d　6 b　7 a　8 a　9 b　10 c
Critical Reading　1 d　2 c　3 a　4 d　5 b　6 b　7 a　8 d　9 a　10 b
Word Formation　1 opinionated　2 substantial　3 advise　4 acquisition　5 climactic　6 joyful(joyous)　7 admiration
Vocabulary　1 d　2 a　3 i　4 g　5 h　6 f
Short Essays　省略

国　語　＜帰国生試験＞（50分）＜満点：100点＞

解　答

一　問1　①，②，④　下記を参照のこと。　③　ま(じり)　問2　ウ　問3　イ　問4　エ　問5　(例)　裕輔の失業に伴い，夫が家事を行い妻が外で働くことになった今の生活を，夫婦の意に反し，世間は苦境ととらえているというもの。　問6　エ　問7　エ　問8　ア，ウ　二　問1　下記を参照のこと。　問2　オ　問3　ウ，オ　問4　オ　問5　(例)　自分とほかのカラスとの力関係を把握し，採餌中のリスクを減らすのに役立つから。　問6　イ　問7　(例)　何が餌となるかということと，どうしたらその餌を得られるかということを，同時に無駄なく学んでいる点。

●漢字の書き取り

□一 問１ ① 教訓 ② 度胸 ④ 批判 □三 問１ ① 総合 ② 不思議 ③ 捨(てる)

2022年度　渋谷教育学園渋谷中学校

〔電　話〕 (03) 3400－６３６３
〔所在地〕 〒150-0002　東京都渋谷区渋谷１－21－18
〔交　通〕 JR・東京メトロ各線・私鉄各線－「渋谷駅」より徒歩７分

【算　数】〈第１回試験〉（50分）〈満点：100点〉

注　定規，コンパスは使用しないこと。

1　次の問いに答えなさい。ただし，(6)は答えを求めるのに必要な式，考え方なども順序よくかきなさい。

(1)　$\frac{1}{12}-\frac{2}{7}\div\left\{\frac{1}{3}\div1\frac{2}{3}\div\left(\frac{1}{4}-\frac{1}{5}\right)\right\}$を計算しなさい。

(2)　中学１年生がテストを受けました。中学１年生はＡ組，Ｂ組，Ｃ組の３クラスあり，それぞれ29人，31人，30人がテストを受けました。中学１年生全体，Ａ組，Ｂ組の平均点は，四捨五入しないで計算することができて，それぞれ59.1点，62点，58点でした。このとき，Ｃ組の平均点は何点ですか。ただし，答えは小数第２位を四捨五入して小数第１位まで求めなさい。

(3)　８％の食塩水Ａが400ｇあります。５％の食塩水Ｂを食塩水Ａに加え，よく混ぜると，7.5％の食塩水になりました。加えた食塩水Ｂは何ｇですか。

(4)　原価900円の品物があります。この品物300個を定価の１割引きで売るときの利益は，この品物675個を定価の２割引きで売るときの利益に等しいです。この品物の定価はいくらですか。

(5)　３桁(けた)の数ＡＢＣ，ＤＥＦ，ＧＨＩの３つを足したら2022になりました。

　　ＡＢＣ
　　ＤＥＦ
＋　ＧＨＩ
―――――
　２０２２

Ａ～Ｉには，０～９の10個の数字のうち，９個の異なる数字が１つずつ入ります。また，Ｃは６，Ｈは０です。Ａ～Ｉで使わなかった数字をＰとします。

ＡＢＣが考えられる数の中で一番大きい数になるとき，ＢとＰはそれぞれいくつですか。

(6)　右の図は１辺24cmの正方形から，直角二等辺三角形を取り除いた図形です。この図形を直線Ｌを軸として１回転させてできる立体の体積は何cm^3ですか。ただし，円周率は3.14とします。また，すい体の体積は「(底面積)×(高さ)÷３」で求めることができます。

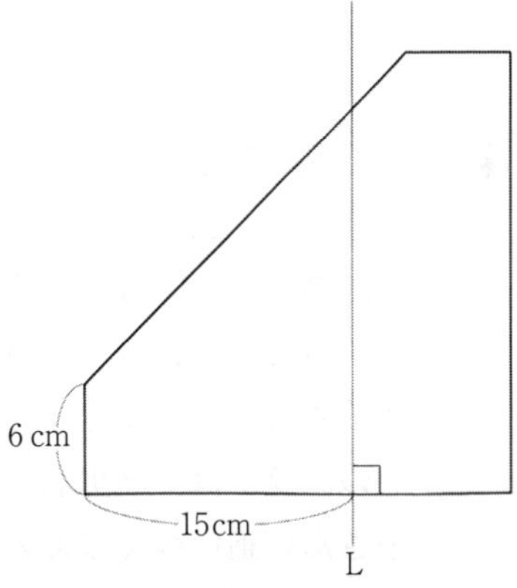

2　１，２，３，４，５の５つの数字だけを使ってできる４桁の数すべてを次のように小さい順に並べました。

1111，1112，1113，1114，1115，1121，1122，……，5553，5554，5555

次の問いに答えなさい。

(1)　全部で何個並んでいますか。

(2)　８の倍数は何個並んでいますか。

(3)　並んでいる数をすべてかけあわせました。その積は一の位から０が何個続いていますか。

3　次の問いに答えなさい。

(1)　図１の三角形の面積は何cm^2ですか。

(2)　１辺の長さが７cmの正三角形の面積と，図２の三角形の面積の差は何cm^2ですか。図３を利用して考えなさい。

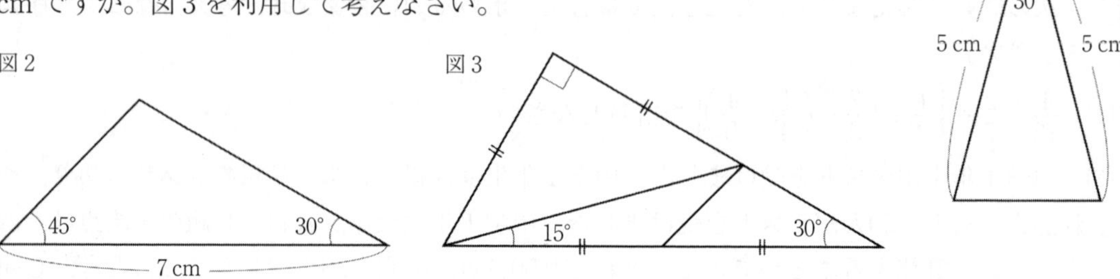

(3)　図４のように１辺の長さが９cmの正方形の中に，２つの正三角形と正方形が入っています。斜線部分の面積は何cm^2ですか。

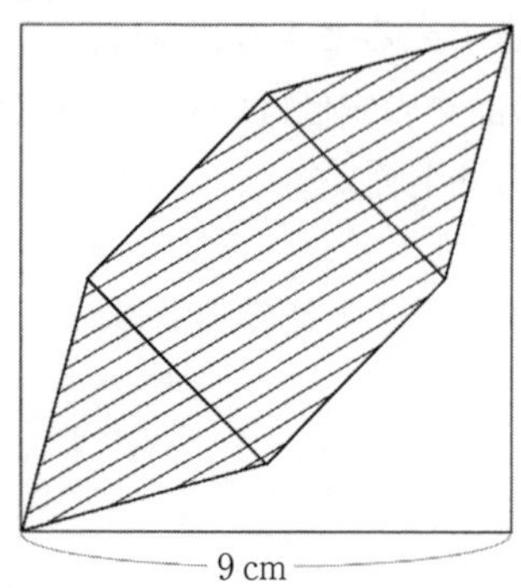

4　渋男君と教子さんが丘のふもとの公園と頂上を往復する競争をしました。スタート地点とゴール地点は，公園で，上りも下りも同じ道を通りました。渋男君の下りの速さは，上りの速さの1.25倍でした。教子さんは上りの速さも下りの速さも同じでした。

教子さんが先にスタートし，７分30秒後に渋男君がスタートしました。渋男君は下りの途中で教子さんに追いつきました。そのまま渋男君が勝ちました。

次のグラフは，渋男君と教子さんの２人の間の距離（きょり）と教子さんがスタートしてから渋男君が教子さんに追いつくまでの時間の関係を表したものです。

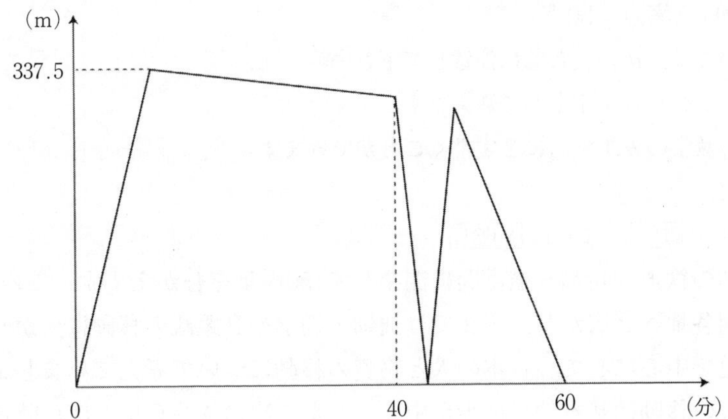

次の問いに答えなさい。ただし，(3)，(4)は答えを求めるのに必要な式，考え方なども順序よくかきなさい。

(1)　教子さんの速さは分速何mですか。

(2)　公園から頂上までの道のりは何mですか。

(3)　渋男君の上りの速さは分速何mですか。

(4)　渋男君と教子さんが最初にすれ違ったのは，教子さんがスタートしてから何分何秒後ですか。

【社　会】〈第１回試験〉（30分）〈満点：50点〉

注　字数の指定がある問題については，次の①と②に注意して下さい。

①　句点(「。」)や読点(「，」)は，それぞれ１字として数えます。

②　算用数字を用いる場合は，数字のみ１マスに２字書くことができます。

（例１）「2022年」と書く場合　20|22|年

（例２）「365日」と書く場合　36|5|日　または　3|65|日

1　今年(2022年)，日本で最初の鉄道が新橋～横浜間に開業して150周年をむかえます。この150年間に，鉄道の路線網は全国各地へと広がり，現在では通勤・通学や長距離の移動に欠かせないものになっています。鉄道を中心にして，日本の人と物資の移動について考えてみましょう。

問１　鉄道が開業する前は，人の移動は基本的に徒歩が中心でした。次のＡ～Ｃは，江戸時代の五街道のうち，奥州街道，東海道，中山道の断面図です。Ａ～Ｃと街道の組み合わせとして適当なものを，下のア～カの中から１つ選び，記号で答えなさい。

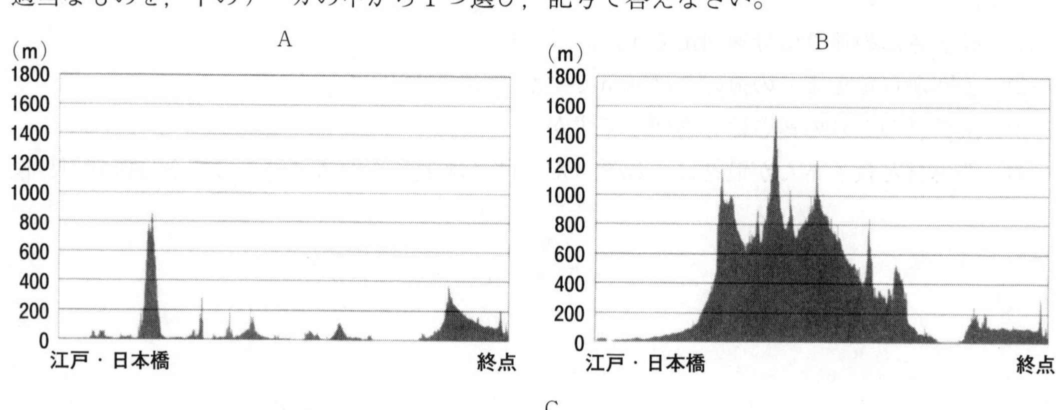

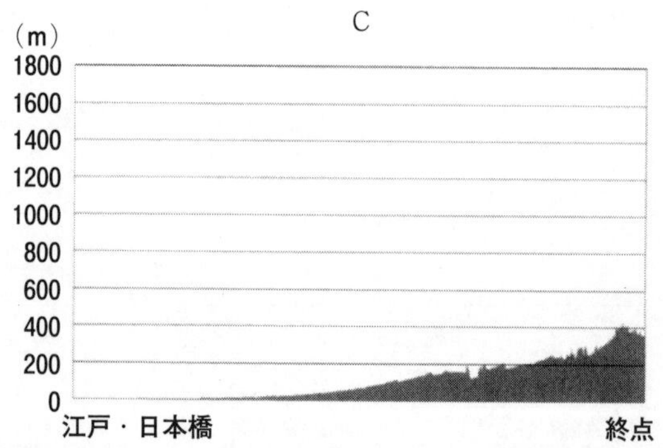

ア．Ａ：奥州街道　Ｂ：東海道　　Ｃ：中山道

イ．Ａ：奥州街道　Ｂ：中山道　　Ｃ：東海道

ウ．Ａ：東海道　　Ｂ：奥州街道　Ｃ：中山道

エ．Ａ：東海道　　Ｂ：中山道　　Ｃ：奥州街道

オ．Ａ：中山道　　Ｂ：奥州街道　Ｃ：東海道

カ．Ａ：中山道　　Ｂ：東海道　　Ｃ：奥州街道

問２　鉄道のルート選びには，その時代の土木技術の水準が影響しています。次の地図は，群馬県と新潟県の県境付近の鉄道のルートを示したものです。地図中の鉄道のルートＡ～Ｃを，建設された時期の古い順に並べたものを，下のア～カの中から１つ選び，記号で答えなさい。

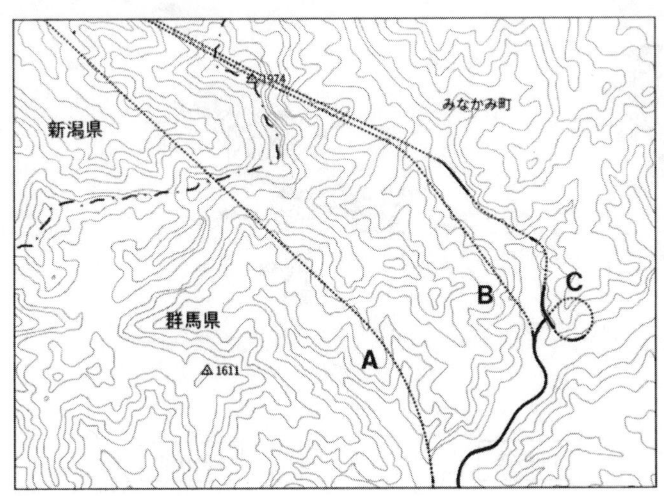

＊点線部はトンネルを示している。　　地理院地図より作成

ア．Ａ→Ｂ→Ｃ　　イ．Ａ→Ｃ→Ｂ
ウ．Ｂ→Ａ→Ｃ　　エ．Ｂ→Ｃ→Ａ
オ．Ｃ→Ａ→Ｂ　　カ．Ｃ→Ｂ→Ａ

問３　通勤・通学に利用する交通手段は，都市の規模や主要産業によっても異なります。次の図は，いくつかの都市における代表交通手段を示したもので，図中のア～エは京都市，東京23区，名古屋市，新潟市のいずれかです(データは2010年)。名古屋市に当てはまるものを，ア～エの中から１つ選び，記号で答えなさい。

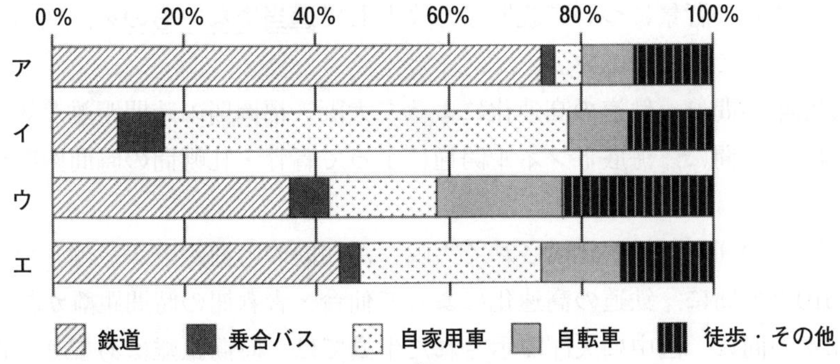

＊「鉄道」と他の交通手段を乗り継ぐ場合は「鉄道」に含む
＊３種類以上の交通手段を利用する場合は「徒歩・その他」に含む
平成22年国勢調査より作成

問４　鉄道網の整備と技術の発達により，移動にかかる所要時間は次第に短くなりました。次の図は，実際の空間距離ではなく，主にJR(1985年までは国鉄)による所要時間で表した「時間距離」によって描かれた地図で，年代別に示したものです。これについて以下の設問に答えなさい。

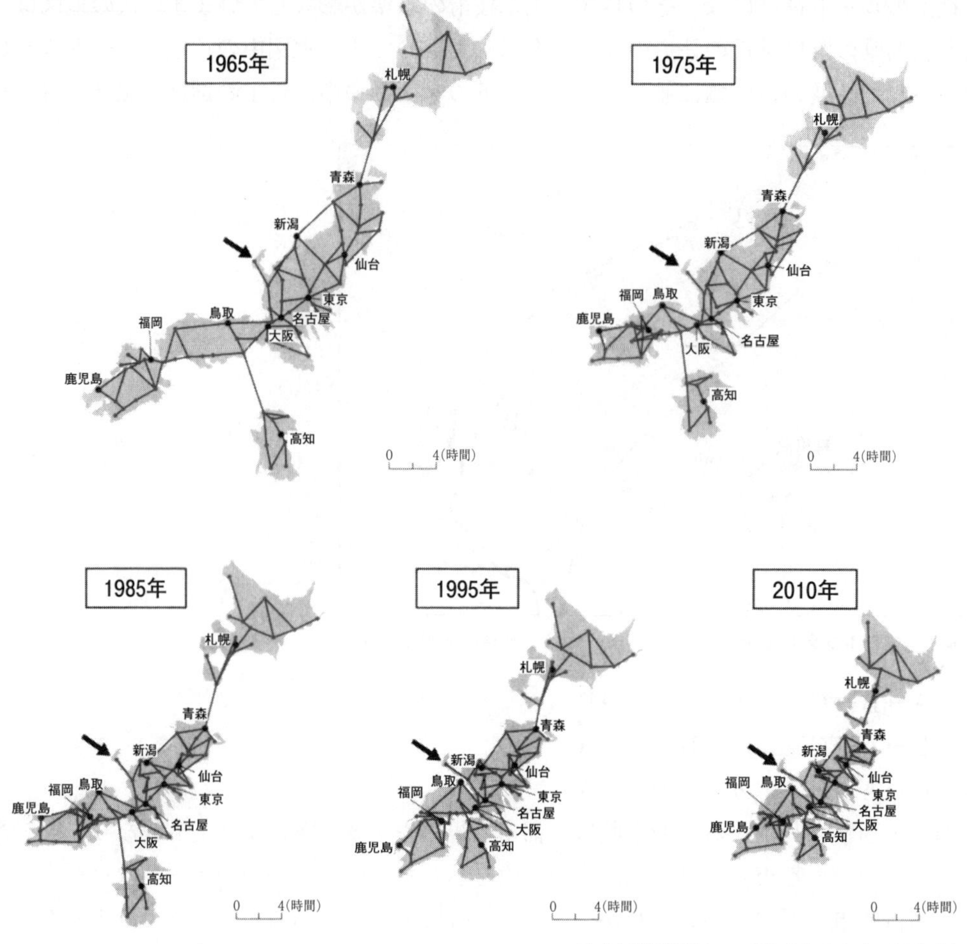

日本経済新聞ウェブサイトより(一部改変)

⑴　図から読み取れることの背景について説明した文として**適当でないもの**を，次のア～エの中から１つ選び，記号で答えなさい。

ア．1965年から1975年の間に，鉄道の高速化によって大阪・福岡間の時間距離が短縮した。

イ．1975年から1985年の間に，海底トンネル開通によって青森・札幌間の時間距離が短縮した。

ウ．1985年から1995年の間に，橋が建設されて大阪・高知間の時間距離が短縮した。

エ．1995年から2010年の間に，鉄道の高速化によって仙台・青森間の時間距離が短縮した。

⑵　1965年から2010年の間に，図中に矢印で示された半島では，時間距離はあまり短縮しませんでした。この半島の名前を答えなさい。

問５　交通網の整備は，人の移動手段にも影響を与えます。次の図１は京阪神地区と熊本県の間のJR線と航空機の旅客数，JR線利用者の占める割合の推移を示したものです。図１を見ると，大きな変化が生じていることがわかります。図２を参考に，その変化の内容と要因を説明しなさい。

図１

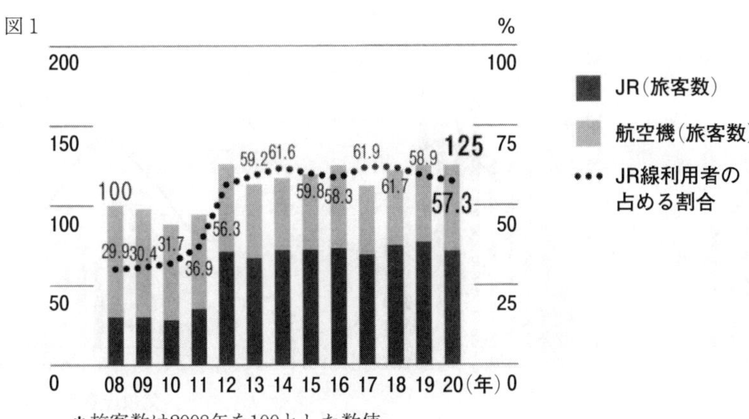

＊旅客数は2008年を100とした数値
（ここでの旅客数はJR線と航空機の旅客数を足したものです）

JR西日本ファクトシート（2021年版）より作成

図２

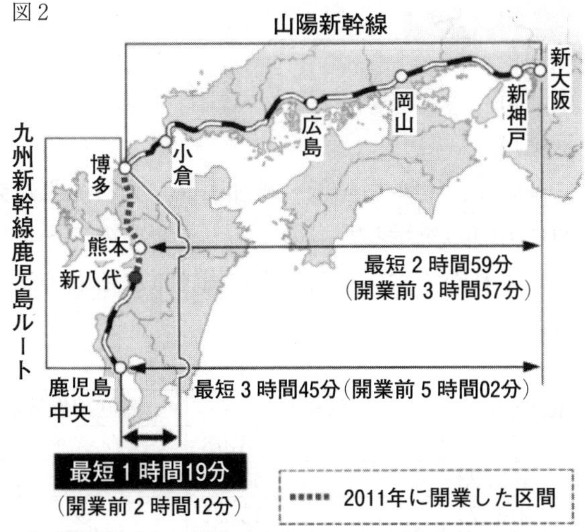

日本経済新聞ウェブサイト2011年2月26日付より（一部改変）

問６　東海道・山陽新幹線沿いの都市や都府県について，設問に答えなさい。

(1)　次の雨温図Ａ～Ｃは，右の地図中の静岡市，姫路市，米原市のいずれかのものです。Ａ～Ｃと都市名の組み合わせとして適当なものを，下のア～カの中から１つ選び，記号で答えなさい。

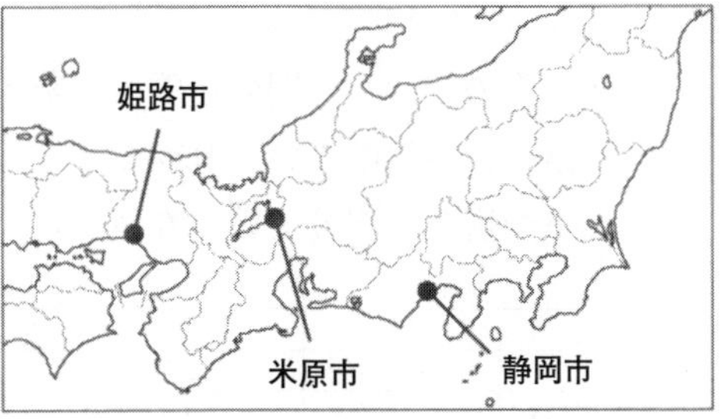

A

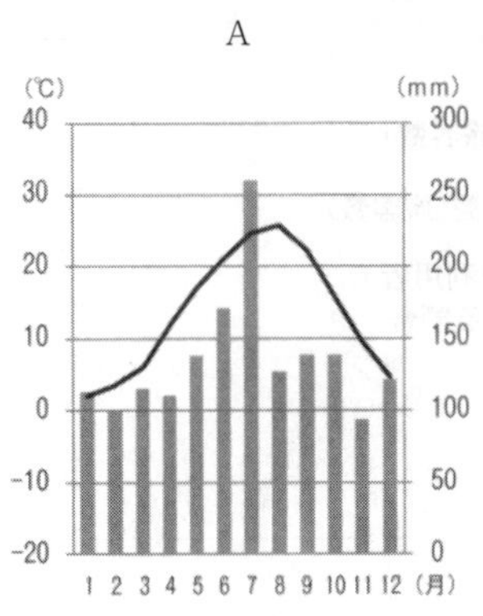

B

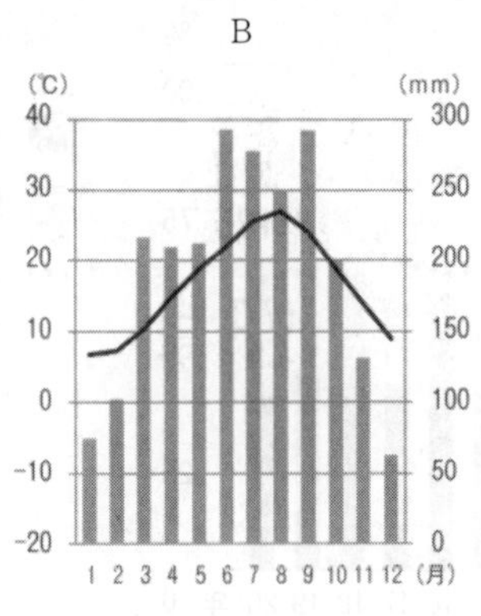

C

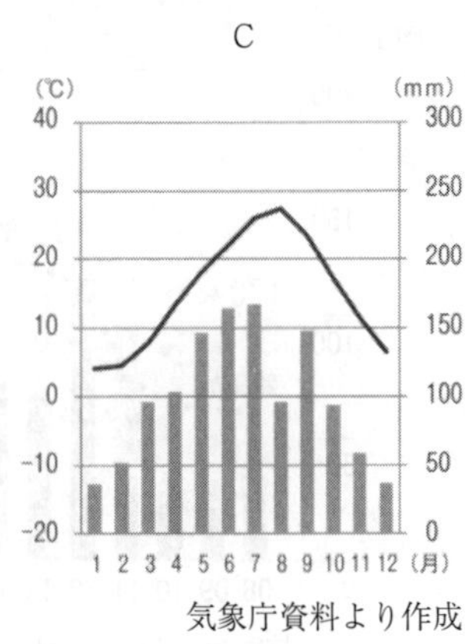

気象庁資料より作成

ア．Ａ：静岡市　Ｂ：姫路市　Ｃ：米原市
イ．Ａ：静岡市　Ｂ：米原市　Ｃ：姫路市
ウ．Ａ：姫路市　Ｂ：静岡市　Ｃ：米原市
エ．Ａ：姫路市　Ｂ：米原市　Ｃ：静岡市
オ．Ａ：米原市　Ｂ：静岡市　Ｃ：姫路市
カ．Ａ：米原市　Ｂ：姫路市　Ｃ：静岡市

(2)　次の表は，いくつかの都市の工業について，パルプ・紙・紙加工品，食料品製造業，鉄鋼業，輸送用機械器具の産業別出荷額(2019年)を示したものであり，表中のア～エは，小田原市，北九州市，広島市，富士市のいずれかです。小田原市に当てはまるものを，ア～エの中から１つ選び，記号で答えなさい。

単位：百万円

	パルプ・紙・紙加工品	食料品製造業	鉄鋼業	輸送用機械器具
ア	6,156	29,841	3,278	9,913
イ	473,477	103,533	40,909	264,922
ウ	13,383	216,379	15,591	2,001,222
エ	17,858	72,785	844,106	160,606

2019年工業統計表　地域別統計表より作成

(3)　次の表は，県別の農業産出額の内訳(2018年)を示しており，表中Ａ～Ｃは愛知県，岡山県，神奈川県のいずれかです。Ａ～Ｃと県名の正しい組み合わせを，下のア～カの中から１つ選び，記号で答えなさい。

単位：％

	米	野菜	果実	畜産
A	5.2	51.6	11.8	20.9
B	22.8	15.3	17.5	40.5
C	9.5	36.1	6.5	27.8

「データブック オブ・ザ・ワールド 2021年版」より作成

ア．Ａ：愛知県　Ｂ：岡山県　Ｃ：神奈川県
イ．Ａ：愛知県　Ｂ：神奈川県　Ｃ：岡山県
ウ．Ａ：岡山県　Ｂ：愛知県　Ｃ：神奈川県
エ．Ａ：岡山県　Ｂ：神奈川県　Ｃ：愛知県
オ．Ａ：神奈川県　Ｂ：愛知県　Ｃ：岡山県
カ．Ａ：神奈川県　Ｂ：岡山県　Ｃ：愛知県

問７　北海道では近年，鉄道の廃止が進んでいます。次の図は，1964年，1987年，2016年における北海道の鉄道路線網を示しています。図を参考に，北海道の交通網について説明した文として最も適当なものを，下のア～エの中から１つ選び，記号で答えなさい。

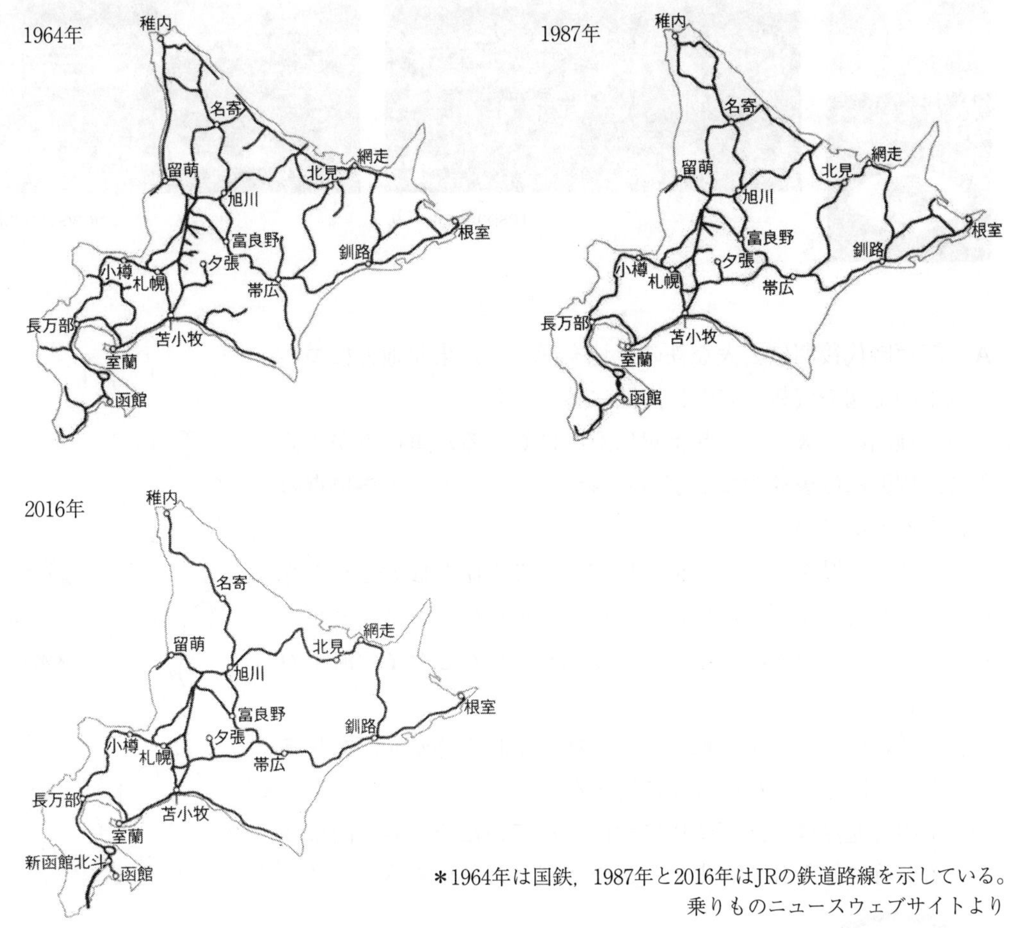

＊1964年は国鉄，1987年と2016年はJRの鉄道路線を示している。
乗りものニュースウェブサイトより

ア．1964年には，稚内周辺で収穫された米を北海道各地に輸送するための鉄道路線がみられる。

イ．1964年から1987年の間に，北海道全域で高速道路が開通したため，鉄道の廃止が進んだ。

ウ．1964年から1987年の間に，札幌と帯広・釧路方面をより短距離で結ぶ鉄道路線が開通した。

エ．1987年から2016年の間に，新たな炭鉱が開山し，北見と帯広を結ぶ鉄道路線が開通した。

問８　近年，貨物輸送において鉄道の利用が見直されています。以下の資料に即して，鉄道貨物輸送の利点を**75字以内**で説明しなさい。

SDGsの目標の一部

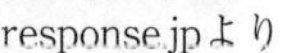
response.jpより

newswitch.jpより

2　A　江戸時代後期に広大な鉄の産地を形成した東北地方について，以下の地図や資料を参考に，問に答えなさい。

問１　右の地図中の**X**には，８世紀に蝦夷に対する軍事拠点が設置され，周囲には製鉄炉などがつくられました。この軍事拠点の名称を答えなさい。

問２　現在の岩手県を中心に，東北地方で鉄の生産が拡大された背景には，原材料を運ぶために大きな河川を利用できたことがあります。この地域の鉄生産に大きな役割を果たした**Y**の河川の名称を答えなさい。

問３　岩手県には，現在まで続く，鉄が使用された特産品があります。これに関して，次の設問に答えなさい。

⑴　下の特産品は，江戸時代に設置されていた藩の名を由来とする名称で知られています。この特産品の名称を答えなさい。

岩手県産株式会社ホームページより

⑵　⑴の特産品がつくられるようになるまで，現在の岩手県でひろまった鉄製品には主要な産地が２か所あり，それぞれの地域でつくられてきたものには特色があります。この特色を説明した下の文章の空らん(①)・(②)に入る適切なものを，あとのア～エのうちから１つ選び，記号で答えなさい。

地域	つくられ始めたきっかけ	つくられていた鉄製品
盛岡	盛岡藩が成立し，甲斐から鋳物師が招かれたこと	茶の湯釜・美術工芸品などが中心
水沢	後三年の役が終わり，近江から鋳物師が招かれたこと	鍋・釜・武器などが中心

盛岡で鉄製品がつくられ始めた時代は(　①　)ため，芸術品や献上品が多くつくられており，水沢で鉄製品がつくられ始めた時代は(　②　)ため，生活や戦いに用いる庶民や武士向けのものが多くつくられていた。

ア．庶民が富裕になり武士団を形成したことで，生活用品と武器の需要が高まっていた

イ．東北地方を舞台にした大きな戦乱が起きた後で，戦後に現地の人々の生活が再興された

ウ．茶の湯が流行し始めた室町時代で，寺院関係者や貴族たちが必要としていた

エ．幕藩体制の確立期で，藩から幕府へ進物を贈る習慣ができていた

問４　幕末になると，外国船の脅威に対応するため，各地で反射炉と呼ばれる鉄の精錬のための設備がつくられるようになりました。1850年，佐賀藩では日本初の反射炉が建設されましたが，これは右の年表においていずれの時期にあたるできごとか，ふさわしいものを年表中のア～オのうちから１つ選び，記号で答えなさい。

ロシア使節が長崎に来航し，沿岸防備の必要性が高まる。
（　ア　）
異国船打払令が出される。
（　イ　）
大坂で，江戸幕府に対する大きな反乱が起こる。
（　ウ　）
アヘン戦争が起こり，清がイギリスに敗北する。
（　エ　）
ペリーが再び来航し，日米和親条約がむすばれる。
（　オ　）

B　金・銀・銅などの金属は，世界中で貨幣として用いられており，各国で需要が高かったために，貿易品として重要な価値をもっていました。これらの金属をめぐる貿易について，問に答えなさい。

問５　16世紀に入ると，ヨーロッパの国々がアジアへ出向いて貿易を行うようになりました。次の文章は，1512年から1515年までマラッカ商館に滞在したポルトガル人トメ・ピレスの著書，『東方諸国記』の一部です。文章中の(①)・(②)に当てはまる国の名の組み合わせとしてふさわしいものを，下のア～カのうちから１つ選び，記号で答えなさい。

> マラッカでその住民とマラッカに居留している人々が断言するところによれば，マラッカの港ではしばしば84の言語がそれぞれ(話されるのが)見られるということである。(①)人以下すべての国民は，ポルトガル人がミラノについて語るように，琉球人について語る。彼らは正直な人間で，奴隷を買わないし，たとえ全世界とひきかえでも同胞を売ったりしない。琉球人は，(②)に行って黄金と銅を買い入れ，マラッカには黄金・銅・武器・工芸品・小麦・紙・生糸…などを携えてあらわれ，(①)人が持ち帰るのと同じ品物やベンガル産の衣服を持ち帰る。すべての(①)人の言うことによると，(②)は琉球人の島々よりも大きく，国王はより強力で偉大である。～(中略)～　国王は異教徒で，(①)の国王の臣下である。彼らが(①)と交易をすることはさほど頻繁ではないが，～(中略)～　琉球人は７，８日で(②)におもむき，上記の品々を交換する。
>
> トメ・ピレス 著，生田滋ほか訳『東方諸国記』岩波書店　1966年より(一部改変)

ア．①―中国　②―朝鮮　　イ．①―中国　②―日本

ウ．①―朝鮮　②―中国　　エ．①―朝鮮　②―日本

オ．①―日本　②―中国　　カ．①―日本　②―朝鮮

問６　次の地図に示すのは，かつて金属を産出した鉱山の位置です。これについて，以下の設問に答えなさい。

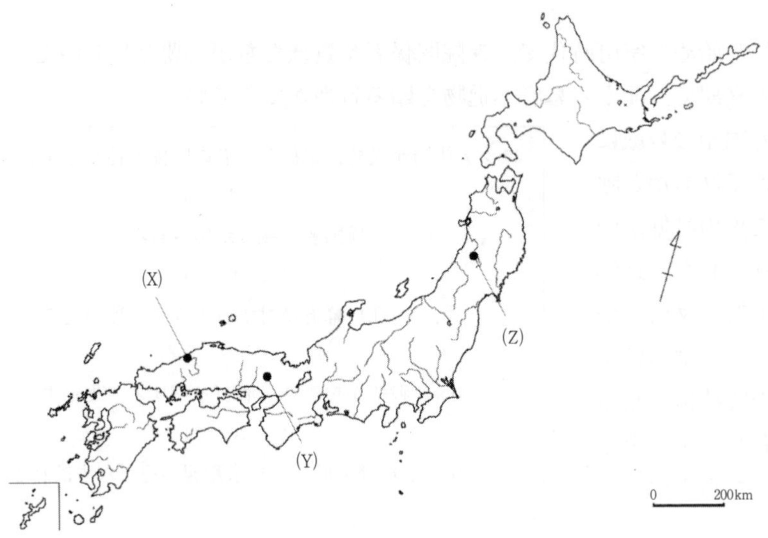

(1)　16世紀後半から17世紀にかけて，地図中の(X)〜(Z)の鉱山において多くの鉱石が採掘され，日本はヨーロッパの国々から「［　　　］の島」と呼ばれていました。空らんに入る金属は何か，答えなさい。

(2)　当時，地図中の(X)・(Y)のそれぞれの位置の支配に関わりの深かった大名としてふさわしいものを，次のア〜クのうちからそれぞれ１つずつ選び，記号で答えなさい。

ア．朝倉氏　　イ．上杉氏　　ウ．大友氏　　エ．武田氏

オ．伊達氏　　カ．北条氏　　キ．毛利氏　　ク．山名氏

問７　次に示すのは，江戸時代の貿易に関する資料です。これらの資料を参考に，以下の説明文に関する設問に答えなさい。

【資料１】　1715年に出された条例における貿易制限の内容

貿易の相手	入港船の上限	貿易額
［①］船	年30隻まで	銀6000貫まで
［②］船	年２隻まで	銀3000貫まで

【資料２】　江戸時代前期の輸出入品目

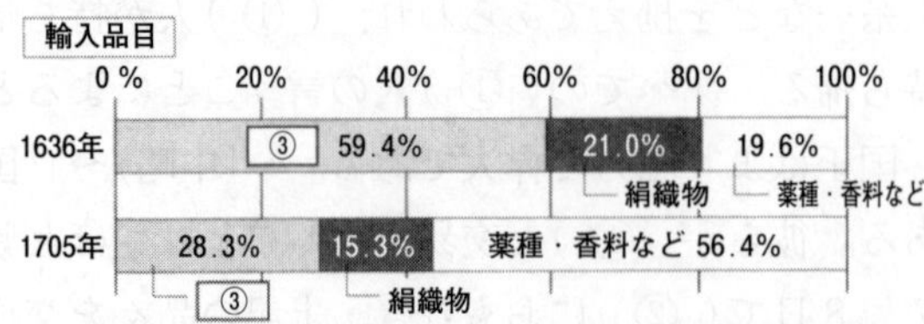

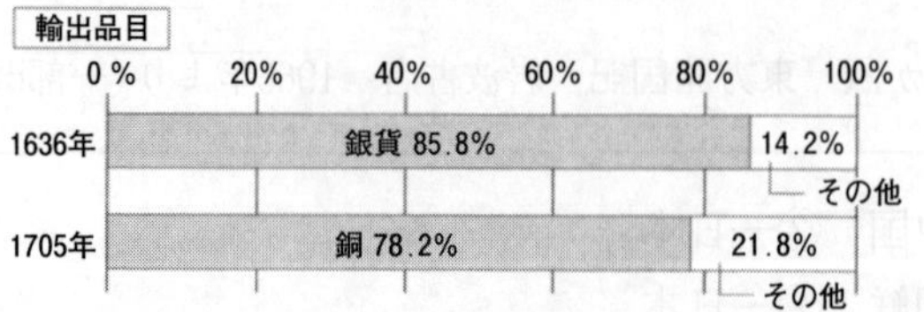

【資料３】　江戸時代末期の輸出入品目

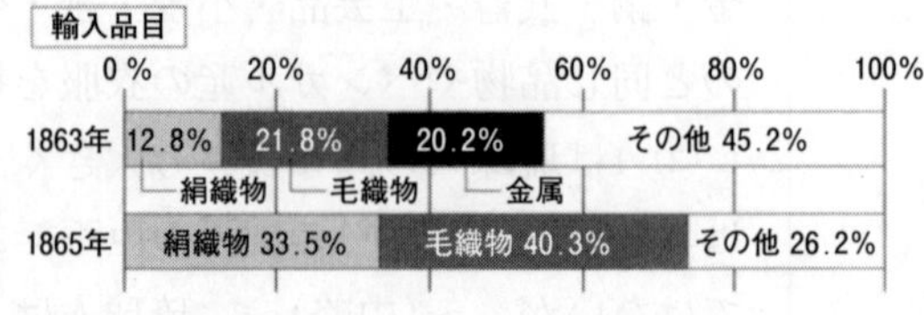

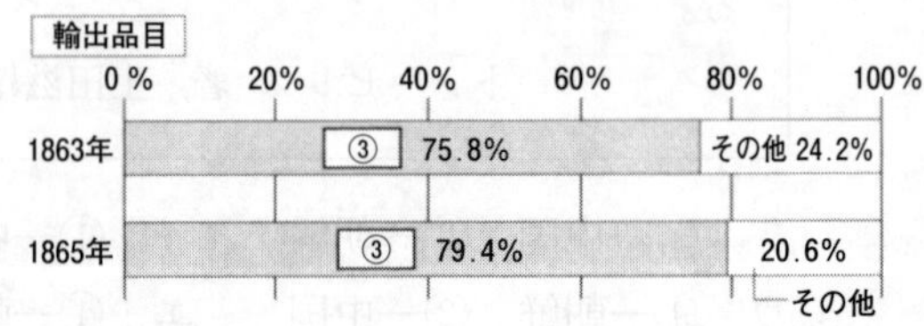

『日本史のライブラリー』とうほう　より（一部改変）

【江戸時代の貿易に関する説明文】

1715年に出された条例では，当時の主要な貿易相手国であった［①］・［②］との貿易に対して，それぞれ入港船数や貿易額に関する制限が設けられています。入港船数や貿易額に関してこのような貿易制限を設けるということは，当時最大の輸入品であり，日本国内で大きな需要があった［③］の輸入も減少してしまうことが予想されます。それでもこの条例が出されたのは，輸出品の大部分を占めていた金属の流出を制限するためであったと考えられます。

輸入が減ってしまった［③］は，江戸時代のあいだに国産化が進み，江戸時代末期には最重要輸出品となりました。［③］の原料の需要も高まり，多くの米農家は副業として［④］業を営むようになっていきました。

(1)　説明文中の空らん［①］～［③］に入る語句の組み合わせとしてふさわしいものを，次のア～クのうちから１つ選び，記号で答えなさい。

	①	②	③
ア	オランダ	清	生糸
イ	オランダ	清	綿糸
ウ	ポルトガル	清	生糸
エ	ポルトガル	清	綿糸
オ	清	オランダ	生糸
カ	清	オランダ	綿糸
キ	清	ポルトガル	生糸
ク	清	ポルトガル	綿糸

(2)　説明文中の空らん［④］に適切な語句を記しなさい。

3　次の文章を読んで，問に答えなさい。

昨年(2021年)10月31日，第49回衆議院議員総選挙が行われました。この選挙は1976年12月以来45年ぶりに，衆議院議員の任期満了の選挙として話題になりました。また今年(2022年)の夏には，第26回参議院議員通常選挙が行われます。東京オリンピック・パラリンピックも終わり，新型コロナウイルス感染症の影響が残るなか，今後の日本の針路を考える重要な時期と言えるでしょう。

問１　下線部について，次の記事を読んで設問に答えなさい。

2020年国勢調査の速報値の公表を受け，「１票の格差」是正に向けて16年の法改正で導入が決まった「アダムズ方式」に基づく衆院議員定数の新たな配分が固まった。同方式の適用は初めて。小選挙区数は東京で５増える一方，福島，和歌山，山口など10県で１ずつ減り，全体で10増10減となる。格差は違憲判断の目安とされる２倍を下回り，最大1.695倍まで縮小する。

～(中略)～　現在，都道府県への小選挙区数の割り振りは，まず１議席を割り当てる「１人別枠方式」を採用。今秋の見通しの衆院選は現行の定数配分で行われる。速報値によると，(あ)ある衆院小選挙区の１票の格差は，人口最多の東京22区(57万3969人)と最少の鳥取２区(27万4160人)の間で，最大2.094倍に拡大。鳥取２区との格差が２倍以上の小選挙区数は20に上る。

～(中略)～　比例代表の定数(い)もアダムズ方式に基づいて再配分される。

～(中略)～　速報値によると，参院では「合区」を含む45選挙区の１票の格差は最大3.026倍に拡大。格差是正を求める声が強まりそうだ。

時事ドットコム　2021年６月26日より(一部改変)

(1)　空らん(あ)・(い)に適する数字を入れなさい。

(2)　右の表は1960年～80年の衆議院議員総選挙に関するものです。表中の下線部「日中選挙」について，このキャッチフレーズがつけられた理由としてふさわしいものを次のア～エから１つ選び，記号で答えなさい。

回数	日時	マスコミによる選挙のキャッチフレーズ
第29回	60年11月	安保選挙
第30回	63年11月	ムード選挙
第31回	67年１月	黒い霧選挙
第32回	69年12月	沖縄選挙
第33回	72年12月	日中選挙
第34回	76年12月	ロッキード選挙
第35回	79年10月	増税選挙
第36回	80年６月	ダブル選挙

『政治経済資料2021』とうほう　より作成

ア．北京の中華人民共和国政府との間で，日中共同声明の調印が行われた直後であった。

イ．ベトナムの統一を受けて，日中平和友好条約が調印された直後であった。

ウ．台湾の中華民国政府との間で，日中共同声明の調印が行われた直後であった。

エ．天安門事件を受けて，日中平和友好条約が調印された直後であった。

問２　次の表は国会の種類(通称)についてまとめたものです。設問に答えなさい。

[種類]	[召集のかたち]	[主な議題]	[会期]
(①)国会	毎年１回，(④)月に召集	予算の審議と議決	(⑧)日間
(②)国会	・内閣が必要に応じて召集 ・衆参どちらかの総議員数の(⑤)分の(⑥)以上の要求	国内外の緊急課題	両議院の議決
(③)国会	衆議院の解散総選挙から(⑦)日以内	内閣総理大臣の指名	両議院の議決
参議院の緊急集会	衆議院の解散中に緊急の必要が生じたときに内閣が要求	緊急の問題	特に定めず

(1)　表中の空らん(①)～(③)に入る語句の組み合わせとして正しいものを，次のア～カから１つ選び，記号で答えなさい。

	①	②	③
ア	通常	特別	臨時
イ	通常	臨時	特別
ウ	特別	通常	臨時
エ	特別	臨時	通常
オ	臨時	通常	特別
カ	臨時	特別	通常

(2)　表中の空らん(④)～(⑧)に入る，適切な数字をそれぞれ答えなさい。

問３　昨年(2021年)，菅総理大臣が河野太郎行政改革担当大臣に命じた，新型コロナウイルス感染症対策は何か，答えなさい。

【理　科】〈第１回試験〉（30分）〈満点：50点〉

1　次の文を読み，問いに答えなさい。

植物のからだは，一見，複雑な形に見えますが，ある規則性に基づいて作られています。

たとえば，カキやリンゴの果実を横に切ると，その断面のようすからカキは８つの部屋に，リンゴは５つの部屋に分かれていることがわかります。1 果物を作る部屋の数は，花びらの枚数と関連しているようです。

次に，木の枝の伸び方にも規則性があります。成長期には，図１のように，以下のルールに従って，枝分かれが起こるものとします。

ルール　枝が２つに分かれるときに栄養は均等に配分されずに，栄養の多いほう，少ないほうとかたよりができ，栄養の多いほうの枝は「次の成長期」に２つに分かれることができ，少ないほうの枝は「次の次の成長期」に２つに分かれることができる。

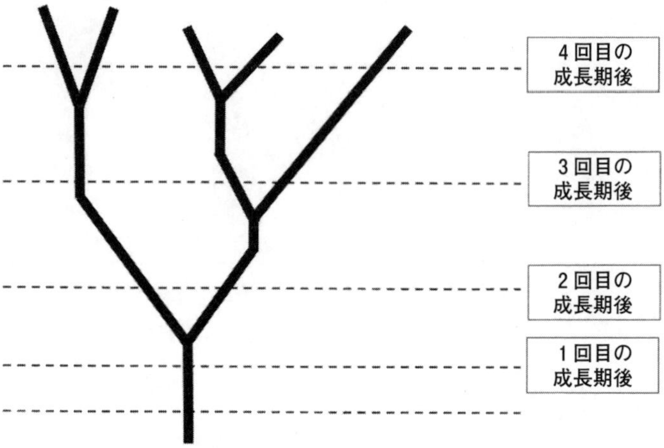

4回目の成長期後

3回目の成長期後

2回目の成長期後

1回目の成長期後

図１

上の図１より，成長期を経て木を構成する枝の数は増えていくことがわかりますが，2 各々の成長期後の枝の数には規則性ができることがわかります（フィボナッチ数列という）。

成長期	1	2	3	4	…
枝の数	1	2	3	5	…

最後に，3 葉は茎の周りに規則性をもってついています。茎の周りの葉の配列を葉序（ようじょ）といい，葉序の中でも右の図２に示すように，葉が互い違いにつくことを互生といいます。

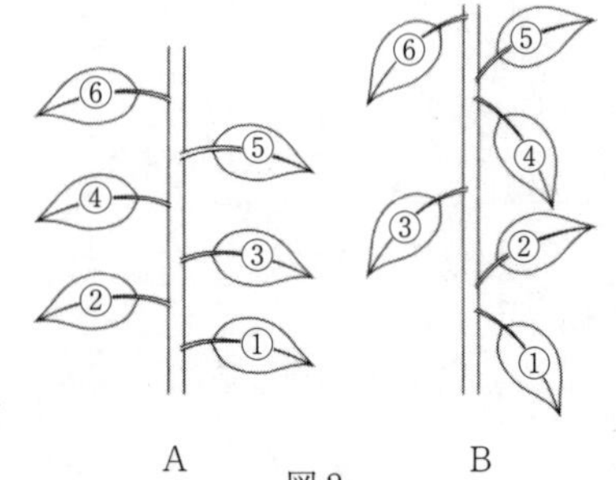

図２

図中の葉に示された①～⑥は，葉の出る順序を示しています。

図２のAとBの植物を真上から見たときに，どのように葉がついているかを図３に示しました。

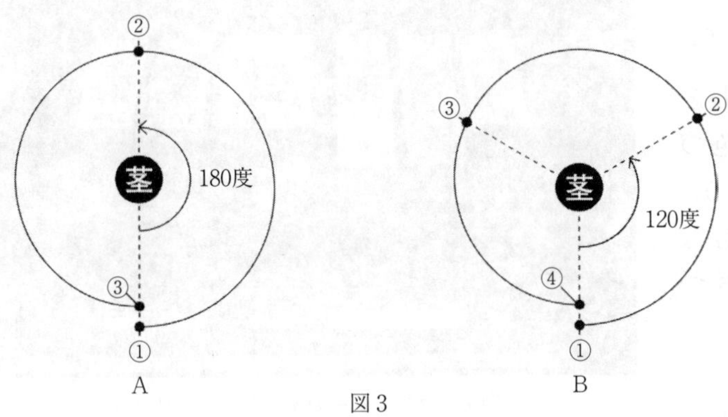

図３

図３のＡでは，観察したときに①の葉と③の葉が上下に重なっています。つまり，①から次の葉(②)まで茎の周りを$\frac{1}{2}$周していることになります($\frac{1}{2}$葉序といいます)。また，１枚の葉の茎への接続点と茎の中心を結ぶ線と，次の葉の接続点と中心を結ぶ線とのなす角を開度といい，この場合は180度になります。同様に，図３のＢは$\frac{1}{3}$葉序で，開度は120度となります。その他，$\frac{2}{5}$葉序[4]，(　　)葉序，$\frac{5}{13}$葉序の植物も知られており，ここでもフィボナッチ数列を使った規則性が見られます。

問１　下線部１について，花びらの枚数が４枚の植物を次のア～オから１つ選び，記号で答えなさい。

ア　ヘチマ　　イ　イネ　　ウ　サクラ　　エ　アブラナ　　オ　タンポポ

問２　下線部２について，図１の木は８回目の成長期を終えた後に，何本の枝から構成されるようになりますか。ただし，１回目の成長期においては，枝分かれが起こらなかったものとします。

問３　下線部３について，葉が茎の周りに規則性をもってついていることは，どのような点で有利になりますか。あなたの考えを述べなさい。

問４　下線部４について，$\frac{2}{5}$葉序の葉のつき方(②～⑤の葉)を，図３にならって解答らんにかきこみなさい。また，$\frac{2}{5}$葉序の開度は何度になりますか。

問５　文中の(　)に入る分数として，正しいものを次のア～オから１つ選び，記号で答えなさい。

ア　$\frac{1}{4}$　　イ　$\frac{5}{6}$　　ウ　$\frac{5}{7}$　　エ　$\frac{3}{8}$　　オ　$\frac{7}{9}$

2　次の会話文を読み，問いに答えなさい。

リカ子：お父さ～ん。学校の課題をプリントアウトしたいのに出てこないんだけど，見てもらえる？

父　：ああ。これは，インクが切れているね。年賀状でたくさん使っちゃったからなあ。

リカ子：そうか。じゃあ，新しいインクに交換(こうかん)すればいいんだね。

あれあれ？　黒いインクが切れたみたいなんだけど，黒いインクのカートリッジって

２つもあるよ。(図１)

『ＢＫ』ってＢＬＡＣＫ(ブラック)だから，黒色だよね？『PGBK』もBKだから黒色のようだけど，PGって何だろう。

父　：よく気づいたね。PGはPigment(ピグメント)の意味で，これは顔料という意味なんだ。

リカ子：顔料？

図１　プリンターのインクカートリッジ

父　：色の材料としては，顔料と染料という２種類に分けられるんだ。簡単にいうと，顔料は水などの液体に溶けないもので，染料は水などの液体に溶けるもののことだよ。このプリンターインクのPGBK以外の色はみんな染料なんだ。『BK』以外では，『M』はMagenta(マゼンタ)赤っぽい色，『C』はCyan(シアン)青っぽい色，『Y』はYellow(イエロー)黄色，『GY』はGray(グレイ)灰色ということだよ。そして，１<u>インクを出す部品を急速に加熱することで，紙に吹き付けて印刷する</u>んだ。

リカ子：そうなんだ。あれ？　でも，インクって液体だよね。顔料って水に溶けないのにどうやって液体のインクにしているの？

父　：顔料は水に溶けないけど，とても細かくして水の中に混ぜてあるんだ。

リカ子：へー。ところで，顔料の黒と染料の黒って違うの？

父　：もちろん違いがあるから使い分けているんだよ。さっき話した通り，染料は水に溶ける色素だから，普通の紙に印刷した時，水といっしょに紙にしみこんでいくんだ。それに比べて顔料は水には溶けないため，紙にしみこむのではなく，紙の上にたまっていくんだ。(図２)

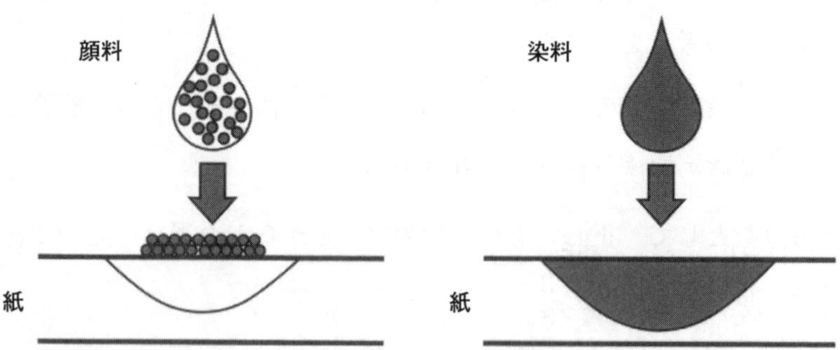

図２　顔料と染料の違い

父　：だから文字は，くっきり印刷される顔料を使うんだ。
年賀はがきを買いに行ったのを覚えているかな？

リカ子：もちろん。キャラクターの年賀はがきを買ったよ。

父　：家で買った年賀はがきはキャラクターのものだけど，あの年賀状はインクジェット紙というものだったんだ。年賀はがきには，普通紙，インクジェット紙，それから**つるつる**した光沢のあるインクジェット写真用という種類があるんだよ。ほら，お年玉くじの上のと

ころにインクジェット紙とかって印刷してあるでしょ。(図３)

図３　インクジェット紙とインクジェット写真用の年賀はがき

リカ子：そういえば，リカ夫くんからきた年賀状は，写真入りで，つるつるした年賀はがきだったよ。

父　：つるつると光沢がある表面にするためには，いろいろな方法があるけど，どれも平らでなめらかな表面にしているんだ。これらのインクジェット紙や光沢のあるインクジェット写真用というのは，染料のインクでの印刷を想定してつくられているんだ。

リカ子：普通紙とは何か違うの？

父　：染料のインクは，さっき説明した通り，色素が水に溶けていて，水と一緒(いっしょ)に紙にしみこんでいく。だから普通の紙に印刷すると，インクが少し［　あ　］しまう。そうならないように，紙の表面に特別な処理をしているんだ。でも，染料に適した加工をしてしまうと，顔料インクには不向きで，顔料がはがれてしまうことがあるんだ。

リカ子：そっか！　それで，黒いインクには顔料と染料の２種類があるんだね。

父　：その通り，この処理をしているのは，裏の通信面のみで，表の宛名(あてな)面は普通の紙のままなんだよ。だから，通信面の彩(いろど)りのある絵は染料インクを使って，宛名面の宛先は黒の顔料インクを使うようになっているんだ。

リカ子：でも，どうして，表の宛名面もインクジェット用に加工しないんだろう。

父　：そうだね。価格の問題もあるし，年賀はがきでは，表の宛名面に加工をしてしまうと，［　い　］加工をしていないんだ。

リカ子：染料とか顔料ってなかなか深い話なんだね。

父　：そういえば，図工で使う水彩(すいさい)絵の具も，実は顔料なんだよ。

リカ子：顔料なのに『水彩』なの？

父　：そうなんだ。さっき話した通り，細かくした顔料を液体に混ぜているんだ。このときの液体が水ならば水彩絵の具，油ならば油絵の具になる。たとえば，水彩絵の具を紙の上に塗(ぬ)ると水は紙にしみこんで顔料が紙の上に残る。だから，色が塗れるんだ。まあ，実際には水と言ったけど，２<u>水彩絵の具はアラビアゴムというものも混ぜているんだ</u>。

リカ子：アラビアゴムって何？

父　：植物の樹液からとれたもので，接着剤(ざい)のような役目をしているんだ。アクリル絵の具って聞いたことあるかな？　アクリル絵の具は，アクリル樹脂(じゅし)というものを混ぜてあって，やはり接着剤のような役目をしているんだ。

リカ子：へー。割と身近なものは顔料を使っていることが多いのかな。

父　：いやいや。染料だっていろいろあるよ。洋服の生地を染めている多くは染料だし，食品に使っている色素だってその多くは染料なんだよ。

問１　下線部１のようなプリンターはサーマル方式またはバブルジェット方式とよばれます。この方式は，インクを詰めた注射器の針に加熱された※ハンダごてが触れた瞬間，小さなポンという音とともにインクが噴き出したことがきっかけとなって開発されました。ハンダごてが触れた瞬間，インクが噴き出したのはなぜでしょうか。「体積」という言葉を使って，２行以内で説明しなさい。

※ハンダごて…スズと鉛などの金属の合金である「ハンダ」を溶かして，金属の導線などをつなぎ合わせるためのこて。300℃程度まで温度が上がる。

問２　光沢のあるインクジェット写真用の年賀はがきは，顔料インクの印刷に向きません。その理由として最も適切な文を，次のア～エから１つ選び，記号で答えなさい。

ア　表面がつるつるしているので，水を吸い込まずに，インクをはじいてしまうから。

イ　インクの水分を吸い込むため，用紙がまるまってしまうから。

ウ　表面がつるつるしているので，こすれたとき，インクがはがれやすいから。

エ　印刷面のインクが乾くのに時間がかかってしまうから。

問３　下線部２について，アラビアゴムを水に混ぜる理由を答えなさい。

問４　［あ］に入る適切な言葉を次のア～エから１つ選び，記号で答えなさい。

ア　うすくなって　　イ　にじんで　　ウ　はがれて　　エ　はじかれて

問５　会話の内容から考えて，［い］に入る最も適切なものを，次のア～エから１つ選び，記号で答えなさい。

ア　水分が吸い取られて，用紙がまるまってしまうから

イ　印刷がにじんでしまうから

ウ　顔料インクを使ったさまざまな印刷がしにくくなるから

エ　はがきどうしがくっついてしまうから

問６　紫色は日本で603年に制定された冠位十二階でも最も位の高い色に利用されるなど，高貴な色として使われてきました。これは，紫色が古くは貝から取られる「貝紫」という染料を使っており，ローマ時代には皇帝のローブに用いられ「帝王紫」とよばれるほどでした。貝紫はアッキ貝という種類の貝から取り出すことができましたが，１匹の貝からたった0.15ミリグラム(ミリは1000分の１の意味)程度しか得られませんでした。

布を染めるには，布の重さの10分の１の重さの染料が必要です。１つの貝から取れる色素が0.15ミリグラムだとすると，200グラムのＴシャツの生地を貝紫で染めるために貝は最低何匹必要ですか。

営化」はどのような問題点を含んでいると考えられますか。次のア～オで述べられている、「水道」の「民営化」によって引き起こされる事態の中から、最もふさわしいものを一つ選び、記号で答えなさい。

ア　先進国からの出資によって経営されている民間企業は、自国に暮らす人々の生活の安全性よりも、先進国の豊かな生活の維持を優先せざるを得ないということ。

イ　経営の持続可能性を重要視する民間企業は、安定した経営を将来にわたって維持していくために、目の前の利用者の要望にそぐわない選択をせざるを得ないということ。

ウ　商品の生産にかかる費用の大きさによって事業の整理を行うことがある民間企業は、採算が取れない過疎（かそ）地域に暮らす人々への給水を切り捨てかねないということ。

エ　利益を上げることが経営の前提である民間企業は、国民の生活を維持することで長期的な経営を目指すよりも、水の売買によって得られる目先の利益を優先しかねないということ。

オ　短期的な利潤をあげることを何よりも優先する民間企業は、収益のあがらない設備投資を後回しにして日常生活に利用できないほどの水質低下を招きかねないということ。

問八　――線(6)「資本主義が崩壊するよりも前に、地球が人類の住めない場所になっている」とありますが、そのように言えるのはなぜですか。最もふさわしいものを次の中から一つ選び、記号で答えなさい。

ア　資本主義は環境の悪化を未来の世代に先送りし続けることで成り立っているので、その起点である現在の先進国に環境危機が迫る（せま）ときには、未来の技術でも対応しきれないほどに環境問題が悪化していると考えられるから。

イ　資本主義は中核が周辺部に環境への負担を肩代（かた）わりさせることで成り立っているので、その中心である先進国に環境危機が迫るときには、すでに地球規模で環境が壊滅（かいめつ）的な被害を受けていると考えられるから。

ウ　資本主義は地球上の資源を次々に消費して経済活動を行うことで成り立っているので、その中心である先進国に環境危機が迫るときには、すでに経済活動が行えないほどに地球から資源が失われていると考えられるから。

エ　資本主義は強大な資本力を持つ国家が先進的な立場にあり続けることで成り立っているので、その中心である先進国に経済的な危機が迫るときには、すでに資本力に劣（おと）る途上国が経済的に破綻していると考えられるから。

オ　資本主義は周辺部の富を先進国に集め続けることで成り立っているので、その中心である先進国に経済的な危機が迫るときには、すでに世界経済のシステムが崩壊していると考えられるから。

イ　化学肥料によって土壌の疲弊という問題が解決されたように見えても、都市から農村へと養分が還元されていないことには変わりがなく、養分の循環という農場が抱える問題の根本的な部分は解決されていないままだということ。

ウ　化学肥料によって都市から農村へと養分が還元されるようになったが、流出した余分な化学物質が水質汚染や疫病といった新しい問題を引き起こすようになり、農場の問題を自然や他の産業に押しつけているだけだということ。

エ　化学肥料によって土壌養分の不足を補うことはできたが、大量に使用された化学肥料によって生態系の破壊という新しい問題が農地には起きており、短期的な利潤を求める農場経営が農地に強いる犠牲の大きさは変わっていないということ。

オ　化学肥料によって農業の持続可能性は維持されているが、市場の要求に応え続けるためにより多くの化学肥料、農薬、抗生物質が必要となっており、農地から消費者の健康へと問題の所在が移り変わったに過ぎないということ。

問四　――線(3)「空間的転嫁」とありますが、筆者はその問題点をどのようなことだと考えていますか。最もふさわしいものを次の中から一つ選び、記号で答えなさい。

ア　先進国が抱える問題を途上国に押しつけて解決を先延ばしにし、新しい技術を開発するための時間を稼ごうとするもので、先進国が問題に正面から向き合おうとしない無責任な態度をとっていること。

イ　先進国が抱える問題を途上国と共有することで解決を先延ばしにし、環境にかかる負荷を世界で平均化しようとするもので、もともと環境負荷の小さい途上国にとっては不利益が大きいこと。

ウ　先進国が抱える問題を途上国に眠る資源の利用によって解決することを目指し、その資源は途上国から不適正な価格で入手しようとするもので、弱い立場にある途上国に対して先進国が不誠実であること。

エ　先進国が抱える問題を途上国から資源を掠奪し続けることで解決することを目指し、軍事力を背景に先進国が途上国から資源を搾取し続けようとするもので、先進国が資源の枯渇を問題視していないこと。

オ　先進国が抱える問題を途上国から資源を奪い取ることによって解決することを目指し、環境への負荷を途上国に押しつけようとするもので、先進国にばかり都合が良く途上国には不平等であること。

問五　[1]に入る言葉として最もふさわしいものを次の中から一つ選び、記号で答えなさい。

ア　我の生まれる前に来たれ！
イ　我が亡き後に来たれ！
ウ　我がもとに来たれ！
エ　我のあずかり知らぬ地へ去れ！
オ　我が敵のもとへ去れ！

問六　――線(4)「ここで、時間的な転嫁は必ずしも否定的なものではない、むしろ、危機に対処するための技術開発のための時間を稼いでくれるではないか、と考える人もいるかもしれない」とありますが、筆者はこの考えに反対する立場です。そうした立場をとるのは、筆者にどのような考えがあるからですか。六十一字以上七十字以内で説明しなさい。

問七　――線(5)「水道が民営化されているせい」とありますが、本文で述べられている筆者の考えに従えば、ここでの「水道」の「民気候変動が影響しているといわれている。先に見たように、気候変動は転嫁の帰結だ。そこに、新型コロナウイルスによるパンデミックが追い打ちをかけた。ところが、大干ばつでますます③キショウとなった水は、コロナ対策として手洗いに使われるのではなく、輸出用のアボカド栽培に使われている。(5)水道が民営化されているせいである。

このように、欧米人の消費主義的ライフスタイルがもたらす気候変動やパンデミックによる被害に、真っ先に晒されるのは周辺部なのである。

つまり、リスクやチャンスは極めて不平等な形で分配されている。中核が勝ち続けるためには、周辺が負け続けなくてはならないのだ。

もちろん、中核も自然条件悪化の影響を完全に免れることはできない。だが、転嫁のおかげで、資本主義が崩壊するほどの致命傷を今すぐに負うことはない。裏を返せば、先進国の人々が大きな問題に直面するころには、この惑星の少なからぬ部分が生態学的には手遅れの状態になっているだろう。(6)資本主義が崩壊するよりも前に、地球が人類の住めない場所になっているというわけだ。

だから、アメリカを代表する環境活動家ビル・マッキベンは次のように述べている。

「利用可能な化石燃料が減少していることだけが、私たちの直面している限界ではない。実際、それは最重要問題ですらない。石油がなくなる前に、地球がなくなってしまうのだから」

この発言のなかの石油を資本主義と言い換えることもできるだろう。もちろん、地球がダメになれば、人類全体がゲーム・オーバーとなる。地球の※プランBは存在しない。

（斎藤幸平『人新世の「資本論」』より）

※転嫁…過ちや責任を他のものになすりつけること。
※カール・マルクス…一九世紀の経済学者・哲学者。
※廉価…値段が安いこと。
※NH_3・N・H…NH_3は、記号を用いてアンモニアの構成をあらわしたもの。N、Hはそれぞれ窒素、水素をあらわす記号。
※攪乱…かき乱すこと。
※クーリー…重労働に従事する中国やインドの労働者。当時、奴隷にかわる労働力として売買された。
※本章の冒頭で触れたノードハウス…これより前の本文に、経済学者のウィリアム・ノードハウスについて触れた部分がある。
※正のフィードバック…ある変化が起こったときに、その変化を強める作用が働くこと。
※プランB…これまで続けてきた計画が行きづまった際に用いられる代わりのプラン。

問一　━━線①～③のカタカナを漢字に直しなさい。漢字は一画ずつていねいに書くこと。

問二　──線(1)「資本主義は自らの矛盾を別のところへ転嫁し、不可視化する」とありますが、ここでいう「矛盾」は、波線部「農業による土壌疲弊の問題」においてはどのようなことですか。五十一字以上六十字以内で説明しなさい。

問三　──線(2)「技術的転嫁は問題を解決しないのだ」とありますが、ここでいう「技術的転嫁」の結果として起こっていることの説明として、最もふさわしいものを次の中から一つ選び、記号で答えなさい。

ア　化学肥料によってその土地の土壌養分の消費を抑えたとしても、化学肥料を生産するために他の資源が失われていることには変わりがなく、さらに大量に使用された化学肥料によって地球規模の環境破壊までも引き起こされているということ。

って、原住民の暮らしや、生態系に大きな打撃を与えつつ、矛盾を深めていく。

最後の第三の転嫁方法は、時間的なものである。マルクスが扱っているのは森林の過剰伐採だが、現代において時間的転嫁が最もはっきりと現れているのが、気候変動である。

化石燃料の大量消費が気候変動を引き起こしているのは間違いない。とはいえ、その影響のすべてが即時に現れるわけではない。ここには、しばしば何十年にも及ぶ、タイムラグが存在するのだ。そして資本はこのタイムラグを利用して、すでに投下した採掘機やパイプラインからできるだけ多くの収益を上げようとするのである。

こうして、資本主義は現在の株主や経営者の意見を②ハンエイさせるが、今はまだ存在しない将来の世代の声を無視することで、負担を未来へと転嫁し、外部性を作り出す。将来を犠牲にすることで、現在の世代は繁栄できる。

だが、その代償として、将来世代は自らが排出していない二酸化炭素の影響に苦しむことになる。こうした資本家の態度をマルクスは、「大洪水よ、［ 1 ］」と皮肉ったのだ。

(4)ここで、時間的な転嫁は必ずしも否定的なものではない、むしろ、危機に対処するための技術開発のための時間を稼いでくれるではないか、と考える人もいるかもしれない。実際、※本章の冒頭で触れたノードハウスのように、二酸化炭素排出量削減をやりすぎて経済に悪影響が出るよりは、経済成長を続けて豊かになり、技術開発を推進する方が、賢い判断だと考える学者もいる。

ところが、仮にいつか新技術が開発されたとしても、その技術が社会全体に普及するのには、長い時間がかかる。そのせいで、貴重な時間を失ってしまうのだ。その間に、危機をさらに加速・悪化させる作用（「※正のフィードバック効果」）が強まり、環境危機はさらに深刻化するかもしれない。となれば、その新技術では対応しきれないことだってありうる。技術がすべてを解決するという望みは裏切られることになるのだ。

「正のフィードバック効果」が大きければ、当然、経済活動にも甚大な負の影響が出る。環境悪化の速度に新技術がおいつかなければ、もはや人類になす術はなく、未来の世代はお手上げだ。当然、経済活動にも負の影響が出る。つまり、将来世代は、極めて過酷な環境で生きることを余儀なくされるだけでなく、経済的にも苦しい状況に陥る。

これこそ最悪の結果であろう。技術任せの対症療法ではなく、根本原因を探って、そこから気候変動を止めなくてはならない理由がここにある。

以上、マルクスにならって、三種類の転嫁を見てきた。このように、資本はさまざまな手段を使って、今後も、否定的帰結を絶えず周辺部へと転嫁していくに違いない。

その結果、周辺部は二重の負担に直面することになる。つまり、生態学的帝国主義の掠奪に苦しんだ後に、さらに、転嫁がもたらす破壊的作用を不平等な形で押しつけられるのである。

例えば、南米チリでは、欧米人の「ヘルシーな食生活」のため、つまり帝国的生活様式のために、輸出向けのアボカドを栽培してきた。「森のバター」とも呼ばれるアボカドの栽培には多量の水が必要となる。また、土壌の養分を食いつくすため、一度アボカドを生産すると、ほかの種類の果物などの栽培は困難になってしまう。チリは自分たちの生活用水や食糧生産を犠牲にしてきたのである。

そのチリを大干ばつが襲い、深刻な水不足を招いている。これにはただし、この発明によって、循環の「亀裂」が修復されたわけではない。「転嫁」されたにすぎないというのがポイントだ。

　ハーバー・ボッシュ法によるアンモニア（※NH_3）の製造は、大気中の窒素（※N）だけでなく、化石燃料（主に天然ガス）由来の水素（※H）を利用する。当然、世界中の農地の分をまかなうためには膨大な量の化石燃料が必要となる。

　実際、アンモニアの製造に使われる天然ガスは、産出量の三～五％をも占めるのだ。要するに、現代農業は、本来の土壌養分の代わりに、別の限りある資源を浪費しているだけなのである。当然、製造過程では、大量の二酸化炭素も発生する。これが、技術的転嫁の本質的な矛盾である。

　そのうえ、大量の化学肥料の使用による農業の発展は、窒素化合物の環境流出によって、地下水の硝酸汚染や富栄養化による赤潮などの問題を引き起こす。飲み水や漁業に影響を与えるようになっていくのである。こうして技術による転嫁はいよいよ、ひとつの土地の疲弊には収まらない大規模な環境問題を引き起こすようになっていくのだ。

　だが、話はこれで終わりではない。土壌生態系が化学肥料の大量使用によって※攪乱され、土壌の保水力が落ちたり、野菜や動物が疫病などにかかりやすくなったりするのだ。そうはいっても、市場は虫食いがなく、大きさも均一で、廉価な野菜を求めている。こうして、現代農業には、ますます多くの化学肥料、農薬、抗生物質が必要不可欠になっていく。もちろん、これらの化学物質も環境へと流出し、生態系を攪乱する。

　ところが、その原因を作った企業は、被害が出ても因果関係が証明されないと言い張って補償をしない。もちろん、補償をしたところで、環境問題の場合は、元通りにならないことも多い。

⑵技術的転嫁は問題を解決しないのだ。むしろ、技術の濫用によって、矛盾は深まっていくばかりなのである。

　技術的転嫁に続く、第二の方法が、⑶空間的転嫁である。この点についても、マルクスは、土壌疲弊との関係で考察している。

　まだハーバー・ボッシュ法が開発されていなかったマルクスの時代に注目された代替肥料は、グアノであった。南米のペルー沖にはたくさん海鳥がいて、その海鳥の糞の堆積物が化石化したものがグアノである。それが島のように積み重なっていたのだ。

　このグアノは乾燥した鳥の糞なので、植物の生育にとって必要な多くの無機物が含まれており、取り扱いも容易であった。実際、現地の住民は伝統的にグアノを肥料として用いていたという。このグアノの効用に気がついたヨーロッパ人が、一九世紀初頭に南米を調査旅行していたアレクサンダー・フォン・フンボルトであった。

　その後、グアノは、土壌疲弊に対する救世主として一躍有名になり、大量に南米から欧米へ輸出されるようになっていく。グアノのおかげで、イギリスやアメリカの地力は維持され、都市の労働者たちの食料が供給されたのだ。

　ところが、ここでも「亀裂」は修復されていない。大勢の労働者が①ドウインされて、グアノが一方的に、奪い去られていったのだ。その結果は、原住民の暴力的な抑圧と九万人にも及ぶ中国人※クーリーの搾取、ならびに海鳥の激減を伴うグアノ資源の急速な枯渇であった。さらには、枯渇する資源をめぐって、グアノ戦争（一八六四～六六年）や硝石戦争（一八七九～八四年）が勃発することになる。

　この事例からもわかるように、矛盾を中核部にとってのみ有利な形で解消する転嫁の試みは、「生態学的帝国主義」（ecological imperialism）という形を取る。生態学的帝国主義は周辺部からの掠奪に依存し、同時に矛盾を周辺部へと移転するが、まさにその行為によるらしい。ちょうどケンスケが真面目な質問をする時にみんなをそう呼ぶのと同じように、「私」が「君」と呼びかけるその女性にむかって、「私」が語りかけているような形式で書かれていた。

二　次の文章を読んで後の問いに答えなさい。

資本主義の歴史を振り返れば、国家や大企業が十分な規模の気候変動対策を打ち出す見込みは薄い。解決策の代わりに資本主義が提供してきたのは、収奪と負荷の外部化・※転嫁ばかりなのだ。矛盾をどこか遠いところへと転嫁し、問題解決の先送りを繰り返してきたのである。

実は、この転嫁による外部性の創出とその問題点を、早くも一九世紀半ばに分析していたのが、あの※カール・マルクスであった。

マルクスはこう強調していた。(1)資本主義は自らの矛盾を別のところへ転嫁し、不可視化する。だが、その転嫁によって、さらに矛盾が深まっていく泥沼化の惨状が必然的に起きるであろうと。

資本による転嫁の試みは最終的には破綻する。このことが、資本にとっては克服不可能な限界になると、マルクスは考えていたのである。

そうした資本主義の限界の所在を突き止めるべく、マルクスを参照しながら、技術的、空間的、時間的という三種類の転嫁について整理しておこう。

第一の転嫁方法は、環境危機を技術発展によって乗り越えようとする方法である。

マルクスが扱っているのは農業による土壌疲弊の問題である。その際、彼が参照したのは、同時代の化学者ユストゥス・フォン・リービッヒの「掠奪農業」批判であった。

リービッヒによれば、土壌の養分、とりわけリンやカリウムのような無機物は、岩石の風化作用によって、植物が利用できる形になる。ただし、風化の速度は非常にゆっくりであるため、植物が利用可能な状態の土壌養分は限られている。それゆえ、地力を保つためには、穀物が吸収した分の無機物を土壌にしっかりと戻すことが不可欠だという。

リービッヒは、これを「充足律」と呼んだ。要するに、持続可能な農業のためには、土壌養分がしっかりと循環しなくてはならないというわけだ。

ところが、資本主義が発展して、都市と農村のあいだで分業が進むと、農村で収穫された穀物は、都市の労働者向けに販売されるようになっていく。そうすると、都市で消費される穀物に吸収された土壌養分は、もはや元の土壌に戻ってくることがない。都市の労働者たちが摂取し、消化した後は水洗トイレで河川に流されてしまうからだ。

資本主義下での農業経営にも問題は潜む。短期的な視点しかもてない農場経営者は、地力を回復させるための休耕より、儲けのために連作を好む。土地を潤す灌漑設備への投資なども最低限にとどめる。資本主義では、短期的な利潤が最優先されるのである。こうして土壌の養分循環に「亀裂」が生じ、土壌に養分が還元されることなく、一方的に失われ、土壌は疲弊していく。

短期的な利潤のために、持続可能性を犠牲にする不合理な農場経営を、リービッヒは「掠奪農業」と呼んで批判し、ヨーロッパ文明崩壊の危機として警鐘を鳴らしたのだった。

ところが、歴史的に見れば、リービッヒが警告したような土壌疲弊による文明の危機は生じなかった。なぜだろうか？　二〇世紀初頭に開発された「ハーバー・ボッシュ法」というアンモニアの工業的製法によって、※廉価な化学肥料の大量生産が可能になったからである。

「私」をやっかいな状況に巻きこみ、嫌な思いをさせたことについて、ミエ伯母は悪かったと考えたから。

エ　一つのことに熱中すると周りが見えなくなるケンスケが、子どもの年齢では答えられない質問を発し、子どもたちを困らせたことを知って、ミエ伯母は申し訳なく感じたから。

オ　前々から、ケンスケが勝手に「私」に洗礼を受けさせたことを「私」の両親に謝ろうと考えていたところに、「私」の母が先に謝りに来て、ミエ伯母は気が引ける思いがしたから。

問七　「私」とケンスケとの関わりの説明として最もふさわしいものを次の中から一つ選び、記号で答えなさい。

ア　下の階に住む「私」は、日々の生活の中でケンスケに迷惑をかけたくないので、二階に住むケンスケのたてる音を気にした。

イ　幼い「私」は、ケンスケにも自分の母にも気に入られたくて、毎朝、ケンスケと大声でドイツ語の挨拶を交わした。

ウ　教会でグリ神父と話をするケンスケを待つ間、「私」は、ケンスケが抱えるやっかいな問題について考えをめぐらせた。

エ　とつぜん自分の子どもたちに厳しく接するような時、「私」は、いつも、ケンスケの気まぐれな態度を憎いと思った。

オ　ケンスケが正統な神のしもべではないかもしれないと思った「私」は、余計にケンスケとの結びつきを感じるようになった。

問八　次のア～オは、この作品を読んだ生徒たちの感想です。作品の解釈として明らかな間違いを含むものを一つ選び、記号で答えなさい。

ア　小学生の頃の「私」は聴覚が鋭かったという話が印象に残った。教室の隅にいるバッタのこととか、校門近くのウサギ小屋のこととか、信じられないような話だった。近くに住むケンスケがたてる音が気になってしまうのは、聴覚のせいもあったのかもしれない。聴覚についていえば、憲兵に殴られて片耳が悪いというケンスケと「私」とでは、対照的に描かれているようだった。

イ　少なくなったはずの野犬が二〇一一年に福島に現れたというような記述が、作品の途中にみられた。これは、二〇一一年当時の状況をふまえると、大きな地震が起きて、原子力発電所の事故が起きて、人と一緒に避難することができなかった飼い犬がやがて野犬になったということなのだろうと想像した。さらに、次の世代がまた野犬になったということなのだろうと想像した。

ウ　柴又街道のことが気になった。「私」が住んでいる家のすぐ近くを通っている街道だというのに、ミサなんかが行われる教会に足を運ぶ時と亡くなったケンスケの葬儀に参列した時以外、「私」は柴又街道を越えることがなかったらしい。宗教や信仰にまつわるものとか、死にまつわるものとか、柴又街道を渡ったむこう側には、「私」にとって特別なものがあるように思えた。

エ　ケンスケからの質問に答える場面のところどころに登場する水にまつわる表現が、一貫して、無茶な質問をされた子どもたちの不安な気持ちをあらわしていた。タイチが返事をする場面、ヒナコが泣く場面、「私」がケンスケの声を聞く場面、すべてにおいて水に関する表現が使われている。そこまで読んだ時、冒頭のおねしょの話が伏線としてつながっていることがわかった。

オ　この作品は、過去をふり返る形で書かれていた。大きくなった「私」は、海外を転々としたり、外国と日本の血の混じる女性と結婚をしたり……でも、もう、その女性はいなくなってい

※恰幅…肩幅や肉づきなどの具合からみた、体つき。
※クリスチャン…キリスト教の信者。
※ミサ…教会に集まって行う、神をたたえ、祈るための儀式。
※憲兵…旧日本軍で、軍事警察をつかさどった兵。犯罪捜査や思想の取りしまりにあたった。
※マタイ伝…聖書におさめられた、イエスの言葉と行いを記した文書の一つ。
※いぶかしむ…疑わしく思う。
※洗礼…信者になるための儀式。信仰に生きることを象徴するための儀式。
※もうひとつの名前…キリスト教徒は、洗礼の際に洗礼名をさずけられる。

問一　══線①〜④のカタカナを漢字に直しなさい。漢字は一画ずつていねいに書くこと。

問二　――線(1)「一計を案じた」とありますが、ここでいう「一計」とはどういうものですか。五十一字以上六十字以内で説明しなさい。

問三　［1］に入る四字熟語として最もふさわしいものを次の中から一つ選び、記号で答えなさい。

ア　意味深長　　イ　単刀直入　　ウ　異口同音
エ　公明正大　　オ　無我夢中

問四　――線(2)「ある初冬の朝」とありますが、その「朝」に起きたことの説明として最もふさわしいものを次の中から一つ選び、記号で答えなさい。

ア　ふだんから信仰について真剣に考えているケンスケは、ミサを終えると、聞きとれなかった部分の意味を確かめようと、タイチ、ヒナコ、「私」の順に、グリ神父の話を解説させた。

イ　タイチは、中途半端な答えでは、発問したケンスケを納得させることが難しいと判断し、グリ神父の説教に登場した内容を的確に引用しながら、その内容をわかりやすく説明した。

ウ　ヒナコは、ケンスケが発したミサに関する質問に対して、グリ神父の説教を上手にまとめて答えることができず、感情を表に出さないようにしたものの、思わず泣いてしまった。

エ　「私」は、自分から質問しておきながらどんな答えについても認めないようなケンスケの態度に納得がいかず、乱れた気持ちになりながら、自分でも意外な感想をもらした。

オ　ケンスケに想定外の対応をしてしまった「私」は、ケンスケに嫌われたくない一心から、興奮した状態のまま、自分をかばうような言葉を次から次へと口にすることになった。

問五　［2］〜［4］に入る語として最もふさわしいものを次の中からそれぞれ選び、記号で答えなさい。

ア　姉　　イ　妹　　ウ　兄　　エ　弟　　オ　母
カ　父　　キ　姪　　ク　甥　　ケ　伯母　　コ　伯父

問六　――線(3)「ミエ伯母はかえって申し訳なかったと、母に頭を下げた」とありますが、「ミエ伯母」が「母に頭を下げた」のはなぜだと考えられますか。最もふさわしいものを次の中から一つ選び、記号で答えなさい。

ア　タイチやヒナコのことを心配して、前日に起きたささやかな出来事について、わざわざ翌朝に謝りに来た「私」の母の礼儀正しさを、ミエ伯母はありがたいと感じたから。

イ　事態をおだやかにおさめるために、「私」の母が、なにもいわずに、自分の息子の方に非があることにしてくれた気づかいに対して、ミエ伯母はありがたいと思ったから。

ウ　ケンスケ自身が抱えている問題のために、前日、ケンスケが嫌われてしまうという恐れが先回りしていじけた気持ちを呼び、渋い柿を食べた時みたいに体の内側が痺れてくるのがわかった。私の唇は、喉は、両手は勝手に動いて止まらなかった。

　自分がどう思うか言わないのに、子供に聞くのはずるい。子供はみんなわからないまんまで神父様の話を聞いてるんだよ。それがどんなお話かを教えるのは伯父ちゃんなのに。人を試して正しいか聞くのはずるい。

　全部言いきれたかどうかわからない。途中から声は震えていて、息をたくさん吸わなければ苦しかったし、しゃっくりのようなものがしきりに出た。そもそも見上げていたはずの伯父の顔がうるんで溶けて正体を失っていた。

　水の底からこんなことを言う声がした。

　タイチもヒナコも、これからは日曜のミサには自分で通え。Sちゃん、君は俺と一緒に来い。

　その日の記憶はそこまでだ。

　翌朝早く、母が玄関の方から伯父の家に謝りに行ったのは覚えている。私から要領を得ない話を聞いた母は、それでも私が伯父に重大な口答えをしたと考えたらしかった。なんにせよタイチちゃんもヒナコちゃんもパパと教会に行けなくなったと泣き続け、声は私の家にまでよく響いた。私のせいでそうなった、と母は推測した。

　ところが(3)<u>ミエ伯母はかえって申し訳なかったと、母に頭を下げた</u>のだそうだ。そして今も私の心に残り続ける言葉を伝えた。

　あの人は本当のクリスチャンじゃないから。

　ミエさは私にそう言っただえ、と朝食を作るためエプロン姿に戻った母は信州弁で少し吹き出した。そして、母によればミエ伯母もまた吹き出しながらこう続けたのだった。

　ケンスケさんは自分だけの問題を考えるために聖書を読んだり教会に通ったりしてるでしょ。タイチやヒナやあたしもそれに付き合わされているだけよ。ミトさん、それは妹さんだからわかるでしょ？　ちょうどタイチも受験で忙しくなるし、ヒナもすぐそうなるから自由に教会に行かせたかったところなの。

　母はミエ伯母の口調にかすかに残る山形訛りまで含めた再現を終え、謝りに出かけた時の顔面蒼白とは打ってかわったケロッとした表情で私に言った。

「それでね、Sちゃん。ミエさがごめんねって言って下さいって。だって伯父ちゃん、勝手にSちゃんにだけ※洗礼を受けさせちゃったでしょ。あんなこと、親に相談せずにすることじゃないって」

　私はあっけにとられた。自分は幼稚園の頃から教会で※もうひとつの名前を持っていた。だがそれは伯父の独断によるもので、両親はあとから知ったというのだった。デタラメといえばデタラメな話だったが、特に私の親がそれを問題視している様子はなかった。ただ私はその事実を聞いて（今から正確な言葉にすればだが）、自分が正統な信者ではないという気がした。

　同時に、ケンスケ伯父が本当のクリスチャンじゃないという伯母のひとことが私を惑わせた。［４］ならそれがわかるでしょと言われた母がおそらくうなずいただろうことも、私には不思議でならなかった。伯父にどんな秘密が隠されているというのだろう。そして、伯父もまた正統な神のしもべではないのかもしれないという考えが、私の心を伯父に深くつないだ。

（いとうせいこう「犬小屋」より）

※いわく…ここでは、「私は次のように言った」という意味。
※グーテンモルゲン…ドイツ語で「おはよう」の意味。
※符牒…仲間だけに通用する言葉。
※説教…宗教の話をわかりやすく説き聞かせること。その話。

の私がその日に思いついた勝手なルールで石蹴りをして遊んでいると(誰かの足に石が当たったらその人が点をもらえるというもので、蹴った者以外は当たろうとして素早く動いた。私は二十年ほどのちの冬の夕暮れ、留学したドイツ西部の裏町でまったく同じ遊びをしている子供たちに出会い、年月も海も超えて私のルールが子供世界に伝承されているような気がしたものだ)、やがて伯父が白い扉を開け、こわばった顔で近づいてきて私たち全員にひとつの問いをしかけた。

今日グリ神父様がお話しになったことは、本当に正しいのかどうか。君たちはどう思う?

伯父はタイチちゃんにもヒナコちゃんにも「お前」と言ったことがなかった。もちろん私にも。唯一、伯父がお前と呼ぶのは弟であるゲント伯父と、末の妹である私の母だけだった。しかしそういう真面目な質問をする時、ケンスケ伯父はゲント伯父にも母にも、おそらく誰に対しても「君」と呼びかけた。戦後数年、他県で高校教師を務めた④オリの習慣だったのではないか。

伯父はまず最も年かさのタイチちゃんに顔を向けた。タイチちゃんは翌年には医学系の大学付属中学に入る年齢だったし、成績も抜群によかったから、その日のグリ神父の説教を、引用されたすべての節の数字まで思い出して話したのだったと記憶する。すらすらとタイチちゃんは、しかし少し不服そうな声音でしゃべった。最後は※マタイ伝からユダが裏切る瞬間のこと、続いて剣を取る者はみな剣で滅びるというイエスの言葉を引き、無抵抗であることの大きな意義を強調した(ただし、これらタイチちゃんの要約を理解したのは長い年月のあと、私が大学院を出てから海外を転々と移動している間のことで、それはあたかも前世の思い出をしゃべる幼児のように、ある午後突然に私の中に言葉として来たのだった。そう、ジュンコ・スタンジェ——それは私と結婚する前の、オランダと日本の血の混在を示す名前だけれど、私は習慣通りここでも君をそう呼ぶ——、すでに君のいないあの午後だ。それまで私はずっと、夢で泳ぐぬるい水のプールのきわでさざ波がたつような音の塊としてしか、タイチちゃんの息もつかせぬほどの返答を覚えていなかったのである)。

伯父は何も言わず、続いてヒナコちゃんを見た。小学四年生のヒナコちゃんはまっすぐ伸びた黒髪のかげで、早くも目をうるませていた。自分の［２］が要求しているのは、グリ神父が何を言ったかのまとめではないのを知っていたのだと思う。それはタイチちゃんにしても同じだったに決まっている。けれど、どうせ何を言ってもはねつけられるだけだとわかっていたからこそ、タイチちゃんは顎をあげてよどみなく話をしたのだ。［３］の私でさえ、伯父が何か大きく硬い何かを胸に抱えて教会から出てきたことに気づいていたのだから。結局、ヒナコちゃんは何も言わなかった。下も向かず、高い鼻筋の脇を通って垂れてゆく涙もふかなかった。

そして私の番が来た。七歳の私の番が。

下町の曇り空の上を一羽のカラスが横切ったのを妙にはっきりと覚えている。鳴き声が自分を呼んだように感じたのかもしれない。私は一度、そちらを見た。まだ町中に電線が張り巡らされており、そこに雀やカラス、モズやシジュウカラがとまっていた時代だ。

私にはグリ神父の言っていたことなどどうでもいいと思った。なぜなら難しくてわからなかったから。それより、タイチちゃんとヒナコちゃんに厳しくする伯父が憎いと思った。初めての感情を自分は※いぶかしむ暇もなかった。伯父の期待に応じたいとも、私は願っていたから。口から出て来たのは思ってもみない言葉であった。

伯父ちゃんはずるい。

その瞬間、ケンスケ伯父は眼鏡の奥の目を見開いた。瞳の奥までからっぽになったように思えた。悲しい気持ちが胸からわくと同時に、指摘された。それは授業参観のあとなどに母へ直接伝えられたことだが、決して注意というわけでもなく、どちらかというと感嘆に近いものであったらしい。確かに私は小学校の教室の後ろ隅で学級図書の下にはさまれているショウリョウバッタの足の音に気づいたと言い張ったし、校門の横にある金網小屋の中に二匹の野犬が入り込んでウサギが藁にもぐって脅えていることを見てもいないのに授業中に言い当てたりした(七十年代の東京下町には飼い主のいない犬がまだうろついていた。私たちが暮らしていた葛飾区K町の場合、彼らはたいてい町の東を流れる江戸川の河川敷の方から来た。犬たちはよく道路の真ん中に群れ、一定の距離から人間の様子をうかがった。「早く保健所がくればいいんだけど」という言葉を母からも、友人の家族からも頻繁に聞いた。そうした野犬がほとんどすっかり列島から姿を消したと思っていた二〇一一年、それは福島に現れた。まずは移動させられなかった元飼い犬として。次にその子供たちとして)。

近所の人たちは伯父と私の挨拶をどう思っていただろう。当時も今も、町で巻き舌のドイツ語を言い交わす大人と小さな子供の二人組などに出くわすことなどあり得ず、それどころか大人の方はレンズの眼鏡が鼻先へずれてくるのもかまわずに子供のつむじへと覆いかぶさって歩き出し、変わらぬ声量で自分たちだけの※符牒で出来上がったような話を始めるのだ。

いいかい、Sちゃん。今日はグリ神父様の※説教で聖パウロの大事な話が出るはずだでな。よくよく聞いてなきゃいかんぜ。

夏は半袖か長袖のポロシャツにスラックス、冬はスーツの上下にループタイをし、厚手のセーターとキャラメル色のコートを着た伯父の言葉にはそうやって信州弁と東京弁みたいなものが混ざった。伯父はほぼ二ヶ月に一度(多い時は月ごとだった)、ある日曜日の午前七時半ぴったりに家の前で私――真冬でも半ズボンをはく習慣はずいぶん家計を助けていただろうと思う――と待ち合わせ、せっかちな足取りで柴又街道の信号を渡ると、下町の狭い道を左右に抜け、嗄れることのない大声でしゃべり続けながらカトリックの教会へ向かったのだった(ちなみに、柴又街道は家のごく近くを南北に突っ切っていたが、私は他の用事でそこを越えた記憶がない。唯一、町のセレモニーホールで行われたケンスケ伯父の葬儀の日を除いては)。

教会にはグリ神父がいた。裾の擦りきれた黒い長衣に十字架を下げて。本名を確かタマグリヨシオといったが、信者たちの中には親しみをこめてグリ様と呼ぶ者がいた(のちに大衆③エンゲキなどのスターが「何々様」と慕われるのを知った時、私の脳裏にはグリ神父の姿が混じって浮かんだ。聖書を片手に持って人を斬る厚化粧の男が)。※恰幅のいい白髪頭の壮年らしく思われたが、当時の私は大人の年齢がよくわかっていなかったから、実際はたいした年ではなかったのかもしれない。考えてみれば当時、ケンスケ伯父は四十代から五十代前半であり、グリ神父の方がずっと年下だった可能性もある。

私の両親に信仰はなかった。父はごくたまに俺は浄土真宗だと言い出すことがあったが、だからといって経をよんだり法要をした試しはなく、母からは宗教の話自体聞いたことがない。一方、ケンスケ伯父一家は皆※クリスチャンだった。タイチちゃんもヒナコちゃんも私が小学一年生になるまでは、伯父と一緒に教会へ通っていた(時にはミエ伯母もいた)。けれど、(2)ある初冬の朝、※ミサが終わって伯父がグリ神父様と何か低い声――伯父は聴こえる方の右耳を神父の方へ向けて教会の長椅子の上で背を丸めた。伯父の反対側の耳は旧制中学時代、※憲兵に殴られて以来聴こえないのだと言っていた。校庭での訓示内容があまりに馬鹿げていると思い、ケンスケ伯父はホクロのある方の唇の端を上げて笑ったのだと何度か私たち親戚の前で語った――で話を始めたので子供三人は教会の裏手の路地に行き、最も年下

二〇二二年度
渋谷教育学園渋谷中学校

【国　語】〈第一回試験〉（五〇分）〈満点：一〇〇点〉

※「〇〇字」で、または「〇〇字以内で」、という指示がある場合は、「。」「、」「かっこ」なども一字と数えます。

一　次の文章を読んで後の問いに答えなさい。

私は小学校高学年になってもまだ敷布団を濡らすことがある子供だった。自分に嫌気がさした私は忘れもしない小学四年生の春のある夜（なぜ覚えているかといえば、その年度から担任になったタケノという若い男の先生が、授業初日のホームルームで「逆転の発想」という言葉を平仮名混じりで黒板に大書し、これが私たちのクラスの一年間の課題だと言ったからだ）、(1)一計を案じた。

私は奥の部屋で横になっている両親に向かって「今夜、ぼくはおねしょで歴史に残る。お父さんもお母さんも下の階に流れ落ちるから、大事な荷物があるならまとめておいてほしい」と声を高めたのだった。おねしょをしてはいけないと思うから緊張してうまく眠れないし、おかげで朝方の尿意に気づかず漏らしてしまう。だからむしろ放尿宣言を発し、気を楽にして朝を迎えようとしたのである。それこそが新学期初日に早くも実行に移された、私の「逆転の発想」だった。

翌朝、私は乾いた布団の上で起きた。自分にかけたまじないがうまくいったのに気をよくして、次の夜も大口を叩いた。朝起きると、またも布団は乾いたままだった。日に日に私の予言は大げさになった。同じような内容ではまじないが解けるような不安があった。※いわく、おねしょでこの家が流されて住所が変わるから覚悟をしておけ。いわく、僕のおねしょは町にあふれて伯父ちゃんの家も隣の安藤さんの家も車も小学校もお墓も流されるし溺れて沈む人がたくさん出るから今のうちに警察に言っておいて欲しい。私の夜の言葉がとうとう東京全域に深刻な危害を与えるほどになった頃、私の布団にも二十三区の地図めいた黄色い水が匂いをたててしみていた。

その時分、我が家はまだ一階部分にひと部屋建て増しをする前で、小さな庭に母は物干し台を置いていた。したがって私がシミをつけた布団はそこに干され、隣の安藤さんの家（流されるどころか、小豆色の四角い板を重ねて作られた壁は湿ってさえいなかった）、あるいは伯父たちの鼻へと小便が乾いていく時の強い匂いをふりまいた。

私たち一家に最終的に庭のすべてを与えた伯父は、ミエ伯母さん、私より五つ年上の長男タイチちゃん、三つ上の長女ヒナコちゃんと四人で別荘風の二階家に暮らしていた。私が気にするのはいつも伯父のたてる音だけだった。恐ろしいというのとも好ましいというのとも違う。私は伯父の邪魔になりたくなかったのだと思う。だからケンスケ伯父の気配がすると、私は自分の動きを止めた。言葉をのむか、音を下げた。両親には絶対気づかれないように（だから私は考えるふりが上手になったし、物事をあたかも［1］に語ってみせるのが得意になった。それらはすべて、唐突に行動をやめてみせるのをごまかすために、子供の自分が①アみ出した方法だった）。

けれど※**グーテンモルゲン**！とドイツ語で話しかけられる時は別だった。伯父は幼い私にこそ返事を求めているのであったから。私は母の話によれば幼稚園の年長組に入る頃にはもう、伯父に向かって同じように大きな声で**グーテンモルゲン**！と言い返していたそうだ。頭をなでてもらいたかったのか、笑ってもらいたくてか。少なくとも母が奥の家の中で笑うのは聞こえていた。母は誇らしげに私の声に反応し、伯父の家の玄関に立つ私の小さな耳に笑いを②トドかせたのだった。

私はその町に住んでいる間、聴覚が鋭すぎると複数の担任教師に

2022年度

渋谷教育学園渋谷中学校 ▶解説と解答

算　数　＜第１回試験＞（50分）＜満点：100点＞

解　答

[1] (1) $\frac{1}{84}$　(2) 57.4点　(3) 80 g　(4) 1250円　(5) *B* 7　*P* 3　(6) 10032.3cm³　[2] (1) 625個　(2) 65個　(3) 157個　[3] (1) 6.25cm²　(2) 12.25cm²　(3) 40.5cm²　[4] (1) 分速45m　(2) 1800m　(3) 分速48m　(4) 42分$34\frac{26}{31}$秒後

解　説

[1] 四則計算，平均とのべ，濃度（のうど），売買損益，割合と比，条件の整理，体積

(1) $\frac{1}{12}-\frac{2}{7}\div\left\{\frac{1}{3}\div1\frac{2}{3}\div\left(\frac{1}{4}-\frac{1}{5}\right)\right\}=\frac{1}{12}-\frac{2}{7}\div\left\{\frac{1}{3}\div\frac{5}{3}\div\left(\frac{5}{20}-\frac{4}{20}\right)\right\}=\frac{1}{12}-\frac{2}{7}\div\left(\frac{1}{3}\times\frac{3}{5}\div\frac{1}{20}\right)=\frac{1}{12}-\frac{2}{7}\div\left(\frac{1}{5}\times\frac{20}{1}\right)=\frac{1}{12}-\frac{2}{7}\div\frac{4}{1}=\frac{1}{12}-\frac{2}{7}\times\frac{1}{4}=\frac{1}{12}-\frac{1}{14}=\frac{7}{84}-\frac{6}{84}=\frac{1}{84}$

(2) 条件をまとめると，右の図１のようになる。ここで，(平均点)＝(合計点)÷(人数)より，(合計点)＝(平均点)×(人数)となるから，Ａ組の合計点は，62×29＝1798(点)，Ｂ組の合計点は，58×31＝1798(点)とわかる。また，全体の人数は，29＋31＋30＝90(人)であり，全体の合計点は，59.1×90＝5319(点)と求められる。よって，Ｃ組の合計点は，5319－(1798＋1798)＝1723(点)なので，Ｃ組の平均点は，1723÷30＝57.43…より，小数第２位を四捨五入すると57.4点とわかる。

図１

	人数	平均点
Ａ組	29人	62点
Ｂ組	31人	58点
Ｃ組	30人	
全体		59.1点

(3) ５％の食塩水の重さを□ｇとして図に表すと，右の図２のようになる。図２で，ア：イ＝(7.5－５)：(８－7.5)＝５：１だから，□：400＝$\frac{1}{5}$：$\frac{1}{1}$＝１：５とわかる。よって，加えた５％の食塩水の重さは，□＝400×$\frac{1}{5}$＝80(ｇ)である。

図２

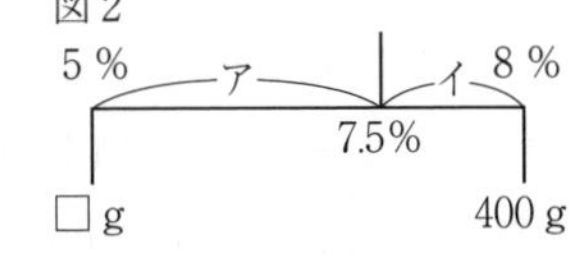

(4) 定価の１割引きで売るときと定価の２割引きで売るときを比べると，売る個数の比は，300：675＝４：９である。このときの利益が等しいから，１個あたりの利益の比は，$\frac{1}{4}$：$\frac{1}{9}$＝９：４となり，右の図３のように表すことができる。図３で，[0.2]－[0.1]＝[0.1]にあたる金額と，⑨－④＝⑤にあたる金額が等しいから，[1]＝⑤÷0.1＝㊿とわかる。よって，原価は，[1]－[0.1]－⑨＝㊿－⑤－⑨＝㊱と表すことができ，これが900円なので，①＝900÷36＝25(円)となり，定価は，25×50＝1250(円)と求められる。

図３

定価[1]
原価(900円)
１割引き　⑨　[0.1]
２割引き　④　[0.2]

(5) 問題文中の図で，*ABC*が考えられる数の中で一番大きい数になるときだから，$A=9$の場合について考える。下の図４で，$6+F+I$は，$6+1+2=9$以上，$6+8+7=21$以下であり，その一の位は２だから，12と決まる(また，$F+I=12-6=6$となり，上の位に１がくり上がる)。

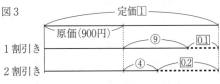

すると，$B+E+0+1$は，$1+2+0+1=4$以上，$8+7+0+1=16$以下であり，その一の位は２なので，12と決まる(また，$B+E=12-1=11$となり，上の位に１がくり上がる)。さらに，$9+D+G+1$は，$9+1+2+1=13$以上，$9+8+7+1=25$以下であり，その一の位は０だから，20と決まる(また，$D+G=20-1-9=10$となる)。よって，考えられる組み合わせは右の図５のようになり，$(B,\ E)=(3,\ 8)$とすると$(D,\ G)$に合う組み合わせがなくなってしまうので，$(B,\ E)=(4,\ 7)$となる。すると，$(F,\ I)=(1,\ 5)$，$(D,\ G)=(2,\ 8)$と決まる。したがって，ABCが一番大きい数になるのは，Bが７のときである。また，このときPは３である。

図４

	$9\ B\ 6$
	$D\ E\ F$
＋	$G\ 0\ I$
	２０２２

図５

$(F,\ I)=(\underline{1,\ 5})$，$(2,\ 4)$
$(B,\ E)=(3,\ 8)$，$(\underline{4,\ 7})$
$(D,\ G)=(\underline{2,\ 8})$，$(3,\ 7)$

(6)　問題文中の図の直線Lの右側の部分を左側に折り返すと，右の図６のかげをつけた図形になる。この図形を１回転させてできる立体の体積を求めればよい。これは，長方形ABGIを１回転させてできる円柱㋐，三角形HCFを１回転させてできる円すい㋑，長方形CDEFを１回転させてできる円柱㋒の体積の合計から，三角形HBGを１回転させてできる円すい㋓と，三角形HIJを１回転させてできる円すい㋔の体積をひいて求めることができる。さらに，DK＝24cmより，K′E＝KE＝24－15＝９(cm)であり，三角形HCF，三角形HBG，三角形HIJは直角二等辺三角形なので，HF＝CF＝15cm，HG＝BG＝９cm，JI＝HI＝24－(15＋６)＝３(cm)とわかる。

図６

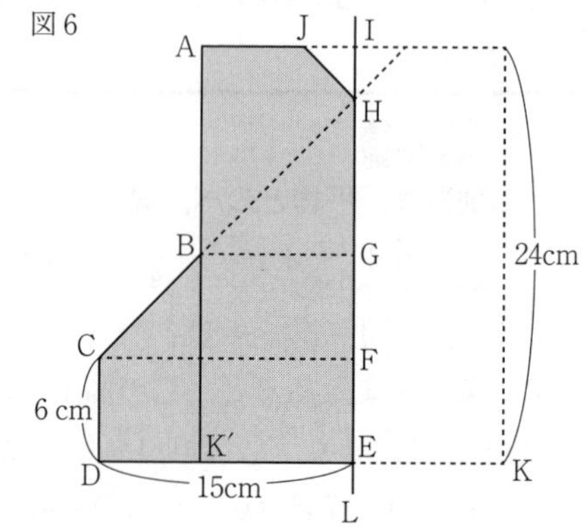

よって，円柱㋐の体積は，$9\times9\times3.14\times(3+9)=972\times3.14$(cm^3)，円すい㋑の体積は，$15\times15\times3.14\times15\div3=1125\times3.14$(cm^3)，円柱㋒の体積は，$15\times15\times3.14\times6=1350\times3.14$(cm^3)，円すい㋓の体積は，$9\times9\times3.14\times9\div3=243\times3.14$(cm^3)，円すい㋔の体積は，$3\times3\times3.14\times3\div3=9\times3.14$(cm^3)となる。したがって，かげをつけた図形を１回転させてできる立体の体積は，$972\times3.14+1125\times3.14+1350\times3.14-243\times3.14-9\times3.14=(972+1125+1350-243-9)\times3.14=3195\times3.14=10032.3$(cm^3)と求められる。

2　場合の数，素数の性質

(1)　千の位，百の位，十の位，一の位にそれぞれ５通りの数字を使うことができるから，４桁(けた)の整数は全部で，$5\times5\times5\times5=625$(個)並んでいる。

(2)　８の倍数は４の倍数にふくまれ，４の倍数は２の倍数にふくまれる。また，２の倍数は一の位が偶数(ぐうすう)で，４の倍数は下２桁が４の倍数(または00)，８の倍数は下３桁が８の倍数(または000)である。よって，１～５の数字だけを使う場合，２の倍数は右上の図１のⒶの２種類，Ⓐのうち４の倍数はⒷの５種類，Ⓑのうち８の倍数はⒸの13種類となる(□には１～５の数字が入る)。したがって，８の倍数は全部で，５×13

図１

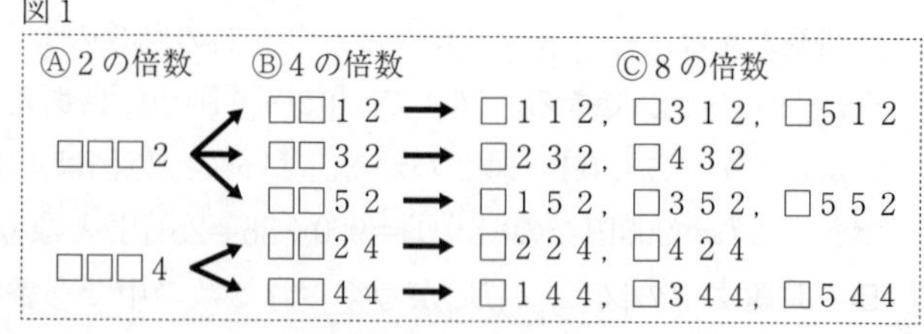

＝65(個)並んでいる。

(3)　それぞれの整数を素数の積で表したとき，２と５の組が１組できるごとに，積の終わりに0が１個増える。そこで，はじめに５の個数を求める。この場合の５の倍数は一の位が５の数であり，千の位，百の位，十の位にそれぞれ５通りの数字を使うことができるから，５の倍数は，５×５×５＝125(個)ある。また，この場合の，５×５＝25の倍数は下２桁が25の数であり，千の位，百の位にそれぞれ５通りの数字を使うことができるので，25の倍数は，５×５＝25(個)ある。さらに，この場合の，５×５×５＝125の倍数は下３桁が125の数であり，{1125，2125，3125，4125，5125}の５個ある。よって，これらをまとめると，右の図２のようになる。５の個数は，㋐の中には125個，㋑の中にはそれ以外に25個，㋒の中にはそれ以外に５個ある。さらに，125×５×５＝3125より，3125の中にはさらに２個ふくまれることがわかるから，５の個数は全部で，125＋25＋５＋２＝157(個)と求められる。次に，２の個数を求める。この場合の２の倍数は一の位が２または４の数であり，千の位，百の位，十の位にそれぞれ５通りの数字を使うことができるので，２の倍数は，５×５×５×２＝250(個)ある(つまり，２は250個以上ある)。したがって，それぞれの整数を素数の積で表したとき，５は157個，２は250個以上あるので，一の位から続く０の個数は157個とわかる。

図２

㋐　５の倍数(□□□５)	➡125個
㋑　25の倍数(□□２５)	➡ 25個
㋒125の倍数(□１２５)	➡　５個

3　平面図形―面積

(1)　下の図①で，ＢからACと直角に交わる線BDを引くと，三角形ABDは正三角形を半分にした形の三角形になる。よって，BDの長さは，５÷２＝2.5(cm)なので，三角形ABCの面積は，５×2.5÷２＝6.25(cm²)と求められる。

(2)　下の図②は，問題文中の図３にＥ～Ｉの記号をかき入れてからＥとＩを結び，FI＝IG＝７cmとしたものである。ここで，角EFIの大きさは，180－(90＋30)＝60(度)であり，FI＝FEだから，三角形FIEは正三角形とわかる。すると，角HEI＝90－60＝30(度)，EI＝EHより，三角形EIHは図①の三角形ABCと相似な二等辺三角形になるので，角EIHの大きさは，(180－30)÷２＝75(度)であり，角HIGの大きさは，180－(60＋75)＝45(度)とわかる。よって，三角形HIGは問題文中の図２の三角形と合同だから，図②の三角形EFIと三角形HIGの面積の差を求めればよいことになる。また，三角形EFIと三角形EIGの面積は等しいので，これは三角形EIGと三角形HIGの面積の差，つまり三角形EIHの面積になる。したがって，(1)と同様に考えると，三角形EFIと三角形HIGの面積の差は，７×(７÷２)÷２＝12.25(cm²)と求められる。

図①

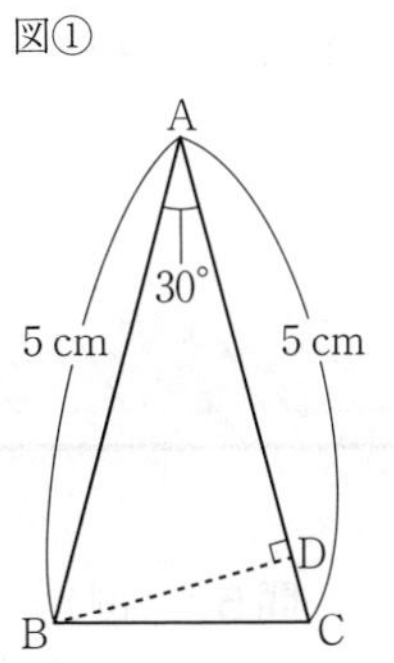

図②

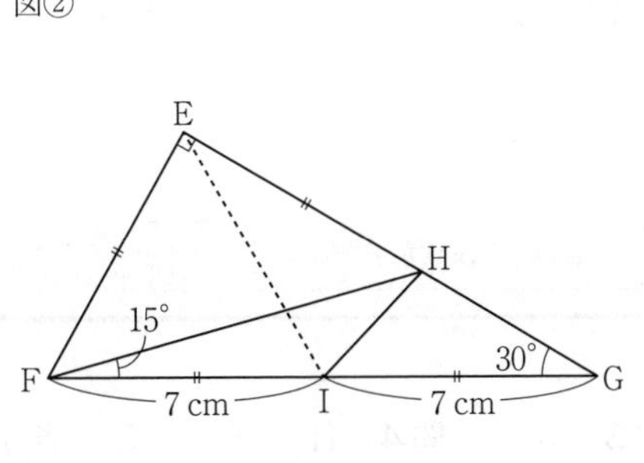

図③

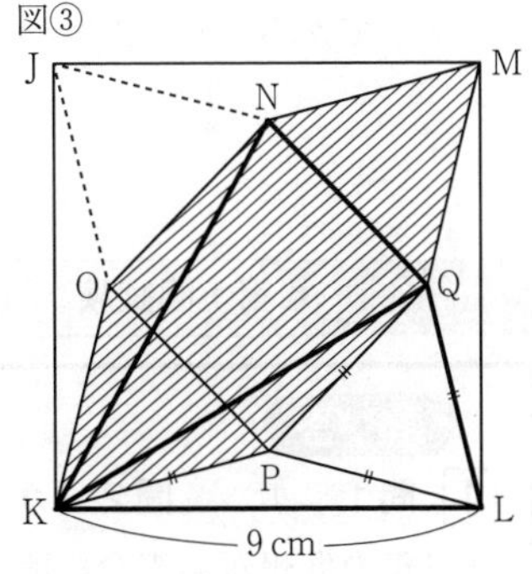

(3)　上の図③で，角KPQの大きさは，60＋90＝150(度)，角KPLの大きさは，360－(150＋60)＝150(度)だから，三角形PKQと三角形PKLは合同な二等辺三角形になる。また，角PKQと角PKLの大きさはどちらも，(180－150)÷２＝15(度)なので，角QKLの大きさは，15＋15＝30(度)になり，三角形KLQは図①の三角形ABCと相似な二等辺三角形とわかる。同様に，角JKNの大きさも30度だから，角NKQの大きさは，90－30×２＝30(度)となり，三角形KLQと三角形KQNも合同とわかる。次に，三角形OKNを三角形PKLに，三角形MNQを三角形LQPにそれぞれ移動すると，斜線部分の面積は三角形KLQと三角形KQNの面積の合計と等しくなる。よって，(1)と同様に考えると，三角形KLQと三角形KQNの面積はどちらも，９×(９÷２)÷２＝20.25(cm²)になるので，斜線部分の面積は，20.25×２＝40.5(cm²)と求められる。

4　グラフ―速さと比，旅人算

(1)　問題文中のグラフより，渋男君がスタートするまでの，$7\frac{30}{60}$分＝7.5分で教子さんが進んだ道のりは337.5ｍとわかるから，教子さんの速さは分速，337.5÷7.5＝45(ｍ)である。

(2)　教子さんが頂上に着いたのはスタートしてから40分後なので，公園から頂上までの道のりは，45×40＝1800(ｍ)と求められる。

(3)　教子さんが公園にもどってきたのはスタートしてから，40×２＝80(分後)であり，渋男君が教子さんを追いこしたのは教子さんがスタートしてから60分後なので，２人の進行のようすをグラフに表すと，右のようになる。教子さんが40分後から60分後までの間に進んだ道のり(ア)は，45×(60－40)＝900(ｍ)である。また，渋男君の上りと下りの速さの比は，１：1.25＝４：５なので，渋男君が1800ｍ上るのにかかった時間と900ｍ下るのにかかった時間の比(イとウの時間の比)は，$\frac{1800}{4}:\frac{900}{5}$＝５：２とわかる。この比の和が，60－7.5＝52.5(分)にあたるから，イの時間は，$52.5\times\frac{5}{5+2}$＝37.5(分)と求められる。よって，渋男君の上りの速さは分速，1800÷37.5＝48(ｍ)である。

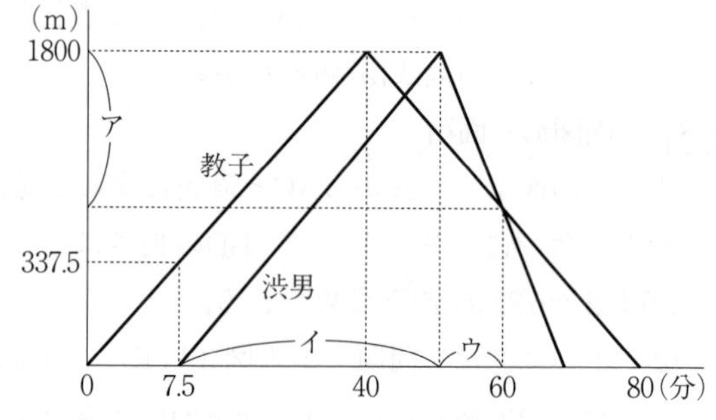

(4)　渋男君が，40－7.5＝32.5(分)で進んだ道のりは，48×32.5＝1560(ｍ)なので，教子さんが頂上に着いたときの２人の間の道のりは，1800－1560＝240(ｍ)とわかる。よって，２人がすれ違ったのは，教子さんが頂上を折り返してから，$240\div(45+48)=\frac{80}{31}=2\frac{18}{31}$(分後)なので，教子さんがスタートしてから，$40+2\frac{18}{31}=42\frac{18}{31}$(分後)となる。これは，$60\times\frac{18}{31}=34\frac{26}{31}$(秒)より，42分$34\frac{26}{31}$秒後となる。

社　会　＜第１回試験＞（30分）＜満点：50点＞

解　答

1　**問１**　エ　**問２**　カ　**問３**　エ　**問４**　(1)　イ　(2)　能登半島　**問５**　(例)　2011年の九州新幹線全線開業により，JR線利用時の所要時間が短縮したことで，JR線の旅客数が急増して航空機の旅客数を上回り，JR線利用者の占める割合が半数を超えた。　**問６**　(1)　オ　(2)　ア　(3)　カ　**問７**　ウ　**問８**　(例)　鉄道はトラックに比べ大量輸送に向き，エネルギー効率がよく，二酸化炭素や大気汚染物質の排出量が少ないので，地球温暖化や酸性雨などの問題の防止につながる。　**2**　**問１**　多賀城　**問２**　北上川　**問３**　(1)　南部鉄器　(2)　①　エ　②　イ　**問４**　エ　**問５**　イ　**問６**　(1)　銀　(2)　(X)　キ　(Y)　ク　**問７**　(1)　オ　(2)　養蚕　**3**　**問１**　(1)　**あ**　289　**い**　176　(2)　ア　**問２**　(1)　イ　(2)　④　1　⑤　4　⑥　1　⑦　30　⑧　150　**問３**　ワクチン接種

解　説

1　鉄道の歴史を題材とした問題

問１　江戸時代の五街道は東海道・中山道・甲州街道・日光街道・奥州街道で，いずれも江戸日本橋を起点とした。このうち東海道は，品川宿(東京都品川区)から太平洋側の東海地方を経るので，箱根峠(神奈川県・静岡県境)と鈴鹿峠(三重県・滋賀県境)を除くと，終点の京都三条大橋までほとんど平坦な道を通る。中山道は，板橋宿(東京都板橋区)から内陸部に入って中央高地を通るので，ほとんど山間部を通り，草津宿(滋賀県)で東海道に接続する。奥州街道は，宇都宮宿(栃木県)まで日光街道と重複しており，千住宿(東京都足立区)から関東平野を北上し，那須高原(栃木県・福島県)を経て白河宿(福島県)に至る。よって，エが正しい。

問２　群馬・新潟県境には高く険しい越後山脈が横たわるため，トンネルによる鉄道の開通が目指され，まず，単線の清水トンネル(全長約9700m)が1931年に開通した。当時はトンネルを掘る技術が未熟で，その長さをできるだけ短縮するため，勾配のきつい場所にはぐるりと回るループ式のルートがつくられた。その後，トンネルを長くし，これも単線の新清水トンネル(全長約13500m)が1967年に開通した。そして1981年には，上越新幹線専用で複線の大清水トンネル(全長約22200m)が完成した。よって，カが正しい。

問３　通勤・通学に利用する交通手段は大都市ほど鉄道の割合が高いので，人口の多い順に，アは東京23区(約957万人)，エは名古屋市(約230万人，愛知県)，ウは京都市(約140万人)，イは新潟市(約78万人)と判断できる。なお，名古屋市は戦後の復興の過程で道路の幅を広くしたため，自家用車の割合も大都市の中では比較的高い。統計資料は『データでみる県勢』2022年版，『地理統計要覧』2022年版などによる(以下同じ)。

問４　(1)　1975年から1985年の間に，青森・札幌間の時間距離は短縮されておらず，青函海底トンネルの開通は1988年のことである。よって，イが誤っている。なお，アは山陽新幹線の全線開通(1975年)，ウは本州四国連絡橋の「児島(岡山県)—坂出(香川県)ルート」(瀬戸大橋，1988年)，エは東北新幹線の盛岡駅(岩手県)—新青森駅間の開通(2002～10年)について説明した文。　(2)　矢印の能登半島(石川県)は，人口が少なく，鉄道の高速化も新たな鉄道の開通もないので，時間距離はほとんど変わらない。

問５　図１で，2011年までは，JR線より航空機の利用客が多かった。しかし，図２に示された九州新幹線の博多駅(福岡県)—熊本駅間が開通したあと，2012年以降は，JR線と航空機の利用客数が全体的に増えるとともに，JR線の利用客の割合も半分以上を占めるようになった。

問６　(1)　静岡市は太平洋側の気候に属し，夏の降水量が多いので，Bと判断できる。米原市(滋

賀県)は日本海側の気候に属し，冬の降水量(降雪量)が多いので，Ａである。姫路市(兵庫県)は瀬戸内の気候に属し，年間降水量が少ないので，Ｃとわかる。　(2)　小田原市(神奈川県)は，ほかの３市に比べて工業製品出荷額が少ないので，アがあてはまる。なお，パルプ・紙・紙加工品が多いイは富士市(静岡県)，輸送用機械器具が多いウは自動車産業がさかんな広島市，鉄鋼業が多いエは北九州市(福岡県)。　(3)　大消費地をかかえる神奈川県と愛知県は近郊農業がさかんに行われている。しかし，表には示されていないが，愛知県では電照菊に代表される花きの産出額も多いため，神奈川県に比べて農業産出額に占める野菜の割合が低くなる。また，岡山県ではぶどうなどの果実の栽培がさかんである。よって，カがあてはまる。

問７　1964年は札幌と帯広・釧路を直接つなぐ路線はなかったが，1987年にはそれが開通している。よって，ウが正しい。なお，アについて，稚内周辺は寒冷なので，米を栽培できない。イについて，高速道路の開通は，この地図ではわからない。エについて，炭鉱はほぼすべてが閉山している。

問８　SDGsは持続可能な開発目標のことで，資料で示されているような，エネルギー問題や気候変動(地球温暖化)問題への対策など合わせて17の目標がかかげられている。貨物輸送において，トラックはエネルギー消費量が多く，また地球温暖化をもたらす二酸化炭素の排出量も多い。一方，電化された鉄道は大量輸送が可能で，かつエネルギー効率がよく，二酸化炭素や環境に有害な物質の排出量も少ないという利点がある。

２　金属の歴史を題材とした問題

問１　奈良時代の前半(８世紀前半)には，東北地方に住む蝦夷に対する軍事拠点として多賀城(宮城県)が築かれ，陸奥国(東北地方の太平洋側)の国府と鎮守府が置かれた。そして平安時代初め(９世紀前半)，征夷大将軍に任命された坂上田村麻呂が胆沢城・志波城(いずれも岩手県)を築き，朝廷の勢力範囲を拡大させた。

問２　Ｙは北上川で，岩手県北部からおおむね南へ向かって流れ，宮城県内で二手に分かれて太平洋に注ぐ。

問３　(1)　写真は南部鉄器で，伝統的工芸品の鋳物である。おもに，岩手県の盛岡市や奥州市水沢地区などで生産される。　(2)　①「盛岡藩が成立し」「茶の湯釜・美術工芸品など」とあるので，江戸時代初めの武士のようすを説明しているエがふさわしい。なお，盛岡市の南部鉄器は，盛岡藩の南部氏が奨励したことで発展した。　②「後三年の役が終わり」「鍋・釜・武器など」とあるので，平安時代後半の庶民のようすを説明しているイが選べる。なお，奥州藤原氏は東北地方で起こった前九年の役(1051～62年)と後三年の役(1083～87年)を経て勢力を広げた地元豪族で，その初代清衡により水沢の南部鉄器が始められた。北上山地の砂鉄・炭，北上川流域の良質な砂と粘土など，原材料が得やすかったことがその背景にある。

問４　年表のできごとについて，ロシア使節レザノフが長崎に来航したのは1804年，異国船打払令が出されたのは1825年，大坂(大阪)で大塩平八郎が乱を起こしたのは1837年，アヘン戦争は1840～42年，日米和親条約がむすばれたのは1854年のことである。よって，1850年のできごとはエに入る。

問５　室町時代，沖縄では琉球王国が成立し，日本・中国・東南アジアとの中継貿易で栄えた。文章中に「琉球人は，(②)に行って黄金と銅を買い入れ」とあるので，②は日本である。当時の日本と明(中国)との貿易(日明貿易)でも，日本からは金や銅，硫黄，刀剣などが輸出された(一方，明からは銅銭や生糸，絹織物，陶磁器などが輸入された)。また，②は「(①)の国王の臣下である」

と述べられているので，①は中国と判断できる。日明貿易は，国王が明に朝貢(貢ぎ物を差し出して臣下の礼をとること)し，その返礼として品物を受け取るという朝貢貿易の形式で行われた。

問６　⑴　(X)は島根県中部に位置する石見銀山で，江戸時代には天領(幕府の直轄地)として大量の銀を産出した。17世紀には世界の銀の約３分の１が日本で産出されたため，日本はヨーロッパの国々から「銀の島」ともよばれ，その多くが石見の銀であったといわれている。その鉱山跡は，「石見銀山遺跡とその文化的景観」としてユネスコ(国連教育科学文化機関)の世界文化遺産に登録されている。なお，(Y)は生野銀山(兵庫県)，(Z)は院内銀山(秋田県)。　**⑵**　**(X)**　石見銀山は，戦国時代に尼子氏と大内氏が領有権を争ったが，最後は毛利氏が支配した。　**(Y)**　生野銀山は，守護大名の山名氏により開発され，江戸時代に天領となった。　なお，アの朝倉氏は越前(福井県北部)，イの上杉氏は越後(新潟県)，ウの大友氏は豊後(大分県)，エの武田氏は甲斐(山梨県)，オの伊達氏は東北地方，カの北条氏(後北条氏，小田原北条氏)は相模国(神奈川県)の小田原をおもな本拠地としていた。また，(Z)の院内銀山は江戸時代初期に開発され，多くの銀が幕府に納入された。

問７　⑴　①，②　【資料１】に「1715年に出された条例」とあるので，江戸幕府はこの条例を，1639年にポルトガル船の来航を禁止して鎖国体制を確立したあとに出したことになる。また，【江戸時代の貿易に関する説明文】に「当時の主要な貿易相手国」とあるので，①，②は鎖国後も幕府と長崎で貿易を行うことが許された国，つまり，一方が清(中国)，もう一方がオランダと判断できる。当時はオランダよりも清との貿易がさかんだったので，①は清，②はオランダとなる。なお，【資料１】は「海舶互市新例」(長崎新令)とよばれる条例の一部で，この条例は正徳の治とよばれる政治を行った新井白石により，金銀の国外流出を防ぐために出された。　③　【資料２】の輸入品目の上位に絹織物があるので，その原料である生糸(絹糸)も多く輸入されたと推測できる。また，生糸をつくる工業を製糸業，綿糸をつくる工業を紡績業という。日本では江戸時代末期に製糸業がさかんになり，【資料３】にあるように，生糸は主要な輸出品となった。その後，明治時代に入ってから紡績業がさかんになった。　**⑵**　生糸は蚕の繭からつくられる。蚕のえさとなる桑を栽培して蚕を飼い，繭を生産する産業を，養蚕業という。

3 衆議院議員総選挙を題材とした問題

問１　⑴　**あ，い**　衆議院の選挙制度は小選挙区比例代表並立制とよばれ，全国を289に分けた小選挙区選挙で289人，全国を11のブロックに分けた比例代表選挙で176人が選ばれる。　⑵　表中の「日中選挙」は，1972年に行われている。この年，日中共同声明がむすばれたことにより日本と中国(中華人民共和国)の国交が正常化されたので，アが選べる。なお，イ～エについて，ベトナムが統一されたのは1976年，日中平和友好条約が結ばれたのは1978年，天安門事件が起こったのは1989年のことである。

問２　⑴，⑵　④～⑧　通常国会(常会)は毎年１回１月に召集される国会で，予算の審議が中心となり，会期は150日間(１回だけ延長できる)である。臨時国会(臨時会)は必要なときに召集される国会で，内閣が必要と認めたとき，あるいは衆参両議院のどちらかの議院の総議員の４分の１以上の要求があったときに開かれる。特別国会(特別会)は衆議院議員総選挙後30日内に召集され，その冒頭でそれまでの内閣が総辞職し，ほかの案件に先だって内閣総理大臣の指名選挙が行われる。

問３　2021年，菅義偉総理大臣は河野太郎行政改革担当大臣に，新型コロナウイルス感染症対策のため，ワクチン接種推進担当大臣を兼務するように指示した。

理　科　＜第１回試験＞（30分）＜満点：50点＞

解　答

1 **問１**　エ　**問２**　34本　**問３**　（例）　葉の重さが茎に均等にかかる点。　**問４**　右の図／**開度**…144度　**問５**　エ　2 **問１**　（例）　ハンダごてによって針の中の液体のインクが加熱されて気体に変化し，体積が急に大きくなったから。　**問２**　ウ　**問３**　（例）　顔料のインクを紙からはがれにくくするため。　**問４**　イ　**問５**　ウ　**問６**　133334匹

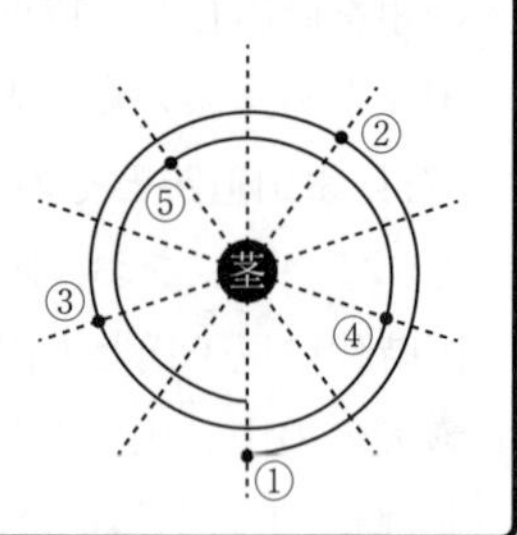

解　説

1 花びらや葉のつき方についての問題

問１　アブラナはアブラナ科の植物で，その花は４枚の花びらが１枚ずつ離(はな)れている離弁花(りべんか)である。なお，ヘチマ(ウリ科)，サクラ(バラ科)，タンポポ(キク科)の花びらは５枚で，イネは花びらをもたない。

問２　それぞれの成長期後の枝の数は，１回目が１本，２回目が，１＋１＝２(本)，３回目が，１＋２＝３(本)，４回目が，２＋３＝５(本)，５回目が，３＋５＝８(本)，６回目が，５＋８＝13(本)，７回目が，８＋13＝21(本)となる。よって，８回目の成長期後の枝の数は，13＋21＝34(本)とわかる。

問３　葉が茎(くき)の周りに規則性をもってついていると，葉の重さが茎に均等にかかるので，つごうがよいといえる。また，上から見たときに葉が重ならずにまんべんなく日光が当たるので，光合成の効率の点でも有利である。

問４　図３で，$\frac{1}{2}$葉序のＡの開度は，$360\times\frac{1}{2}=180$(度)，$\frac{1}{3}$葉序のＢの開度は，$360\times\frac{1}{3}=120$(度)となっている。これを参考にすると，$\frac{2}{5}$葉序の植物の開度は，$360\times\frac{2}{5}=144$(度)となる。また，解答らんの図には点線が，$360\div10=36$(度)間隔(かんかく)でかかれているので，①から反時計回りに点線を，$144\div36=4$(本)進むごとに②～⑤の点をかき入れればよい。

問５　フィボナッチ数列を使った規則性になることから，問２と同様に考える。葉序の分子，分母に分けて考えると，分子は，１，１，２，３，５，８，…と増えていき，分母は，２，３，５，８，13，…と増えていくと予想できる。すると，葉序は，$\frac{1}{2}$，$\frac{1}{3}$，$\frac{2}{5}$，$\frac{3}{8}$，$\frac{5}{13}$，…となると考えられる。

2 インクの染料と顔料の違(ちが)いについての問題

問１　インクを詰(つ)めた注射器の針に加熱されたハンダごてが触(ふ)れると，その部分にあるインクが加熱されて気体に変化し，体積が急に大きくなる。そのため，インクが針の先から噴(ふ)き出したと考えられる。

問２　顔料インクは，水に溶(と)けないため紙にしみこまず，紙の上にたまっていくことで印刷されると説明されている。したがって，光沢(こうたく)のあるインクジェット写真用の紙は，表面が平らでなめらかになっているので，こすれたときにインクがはがれやすいため，顔料インクの印刷には向かないと推測できる。

問３ アラビアゴムは，接着剤のような役目をしていると述べられている。よって，水彩絵の具にアラビアゴムが混ぜられているのは，紙の上にたまった顔料のインクを紙からはがれにくくするためだと考えられる。

問４ 染料のインクは，色素が水に溶けていて，水と一緒に紙にしみこんでいくと説明されている。そのため，普通の紙に染料のインクで印刷すると，インクが紙の繊維にそって広がり，インクが少しにじんでしまうことがある。

問５ 宛名のような文字に使うインクは，くっきり印刷される顔料を用いる方がよい。問２で述べたように，光沢のあるインクジェット用の紙は顔料インクの印刷には向いていないため，宛名面には加工をしない方がよいといえる。

問６ 200グラムのＴシャツの生地を染めるために必要な染料は，$200\times\frac{1}{10}=20$（グラム），１つの貝からとれる色素は0.15ミリグラムなので，20×1000÷0.15＝133333.3…より，貝は最低133334匹必要である。

国　語　<第１回試験>（50分）<満点：100点>

解　答

一 **問１** 下記を参照のこと。　**問２** （例）　前の夜にあえて大げさに放尿宣言し，おねしょへの緊張から解放されて眠ることで，朝の尿意に気づき，漏らすことをさける計画。　**問３** ア　**問４** エ　**問５** ２　カ　３　ク　４　イ　**問６** ウ　**問７** オ　**問８** エ

二 **問１** 下記を参照のこと。　**問２** （例）　都市から得る短期的な利潤が優先されるあまり，土壌養分が土地に戻らず，本来優先されるべき農業の持続可能性が犠牲になること。　**問３** ア　**問４** オ　**問５** イ　**問６** （例）　新技術の普及は問題の根本的な解決にはならず，環境危機が深刻化する速度に技術が追いつかなければ，環境や経済に甚大な被害が出るという考え。　**問７** エ　**問８** イ

●漢字の書き取り

一 **問１** ①　編(み)　②　届(か)　③　演劇　④　折　二 **問１** ①　動員　②　反映　③　希少(稀少)

解　説

一 **出典はいとうせいこうの『どんぶらこ』所収の「犬小屋」による。** ケンスケ伯父とのかかわりを中心に，「私」は小学校高学年のころのことを回想している。

問１ ①　音読みは「ヘン」で，「編集」などの熟語がある。　②　「届く」は，“達する”という意味。　③　脚本をもとに，俳優が舞台で演じて見せる劇。　④　音読みは「セツ」で，「右折」などの熟語がある。訓読みにはほかに「お(る・れる)」がある。

問２ 「一計を案じる」は，“ある目的を達するための策を思いめぐらす”という意味。おねしょになやむ「私」は，おねしょするまいと緊張して眠れず，朝の尿意に気づかずに漏らすことをさけるため，「逆転の発想」をヒントに前の晩にあえて大げさに放尿宣言し，気を楽にして寝ようと考えたのである。

問３　とつぜん行動をやめるのを両親にみょうだと思われないよう，考えるふりが上手になったと前にある。このほか，複雑なことを考えているらしいと思われるように，物事を「意味深長」に語ってみせたものと考えられる。「意味深長」は，言葉の裏に深い意味をふくんでいるようす。

問４　ケンスケ伯父はグリ神父の話が聞き取れなかったのではないこと，タイチは何を言っても父を納得させられないことを，ヒナコはグリ神父の話のまとめを要求されたのではないことをわかっていたこと，「私」は伯父をずるいと責めたが，自分をかばってはいないことから，エ以外は誤り。

問５　**２**　ケンスケ伯父は，ヒナコちゃんにとっては「父」である。　**３**「私」は，伯父から見ると「甥」にあたる。　**４**　ミエ伯母が「私」の母のミトに向かい，ケンスケ伯父の「妹」なのだからわかるでしょ，とぼう線部⑶の少し後で言っている。

問６　ケンスケ伯父は本当のクリスチャンではないとミエ伯母は言って謝っており，母の礼儀正しさとは無関係であること，母は「私」に非があることにしたのではなく，本当にそう感じて謝っていること，ケンスケ伯父の質問は子どもの年齢には不相応というより，何を言ってもはねつけられると子どもたちが感じていたのが問題であったこと，前々から「私」の洗礼について謝ろうと思っていたかどうかは書かれていないことから，ア，イ，エ，オは誤り。

問７　おねしょで自分の家も伯父さんの家も流れると「私」は言っており，「私」とケンスケ伯父がちがう家に住んでいたとわかること，幼い「私」は「頭をなでてもらいたかったのか，笑ってもらいたくてか」とあるとおり，どういう意図でドイツ語の挨拶をしていたかは不明であること，グリ神父と伯父が話をしている間，「私」は石蹴りをしていたこと，タイチたちに厳しくする伯父を憎く思ったのは初めてであったことから，ア～エは合わない。

問８　タイチの返答を「夢で泳ぐぬるい水のプールのきわでさざ波がたつような音の塊」としてしか「私」は覚えていなかったとあるが，これは記憶がおぼろげで，はっきりした内容は覚えていなかったことを表しており，エにある「不安な気持ち」を表した表現ではない。

二　**出典は斎藤幸平の『人新世の「資本論」』による。**環境危機を乗り越えるために資本が打ち出した，技術的，空間的，時間的な転嫁について説明し，資本主義の限界を明らかにしている。

問１　①　人や物を集めて，ある目的のためにかりたてること。　②　影響がおよび，ほかの形であらわれること。　③　数量が少なく，めずらしいようす。

問２　続く部分からまとめる。資本主義では短期的な利潤が最優先されるため，収穫された穀物は都市で消費されて土壌養分は循環せず，地力を回復させる休耕も行われない。土壌疲弊の危機は化学肥料によって回避されるが，資源は浪費され，大規模な環境問題が引き起こされて，本来優先されるべき農業の持続可能性が犠牲になるという矛盾が起こるのである。

問３　持続可能な農業に必要な土壌養分の循環がなされない問題を，人類は化学肥料の使用という「技術的転嫁」で解決しようとした。だが，化学肥料の生産は有限の資源である化石燃料を浪費するうえ，化学肥料を大量使用すると飲み水や漁業に影響が出，大規模な環境問題が引き起こされるのだから，アがあてはまる。

問４　土壌養分が循環しない問題を，南米で使われていたグアノという代替肥料で解決しようと，欧米が南米からグアノを掠奪して矛盾を南米へ移転したことが「空間的転嫁」にあたる。欧米には都合がよかったが，南米では原住民の暮らしや生態系が大きな打撃をこうむったのだから，オが合う。

問５　「時間的転嫁」の例として，現代の化石燃料の大量消費の結果である気候変動の影響を，将来の世代に負担させることが書かれている。問題を後の世代に先送りする態度なので，大洪水のようなトラブルを「我が亡き後に来たれ！」と自分たちの世代では引き受けない態度といえる。

問６　次の段落で説明されている。新技術が開発されても普及には時間がかかり，その間に環境危機が深刻化する可能性を考えると，技術ですべてを解決できるとはいえない。環境悪化の速度に新技術がおいつかなければ，環境や経済に甚大な影響が出ると筆者は考えているのである。

問７　水道が民営化されているとは，利益の追求を経営上の前提としている民間企業が水道事業を運営していることを意味する。その結果，国民の安全な生活のため，コロナ対策として有効な手洗いに水を使うより，水の売買で得られる利益を優先し，アボカド栽培に水が使われているのである。

問８　前の部分に注目する。先進国の資本主義は，周辺部に気候変動やパンデミックなどの被害をもたらした。転嫁のおかげで資本主義はすぐには崩壊しないが，崩壊に直面するころには地球規模で環境が致命的な被害を受けていると考えられるのだから，イがふさわしい。

Dr.福井の 入試に勝つ！ 脳とからだのウルトラ科学

寝る直前の30分が勝負！

みんなは，寝る前の30分間をどうやって過ごしているかな？　おそらく，その日の勉強が終わって，くつろいでいることだろう。たとえばテレビを見たりゲームをしたり――。ところが，脳の働きから見ると，それは効率的な勉強方法ではないんだ！

実は，キミたちが眠っている間に，脳は強力な接着剤を使って海馬（かいば）（脳の，知識をためる倉庫みたいな部分）に知識をくっつけているんだ。忘れないようにするためにね。もちろん，昼間に覚えたことも少しくっつけるが，やはり夜――それも“寝る前”に覚えたことを海馬にたくさんくっつける。寝ている間は外からの情報が入ってこないので，それだけ覚えたことが定着しやすい。

もうわかるね。寝る前の30分間は，とにかく勉強しまくること！　そうすれば，効率よく覚えられて，知識量がグーンと増えるってわけ。

では，その30分間に何を勉強すべきか？　気をつけたいのは，初めて取り組む問題はダメだし，予習もダメ。そんなことをしても，たった30分間ではたいした量は覚えられない。

寝る前の30分間は，とにかく「復習」だ。ベストなのは，少し忘れかかったところを復習すること。たとえば，前日の勉強でなかなか解けなかった問題や，１週間前に勉強したところとかね。一度勉強したところだから，短い時間で多くのことをスムーズに覚えられる。そして，30分間の勉強が終わったら，さっさとふとんに入ろう！

ちなみに，寝る前に覚えると忘れにくいことを初めて発表したのは，アメリカのジェンキンスとダレンバッハという２人の学者だ。

寝る前に
予習した？
こっちの
方が
よく
覚えられる
のっ
復習

Dr.福井（福井一成（ふくいかずしげ））…医学博士。開成中・高から東大・文Ⅱに入学後，再受験して翌年東大・理Ⅲに合格。同大医学部卒。さまざまな勉強法や脳科学に関する著書多数。

2022年度　渋谷教育学園渋谷中学校

〔電　話〕 (03) 3400－６３６３
〔所在地〕 〒150-0002　東京都渋谷区渋谷１－21－18
〔交　通〕 JR・東京メトロ各線・私鉄各線－「渋谷駅」より徒歩７分

【算　数】〈第３回試験〉（50分）〈満点：100点〉

注　定規，コンパスは使用しないこと。

1　次の問いに答えなさい。ただし，(6)は答えを求めるのに必要な式，考え方なども順序よくかきなさい。

(1)　$\left\{8-7\times\left(1\frac{3}{7}-\frac{3}{7}\times0.875\right)\right\}\div3\frac{3}{4}+4\div1\frac{1}{5}\times0.625$ を計算しなさい。

(2)　ある川の上流にＡ町，下流にＢ町があります。静水時の速さが分速300ｍの船でＡ町からＢ町に向かうと12分かかります。またＢ町からＡ町に向かうと，14分40秒かかります。Ａ町とＢ町の間の距離(きょり)は何ｍですか。ただし，川の流れの速さは一定とします。

(3)　３つの食塩水Ａ，Ｂ，Ｃの濃さの比は５：７：８です。Ａを100ｇ，Ｂを300ｇ，Ｃを500ｇ混ぜた食塩水の濃さは，Ａを700ｇ，Ｂを500ｇ，Ｃを100ｇ混ぜた食塩水より１％濃いです。Ａの濃さは何％ですか。

(4)　Ａ駅からＣ駅までの道のりは210kmです。ある列車は，Ａ駅から途中のＢ地点までは時速270kmで，Ｂ地点からＣ駅までは時速315kmで進みます。Ａ駅からＣ駅まで進むときの平均の速さは時速300kmでした。Ｂ地点からＣ駅までの道のりは何kmですか。

(5)　下の図は３つの半円を重ねた図形です。かげのついた部分の面積の和は斜線部分㋐の面積の何倍ですか。ただし，**円周率は３とします**。

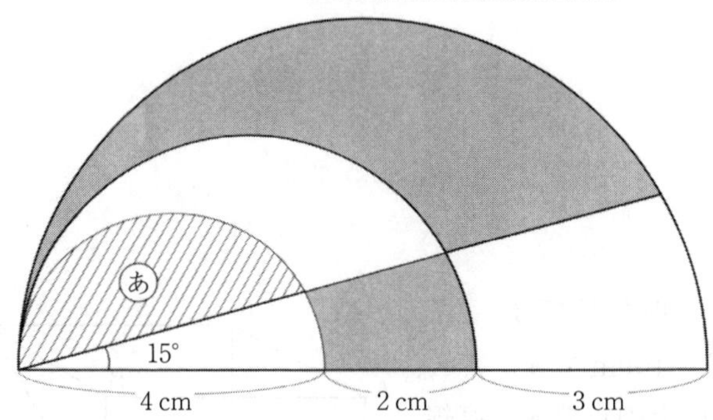

(6)　【A，B】は，AとBの公約数のうち，２番目に大きいものを表します。ただし，２番目に大きいものがないときは０を表します。例えば，【6，15】＝1，【36，45】＝3，【20，29】＝0です。

　このとき，規則的に並んだ数の和

【1，10】＋【2，11】＋【3，12】＋【4，13】＋【5，14】＋【6，15】＋【7，16】＋…＋【2022，2031】

を求めなさい。

2　Ａ，Ｂ，Ｃ，Ｄ，Ｅの５人が長距離走，徒競走，障害物競走の３種類の競技を行います。各競技では１位～５位まで順位が決まり，各競技において２人以上が同じ順位になることはありません。３種類それぞれの競技の順位を次のように計算することで得点を計算します。

(長距離走の順位)×(徒競走の順位)×(障害物競走の順位)＝(得点)

例えば，長距離走は２位，徒競走は５位，障害物競走は３位だった人の得点は30点です。こうして計算した得点が**小さい順**に総合順位を１位，２位，…，５位と決定します。ただし，例えば５人の得点が８点，15点，15点，15点，64点の場合は，総合順位をそれぞれ１位，２位，２位，２位，５位というように，同じ得点の人は同じ総合順位とします。

次の問いに答えなさい。

(1)　Ａさんは長距離走の順位が１位でした。Ａさんの得点としてありえるのは何通りですか。

長距離走では１位から順に，Ａ，Ｂ，Ｃ，Ｄ，Ｅとなりました。Ｂさんは徒競走と障害物競走が同じ順位で，総合順位は４位でした。

ここで，３種類の競技の順位の和を考えました。Ｂさんは，３種類の競技の順位の和は５人でただ一人２番目に小さかったです。

(2)　Ｂさんの得点は何点ですか。

(3)　Ａさんは徒競走と障害物競走が同じ順位で，総合順位が３位でした。このとき，総合順位が１位だったのは誰ですか。また，その人の得点は何点ですか。

3　１から９までのすべての数字を１回ずつ使って，分数の式を作ります。例えば，$\frac{92}{4876}=\frac{1}{53}$という式や$\frac{5}{296}+\frac{4}{37}=\frac{1}{8}$という式を作ることができます。次の□に当てはまる数字を答えなさい。

(1)　$\frac{\square\square\square}{\square\square\square}=\frac{9}{46}$

(2)　$\frac{\square\square}{\square\square\square}=\frac{4}{156}$

(3)　$\frac{\square}{\square\square}+\frac{\square}{\square\square}=\frac{5}{32}$

4　右の図は，ひし形EFGHを底面とする四角柱です。AB＝10cm，AC＝16cm，BD＝12cm，AE＝10cmです。点K，L，Mは辺の真ん中の点で，点Iは辺CG上の点です。直線IEと三角形CMLの交点をJとします。EJとJIの長さの比は15：1です。

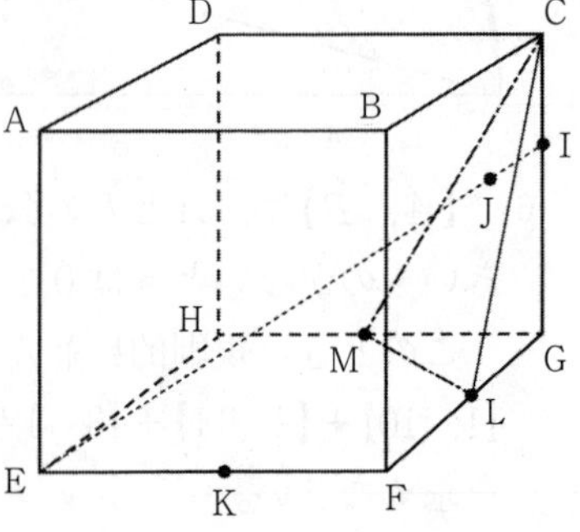

次の問いに答えなさい。ただし，答えを求めるのに必要な式，考え方なども順序よくかきなさい。

(1)　四角形FLMKの面積は何cm^2ですか。

(2)　CIの長さは何cmですか。

(3)　点Ｊを通り平面ABCDに平行な平面㋐と，四角形ABCDの周上を動く点Ｐを考えます。点Ｐが四角形ABCDの周上を１周するとき，四角すいP-FLMKと平面㋐の重なる部分が通ったあとにできる図形を解答用紙の平面㋐にかきなさい。また，その図形の面積は何cm^2ですか。

【社　会】〈第３回試験〉（30分）〈満点：50点〉

注　字数の指定がある問題については，次の①と②に注意して下さい。

①　句点(「。」)や読点(「，」)は，それぞれ１字として数えます。

②　算用数字を用いる場合は，数字のみ１マスに２字書くことができます。

（例１）「2022年」と書く場合　[20][22][年]

（例２）「365日」と書く場合　[36][5][日]または[3][65][日]

1　大豆と日本の歴史の関係について，以下の問いに答えなさい。

問１　日本人と大豆の関わりは古く，縄文時代には大豆が伝わっていたことが知られています。その証拠として，縄文時代の土器の表面に大豆が埋め込まれたあとが残っていたことなどが指摘されています。以下の写真ア～エの中から，縄文時代のものを，**２つ**選び，記号で答えなさい。

ア

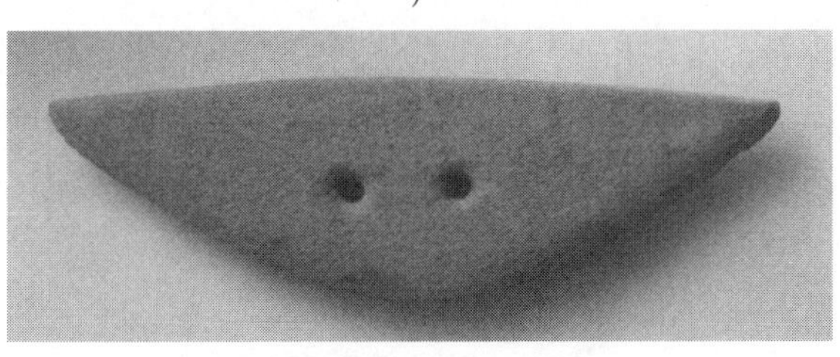

イ

ウ

エ

問２　平安時代の大豆は，税として取られることがありました。この時代のできごととしてふさわしいものを，次のア～エの中から１つ選び，記号で答えなさい。

ア．中国と朝鮮半島のある国との戦いに負けた結果，九州の防衛のために防人が置かれた。防人の旅費や武器はみずから用意しなければならず，重い負担であった。

イ．日本は特定の国とのみ貿易する体制を整えて，オランダ船や中国船は九州の特定の場所にのみ来航することが認められた。

ウ．中国と盛んに貿易を行い，中国の銭が大量に日本に入ってきた。国内では，中国との貿易をすすめたある武士が政治権力をにぎり，貿易港の近くに都をうつした。

エ．倭寇とよばれる密貿易集団の活動が活発化した結果，中国との貿易のためには，勘合という専用の札を使うことが必要になった。

問３　大豆はやせた土地でも育つ作物として知られています。大豆は空気中の窒素を肥料として利用することができるので，他の作物よりも少ない肥料で育てることができたためです。そこで，肥料に関する以下の問いに答えなさい。

(1) 鎌倉時代には，草を燃やした灰などを肥料として使うようになりました。その頃から，同じ畑で一年のうちに大豆とそれ以外の作物を育てることができるようになりました。このような栽培方法を何と言いますか。解答らんに合うように，漢字3字で答えなさい。

(2) 江戸時代には都市の人々の糞尿(ふんにょう)を，付近の農民が農作物を育てるために必要としていました。たとえば島根県松江市の江戸時代の古文書によれば，以下のことがわかっています。

江戸時代のこの地域では，糞尿を譲り受ける時に支払われる金額は，身分の高低で異なっていました。上級武士や有力町人は上級，一般の武士や町人は中級，長屋暮らしの町人は下級，といくつかのランクに分かれており，このランクによって，支払われる金額が異なっていました。

なぜ農民は，上級武士や有力町人の糞尿を高値で買おうとしたのか，60字以内で説明しなさい。

(3) 江戸時代になると，肥料を海産物から作り出すことが盛んに行われました。特に現在の千葉県にあたる地域では，ある魚が大量にとれたため，干鰯(ほしか)と呼ばれる肥料に加工されました。以下の写真ア～エの中から，その魚にあたるものを1つ選び，記号で答えなさい。なお，各写真の縮尺は同一ではありません。

ア

イ

ウ

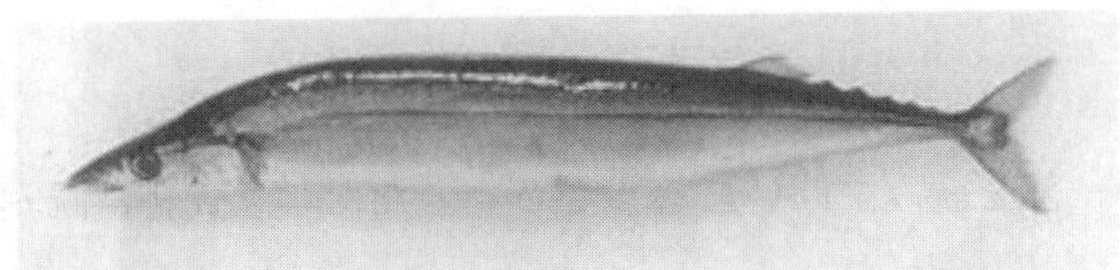

エ

(4)　近代に入ると，化学肥料の利用が盛んになります。窒素肥料の製造を行うある会社では，その工場からの排液中に有機水銀が含まれていたため，戦後初の大規模な公害病を引き起こしました。この公害病の名前を答えなさい。また，その公害病が発生した場所としてふさわしいものを，以下の地図中の①～⑧の中から１つ選び，番号で答えなさい。

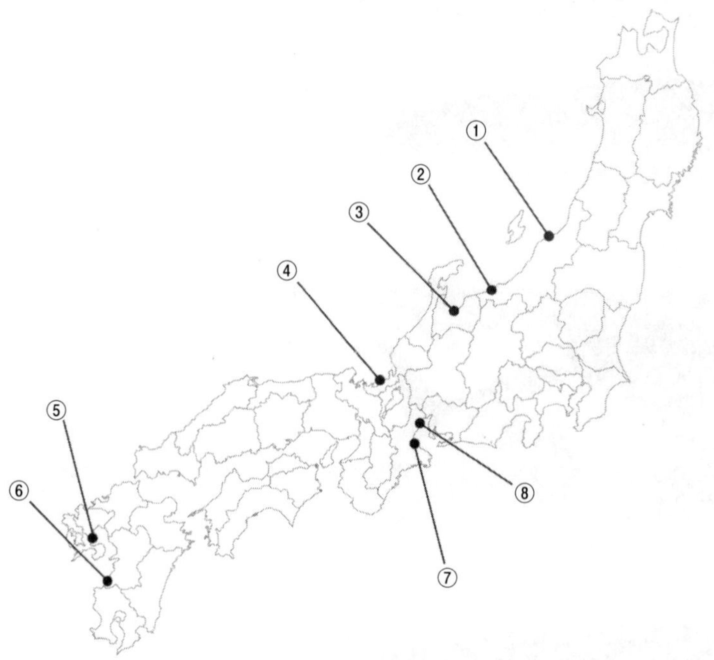

問４　以下の国会における発言の一部を読み，問いに答えなさい。ただし，資料は読みやすいように一部改変しています。

食糧対策と致しまして，国内産大豆増産に関する建議の趣旨を弁明致したいと思います。～(中略)～この窮迫した食糧情勢の中におきまして，出来うれば，量のみでなく，質の面にも最も簡単に得られる所の大豆の増産を計画して，国民の栄養保健の上に一大貢献をもたらして行きたい，この様に考えましてこの建議を出した次第であります。従来はこれら大豆は[　Ｘ　]から主に輸入されました結果，内地の生産が漸次低下致しました。明治三十年に初めて[　Ｘ　]の大豆が入りまして以来，段々に圧迫されまして，内地の生産は約三十万トンに落ちたのであります。内地の一般の需要の面から見ますと，百万トンから百十万トンを要するのでありますが，その中わずかに三十万トンが生産せられている。ことに昭和二十年度におきましては，さらに不作でありまして，内地産の大豆は激減を致しております。こういう情勢から見まして，この際政府は全力を挙げてこの大豆の増産に力を致すべきである，この様に考えるのであります。

(第89回帝国議会衆議院建議委員会第３号　昭和20年12月18日　河盛安之介氏の発言)

(帝国議会会議録検索システムより)

⑴　この発言がなされた時期について説明した文章のうちもっともふさわしいものを，次のア～エの中から１つ選び，記号で答えなさい。

ア．サンフランシスコ講和条約が結ばれた。

イ．衆議院議員選挙法が改正され，20歳以上の男女に選挙権が与えられた。

ウ．大日本帝国憲法にかわり，日本国憲法が公布された。

エ．東西冷戦の緊張のなかで，朝鮮戦争が始まった。

⑵　文中の空らん[Ｘ]には，1931年に起きた事件をきっかけに日本の勢力下に組み込まれた，ある地域の名前が入ります。次の地図は，戦前のある時期の日本とその周辺を示した地図

です。その地域の名前を答えなさい。また，その場所を地図中のＡ～Ｄから１つ選び，記号で答えなさい。

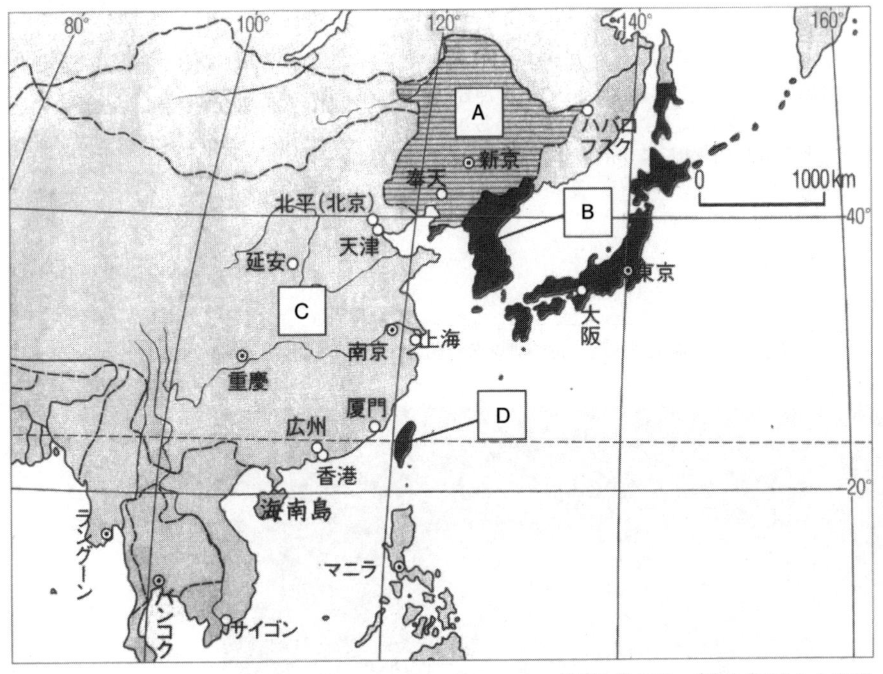

『新詳日本史』(浜島書店)より作成

問５　大豆の主要生産国であるアメリカに関する以下の問いに答えなさい。

(1)　新型コロナウイルスの感染拡大は，世界経済に大きな影響を与えました。その結果，大豆の輸入価格が上昇しました。その理由について説明した次の文章の空らん[Ｘ]・[Ｙ]にあてはまる語句を答えなさい。ただし，[Ｘ]は５字以内で書くこと。

大豆はアメリカやブラジルなどでさかんに生産されています。一方で，新型コロナウイルスによる経済の落ち込みから回復した中国は，食用油の原料として大量の大豆を輸入しており，油をしぼった後のしぼりかすは[　Ｘ　]として利用されています。その結果，増大した大豆の[　Ｙ　]に供給が追いつかない状況になりました。

(2)　2021年10月のBBC(英国放送協会)によれば，アメリカ西海岸のロサンゼルス港で，【写真１】に見られるように，港の沖合で入港を待つコンテナ船が渋滞しているという報道がありました。ロサンゼルス港で何が起きていたのか，次の写真とグラフから読み取れることを，60字以内で説明しなさい。

〔編集部注…ここには，入港を待ち，沖合で渋滞している
コンテナ船のようすを写した写真がありましたが，
著作権上の問題により掲載(けいさい)できません。〕

【写真１】 海上で入港を待つコンテナ船の様子

【写真２】 積荷を満載したコンテナ船

(商船三井ホームページより)

【グラフ１】 ロサンゼルス港のコンテナ取扱量

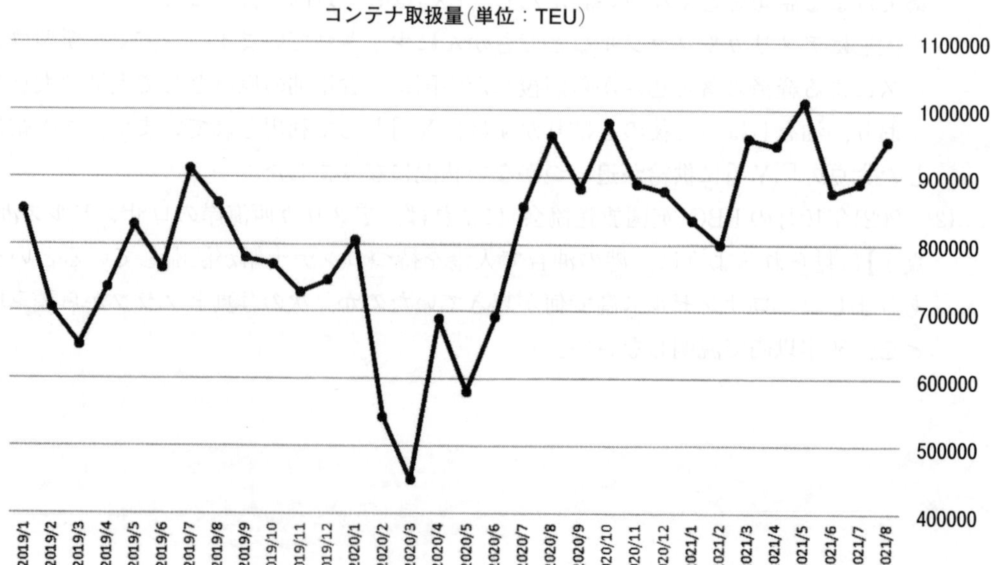

ロサンゼルス港ホームページより作成

※TEU：20フィートコンテナ１つ分を指す単位。

【グラフ２】 米国の個人消費支出(PCE)

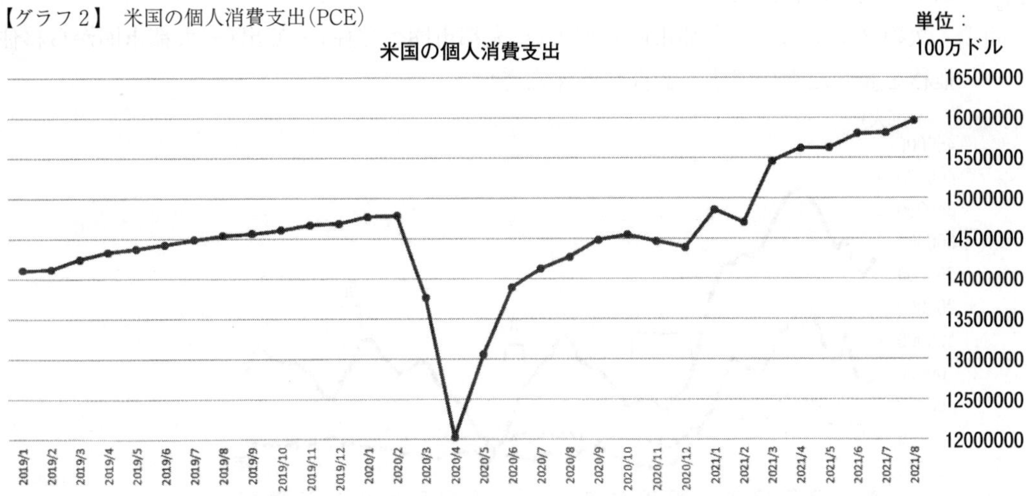

米国商務省経済分析局ホームページより作成

※PCE：米国商務省経済分析局が発表する，米国の個人所得と個人消費について調査した景気関連の経済指標のことです。

(3) 新型コロナウイルスによって引き起こされたこととしてふさわしいものを，次のア～エの中から１つ選び，記号で答えなさい。

ア．新型コロナウイルスの感染拡大により，半導体工場が閉鎖されたことで生産が大きく減少した結果，自動車生産に深刻な影響が出た。

イ．新型コロナウイルスの感染拡大により，航空機の利用が減少した結果，船で輸送するよりも安い価格で航空機が石油を運ぶようになった。

ウ．アメリカのトランプ政権が「新型コロナウイルスはたいしたものではない」と考えて入国制限をしなかった結果，新型コロナウイルスの感染者数が大幅に増加した。

エ．アメリカのバイデン政権は新型コロナウイルスの対策として，大企業でのワクチン接種を義務づけたが，民主党が強く反対し，訴訟に発展する州も見られた。

2 以下の問いに答えなさい。

問１ 次のグラフは，三大都市圏の転入(三大都市圏へ移住)・転出(三大都市圏から移住)の差の推移を表したものです。設問に答えなさい。

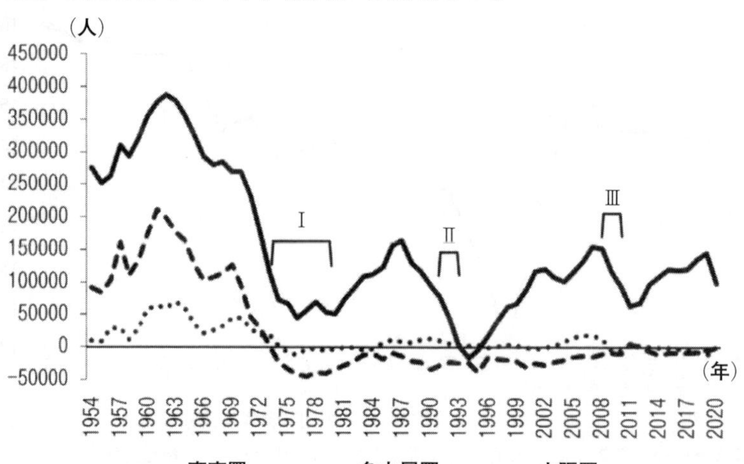

東京圏 名古屋圏 大阪圏

「住民基本台帳人口移動報告」より作成

(注) 東京圏：東京都，神奈川県，埼玉県，千葉県
名古屋圏：愛知県，岐阜県，三重県
大阪圏：大阪府，兵庫県，京都府，奈良県

(1) グラフ中のⅠ～Ⅲの時期には，東京圏で，グラフが右肩下がりになっていることがわかります。それぞれの時期に関係が深い出来事を(あ)～(う)より選び，記号で答えなさい。

(あ)

(い)

(う)

企業再創造の契機に

山一証券 自主廃業

市場が「隠ぺい」

情報開示、資本

(2) グラフ中のⅠの時期以降，東京圏では，名古屋圏・大阪圏に比して転入超過の傾向が続いており，またさまざまな機能が東京に集中してきました。このような状況を何というか，答えなさい。

問２　次のグラフは，2020年１月～2021年４月までの三大都市圏の月毎の転入・転出の差を表したものです。３月に東京圏への転入が多いのはなぜか，その理由を答えなさい。

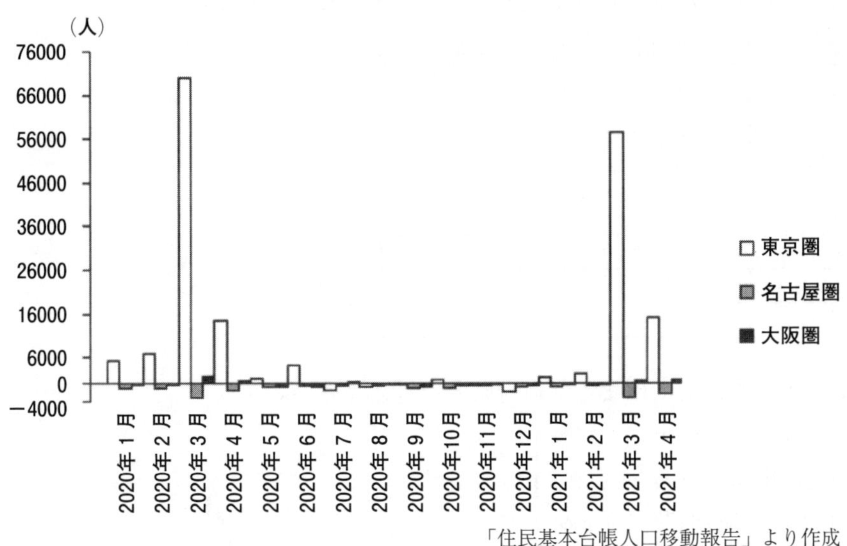

「住民基本台帳人口移動報告」より作成

問３　次のグラフは，2019年と2020年の東京都における４月～６月と７月～９月の日本人の転入(プラス)・転出(マイナス)の平均を比較したものです。４月～６月と７月～９月では，東京から転出した年齢層が明らかに違っているのが読み取れます。それぞれの時期の転出理由を説明した下の文章のカッコに適する語句を答えなさい。

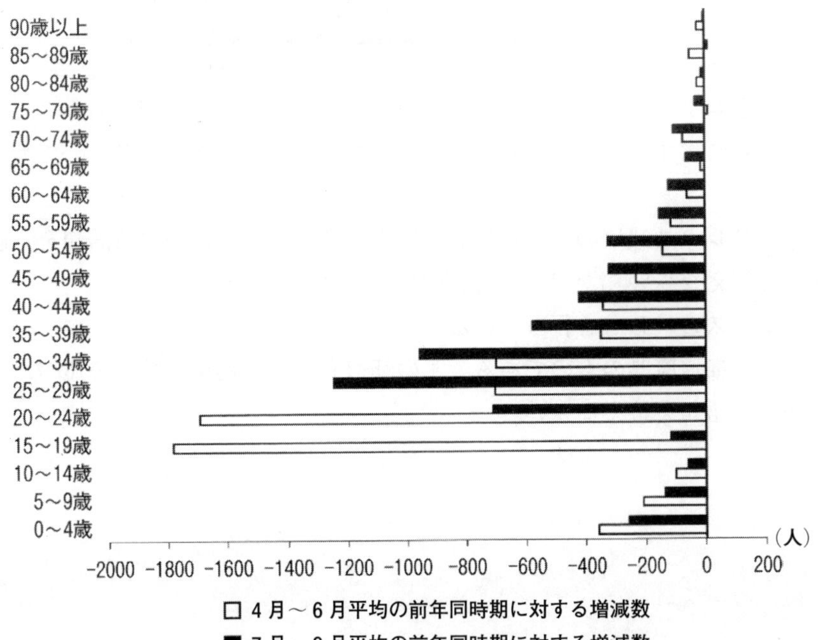

「住民基本台帳人口移動報告」より作成

４月～６月にかけての転出増の背景は，多い年齢層から判断して，緊急事態宣言に伴う(　Ａ　)のオンライン化によるもの，７月～９月にかけての転出増の背景は，多い年齢層から判断して，東京都での陽性者数増加などによる(　Ｂ　)の推進によるものと考えられる。

問4　2020年12月に改正種苗法が成立・公布されました。この法律は優良な品種を保護し新品種の開発を促進する制度です。次の表は，今回の改正で優良な品種保護のために，種や苗木の海外への不正な持ち出しが禁じられた農産品の例です。設問に答えなさい。

農産品名	農作物	産地
シャインマスカット	ブドウ	①・山梨・岡山
ゆめぴりか	コメ	北海道
めんこいな	コメ	秋田
シナノホープ	レタス	①
つゆひかり	②	静岡
秋甘泉	③	鳥取
さぬきの夢	小麦	④
あまおう	イチゴ	⑤

(1)　表中の①，④，⑤にあてはまる都道府県名を答えなさい。

(2)　右のグラフは2020年の東京都中央卸売市場におけるレタスの月毎の産地別(茨城，静岡，①)の取引量を表したものです。レタスは比較的涼しい気候を好み，生育期間の温度が高いと花を咲かせる茎が伸び，栄養を花にとられ葉がかたくなり味が落ちてしまいます。グラフから一般的なレタスの旬はいつと考えられますか。解答らんからあてはまる季節を<u>すべて</u>選び，○で囲みなさい。

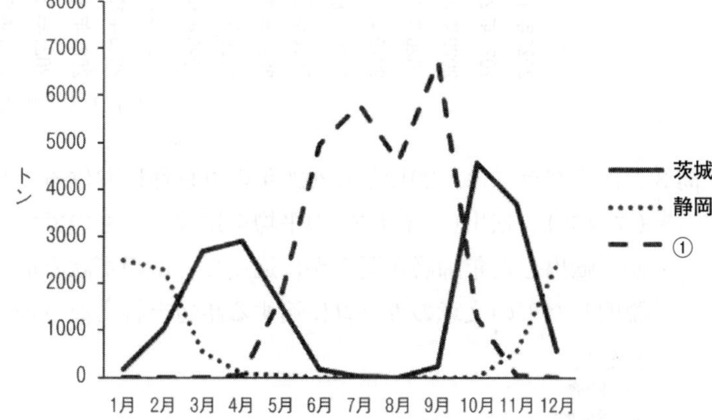

「東京都中央卸売市場 市場統計情報」より作成

(3)　①の都道府県でのレタス栽培の特徴を述べた次の文章のカッコに適する語句を，解答らんの字数で漢字で答えなさい。ただし，(A)は地名ではありません。

夏に(　A　)でレタスの(　B　)を行っている。

(4)　次の地形図は④の都道府県のものである。④の都道府県での農業の特徴を述べた下の文章のカッコに適する語句を答えなさい。

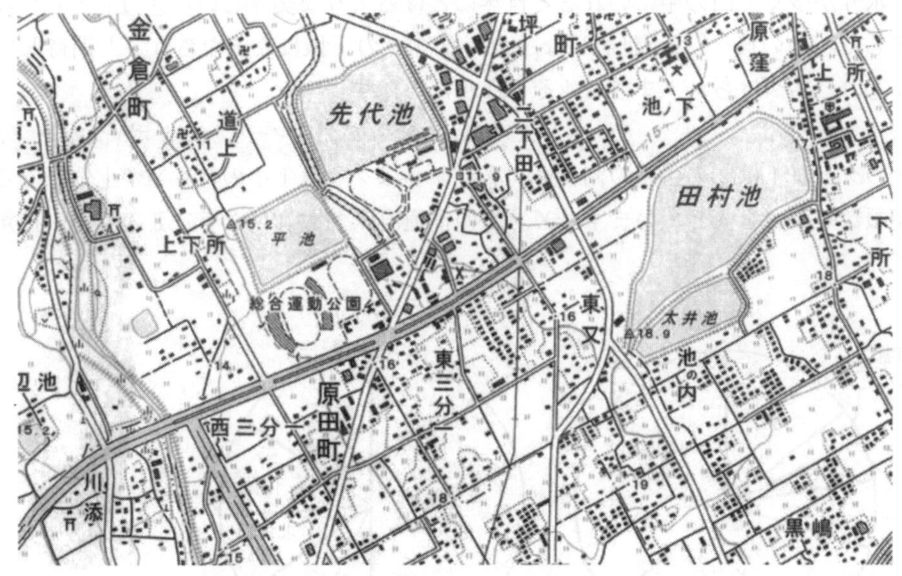

国土地理院発行　２万５千分の１地形図「丸亀」の一部(拡大)

年間を通じて降水量の少ない（ Ｃ ）気候で（ Ｄ ）を利用したかんがいが行われている。

(5)　次の雨温図は①，④，⑤の都道府県庁所在地のいずれかのものです。正しい組み合わせを次のア～カの中から１つ選び，記号で答えなさい。

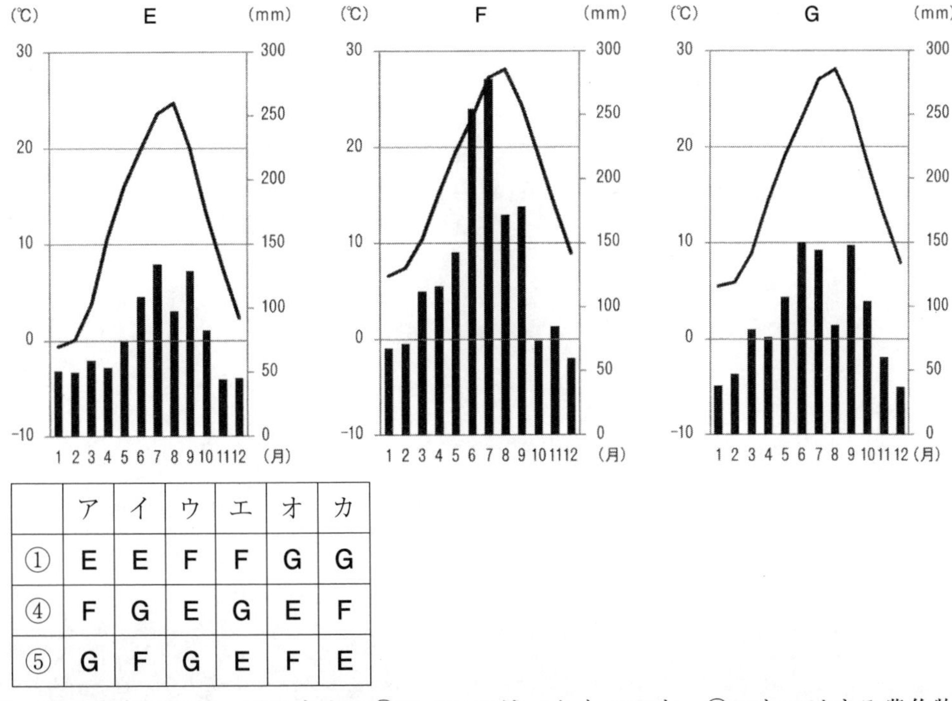

	ア	イ	ウ	エ	オ	カ
①	E	E	F	F	G	G
④	F	G	E	G	E	F
⑤	G	F	G	E	F	E

(6)　次の文章は12ページの表中の③について述べたものです。③にあてはまる農作物を答えなさい。

二十世紀（ ③ ）は，明治21年千葉県松戸市で松戸覚之助という当時13歳の少年によって偶然発見されました。それは，ごみ置き場のまわりに生えていたそうです。この頃，（ ③ ）といえば果皮が茶色の赤（ ③ ）であったのに対し，「色は淡緑色で肉質がやわらかく，水分が多くて口の中にいれると自然にとけるような美味しい（ ③ ）」として注目を集めました。その後，「二十世紀になったら（ ③ ）の王様になるだろう」と期待して二十世紀（ ③ ）と名づけられ，まさしくそうなったのです。

「JA 全農とっとりアグリマーケット」ホームページより作成

(7) 次のグラフⅠは②の生産の割合を，グラフⅡはグラフⅠ中の**X**，**Y**が上位にくる家畜の飼養頭数の割合を表しています。**X**，**Y**の都道府県名およびグラフⅡの家畜の種類を答えなさい。

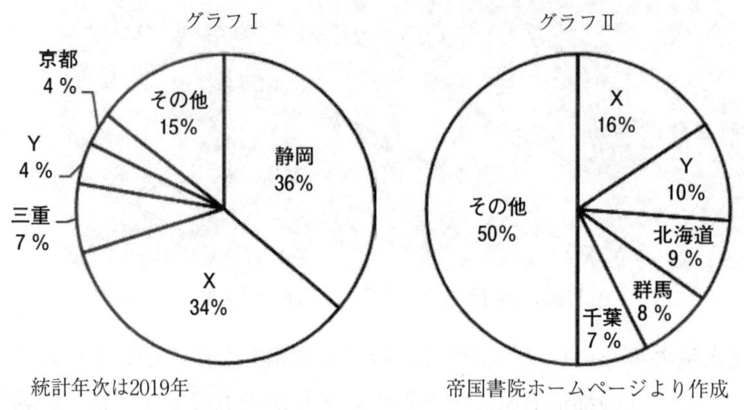

統計年次は2019年　　帝国書院ホームページより作成

【理　科】〈第３回試験〉（30分）〈満点：50点〉

1　次の文を読んで，問いに答えなさい。

M君のお父さんがサイフォン式コーヒーメーカー(図１)でコーヒーをつくっているようすをM君は見ていました。

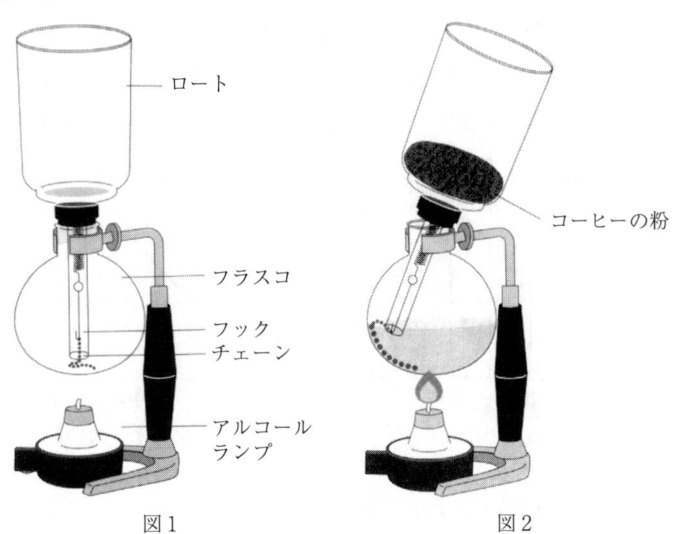

図１　　図２

フラスコにお湯を入れ，アルコールランプで熱します。本来はここでロートをななめに入れて沸騰(ふっとう)させる(図２)のですが，お父さんはそれを忘れていて，ある程度加熱させてからロートを入れました。ロートの先についているチェーンをお湯の中に入れた瞬間(しゅんかん)，いきなり沸騰が始まり，お父さんはびっくりしてアルコールランプの火を消しました。

父　：危ない危ない。突沸(とっぷつ)を起こしてしまったね。

M　君：そうかぁ，今の現象が突沸なんだ。初めて見た。

父　：本来は，アルコールランプで熱する前に，フラスコにロートをななめに入れておかなければならなかったんだ。そのとき，このフラスコの先のチェーンがお湯の中に入るんだけれど，これが突沸を防いでくれるそうだよ。

M　君：なぜそのチェーンが突沸を防いでくれるの？　そもそも沸騰ってどうやって起こるの？

父　：う～ん，原理までは分からないなぁ。学校のＳ先生に聞いてみたら？

M　君：うん，聞いてみる！

(翌日，学校で)

M　君：Ｓ先生，昨日，お父さんがコーヒーをつくっているときに突沸が起こったんです。

Ｓ先生：それは危なかったですね。やけどはしていませんか？

M　君：大丈夫です。すぐにお父さんがアルコールランプの火を消したので，大事(だいじ)にはいたりませんでした。

自分なりに沸騰や突沸について調べてみたのですが，分からないところも多かったので，質問してもいいですか？

Ｓ先生：もちろん質問していいですよ。

M　君：沸騰とは，「水が水の中から水蒸気になること」と教科書には書いてあるのですが，なぜ水の中から水蒸気が出てくるのですか？

Ｓ先生：それを説明するには，まずは水の蒸気圧曲線(図３)を見ておく必要がありますね。

Ｓ先生：<u>ふたをしていないフラスコ</u>に水を入れ加熱していくと，表面ではなく水の中で何かのきっかけで水蒸気(気泡(きほう))が発生することがあります。その水蒸気の圧力を蒸気圧といい，蒸気圧はそのときの水温で決まります(図３)。もしその蒸気圧が大気圧(１気圧)より小さければ，生じた気泡は大気圧によってつぶされてしまいます。しかし，温度が上がって，蒸気圧も上昇(じょうしょう)して，蒸気圧と大気圧が等しくなると，生じた気泡はつぶされることなく，気体なので水面まで浮かんで，空気中に出ていきます。これが「沸騰」です。M君，ここまでついてこられていますか？

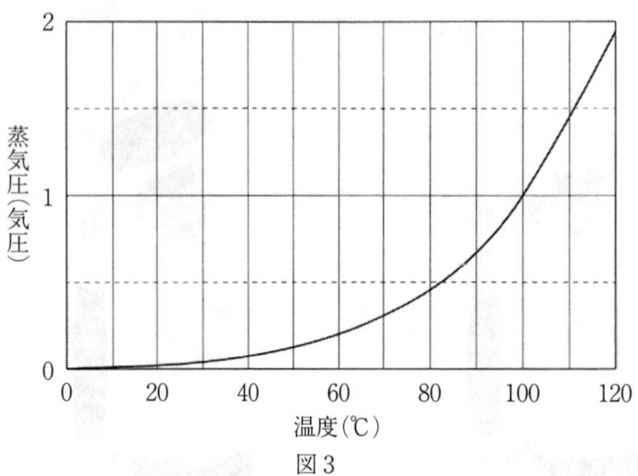

図３

M　君：難しいですが，何とか。

S先生：ではここで質問です。

問１　下線部のふたをしていないフラスコの水の沸騰は何℃で起こると考えられますか。整数値で答えなさい。

問２　大気圧が１気圧より大きい場所(例えば，地下深い場所)では，水が沸騰する温度は問１の温度からどのように変化するでしょうか，解答らんの「下がる」，「上がる」，「変化しない」のいずれか正しいものを ◯ で囲みなさい。

S先生：ひとつおもしろい実験をしてみましょう。丸底フラスコに水を入れて，ガスバーナーで熱し，水を沸騰させます(図４)。沸騰の状態をしばらく続けたあと，ガスバーナーの火を消し，沸騰がおさまってすぐに丸底フラスコにゴム栓(せん)をします。そして，上下をひっくり返し，丸底フラスコに霧吹(きりふ)きで冷たい水を吹きかける(図５)と…

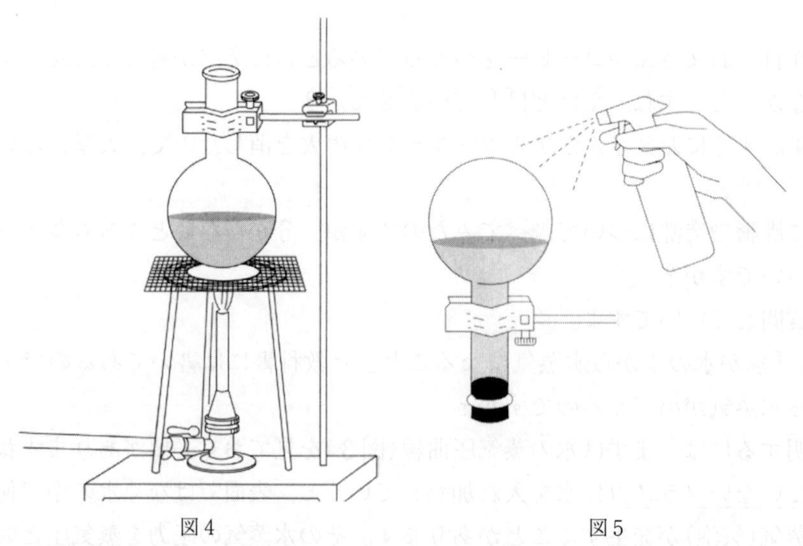
図４　　　　図５

M　君：S先生，丸底フラスコ内の水が再び沸騰し始めました！

S先生：不思議でしょう。ちょっと考えてみましょう。

問３　前の実験について述べた次の文の(　)内にあてはまる語句を答えなさい。

丸底フラスコに水を入れて，ガスバーナーで熱し，水の沸騰が始まると，丸底フラスコ内にあった(①)が(②)によって押し出され，丸底フラスコ内のお湯以外の空間は(②)で満たされる。ガスバーナーの火を消し，丸底フラスコにゴム栓をして，上下をひっくり返し，丸底フラスコに霧吹きで水をかけると，丸底フラスコ内は冷やされて，(②)は(③)に変わる。「丸底フラスコ内の気圧＝蒸気圧」となったときに沸騰が始まるので，図３より，丸底フラスコ内の気圧は１気圧より(④)くなったことが分かる。

Ｓ先生：液体内部から起こる沸騰は，容器の器壁(きへき)に付着している小さな気泡や液中に溶解(ようかい)した気体が，沸騰の核(かく)(中心)となることが多いのです。凹凸(おうとつ)の少ないなめらかな容器を用いて加熱した場合などでは，沸点に達してもなかなか沸騰しないことがあります。この現象を過熱といいます。過熱状態が続き，ある限度をこえると突然(とつぜん)大きな気泡を生じて激しい沸騰が起こることがあります。この現象を「突沸」といいます。

Ｍ　君：Ｓ先生，一度煮沸(しゃふつ)して水に溶けている気体が少なくなった水を，冷やして再度加熱すると，突沸しやすいということですか？

Ｓ先生：そうですね！　その通りです。核(中心)になるものがないと，沸騰は起こりにくいのです。ここまでの話をふまえて，質問です。

問４　理科実験で液体を沸騰させるとき，突沸を防ぐためにその液体に入れる石(沸騰石)があります。M君とＳ先生の会話内容から，この石はどのような特徴(とくちょう)があると考えられますか，答えなさい。

問５　M君とＳ先生の会話内容から，沸騰石を理科実験で使用する際，気をつけるべきことは何ですか，２つ答えなさい。

Ｍ　君：お父さんのサイフォン式コーヒーメーカーのチェーンが沸騰石の役割をしていたのですね。

Ｓ先生：そうです！　もちろんフラスコ内に沸騰石を入れて，コーヒーをいれてもいいのですが，見た目の問題，それから衛生面の問題もあるので，チェーンになったのでしょうね。

2　次の父と娘の会話文を読んで，問いに答えなさい。

娘：今年は旅行で大島に来たけど，崖(がけ)に見えているこのしましまの模様は何？

父：これは地層と言うんだよ。普通(ふつう)は地面の中にあって見えないけど，地震(じしん)や地面が※隆起(りゅうき)するような地殻(ちかく)変動が起こると，見ることができるようになるんだ。このように地層が見える場所を露頭(ろとう)と言うんだよ。(※陸地が周りに比べて盛り上がること)

娘：へー，でもなんで，しましまになっているの？

父：しましまに見えているのは，それぞれが別々の物質でできているから色が違(ちが)ってしましまに見えるんだよ。

娘：この前，授業で，風化・浸食・運搬(ぱん)・堆(たい)積を習ったけど，川で運ばれるものには，大きいものから，レキ，砂，泥に分けられているって聞いたけど，それと色の違いは関係があるの？

父：関係あるよ。風化される前の岩石が何だったかによって崩(くず)された後の土砂の色が変わるんだ。火成岩は大きく分けて６種類あるし，サンゴなどの石灰成分が堆積し，固まると，石灰岩になるし，火山灰が堆積し，固まると凝灰岩(ぎょうかいがん)という岩石になるんだ。

娘：へー，色んな岩石があるんだね。

父：そうなんだ。地層のしましまに見えている原因も様々な種類の岩石が崩されて堆積するからなんだよ。

娘：ふーん。あっ，ちょっと進んで別のところの露頭を見たら，さっきと色が同じ地層なのに見える模様が違うんだけどどういうこと？

父：おっ，良い所に気づいたね。地層は本来，水中で水平に広範囲に広がっているんだけど，隆起する時に傾斜したりすると，見る方角によって違った見え方になるんだよ。家に帰ったら，ちょっと模型を作ってみようか。

娘：うん，作ってみる!!

……

父：立方体を作って，上下，東西南北を想定して，全体が北に傾斜している地層の上と南と東を書き入れてみるね。（図１）

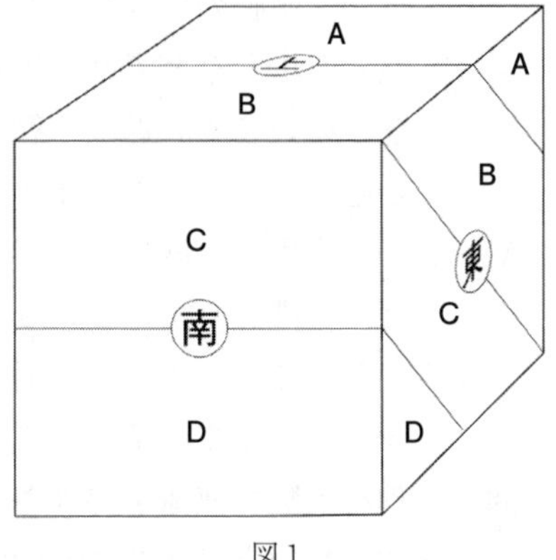

図１

娘：東の部分だけが，傾いている様に見えて，上と南は立方体の横の辺に対して地層が平行になっているね。

父：そうだね。書いていない，北，西，下はどのような地層が見えるか考えてごらん。

娘：うーん，大変。でもこんな感じかな。

父：おっ，正解!!　実は地層の表し方は２つあって，１つ目は，傾斜と言って，地層が傾いている方角のことを言うんだ。２つ目は，地層と地層の境界面で，同じ高さをむすんだ線の方角を走向と言うんだ。なので，この地層の走向は東西で，傾斜は北ということになるんだよ。

娘：ふーん，じゃあ次はもう少し多くの地層が出てくるような模型は作れる？

父：おっ，やる気だねぇ。じゃあ，こんなのはどうかな？（図２）

娘：うわっ同じ立方体なのに，今度は６枚の地層が出てきたし，走向と傾斜が変わってる。

父：今回の走向の向きは，北東から南西に走向が走っているよね。走向は正式に表すと，北を基準にして北から何度，東か西に向かっているかで表すんだ。だから今回は，北から45度東に走向は走っていて，傾斜は，北西方向だね。

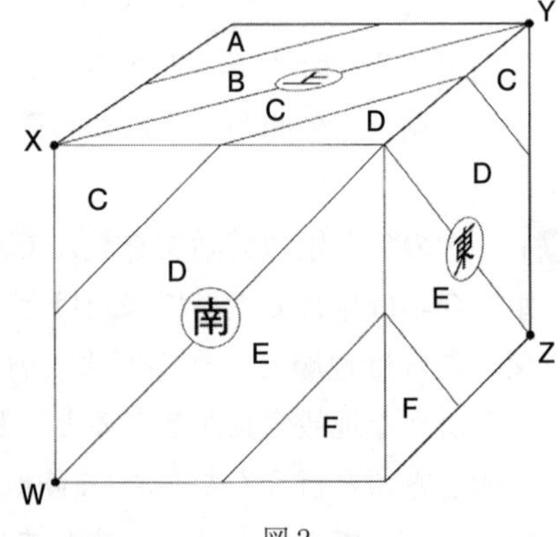

図２

娘：ふーん。色んな表し方ができるんだね。

父：自然では，今回の模型のように見たい方向すべてが露頭として見学できるわけじゃないから，地下の構造がどうなっているか，想像するしかないんだ。

娘：なるほどねぇ。だから，旅行先で見た地層も，同じ地層なのに，見る方角が違うだけで見え方が異なるんだね。

父：そうだね。地層が傾かないで，水平に堆積したままの状態で地表に上がってきてくれればどの方角から見ても横じまだけなんだけど，地殻変動するときは傾いて上がってくることが多いから，地層の露出の仕方によって様々な見え方が出てくるんだよ。

娘：今回の模型から，地層の特徴(とくちょう)がつかめれば，地下を掘(ほ)らなくてもその土地の地下がどのようになっているか考えることはできるんじゃないのかなぁ。

父：じゃあ，実際に調査しに行ってみるか!!

……

娘：なんで川で船に乗ってるの？

父：いやぁ，やっぱり，地層と言えば，川で浸食された崖に見えることが多いから，川を下りながら，地層を見ていこうと思って。

娘：そうなの？　じゃあ，とりあえず調査していこう。

……

父：今回の調査した地形を描(えが)いてみると，図３のようになったよ。川の特徴と，川から露頭が観察できたから，その調査結果をまとめてみたよ。

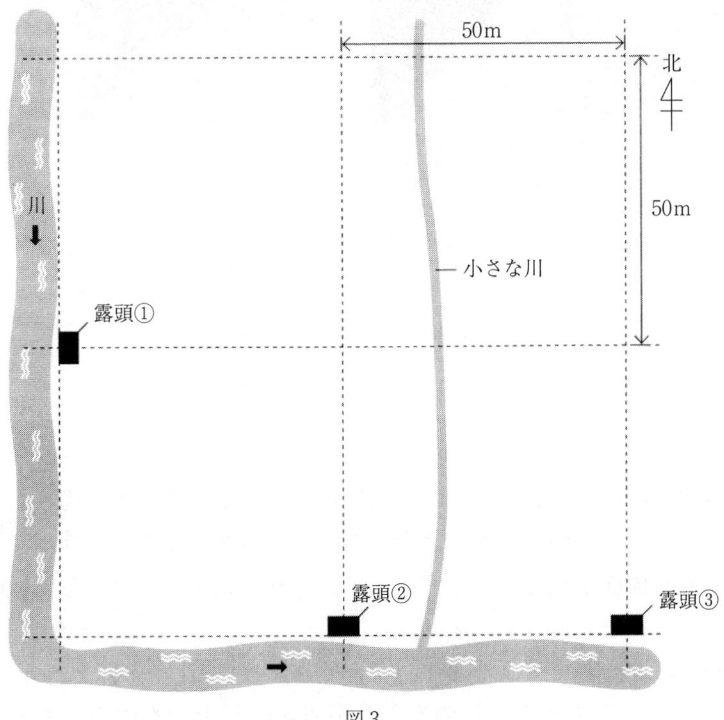

図３

調査結果

川について

(1)　南下したあと，東へ向きを変えて，途中で小さな川と合流していた。

(2)　３か所の露頭を観察することができた。

(3)　小さな川に沿って，断層が見つかっている。この断層の走向は南北方向で，東に傾斜していた。この土地にはこのほかに断層は無く，褶曲(しゅうきょく)も見られなかった。

露頭について

(1)　３か所の露頭のスケッチを図４にまとめた。

(2)　露頭①～③全てに，水面から高さ３ｍに平面な境界面があり，地層を大きく２つに分けている。

(3)　境界面より上位の地層は水平で，化石として植物の樹木が見つかっている。

(4) 境界面より下位の地層は，一様に傾斜した砂岩，泥岩，石灰岩からなり，火山灰層が挟(はさ)まれている。この火山灰層は，すべて同一のもので，一度の噴火(ふんか)でこの土地を覆(おお)ったものであることも分かっている。

(5) レキ岩からはシジミの化石が，石灰岩からはサンゴの化石が見つかっている。

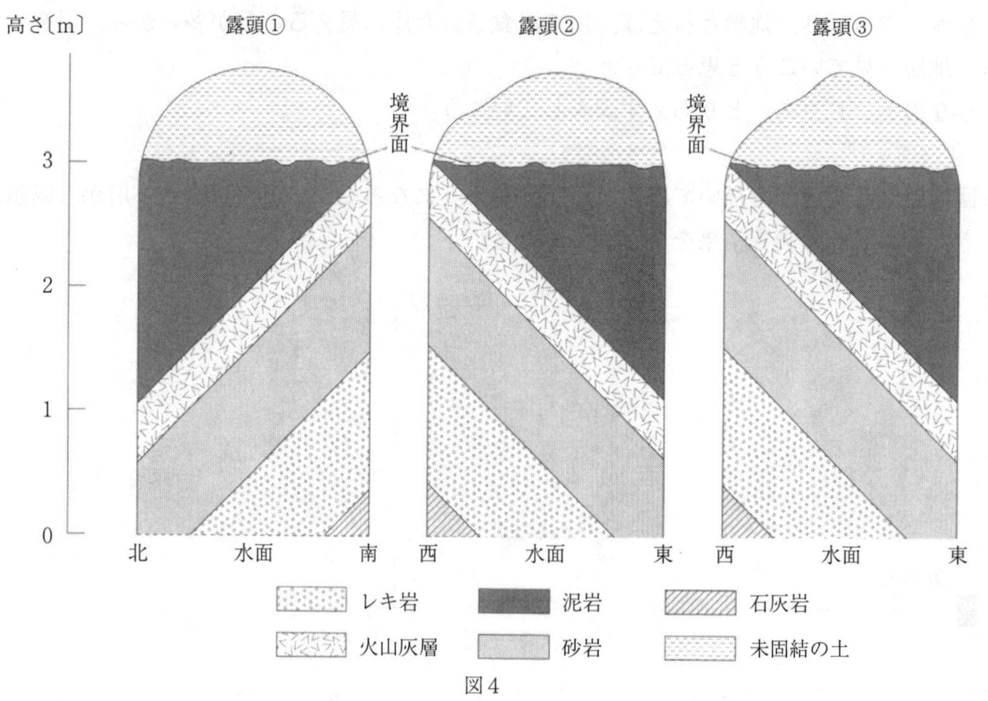

図４

娘：川下りしながら地層を観察するの面白かった!!　見る角度によって地層の傾きも違うし，模様が変わるのが面白かった!!　ただ，１つ疑問ができたんだけど，地層は傾斜して地下に潜(もぐ)っていくから，同じ方角からは同じ模様が見えないはずなのに，なぜ露頭②と③は同じ模様になっているの？

父：おっ，良い所に気づいたねぇ。どうしてそうなるか，考えてみよう。

問１　風化・浸食によって削(けず)られた岩石のうち，粒の大きさが何 mm 以上のものをレキと言うか答えなさい。

問２　図１について，見えていない，北・西・下を加えた展開図として正しいものを次のア～エから１つ選び，記号で答えなさい。ただし，図中の記号の向きは，立体図にしたときの向きと関係ありません。

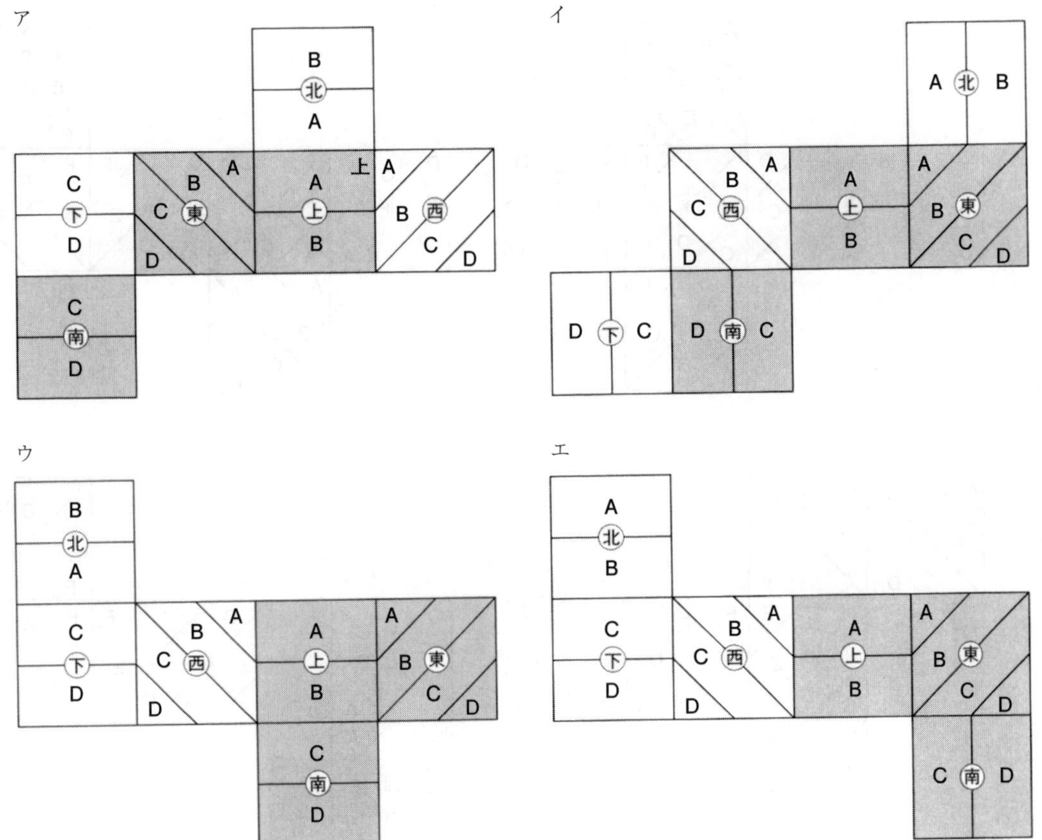

問３　図２について，見えていない，北・西・下を加えた展開図として正しいものを次のア～エから１つ選び，記号で答えなさい。ただし，図中の記号の向きは，立体図にしたときの向きと関係ありません。

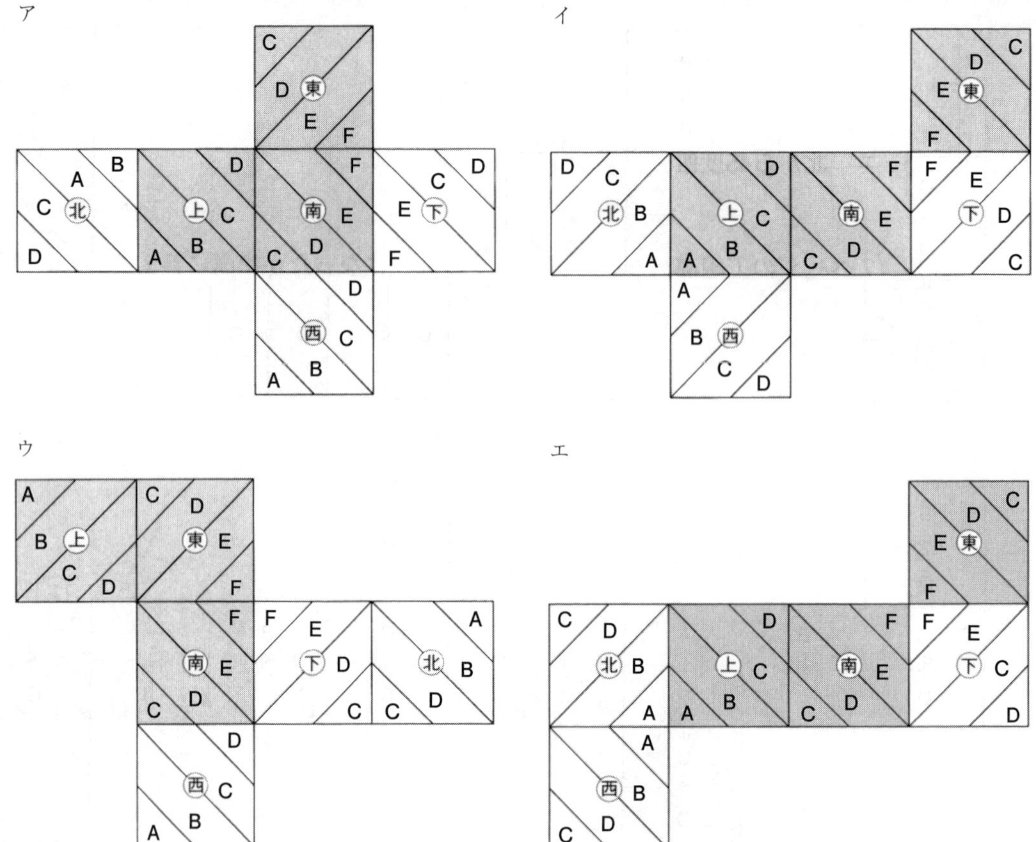

問4　図2のW，X，Y，Zを通る面で切った場合，現れる地層の図を書きなさい。ただし，現れる地層のアルファベットも書きなさい。

問5　図4の境界面より下位の地層が形成されていくときに，海水面はどのように変化したのかを説明した文章として最も適当なものを，次のア～エから1つ選び，記号で答えなさい。

ア　上昇したあと，低下していった。

イ　低下したあと，上昇していった。

ウ　低下していった。

エ　変わらなかった。

問6　図4の境界面よりも下位の地層の走向と傾斜の方角の組み合わせとして最も適当なものを次のア～エから1つ選び，記号で答えなさい。

	走向	傾斜の方角
ア	北から45度東	北東
イ	北から45度東	北西
ウ	北から45度西	北東
エ	北から45度西	北西

問7　20ページの下線部について，どうしてそのようになったか簡潔に答えなさい。

いうのは、たとえば年の離れた妹が突然くれたドングリにもあてはまることだね。うれしくて、何となくお守りにして持っているんだ。

エ　「自分へのご褒美」という言葉はよく聞くね。けれど、そもそも自分で「ご褒美」を買っても「余剰」を帯びた特別なモノになることもないし、虚しいだけだ。自分以外の誰かが「贈与」してくれる「ご褒美」、欲しいなあ。

オ　この間突然、手作りのチョコレートを「あげる！」って言われて、断り切れずに相手から受け取っちゃった。これって「贈与」とはみなされないよねえ。欲しくなかったけれど、相手の勢いに押されて、ついもらっちゃったんだ。

別の意味が加わり、かけがえのない存在となって、お金で買える単なる物理的なモノではなくなるということ。

エ　モノは誰かから贈られると、そのモノとしての値打ちがいっそう高まり、唯一無二の存在となって、市場のどこにでも出回っている商品としてのモノではなくなるということ。

オ　モノは誰かから贈られると、そのモノとしての価値とは異なる固有名がつき、世界中で他にはない存在となって、人類共通の普遍的な価値を持つモノではなくなるということ。

問五　――線(4)「経済学者は贈り物が好きではない」とありますが、筆者はその理由をどのようにとらえていると考えられますか。最もふさわしいものを次の中から一つ選び、記号で答えなさい。

ア　自分の好みは自分が一番よく知っているはずであり、誰かがそれを聞いたうえで購入したプレゼントをもらうよりも、自分で何かを買うほうが主体的であり、市場の論理にも即している と考える経済学者にとっては、贈り物という慣行は意義のないものに感じられるから。

イ　自分の好みは自分が一番よく知っているはずであり、誰かが密かに選んだプレゼントをもらうよりも、現金をもらって自分で何かを買うほうが当人も他人も幸せになり、経済的な効果も高いと考える経済学者にとっては、贈り物という慣行は不条理なものに感じられるから。

ウ　自分の好みは自分が一番よく知っているはずであり、誰かにプレゼントとして何かを贈られるよりも、自分で欲しいものを選んで買うほうが速やかに品物が手に入り、無駄を省略できると考える経済学者にとっては、贈り物という慣行は効率の悪いものに感じられるから。

エ　自分の好みは自分が一番よく知っているはずであり、誰かからプレゼントを贈られるよりも、現金をもらって自分で何かを買うほうが効用が大きくなり、喜びやうれしさが増幅すると考える経済学者にとっては、贈り物という慣行は形式的なものに感じられるから。

オ　自分の好みは自分が一番よく知っているはずであり、誰かが選んだプレゼントをもらうよりも、現金をもらって自分で何かを買うほうが当人の満足度は高くなり、理にかなっていると考える経済学者にとっては、贈り物という慣行は納得できないものに感じられるから。

問六　――線(5)「贈り物はもらうだけでなく、贈る側、つまり差出人になることのほうが時として喜びが大きい」とありますが、「贈り物」の「差出人になる」と「喜びが大き」くなるのはなぜですか。四十一字以上五十字以内で説明しなさい。

問七　次のア～オは、この文章を読んだ後、「贈与」について話し合った生徒たちの意見です。このうち筆者の述べている「贈与」に関する理解として明らかな間違いを含むものを一つ選び、記号で答えなさい。

ア　人類が未熟な状態で誕生するようになったことと、周囲の人間と助け合う能力を発達させてきたことには関係があるんだね。四足歩行から直立歩行へと移行した太古の昔から、「贈与」が重要な意味を持っていたなんて不思議な感じがするよ。

イ　「食べ物を分けてあげる」「ありがとう、子供を見ていてあげるね」とか、そんな風に助け合っていたのかな。「他者からの贈与」と「他者への贈与」のおかげで人類がここまで命をつないできたなんて、考えたこともなかったよ。

ウ　「他者からの贈与」で手に入ったモノには「余剰」がある、だからどこかで買い直すことができないようなモノとなる、と

「この前もらったお礼に……」

そのお礼はまたお礼を促します。そして、その返礼は再び贈与として相手に手渡され、さらに再返礼、再々返礼……と、その関係性は「贈与の応酬」に変貌します。

つまり、贈与を受け取ってくれるということは、その相手がこちらと何らかの関係性、つまり「つながり」を持つことを受け入れてくれたことを意味します。

こちらの好意や善意は、必ずしも相手に受け入れられるとは限りません。

だから、プレゼントを受け取ってくれたり、こちらの祝福を受け入れてくれたりしたとき、僕らはうれしく感じるのです。

（近内悠太『世界は贈与でできている』より）

※ターム…ことば。言い方。

問一　＝＝線①～④のカタカナを漢字に直しなさい。漢字は一画ずつていねいに書くこと。

問二　――線(1)「人間の新生児はなぜ未熟な状態で生まれてくるのでしょうか」とありますが、「人間の新生児」が「未熟な状態で生まれてくる」ようになった理由として最もふさわしいものを次の中から一つ選び、記号で答えなさい。

ア　人類は直立歩行に適さない骨格であったが進化の過程で腰回りの骨格が小さくなり、女性の産道は狭くなった。同時期に、人類は発達した脳を獲得し、子供の脳が成長前の未熟な状態で生まれてくるほうが、子育てにおいて社会的能力を役立てられたから。

イ　人類は歩行の方法が変化する途中で骨盤が小さくならざるをえず、女性の産道は狭くなった。それ以降、人類は大きな脳を獲得し、子供の脳が小さい未熟な状態で生まれてくるほうが、母子にとって自然な状況となったから。

ウ　人類は直立歩行を可能にするために全身の骨格を小さくし、女性の産道は狭くなった。またその頃、人類は脳が大きくなり、子供の頭が小さい未熟な状態で生まれてくるほうが、種の保存において合理的だったから。

エ　人類は直立歩行へと進化する際に腰周辺の骨格を小さくしなければならず、女性の産道は狭くなった。同時期に、人類は大きな脳を持つようになり、子供が頭部の小さい未熟な状態で生まれてくるほうが、母子にとってより安全だったから。

オ　人類は四足歩行からの脱却によって骨盤が小さくなり、女性の産道は狭くなった。またその頃、人類は知能の発達した脳を携えるようになり、子供の身体が未熟な状態で生まれてくるほうが、母子にとって万全だと考えたから。

問三　――線(2)「自然はそのような身体的拡張ではなく、社会的能力のほうを選びました」とありますが、それはどういうことですか。七十一字以上八十字以内で説明しなさい。

問四　――線(3)「『モノ』がモノでなくなる」とありますが、それはどういうことですか。最もふさわしいものを次の中から一つ選び、記号で答えなさい。

ア　モノは誰かから贈られると、そのモノとしての性能とは別に独自の機能が備わり、それまでにはない特別な存在となって、対価さえ支払えば購入できる市販品としてのモノではなくなるということ。

イ　モノは誰かから贈られると、そのモノとしての存在を超える価値が突然生じ、交換不可能な存在となって、触ったり身につけたりできるような具体的なモノではなくなるということ。

ウ　モノは誰かから贈られると、そのモノとしての性質以外に個

１４６頁）。

　経済学的視点に立てば、プレゼントを買ってはならない、現金を渡すべきだと結論づけられてしまいます。それは以下のような市場の論理から③ミチビかれるものです。

　「人は一般に、自分の好みを最もよく知っている」という前提を認めるならば、他人がプレゼントを購入して渡した場合、支払った金額と同額のものを受取人自身が購入した場合よりも効用が必ず小さくなる。そして、そこに「プレゼントの目的は、その受取人を幸せにすること（受取人の効用を最大化すること）である」という前提を付け加えるならば、プレゼントを買って渡すのではなく、使うはずだった現金を渡すべきであるということになる。

　もらって困るもの、気持ちはありがたいが正直いらないものをプレゼントされることはたしかにあります。ですが、「正しいプレゼント、つまりプレゼントの正解は現金である」という主張は僕らの直感に反します。やはり贈与には、市場価値には回収できない何らかの余剰が隠されていると感じるはずです。

　またサンデルは、お金で買えないものとして、「ノーベル賞」を挙げています。

> 　たとえば、ノーベル委員会が毎年一つのノーベル賞を競売にかけるとしても、買われた賞は本物とは違うだろう。こうした市場取引は、ノーベル賞に価値をもたらす善を消し去ってしまう。ノーベル賞は名誉を表す善だからだ。それをお金で買ってしまえば、手に入れたいと思っている善は台無しになる。
>
> （『それをお金で買いますか』、１４０頁）

サンデルは「善」と表現していますが、これも贈与によってもたらされる余剰の一形態です。そして、その余剰は買った瞬間にどこかへ消えてしまうのです。

　当たり前ですが、ノーベル賞は買うものではありません。それは授与されるもの、贈られるものです。

　お金で買えないものは、贈与として僕らのもとへやってくる。

お金で買えないものの一切は、誰かから手渡されることによって、僕らの目の前に立ち現れる。

　さて、贈与の不可解な点はまだあります。

　それは、(5)贈り物はもらうだけでなく、贈る側、つまり差出人になることのほうが時として喜びが大きいという点にあります。

　たしかに、自分の誕生日を誰にも祝ってもらえないとしたら寂しい。でもそれ以上に、もし自分に「誕生日を祝ってあげる大切な人」「お祝いさせてくれる人」がいなかったとしたら、もっと寂しい。

　なぜもらうことよりも、あげることのほうがうれしいのでしょうか。

なぜ自分が祝われる以上に、誰かを祝うことが自身の喜びになるのか？

　恋愛の場面が一番分かりやすいと思いますが、気になる相手に何かプレゼントを渡そうとしたとき、受け取ってもらえないという悲劇が起こることがあります。

　贈与の受取の拒否。

　それは何を意味するかというと、関係性の拒否です。つまり「私はあなたと特別なつながりを持つつもりはない」という④センゲンとなります。

　なぜ贈与がつながりを生み出すかというと、贈与には必ず返礼が後続するからです。

は何かの記念日。

ほしいものがあるなら各々が自分で買えばいいのに、なぜか私たちはプレゼントという慣習を持っています。

プレゼントという慣習の理由。

それは、誰かからプレゼントとして手渡された瞬間に、(3)「モノ」がモノでなくなるからです。

もし自分で買ってしまったら、どれほど高価なものであっても、それはあくまでも「モノ」としての存在を超え出ることができません。

どういうことか。

親しい人から誕生日に腕時計をプレゼントされたとしましょう。その腕時計がどこかのお店で購入されたものならば、それ自体はただの「モノ」にすぎません。この世界にただ一つしかない特別な時計などではなく、他の誰でも対価さえ支払えば購入できる、交換可能な「商品」でしかありません。

ところが、その腕時計が「贈り物」として手渡された瞬間、事態は一変します。

たとえば、その時計を壊してしまったり、あるいは無くしてしまったりしたとき、僕らは何を感じるでしょうか。

もらった相手にその事実を隠したまま、同じモノを自分で購入してそしらぬ顔でやり過ごす、というようなことはしないと思います。多くの人は、相手に対して申し訳ないと感じたり、「なんでもっと丁寧に扱わなかったんだろう」とひどく後悔したり、落としたと思われる場所まで探しに行ったりするはずです。他人からすれば「たかが時計だろ？　何十万円もするものでもないし」と思っても、本人にとっては非常にショッキングな出来事です。

もし仮に、まったく同じ型の時計をこっそり購入して、相手にそのことを黙ったままやり過ごすとしたら、僕らの多くはその後ろめたさに耐えられないはずです。

プレゼントされた時計も、無くした後に自分で購入した時計も、モノとしては等価なはずなのに、僕らはどうしてもそうは思うことができません。そこには、モノとしての価値、つまり商品としての価値からはみ出す何かがあると無意識に感じるのです。商品価値、市場価値には回収できない「余剰」を帯びると言ってもいいかもしれません。そしてその余剰が、単なる商品だったその腕時計に唯一無二性、言い換えれば固有名を与えることになるのです。

重要なのは、「その余剰分を自分自身では買うことができない」という点です。なぜなら、その余剰は誰かから贈られた瞬間に初めてこの世界に立ち現れるものだからです。

モノは、誰かから贈られた瞬間に、この世界にたった一つしかない特別な存在へと変貌します。贈与とは、モノを「モノではないもの」へと変換させる②ソウゾウ的行為に他ならないのです。

だから僕らは、他者から贈与されることでしか、本当に大切なものを手にすることができないのです。

「自分へのご褒美」という言葉の空虚さの理由がここにあります。ご褒美は本来、誰かから与えられるものです。だからそれは買うことのできないもの、すなわち贈与なのです。

マイケル・サンデルは「(4)経済学者は贈り物が好きではない。より正確に言えば、合理的な社会的慣行としての贈り物の意味を理解するのに苦労している」と述べています(『それをお金で買いますか』、さて、重要なのはここからです。

出産後、成長途中の未熟な乳幼児を抱えた母親は数年間にわたって食べ物を自身の力で①サイシュウすることができず、子育てを周囲の人間に手伝ってもらわなければならなくなりました。それと同時に、人間のある能力が発達します。

ハラリの言葉を引きます。

> 人間が子供を育てるには、仲間が力を合わせなければならないのだ。したがって、進化は強い社会的絆を結べる者を優遇した。
> （『サピエンス全史(上)』、22－23頁、強調引用者）

進化のプロセスからすれば、脳の小さい未熟な新生児を産むという解決策ではなく、大人の身体のほうが進化して、直立歩行を可能にしながらも骨盤を大きくしたり、産道を広くするなどして脳が完成した子供を産めるようにする、という選択肢もありえたはずです。

しかし、(2)自然はそのような身体的拡張ではなく、社会的能力のほうを選びました。

子育てや互いの生存のための信頼できる仲間。見返りを求めず助け合える関係性。

僕らは、僕らが人間となって文字通り立ち上がった瞬間から、つまり、人類の黎明期の一番初めから、「他者からの贈与」「他者への贈与」を前提として生きてゆくことを運命づけられてしまったのです。

そして、そのような仕方で僕らはかろうじてこの世界を生き延びてきました。

信頼関係や助け合いは明らかに「サービス」ではありません。ましてや「商品」ではありません。そもそも市場というものが出現するはるか以前からある人類学的慣習ですから、そのような※タームで語れるはずがありません。それらはいわば「お金では買えないもの」です。

「お金で買えないもの」。これはたしかによく耳にする言葉です。

しかし僕が気になるのは、ここに「否定」が入り込んでいることです。

お金で買えないもの、という否定的定義。

たとえば「猫」はたしかに「犬ではないもの」ですが、それで猫が十全に定義され、説明されているわけではもちろんありません。

「猫とは何か？」と問うたときに「犬ではないもののことだ」という答えに満足できる人はいないでしょう。なのに、なぜ「お金で買えないもの」という言い方に僕らは満足してしまうのでしょうか？

その言葉によって、何かが言い表された気になるだけで、それがどのようなものであり、どのような効果を僕らにもたらすのかは一向に分かりません。

お金では買えないもの。それは一体何なのでしょうか？

僕らが必要としているにもかかわらずお金で買うことのできないものおよびその移動を、ひとまず「贈与」と呼ぶことにします。それは定義上、商品やサービスという「市場に登場するもの」とは異なるものとなります。

では、お金で買えないものは、どうやって手に入れたらいいのでしょうか。お金で買えないものは、どこから僕らのもとにやってくるのでしょうか？

そもそも、どうして私たちは互いにプレゼントを贈り合うのでしょうか。

葉が出たことにより、自分の気持ちを言い当てられたようで胸が苦しくなり思いがけず涙があふれてきた。

問七　次のア～オは、この文章を読んだ後、本文について話し合った生徒たちの意見です。このうち本文の解釈として明らかな間違いを含むものを一つ選び、記号で答えなさい。

ア　この場面でのリリーは新しい環境の中でつらい思いをして悲しそうにしていることが多いけれど、本来の彼女は好奇心旺盛でまっすぐな人物だと思う。水牛に乗ろうとする場面や甘さんたちとの会話からそんなことが感じられたよ。

イ　私も海外に住んだことがあるから分かるけれど、故郷のアメリカから遠く離れ、言葉も通じない異国に連れてこられたリリーにとって、英語を話せる身近な人物は家族と学校の友だちだけなのに、その中の誰にも心を開けないでいたのは本当につらかっただろうね。

ウ　アメリカ人ではないけれど英語を話すことができ、リリーを受け入れてくれる甘さんが現れたことはリリーにとって大きな救いだね。甘さんとテディ以外の台湾の人々や風物はリリーにとってあまり好ましいものとしては描かれていないもの。

エ　甘さんはとてもミステリアスな人物だよね。この時代の台湾で明晰な英語を話せる老人なんてきっと珍しかったのではないかな。しかも「文字占い」という不思議な技術も持っている。彼の正体を知りたいね。

オ　この小説では、「文字」が重要な役割を果たしている。普段当たり前のように漢字を使う私たちとは違って、アメリカ人のリリーにとって、漢字はなじみの薄い不思議な文字のはずだから、その分だけ文字の持つ力に神秘的なものを感じて魅了されたのかもしれないね。

二

次の文章を読んで後の問いに答えなさい。

(1)人間の新生児はなぜ未熟な状態で生まれてくるのでしょうか。たとえば馬は生まれた直後に立ち上がることができます。しかし、人間の新生児は立つことも、一人でものを食べることもできません。なぜ人間の乳幼児は、周囲の年長者による保護や教育が与えられなければ生きていくことができないという「弱さ」を抱えることになったのでしょうか。

ヒントは「直立歩行に適さない骨格」と「大きな脳」です。

日本でもベストセラーになったユヴァル・ノア・ハラリの『サピエンス全史』でも紹介されている議論ですが、ハラリによると、霊長類の骨格はもともと四足歩行に適したものでした。四足歩行から直立歩行に移行するには腰回り、つまり骨盤を細める必要があり、それにともなって女性は産道が狭くなりました。

またこのとき、人間は他の動物たちよりもずっと大きな脳を獲得しつつありました。

つまり、人間の赤ちゃんは大きな脳を携えながら、狭くなった産道を通って生まれてこなければならないという難点を抱えることになったわけです。人間は哺乳類の中で最も難産な種だそうです。

進化はどのようにしてこれを解決したかというと、脳の発達が完了する前の段階、すなわち「頭が大きくなる前の段階で出産する」という道を選びました。それにより母体の生存率と子供の出生率が上がり、自然選択によって人間は早期の出産をするようになりました。

このようにして、人間は未熟な状態で生まれてくることになったわけです。

見えており、なぜ自分一人がこんな思いをしなければならないのかとひどく落胆している。

エ　アメリカの友達からは手紙一つ無くさみしく感じていたところに、学校でクラスメイトから嫌がらせを受けた。母にさえそのことを話せなくて家を出たのに、現地の子どもたちからひどい目にあわされ、結局みじめな姿を母に見せることになってしまった。事情をよく分かってもらえないまま母に怒られるのは予想がつき、誰も自分のことを受け入れてくれない現実にかつてない疎外感を覚えている。

オ　アメリカの友達からは手紙一つ無くさみしく感じていたところに、学校でクラスメイトから嫌がらせを受けた。そのことを母に聞かれるのが嫌で家を出たのに、現地の子どもたちから暴力を振るわれ、家に帰ることになってしまった。母は事情を聞きもせず怒り出すに違いなく、降りかかる様々な困難を克服していくために頼れるのは自分一人しかいないと、今まで味わったことのない孤立感を抱いている。

問六　――線(5)「リリーは心臓がキュンと締め付けられる気がして、突然なにもかもぼやけて見えた」とありますが、文字占いを聞きはじめた時点からここまでのリリーの変化を説明したものとして最もふさわしいものを次の中から一つ選び、記号で答えなさい。

ア　占いの前は、母や学校のことが気になって仕方なかった。文字占いについて興味を抱き、説明を聞きはじめたときは今一つ理解に苦しんだが、実際に単語を選んでその漢字の説明を聞いているうちにその世界観のとりこになっていった。占いの中でたまたま選んだ「秋」という言葉から、甘さんが「愁」という漢字をみちびき出したことで、初めて自分の悲しい気持ちに気づかされ、にわかに目から涙がこぼれた。

イ　占いの前は、クラスでのことを気に病んでいた。文字占いについて興味を抱き、説明を聞きはじめたときは楽しかったが、実際に単語を選んでその漢字の説明を聞いているうちに不思議な気分に襲われた。占いの中で「愁」という「悲しみ」を表す文字が登場したことで、甘さんが自分の気持ちを察して寄り添おうとしてくれていることに気が付き、喜びと気恥ずかしさから急に甘さんの顔を見返すことができなくなった。

ウ　占いの前は、明日の学校のことで頭がいっぱいだった。文字占いについて興味を抱き、説明を聞きはじめたときは余計なことは忘れて不思議な文字占いに夢中になっていた。実際に単語を選んでその漢字の説明を聞いているうちに想像がふくらみ、美しい光景を思い浮かべた。占いの中で出てきた「愁」という文字が自分のつらい状況を言い当てていることを知り、いきなり厳しい現実を突きつけられた気がして、目の前が真っ暗になった。

エ　占いの前は、母や学校についての心配事が頭の隅から離れないでいた。文字占いについて興味を抱き、説明を聞きはじめたときは占いに疑念を持っていたが、実際に単語を選んでその漢字の説明を聞いているうちに甘さんのことを信頼するようになっていった。占いの中で「愁い」や「悲しみ」という言葉で自分の気持ちを言い当てられ、甘さんなら自分の気持ちを分かってくれると確信し、安堵感のあまり不意に涙がにじんできた。

オ　占いの前は、学校のことが頭を離れず憂うつになっていた。文字占いについて興味を抱き、説明を聞きはじめたときは不思議に思っていたが、実際に単語を選んでその漢字の説明を聞いているうちにすっかり夢中になってしまい、甘さんの言葉に引きこまれていった。占いの中で「愁い」や「悲しみ」という言女が悪いわけではないと伝えるのは自分には難しくもどかしいし、自分の部屋にいても仕方がないので、早く外に出たいと感じている。

オ　学校でのことを話すとうそがばれてしまいそうなのでママと顔を合わせたくないし、林阿媽を見ていると今日の出来事への怒りがこみあげてくるので彼女とも話をしたくないし、自分の部屋には気がまぎれるものがないので、家は自分のいるべき場所ではないと感じている。

問三　――線(2)「その水牛に乗ってみたかった」とありますが、リリーがそのように思ったのはなぜですか。六十一字以上七十字以内で説明しなさい。

問四　――線(3)「リリーは苦笑いをした」とありますが、それはなぜですか。最もふさわしいものを次の中から一つ選び、記号で答えなさい。

ア　昔乗ったことのある羊よりもずっと大きい水牛を前に、振り落とされないように神経を研ぎ澄ませていたのに、水牛があまりに無反応で、ロデオの乗り手としての自分の感覚が鈍ってしまったと感じて戸惑ったから。

イ　目の前の水牛はテキサスの水牛とは違って角が後ろを向いていていっそう危険であり、その角から目を離さないよう気をつけて乗ったのに、なぜか父の肩車が思い出され逆に安心してしまったのがおかしかったから。

ウ　うまくいけば昔の楽しかった瞬間を思い出せるかもしれないと必死に水牛にしがみついたのに、昼寝をしていた水牛はピクリとも動かず、期待していたようなことは何も起こらなくてがっかりしたから。

エ　大きな水牛に振り落とされまいと懸命にしがみつこうとしたのに、水牛の背中は思いのほか安定していて拍子抜けしてしまい、力みすぎていたさっきまでの自分を滑稽に感じたから。

オ　一番体が大きい水牛を警戒して興奮状態にあったのに、水牛は危険を感じさせるどころか思いどおりに動いてくれて、必死になっていたさっきまでの自分を愚かしく感じたから。

問五　――線(4)「リリーはこんなにもひとりぼっちだと感じたことはなかった」とありますが、ここでのリリーの説明として最もふさわしいものを次の中から一つ選び、記号で答えなさい。

ア　アメリカの友達からは手紙一つ無くさみしく感じていたところに、学校でクラスメイトから嫌がらせを受けた。自分を心配する母にそのことを話すのは気が引けて家を出たのに、現地の子どもたちからさらにひどい嫌がらせを受け、母を余計に心配させることになってしまった。言い訳をしても母が分かってくれるとは考えにくく、一番の理解者であるはずの母に悩みを打ち明けられず孤独感を深めている。

イ　アメリカの友達からは手紙一つ無くさみしく感じていたところに、学校でクラスメイトから嫌がらせを受けた。そのことを母にもお手伝いさんにも相談できず家を出たのに、現地の子どもたちとのトラブルに巻き込まれてしまい、新たな人間関係の悩みを持って家に戻ることになってしまった。事情を知らない母が怒るのは明らかであり、誰にも悩みを共有できない苦しみを一人では抱えきれなくなっている。

ウ　アメリカの友達からは手紙一つ無くさみしく感じていたところに、学校でクラスメイトから嫌がらせを受けた。そのことを母に話すのも面倒で家を出たのに、現地の子どもたちからいじめられ、さらに面倒なことに巻き込まれてしまった。どのみち母と話さざるを得なくなってしまったうえに怒られるのは目にわかるかといえば」甘さんはしばらく黙って考えた。そしてシュウの字の下にさらに数本の線を引いた。

「さて、シュウの下に心を表す漢字シンを書いた。これはきみの心の形を表す文字だ。ふたつの字を合わせると、新しい漢字チョウができる。これは、〝愁い〟や〝悲しみ〟を表す文字だ」

(5)リリーは心臓がキュンと締め付けられる気がして、突然なにもかもぼやけて見えた。リリーは固唾を飲んだ。

「きみの心にはたくさん悲しみがあるんだね、リリー、たくさんの心配事がある。きみをとても、とっても悲しくさせていることがある」

リリーは老人の柔和で皺の寄った顔を見上げた。端正に整えられた白髪を見る。リリーは老人に近づいていった。甘さんは両腕をひろげ、リリーはそっと優しく抱き締めてくれる相手の胸に顔をうずめた。

泣きながらリリーは甘さんに学校での出来事を話した。ほかの女の子たちや彼女たちの囃し声のことを、友だちからの手紙が届かない食卓のことを。

「喧嘩のやり方を教えようか」リリーが話し終えると、テディが言った。「思い切りぶん殴ってやれば、もうちょっかい出してこないよ」

リリーは首を横に振った。男の子は単純だ。拳で言うことをきかせることができる。女の子たちのあいだの魔法の言葉はもっと④フクザツだった。

（ケン・リュウ「文字占い師」より）

※林阿媽…リリーの家のお手伝いさん。この日の昼休みに、彼女が作ってくれた貢丸(肉団子)を食べていたリリーはクラスメイトにからかわれた。

問一 ━線①～④のカタカナを漢字に直しなさい。漢字は一画ずつていねいに書くこと。

問二 ━線(1)「家から出ていきたかった」とありますが、ここでのリリーの説明として最もふさわしいものを次の中から一つ選び、記号で答えなさい。

ア 学校で起きたことを話すとますます状況が悪化しそうでママには本当のことが言えないし、林阿媽を責めるのはお門違いだと分かっていても苛立ちを感じてしまうので彼女とも話をしたくないし、自分の部屋にいてもすることがないので、家にはいたくないと感じている。

イ 学校での状況をママに知られると事態が悪化するのは目に見えているし、何も知らないうえに英語があまり話せない林阿媽と話をするのももどかしいし、自分の部屋にはテキサスを思い出させるものしかないので、家にいるのがいたたまれないと感じている。

ウ 学校で起きたことを思い出したくないのでママとはこれ以上話したくないし、林阿媽の料理のせいでトラブルが起きたことが腹立たしいがそれを彼女に説明するのはめんどうなことだし、自分の部屋には楽しめるものが何もないので、家にいても仕方ないと感じている。

エ 学校で起きたことにママが口を出すと余計にややこしいことになりそうでママには話せないし、英語ができない林阿媽に彼もちがっていた。だが、彼女の笑い声は長くつづかなかった。学校のことがいつも頭のどこかにこびりついており、あしたのことを考えて、リリーは眉間に皺を寄せた。

甘さんは気づかないふりをした。「だけど、ちょっとした魔法も使うんだよ」

その言葉にリリーは興味を惹かれた。「どんな魔法？」

「わしは測字先生(文字占い師)なのだ」

「って、なに？」

「爺ちゃんは、名前のなかの漢字や自分で選んだ漢字に基づいて、人の運勢を占うんだ」

テディが説明した。

リリーは霧でできた壁に足を踏み入れた気がした。わけがわからず、甘さんを見る。

「中国人は神託を受ける③ホジョ手段として書を発明した。そのため、漢字はつねに深淵な魔法を宿しているのだよ。漢字から、人々の悩みや、過去と未来に待ち受けているものをわしは言い当てることができる。ほら、見せてあげよう。なにか単語をひとつ思い浮かべてごらん、どんな単語でもいい」

リリーはあたりを見まわした。三人は川岸の岩の上に座っており、木々の葉が金色や赤色に紅葉しはじめていて、稲穂がどっしり撓んで収穫間近になっているのがリリーの目に入った。

「秋」と、リリーは言った。

甘さんは棒を手に取り、足下の柔らかい泥に漢字を一字書いた。

「泥に棒で書いたのでへたくそな字になっているのはかんべんしとくれよ。紙も筆もないのでな。この漢字は、シュウという字で、中国語で〝秋〟を意味する」

「これからあたしの運勢がどうやってわかるの？」

「そうだな、まずこの漢字をばらばらにして、戻す必要がある。漢字というのはほかの漢字を合わせて作られているんだよ、積み木のようにな。〝秋〟はふたつのべつの漢字からできている。この漢字の左側の部分は、ヒエという漢字で、〝キビ〟や〝米〟や〝穀物一般〟を意味する。いまここに見える部分は、様式化されているのだけど、大昔には、この文字はこんなふうに書かれていたのだ」

甘さんは泥に書いた。

「ほら、茎が熟れた穂の重みで撓んでいるように見えるだろ？」

リリーは心を奪われて、うなずいた。

「さて、シュウの右側はべつの漢字、フォアで、火を意味する。燃えている炎みたいだろ、火花が飛んでいる？」

「わしが生まれた中国の北部では、米はできないんだ。そのかわりに、キビや小麦やモロコシを育てておる。秋になり、収穫して脱穀し終わると、畑に藁を積み上げて、燃やし、灰が翌年の畑の肥やしになるようにする。金色の藁と赤い炎、そのふたつを合わせて、シュウ、秋ができるのだ」

リリーはうなずき、その光景を思い描いた。

「だが、きみが自分の漢字としてシュウを選んだことでわしになにが歓喜は翻訳する必要がなかった。泥が入って目がズキズキした。涙が止まらなくなった。リリーは両腕で顔を覆い、泣き声を聞かれて少年たちを満足させることはしまいと心に決めた。

「痛っ！」思わず悲鳴が上がった。石が肩にぶつかり、さらなる石が太ももに当たったのだ。リリーは水牛の背中から転げ落ち、うずくまって水牛のうしろに隠れようとしたが、少年たちはますます声高に囃し立て、水牛をまわりこんでリリーをいじめようとした。リリーはまわりの泥を両手いっぱいにつかんで、闇雲に、腹立ち紛れに、必死になって少年たちに投げつけだした。

「猴囝仔、快走、快走！」威厳に充ちた老人の声が聞こえた。泥の雨が止まった。リリーは袖で顔の泥をぬぐい、顔を起こした。少年たちは走って逃げていった。老人の声がさらに彼らに向かって投じられ、子どもたちは走る速度を増した。少年たちの水牛がもっとのんびりした足取りで飼い主たちを追った。

リリーは立ち上がり、年老いた水牛のまわりを見回した。年かさの中国人男性が少し離れたところに立っていて、リリーに優しくほほ笑んでいた。老人のうしろにはリリーと同い年くらいの少年がひとり立っていた。リリーが見ていると、少年は逃げていく男の子たちの急速に小さくなっていく姿に向かって小石を一個投げた。その投擲は強力で、小石は宙高くアーチを描くと、最後尾の少年が低木の木立をまわりこんで姿を消す直前に、そのまうしろに落下した。石を投げた少年はリリーに向かってにやっと笑い、乱ぐい歯を覗かせた。

「お嬢ちゃん」老人が訛りはあるが、明晰な英語で話しかけた。「大丈夫かね？」

リリーは自分を救ってくれた人たちを声もなくまじまじと見つめた。

「阿黄となにしてたんだい？」少年が訊ねた。年老いた水牛がのっそり彼に近づいていき、少年は手を伸ばして、牛の鼻面を軽く叩いてやった。

「あの……えっと……背中に乗ってたの」リリーの喉はからからだった。ごくりと唾を飲む。「ごめんなさい」

「悪い子たちじゃないんだが」老人は言った。「ほんの少しやんちゃで、よそ者を信用していないだけなのだよ。教師として、もっと行儀良くするよう教えなかったのは、わしの責任だ。あの子たちになりかわって、この通り謝る。すまぬ」老人はリリーに頭を下げた。

リリーはおっかなびっくり頭を下げ返した。身を屈めると、上と下が泥だらけになっているのが見え、石が当たった肩や脚がずきずきうずいているのに気づいた。ママに大目玉を食らうだろう。――それは確実だった。頭のてっぺんから爪先まで泥に覆われて、どんな格好で母親のまえに姿を現すことになるのか、目に浮かぶようだった。

(4)リリーはこんなにもひとりぼっちだと感じたことはなかった。

「少し綺麗になる手伝いをさせてくれんかな」老人が申し出た。一行は川のほとりに歩いていき、老人はハンカチを使ってリリーの顔から泥を拭い取り、川の澄んだ水でハンカチをすすいだ。老人の手つきは優しいものだった。

「わしは甘振華、こいつは孫の陳恰風だ」

「テディと呼んでくれてもいいぜ」少年が付け加えた。老人は喉を鳴らして笑った。

「はじめまして」リリーは言った。「リリアン・ダイアーです」

「それでなにを教えてるの？」

「習字だ。ひどい悪筆で先祖や彷徨える霊を含むだれもかれもを震え上がらせないよう、あの子どもたちに筆で漢字を書けるよう教えておる」

リリーは笑い声をあげた。甘さんはいままでにあったどの中国人としながら、なんと二十八秒間しがみついた。郡中を驚愕させた記録だった。リリーが鍔の広いカウボーイハットをかぶり、堅く結んだポニーテールをうしろに跳ね上げさせた写真があらゆる新聞に掲載された。その写真のなかの幼い少女の顔にはいっさい恐怖心が表れておらず、歓喜と強い意志だけが浮かんでいた。

「怖いもの知らずのバカね」ママが言った。「いったいどうしてあんなことをしたの？　首の骨を折りかねなかったのに」

　リリーはママに返事をしなかった。そのあと何ヵ月もそのときの羊乗りのことを夢に見つづけた。あと一秒しがみつくんだ、と羊の背に乗っているとき、自分に言い聞かせた。必死にしがみつけ。その二十八秒間、リリーは、習字帳やおつかいやああしなさいこうしなさいと命じられることだらけのただの幼い少女ではなくなっていた。彼女の人生には明白な目的があり、それを成し遂げるためのはっきりとした方法があった。

　もしリリーの年齢がもう少し上だったら、その感覚を〝自由〟と表現したかもしれなかった。

　いま、もしあの年老いた水牛にまたがることができたら、ひょっとするとあの感覚を取り戻し、そのあとで問題なく日々を送れるようになるかもしれない。

　リリーは浅い泥たまりに向かって駆けだした。どうやら年老いた水牛は食い戻したものをまだはんでいた。リリーは泥たまりの端にたどり着き、水牛の背に向かって跳躍した。

　リリーは柔らかいドサッという音とともに水牛の背中に着地し、水牛が一瞬沈みこんだ。リリーは跳ね上げや前のめりがやってくるのに備え、長くて曲がっている角から目を離さず、もし水牛が角を使って自分を払い落とそうとしたら摑む用意をしていた。アドレナリンが分泌されて身体のなかをどっと走り回り、リリーは必死にしがみつく心構えをした。

　ところが、年老いた水牛は昼寝を邪魔されて、たんに目をあけると、鼻を鳴らしただけだった。首をひねり、左目で咎めるようにリリーを見つめた。不満気に首を振ると、起き上がり、のたのたと泥たまりから出ようとした。水牛の背中にまたがっているのは、なめらかで安定していた。幼いころよくパパはリリーに肩車をしてくれたが、そのときと似ていた。

　(3)リリーは苦笑いをした。水牛の首の付け根を謝るように軽く叩いた。

　リリーは力をゆるめて座り、水牛に自由に歩ませるようにして、通り過ぎていく稲穂の畝を眺めた。水牛は田んぼの端にたどり着いた。そこには小さな木立があり、水牛はその向こうにまわりこんだ。そこで地面は川岸に向かって下っており、水牛はそちらに向かった。リリーと同年代の中国人の少年たちが三、四人、川で遊んでいたり、家で飼っている水牛を洗ったりしていた。リリーと年老いた水牛が子どもたちに近づいていくと、少年たちの笑い声が止み、ひとりまたひとり、振り向いてリリーを見た。

　リリーは不安になった。男の子たちにうなずいて、手を振った。彼らは手を振り返さなかった。リリーにはわかった。子どもならだれしもわかる方法で、自分が面倒に巻きこまれるのだ、とわかった。

　ふいになにか濡れて重たいものがリリーの顔にぶつかった。男の子のひとりが川の泥をつかんで、投げつけたのだ。

「鼻デカ、鼻デカ、鼻デカ！」少年たちは口々に叫んだ。さらなる泥がリリーに向かって飛んできた。泥はリリーの顔といい、腕といい、首といい、胸といい、あらゆるところにぶつかった。リリーは彼らがなんと叫んでいるのかわからなかったが、彼らの声に含まれる敵意と

二〇二二年度 渋谷教育学園渋谷中学校

【国　語】〈第三回試験〉（五〇分）〈満点：一〇〇点〉

※「〇〇字で」、または「〇〇字以内で」、という指示がある場合は、「。」「、」「かっこ」なども一字と数えます。

一　次の文章を読んで後の問いに答えなさい。

【一九六一年、アメリカ人のリリー（リリアン・ダイアー）は父の仕事の都合でテキサスから台湾に引っ越した。必ず手紙を送ると言っていた仲良しだった女子たちからは何の連絡もなく、台湾の米軍基地の中にある新しい学校（台湾に住むアメリカ人の子どもたちが通っている）ではクラスメイトたちから孤立している。この日も学校の昼休みの時間に、クラスメイトの女子たちが台湾の人々を見下すような発言をしたのに対してリリーが反論したところ、リリーはからかわれてひどい悪口を言われた。】

ママが台所に入ってきて、そっとリリーの髪の毛をなでた。「学校はどうだった？」

両親には学校で起こったことを決して知らせてはいけないとリリーにはわかっていた。ふたりは救いの手を差しのべようとするだろう。そんなことになればますます事態が悪化するだけだ。

「良かったよ」リリーは言った。「女の子たちとだんだん知り合いになれてきた」

ママはうなずき、リビングに戻った。

リリーは自分の部屋にいきたくなかった。テキサスから持ってきた『少女探偵ナンシー・ドルー』のシリーズを全部読み終わってから、ほかに部屋でやることがなかった。また、台所にも留まっていたくなかった。そこでは※林阿媽が料理を作っており、片言の英語で話しかけてこようとするからだ。リリーは、林阿媽と彼女の作った貢丸に腹を立てていた。身勝手なのはわかっていたけれど、どうしても腹が立ってしかたなかった。(1)家から出ていきたかった。

この日はやいうちに降った雨が湿った亜熱帯の空気を冷やしていた。リリーは歩きながら軽やかなそよ風を味わった。登校用に結っていたポニーテールから赤い巻き毛をふりほどいた。ライトブルーのタンクトップと黄褐色の短パン姿で、快適だった。ダイアー家が①カりている小さな中国様式の農家の西に村の水田が碁盤の目状に広がっている。数頭の水牛が泥たまりでのんびりしており、長い曲がった角で背中のざらざらの黒い皮をそっと引っ掻いていた。故郷のテキサスで見慣れていた、長くて細い角が危険なほど前に向かって曲がっている長角牛とちがって、水牛の角はうしろに向かって曲がっており、背中を掻くのにうってつけだった。

いちばん身体が大きくて最年長の水牛は目をつむり、水のなかに半分沈んでいた。

リリーは息を殺した。(2)その水牛に乗ってみたかった。まだ自分が幼いころ、パパが新しい仕事――なにをしているのか話せないほど秘密の仕事だった――を手に入れるまえ、リリーはカウガールになりたかった。友だちが羨ましかった。彼らの親は東部出身ではなく、馬の乗り方、車の運転方法、牧場の仕事のやり方を知っていた。リリーは郡のロデオ大会に足繁く通い、五歳のとき、ママの②キヨカをもらってると登録テーブルにいた男性に伝えて、羊乗り競争に参加した。

リリーは乗り手を振り落とそうとして跳ねる羊にわくわくどきどき

2022年度

渋谷教育学園渋谷中学校 ▶解説と解答

算　数　<第３回試験>（50分）<満点：100点>

解　答

1 (1) $2\frac{1}{4}$　(2) 3960m　(3) 3.75%　(4) 147km　(5) $3\frac{7}{16}$倍　(6) 1122　**2** (1) 14通り　(2) 18点　(3) Dさん，８点　**3** (1) $\frac{153}{782}$　(2) $\frac{23}{897}$　(3) $\frac{1}{96}+\frac{7}{48}$　**4** (1) 36cm^2　(2) 2cm　(3) **図形**…解説の図４を参照のこと。／**面積**…53.25cm^2

解　説

1 **四則計算，流水算，速さと比，濃度，速さ，つるかめ算，面積，相似，整数の性質，周期算**

(1) $\left\{8-7\times\left(1\frac{3}{7}-\frac{3}{7}\times0.875\right)\right\}\div3\frac{3}{4}+4\div1\frac{1}{5}\times0.625=\left\{8-7\times\left(\frac{10}{7}-\frac{3}{7}\times\frac{7}{8}\right)\right\}\div\frac{15}{4}+4\div\frac{6}{5}\times\frac{5}{8}=\left\{8-7\times\left(\frac{10}{7}-\frac{3}{8}\right)\right\}\div\frac{15}{4}+\frac{4}{1}\times\frac{5}{6}\times\frac{5}{8}=\left\{8-7\times\left(\frac{80}{56}-\frac{21}{56}\right)\right\}\div\frac{15}{4}+\frac{25}{12}=\left(8-\frac{7}{1}\times\frac{59}{56}\right)\div\frac{15}{4}+\frac{25}{12}=\left(\frac{64}{8}-\frac{59}{8}\right)\div\frac{15}{4}+\frac{25}{12}=\frac{5}{8}\times\frac{4}{15}+\frac{25}{12}=\frac{1}{6}+\frac{25}{12}=\frac{2}{12}+\frac{25}{12}=\frac{27}{12}=\frac{9}{4}=2\frac{1}{4}$

(2) 下りにかかる時間と上りにかかる時間の比は，12分：14分40秒＝12：$14\frac{40}{60}$＝９：11だから，下りと上りの速さの比は，$\frac{1}{9}:\frac{1}{11}$＝11：９となり，右の図１のように表すことができる。図１で，静水時の速さは，(⑨＋⑪)÷２＝⑩となり，これが分速300mにあたるから，①にあたる速さは分速，300÷10＝30(m)と求められる。よって，下りの速さは分速，30×11＝330(m)なので，AB間の距離は，330×12＝3960(m)とわかる。

図１

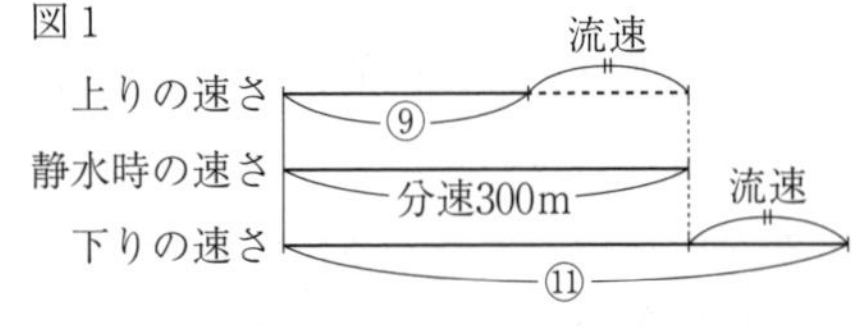

(3) A，B，Cの濃さをそれぞれ５％，７％，８％とすると，Aを100g，Bを300g，Cを500g混ぜた食塩水にふくまれる食塩の重さの合計は，$100\times\frac{5}{100}+300\times\frac{7}{100}+500\times\frac{8}{100}$＝66(g)となる。また，この食塩水の重さは，100＋300＋500＝900(g)である。よって，この食塩水の濃さは，66÷900×100＝$\frac{22}{3}$(％)と求められる。同様に，Aを700g，Bを500g，Cを100g混ぜた食塩水にふくまれる食塩の重さの合計は，$700\times\frac{5}{100}+500\times\frac{7}{100}+100\times\frac{8}{100}$＝78(g)であり，この食塩水の重さは，700＋500＋100＝1300(g)だから，この食塩水の濃さは，78÷1300×100＝６(％)とわかる。したがって，これらの食塩水の濃さの差は，$\frac{22}{3}-6=\frac{4}{3}$(％)であり，実際の差は１％だから，実際の濃さはこの，$1\div\frac{4}{3}=\frac{3}{4}$(倍)と求められる。以上より，Aの濃さは，$5\times\frac{3}{4}$＝3.75(％)である。

(4) AC間の210kmの道のりを平均時速300kmで進んだから，かかった時間は，210÷300＝0.7(時間)であり，右の図２のようにまとめることができる。時速270kmで0.7時間進んだとすると，270×0.7＝189(km)しか進まないので，実際よりも，210−189＝21(km)短くなる。そこで，時速270kmのかわりに時速315kmで進むと，１時間あたり，315−270＝45(km)多く進むこ

図２

AB間(時速270km) BC間(時速315km)	合わせて 0.7時間で210km

とができるから，時速315kmで進んだ時間は，$21\div45=\frac{7}{15}$(時間)とわかる。よって，BC間の距離は，$315\times\frac{7}{15}=147$(km)である。

(5)　右の図３で，３つの半円の直径の比は，４：(４＋２)：(４＋２＋３)＝４：６：９だから，３つの半円の面積の比は，(４×４)：(６×６)：(９×９)＝16：36：81となる。よって，㋐の部分と(㋐＋㋑)の部分と(㋐＋㋑＋㋒)の部分の面積の比も16：36：81なので，㋐，㋑，㋒の部分の面積の比は，16：(36－16)：(81－36)＝16：20：45とわかる。同様に考えると，㋓の部分と㋔の部分の面積の比は，16：20＝４：５となる。次に，OBの長さは，４÷２＝２(cm)であり，角COBの大きさは，15＋15＝30(度)だから，おうぎ形OBCの面積は，$2\times2\times3\times\frac{30}{360}=1$(cm²)とわかる。また，三角形CODは正三角形を半分にした形の三角形なので，CDの長さは，２÷２＝１(cm)であり，三角形OCAの面積は，２×１÷２＝１(cm²)と求められる。したがって，㋓の部分の面積は，１＋１＝２(cm²)だから，㋔の部分の面積は，$2\times\frac{5}{4}=\frac{5}{2}$(cm²)とわかる。さらに，直径４cmの半円の面積は，２×２×３÷２＝６(cm²)なので，㋐の部分の面積は，６－２＝４(cm²)，㋒の部分の面積は，$4\times\frac{45}{16}=\frac{45}{4}$(cm²)となる。以上より，かげのついた部分の面積の和は，斜線(しゃせん)部分の面積の，$\left(\frac{5}{2}+\frac{45}{4}\right)\div4=\frac{55}{16}=3\frac{7}{16}$(倍)である。

図３

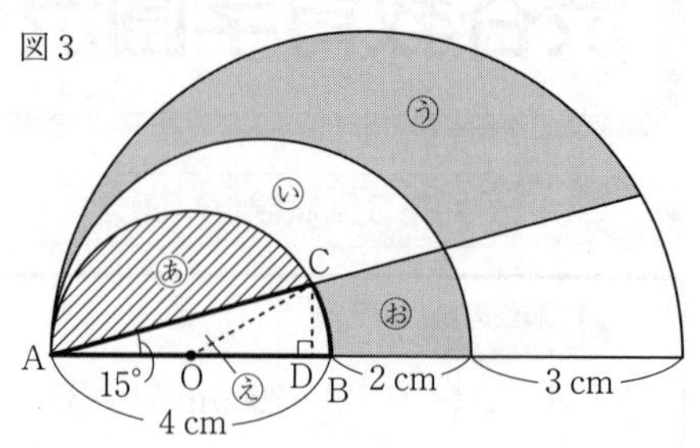

(6)　問題文中で規則的に並んでいる【A，B】は，いずれもAとBの差が９であり，右の図４のように，Aが９の倍数であるときには３，Aが３の倍数であるが９の倍数でないときには１，Aが３の倍数でないときには０になる。よって，【A，B】は９個ごとに同じ値がくり返されるから，これを周期と考えると，１つの周期の和は，０×６＋１×２＋３＝５になる。また，2022÷９＝224余り６より，規則的に並んでいる【A，B】は224周期と６個ある。したがって，その和は，５×224＋０×４＋１×２＝1122と求められる。

図４

【１，10】＝０	【２，11】＝０	【３，12】＝１
【４，13】＝０	【５，14】＝０	【６，15】＝１
【７，16】＝０	【８，17】＝０	【９，18】＝３
【10，19】＝０	【11，20】＝０	【12，21】＝１
【13，22】＝０	【14，23】＝０	【15，24】＝１
【16，25】＝０	【17，26】＝０	【18，27】＝３
⋮	⋮	⋮

2　条件の整理

(1)　徒競走と障害物の順位の積が得点になる。よって，下の図１のようになるが，４点が重複していることに気をつけると，５＋３＋３＋２＋１＝14(通り)とわかる。

図１

１×１＝１(点)
１×２＝２(点)，~~２×２＝４(点)~~
１×３＝３(点)，２×３＝６(点)，３×３＝９(点)
１×４＝４(点)，２×４＝８(点)，３×４＝12(点)，４×４＝16(点)
１×５＝５(点)，２×５＝10(点)，３×５＝15(点)，４×５＝20(点)，５×５＝25(点)

(2)　下の図２で，□＝１とすると，Ｂさんの得点は，２×１×１＝２(点)になる。このとき，Ｂさん以外の４人の得点は，１×２×２＝４(点)以上になるから，Ｂさんの総合順位は１位になる(つまり，４位であることと合わない)。□＝２とすると，Ｂさんの得点は，２×２×２＝８(点)になる。このとき，１位を２つ以上とった人がいる場合にはその得点が，１×１×５＝５(点)以下になるが，その人とＢさん以外の３人の得点は，１×３×３＝９(点)以上になる。つまり，Ｂさんの総合順位が４位になることはないので，□は３以上とわかる。次に，それぞれの競技の５人の順位の和は，

図２

	A	B	C	D	E
長距離	1位	2位	3位	4位	5位
徒競走		□位			
障害物		□位			
総合		4位			

１＋２＋３＋４＋５＝15だから，３種類の競技の順位の和は，15×３＝45となる。また，□＝４とすると，Ｂさんの和は，２＋４＋４＝10になるので，右の図３のように表すことができる。図３で，イ，ウ，エはいずれも11以上だから，アを除いた４人の合計は，10＋11×３＝43以上になる。すると，アは，45−43＝２以下になるが，３種類の競技の順位の和は３以上なので，条件に合わない。よって，□は３と決まるから，Ｂさんの得点は，２×３×３＝18(点)と求められる。

図３

(3)　Ａさんの総合順位は３位でＢさんよりも上なので，Ａさんの得点は，18−１＝17(点)以下である。また，Ａさんの徒競走と障害物の順位が１位や２位の場合，Ａさんの総合順位が３位になることはないから，Ａさんの徒競走と障害物の順位は４位と決まり，下の図４のようになる。すると，Ｃさん，Ｄさん，Ｅさんの徒競走と障害物の順位は{１位，２位，５位}なので，条件に合うように決めると，たとえば下の図５のようになる。よって，総合順位が１位だったのはＤさんであり，その得点は８点となる。

図４

	A	B	C	D	E
長距離	1位	2位	3位	4位	5位
徒競走	4位	3位			
障害物	4位	3位			
得点	16点	18点			
総合	3位	4位			
和	9	8			

図５

	A	B	C	D	E
長距離	1位	2位	3位	4位	5位
徒競走	4位	3位	1位	2位	5位
障害物	4位	3位	5位	1位	2位
得点	16点	18点	15点	8点	50点
総合	3位	4位	2位	1位	5位
和	9	8	9	7	12

3　整数の性質，条件の整理

(1)　残っている数字は{1，2，3，5，7，8}である。また，46÷９＝5.1…より，分母は分子のおよそ５倍とわかるから，分子の百の位は１と決まる。さらに，分子は約分すると９になるので，約分する前の分子は９の倍数であり，各位の数字の和は９の倍数になる。よって，考えられる分子は135または153である。分子が135だとすると，135÷９＝15より，分母は，46×15＝690となり，条件に合わない。また，分子が153だとすると，153÷９＝17より，分母は，46×17＝782となり，条件に合う。したがって，求める分数は$\frac{153}{782}$である。

(2)　残っている数字は{2，3，7，8，9}である。また，156÷４＝39より，分母は分子の39倍とわかる。よって，23×39＝897より，求める分数は$\frac{23}{897}$とわかる。

(3)　残っている数字は{1，4，6，7，8，9}である。$\frac{5}{32}=\frac{5\times 3}{32\times 3}=\frac{15}{96}=\frac{1}{96}+\frac{14}{96}=\frac{1}{96}+\frac{7}{48}$とすると，条件に合う分数を作ることができる。

4　立体図形─面積，相似

(1)　下の図１で，ひし形EFGHの面積は，16×12÷２＝96(cm²)である。また，四角形MKFGと三

角形GHFの面積はどちらも，ひし形EFGHの面積の半分だから，$96\div2=48(\mathrm{cm}^2)$となる。さらに，三角形GHFと三角形GMLは相似であり，相似比は２：１なので，面積の比は，$(2\times2):(1\times1)=4:1$となり，三角形GMLの面積は，$48\times\frac{1}{4}=12(\mathrm{cm}^2)$とわかる。よって，四角形FLMKの面積は，$48-12=36(\mathrm{cm}^2)$と求められる。

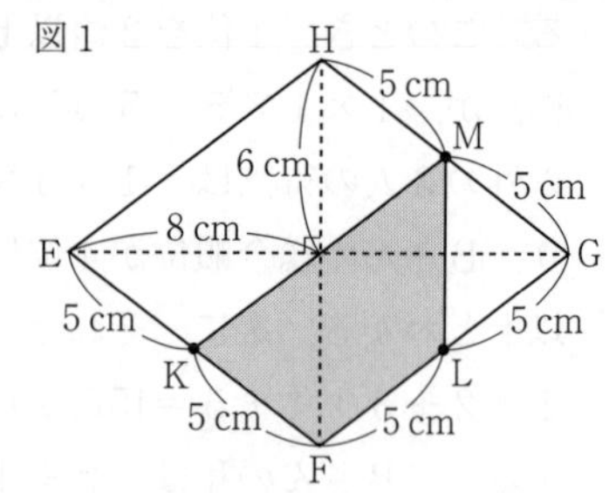

(2)　問題文中の四角柱を点Ａ，Ｅ，Ｇ，Ｃを通る平面で切断すると，切り口は右の図２のようになる（Ｘは点Ｌ，Ｍの真ん中の点）。三角形YXEと三角形CXGは相似であり，相似比は，$\mathrm{EX}:\mathrm{GX}=(16-4):4=12:4=3:1$だから，$\mathrm{YE}=10\times\frac{3}{1}=30(\mathrm{cm})$とわかる。また，三角形YJEと三角形CJIも相似であり，相似比は，$\mathrm{EJ}:\mathrm{IJ}=15:1$なので，$\mathrm{CI}:\mathrm{YE}=15:1$である。よって，$\mathrm{CI}=30\times\frac{1}{15}=2(\mathrm{cm})$と求められる。

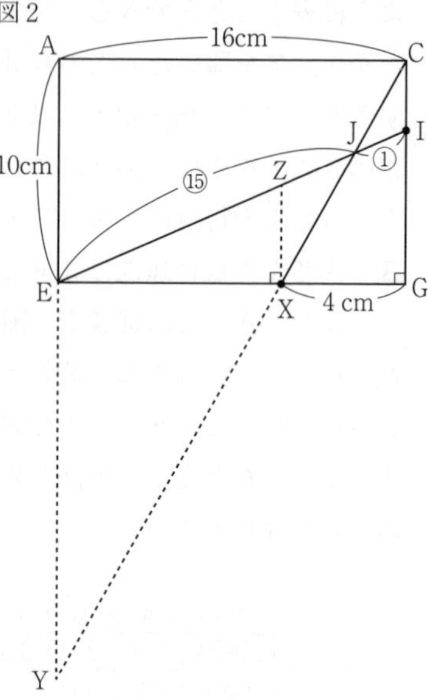

(3)　図２で，三角形IEGと三角形ZEXは相似であり，相似比は，$\mathrm{EG}:\mathrm{EX}=16:12=4:3$だから，$\mathrm{GI}=10-2=8(\mathrm{cm})$より，$\mathrm{XZ}=8\times\frac{3}{4}=6(\mathrm{cm})$とわかる。さらに，三角形CJIと三角形XJZは相似であり，相似比は，$\mathrm{CI}:\mathrm{XZ}=2:6=1:3$なので，$\mathrm{CJ}:\mathrm{JX}=1:3$となる。よって，平面㋐は四角柱の高さを１：３に分ける平面である。次に，点Ｐが頂点Ｃにいるとき，四角すいP－FLMKと平面㋐が重なる図形は，下の図３の斜線部分になる。これは，四角形FLMKを頂点Ｃを中心にして，$\frac{1}{1+3}=\frac{1}{4}$に縮小した図形であり，点Ｐがほかの頂点にいるときにも同様になる。そこで，点Ｐが頂点Ａ，Ｂ，Ｃ，Ｄにいるとき，四角すいP－FLMKと平面㋐が重なる部分は，下の図４の太線部分になる。さらに，これらを結ぶと，重なる部分が通ったあとにできる図形は斜線部分のようになる。また，図４で，小さなひし形１個の面積は，$96\div(8\times8)=1.5(\mathrm{cm}^2)$であり，斜線部分にはこのひし形が，$8\times7-4\times5-0.5=35.5$（個）あるから，斜線部分の面積は，$1.5\times35.5=53.25(\mathrm{cm}^2)$と求められる。

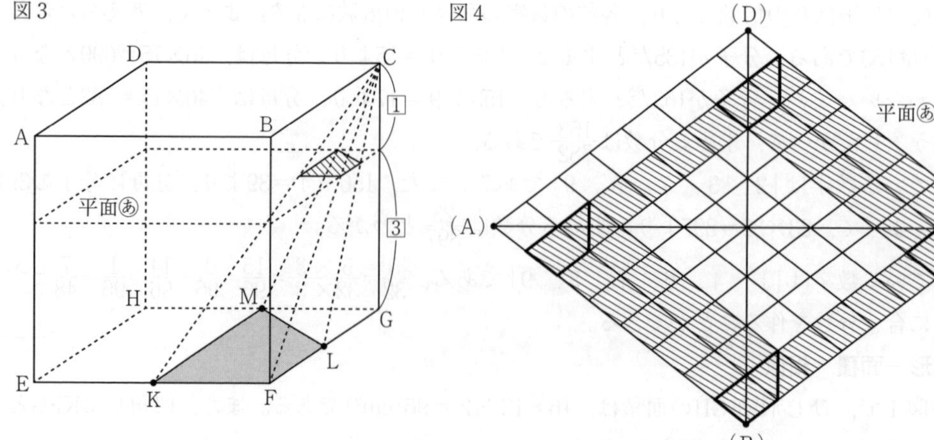

社　会　＜第３回試験＞（30分）＜満点：50点＞

解　答

1　**問１**　イ，ウ　**問２**　ウ　**問３**　(1)　二毛作　(2)　（例）　粗末な食事の身分が低い人よりも，豪華な食事の身分の高い人の糞尿のほうが，栄養価が高く，農作物がよく育つと考えられたから。　(3)　ア　(4)　水俣病，⑥　**問４**　(1)　イ　(2)　満州(国)，Ａ　**問５**　(1)　**Ｘ**　（例）　家畜のえさ　**Ｙ**　需要　(2)　（例）　2020年の春に減少した個人消費が急回復してそれまでの水準を超えた結果，輸入量が増えて大量のコンテナを処理できなくなった。　(3)　ア　2　**問１**　(1)　Ⅰ　(い)　Ⅱ　(う)　Ⅲ　(あ)　(2)　(東京)一極集中　**問２**　（例）　進学・就職などで東京へ来る人が多いから。　**問３**　**Ａ**　講義(授業)　**Ｂ**　リモートワーク　**問４**　(1)　①　長野　④　香川　⑤　福岡　(2)　春，秋　(3)　**Ａ**　高冷地　**Ｂ**　抑制栽培　(4)　**Ｃ**　瀬戸内　**Ｄ**　ため池　(5)　イ　(6)　なし(梨)　(7)　**Ｘ**　鹿児島　**Ｙ**　宮崎　**種類**…豚

解　説

1　大豆と日本の歴史を題材とした問題

問１　縄文時代には，狩猟に黒曜石の矢じり(イ)が用いられた。また，黒かっ色で表面に縄目の模様のある厚手の縄文土器(ウ)がさかんにつくられた。なお，アは石包丁で，稲の穂先をつみ取るのに用いられた弥生時代の磨製石器，エは埴輪で，古墳時代につくられた素焼きの土製品である。

問２　平安時代の終わりころ，政治の実権をにぎった平清盛は，大輪田泊(現在の神戸港の一部)を修築するなど瀬戸内海の航路を整備し，宋(中国)と民間貿易を行って大きな利益をあげた。また，これにより，中国の銭(宋銭)が大量に輸入された。「貿易港の近く」の都は福原京のことで，清盛は1180年にここに都をうつした。よって，ウが正しい。なお，アは飛鳥時代～奈良時代，イは江戸時代，エは室町時代のできごと。

問３　(1)　米の裏作として小麦をつくるなど，１つの耕地で１年に２回，異なる作物を生産することを二毛作という。米と麦の二毛作は平安時代末期に近畿地方で行われるようになり，鎌倉時代に西日本各地に，室町時代には東日本各地に広まった。なお，１つの耕地で同じ種類の作物を２回生産することを二期作という。　(2)　身分の高い人は身分の低い人よりも食事に費用をかけることができ，栄養価の高いものを食べることができるので，糞尿の肥料としての価値も高くなる。そのため，上級武士や有力町人の糞尿は高値で買われた。　(3)　江戸時代には，鰯(ア)を干した干鰯や，菜種や大豆から油をしぼったあとのしぼりかすである油かすなどが肥料として広く用いられるようになった。それまでの草木灰や堆肥などの自家製の肥料と異なり，お金を出して買う肥料であることから金肥とよばれる。鰯は現在の千葉県の太平洋側(九十九里浜など)で大量に漁獲された。なお，イはマグロ，ウはサンマ，エはフグ。　(4)　熊本県の水俣市周辺(地図中の⑥)では，化学工場から流された廃液にふくまれる有機水銀を原因として水俣病が発生した。なお，新潟県の阿賀野川流域(①)でも，有機水銀を原因とする第二(新潟)水俣病が発生した。また，三重県の四日市市(⑧)では亜硫酸ガス(二酸化硫黄)を原因とする四日市ぜんそくが，富山県の神通川流域(③)ではカドミウムを原因とするイタイイタイ病が発生した。水俣病，第二水俣病，四日市ぜんそく，

イタイイタイ病は，合わせて四大公害病とよばれる。

問４ ⑴　資料に「昭和20年」とあり，この年は西暦1945年である。同年８月に太平洋戦争が終わり，12月にGHQ(連合国軍最高司令官総司令部)の指示にもとづいて衆議院議員選挙法が改正されたことで，それまで満25歳以上の男子だけに認められていた選挙権が，満20歳以上のすべての男女に認められることとなった。よって，イが正しい。なお，アのサンフランシスコ平和条約の調印は1951年，ウの日本国憲法の公布は1946年11月３日(施行は翌47年５月３日)，エの朝鮮戦争は1950～53年のことである。　⑵　1931年，関東軍(満州におかれた日本軍)が南満州鉄道の線路を爆破する事件(柳条湖事件)を引き起こした。関東軍はこれをきっかけに軍事行動を開始して満州のほぼ全域を占領すると，これを満州国(Ａ)として独立を宣言し，その実権をにぎった。この一連のできごとは満州事変とよばれる。なお，Ｂは朝鮮，Ｃは中国(中華民国)，Ｄは台湾で，朝鮮と台湾は当時，日本の植民地であった。

問５ ⑴　**Ｘ**　中国(中華人民共和国)では，急速な経済発展に伴い，国民の食生活が向上している。そのため，外国から多くの大豆を輸入しており，油をしぼったあとのしぼりかすは家畜のえさ(飼料)に使われている。　**Ｙ**　ものを欲しがる欲求を需要，それを市場に送り出すことを供給という。一般に，商品の価格は需要と供給の関係で決まり，需要が供給を上回ると価格は上がり，需要が供給を下回ると価格は下がる。　⑵　2020年春に新型コロナウイルス感染症が世界的に拡大したことで，米国(アメリカ合衆国)では個人消費支出，コンテナ取扱量とも激減した。その後，個人消費支出が回復してコンテナ取扱量も増えたが，ロサンゼルス港ではその急激な増加に対応しきれなかったため，コンテナ船が渋滞した。　⑶　現在，自動車や電化製品などの機械工業では，半導体などの電子部品が多く使われている。新型コロナウイルス感染症が拡大したことで，半導体工場でも従業員の感染などにより工場が閉鎖され，生産が大きく減少したため，自動車の生産に影響が出た。よって，アが正しい。なお，イについて，航空機での輸送は費用が多くかかるので，石油の貿易で航空機が用いられることはない。ウについて，トランプ大統領は，感染症対策として外国からの入国制限をしていた。エについて，バイデン大統領は民主党に所属しており，ワクチン接種に反対したのはおもに共和党の人々である。

2　三大都市圏の人口推移や各地の農業についての問題

問１ ⑴　Ⅰ　1970年代にあたるので，石油危機(オイルショック)に関係が深い。1973年に第四次中東戦争が起こると，アラブの石油産出国は生産量を減らして原油価格を引き上げ(第一次石油危機)，1979年にはイラン革命の影響で原油価格を再び引き上げた(第二次石油危機)。その結果，エネルギー革命によってエネルギー源を石炭から石油に切りかえていた先進工業国は深刻な不景気となり，日本の高度経済成長も終わった。当時は，紙が不足するという根拠のないうわさが流れたため，(い)の写真のように，トイレットペーパーを買い求める消費者がスーパーなどに殺到した。

Ⅱ　1990年代前半にあたるので，「バブル崩壊」に関係が深い。1980年代後半は，いわゆる「バブル経済」(バブルは「泡」を意味する英語)の時代であった。好景気を背景として土地や株式への投資がさかんになったことから地価や株価の上昇が続き，経済の規模が実体以上の価値を持つような状況となったため，のちに「バブル景気」，あるいは「バブル経済」とよばれた。1990年代初めになると地価や株価が急落する「バブル崩壊」が起こり，日本経済は急速に不景気となった。当時は，(う)の新聞記事のように，大手の証券会社や銀行が次々に倒産した。　Ⅲ　2000年代後半にあたるので，「リーマンショック」に関係が深い。2008年，アメリカ合衆国でリーマン・ブラザーズという大手投資銀行が経営破たんしたことをきっかけとして，全世界で経済が不況に見まわれる事態となり，「リーマンショック」とよばれた。当時は，(あ)の電光掲示板で示されているように，株価が急落した。　(2)　さまざまな機能が東京に集中する現象は，「東京一極集中」とよばれる。
問２　日本の場合，企業や学校の新年度は４月から始まる。また，東京圏には企業や大学が集中している。そのため，就職や進学にそなえて３月中に東京圏に転入する人が多い。
問３　**A**　４月～６月平均の転出増は，15～19歳，20～24歳など，おもに大学に通う年齢層が多い。これは，多くの大学が緊急事態宣言に伴い，講義(授業)を通常の対面形式のものから，インターネットを利用するオンライン(リモート)形式のものに転換したことの影響が大きい。オンライン講義はパソコンやスマートフォンなどがあればどこにいても受けられるので，地方出身で東京都の大学に入学した学生には，アパートやマンションの家賃を節約するため，東京都に転入せず親元にいる人も多かった。　**B**　７月～９月平均の転出増が多いのは，25～29歳以上の勤労者の年齢層である。これは，多くの企業が緊急事態宣言に伴い，出勤せずに自宅などで仕事を行うリモートワーク(テレワーク)を推進したことの影響が大きい。
問４　(1)　①　「シナノホープ」は，長野県の旧国名「信濃」に由来すると考えられる。　④　「さぬきの夢」は，香川県の旧国名「讃岐」に由来すると推測できる。　⑤　「あまおう」は福岡県で育成されたイチゴの品種で，「博多あまおう」のブランド(銘柄)がよく知られている。「博多」は福岡市の東部に位置する行政区である。　(2)　茨城県ではレタスを旬の時期に合わせて露地栽培しているので，東京市場で最も多く入荷している４月と10月，つまり春と秋が旬と考えられる。(3)　長野県の野辺山原や群馬県の嬬恋村などの山間部では，夏でも涼しい高原の気候を利用し，収穫時期を通常よりも遅くする野菜(レタス，キャベツ，はくさいなど)の抑制栽培(高冷地農業)がさかんに行われている。ほかの産地の露地栽培のものの出荷量が減って価格が高くなる夏から秋にかけて，「高原野菜」として首都圏などに出荷し，大きな利益をあげている。　(4)　香川県の讃岐平野は瀬戸内の気候に属し，夏の湿った南東の季節風を四国山地に，冬の湿った北西の季節風を中国山地にさえぎられるため年間降水量が少なく，古くからため池を使ったかんがいが行われてきた。地形図中の「田村池」「先代池」などは，いずれもため池である。なお，となりの徳島県を流れる吉野川を水源とする香川用水が完成してからは，ため池の数は減少している。　(5)　①の長野市は内陸性の気候，④の高松市(香川県)は瀬戸内の気候に属するので，どちらも年間降水量が少ない。よって，降水量の少ないＥ，Ｇの一方が長野市，もう一方が高松市と判断できる。長野市は高松市よりも気温が低く，１月の平均気温は０℃を下回るので，長野市はＥとなり，もう一方のＧは高松市となる。残ったＦは福岡市で，夏の降水量が多い太平洋側の気候に属するが，冬の降水量(降雪量)が多い日本海側の気候の影響も受ける。　(6)　鳥取県は「二十世紀なし」などの日本なしの生産がさかんで，日本なしの生産量全国第１位～第５位は茨城県，千葉県，栃木県，福島県，鳥取県の順となっている。　(7)　グラフⅠは，第１位の静岡県と第２位のＸがわずかな差で，これらの２県で全国生産量のほぼ７割を占めているので，茶の生産量の割合と判断できる。Ｘは鹿児島県である。また，グラフⅡは豚の飼養頭数の都道府県別割合で，Ｙには宮崎県があてはまる。鹿児島県や宮崎県は肉類(肉用牛・豚・肉用若鶏)の供給量が多く，飼育頭(羽)数の全国第１位～第３位は，肉用牛が北海道，鹿児島県，宮崎県，豚が鹿児島県，宮崎県，北海道，肉用若鶏が宮崎県，鹿児島県，岩手県の順となっている。統計資料は『日本国勢図会』2021／22年版による。

理　科　＜第３回試験＞（30分）＜満点：50点＞

解　答

[1] **問１**　100℃　**問２**　上がる　**問３**　①　空気　②　水蒸気　③　水　④　低　**問４**　（例）　小さな穴がたくさんあいている。　**問５**　（例）　沸騰石が十分にかわいていることを確認する。／沸騰石を入れてから液体を加熱する。　**[2]** **問１**　２mm以上　**問２**　エ　**問３**　イ　**問４**　右の図　**問５**　イ　**問６**　ウ　**問７**　（例）　小さな川に沿った逆断層により，東側の地中にある地層が上昇したため。

X　Y
C
D
W　Z

解　説

[1] **突沸が起こるしくみについての問題**

問１　沸騰とは，水が水の中から水蒸気になることだと説明されている。さらに，水の中で水蒸気が発生するのは，水温によって決まる蒸気圧が大気圧(周りにある空気の圧力)以上になったときであるとも述べられている。これらのことから，フラスコの周りの大気圧が１気圧のとき，水の蒸気圧も１気圧になって沸騰が始まるのは，図３より100℃とわかる。

問２　大気圧が１気圧より大きい場所で水が沸騰するには，蒸気圧がさらに大きくなる必要がある。図３で，そのような蒸気圧になる温度は100℃よりも高くなっている。

問３　丸底フラスコ内の水の沸騰が始まると，丸底フラスコ内にあった空気が水蒸気によって押し出され，丸底フラスコ内のお湯以外の空間は水蒸気で満たされる。この状態でゴム栓をして，さらに図５のようにして霧吹きで冷たい水をかけると，丸底フラスコ内に充満していた水蒸気が液体の水にもどるが，ゴム栓をしているために外の空気は丸底フラスコ内に入ってくることができない。そのため，丸底フラスコ内の気圧が１気圧より低く(小さく)なるので，図３より，100℃より低い温度で沸騰が起こることがわかる。

問４　沸騰のさいには，小さな気泡や液中に溶解した気体が核となることが多いと説明されている。したがって，沸騰石には小さな穴が無数にあいていて，空気が多くふくまれていると考えられる。また，凹凸の少ないなめらかな容器を用いるとなかなか沸騰しないとも述べられているので，沸騰石の表面は凹凸があり，ざらざらしていると推測できる。

問５　以前の実験で使った液体が沸騰石の穴に入っていると気泡が出てこないので，沸騰石は実験のたびに新しいものを使い，十分にかわいていることを確認する。また，液体の温度が高くなっているときに沸騰石を入れると突沸が起こる可能性があるので，沸騰石は加熱前から入れておく。

[2] **地層のでき方と読み取りについての問題**

問１　岩石の風化・浸食(侵食)によってできた粒のうち，直径が２mm以上のものをレキ，２mm～$\frac{1}{16}$mmのものを砂，さらに細かいものを泥という。

問２　組み立てたとき，アは上から見たときに南北に対して東西が逆になっている。また，イは下と南など，ウは北と西などのつながり方が合わない。エはすべての面のつながり方が正しい。

問３　組み立てたとき，アは東と下など，ウは北と西など，エは南と西などのつながり方が合わないが，イはすべての面のつながり方が正しくなる。

問４　図２で，Ａ～Ｆの地層は右の図のように重なっているので，点Ｗ，点Ｘ，点Ｙ，点Ｚを通る面で切った場合，現れる地層の上半分はＣ，下半分はＤとなる。

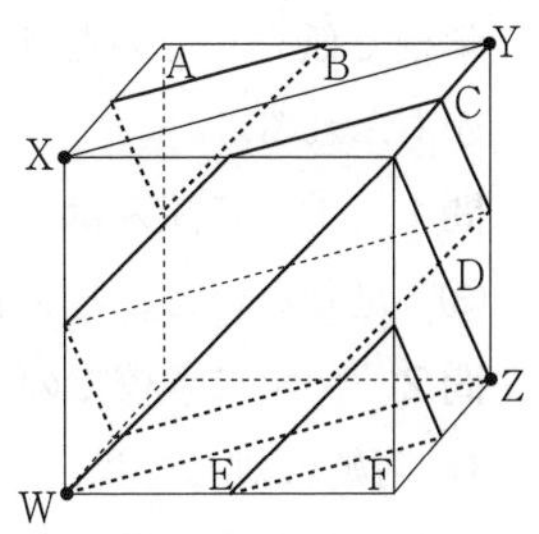

問５　海底で地層がつくられるとき，古いものの上に新しいものが堆積して地層ができるので，ふつう地表から深いところにある地層ほど古い。また，石灰岩の層に見られるサンゴの化石は浅い海底，レキ岩の層に見られるシジミの化石は河口付近に堆積して地中に残ったものである。さらに，河川の水によって海まで運ばれてきた土砂は粒の大きいものほど速く沈むので，レキは河口近くに堆積し，粒が小さくなるにつれて砂はそれより遠い場所，泥はさらに遠い場所に堆積する。図４で，境界面より下位の地層を見ると，下から順に石灰岩→レキ岩が堆積したときには海水面が低下し，レキ岩→砂岩→火山灰層→泥岩が堆積したときには海水面が上昇したことがわかる。

問６　図４の露頭①の地層は北に，露頭②の地層は東に，どちらも同じ角度(45度)だけ傾いている。よって，傾斜の方角は北東である。また，その場合，北西から南東に走向が走るので，走向は北から45度西となる。

問７　調査した地点の付近の地層は，東西方向では東に傾いているため，露頭②で見られた境界面より下の層は，さらに東に位置する露頭③ではもっと深い場所にあり，見ることができないはずである。したがって，路頭②と路頭③が同じ模様になったのは，小さな川に沿って見つかった断層が逆断層で，その断層面をはさんで東側の地層が上昇したためと考えられる。なお，逆断層は，水平に押されるような力が地層にはたらくことでできる。

国　語　＜第３回試験＞（50分）＜満点：100点＞

解　答

㊀ **問１**　下記を参照のこと。　**問２**　ア　**問３**　(例)　目の前の最年長の大きな水牛を乗りこなせれば，昔羊を乗りこなしたときに感じた自由な感覚を取り戻し，自分の意志で現状を打破できる予感がしたから。　**問４**　エ　**問５**　エ　**問６**　オ　**問７**　ウ　㊁ **問１**　下記を参照のこと。　**問２**　エ　**問３**　(例)　人類は，脳が完成した子供を産むために身体器官を拡大させるのではなく，未発達で生まれた子供を育てるため互いに信頼し助け合う能力を育むほうに進化したということ。　**問４**　ウ　**問５**　オ　**問６**　(例)　贈り物を受け取ってもらえると，後に返礼が続き，自分との関係を持つことを相手が了承したことになるから。
問７　オ

●漢字の書き取り

㊀ **問１**　①　借(りて)　②　許可　③　補助　④　複雑　㊁ **問１**　①　採集　②　創造　③　導(かれる)　④　宣言

解　説

一　出典はケン・リュウの『紙の動物園』所収の「文字占い師」による。台湾に引っ越し，新しい学校で孤立していたリリーは，甘さんと知り合い，文字占いで悲しい気持ちを言いあてられて涙があふれる。

問１　①　音読みは「シャク」で，「借用」などの熟語がある。　②　してよいと許すこと。　③　足りないところをおぎない，助けること。　④　こみいっているようす。

問２　ママに学校でのことを知らせたら，ますます事態が悪化するだろうとリリーは思っていた。林 阿媽に対しては，彼女のつくった貢丸のことで学校でからかわれたため，自分の身勝手とは思ったが腹が立っていた。また，部屋ではすることがなく，家から出ていきたかったのだから，アが合う。

問３　続く部分からまとめる。リリーは以前羊に乗って自由を感じたことがあった。目の前の一番大きくて最年長の水牛を乗りこなすことができれば，そのときの自由な感覚を取り戻し，今は学校で問題を抱えているが，その現状を変えられるかもしれないと予感したのである。

問４　水牛に乗ったリリーは，水牛に振り落とされそうになったら必死にしがみつこうとしていたが，水牛は目を開けて鼻を鳴らしただけにすぎなかった。背中もなめらかで安定し，パパに肩車をしてもらったときのようだったため，リリーは拍子抜けしたのだから，エがよい。水牛の角は，テキサスの長角牛の角と比べ，より危険だとは書かれていないので，イは誤り。

問５　母はリリーの言葉に安心しており，「心配する母」とあるアは誤り。お手伝いさんのつくった貢丸をからかわれたリリーは彼女に相談しようとは思わなかったこと，母には学校でのトラブルを話すまいとリリーは決めていて，話すのが面倒だったのではないこと，学校のことを母に聞かれたさいはごまかしており，「聞かれるのが嫌」という表現は不適当なことから，イ，ウ，オも合わない。

問６　習字の先生だと言う甘さんの説明にリリーは笑ったが，学校のことが頭から離れず憂うつな気分は晴れなかった。文字占いには興味を持ち，説明には最初不思議な思いがしたが，実際に「秋」という単語を選んで説明を聞くうちに心を奪われた。「秋」から「愁い」「悲しみ」という言葉が導き出され，心に悲しみがあると言いあてられると思わず涙があふれたのだから，オがあてはまる。

問７　リリーが飛び乗った水牛の背中はなめらかで安定し，パパに肩車をしてもらったときのことをリリーに思い起こさせたのだから，「甘さんとテディ以外の台湾の人々や風物はリリーにとってあまり好ましいものとしては描かれていない」と書かれたウが選べる。

二　出典は近内悠太の『世界は贈与でできている―資本主義の「すきま」を埋める倫理学』による。人類の黎明期から前提とされてきた「贈与」について，どういうものであるかを例をまじえて説明している。

問１　①　取り集めること。　②　新しいものをつくり出すこと。　③　音読みは「ドウ」で，「指導」などの熟語がある。　④　意見や方針を外に向かって明らかにすること。

問２　少し後で説明されている。直立歩行に移行するのにともなって女性の産道は狭くなったが，この時期人間は大きな脳を持つようになったため，子供の頭部が大きくなる前の段階で出産したほうが母子ともに安全だったのだから，エが合う。なお，アの「子育て」における「社会的能力」，ウの「種の保存」，オの「知能の発達した脳」については述べられておらず，イは産道の狭くなった時期より，大きな脳を持つようになった時期は後だとされており，合わない。

問３　「そのような身体的拡張」とは，脳が完成した子供を産むために骨盤や産道などの身体器官を拡大させることを指す。だが，人類はそうは進化せず，子供を育てるには力を合わせる必要があるため，未発達な子供を育てるべく互いに信頼し，助け合う社会的能力を育む方向に進化したということを言っている。

問４　モノは誰かから贈られると，商品価値だけではない「余剰」を帯び，たった一つの特別な存在となることを言っている。よって，ウが正しい。

問５　後にあるとおり，ぼう線部⑷は，社会的慣行としての贈り物に意味を見いだしにくいことを言っている。本人が自分の好みを最もよく知っているので，当人の満足度を最大にするには現金を渡し，ほしいものを買ってもらったほうが合理的だと経済学者は考えるのだから，オが合う。本人が選んだものを買うことについて，アは「主体的」な行動に意味を見いだしている点，イは「他人も幸せになり，経済的な効果も高い」，ウは「速やか～無駄を省略できる」，エは「喜びやうれしさが増幅する」としている点が合わない。

問６　続く内容からまとめる。贈り物の受け取りを拒否されることは関係性を拒否されることを意味するが，受け取ってもらえると後に返礼が続き，相手が自分との関係を持つことを了承したことになるため，喜びが大きくなるのである。

問７　オでは，欲しくなかったけれどついもらったものは「贈与」にはあたらないのではないかとしているが，受け取り人の気持ちには関係なく，受け取った時点で「贈与」は発生すると考えられる。

Memo

2022年度　渋谷教育学園渋谷中学校

〔電　話〕 (03) 3400－6363
〔所在地〕 〒150-0002　東京都渋谷区渋谷1—21—18
〔交　通〕 JR・東京メトロ各線・私鉄各線—「渋谷駅」より徒歩7分

【算　数】〈帰国生試験〉(50分)〈満点：100点〉

注　定規，コンパスは使用しないこと。

1　次の問いに答えなさい。ただし，(6)は答えを求めるのに必要な式，考え方なども順序よくかきなさい。

(1)　$2-\left(\frac{1}{7}+1\frac{2}{3}\right)\div5.7$ を計算しなさい。

(2)　ある品物を100個仕入れました。この品物に仕入れ値の4割の利益を見込んで定価をつけましたが，定価では全体の40%しか売れませんでした。そこで，定価の半値にしたところ，残った品物は全部売れました。すると，全体で1000円の損になりました。この品物1個の仕入れ値は何円ですか。

(3)　0より大きい2つの整数A，Bがあり，BはAより大きいです。Aの逆数とBの逆数の和は$\frac{1}{10}$です。A，Bの組として考えられるものの中でAが2番目に小さい組を答えなさい。

(4)　アメとチョコが袋の中に入っています。アメとチョコの個数の比は8：11です。あるクラスの生徒に，アメを5個ずつ配ると6個余り，チョコを7個ずつ配ると4個余ります。アメの個数は何個ですか。

(5)　右の図のように，正六角形ABCDEFの対角線を結んで，正六角形PQRSTUを作り，同じように対角線を結んでさらに正六角形を作りました。正六角形ABCDEFの面積は斜線部分の面積の何倍ですか。

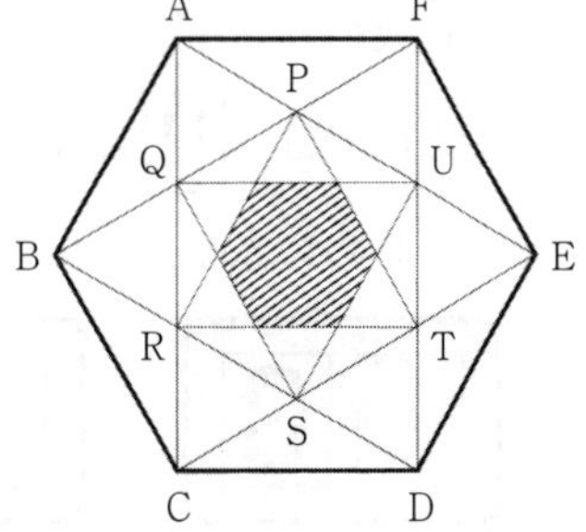

(6)　下の図のように，直線の上に半径6cm，中心角45°のおうぎ形OABがあります。このおうぎ形を，すべらないように，矢印の方向へ，OAが再び直線上にくるまで回転させます。おうぎ形が通過する部分の面積は何cm^2ですか。ただし，円周率は3.14とし，1辺が1cmの正三角形の面積は$0.43cm^2$とします。

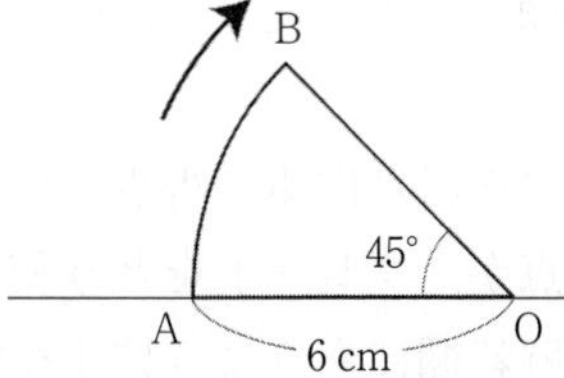

2 ある中学校の体育の授業で,「赤組」対「白組」で玉入れと綱引きの試合をしました。右のプログラムはこの授業の流れです。

- 玉入れ8試合
- 中間発表
- 綱引き4試合
- 結果発表

はじめに玉入れを8試合行い,赤組,白組ともに5点×(勝った試合数)の得点が入ります。その後,綱引きを4試合行い,赤組,白組ともに6点×(勝った試合数)の得点がさらに入ります。中間発表では玉入れの得点を表示し,結果発表では玉入れの得点と綱引きの得点の合計を表示します。どの試合も引き分けはないものとします。

得点は次の11枚の透明なプレートを使って得点板に表示します。

0 0 1 2 3 4 5 6 7 8 9

このプレートは次のように使うこともできます。重ねて使うことはできません。

例えば 4 は,元の 4 も含めて下のように4通りで使うことができます。

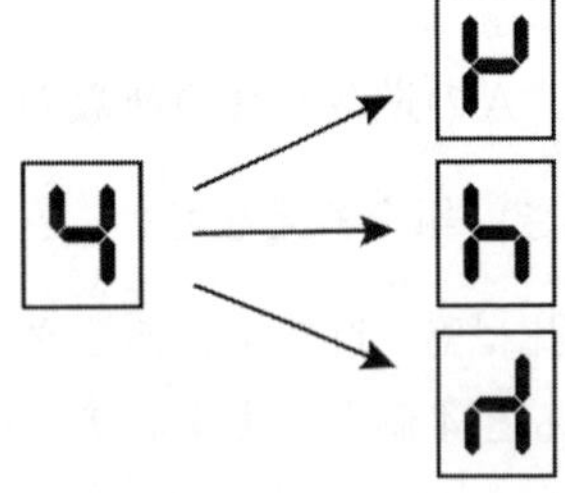

次の問いに答えなさい。

(1) 11枚のプレートのうち,異なる数字を表せるものをすべて選び,解答欄に丸をつけなさい。上の例では, 4 は4とは異なる数字を表すことができません。

はじめに赤組,白組の得点は下のように表示されていました。

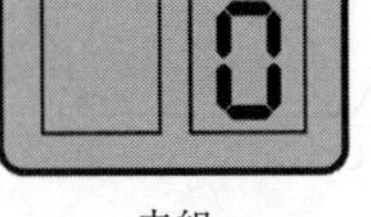

赤組　　　白組

(2) 中間発表での得点が,プレートを使って表せないのは,赤組と白組の得点が何点対何点のときですか。解答欄にあうようにすべて答えなさい。ただし,解答欄はすべて使うとは限りません。

(3) 中間発表での得点は白組の方が高かったです。また,そのときの赤組と白組の得点はプレートを使って表すことができる組み合わせでした。結果発表での得点が,プレートをどう使っても表せないのは,赤組と白組の得点が何点対何点のときですか。解答欄にあうようにすべて答えなさい。ただし,解答欄はすべて使うとは限りません。

3　図１のような円すいの形の容器Aがあります。次の問いに答えなさい。ただし，円周率は3.14とします。また，すい体の体積は「(底面積)×(高さ)÷３」で求められます。

(1)　容器Aに入れられる水の量は最大何cm^3ですか。

(2)　次に，図２のように容器Aを頂点Oから６cmのところで，切り口が円すいの底面と平行になるように切り，図３のように切り口をくっつけて，容器Bを作りました。図３のように水を入れていくとき，容器Bに入れられる水の量は最大何cm^3ですか。

図１

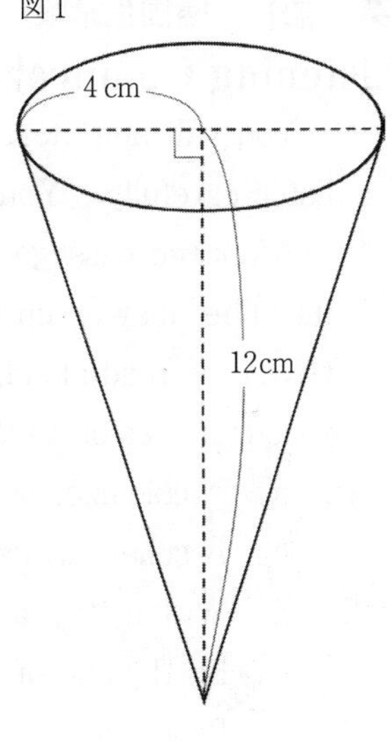

図２　　図３

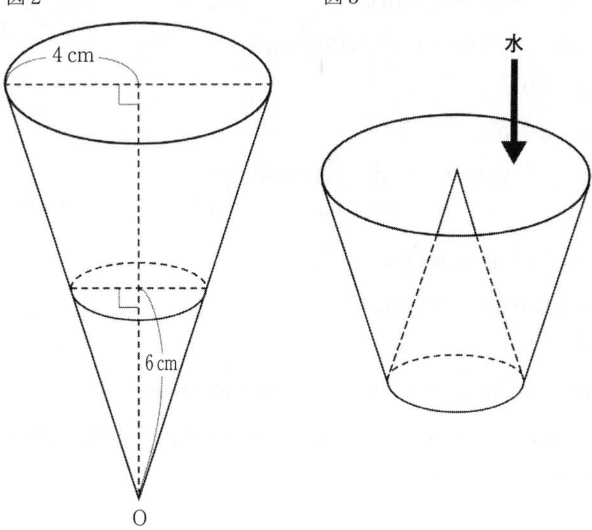

(3)　(2)と同じように容器Aを頂点Oから９cmのところで切り，図４のように切り口をくっつけて，容器Cを作りました。図４のように水を入れていくとき，容器Cに入れられる水の量は最大何cm^3ですか。

図４

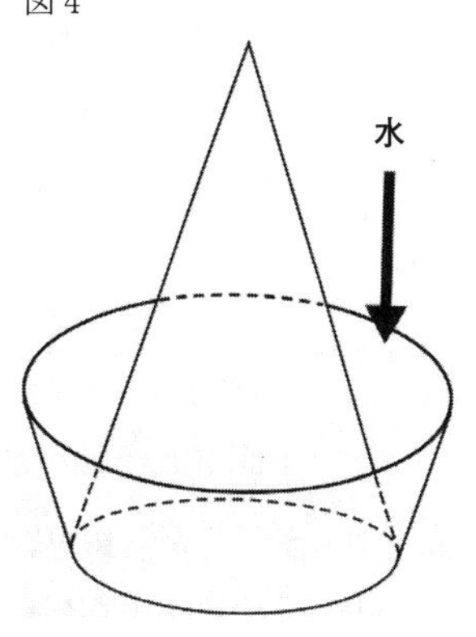

4　一周60cmの円周上を，３点P，Q，Rは同時に同じ位置から出発し，PとQは同じ向きに，RはP，Qとは反対向きに，それぞれ一定の速さで動きます。QとRは秒速２cmで円周上を一周して止まります。PはQより速く動き，Q，Rが止まったときにPも止まります。このとき，次の問いに答えなさい。ただし，(2)，(3)は答えを求めるのに必要な式，考え方なども順序よくかきなさい。

(1)　Pの速さによっては，３点P，Q，Rを結んでできる図形が正三角形になることがあります。その場合，正三角形になるのは何秒後ですか。考えられるものをすべて答えなさい。

(2)　３点が動いている途中で，PがQを３回以上追いこすためには，Pは秒速何cmより速く動けばよいですか。

(3)　３点が動いている途中で，３点を結んでできる図形が正三角形になった後，PがQをちょうど２回追いこしました。その後，３点が同じ位置で止まるためには，Pは秒速何cmで動けばよいですか。考えられるものをすべて答えなさい。

【英　語】〈帰国生試験〉(60分)〈満点：100点〉

Listing Comprehension

〈編集部注：放送文は編集上の都合により，掲載してありません。〉

You will now hear a non-fiction passage. The passage will be read to you twice; please listen carefully. You are encouraged to take notes as you listen to the passage.

After the passage has been read to you two times, you will be asked ten questions about it. The answer choices are already written on the paper below, but the questions will ONLY be read aloud, so please listen carefully. Each question will be read twice before the reader moves on to the next question.

1. a. A colonizer of space　b. A space tourist
   c. A seller of moon equipment　d. A space real estate agent
2. a. Within 10 years　b. 2013
   c. By the end of the century　d. 2075
3. a. Resources　b. Energy　c. Tourism　d. Knowledge
4. a. All land is owned by all people.
   b. Space can be possessed by the nations it is above.
   c. Land or resources cannot be owned by one nation.
   d. All global citizens are connected.
5. a. We need to stop people exploiting the land and resources of the moon.
   b. Space becoming a Wild West is a valid risk to take to save the future of our planet.
   c. Space should be treated as a global commons.
   d. All of the above
6. a. Use of technology　b. Nations claiming territory
   c. Private ownership　d. Robotic prospectors
7. a. A claim on an area as private property
   b. The right to use natural resources
   c. A justification for colonization
   d. All of the above are possible definitions
8. a. It is not owned by any nation.
   b. It is similar to America and Australia.
   c. It gives a feeling of déjà vu.
   d. It has been occupied through legal ownership.
9. a. The author, overall, is pro-colonization.
   b. The author is strongly against the ownership of land and resources on the moon.
   c. The author believes there are advantages and disadvantages of space ownership.
   d. The author feels we should be allowed to play in space.
10. a. A personal narrative　b. An objective discussion of the issue
    c. An argument　d. A request for help

"I've just thought of that," said Cavor. "That's what I meant when I said the thing is finished. The inner glass sphere can be air-tight, and, except for the manhole, continuous, and the steel sphere can be made in sections, each section capable of rolling up after the fashion of a roller blind. These can easily be worked by springs, and released and checked by electricity conveyed by platinum wires fused through the glass. All that is merely a question of detail. So you see, Bedford, that except for the thickness of the blind rollers, the Cavorite exterior of the sphere will consist of windows or blinds, whichever you like to call them. Well, when all these windows or blinds are shut, no light, no heat, no gravitation, no radiant energy of any sort will get at the inside of the sphere, it will fly on through space in a straight line, as you say. But open a window, imagine one of the windows open. Then at once any heavy body that chances to be in that direction will attract us— "

I sat taking it in.

"You see ?" he said.

"Oh, I *see*."

"Practically we shall be able to tack about in space just as we wish. Get attracted by this and that."

"Oh, yes. *That's* clear enough. Only— "

"Well ?"

"I don't quite see what we shall do it for ! It's really only jumping off the world and back again."

"Surely ! For example, one might go to the moon."

"And when one got there ? What would you find ?"

"We should see—Oh ! consider the new knowledge."

"Is there air there ?"

"There may be."

"It's a fine idea," I said, "but it strikes me as a large order all the same. The moon ! I'd much rather try some smaller things first."

"They're out of the question, because of the air difficulty."

"Why not apply that idea of spring blinds—Cavorite blinds in strong steel cases—to lifting weights ?"

"It wouldn't work," he insisted. "After all, to go into outer space is not so much worse, if at all, than a polar expedition. Men go on polar expeditions."

"Not business men. And besides, they get paid for polar expeditions. And if anything goes wrong there are relief parties. But this—it's just firing ourselves off the world for nothing."

"Call it prospecting."

"You'll have to call it that. . . . One might make a book of it perhaps," I said.

"I have no doubt there will be minerals," said Cavor.

"For example ?"

"Oh ! Sulphur, ores, gold perhaps, possibly new elements."

"Cost of carriage," I said. "You know you're *not* a practical man. The moon's a quarter of a million miles away."

"It seems to me it wouldn't cost much to cart any weight anywhere if you packed it in a Cavorite case."

I had not thought of that. "Delivered free on head of purchaser, eh ?"

"It isn't as though we were confined to the moon."

"You mean ?"

"There's Mars—clear atmosphere, novel surroundings, exhilarating sense of lightness. It might be pleasant to go there."

"Is there air on Mars ?"

"Oh, yes !"

"Seems as though you might run it as a [1] sanatorium. By the way, how far is Mars ?"

"Two hundred million miles at present," said Cavor airily ; "and you go close by the sun."

My imagination was picking itself up again. "After all," I said, "there's something in these things. There's travel— "

An extraordinary possibility came rushing into my mind. Suddenly I saw, as in a vision, the whole solar system threaded with Cavorite liners and spheres *de luxe*. "Rights of [2] pre-emption," came floating into my head—planetary rights of pre-emption. I recalled the old Spanish monopoly in American gold. It wasn't as though it was just this planet or that—it was all of them. I stared at Cavor's [3] rubicund face, and suddenly my imagination was leaping and dancing. I stood up, I walked up and down ; my tongue was unloosened.

"I'm beginning to take it in," I said ; "I'm beginning to take it in." The transition from doubt to enthusiasm seemed to take scarcely any time at all. "But this is tremendous !" I cried. "This is Imperial ! I haven't been dreaming of this sort of thing."

Once the chill of my opposition was removed, his own pent-up excitement had play. He too got up and paced. He too gesticulated and shouted. We behaved like men inspired. We *were* men inspired.

"We'll settle all that !" he said in answer to some incidental difficulty that had pulled me up. "We'll soon settle that ! We'll start the drawings for mouldings this very night."

"We'll start them now," I responded, and we hurried off to the laboratory to begin upon this work forthwith.

1 place for medical treatment and rest

2 right to become the first owner of the land

3 reddish

Critical Reading Questions

Please circle the letter of the answer choice that best answers the question or completes the sentence.

1. What is the most likely source of the passage ?
 a. Character-driven novel b. Fantasy novel
 c. Science-fiction novel d. Biographical novel

2. What is the narrative point-of-view of the passage ?
 a. First-person b. First-person omniscient
 c. Third-person omniscient d. Third-person limited omniscient

3. What does Cavor mean by "the thing is finished" (line 1-2) ?
 a. The initial plan is complete.
 b. The initial plan can't succeed.
 c. They need to start a new project.
 d. They have accomplished what they set out to do.

4. From the text, we can infer that the most important property of Cavorite is that . . .
 a. it is very light. b. it blocks light.
 c. it blocks gravity. d. it blocks radiation.

5. From lines 13-61 of the passage, we can see that Cavor's main interest in the project is . . .
 a. the advancement of science.
 b. the exploration of the moon.
 c. getting minerals from the moon.
 d. making money from space exploration.

6. From lines 13-61 of the passage, we can see that Bedford's main interest in the project is . . .
 a. the advancement of science.
 b. the exploration of the moon.
 c. getting minerals from the moon.
 d. making money from space exploration.

7. What does Cavor mean by his statement in line 32, "Men go on polar expeditions" ?
 a. It is important to explore the poles.
 b. The project isn't something completely unheard of.
 c. People sometimes do unusual things.
 d. None of the above

8. What does Bedford mean by his statement in line 37, "One might make a book of it perhaps" ?
 a. A book about exploring the moon might be very interesting.
 b. He might be interested in writing a book about exploring the moon.
 c. He still isn't convinced the project is worthwhile.
 d. All of the above

9. What can we gather from lines 36-52 ?
 a. Bedford isn't as clever as he imagines he is.
 b. Cavor isn't as impractical as Bedford assumes.

c. Cavor and Bedford are finding grounds for agreement.
d. All of the above

10. Which of the following statements best summarizes lines 68-69 ?
a. Cavor thinks the problem Bedford mentioned is insignificant.
b. Cavor thinks Bedford isn't very bright.
c. Cavor thinks speed is the most important factor now.
d. Cavor thinks details will be easy to take care of.

Word Formation Questions

Change the part of speech of each of the following italicized words from the passage in order to make them fit the sentences below. The number of the line in which each word appears is given for your convenience, although you may not need to look at the passage in order to answer these items correctly.

1. [*sphere*, line 3] He was amazed to see a metallic, ______ object hover and then land in his back yard !
2. [*fused*, line 5] The scientists wondered what had caused the ______.
3. [*clear*, line 17] The essay was marked down for its lack of ______.
4. [*consider*, line 23] Bob is so ______ : he's always thinking of the needs of others.
5. [*insisted*, line 31] At the ______ of the boss, they changed the design.
6. [*monopoly*, line 59] Albert has a habit of ______ the conversation.
7. [*settle*, line 68] After weeks of difficult negotiations, the two sides finally came to a ______.

Vocabulary Questions

Based on their context in the passage, match each word on the left to its most likely meaning on the right. The number of the line in which each word appears in the passage is given for your convenience. Also, please note that the part of speech of some of the words below may be slightly different from that used in the passage.

1. tack about (line 15)	____	a. very fine
2. relief (line 34)	____	b. make hand or arm movements
3. prospect (line 36)	____	c. argue
4. carriage (line 41)	____	d. moving goods or people
5. *de luxe* (line 57)	____	e. aid
6. gesticulate (line 66)	____	f. search for opportunities
		g. feeling of reassurance
		h. change direction
		i. wheeled vehicle
		j. very soon

Short Essays

Write a careful and well-reasoned one-paragraph response to each of the following prompts.

1. Write an interpretation of Walt Whitman's poem "When I Heard the Learn'd Astronomer." Be sure to address, in particular, why the speaker of the poem begins to feel "tired and sick" (line 5).

When I Heard the Learn'd Astronomer
By Walt Whitman (1819-1892)

When I heard the learn'd astronomer,
When the proofs, the figures, were ranged in columns before me,
When I was shown the charts and diagrams, to add, divide, and measure them,
When I sitting heard the astronomer where he lectured with much applause in the lecture-room,
How soon unaccountable I became tired and sick,

Till rising and gliding out I wander'd off by myself,
In the mystical moist night-air, and from time to time,
Look'd up in perfect silence at the stars.

2. The current notion of outer space as an internationally shared domain has persevered since at least the 1950s. However, as commercial space flights become more common, and expeditions to Mars become more sophisticated, governments and corporations may seek to challenge this precedent.

Consider some pros and cons of allowing governments or private entities to own land on the moon or Mars, for example.

しまう。この場合、「直観主義」の考えによれば宿題を取りに家に戻るのがよい。

ウ　休み時間にクラスメイトと何をして遊ぶか決めようとしたところ、三十人中十四人は椅子取りゲームを希望し、十六人は鬼ごっこを希望している。この場合、「功利主義」の考えによれば鬼ごっこをするのがよい。

エ　家族でペットを飼う話をしたところ、妹はウサギを、弟はカメを飼いたいと言い、長男の私はハムスターを飼いたいと主張した。この場合、「功利主義」の考えによればペットを飼うことをやめるのがよい。

オ　冷蔵庫の中に私の大好物のプリンを見つけたので食べてしまいたいが、そのプリンは父が自分で食べるために購入してきたものである。この場合、「規範主義」の考えによれば私はプリンを食べることを我慢するのがよい。

カ　弟が母のお気に入りのカップを誤って割ってしまいそれを隠していたが、母はその割れたカップを見つけ、私に事情を尋ねてきた。この場合、「規範主義」の考えによれば事情を知っている私は弟がカップを割ったことを伝えるのがよい。

【作　文】（六〇分）〈満点：二〇点〉

《注意事項》

◎受験番号・名前・題名を原稿用紙の指定されたところに書いてください。

◎原稿用紙は縦書きで使ってください。

◎メモや下書きをする場合はこの紙の余白や裏面を使ってください。

◎原稿用紙がやぶれたときは手をあげて試験監督に申し出てください。

《問題》

次のどちらかの題名で六百字以上八百字以内の作文を書きなさい。

「□**がなくなってしまったら困る**」

「□**がなくなってしまって困った**」

※□にことばを入れて題名としてください。

※□に入れるものを具体的にあげて、それがなくなったら困る理由・実際になくなってしまって困った経験のどちらかを具体的に書いてください。

※□には、物、食べ物、場所、スポーツ、行事など何を入れてもかまいません。

※海外生活の中で得られた経験をできるだけ生かして書いてください。

※原稿用紙の一行目から本文を書いてください。

ウ　ある状況のなかで具体的にどういう行為を選択するかの決定権は自分が持っているが、社会の構成員同士の勢力関係を少しでも崩すような行為はしてはいけないという最低限の規範があることから、社会全体の統率だけが目的とされて大切な人やものが後回しにならざるを得ない場合があるという点。

エ　ある状況のなかで何のためにどういう行為を選ぶかの判断は自分に任されているが、友人に対して不誠実にあたる行いをしてはいけないという最低限の規範があることから、それがたとえ相手のためだとしても友人に対してうそをついたりごまかしたりすることができない場合があるという点。

オ　ある状況のなかでどういう基準にしたがってどういう行為を選ぶかの判断は自分に任されているが、他者が自分と同じことをした時に社会が不利益を被るような基準は選んではいけないという最低限の規範があることから、社会の秩序が優先されて取るべき行動が制限される場合があるという点。

問六　次のア～オは、この文章を読んだ生徒たちの感想です。文章の理解として明らかな間違いを含むものを一つ選び、記号で答えなさい。

ア　人間の行動のもとになる倫理規範はわざわざ言語化しなくても感覚で理解できるだろう、という考え方を「直観主義」と言っていたね。共通の感覚を持っていたらわかりやすくて有効だけれど、複数の倫理規範が関わるような状況のときはどの規範を優先するべきかわからなくなるよ。

イ　「直観主義」では対処しきれない「モラルジレンマ」と呼ばれるような状況でも、ベンサムやミルの「功利主義」やカントの「規範主義」の立場を取ることによって解決されることがあるよ。「直観主義」と違って「功利主義」や「規範主義」は重視するべき原理が示されているから、優先順位がつけやすいんだね。

ウ　「功利主義」は公平であることだけを追求しているという話だったね。「唯一の倫理原理」を見出すことができる画期的な思想の一つとしてカントにも影響を与えたようだ。現在もこの考え方は高速道路造営などの公共事業に適用されていて、物流コストを下げることにつながり、国民総生産全体をかさ上げしているみたいだ。

エ　ロックやルソーといった偉大な思想家たちの積み重ねのうえにカントの思想は生まれたみたいだ。誰かの考えや意見に従うんじゃなくて、ある程度の制限はあるなかで自分の行動を自分で選んでいくことが大切だという考えだね。私たちにも参考になる部分があるような気がするね。

オ　私たちはそれぞれ異なる人生の目標や希望を持っているよね。だからこそ何かしようと思ったときにその行動のもとになる基準も実際の行動も個人によって違う。カントの思想を踏まえると、自分とは異なる生き方の人が世界中にたくさんいるということを改めて実感するよ。

問七　次のア～カは、「直観主義」、「功利主義」、「規範主義」についての具体的な例を用いた説明です。説明として明らかな間違いを含むものを次の中から二つ選び、記号で答えなさい。

ア　友達との帰り道に財布が落ちているのを見つけ、私は落とした人が困るだろうから交番に届けようと言い、友達は面倒だから放っておこうと言う。この場合、「直観主義」の考えによれば財布は交番に届けるのがよい。

イ　学校へ向かう途中に宿題を家に忘れてきてしまったことに気がついて取りに戻りたいが、今から家に戻ると学校に遅刻して人が来ただろう」と言った。このとき、ふつうならば殺人鬼にうそをついて、友人を助ける。ところが、カントは、このようなケースにおいてもうそをついてはならないと言うのである。なぜなら、誠実であることはすべての行為の基礎であり、もし「場合によってはうそをついてもいい」という原則をすべてのメンバーが採用すると、その社会ではおよそ信頼関係が成立しなくなってしまう。それでは困るから、というわけである。カントの倫理思想にも、こうして問題がないわけではない。

（貫　成人『哲学マップ』より）

※冤罪…無実の罪。

問一　＝線①～④のカタカナを漢字に直しなさい。漢字は一画ずつていねいに書くこと。

問二　――線(1)「功利主義は重大な問題を帯びている」とありますが、それはどのような「問題」ですか。最もふさわしいものを次の中から一つ選び、記号で答えなさい。

ア　功利主義は社会に対して最大限有益な行為をするべきであるという理念のもと、全ての人間を平等に扱うことを前提とし、個人の特質を考えないため、優れた人材であったとしても他者のために犠牲になることがあるという問題。

イ　功利主義は個人よりも全体の利益を重視した行為をするべきであるという原則のもと、公共の事業を進めることを優先し、国民一人ひとりの実情には配慮しないため、結果的に国民の願望とはかけ離れた社会になっていくという問題。

ウ　功利主義はよりたくさんの人間に恩恵を与える行為をするべきであるという思想のもと、人間の価値を社会に対する影響の大きさで判断し、人柄や相互の関係性は考慮しないため、個人にとっては望まない選択をしなければならないことがあるという問題。

エ　功利主義は何よりも社会が豊かになる行為をするべきであるという考えのもと、論理的に社会の構成員の能力を判定し、その内面には目をむけることがないので、個々の人間性が軽んじられる社会になっていくという問題。

オ　功利主義は万人に喜びをもたらす行為をするべきであるという信条のもと、主流な意見を優れているものと断定し、内容の是非よりも支持する人数の多さを重視して選択を行うので、少数派の意見は切り捨てられていくという問題。

問三　――線(2)「それはなぜだろう」とありますが、筆者がその理由を最も簡潔に述べている一文を探し、最初と最後の五字をぬき出して答えなさい。

問四　――線(3)「啓蒙」とありますが、ここでの「啓蒙」とはどのようなことですか。五十一字以上六十字以内で答えなさい。

問五　――線(4)「カントの考えにも限界がある」とありますが、どのような点で「限界がある」と述べられていますか。最もふさわしいものを次の中から一つ選び、記号で答えなさい。

ア　ある状況のなかでどういう行為原則を選択するかの決定権は自分が持っているが、自分を優遇することによって社会全体の損失につながるような行動はしてはいけないという最低限の規範があることから、社会の平等性ばかりが求められて利益を追求することができない場合があるという点。

イ　ある状況のなかでどういう意図を持って行為を選択するかの判断は自分に任されているが、共同体の一員として生活をしていくなら他者を困らせてはいけないという最低限の規範があることから、他者の気持ちを思いやるあまりに自分の望んでいる行動をとることが難しい場合があるという点。

ある状況において、一般的行為原則としてなにを選択し、具体的にどの行為を選択するかは、その都度行為主体が判断しなければならない。その結果、同じタイプの選択肢を与えられても、なにを行為原則として選択するかは人によって異なるし、当然、選択結果も異なる。その限りで誰もが自由である。だが、そのとき、ひとつだけ守らなければならない行為原理があり、それがカントにおける最低限の義務、規範である。それは、「いま自分が選択しようとしている一般的行為原則を、自分だけでなく、社会の全員が選択した場合に、なにか困った事態は生じないか、そのことをつねにチェックせよ」という規範だ。たとえば、「人が見ていないとき、他人の持ち物を持ち去っていい」という原則を考えてみよう。それを自分一人がおこなう分には、本人はつかまって罰せられるかもしれないが、社会全体に深刻な問題が生じることはない。けれども、同じ一般原則を、社会に属する行為主体全員が行った場合、安全確保のために多大なコストがかかる社会が生まれる。そのような一般原則は選択してはならない、というのである。

いいかえれば、「自分だけ得するのは間違い」「自分だけをえこひいきしない、自分を例外にしない」(エゴイズムの否定)というのがカントの考えである。とはいえカントによれば、「自分だけ得するのはいけない」ばかりでなく、「自分だけ損するのもいけない」(自己犠牲の否定)」。(2)それはなぜだろう。

さきにあげた行為原理をカントは定言命法とよぶ。「健康でいたいならタバコは吸わない方がいい」など、一定条件もしくは仮定のもとである行為を推奨するものを「仮言命法」とよぶが、これは、その条件や仮定に同意するひとにとってしか拘束力がない。定言命法とは、一切の条件や仮定を前提することなく、あらゆる行為主体に当てはまる命法である。その内容が先に挙げた〈自分を例外としない〉というものだ。

対人関係について考えた場合、この命法は自分の利益ばかり追求して、他人を自分の目的追求の道具、手段として「のみ」あつかうことの禁止につながる。カントによれば各人は、それぞれの希望や生き甲斐、人生の目的を持ちながら暮らしており、だからこそ具体的状況下における行為の選択は多様でありうる。また、それぞれが各人なりの目的を持って暮らしていることをお互い認知し、配慮しあって行為することにより、自ずから共同体の秩序は成立する。各自が自分の目的を追求するからこそ共同体は成立するのである。

ところが、自己犠牲によって自分を例外扱いする者がいると、各自が自分の目的を追求するという、共同体成立の大前提が崩れてしまう。だからそれは禁じられるのだ。

こうした条件を守ったうえで、行為はすべて各自の責任においておこなわれる。自分の判断に基づいて行為を選択し、その結果に対する責を負うことにおいて、各自は責任ある人格(「理性的人格」)たりうる。カントによれば、それが精神の成熟にほかならない。未熟な精神は、何をおこない、何を決めるにも他人の意見に頼るだろう。たしかに、ひとははじめは他人のすることを見習いながら成長する。だが、やがてすべてを自分で判断しなければならなくなるときが来る。精神の歩みを補助してくれる「歩行器」から自由になるとき、はじめて人は成熟したと言える。これが達成されることをカントは「(3)啓蒙」といった。絶対主義王権から市民革命への移行を導く思想だった啓蒙思想は、ロックなどイギリスの思想家にはじまり、ルソーなどフランスの思想家をへて、カントにいたって確固とした定式を与えられたことになる。

とはいえ、(4)カントの考えにも限界がある。たとえば、夜中にとつぜん友人が訪ねてきて「殺人鬼に追われている」と助けを求めてきたとする。わたしはかれをどこかにかくまってやるだろう。ところが、ただちに家のベルが鳴り、その殺人鬼がやってきて、「お前の家に友はできない。こうした状況で、人命救助と友情のどちらを優先すべきかという問題の答えは直観主義からはでてこない。

複数の規範を同時に満足できず、そのどちらかを選ばなければならない状況を「モラルジレンマ」とよぶ。複数の倫理規範があるからジレンマは生じるのだから、それを回避するためには〈唯一の倫理原理〉を見いださなければならない。

そのとき提案されるひとつは〈功利主義〉であり、もうひとつが〈規範主義〉だが、カントが取るのは後者の立場である。認識の形式的構造によって存在が説明されるのと同様、行為の倫理的規則（「何をおこなってもいいか」）も行為主体の構造から導かれる。いま、カントの考えの理解に必要な範囲内で功利主義を見てみよう。

功利主義とは、〈「できるだけ多くのひとができるだけ幸福になる」（「最大多数の最大幸福」）ような行為はおこなうべきであり、それに反する行為はおこなうべきではない〉というものであり、ベンサムやミルによって②トナえられた。

十人中八人を幸福にする行為は、十人中二人を幸福にする行為よりよい。たとえば、喫煙者二人、非喫煙者七人というオフィスで、わたしが喫煙することで仲間が増えて幸福になるのは二人で、わたしが禁煙することで幸福になる七人よりも少ない、といった場合、わたしは禁煙すべきである。また、おなじく十人中五人ずつを幸福にしても、全体の幸福度がより高い方を選択するべきである。たとえば、喫煙者と非喫煙者が同数だった場合、仲間が増えるという喫煙者の幸福より、健康が損なわれないという非喫煙者の幸福の方が、幸福としてはより大きい、と判断される場合、やはり禁煙すべきである。

この考えは、公共事業の運用などについて、現在でも有用だ。たとえば高速道路を、ほとんど人口も産業も観光資源もない③チイキに造るよりは、④シュト圏に造った方が、物流コストの低下などに結びついて結局は国民総生産全体のかさ上げに通じる、といった場合である。

しかし(1)功利主義は重大な問題を帯びている。たとえば、野中の一軒家が火事になっており、二人の人間が助けを求めているが、それを救えるのは自分だけであり、しかも迫り来る火のためどちらか一人しか救えないとする。ただし、助けを求めている一人は世界的脳外科医であり、もう一人は脳外科医の身の回りの世話をするわたしの母親だった。このときどちらを救うかという問題で、人情としては母親を助けたいと思う人が多いだろう。だが、功利主義者からすれば、この場合助けなければならないのは迷う余地なく脳外科医なのである。なぜなら、脳外科医が生き延びた方が、それによって手術を受け幸せになる人の数が、圧倒的に多いからだ。功利主義には人格的関係が顧みられないという欠陥がある。

一方、カントの考えを理解するには、われわれが行為の選択をするメカニズムを検討するのがよい。先の例で、母親を救うのは「愛情」「人情」によって行為する結果であり、医師を救うのは「公共の福祉」を優先する結果といえる。具体的な行為の選択とは、実はそれぞれの行為を正当化する一般的行為原則のどれを選択するかの問題なのである。行為を正当化し、もしくは選択するための一般的行為原則には、今あげたほかに、「節約する」「約束を守る」「うそをつかない」「不公平はいけない」「人に喜んでもらう」などもあるだろうし、あるいは「手を抜けるところは抜く」といった原則もありうるだろう。こう考えたとき、直観主義とは、一般的行為原則のうち推奨するに値するものをリストアップしたものといえるし、功利主義はそのうち〈公平性〉〈有効性〉だけを選択したものといえる。一方、カントの考えとは次のようなものだ。

泣く息子を見て、こんなにつらい思いをしていることをかわいそうに思うと同時に、その解決のために自分ができることは何もないということに苛立ちを感じているという、やるせない気持ち。

問五　――線(4)「彼があえて長引かせた側面もあるだろう」とありますが、「彼があえて長引かせた」のはなぜだと考えられますか。最もふさわしいものを次の中から一つ選び、記号で答えなさい。

ア　同年代の子どもたちと比較することに意味はなく、本人の成長が大切だと考えており、また、息子の心身の成長をよく観察して励ましていくためにも、父親である自分が焦らずにゆったりと構える姿を見せることが肝心だと考えていたから。

イ　我が子に他の子と同じことを求める母親とは違って、困難に向き合う時間に価値があるという考えを持っており、また、自分と息子をつなぐ時間が貴重でいとおしく感じられることもあって、急いで乗れるようにならなくてもよいと考えていたから。

ウ　周囲から期待されることもあれば他人に劣等感を抱くこともあるが、社会で生きていく上で他人の成果は関係ないので、息子自身が克服するべき壁を乗り越えて、他の誰にもなしえない自分だけの成功を勝ち取ってほしいと考えていたから。

エ　母親が期待しているような人間になることが最良なのではなく、息子本人のペースで練習を楽しみながら、どのくらいの期間で乗れるようになるのか、自分なりの時間軸で計画が立てられるようになってほしいと考えていたから。

オ　母親や他人のものさしで自分自身の価値や目標を決めるのではなく、息子自身がどうしたいのかを考え、その目標に向けて努力を積み重ねることが重要なので、苦行だと感じられるような練習をするくらいなら自転車には乗れないままでいいと考えていたから。

問六　――線(5)「今もはっきりと覚えている」とありますが、それはなぜですか。七十一字以上八十字以内で説明しなさい。

問七　文中の空欄X・Yに入る語句の組み合わせとして最もふさわしいものを次の中から一つ選び、記号で答えなさい。

ア　X　期待を込める　Y　試しにやってみな
イ　X　緊張をほぐす　Y　ここからが本番だ
ウ　X　コーチとして　Y　父親として励まそう
エ　X　やっと乗れるな　Y　もう乗るのか
オ　X　ただの練習だ　Y　いよいよ仕上げだぞ

二　次の文章を読んで後の問いに答えなさい。

倫理学とは、人は何をするべきか、何をしてはいけないかといった「①ゼンアク」「正義／不正」といった問題を追求する哲学の一部門である。

通常われわれは、「やっていいこと」「やってはいけないこと」を漠然と了解しながら、日々を暮らしている。「遅刻してはいけない」「約束を破ってはいけない」「嘘をついてはいけない」「人を傷つけてはいけない」「人を殺めてはいけない」などといった倫理的規範は、いちいち説明しなくても了解されるのがふつうだ。倫理的規範は直観的に了解されるとし、そのリストを作ることですませようとする立場を「直観主義」とよぶ。

けれども、直観主義では解決できないことがある。たとえば、※冤罪を着せられた友人を救うために裁判の証人台に立たなければならない朝、裁判所に向かっていた途中、道ばたの川に子どもがおぼれていたとする。まわりにそれを助けられそうな人は自分しかいないが、その子を助けていると友人の裁判に遅れ、かれを刑から救ってやること

X というより、 Y 、という気分が伝わるように。

（冲方　丁「バイシクル」より）

※無為な…ここでは、特に目的を持っていないという意味。
※御する…自分の思うとおりに動かして使うこと。

問一　═══線①～④のカタカナを漢字に直しなさい。漢字は一画ずつていねいに書くこと。

問二　――線(1)「母親」とありますが、本文において「母親」はどのような人物であると読みとることができますか。最もふさわしいものを次の中から一つ選び、記号で答えなさい。

ア　我が子の現状に関心があるというよりは、自分が理想としている強くてたくましい人間に育てようとして、「お友達」を引き合いにしながら、試練から逃げるのを許さない厳しさを持っている人物。

イ　我が子の希望を尊重するというよりは、自分たちが属している集団で目立とうと、「お友達」以上の成長を我が子に期待して、自転車の練習を過度に勧める（すす）という教育へのいきすぎた情熱を持っている人物。

ウ　我が子の成長具合を見きわめるというよりは、周囲の「お友達」の成長に合わせることを理想として、苦行ともいえる試練を与え、いつかは他の子同様に乗れるようになると信じて励ま（はげ）し続ける強さを持っている人物。

エ　我が子の意志を重視するというよりは、「お友達」と「同じ」であるべきだと強く思いこみ、「お友達」が何をどうしているかという情報を気にするあまり、我が子に寄りそって成長過程を見守ることができなくなっている人物。

オ　我が子のおっとりとした性格を気づかうというよりは、同学年の「お友達」の心身の成長を基準にして、自ら友人の輪の中に入っていけない我が子を意気地がない性格ととらえ、「お友達」と違う（ちが）ことに焦りと不安を感じている人物。

問三　――線(2)「自転車は苦痛と屈辱の代名詞となった」とありますが、それはどういうことですか。五十一字以上六十字以内で説明しなさい。

問四　――線(3)「憐憫と腹立たしさが奇妙に混じり合う感情」とありますが、それはどのような気持ちですか。最もふさわしいものを次の中から一つ選び、記号で答えなさい。

ア　新しい練習方法でも相変わらず自転車を操ることができずに泣く息子を見て、体が成長しないうちは難しいだろうと気の毒に思うと同時に、意欲がすぐに消えてしまう心の弱さに強い不満を感じているという、矛盾（むじゅん）する気持ち。

イ　自転車を操るどころか自転車に振り（ふ）回さ（まわ）れている息子の涙を見て、年齢（ねんれい）に応じた能力が備わっていないことに哀れ（あわ）みを感じると同時に、わめくこともできず力なく涙を流す姿にふがいなさを感じているという、やるせない気持ち。

ウ　自転車を操れない自分と他の子たちとの差にショックを受けて泣く息子を見て、みんなができることができないみじめさを不憫に感じると同時に、集団であることが優劣（ゆうれつ）を生じさせている現実に対する悲嘆（ひたん）にくれているという、やるせない気持ち。

エ　最後の望みをかけた自転車教室の練習でもうまくいかない息子の涙を見て、親子の努力がなかなか報われないことに我ながら同情すると同時に、最初からうまくいくはずがないと思って見ていた自分の薄情（はくじょう）さに嫌気（いやけ）がさしているという、矛盾する気持ち。

オ　幼い子が上達して自転車に乗っていることに劣等感を感じて

成長し、社会で生きていく上で、期待も劣等感もつきものなのだ。他人は関係ない。自ら困難と向き合う時間を大切にするのだ。そういう姿勢を、何より学んで欲しい。

本当に御すべきは自転車ではなく、自分自身なのだ。彼はそう言い聞かせた。

その苦行はしばらく続いた。(4)彼があえて長引かせた側面もあるだろう。息子がそんな父親の心情を察して、わざと長々と練習し続けたかどうかはわからない。

彼と息子が自転車を通して触れ合ううちに季節が巡り、そしてある日、そうした父子の努力が報われる瞬間が訪れた。

そのときのことを彼は(5)今もはっきりと覚えている。

ふいに子どもが一人でできるようになる姿を——いわゆる「自立」を見ることこそ、子育てのだいご味なのだ、などと思ったものだ。子どもが自分の力だけで何かを可能とするようになるには、子どももそうだが親も根気が必要となる。そしてだからこそ、子どもが何かを自分一人でなしとげたときの感慨はひとしおなのだと。

それとともに彼に子どもの成長をはっきりとわからせたのは、移動する距離だった。

赤ん坊の頃、子どもは自分一人で移動することすらできなかった。なのに、やがてハイハイを覚え、そして立つこと、歩くことを覚える。親が目を離した隙に、という言葉が現実となり、いつの間にか親の目の届かない場所にいくようになる。

やがて息子が小学生になったとき、彼は子どもが一人で通学路をいき来するのだという当たり前のことに何やら言葉にしがたい驚きを味わったものだった。

それと同じ驚きを彼はそのとき強烈に味わっていた。

息子が自転車に乗っている。

最初は補助輪を使わず、ペダルを外して足で地面を蹴り、バランス感覚を④ヤシナうだけだった。ただそれだけのことで息子が転倒し、泣きべそをかくところを何度となく見てきた。

それは特訓と呼べるものではなく、ただコツコツ続ける地道な努力のたまものだ。

いったい何度目の試みだっただろうか。そのときも息子は硬い顔つきで彼とともに自転車教室にやってきて、ペダルを外した自転車に乗った。

その瞬間、息子の表情がふっと変わった。

「あれっ？」

と実際に声を出して驚いていた。彼が見ている前で息子がペダルを外した練習用の自転車を、すいすい乗りこなしていた。

右にも左にも倒れない。

軽快に地面を蹴るだけで、赤いコーンを並べた道路を自転車が移動していく。

倒れまいと懸命に踏ん張る他の子どもたちを尻目に、その練習用のコースを二周も三周もしていた。

教室の指導員の一人が道路に入ってきた。

彼が見ている前で息子を呼び止めて自転車から降りさせる。指導員の手には一対のペダルが、もう一方の手にはスパナが握られている。指導員が自転車にペダルを取りつけはじめるのを、息子が道路に立って待っていた。

息子が、歩道で見守っていた彼を見た。

その表情が、

「いよいよ……」

と緊張をたたえている。

彼は練習用のコースの外から軽くうなずき返してやった。

た。

　彼が子どもと会える日に練習させようとしても、あれこれ言い訳して逃げようとすることしきりだった。しかもそんな様子を見た母親が、意気地なしだのなんだのとうるさくあげつらうものだから、息子は余計に①シンケイ質になって自転車というものから遠ざかろうとするのだった。

　そんなとき母親が自転車教室に通わせれば乗れるようになると言い出した。

「そこにいけば一日で乗れるようになるのよ。お友達はそうだったんだから」

　それは母親と息子が住まう場所から最も近い自転車教室で、週末の午前中に開かれているということだった。

　彼はその教室に息子を連れていく役目を担った。そうすれば毎週子どもに会えるからで、もちろん一日で乗れるようになるとは思ってもいなかった。

　その教室は運動公園の一角で開かれており、彼が幼少期に経験しなかった練習方法を実施していた。多数の子ども用の自転車が用意されていたがどれもペダルがついていないのである。てっきり補助輪で練習するものと思っていた彼はずいぶん面食らったが、最近の自転車の練習と言えばペダルなしからはじめるのが一般的なのだと息子と一緒に聞かされた。

　ペダルを外した自転車にまたがり、足で地面を蹴ることでバランス感覚をつかむ。

　そのやり方を、彼は息子とともに近所の自転車教室で教わった。彼もちょっとばかり面白がって一緒にやってみたのだ。父親にとっても初めてであるということが息子の緊張を和らげたのか、自転車という自分を傷つけるものに触れながら久々の笑顔を見せた。

　だがそれでも結果はさんざんだった。

　息子は②ヨウイにひっくり返り、起き上がっては意気消沈した顔を見せた。教室に通う他の子たちが巧みに自転車を操るさまを見せつけられ、自分よりも小さな女の子にもすいすい抜かれてしまう。ついには声もなく泣きはじめた息子を見ながら、彼はいつものごとく(3)憐憫と腹立たしさが奇妙に混じり合う感情を抱いた。

　大人の力でどうにかしてやりたいが、息子自身がその気になって克服するまではどうにもならないということを、父子ともども共有するときのいつもの感情だ。

　最初の教室は彼が思ったとおりの結果となり、それ以来、彼と息子の間には自転車というものが常に存在するようになった。

　教室に通うとき以外も、母親が息子に買い与えた自転車のペダルを外して乗せるようになった。息子は気乗りしない顔でそれにまたがり、つま先立って動こうと試み、転び、涙ぐみ、父親に命じられてまた試みる。

　やがてそろそろ上達しただろうと思って教室にいくのだが、

「また乗れなかったね……」

帰り道で、息子が下唇を突き出し涙を我慢して呟く。

そういうことが繰り返された。

　彼はその間延びしがちな期間を、愛すると同時に忌々しく思い、楽しみにすると同時にいずれそれがなくなることを思って耐えがたい孤独に襲われた。

　短期間で厳しく息子に教え込む方法もあったが、母親が息子に激しく期待しているということがそうさせなかった。

　焦るべきではないとむしろ息子に言い続けた。母親の期待や、友人が乗れて自分が乗れないことへの気後れに対し、③テキセツな心の距離を置かねばならないと。

二〇二二年度 渋谷教育学園渋谷中学校

【国　語】〈帰国生試験〉（五〇分）〈満点：一〇〇点〉

※「〇〇字で」、または「〇〇字以内で」、という指示がある場合は、「。」「、」「かっこ」なども一字と数えます。

一　次の文章を読んで後の問いに答えなさい。

【「彼」は、息子とその母親と離れて暮らしている。以下は、息子が自転車に乗る練習を始めた頃のことを回想している場面である。】

息子は最初その困難に泣きべそをかき、週末が来るたび彼が教室にいこうと言うと気重そうな顔になったものだった。

「他の子たちは乗れるのよ」

(1)母親がそう言い出したことが息子の苦行のはじまりだった。

労働からすっかり離れて※無為な日々を過ごす恐怖に怯えるあまり、子どもと一緒に通わんばかりに学校に関わるママ集団という名のかしましい雀の一羽と化した母親は、そう言って息子のために最初の自転車を買った。

彼はその忌々しい品をあまりよく思い出せないが、まだろくにサドルに尻を乗せたこともない当時六歳の子どもに与える品として、ふさわしいとはまったく思えなかったことはよく覚えている。

とにかく大きすぎた。サドルを一番下にしても、乗った息子の足が地面に届かない上に、補助輪はない。ハンドルについたバックミラーは息子の視線に合わない角度にしか曲げられず、覗き込むたびに前方不注意になるという有様だった。

「補助輪をつけて練習させよう」

彼がそう言うと、母親はほとんど怒鳴りつけるように主張し返してきた。

「お友達はこれに乗っているの！」

それがどのような輪であれ、我が子がその中に入れないことに不安と苛立ちを爆発させる母親に彼はうんざりした。

息子は、その自転車を最初に見たとき、母親の期待に応えようと意気揚々であった。ヘルメットや膝当てなどもセットで買ってもらい、どれも息子の好きな鮮やかな青色で統一されていた。それらの品を楽しげに身につけ、

「パパと練習する」

と笑顔を見せたが、結果は惨憺たるものとなった。

彼はその自転車を手で押し、息子を連れて近くの公園にいった。自転車を手で持って支えてやる彼の前で、息子は真新しい自転車に乗った。サドルに腰を下ろし、片足をぴんと伸ばして地面に立たせる。もうそれだけで精一杯という感じだった。

彼の予想どおり、息子は一歩も動けなくなった。そして横へ倒れかけ、彼が支えてやった。ペダルを漕ぐこともできない。スタンドを外す練習もさせたが自転車の重みでひっくり返りそうになる。そうこうするうちに二度ほど自転車ごと倒れ、なすすべなく悔しい思いを味わいぽろぽろ流した涙が、その日の練習で息子が得た唯一のものだった。

生まれて初めて自転車に触れるまで、彼の息子の中でそれは乗りさえすれば自由に操れる品としてイメージされていたようであった。

だが自転車という、右にも左にも倒れ、前にも後ろにも移動してしまうものを※御するには、それが体の一部であるかのように認識する必要がある。当たり前だが、それには時間がかかる。

以後しばらく息子にとって(2)自転車は苦痛と屈辱の代名詞となっ

2022年度

渋谷教育学園渋谷中学校 ▶解　答

※　編集上の都合により，帰国生試験の解説および作文の解答は省略させていただきました。

算 数 <帰国生試験>（50分）<満点：100点>

解 答

1 (1) $1\frac{43}{63}$　(2) 500円　(3) *A* 12　*B* 60　(4) 176個　(5) 9倍　(6) 119.1cm²　2 (1) 2，5，6，9　(2) 右の図1を参照のこと。　(3) 右の図2を参照のこと。　3 (1) 200.96cm³　(2) 150.72cm³　(3) 56.52cm³　4 (1) 5秒後，10秒後，20秒後，25秒後　(2) 秒速8cm　(3) 秒速18cm，秒速30cm

図1

赤		白
15点	対	25点
25点	対	15点

図2

赤		白
12点	対	52点
24点	対	40点
11点	対	53点
17点	対	47点
22点	対	42点
34点	対	30点

英 語 <帰国生試験>（60分）<満点：100点>

解 答

Listening Comprehension　1 d　2 a　3 d　4 c　5 a　6 c　7 b　8 a　9 b　10 c

Critical Reading　1 c　2 a　3 a　4 c　5 a　6 d　7 b　8 c　9 d　10 d

Word Formation　1 spherical　2 fusion　3 clarity　4 considerate　5 insistence　6 monopolizing　7 settlement

Vocabulary　1 h　2 e　3 f　4 d　5 a　6 b

Short Essays　省略

国 語 <帰国生試験>（50分）<満点：100点>

解 答

一 **問1** 下記を参照のこと。　**問2** エ　**問3**（例）自転車は，転倒による肉体的な痛みと，自分だけが乗れないという精神的なつらさを象徴するものになったということ。　**問4** オ　**問5** イ　**問6**（例）親子が根気よく努力し続けた結果，息子が物事を一人で成しとげる瞬間に立ち会えた感動とともに，親の目の届かないところへいくようになることへの驚きを強く感じたから。　**問7** ア　二 **問1** 下記を参照のこと。　**問2** ウ　**問3** ところが，～てしまう。　**問4**　(例)　自分だけを例外とせず，共同体を崩さないことを条件に，自分の判断に基づいて行動し，その責任を負う成熟した精神を持つこと。　**問5**　オ　**問6**　ウ　**問7**　イ，エ

●漢字の書き取り

□一 **問1**　①　神経　②　容易　③　適切　④　養(う)　□三 **問1**　①　善悪　②　唱(え)　③　地域　④　首都

Memo

Memo

Memo

当社発行物の無断使用は固くお断りいたします。御使用の前はまずご相談ください。

当社発行物には500点余の首都圏中・高過去問をはじめ、６点の学校案内、そのほかいくつかの情報誌などがございます。その多くが年度版で、限られたスタッフが来るべき受験シーズン前に余裕を持って受験生へ届けられるよう、日夜作業にあたり出版を重ねております。

その中で、最近、多くの印刷物やネット上において当社発行物からの無断使用が見受けられ、一部で係争化しているところもございます。事例といたしましては、当社の新刊発行を待ち、それを流用して毎年ネット上に新改訂として掲載していたＡ社、当社過去問から三百箇所をはぎ合わせ「自社制作につき無断転載禁止」とし、集客材としてホームページに掲載していたＢ社、当社版誌面を無断スキャンし、記述式解答は一部殆ど丸取りして動画を制作していた家庭教師グループＣ社、当社発行物の表紙を差し替え、内容を複製し配布していた塾のＤ社などほか数社がございます。

当社発行物の全部もしくは一部を無断使用することは固くお断りいたします。

当社コンテンツの中にはリーズナブルな設定でご提供している事例もたくさんございますので、ご利用されたい方はまずは、お気軽にご相談くださいますようお願いします。同時に、当社発行物を無断で使用している媒体などにつきましての情報もお寄せいただければ幸いです(呈薄謝)。

株式会社 声の教育社

2025年度用
中学スーパー過去問

■編集人 声の教育社・編集部
■発行所 株式会社 声の教育社
〒162-0814 東京都新宿区新小川町8-15
☎03-5261-5061(代) FAX03-5261-5062
https://www.koenokyoikusha.co.jp

※本書の内容についての一切の責任は当社にあります。内容・解説・解答・その他は当社ホームページよりお問い合わせ下さい。

よくある解答用紙のご質問

01

実物のサイズにできない

拡大率にしたがってコピーすると，「解答欄」が実物大になります。配点などを含むため，用紙は実物よりも大きくなることがあります。

02

A3用紙に収まらない

拡大率164％以上の解答用紙は実物のサイズ（「出題傾向＆対策」をご覧ください）が大きいために，Ａ３に収まらない場合があります。

03

拡大率が書かれていない

複数ページにわたる解答用紙は，いずれかのページに拡大率を記載しています。どこにも表記がない場合は，正確な拡大率が不明です。

04

１ページに２つある

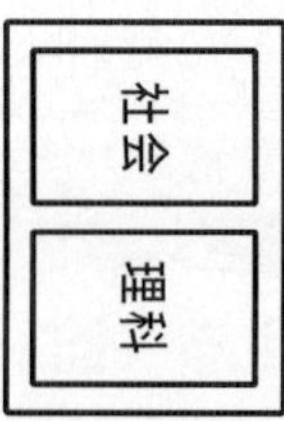

１ページに２つ解答用紙が掲載されている場合は，正確な拡大率が不明です。ほかの試験回の同じ教科をご参考になさってください。

渋谷教育学園渋谷中学校

【別冊】入試問題解答用紙編

解答用紙は本体からていねいに抜きとり、別冊としてご使用ください。

※　実際の解答欄の大きさで練習するには、指定の倍率で拡大コピーしてください。なお、ページの上下に小社作成の見出しや配点を記載しているため、コピー後の用紙サイズが実物の解答用紙と異なる場合があります。

●入試結果表

— は非公表

年度	回	項目	国語	算数	社会	理科	４科合計	合格者
2024	第１回	配点(満点)	100	100	50	50	300	最高点
		合格者平均点	76.7	78.1	29.6	35.2	219.6	—
		受験者平均点	66.3	65.3	25.7	31.4	188.7	最低点
		キミの得点						男 207 女 211
	第２回	配点(満点)	100	100	50	50	300	最高点
		合格者平均点	73.8	79.1	34.0	32.9	219.8	—
		受験者平均点	64.6	64.1	29.5	27.8	186.0	最低点
		キミの得点						男 203 女 208
2023	第１回	配点(満点)	100	100	50	50	300	最高点
		合格者平均点	65.0	50.8	31.4	38.5	185.7	—
		受験者平均点	54.3	38.5	27.3	35.2	155.3	最低点
		キミの得点						男 168 女 180
	第２回	配点(満点)	100	100	50	50	300	最高点
		合格者平均点	78.2	76.3	33.3	36.6	224.4	—
		受験者平均点	72.4	57.3	28.9	32.3	190.9	最低点
		キミの得点						男 208 女 217
2022	第１回	配点(満点)	100	100	50	50	300	最高点
		合格者平均点	58.7	62.1	30.8	40.5	192.1	—
		受験者平均点	49.8	49.9	26.5	37.6	163.8	最低点
		キミの得点						男 175 女 192
	第３回	配点(満点)	100	100	50	50	300	最高点
		合格者平均点	73.7	58.4	32.1	34.5	198.7	—
		受験者平均点	62.3	39.3	27.5	28.2	157.3	最低点
		キミの得点						男 184 女 197

※　表中のデータは学校公表のものです。ただし、４科合計は各教科の平均点を合計したものなので、目安としてご覧ください。

声の教育社

2024年度 渋谷教育学園渋谷中学校

算数解答用紙 第1回

番号		氏名		評点	/100

1

(1) (2) 個 (3)

(4) cm³ (5) 度

(6) 式・考え方

答え %

2

(1) 個 (2) 個 (3) 個

3

(1) 個 (2) 個 (3) 個 (4)

4

(1) おうぎ形OAP 三角形OAP

(2) 式・考え方

答え 分後

(3) 式・考え方

答え 分後

（注）この解答用紙は実物を縮小してあります。200%拡大コピーをすると、ほぼ実物大の解答欄になります。

〔算　数〕100点(推定配点)

1 (1)～(5) 各5点×5 (6) 8点 2, 3 各6点×7 4 (1) 各4点×2 (2) 8点 (3) 9点

２０２４年度　渋谷教育学園渋谷中学校

社会解答用紙　第１回

番号		氏名		評点	／50

1

問１		問２	①		②		③	
問３		問４						
問５	(1)							
	(2)							
	(3)	(a)		(b)				
問６	記号		語句					

2

問１	(1)		(2)		(3)			
問２	(1)							
	(2)							
	(3)		(4)					
問３	(1)	(X)		(Y)		(Z)		(2)
問４	(1)							
	(2)	①		②				

3

問１	【ｉ】		【ii】		【iii】	
問２	【ｉ】		【ii】		問３	
問４	①		②			

（注）この解答用紙は実物を縮小してあります。Ｂ５→Ｂ４（141％）に拡大コピーすると、ほぼ実物大の解答欄になります。

〔社　会〕50点（推定配点）

1　問１，問２　各１点×４　問３，問４　各２点×２　問５　(1)　１点　(2)　３点　(3)　各２点×２　問６　２点<完答>　2　問１　(1)　２点　(2)　１点　(3)　２点　問２　(1)　１点　(2)～(4)　各２点×３<(4)は完答>　問３　各１点×４　問４　(1)　４点　(2)　各１点×２　3　問１　各１点×３　問２【ｉ】１点【ii】２点　問３　２点　問４　各１点×２

２０２４年度　渋谷教育学園渋谷中学校

理科解答用紙　第１回

番号		氏名		評点	／50

1

問１	①		②		③		④		⑤	
問２	(1)									
	(2)									
問３										
問４										
問５										

2

問１								
問２		問３		問４		問５		
問６								
問７		問８	あ		い			

（注）この解答用紙は実物を縮小してあります。Ｂ５→Ｂ４(141%)に拡大コピーすると、ほぼ実物大の解答欄になります。

〔理　科〕50点(推定配点)

1　問１　各２点×５　問２　(1)　２点　(2)　３点　問３　３点　問４　４点　問５　３点　2　問１，問２　各３点×２　問３，問４　各２点×２　問５～問８　各３点×５

２０２４年度　渋谷教育学園渋谷中学校

国語解答用紙　第一回

番号　氏名　評点 /100

一

問一 ①　②　み　③

問二　問三　問四

問五（80字）

問六　問七　問八

二

問一 ①　す　②　し　③

問二　問三

問四（80字）

問五（80字）

問六　問七　問八

（注）この解答用紙は実物を縮小してあります。Ｂ５→Ｂ４（141％）に拡大コピーすると、ほぼ実物大の解答欄になります。

〔国　語〕100点(推定配点)

一 問１　各１点×３　問２～問４　各５点×３　問５　13点　問６～問８　各５点×３<問８は完答>　二 問１　各１点×３　問２，問３　各５点×２　問４，問５　各13点×２　問６～問８　各５点×３

2024年度　渋谷教育学園渋谷中学校

算数解答用紙　第2回

番号		氏名		評点	/100

1

(1)		(2)	A　　%	B　　%	(3)	度
(4)	第1問	第2問	第3問	第4問	第5問	
(5)	m					
(6)	式・考え方					答え

2

(1)	10時　　分	(2)	時　　分	(3)	秒後

3

(1)	点	(2)	最も大きい　　点	最も小さい　　点
(3)	B・C・D・E・F・G・H			

4

(1)	cm²
(2)	式・考え方　　答え　　cm²
(3)	式・考え方　　答え　　cm²

（注）この解答用紙は実物を縮小してあります。200%拡大コピーをすると、ほぼ実物大の解答欄になります。

〔算　数〕100点(推定配点)

1　(1)～(5)　各6点×5<(2)，(4)は完答>　(6)　8点　2　各6点×3　3　(1)　6点　(2)，(3)　各7点×2<各々完答>　4　(1)　7点　(2)　8点　(3)　9点

２０２４年度　渋谷教育学園渋谷中学校

社会解答用紙　第２回

番号		氏名		評点	／50

1

問１	(1)					
	(2)	→ → →				
問２						
問３	1			2		
問４						
問５	(1)	A		B		
	(2)					
問６	復帰後も					

2

問１	(1)	A		B		C		
	(2)							
問２	(1)	①	あ		郷土富士			
		②	い		郷土富士			
		③	う		郷土富士			
	(2)	(a)		(b)		(c)		(d)
	(3)	(a)		(d)				
問３	(1)	①	郷土富士	富士	出来事			
		②	郷土富士	富士	分布図			
	(2)							
	(3)							
	(4)	大統領						

（注）この解答用紙は実物を縮小してあります。Ｂ５→Ａ３（163%）に拡大コピーすると、ほぼ実物大の解答欄になります。

〔社　会〕50点(推定配点)

1　問１～問５　各２点×9＜問１の(2)は完答＞　問６　３点　2　問１　各３点×2＜(1)は完答＞　問２　(1)　各２点×3＜各々完答＞　(2)　３点＜完答＞　(3)　各２点×2　問３　(1)　各２点×2＜各々完答＞　(2)　４点　(3)，(4)　各１点×2

２０２４年度　渋谷教育学園渋谷中学校

理科解答用紙　第２回

番号		氏名	

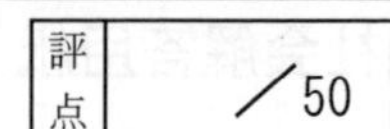

1

問1		問2	a		g	
問3						
問4	(1)					
	(2)					
問5						

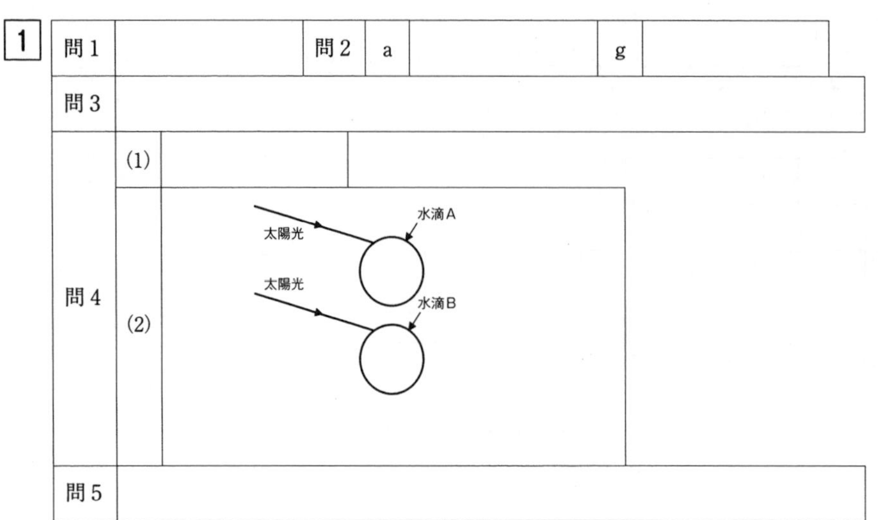

2

問1	(1)				
	(2)				
問2					
問3					
問4	(1)		(2)		(3) m
問5	(1)		(2)		(3)
問6	(1)				
	(2)		(3)		

（注）この解答用紙は実物を縮小してあります。Ｂ５→Ａ３（163％）に拡大コピーすると、ほぼ実物大の解答欄になります。

〔理　科〕50点（推定配点）

1 問1，問2　各２点×3　問3　３点　問4　(1)　２点　(2)　３点　問5　３点　2 問1　(1)　２点　(2)　３点　問2　２点　問3　３点　問4　(1)　２点　(2)　３点＜完答＞　(3)　２点　問5　各２点×3　問6　(1)，(2)　各３点×2　(3)　４点

2024年度　渋谷教育学園渋谷中学校

国語解答用紙　第二回

番号　氏名　評点 /100

一

問一 ①　②　③　④ らか

問二　問三　問四　問五

問六 61 70 60

問七　問八　問九

二

問一 ①　②　③　④

問二　問三

問四 50 51 60

問五

問六 61 70 60

問七

（注）この解答用紙は実物を縮小してあります。B５→B４（141％）に拡大コピーすると、ほぼ実物大の解答欄になります。

〔国　語〕100点(推定配点)

一 問1　各1点×4　問2～問5　各5点×4　問6　12点　問7，問8　各5点×2　問9　6点　二 問1　各1点×4　問2，問3　各5点×2　問4　11点　問5　5点　問6　12点　問7　6点

2024年度　　渋谷教育学園渋谷中学校

算数解答用紙　帰国生

番号		氏名		評点	/100

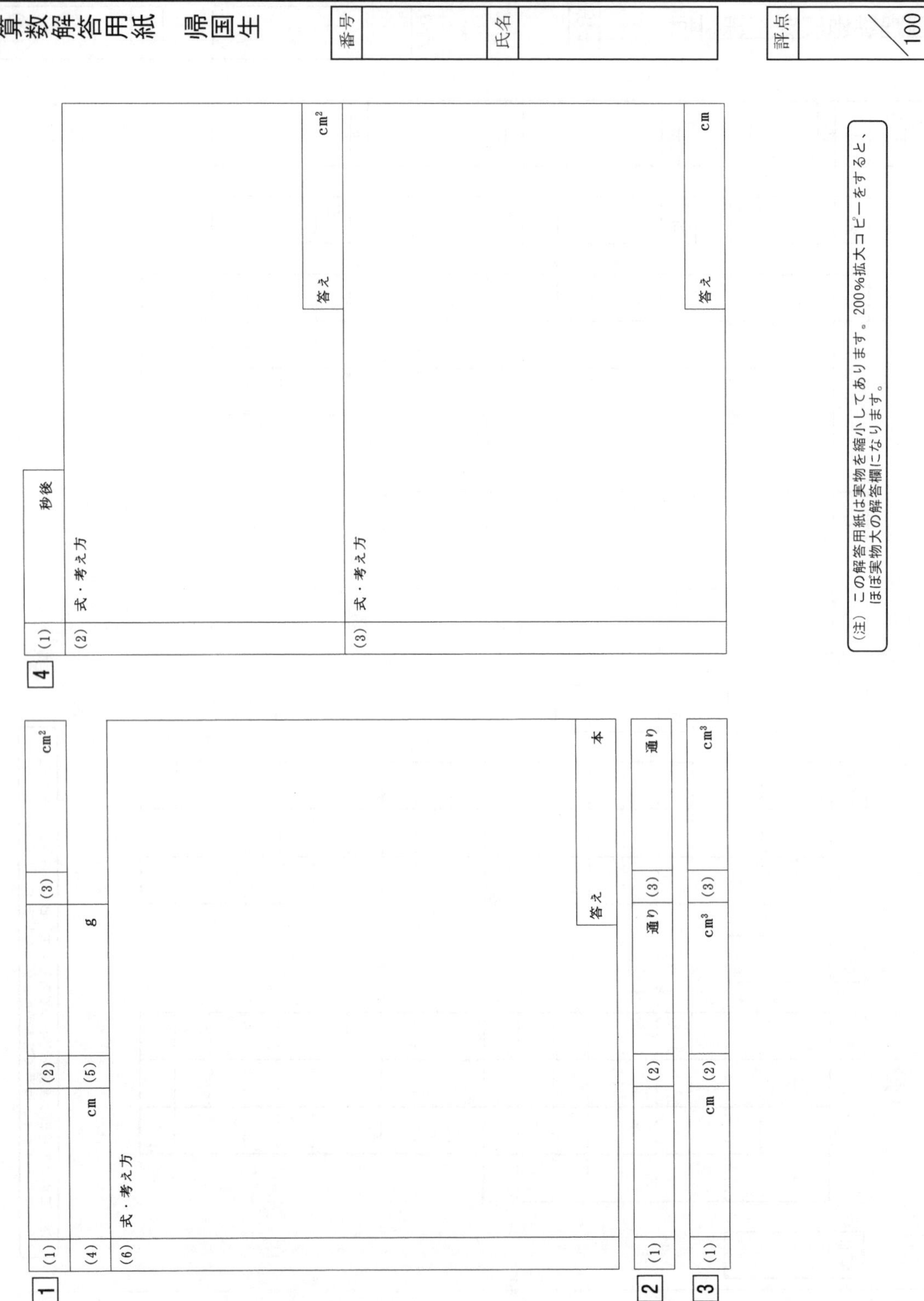

1
(1)
(2)
(3) cm²
(4) cm
(5) g
(6) 式・考え方
答え 本
2
(1)
(2) 通り
(3) 通り
3
(1) cm
(2) cm³
(3) cm³
4
(1) 秒後
(2) 式・考え方
答え cm²
(3) 式・考え方
答え cm
（注）この解答用紙は実物を縮小してあります。200%拡大コピーをすると、ほぼ実物大の解答欄になります。

〔算　数〕100点(推定配点)

1　(1)～(5)　各6点×5　(6)　8点　2　(1), (2)　各6点×2　(3)　7点　3　(1), (2)　各6点×2　(3)　7点　4　(1)　7点　(2)　8点　(3)　9点

２０２４年度　　渋谷教育学園渋谷中学校

英語解答用紙　帰国生　No. 1

評点	／100

Listening Comprehension

1. ______
2. ______
3. ______
4. ______
5. ______
6. ______
7. ______
8. ______
9. ______
10. ______

Critical Reading

1. ______
2. ______
3. ______
4. ______
5. ______
6. ______
7. ______
8. ______
9. ______
10. ______

Word Formation

1. ______________________________
2. ______________________________
3. ______________________________
4. ______________________________
5. ______________________________
6. ______________________________
7. ______________________________

Vocabulary

1. ______
2. ______
3. ______
4. ______
5. ______
6. ______

Name: ______________________________　**Test Number:** ____________________

（注）この解答用紙は実物を縮小してあります。Ｂ５→Ａ４（115％）に拡大コピーすると、ほぼ実物大の解答欄になります。

2024年度　渋谷教育学園渋谷中学校

英語解答用紙　帰国生　No. 2

Short Essays

Write your name and test number in the bottom right corner. Write your answers in the space below. Please write neatly.

1.

2.

Name: ________ **Test Number:** ________

（注）この解答用紙は実物を縮小してあります。189%拡大コピーをすると、ほぼ実物大の解答欄になります。

〔英　語〕100点(推定配点)

Listening Comprehension　各1点×10　Critical Reading　各1点×10　Word Formation　各2点×7
Vocabulary　各1点×6　Short Essays　各30点×2

２０２４年度　　渋谷教育学園渋谷中学校

国語解答用紙　帰国生

番号　　氏名　　評点 ／100

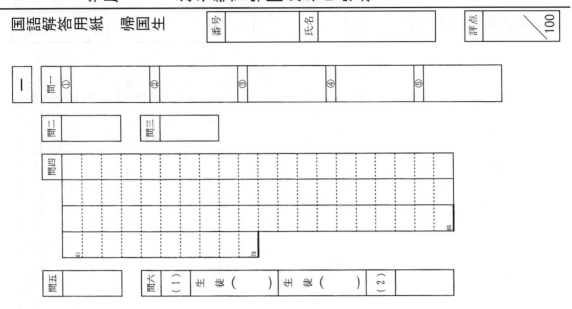

一

問一 ① ② ③ ④ ⑤

問二

問三

問四 61 60 70

問五

問六 (1) 生徒（　　）生徒（　　）(2)

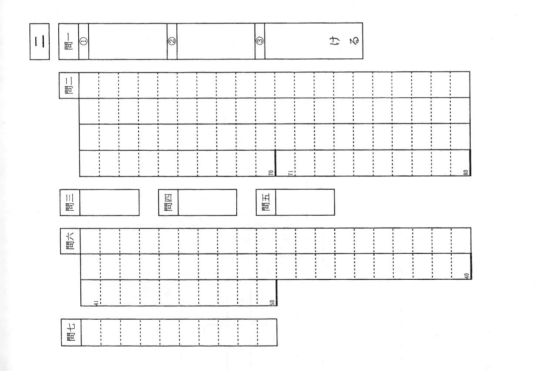

二

問一 ① ② ③ ける

問二 70 71 80

問三

問四

問五

問六 40 41 50

問七

（注）この解答用紙は実物を縮小してあります。Ｂ５→Ｂ４（141％）に拡大コピーすると、ほぼ実物大の解答欄になります。

〔国　語〕100点(推定配点)

一 問１　各１点×５　問２，問３　各５点×２　問４　13点　問５　５点　問６　(1)　各５点×２　(2)　６点 二 問１　各１点×３　問２　14点　問３　５点　問４，問５　各６点×２　問６　12点　問７　５点

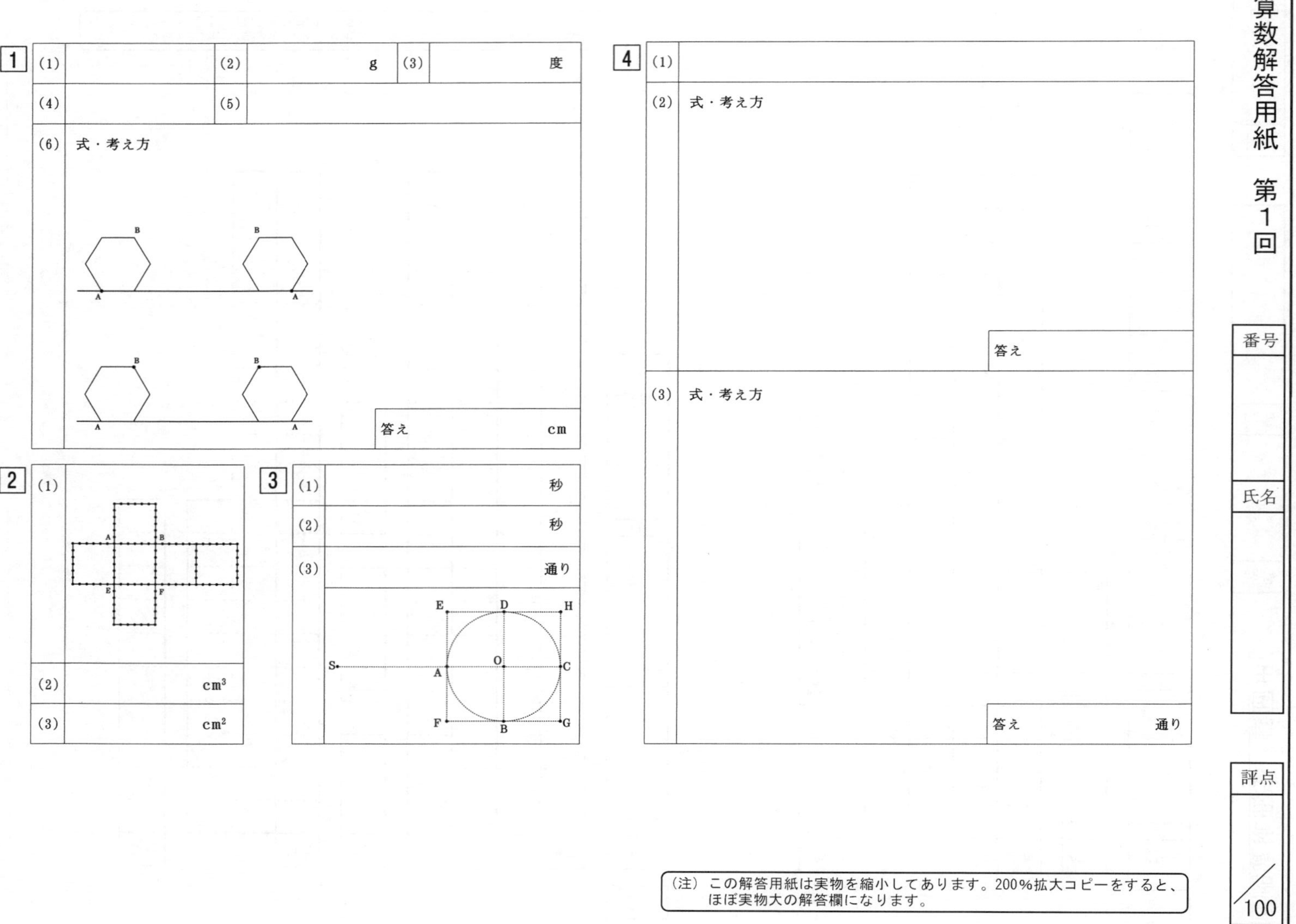

〔算　数〕100点(推定配点)

1　(1)～(5)　各6点×5＜(5)は完答＞　(6)　8点　2, 3　各6点×7　4　(1), (2)　各6点×2＜(1)は完答＞　(3)　8点

２０２３年度　渋谷教育学園渋谷中学校

社会解答用紙　第１回

番号		氏名		評点	／50

1

問１	(1)	
	(2)	
	(3)	
問２	(1)	(2)
問３	(1)	(2)
問４	(1)	
	(2)	
問５		

2

問１	(1) X　Y	(2)
問２	(1)	(2)
問３	(1)	
	(2)	
問４	(1)	(2)　(3)
問５	(1)	(2)　(3)
問６		

3

問１	X	Y
問２	①	②
問３	A	B
問４		
問５		
問６		

（注）この解答用紙は実物を縮小してあります。Ｂ５→Ａ３(163%)に拡大コピーすると、ほぼ実物大の解答欄になります。

〔社　会〕50点(推定配点)

1 問１　各２点×３　問２，問３　各１点×４　問４，問５　各２点×３　2 問１，問２　各２点×４<問１の(1)は完答>　問３，問４　各１点×５　問５　各２点×３　問６　４点　3 問１～問４　各１点×７　問５，問６　各２点×２

２０２３年度　　渋谷教育学園渋谷中学校

理科解答用紙　第１回

番号		氏名		評点	／50

1

問１				
問２				
問３				
問４	(1)		(2)	
問５	(1)			
	(2)			
問６	(1)			
	(2)			

2

問１	
問２	
問３	
問４	
問５	
問６	
問７	

（注）この解答用紙は実物を縮小してあります。Ｂ５→Ｂ４（141%）に拡大コピーすると、ほぼ実物大の解答欄になります。

〔理　科〕50点(推定配点)

1　問１～問４　各３点×５　問５　(1)　３点　(2)　４点　問６　(1)　３点　(2)　４点　2　各３点×７

二〇二三年度　渋谷教育学園渋谷中学校

国語解答用紙　第一回

番号　氏名　評点　/100

一

問一　①　②　③　④　って

問二

問三　問四　問五

問六　問七　問八

二

問一　①　②　③　④

問二　問三

問四

問五　（１）

問五　（２）

問六　問七

（注）この解答用紙は実物を縮小してあります。Ｂ５→Ｂ４（141％）に拡大コピーすると、ほぼ実物大の解答欄になります。

〔国　語〕100点(推定配点)

一　問1　各1点×4　問2　12点　問3～問8　各5点×7　二　問1　各1点×4　問2，問3　各5点×2　問4　10点　問5　(1)　5点　(2)　10点　問6，問7　各5点×2

２０２３年度　渋谷教育学園渋谷中学校

算数解答用紙　第２回

番号		氏名	

評点	/100

1

(1)	(2) m	(3) 度
(4) %	(5) cm^3	

(6) 式・考え方

答え

2

(1) cm^2	(2) cm^2	(3) cm

3

(1) 通り	(2) 通り	(3) 通り

4

(1) 式・考え方

答え　m

(2) 式・考え方

答え　毎分　m^3

(3) 式・考え方

答え　cm

（注）この解答用紙は実物を縮小してあります。192%拡大コピーをすると、ほぼ実物大の解答欄になります。

〔算　数〕100点(推定配点)

1　(1)～(5)　各６点×５　(6)　９点　2, 3　各６点×６　4　(1), (2)　各８点×２　(3)　９点

２０２３年度　渋谷教育学園渋谷中学校

社会解答用紙　第２回

番号		氏名		評点	／50

1

問１	(1)	X　　　Y
	(2)	

	畿内説	九州説	どちらともいえない
文字による資料だけの推測	①	②	③
文字による資料と出土した資料をあわせての推測	④	⑤	⑥

問２	(1)		(2)		
問３	秋田県		静岡県		
問４		問５		問６	
問７	(1)				
	(2)				
問８		問９		問10	
問11					
問12	(1)	年　月　日	(2)		
問13					
問14	(1)				
	(2)	(a)	ア　イ　ウ		
		(b)			
	(3)	沖縄県		北海道	

2

問１	あ		い		
問２	(庁)				
問３	X		Y	(%)	
問４		問５		問６	

（注）この解答用紙は実物を縮小してあります。Ｂ５→Ａ３(163%)に拡大コピーすると、ほぼ実物大の解答欄になります。

〔社　会〕50点(推定配点)

1 問１　(1)　２点＜完答＞　(2)　３点＜完答＞　問２　各２点×２　問３～問６　各１点×５　問７　(1)　２点　(2)　４点　問８　２点　問９～問11　各１点×３　問12　各２点×２　問13　１点　問14　(1)　１点　(2)　(a)　各１点×３　(b)　２点　(3)　各１点×２　**2**　問１　各１点×２　問２，問３　各２点×３　問４，問５　各１点×２　問６　２点

2023年度　　渋谷教育学園渋谷中学校

理科解答用紙　第2回

番号		氏名		評点	／50

1

問1	あ	
	い	
問2		
問3	理由	
	再び起こすには	
問4		
問5		
問6		
問7		
問8		
問9		
問10	(1)	
	(2)	お　　　か

2

問1	通り							
問2	紙切れ		封筒		子ども		文字列	
問3	子ども①と③		子ども②と③					
問4	Ⓐ →　→　→ Ⓦ							
	Ⓐ →　→　→ Ⓨ							
	Ⓐ →　→　→ Ⓩ							

（注）この解答用紙は実物を縮小してあります。Ｂ５→Ｂ４（141％）に拡大コピーすると、ほぼ実物大の解答欄になります。

〔理　科〕50点（推定配点）

1　問1～問5　各2点×7　問6　3点　問7～問10　各2点×6　2　各3点×7＜問2は完答，問4は各々完答＞

二〇二三年度　渋谷教育学園渋谷中学校

国語解答用紙　第二回

番号　氏名　評点 /100

一

問一 ① ば　② 　③ 　④ まって

問二　問三　問四

問五 (75/76, 85)

問六　問七　問八

二

問一 ①　②　③

問二　問三

問四 (25/26, 35)

問五

問六 (70/71, 80)

問七

問八 (1)　(2)　(3)

（注）この解答用紙は実物を縮小してあります。B５→B４（141%）に拡大コピーすると、ほぼ実物大の解答欄になります。

〔国　語〕100点（推定配点）

一 問１　各１点×４　問２～問４　各５点×３　問５　12点　問６～問８　各５点×４　二 問１　各１点×３　問２～問５　各５点×４　問６　10点　問７　５点　問８　(1)，(2)　各３点×２　(3)　５点

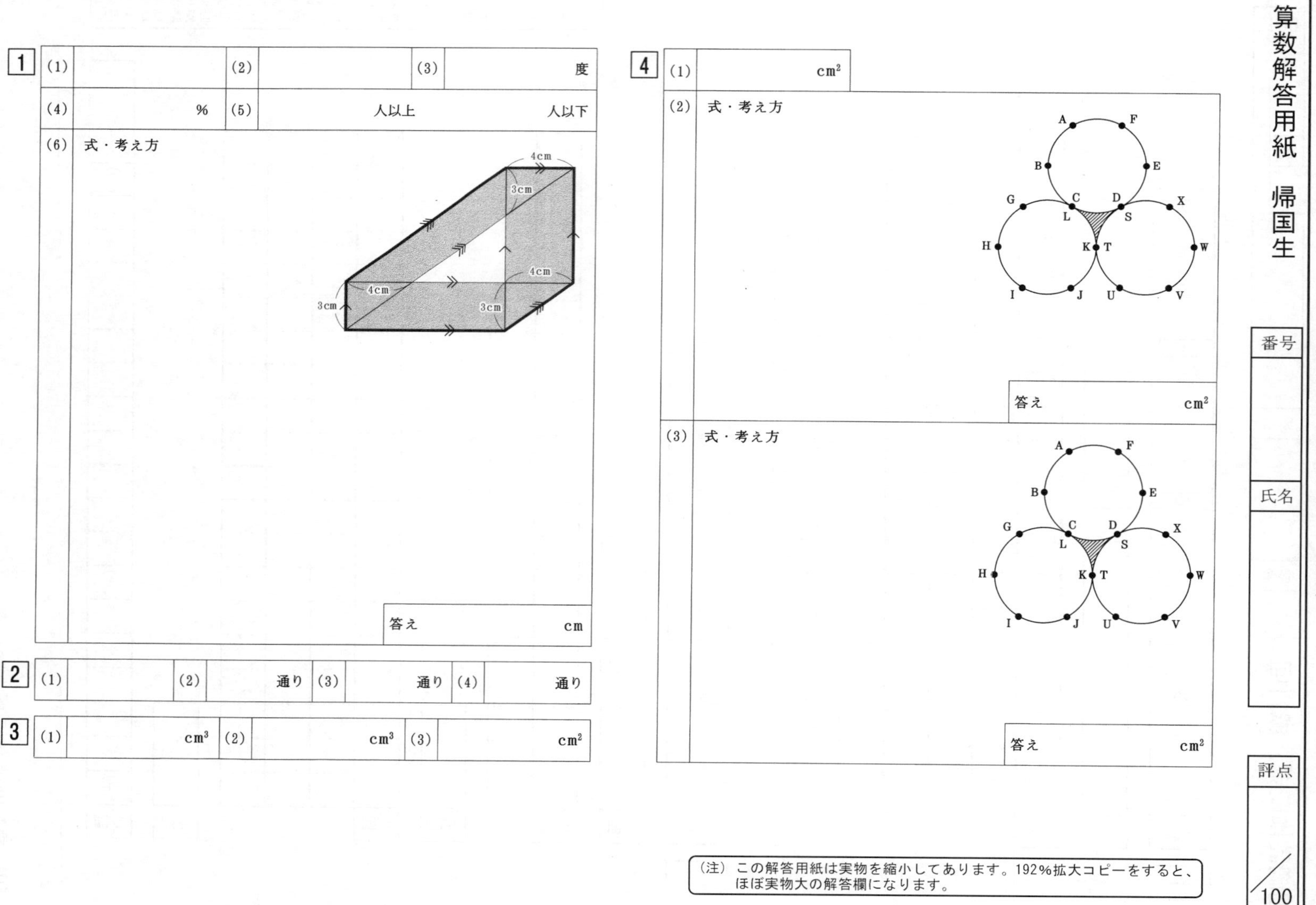

２０２３年度
渋谷教育学園渋谷中学校
算数解答用紙　帰国生
番号
氏名
評点
/100
1
(1)
(2)
(3)
度
(4)
%
(5)
人以上
人以下
(6)
式・考え方
4cm
3cm
答え
cm
2
(1)
(2)
通り
(3)
通り
(4)
通り
3
(1)
cm³
(2)
cm³
(3)
cm²
4
(1)
cm²
(2)
式・考え方
A
F
B
E
G
C
D
X
L
S
H
K
T
W
I
J
U
V
答え
cm²
(3)
式・考え方
答え
cm²
(注) この解答用紙は実物を縮小してあります。192%拡大コピーをすると、ほぼ実物大の解答欄になります。

〔算　数〕100点(推定配点)

1 (1)～(5)　各６点×５　(6)　８点　2, 3　各６点×７　4 (1), (2)　各６点×２　(3)　８点

２０２３年度　　渋谷教育学園渋谷中学校

英語解答用紙　帰国生　No. 1

評点	／100

Listening Comprehension

1. ______
2. ______
3. ______
4. ______
5. ______
6. ______
7. ______
8. ______
9. ______
10. ______

Critical Reading

1. ______
2. ______
3. ______
4. ______
5. ______
6. ______
7. ______
8. ______
9. ______
10. ______

Word Formation

1. ______________________
2. ______________________
3. ______________________
4. ______________________
5. ______________________
6. ______________________
7. ______________________

Vocabulary

1. ______
2. ______
3. ______
4. ______
5. ______
6. ______

Name: ______________________　　**Test Number:** ______________

（注）この解答用紙は実物を縮小してあります。Ｂ５→Ａ４（115%）に拡大コピーすると、ほぼ実物大の解答欄になります。

2023年度　渋谷教育学園渋谷中学校

英語解答用紙　帰国生　No. 2

Short Essays

Write your name and test number in the bottom right corner. Write your answers in the space below. Please write neatly.

1.

2.

Name: ______________________ Test Number: ______________

（注）この解答用紙は実物を縮小してあります。189%拡大コピーをすると、ほぼ実物大の解答欄になります。

〔英　語〕100点(推定配点)

Listening Comprehension　各1点×10　Critical Reading　各1点×10　Word Formation　各2点×7　Vocabulary　各1点×6　Short Essays　各30点×2

二〇二三年度　渋谷教育学園渋谷中学校

国語解答用紙　帰国生

番号		氏名		評点	/100

一

問一 ① ② ③ じり ④

問二　問三　問四

問五 50 51 60

問六　問七　問八

二

問一 ① ② ③ てる

問二　問三　問四

問五 30 31 40

問六

問七 40 41 50

（注）この解答用紙は実物を縮小してあります。B5→B4（141%）に拡大コピーすると、ほぼ実物大の解答欄になります。

〔国　語〕100点(推定配点)

□一 問1　各1点×4　問2～問4　各5点×3　問5　13点　問6～問8　各5点×4　□二 問1　各1点×3　問2～問4　各5点×4　問5　8点　問6　5点　問7　12点

２０２２年度　　　渋谷教育学園渋谷中学校

算数解答用紙　第１回　No.１

番号		氏名		評点	／100

1

(1)		(2)	点	(3)	g
(4)	円	(5)	B　　P		

(6) 式・考え方

答え　　cm³

2

(1)	個	(2)	個	(3)	個

3

(1)	cm^2	(2)	cm^2	(3)	cm^2

２０２２年度　渋谷教育学園渋谷中学校

算数解答用紙　第１回　No. ２

4

(1)	分速　m	(2)	m

(3) 式・考え方

答え　分速　m

(4) 式・考え方

答え　分　秒後

（注）この解答用紙は実物を縮小してあります。Ｂ５→Ｂ４(141%)に拡大コピーすると、ほぼ実物大の解答欄になります。

〔算　数〕100点(推定配点)

1　(1)～(5)　各６点×5＜(5)は完答＞　(6)　８点　2，3　各６点×6　4　(1)，(2)　各６点×2　(3)，(4)　各７点×2

２０２２年度　渋谷教育学園渋谷中学校

社会解答用紙　第１回

番号		氏名	

評点	／50

1

問1		問2				
問3		問4	(1)		(2)	
問5						
問6	(1)		(2)		(3)	
問7						
問8						

2

問1		問2				
問3	(1)		(2)	①		②
問4		問5				
問6	(1)		(2)	(X)		(Y)
問7	(1)		(2)			

3

問1	(1)	(あ)		(い)		(2)
問2	(1)					
	(2)	④		⑤		⑥
		⑦		⑧		
問3						

（注）この解答用紙は実物を縮小してあります。Ｂ５→Ｂ４（141%）に拡大コピーすると、ほぼ実物大の解答欄になります。

〔社　会〕50点（推定配点）

1 問1〜問4　各1点×5　問5　3点　問6，問7　各2点×4　問8　4点　2 問1，問2　各2点×2　問3　各1点×3　問4，問5　各2点×2　問6，問7　各1点×5　3 問1　各2点×3　問2　(1) 2点　(2)　④　1点　⑤・⑥　1点　⑦，⑧　各1点×2　問3　2点

２０２２年度　渋谷教育学園渋谷中学校

理科解答用紙　第１回

番号		氏名		評点	／50

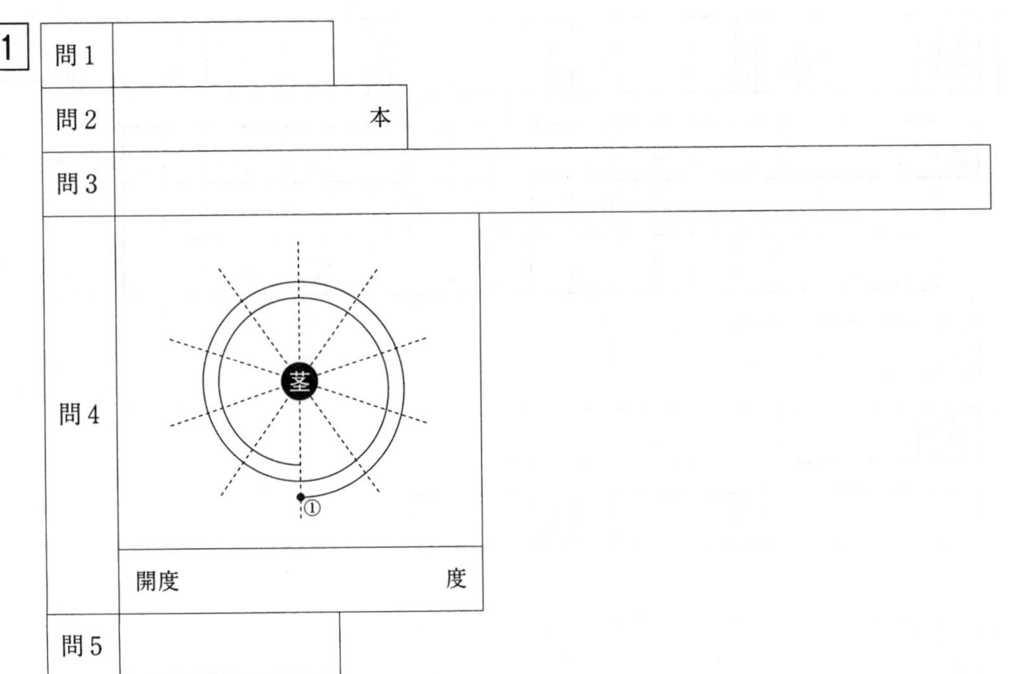

1
問1
問2　本
問3
問4
茎
①
開度　度
問5

2

問1	
問2	
問3	
問4	
問5	
問6	匹

（注）この解答用紙は実物を縮小してあります。Ｂ５→Ｂ４（141%）に拡大コピーすると、ほぼ実物大の解答欄になります。

〔理　科〕50点（推定配点）

1 問１　４点　問２，問３　各５点×２　問４　葉のつき方…３点，開度…２点　問５　４点　2 問１　５点　問２　４点　問３　５点　問４，問５　各４点×２　問６　５点

二〇二三年度　渋谷教育学園渋谷中学校

国語解答用紙　第一回

番号 | 氏名 | 評点 /100

一

問一 ①　み　②　か　③　④

問二　(50/51/60)

問三　問四

問五　2　3　4

問六　問七　問八

二

問一 ①　②　③

問二　(50/51/60)

問三　問四　問五

問六　(60/61/70)

問七　問八

（注）この解答用紙は実物を縮小してあります。Ｂ５→Ｂ４（141％）に拡大コピーすると、ほぼ実物大の解答欄になります。

〔国　語〕100点(推定配点)

一　問１　各１点×４　問２　12点　問３～問８　各５点×６<問５は完答>　二　問１　各１点×３　問２　12点　問３～問５　各５点×３　問６　14点　問７，問８　各５点×２

２０２２年度　渋谷教育学園渋谷中学校

算数解答用紙　第３回　No.１

番号		氏名		評点	／100

1

(1)		(2)	m	(3)	%
(4)	km	(5)	倍		
(6)	式・考え方				答え

2

(1)	通り	(2)	点	(3)	さん	点

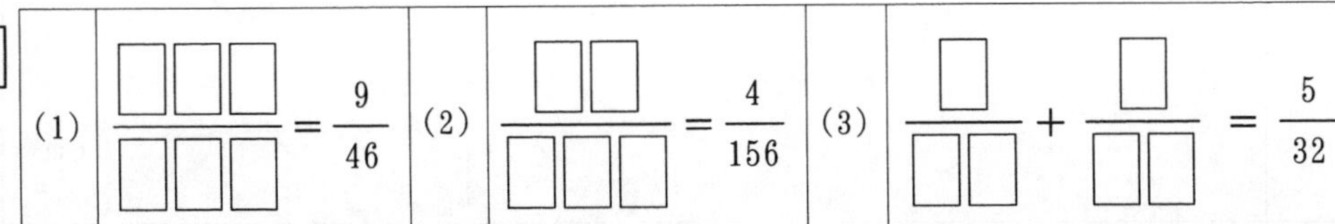

3

(1) $\frac{\square\square\square}{\square\square\square} = \frac{9}{46}$　(2) $\frac{\square\square}{\square\square\square} = \frac{4}{156}$　(3) $\frac{\square}{\square\square} + \frac{\square}{\square\square} = \frac{5}{32}$

２０２２年度　渋谷教育学園渋谷中学校

算数解答用紙　第３回　No. 2

4

(1)	式・考え方 答え　cm²
(2)	式・考え方 答え　cm
(3)	式・考え方 答え　ⓐ　J cm²

（注）この解答用紙は実物を縮小してあります。Ｂ５→Ｂ４（141%）に拡大コピーすると、ほぼ実物大の解答欄になります。

〔算　数〕100点(推定配点)

1　(1)～(5)　各６点×5　(6)　９点　2, 3　各６点×6＜2の(3)は完答＞　4　(1), (2)　各８点×2　(3)　９点＜完答＞

２０２２年度　渋谷教育学園渋谷中学校

社会解答用紙　第３回

番号		氏名		評点	／50

1

問１				
問２				
問３	(1)			
	(2)			
	(3)			
	(4)	名前	場所	
問４	(1)			
	(2)	名前	場所	
問５	(1)	X	Y	
	(2)			
	(3)			

2

問１	(1)	Ⅰ	Ⅱ	Ⅲ
	(2)			
問２				
問３	A	B		
問４	(1)	①	④	
		⑤		
	(2)	春　夏　秋　冬		
	(3)	A	B	
	(4)	C	D	
	(5)			
	(6)			
	(7)	X	Y	
		種類		

（注）この解答用紙は実物を縮小してあります。Ｂ５→Ａ３（163％）に拡大コピーすると、ほぼ実物大の解答欄になります。

〔社　会〕50点(推定配点)

1　問１　各１点×２　問２　２点　問３　(1)　２点　(2)　３点　(3)，(4)　各１点×３　問４　各１点×３　問５　(1)　各２点×２　(2)　３点　(3)　２点　2　問１，問２　各２点×３<問１の(1)は完答>　問３　各１点×２　問４　(1)，(2)　各１点×４<(2)は完答>　(3)～(5)　各２点×５　(6)，(7)　各１点×４

２０２２年度　　渋谷教育学園渋谷中学校

理科解答用紙　第３回

番号		氏名	

評点	／50

1

問 1	℃						
問 2	下がる　　上がる　　変化しない						
問 3	①		②		③		④
問 4							
問 5	・ ・						

2

問 1	mm 以上
問 2	
問 3	
問 4	X　Y W　Z
問 5	
問 6	
問 7	

（注）この解答用紙は実物を縮小してあります。Ｂ５→Ｂ４（141%）に拡大コピーすると、ほぼ実物大の解答欄になります。

〔理　科〕50点（推定配点）

1　問 1，問 2　各 2 点×2　問 3　各 1 点×4　問 4　5 点　問 5　各 4 点×2　2　問 1　3 点　問 2，問 3　各 4 点×2　問 4　5 点　問 5，問 6　各 4 点×2　問 7　5 点

二〇二二年度　渋谷教育学園渋谷中学校

国語解答用紙　第三回

番号		氏名	

評点	/100

一

問一 ①　りて　②　③　④

問二

問三（70字）

問四　問五　問六　問七

二

問一 ①　②　③　かれる　④

問二

問三（80字）

問四　問五

問六（50字）

問七

（注）この解答用紙は実物を縮小してあります。B5→B4（141%）に拡大コピーすると、ほぼ実物大の解答欄になります。

〔国　語〕100点(推定配点)

一　問1　各1点×4　問2　6点　問3　14点　問4〜問7　各6点×4　二　問1　各1点×4　問2　6点　問3　14点　問4，問5　各6点×2　問6　10点　問7　6点

２０２２年度　　渋谷教育学園渋谷中学校

算数解答用紙　帰国生　No.1

番号		氏名		評点	／100

1

(1)		(2)	円	(3)	A	B
(4)	個	(5)	倍			

(6) 式・考え方

答え　　cm²

2

(1) 0 0 1 2 3 4 5 6 7 8 9

	赤		白		赤		白
(2)	点	対	点	(3)	点	対	点
	点	対	点		点	対	点
	点	対	点		点	対	点
	点	対	点		点	対	点
	点	対	点		点	対	点
	点	対	点		点	対	点

3

(1)	cm^3	(2)	cm^3	(3)	cm^3

2022年度　渋谷教育学園渋谷中学校

算数解答用紙　帰国生　No. 2

4

(1)	答え
(2)	式・考え方 答え 秒速　　　　cm
(3)	式・考え方 答え

（注）この解答用紙は実物を縮小してあります。B５→B４(141%)に拡大コピーすると、ほぼ実物大の解答欄になります。

〔算　数〕100点(推定配点)

1　(1)～(5)　各６点×5＜(3)は完答＞　(6)　９点　2, 3　各６点×6＜2は各々完答＞　4　(1), (2)　各８点×2＜(1)は完答＞　(3)　９点＜完答＞

２０２２年度　　渋谷教育学園渋谷中学校

英語解答用紙　帰国生　No.１

評点	／100

Listening Comprehension

1. ______
2. ______
3. ______
4. ______
5. ______
6. ______
7. ______
8. ______
9. ______
10. ______

Critical Reading

1. ______
2. ______
3. ______
4. ______
5. ______
6. ______
7. ______
8. ______
9. ______
10. ______

Word Formation

1. ______________________________
2. ______________________________
3. ______________________________
4. ______________________________
5. ______________________________
6. ______________________________
7. ______________________________

Vocabulary

1. ______
2. ______
3. ______
4. ______
5. ______
6. ______

Name: ______________________________　**Test Number:** ______________________

（注）この解答用紙は実物を縮小してあります。Ｂ５→Ａ４（115%）に拡大コピーすると、ほぼ実物大の解答欄になります。

２０２２年度　渋谷教育学園渋谷中学校

英語解答用紙　帰国生　No.２

Short Essays

Write your name and test number in the bottom right corner. Write your answers in the space below. Please write neatly.

1.

2.

Name: ____________ **Test Number:** ____________

（注）この解答用紙は実物を縮小してあります。189%拡大コピーをすると、ほぼ実物大の解答欄になります。

〔英　語〕100点(推定配点)

Listening Comprehension　各１点×10　Critical Reading　各１点×10　Word Formation　各２点×７
Vocabulary　各１点×６　Short Essays　各30点×２

二〇二三年度　渋谷教育学園渋谷中学校

国語解答用紙　帰国生

番号　　氏名　　評点　/100

一

問一 ①　②　③　④ う

問二

問三 50 51 60

問四　問五

問六 70 71 80

問七

二

問一 ①　② え　③　④

問二

問三 ～

問四 50 51 60

問五　問六　問七

（注）この解答用紙は実物を縮小してあります。Ｂ５→Ｂ４（141％）に拡大コピーすると、ほぼ実物大の解答欄になります。

〔国　語〕100点(推定配点)

一　問１　各１点×４　問２　６点　問３　12点　問４，問５　各６点×２　問６　14点　問７　６点　二　問１　各１点×４　問２，問３　各６点×２　問４　12点　問５，問６　各６点×２　問７　各３点×２

大人に聞く前に解決できる!!

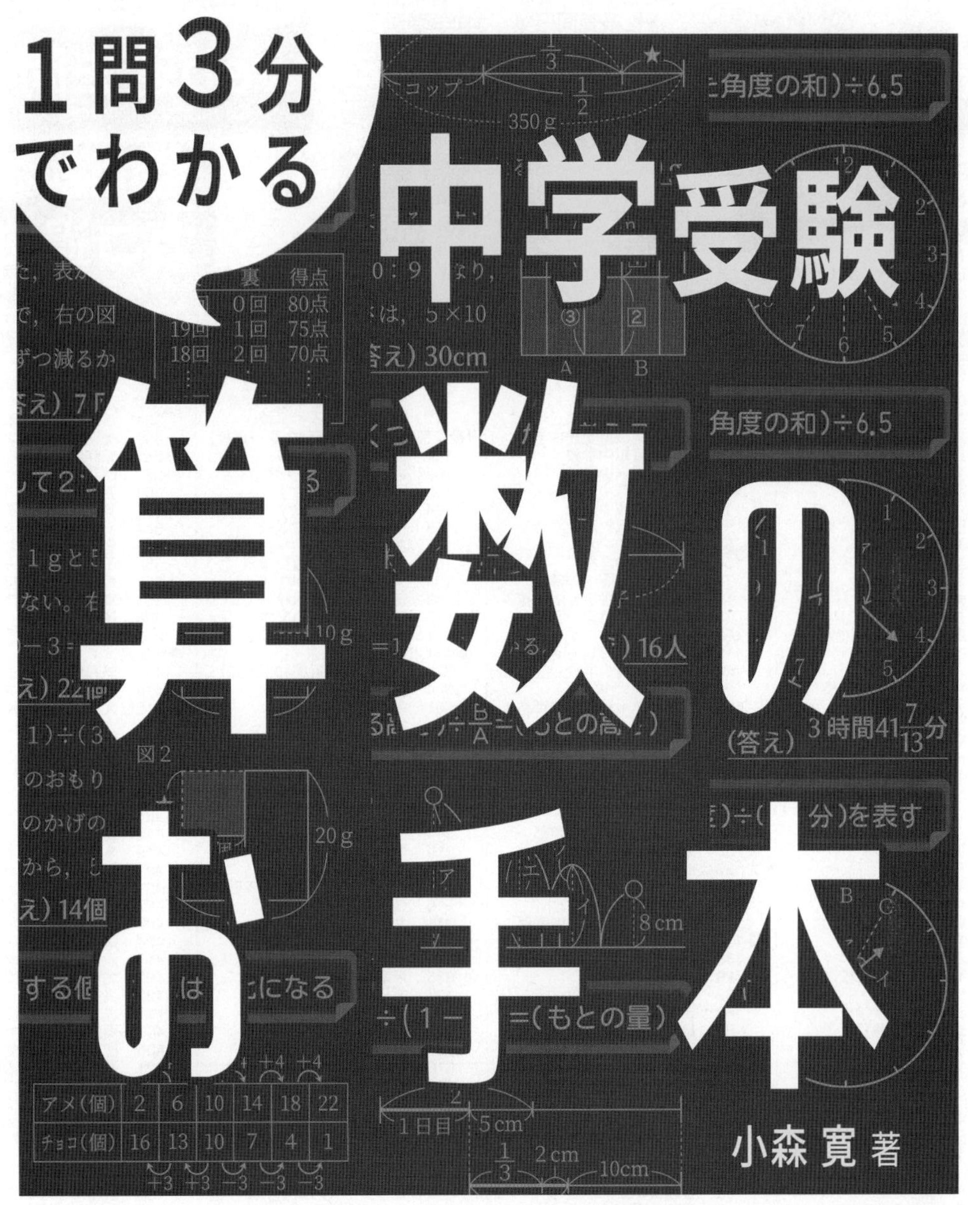

計算と文章題400問の解法・公式集

声の教育社

基本から応用まで全受験生対応!!

定価1980円（税込）